Z H E J I A N G T O N G Z H I

浙江通志

第 六十七 卷

海 关 志

《浙江通志》编纂委员会 编

浙江出版联合集团
浙江人民出版社

图书在版编目（CIP）数据

浙江通志. 海关志 / 《浙江通志》编纂委员会编.
—杭州 ：浙江人民出版社，2018.9
ISBN 978-7-213-08591-8

Ⅰ. ①浙… Ⅱ. ①浙… Ⅲ. ①浙江-地方志②海关-工作概况-浙江 Ⅳ. ①K295.5②F752.59

中国版本图书馆CIP数据核字(2017)第324546号

浙江通志·海关志

《浙江通志》编纂委员会 编

出版发行 浙江人民出版社（杭州市体育场路347号 邮编 310006）
市场部电话:(0571)85061682 85176516
集团网址 浙江出版联合集团 http://www.zjcb.com
责任编辑 汪 芳
责任校对 戴文英 王欢燕
封面设计 厉 琳
电脑制版 杭州天一图文制作有限公司
印 刷 杭州富春印务有限公司
开 本 889毫米×1194毫米 1/16
印 张 33.25
字 数 732千字
插 页 14
版 次 2018年9月第1版
印 次 2018年9月第1次印刷
书 号 ISBN 978-7-213-08591-8
定 价 152.00元

图版 67-001-1　1987 年 4 月 8 日，海关总署署长戴杰（右三）考察杭州海关（杭州海关提供）

图版 67-001-2　2000 年 6 月，海关总署署长钱冠林（右一）为杭州海关新上任关长颁发任命证书（杭州海关提供）

图版 67-001-3　2005 年 11 月 24 日，浙江省省长吕祖善（左一）和海关总署署长牟新生（右一）考察杭州海关（杭州海关提供）

图版 67-002-1　2009 年 10 月 29 日，海关总署署长盛光祖（前右一）考察义乌国际商贸城和义乌国际物流中心（杭州海关提供）

图版 67-002-2　2006 年 12 月 30 日，杭州海关被浙江省人民政府授予“文化遗产保护先进单位”称号（杭州海关提供）

图版 67-002-3　2007 年 2 月 1 日，浙江电子口岸网站正式开通运行（杭州海关提供）

图版 67-003-1　宁波保税区是国务院批准浙江省设立的首个保税区。1996 年 5 月 28 日，宁波保税区海关开关（宁波海关提供）

图版 67-003-2　1999 年 1 月 22 日，杭州海关走私犯罪侦查分局成立并举行授牌仪式（杭州海关提供）

图版 67-003-3　2003 年 9 月 21 日，杭州海关举行首次授予关衔仪式（杭州海关提供）

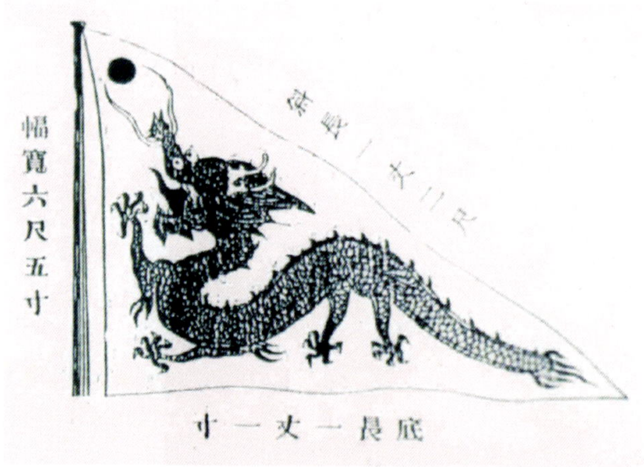

图版 67-004-1　清同治十二年(1873 年)清廷总理各国事务衙门批准总税务司制定的关旗（《杭州海关志》,浙江人民出版社 2003 年版,第 248 页）

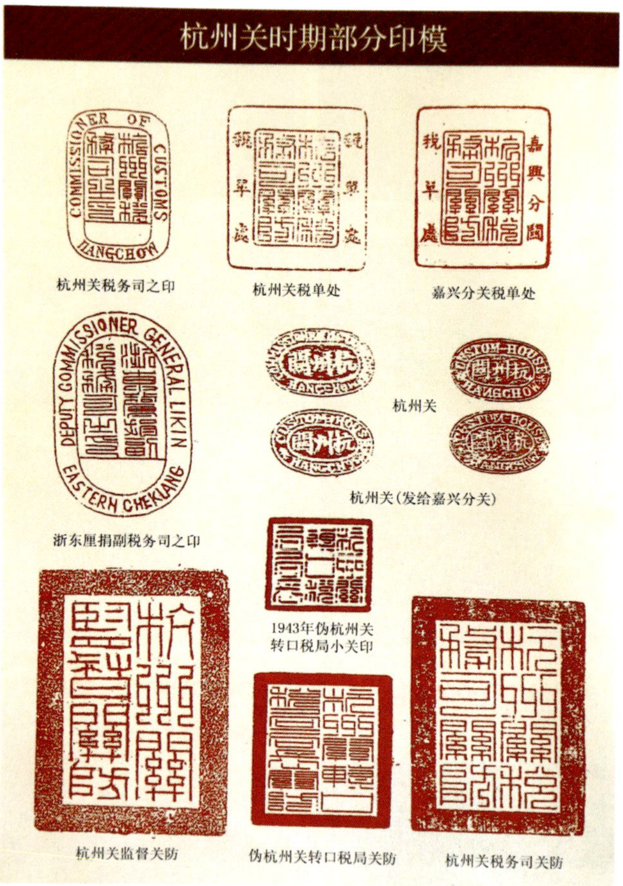

图版 67-004-2　杭州关时期(1896—1945 年)部分印模(现存中国第二历史档案馆。选自《杭州海关志》,浙江人民出版社 2003 年版,彩版第 10 页)

图版 67-004-3　清同治五年(1866 年)建于宁波江北岸的浙海关税务司公馆(宁波海关提供)

图版 67-004-4　清光绪二年(1876 年),位于瓯江江心屿的瓯海关税务司官邸(杭州海关提供)

图版 67-004-5　清光绪二十三年(1897 年)所建杭州关税务司官邸(杭州海关提供)

图版 67-005-1　1998 年建成的宁波海关大楼(1999 年摄,宁波海关提供)

图版 67-005-2　2002 年建成的杭州海关大楼(2003 年摄,杭州海关提供)

图版 67-006-1　货物查验(2001 年摄，杭州萧山机场海关提供)

图版 67-006-2　船舶监管(2001 年摄，北仑海关提供)

图版 67-006-3　保税油库监管 (2001 年摄，舟山海关提供)

图版 67-006-4　飞机监管(2009 年摄，宁波海关提供)

图版 67-006-5　集装箱监管(2010 年摄，北仑海关提供)

图版 67-007-1　关员下厂监管(2005 年摄,镇海海关提供)

图版 67-007-2　用科技手段对监管现场进行实时监控(2010 年摄,宁波海关提供)

图版 67-007-3　关员登轮监管(2010 年摄,舟山海关提供)

图版 67-008-1　关员下厂核查加工贸易产品(2000 年摄，舟山海关提供)

图版 67-008-2　关员对口岸集装箱进行监管(2007 年摄，北仑海关提供)

图版 67-008-3　关员深入企业，宣传海关知识产权保护工作(2008 年摄，宁波海关提供)

图版 67-008-4　关员对油库进行监管(2010 年摄，镇海海关提供)

图版 67-008-5　关员巡查原油码头，了解作业情况(2010 年摄，宁波海关提供)

图版 67-009-1 海关缉私艇队列(2008 年摄,杭州海关提供)

图版 67-009-2 2001 年 5 月 20 日,温州海关查获汽车走私案(温州海关提供)

图版 67-009-3 2004 年 11 月 1 日,杭州海关查获特大古生物化石走私案(杭州海关提供)

图版 67-009-4 2005 年 1 月 19 日,北仑海关查获伪报品名出口蝴蝶标本(北仑海关提供)

图版 67-009-5 2008 年 10 月 9 日,杭州海关从快件渠道查获国家一级濒危保护动物红珊瑚及制品(杭州海关提供)

图版 67-010-1　2003 年 8 月，杭州海关查获 1635 件禁止出口的雕工精细的古董木板（杭州海关提供）

图版 67-010-2　2004 年 9 月 14 日，杭州海关、宁波海关联合销毁查获的 9000 卷假冒“柯达”胶卷（杭州海关提供）

图版 67-010-3　2006 年 12 月 6 日，宁波海关公开销毁一批走私车辆（宁波海关提供）

图版 67-010-4　2008 年 10 月 27 日，关员从外籍旅客随身携带的行李物品中查获毒品海洛因（杭州萧山机场海关提供）

图版 67-010-5　关员在旅检现场开展政策宣传工作（2010 年摄，宁波机场海关提供）

图版 67-010-6　2005 年 6 月 26 日，杭州海关开展“6·26”国际禁毒日宣传（杭州海关提供）

图版 67-011-1　1996 年 9 月 3 日，中国海关与澳大利亚海关在杭州联合举办亚太经济合作组织（APEC）海关风险管理研讨会（杭州海关提供）

图版 67-011-2　2009 年 6 月 4 日，杭州萧山机场海关依法给予新加坡总理李显龙（前左一）入境免验礼遇（杭州海关提供）

图版 67-011-3　宁波海关相关人员向外国来宾介绍宁波港的发展前景（2009 年摄，宁波海关提供）

图版 67-011-4　2010 年 6 月 23日，第七届中国内地、香港、澳门海关与外国驻京执法官俱乐部（FLECC）执法专题研讨会在浙江绍兴召开（杭州海关提供）

图版 67-012-1　2001 年 6 月 28 日，宁波海关与宁波市外经贸委签署关贸协作备忘录(宁波海关提供)

图版 67-012-2　2005 年 6 月 21 日，杭州海关与浙江出入境检验检疫局签署合作备忘录，开展关检合作(杭州海关提供)

图版 67-012-3　2008 年 5 月 21 日，杭州海关与宁波海关开展交流协作(宁波海关提供)

图版 67-013-1　2001 年 12 月 16 日，杭州海关 12360 服务热线开通，与企业和社会搭建起沟通桥梁（杭州海关提供）

图版 67-013-2　2002 年 6 月，杭州海关与银行、企业签订税收网上支付协议（杭州海关提供）

图版 67-013-3　2007 年 8 月 25 日，杭州海关相关人员在浙江广播电台“阳光行动”和浙江电视台“厅长在线”直播间，宣讲海关政策（杭州海关提供）

图版 67-013-4　2007 年 8 月，杭州海关向“红名单企业”授牌（杭州海关提供）

图版 67-014-1　杭州海关建关初期部分关员留影(1980 年摄,杭州海关提供)

图版 67-014-2　杭州海关建关初期部分关员留影(1981 年摄,杭州海关提供)

图版 67-014-3　宁波海关建关初期部分关员留影(1982 年摄,宁波海关提供)

图版 67-014-4　宁波海关建关初期部分关员留影(1983 年摄,宁波海关提供)

图版 67-015-1　宁波保税区海关卡口(2006 年摄,宁波海关提供)

图版 67-015-2　宁波港海关监管区(2010 年摄,宁波海关提供)

图版 67-016-1　浙江省海关机构及监管区域示意图(截至 2010 年 12 月)

浙江省地方志编纂委员会

主　　任：吕祖善（2004.3—2011.9）
夏宝龙（2011.9—2013.1）
李　强（2013.1—2016.6）
车　俊（2016.7—2018.5）
袁家军（2018.5—　　）
副 主 任：茅临生（2010.2—2012.8）
张　曦（2011.4—2012.9）
葛慧君（2012.8—　　）
郑继伟（2010.2—2017.3）
成岳冲（2017.3—　　）
（以下委员名单略）

《浙江通志》编纂委员会

主　　任：李　强（2016.2—2016.7）　车　俊（2016.7—2018.5）
袁家军（2018.5—　　）
副 主 任：葛慧君　郑继伟（2016.2—2017.3）
成岳冲（2017.3—　　）
委　　员：陈　新　王　纲　宋建勋　鞠建林　蔡晓春　王喜法
孙耀铜　张学伟　来颖杰　胡庆国　刘　芸　孟　刚
徐宇宁　王　杰　张伟斌　潘捷军　盛世豪　徐立毅
裘东耀　姚高员　钱三雄　毛宏芳　盛阅春　尹学群
汤飞帆　何中伟　张晓强　吴晓东　俞文华　王良仟
童芍素　郑志耿　郑明治　王卫东　李志廷
总　　编：俞文华
副 总 编：张伟斌（2012.9—　　）　潘捷军（常务）　王良仟
童芍素　郑志耿　郑明治　王卫东　李志廷（兼总纂）
林吕建（2011.9—2012.3）

浙江省地方志编纂委员会办公室

主　　任：潘捷军
副 主 任：陈　野（2007.6—2011.3）　章其祥（2011.5—　　）
主任助理：韩　锴（2011.9—2016.4）
成　　员：汤敏华　董郁奎　颜越虎　周祝伟　张　勤　袁新国
吕克军　赵海良　段　愿　汤　敏　李迎春　林琼华
邴　波　王兆保　周修宇　赵鹏团　徐　鹏　杨云婷
王　林　汪　珏　阎乐民　葛立朝　葛旭鹏　翁友伦
徐由由　应秀敏　章　丽　葛　伟
吴玉权（2012.11—2017.12）　白效咏（2009.9—2015.9）

《浙江通志》总纂、副总纂

总　　纂：李志廷（兼）
副 总 纂：廖曰文　章其祥　董郁奎　颜越虎　周祝伟　王　林
吴铁卿（2018.4—　　）　倪集华（2018.5—　　）

《浙江通志》总编室（《浙江通志》编辑部）

主　　任：董郁奎（2011.9—2012.7）　颜越虎（2018.1—　　）
副 主 任：颜越虎（2011.9—2018.1）　袁新国（2018.1—　　）
王　林
责任编辑：颜越虎　袁新国　王　林　汤　敏　李迎春　林琼华
邴　波　王兆保　周修宇　吕克军　赵海良　段　愿
赵鹏团　徐　鹏　汪　珏　阎乐民　葛立朝　葛旭鹏
翁友伦　白效咏（2011.9—2015.9）
刘志勇（2011.9—2012.7）　李恒悦（2011.9—2012.1）
曹爱光（2011.9—2014.9）　戴智勇（2012.7—2014.9）

《浙江通志·海关志》杭州海关编纂委员会

2012 年 3 月至 2014 年 12 月

主　任: 王　松
副主任: 邢　强　曾马凯　陈保军　刘松武　孙路明
委　员: 朱英伟　钟明星　傅建平　刘志明　朱崇武　宋　愈
郑　斌　盛卓禾　冯仲良　李　伟　申屠水平

2014 年 12 月至 2018 年 5 月

主　任: 王　松
副主任: 胡方友　邢　强　孙竹军　张冀平　曾马凯　田德明
孙路明
委　员: 朱英伟　钟明星　傅建平　刘志明　朱崇武　林志军
郑　斌　王诗东　应　雷　王国军　申屠水平

《浙江通志·海关志》杭州海关编辑部

2012 年 3 月至 2013 年 2 月

顾　　问: 王则光　叶德云　张彩月
主　　编: 盛春波
编纂人员: 许光生　陈　节　杨　庄　邬国庆　戴旭永　张建国

2013 年 2 月至 2018 年 5 月

顾　　问: 王则光　盛卓禾
主　　编: 盛春波
副 主 编: 许光生
编纂人员: 盖蔚蔚　管　庆　谢　维　边国玮　张建国　许光生
吴杭彦　王　臻

《浙江通志·海关志》宁波海关编纂委员会

2012年1月至2013年10月

主　任:庞中联
副主任:邱刚毅　刘玉升　郑巨刚　杨顺招　叶　建
委　员:王永华　张春芳　彭海雄　郜瑞敏　王慕梅　赵建忠
姚承光　叶　云　苏　铁　袁玉国　姜海青

2013年11月至2018年5月

主　任:叶　平
副主任:赵建中　王学全　刘玉柱　叶　建　谭佳华　姚苏东
袁玉国　苏　铁　郜瑞敏
委　员:叶　云　姚承光　王　斌　王慕梅　张东昂　王明全
陆　均　朱宣军　林志雄　姜海青　励海波

《浙江通志·海关志》宁波海关编辑部

2012年1月至2013年10月

主　　编:徐　温
编纂人员:傅　蓉　胡丕阳

2013年11月至2018年5月

主　　编:徐　温
编纂人员:傅　蓉　尹　霞　胡丕阳
资料收集:徐　涛　赵　昀

序

浙江是一片风光优美、令人神往的大地，是一个历史悠久、文化璀璨的家园，是一块创业创新、活力迸发的热土……在浙江人民波澜壮阔、跌宕起伏的奋斗历程中，浙江大地上涌现出无数勇立潮头的先进人物、可歌可泣的历史事件。这一切都真实准确、全面系统地记录在皇皇巨构《浙江通志》之中。《浙江通志》编纂工作自2011年9月启动以来，历届省委、省政府十分重视，各有关单位尽职尽责。《浙江通志》的出版，是全体编纂人员呕心沥血、辛勤耕耘的珍贵结晶，也是浙江文化强省建设的丰硕成果。

编纂地方志是我国源远流长的文化传统。地方志不仅能记述、反映历史的发展与社会的变化，而且还具有独到的“存史、资政、育人”等功能，在传承文明、开创未来的宏伟大业中具有不可替代的作用。浙江有着悠久的修志传统。早在东汉初年，被称为“方志之祖”的《越绝书》诞生在浙江；宋代，“临安三志”作为中国古代方志的定型之作，登上历史舞台；清代，浙江学者章学诚则以创立方志学闻名于世。千百年来，浙江佳志迭现，名家辈出。这些名志大家既是浙江作为“方志之乡”的最好见证，也是浙江成为“文化之邦”的重要支撑。

从上山文化、跨湖桥文化、河姆渡文化、良渚文化等史前文明，到越王勾践卧薪尝胆、雪耻复国的春秋霸业，从唐宋钱塘的富庶繁华，到明清两浙的文化昌盛，浙江先人展示的画卷光辉灿烂，令人赞叹不已。“一部民国史，半部在浙江。”民国时期，政治、经济、文化、教育、科技等领域的代表性人物成就卓著、各领风骚，推动了时代的发展和社会的进步。中华人民共和国成立后，浙江发生了翻天覆地的变化。特别是改革开放以来，经济社会全面发展，城乡各业蒸蒸日上，之江大地日新月异，人民群众安居乐业。浙江人民勇做时代弄潮儿，积极实施“八八战略”，努力践行“绿水青山就是金山银山”的发展理念，探索出了一条符合浙江实际、富有浙江特色的发展路子，形成了与时俱进的浙江精神，为今后可持续发展提供了强大的精神力量与广阔的提升空间。“盛世修志，志载盛世。”《浙江通志》把浙江人民所创造的辉煌业绩和奋斗精神记载下来，既可以激发当代浙江人励精图治、团结奋斗，更能够广泛宣传浙江，让全国乃至世界更加充分地了解浙江、认识浙江，作用巨大，意义深远。

“修志问道，以启未来。”今天，浙江人民在习近平新时代中国特色社会主义思想的指引下，按照统筹推进“五位一体”总体布局、协调推进“四个全面”战略布局的要求和习近平总书记对浙江提出的“干在实处永无止境，走在前列要谋新篇，勇立潮头方显担当”的新期望，积极投身高水平全面建设小康社会和高水平推进社会主义现代化建设伟大实践。《浙江通志》的编纂出版，既为我们提供了丰富宝贵的现实经验，也为我们提供了可资借鉴的历史启示。我们要充分重视用志工作，加强宣传力度，拓宽用志途径，采用各种形式，不断扩大地方志的服务功能，既要让方志成为决策者的案头书，又要让志书成为广大群众喜闻乐见的精神产品，使地方志在“两个高水平”建设的新征程中发挥更大的作用。

是为序。

浙江省人民政府省长 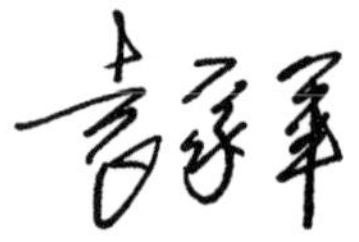

2018年10月8日

凡 例

一、宗旨

以马克思列宁主义、毛泽东思想、邓小平理论、“三个代表”重要思想、科学发展观、习近平新时代中国特色社会主义思想为指导，遵循辩证唯物主义和历史唯物主义原理，全面、客观、系统地记述浙江省自然、政治、经济、文化和社会的历史与现状。服务当代，垂鉴后世。

二、起讫时间

上溯事物发端，下限为 2010 年 12 月 31 日，必要时以注释等形式作适当下延。

三、地域范围

以下限时浙江省行政区域为界，原则上越境不书。

四、体裁

采用述、记、志、传、图、表、录等体裁，以志体为主。

五、结构

以卷章结构为主。

卷的设置以科学分类与现实社会分工（现行管理体制）相结合。凡具有特别重要地位、文化积淀深厚且体量较大者，设为专志，各置为卷。

卷下设章、节，节下根据需要设目、子目与细目等。凡时代特征、地方特色显著，又难以在正文中展开记述者，设为专记。

六、文体

使用规范的现代语体文。直接引用资料使用原文文体。

七、文字

以经中华人民共和国国务院批准、1986 年 10 月 10 日国家语言文字工作委员会重新发表的《简化字总表》，1955 年 12 月 22 日中华人民共和国文化部、中国文字改革委员会发布的《第一批异体字整理表》及 2013 年 6 月 5 日中华人民共和国国务院公布的《通用规范汉字表》为准，异形词以2001年12月19日中华人民共和国教育部、国家语言文字工作委员会发布的《第一批异形词整理表》为准。

人名、地名、书名、文章篇名及引录的原著文句，凡可能引起歧义、误解者，仍用原繁体字或异体字。

八、标点符号

以2011年12月30日中华人民共和国国家质量监督检验检疫总局、中国国家标准化管理委员会发布的《标点符号用法》为准。

九、称谓

中华人民共和国成立前的国家、民族、地名、组织、机构、职官等名称，除明显带有歧视、污蔑含义者加以适当处理外，原则上仍用文献记载的原名称。

志书下限时的地名使用各级政府审定的标准地名，必要时括注俗称地名。地名古今不同者，各章首次出现时在其后括注志书下限时的标准地名；隶属地域变化者，注明志书下限时所属地域。

外国的国名、地名、人名、民族名，以及政府机构、党派团体、报刊等名称，主要依照《辞海》（第六版）译名及新华通讯社译名室常用译名。各章首次出现时，根据需要括注外文原名。

生物名称使用学名，记述自然资源涉及有关生物名称的，各章首次出现时采用二名法，必要时加注当地俗名。

十、简称

各种较复杂的名称重复出现时，各章首次出现时使用全称并括注简称，其后出现直接使用简称；有关机构、单位2010年的简称均以《有关机构、单位全称与规范化简称对照表》为准；有关机构、单位2010年前的简称及其他简称采用社会上通行、不产生歧义者，且全卷保持一致。

十一、纪年

干支纪年、年号纪年及其他非公历纪年等，以汉字书写，括注公历纪年；非公历纪年后有月日的，同时括注经换算后公历纪年的月日。

民国纪年以阿拉伯数字书写，括注公历纪年。

同一自然段中同一纪年多次出现时，只在首次括注公历纪年，其后不再括注。

括注公历纪年于年份后加“年”字；括注某一时间段，则只在后一个公历纪年后加“年”字。

括注公元前年份，年份前冠“前”字；括注公元元年后年份直接书写年份，不冠“公元”。

自1949年10月1日起，采用公历纪年。

公历纪年及公历的世纪、年代、月、日和时分，均以阿拉伯数字书写。

十二、数字

按2011年7月29日中华人民共和国国家质量监督检验检疫总局、中国国家标准化管理委员会发布的《出版物上数字用法》表述。凡一个数字与“以上”“以下”“以内”等连用的，均含该数字。

十三、数据

中华人民共和国成立前的数据按文献记载入志。

中华人民共和国成立后的统计数据以统计部门公布数据为准。统计部门缺失者则采用相关部门经过核实的数据，并以注释形式说明资料来源。同一内容数据有不同者，也以注释形式加以说明。重要地理信息数据采用测绘部门公布的法定数据。

十四、计量单位

按1984年2月27日中华人民共和国国务院发布的《中华人民共和国法定计量单位》规定表述。行文中使用单位名称或单位符号视具体情况而定。

中华人民共和国成立前的计量单位根据需要沿用旧制。

十五、货币

中华人民共和国成立前的货币币值均按文献记载入志。

中华人民共和国成立后货币币值均指人民币币值。1955年3月1日前后人民币各按当时币值记载，不作换算。

外国货币按文献记载入志，币值不作换算。

十六、地图

按2015年11月26日中华人民共和国国务院公布的《地图管理条例》和浙江省人民政府2014年11月11日公布、2015年12月28日修正的《浙江省地图管理办法》的规定，采用经浙江省测绘行政主管部门审核的地图。

十七、注释

直接引用(引文)、地图、图片、表格及有关重要内容，均注明资料来源。其他需要说明者，亦酌情加以注释。

引用清代及清代以前编纂的志书，注明朝代、纪年、志书名称及卷次(或卷次与篇名)；引用民国时期编纂的志书，注明“民国”两字和志书名称、卷次(或卷次与篇名)；引用1949年10月1日(含)以后编纂、出版的志书，注明志书名称、出版单位、出版时间及页码。志书名称与篇名均用书名号。引用私修志书，除上述各项内容外，于志书名称前注明作者姓名。

十八、资料

取之于档案、书籍、报刊、网络及社会调查等，均经考订、核实。凡记载不一者，正文采其一说，其余说法以注释形式记述。

十九、大事记述

以编年体为主，兼用纪事本末体，专设《大事记》记载全省大事；其余各有关卷设置《大事年表》记载相关大事。

二十、人物

以“生不立传”为原则，专设《人物传》予以记载；其余各有关卷所涉人物按“以事系人”“人随事出”方法处理。

目 录

概　述

海关，是国家进出关境监督管理机关，负责对进出境运输工具、货物、行李物品、邮递物品等实施监管，征收关税和其他税费，查缉走私，编制海关统计等海关业务。中国海关，历史悠久，公元前 11 世纪，周代便出现陆地和边境关卡，统称“关津”。后随海上航行的开展和海上“丝绸之路”的兴起，沿海地区先后出现“博易务”“市舶司”等官设贸易管理机构，至清代康熙朝遂以“海关”命名。鸦片战争后，各通商口岸相继设立以外籍税务司制度为主体的新式海关，时称“新关”或“洋关”，直至民国。1949 年 10 月 1 日中华人民共和国成立，10 月 25 日，中央人民政府海关总署正式设立。1980 年，海关体制全面改革，实行垂直领导管理。浙江省自北宋初年设海关机构——两浙路①市舶司至当代，已逾千年。

一

浙江地处中国东南沿海，虽陆域面积较小，但有着漫长的海岸线，海域面积达 26 万平方千米，岛屿港湾众多。境内钱塘江、甬江、瓯江等江河汇流，且江海交汇，富水运、陆运便利。杭嘉湖平原、宁绍平原素称“丝绸之府”“鱼米之乡”，金衢盆地、浙南山地物产丰富。千百年来，浙江人杰地灵、物阜民丰、商贸繁盛。

浙江是最早通过海运开展对外通商地区之一。早在先秦时期，先民们通过航海活动与外交往，至战国，浙江与日本、高丽、东南亚等就有海上往来。隋唐京杭大运河开凿后，南北通航，杭州位于京杭大运河与浙东运河交汇处，且港口又位处海上交通和运河航运枢纽，战略地位重要、贸易条件便利。宋代，陆上丝绸之路因战乱时被阻断，对外贸易改由海路进行，海外贸易遂成规模。同时，东南沿海发达的造船业和航海技术，也使阿拉伯商人将视线转至东方，促进海外贸易更加兴盛。由此，作为管理海外贸易的海关机构在浙江开始设置，且不同时期称谓不一，功能作用也各有不同。

五代十国时期，吴越国建都杭州，辖两浙十三州，地广物丰。杭州地处江海交汇处，因而海舶常至，航海所入岁贡百万。为管理海上贸易（包括与北方中原王朝及海外各国贸易），后梁时期（907—923 年），吴越国设博易务，在北方沿海州郡派设两浙回易务，专门管理与海外各国及中原各地之间的贸易，主要职能是监督其本国与海外舶商的进出口贸易，包括官方贸

---

① 两浙路是北宋时期的一个地方行政区，含今浙江省、江苏省长江以南部分地区以及福建省局部地区。

易和民间贸易，抽取舶税。博易务虽具海关机构雏形，但其管理事项复杂。

北宋端拱二年（989年）五月，朝廷诏令杭州设立的两浙路市舶司，专门管理全国海上对外贸易。市舶司负责执行蕃货征榷和抽解、管理舶货贸易、进出港蕃舶违禁品检查、收买政府专卖品、保护外商及其货物、施行海禁等职责，因此被认为是浙江海关机构的发端。咸平二年（999年），朝廷命两浙路市舶司于杭州及明州（今宁波）各置市舶司。杭州、明州市舶司及先期的广州市舶司，史称“市舶三司”，在管理海外贸易历史上，具有十分重要的地位。元丰三年（1080年），朝廷颁行《广州市舶条》（史称《元丰市舶条》），规定由广州、明州、杭州市舶司专管沿海对外贸易，立法明确市舶司职权与职责。

较之北宋，南宋依赖外贸和面向海洋发展倾向更为强烈。由于北方处于战时状态，中国与中亚、西亚陆路贸易阻断，迫使朝廷头枕东南，面向海洋，采取一系列政策，加紧经营海上“陶瓷之路”（丝绸之路）。加之航海技术取得突破，指南针广泛使用，给海外贸易发展带来契机。南宋时与中国有海上贸易来往的国家达50多个。广州、泉州、明州和临安（今杭州）又是对外贸易四大港口，其中两浙地区占其一半。南宋时期海外贸易大发展，但市舶机构却时兴时废。

元代利用江海之利，承袭南宋市舶司管理制度，继续发展海上贸易。至元十四年（1277年），朝廷在攻取浙、闽等地后，立即在庆元（今宁波）、泉州、上海、澉浦（今属海盐）4处港口设立市舶司。后又陆续增设广州、温州、杭州3处市舶提举司（由宋代提举市舶司改称），管理沿海市舶事务。市舶司设置最多时达7处，除泉州、广州外，其余均在江浙行省，且杭州为市舶都转盐运使司，管辖庆元、上海、澉浦3处市舶司，不仅掌管进出杭州港口船货的抽分，还承担各处市舶司舶货中转任务。元时，朝廷又扩展航线，实行“官本船”的官办海外贸易制度，“官自具船、给本，选人入蕃，贸易诸货。其所获之息，以十分为率，官取其七，所易人得其三”①，这是元代官营海外贸易的一大创造。

明代实施海禁，市舶司职责划定为：“掌海外诸蕃朝贡市易之事，辨其使人表文勘合之真伪，禁通蕃，征私货，平交易，闲其出入而慎馆谷之。”②明初，浙江市舶司东移至明州（洪武十四年改称“宁波”），但朝廷于京杭运河沿线设有10余处“钞关”。宣德四年（1429年）杭州设立的北新关便是其中之一，其职责是征收船料、商税，兼管海外贸易，因隶属户部管辖，又称“户关”“户部分司”和“北新钞关”。此后，朝廷又在杭州设置南新关，由其负责征抽竹、木、炭等税，因隶属工部管辖，又称“工关”，下设10个分关；清顺治二年（1645年）改为“南榷关”。

清初实行闭关政策。至康熙二十二年（1683年）台湾平定，清廷于次年展海开禁，开放海舶贸易，江浙商品通过宁波、乍浦、定海、温州等港口进出，并批准在江、浙、闽、粤四省沿海设立海关，“海关”名称正式出现。康熙二十四年，浙海关在宁波设立。

---

① 《元史》卷九十四《食货二》。

② 《明史》卷七十五《职官四》。

二

清道光二十年(1840年)第一次鸦片战争之后,清政府被迫与西方列强签订一系列不平等条约。《南京条约》辟广州、福州、厦门、宁波、上海为“五口通商”口岸。道光二十三年十一月十二日(1844年1月1日),宁波开埠,浙海关监督“掌浙江海关印务”,辖浙江全省海关事务。咸丰八年(1858年),《中英天津条约》和中英、中美、中法通商章程规定:各通商口岸得聘请外国人帮办税务,以划一商务管理,并规定划一各地海关制度。咸丰九年后,清政府在全国各通商口岸陆续设立由外籍税务司管理的海关(新关)。咸丰十一年四月,浙海关(新关)于宁波设立[①]。光绪二年(1876年),中英签订《烟台条约》,辟温州、芜湖、宜昌、北海4处为通商口岸。光绪三年二月,瓯海关(时称温海关)在温州设立。光绪二十一年,中日签订《马关条约》,辟杭州、苏州、沙市、重庆4处为通商口岸。翌年八月,杭州关正式开关。十一月,设嘉兴分关。

新关设立后,杭、甬、温三地设海关监督,掌管常关并负责对新关进行监督。海关监督名义上是海关的最高行政长官,掌握关税保管、签发子口税单、委派书办人员、拨发海关经费等职权,但关税征收等具体关务均由税务司掌控,并接受总税务司直接领导,中高级关员也全部由总税务司选任。当时,海关主要业务,除货物和船舶监管、征收税费、查缉走私以外,还负责港务、海务和邮政,开展港政、引水、海港检疫、气象观测、船检、灯塔航标和邮区邮路等管理事务。

浙江各海关(新关)执行总税务司批准的相关规定和章程,对来往通商口岸或通商口岸与内地间的洋货、土货等,实行申报、查验、放行等制度,并按统一税则,征收货物进出口关税、复进口税与转口税、内地子口税、药土(鸦片)各税与厘金、船钞、救灾附加税、进出口附加税等。其中,除进出口关税属正税外,其他税种均属内地或埠际国内税,种类繁多。同时,各关还对来往苏州、上海、宁波、温州、杭州间航行船舶的船员、旅客所带行李物品,及来往通商口岸和通商口岸与内地间的邮包邮件,根据规定实行监管,征免关税和其他税费。新关设立后,总税务司要求编制海关贸易统计,除专题报告外,各关还需编制“华洋贸易情形论略”(简称“年度报告”),向总税务司统计报告本口岸进出口及国内运销商品情况、货运、船只、税收等相关统计指标和数值。总税务司对“年度报告”有统一要求,需依次写明“本口贸易情形概况、税收、外洋贸易、沿海贸易、旅客、金银”等内容。每10年编报“十年报告”,内容更为广泛,最初为26项,后又增加,要求详述各关所在地区10年来社会、经济、政治等变迁,举凡政治、司法、军事、贸易、财政、金融、交通、农业、矿业、工业、教育、文化、移民、饥荒、病灾等,无不详细记载叙述。

---

① 一说浙海关(新关)建于咸丰十年十一月。见胡丕阳、乐承耀:《浙海新关与近代宁波》,人民出版社2011年版,第70页。

光绪二十二年(1896年)二月，清政府批准海关开办大清邮政。同年十一月，温州邮政总局设立。光绪二十三年，杭州邮政局和宁波邮政总局又相继设立。均由海关税务司兼任邮政司，统筹各局邮政业务的办理和拓展，并建立若干邮政分局、分所、代办所等，招收员工，扩展业务，直至宣统三年(1911年)，海关与邮政全面分营自治。光绪二十四年至民国19年(1898—1930年)，杭州关还曾负责兼管浙东厘金事务，按照规定，每月向浙江牙厘总局解缴厘金，汇入上海汇丰银行总税务司署账户，用于偿还清政府光绪戊戌年(1898年)间以厘金作为抵押的英德续借款。

中华民国建立后，外籍税务司制度继续延续。民国16年(1927年)，南京国民政府成立，各关虽也积极革新除弊，取得一定成效，但仍沿用旧制。由于实行垂直管理体制，总税务司直接管辖各口海关，各关运作较为通畅。民国26年，抗日战争全面爆发，杭州沦陷，杭州关关务随即停顿。杭州关几经辗转，于次年6月，在上海江海关设驻上海办事处，处理杭州关关产、账户等善后事宜。民国30年4月，宁波沦陷，浙海关闭关，浙江仅瓯海关维持少量业务。民国32年，汪伪国民政府设"海关转口税宁波征收所"和"杭州关转口税局"，推行"统制"政策，对进出宁波和杭州的土货征收转口税。伪"杭州关转口税局"还在杭州城内外设立支所9处，所征土货转口税存入设于杭州的日资横滨正金银行。

民国34年(1945年)8月15日，日本宣布投降，抗日战争取得胜利。总税务司遂指定专人接管伪转口税征管机构，停征转口税，恢复浙海关和杭州关建制。但由于战争破坏，经济萧条，贸易一蹶不振，海关业务稀少。是年底，总税务司裁撤杭州关，所有撤关善后事宜，均移交江海关处理。民国37年9月，浙海关改组更名为江海关宁波分关。民国38年5月，杭州、温州和宁波三地相继解放。5—6月，江海关宁波分关、瓯海关和原杭州关先后由中国人民解放军军事管制委员会接管。

三

中华人民共和国成立后，江海关宁波分关、瓯海关相继分别更名为上海海关宁波、温州分关(支关)。至1954年12月，宁波、温州两支关先后裁撤。至20世纪60年代，浙江省行政区划内无海关机构设置。1972年6月，为适应温州港外贸运输需要，国务院批复同意浙江省设立温州海关。1973年3月2日，温州海关正式成立。1978年9月23日，国务院批准设立宁波海关。

1978年12月，中国共产党第十一届三中全会作出"对内搞活，对外开放"的重大战略决策。随着改革开放的推进和外向型经济的发展，国务院于1979年1月批准设立杭州海关。杭州海关隶属于浙江省对外贸易管理局，对内为浙江省对外贸易管理局海关管理处，对外称"杭州海关"，并负责管理宁波海关和温州海关。

1980年2月，国务院作出改革海关体制的决定，成立海关总署并直属于国务院，统一管理全国海关机构、人员编制及其业务。浙江省杭州、宁波、温州三海关随即由海关总署垂直领导。

由于20世纪80年代初浙江开放的海港与空港口岸较少，且贸易航线主要以近洋日本和中国香港地区为主，进出口货运量有限，因此，海关工作也仅以少量进出境船舶监管和行李物品监管为主，监管业务限于一般贸易货物验放征税、船员和旅客行李物品监管，相对比较单一。

20世纪80年代中后期，国家实施进一步对外开放政策。1984年5月，国务院批准开放14个沿海港口城市，给予更加优惠灵活的政策待遇，浙江省宁波市和温州市位列其中。此后，浙江对外贸易发展迅速，对外交往日益频繁，贸易方式和渠道日趋多样化，特别是加工贸易蓬勃发展，外资大量引进，打破了国营外贸独家经营的单一局面。同年6月，经国务院批准，杭州海关调整为厅局级直属海关机构，下辖宁波海关和温州海关。翌年2月起，杭州海关全面负责管理浙江省行政区域内的海关工作及其业务。由此，杭州海关关区管理范围和业务得到逐年扩大和拓展。至20世纪90年代，其业务门类已比较齐全，进出口货物、物品监管业务量及关税和代征税也大幅增长。为适应浙江省对外经济贸易的快速发展，1994年11月，经国务院批准，宁波海关调整为副厅局级海关，自1995年1月1日起直属海关总署领导。自此，浙江省域设杭州和宁波两个直属海关。宁波海关管辖宁波市行政区域内海关业务，杭州海关管辖除宁波以外浙江省其他区域的海关业务。

进入21世纪后，浙江外贸经济发展更加迅速。2000年，浙江省外贸进出口额达278.34亿美元，其中出口194.44亿美元；2010年，外贸进出口额则达到2535.33亿美元，其中出口1804.65亿美元，均居全国前列。随着浙江省经济和社会的全面发展，浙江海关各项业务迅猛增长，同时机构和队伍也不断壮大。截至2010年，杭州海关设置副厅局级机构1个，内设处室18个，隶属海关12个，派驻机构5个，人员编制总数为1669人。宁波海关继1995年调整为副厅局级直属海关机构后，2002年5月又升格为正厅局级海关机构。至2010年，宁波海关设置有副厅局级机构1个，内设处室16个，隶属海关6个，派驻机构5个，人员编制总数为1314人。

四

1985年，杭州海关管辖全省海关，贯彻“促进为主”的海关工作方针，在货物监管领域改革监管模式和作业流程，变单纯“把关”为“把关服务”。开展“信得过企业”“信誉良好企业”评定活动，确立方便进出和区别对待、突出重点的监管工作原则，对“信得过企业”“信誉良好企业”及国家重点工程、优秀报关员等，设立特快窗口，加快通关速度；实施监装员制度，自行监督装卸货物，以调动企业的积极性和自觉性；加强与外经贸、外管、银行、检验检疫、税务等部门的联系，建立合作备忘录制度，架构“海关监管、企业自管与社会共管”管理模式，共创浙江省进出口贸易良好秩序。在关税征管领域，执行“依率计征，依法减免，严肃退补，及时入库”的关税工作16字方针，对进出口货物执行“先税后放”制度，同时对资信好、创利多、无欠税的国营大中型企业实行凭保函或保金“先放后征”。此外，杭州海关在税则归类、完税价格审定、税款缴纳和征收质量考评方面制定了一系列制度，并定期开展税收财务检查。在税收计征和管理上广泛使用计算机，把好商品归类、审价和税收入库关。在查缉走私领域，杭州海关执行国家查私工作基本方针，重点打击重大走私活动。由于20世纪80年代浙江部分沿海地区走私泛滥，海上走私呈起伏态势，因此，打击香烟、成品油等海上走私活动一直是杭州海关查私工作的重点，并不断取得重大战果。此外，在旅检现场、进出境邮递物品和货运监管中，杭州海关也开展严查严控，查控反动和淫秽印刷品、音像制品、精神药品、易制毒化学品等禁限制货物与物品进出境，查缉文物走私。同时，查私工作与审单、查验、放行、稽查等业务环节密切配合，共享情报。

20世纪90年代初，杭州海关着手实施报关自动化试点工作，并逐步推广至全关区范围。为企业提供通关便利。至90年代中期，杭州海关业务管理范围陆续扩大，其辖区既有海港，又有航空港，既有海运方式，又有陆海空转关运输等方式，业务门类逐步齐全，进出口货物、物品监管业务量及关税和代征税逐年增长。

1995年，按照海关总署统一部署，杭州海关、宁波海关①分别建立本关的稽查制度，对自放行之日起3年内的进出口货物、在海关监管期限内的保税货物、减免税进口货物等开展后续核查，并通过审核企业会计账册和原始凭证，监督企业进出口活动的真实性与合法性，加强对企业的管理。在税收征管方面，杭、甬海关执行国家为鼓励进口而制定的各项关税优惠政策，对绝大部分规定明确、政策界限清楚的项目，依法予以减免；对少数难以确定的减免税项目，及时向海关总署请示，并以提出减免税建议的方式报批，依据批复具体承办减免税手续，以支持浙江省外资及技术引进。在查缉走私方面，由于20世纪90年代货运渠道、保税货物、减免税货物、价格申报以及“三假”②等走私违法活动猖獗，因此，上述内容均被列为全国查私工作重点。杭、甬海关实施严打措施，相继查处多起要案大案。特别是1998年全国打击走私工作会议后，杭、甬海关在分析各自关区走私活动现状基础上，制定专项方案，有针对性地开展打击走私行动。与此同时，杭、甬海关建立“红黑名单制度”，实施企业分类管理，开展海关贸易调查，完善信用管理机制，加强后续稽查。随着境外落户浙江外资项目增多，杭、甬海关在进出境货物、运输工具及人员物品管理上，相继推出针对性举措。1996年，杭、甬海关参照国际海关通行做法，在旅检现场实行“申报”和“无申报”（红绿通道）通关模式，并对国际航行船舶进出境联检制度进行改革，即不再实施集体登轮，而由海关派员在港区码头、卡口现场办公。1998年，杭、甬海关被海关总署列为全国通关作业制度改革试点单位，两关联手制定改革试点方案，监管质量和效率也同步得到提高。是年底，按照国务院和海关总署的统一部署，杭、甬海关先后组建缉私警察机构，实行垂直双重领导，并从地方抽调公检法等方面的专业人员，加强浙江省打击走私违法犯罪活动的组织和力量。

进入21世纪，浙江外贸经济发展更加迅速。为此，杭、甬海关贯彻“依法行政，为国把关，

---

① 以下杭州海关、宁波海关分别记述时用全称，两关合记时简称杭、甬海关。

② 指假单证、假印章、假签名，即伪造海关作业单证、伪造海关业务印章、伪造海关关员签名。

服务经济,促进发展”的海关工作方针,建立健全各项监管制度,想方设法提高服务效能,以适应和促进浙江省外贸经济发展。2001 年 12 月,中国加入世界贸易组织(以下简称“入世”)。针对“入世”可能带来的影响,杭、甬海关研究制定支持浙江省外向型经济发展的各项措施,如推动加工贸易转型、支持海关特殊监管区建设、促进新型外贸业态发展、提供贸易和物流的通关便利、落实国家关税减免优惠等。是年,根据国务院要求,海关总署着手建立海关进出口监测预警系统,杭、甬海关按要求落实统计监测预警工作,撰写海关统计分析,开展统计监督和统计咨询,为浙江省政府及地方有关部门、企业和广大群众提供海关统计应用服务,取得明显的经济效益和社会效益。

2003 年,中共浙江省委(以下简称省委)、浙江省人民政府(以下简称省政府)围绕加快建设全面小康目标,实施“八八战略”①,并提出“干在实处,走在前列”的总要求,杭、甬海关结合实际推动自身工作的开展。2003 年春,面对突如其来的非典型性肺炎(以下简称“非典”)疫情,为保证防疫物资和进出口货物物流畅通,杭、甬海关分别推出“防非典”“促发展”的重点措施。同时,运用信息和网络技术,推进“跨关区快速通关”“联网报关”“无纸通关”和“网上支付”等业务的开展,运用加工贸易网上审批、“一步达”网上报关、网上申领加工贸易手册等办法,创新海关信息化管理手段,进一步促进浙江对外贸易发展。

2004 年,杭、甬海关顺应浙江打造先进制造业基地和环杭州湾经济产业带建设、产业结构调整和加工贸易转型升级的需要,推进“大通关”建设,开展口岸通关效率调研,推动浙江“电子口岸”平台建设,试行“5＋2”和 24 小时预约通关制度②,支持地方外资引进和企业技术改造,落实进口减免税政策等。按照“平安浙江”建设要求,杭、甬海关还参与浙江省整顿和规范市场经济秩序工作,开发企业守法管理系统,强化企业分类管理。2005 年,杭、甬海关开启与浙江省出入境检验检疫部门的关检合作机制;优化义乌小商品监管场所建设,并按旅游购物方式进行规范管理;制定支持浙江省纺织品出口 6 项措施,促进大宗商品出口平稳增长。翌年,杭、甬海关以“促进浙江经济社会全面协调发展”为主题,联合支持宁波—舟山港一体化建设,论证舟山港金塘港区国际物流中心建设方案;杭州海关帮助萧山机场解决合资扩建等问题,并在萧山空港实现“提前申报、落地验放”通关模式,以加速空运货物进出口通关。

2006 年和 2007 年,省委提出建设“法治浙江”,实施“创业富民、创新强省”总战略。杭、甬海关为此专题研究“支持经济发展思路及支持国际物流发展建议”等课题,实施“属地申报,

---

① 2003 年 7 月,中共浙江省委十一届四次全体(扩大)会议就围绕如何加快浙江建设小康社会、提前基本实现现代化,提出必须紧密结合浙江实际,进一步发挥“八个方面的优势”,推进“八个方面的举措”(简称“八八战略”):进一步发挥浙江的体制机制优势,大力推动以公有制为主体的多种所有制经济共同发展,不断完善社会主义市场经济体制;进一步发挥浙江的区位优势,主动接轨上海、积极参与长江三角洲地区合作与交流,不断提高对内对外开放水平;进一步发挥浙江的块状特色产业优势,加快先进制造业基地建设,走新型工业化道路;进一步发挥浙江的城乡协调发展优势,加快推进城乡一体化;进一步发挥浙江的生态优势,创建生态省,打造“绿色浙江”;进一步发挥浙江的山海资源优势,大力发展海洋经济,推动欠发达地区跨越式发展,努力使海洋经济和欠发达地区的发展成为浙江省经济新的增长点;进一步发挥浙江的环境优势,积极推进以“五大百亿”工程为主要内容的重点建设,切实加强法治建设、信用建设和机关效能建设;进一步发挥浙江的人文优势,积极推进科教兴省、人才强省,加快建设文化大省。

② 即每周 5 天工作日加 2 天双休日和全天 24 小时值班服务。

口岸验放”区域通关改革；组织开发简化归类货物清单预录入系统，探索义乌小商品出口监管新模式；加强与海关总署和地方政府部门沟通，共同推进浙江出口加工区、综合保税区、保税物流中心等特殊监管区域的申请设立工作。2008年，面对世界金融危机，杭、甬海关先后推出支持浙江扩大内需、促进经济平稳增长等若干措施，争取中央有关部门对省内口岸开放的确认，为舟山修造船业和远洋渔业、义乌小商品、台州废金属、富阳废纸再生利用等地方特色经济获得国家的政策支持。与此同时，贯彻国家关于推进长三角地区协调发展的重大战略决策，杭、甬海关与上海海关进行区域海关通关合作，实现区域电子口岸间信息数据互联互通。

2009年3月11日，海关总署与省政府签署紧密合作机制合作备忘录。杭、甬海关细化落实具体条款，专题研究配套措施。为配合浙江省“海洋经济”战略及“港航强省”建设，杭州海关推动实施“五大工程”，即“政策措施跟进工程”“通关环境优化工程”“双千企业解忧工程”“特色经济助推工程”“加工贸易升级工程”，举办政策宣讲会100余场次，参加企业达7000余家。2010年，为支持浙江口岸开发开放和现代物流业发展，杭、甬海关推动长三角关际协作，建立省内“两关两检”合作机制，巩固“杭州海关区域大通关平台”应用成果。此外，为适应全省旅游、会展经济、修造船业和远洋渔业等特色经济发展，杭、甬海关联手促成舟山金塘集装箱港封关运作，支持台州大麦屿、嘉兴独山、舟山马迹山矿石中转码头临时对外开放，支持义乌小商品经济发展。为顺应杭州空港经济圈发展需要，杭州海关实施进出境旅客“半开放式”监管模式。浙江省各海关在全省经济和社会发展中不断发挥着自身的积极作用。

回望历史，浙江的海关机构历经古代“市舶司”“钞关”、近代“新关”和中华人民共和国海关，源远流长。其沧桑变迁，折射出各特定时期浙江经济和社会的发展脉络，也反映了其自身的独特作用。当今，作为沿海经济文化高度发达地区，浙江人文底蕴深厚，经济发展迅猛，人民富裕安康。浙江省“走在前，干在先”，正成为中国当代经济社会转型发展中的典范，而海关也必将在其中做出自己应有的贡献。

第一章 机 构

浙江省域海关机构，经历了从宋元代市舶司，明清代税关、钞关、海关，近代新(洋)关到现代海关的历史沿革，1000 多年，虽历经兴衰，却源远流长。

隋唐大运河的开通，带来古时南北交通的极大便利，而浙江正处运河江海交融之处，海上贸易得以繁荣。至北宋初年，朝廷在吴越国“博易务”基础上于杭州设立两浙路市舶司，管理海外贸易。端拱二年(989 年)五月，朝廷诏令凡国内海舶欲出海与海外诸国进行贸易者，均须至两浙路市舶司进行通报申请，取得市舶使官的通行证件后方可出海贸易。两浙路市舶司成为当时全国最重要的海外贸易专门管理机构，浙江海关机构由此发端。

元代沿用宋代市舶司管理制度。明代推行海禁，并施行“朝贡贸易”和“勘合制度”，浙江的市舶司东移至庆元(今宁波)，杭州逐步演变为内陆设关区域。朝廷于京杭大运河沿线设有10 余处钞关，宣德四年(1429 年)，杭州设立北新关，征收船料、商税，兼管海外贸易。稍后又设南新关。

清初实行闭关政策。康熙二十三年至二十四年(1684—1685 年)，朝廷开放海禁，批准在江、浙、闽、粤四省沿海设立海关，“海关”名称随之出现，并取代原设市舶司的管理职能。康熙二十四年，浙海关在宁波设立。第一次鸦片战争后，清政府被迫与列强签订了一系列不平等条约，在全国各通商口岸陆续设立由外籍税务司管理的海关(称为新关或洋关)。从 19 世纪60 年代开始至 19 世纪末，清政府陆续在宁波、温州、杭州设立浙海关(新关)、瓯海关、杭州关，均由外籍税务司掌管，长达近半个世纪。

民国后，海关虽积极除弊革新，但基本沿用旧制。日本侵华战争期间，杭州、宁波沦陷，杭州关、浙海关关务停顿，浙江省仅瓯海关维持海关业务。民国 32 年(1943 年)5 月和 9 月，汪伪国民政府总税务司署在浙江设立“海关转口税宁波征收所”和“杭州关转口税局”，对进出土货征收转口税，大肆掠夺资源。民国 34 年 8 月，抗日战争胜利，国民政府恢复杭州关和浙海关建制。但由于战争破坏，杭州关收入不抵支出，是年底奉总税务司令关闭。民国 37 年 9 月，浙海关改组，更名为江海关宁波分关。

民国 38 年(1949 年)5 月，杭州、温州和宁波相继解放。5—6 月，江海关宁波分关、瓯海关和原杭州关先后由中国人民解放军军事管制委员会接管。浙江省设江海关宁波分关、瓯海关，后更名为上海海关宁波分关(支关)、上海海关温州分关(支关)，至 1954 年 12 月，又相继裁撤。至 20 世纪 60 年代，浙江省无海关机构设置。

20 世纪 70 年代，国务院陆续批准设立中华人民共和国温州海关、宁波海关、杭州海关，均为处级机构。1980 年 1 月 1 日，国务院成立中华人民共和国海关总署，实行垂直领导管理体制。1984年6月9日，经国务院批准，杭州海关调整为正厅局级机构，直属于海关总署，下辖宁波海关、温州海关。1995年1月1日，宁波海关升格为副厅局级机构，直属于海关总署。2002年5月10日，宁波海关升格为正厅局级机构。至2010年，浙江省境内并存杭州海关、宁波海关2个正厅局级直属海关，宁波海关管辖宁波行政区域的海关业务，杭州海关则管辖除宁波以外的浙江省其他区域的海关业务。

第一节 市舶机构

市舶司是中国在宋、元及明初设立的管理海上对外贸易的机构，执行进出港蕃舶违禁品检查、蕃货征榷和抽解、管理舶货贸易、收买政府专卖品、保护外商及其货物、施行海禁等任务。北宋初年，杭州海外贸易日渐繁盛，朝廷在吴越国"博易务"的基础上于杭州设立两浙路市舶司，由两浙路转运司统辖。咸平二年(999年)，朝廷命两浙路市舶司在杭州及明州(今宁波)各置市舶司。杭州、明州市舶司连同前已设立的广州市舶司，史称"市舶三司"，在管理中国进出口海外贸易历史上，具有非常重要的地位。北宋元丰三年(1080年)，朝廷颁行《广州市舶条》，规定由市舶司专管沿海对外贸易。

元代继续沿用宋代的市舶司管理制度。至元十四年(1277年)，朝廷在攻取浙、闽等地后，立即在庆元、泉州、上海、澉浦(今属海盐)4处港口设立市舶司。后又陆续增设广州、温州、杭州3处市舶提举司，管理沿海市舶事务。

明代施行海禁，规定除朝贡贸易外，商民禁止出海贸易。朝贡物品以及随同朝贡船只而来的非朝贡货品的入市贸易，均由市舶提举司负责监管。明万历二十七年(1599年)，明神宗为增加朝廷收入曾大榷天下关税。后随着朝廷陆续撤回各地的矿监税使，浙江市舶机构的作用逐渐弱化。

一、杭州市舶机构

北宋太平兴国三年(978年)，朝廷兼并吴越国，同时派员接管吴越国设在杭州的管理海外贸易的机构——博易务。在该机构基础上，朝廷于杭州设立两浙路市舶司，隶属于两浙路转运司，并依照北宋舶货禁榷制度管理海外贸易。由于杭州至东京(今河南开封)距离较广州为近，并有运河相通，交通便利，端拱二年(989年)五月，朝廷诏令两浙路市舶司专管海外贸易。淳化三年(992年)四月，两浙路市舶司由杭州迁至明州定海(今宁波镇海区、北仑区)。由于移司给蕃商带来诸多不便，翌年，两浙路市舶司从定海迁回杭州。咸平二年(999年)九月，朝廷为方便商人开展贸易，敕令在杭州及明州各置市舶司。熙宁年间(1068—1077年)，两浙路市舶司衙署徙建于今杭州市劳动路转运司桥附近。元祐四年至五年(1089—1090年)间，宋朝廷采纳杭州知州苏轼所提的与高丽断绝关系的建议，废杭州市舶司。崇宁元年(1102年)七月，杭州市舶司依旧例复置。崇宁三年，两浙路提举市舶司与福建路提举市舶司同时被撤。大观元年(1107年)，两浙及广南、福建三路市舶司依旧例复置提举官。大观三年，罢两浙路提举市舶官，令提举常平官兼任。政和二年（1112 年），复置两浙路提举市舶司。

南宋初期，值财政艰难之际，朝廷裁并官僚机构，“以节浮费”。建炎元年（1127 年）六月，朝廷禁止市舶司博买奢侈品上供，并诏两浙路提举市舶司并归转运司。但翌年，又因“并废以来土人不便，亏失数多”①，为增加财政收入，依旧例复置两浙路市舶司。是年六月，因两浙路市舶司原官舍已烧毁，迁入经修葺的神霄宫。

南宋绍兴元年（1131 年），杭州改临安府，杭州市舶司改称临安府市舶务，并迁入两浙路市舶司的办公处——神霄宫。后又在城北梅家桥附近设立市舶新务。绍兴二年三月，两浙路市舶司迁至秀州华亭县（今上海松江），下辖临安府、明州、温州、秀州、江阴军（今江苏江阴）5 处市舶务。乾道二年（1166 年），因两浙路提举市舶司已分设 5 处市舶务，显得“冗蠹可罢”，又有抽解骚扰之弊，于是朝廷撤销了两浙路提举市舶司，5 处市舶务归转运司管理。绍熙元年（1190 年），光宗即位，认为杭州是国都，不宜由蕃船任意进出，只许停在临安港的外港——澉浦港，由临安府市舶务派员前往办理船舶的征榷、抽分。是年，复禁商舶至澉浦，临安府市舶务因而罢废。庆元元年（1195 年）及此后不久，朝廷禁止商船在温州、秀州、江阴军停泊，三地市舶务因此停废。不久，复置临安府市舶务，但其市舶事务也因朝廷实施禁舶贸易而受到较大影响。淳祐八年（1248 年），朝廷将临安府市舶务改称行在市舶务，由两浙转运司划归户部分掌。署衙迁至钱塘江边清水闸旁（今杭州南星桥附近）新建的官署内，直至南宋亡。

元至元十四年（1277 年），朝廷在杭州设立市舶提举司。至元二十一年，杭州市舶提举司与盐运司一起合并为杭州市舶都转盐运使司，管理舶货的征榷、抽分，负责转储广州、温州、泉州、庆元、上海、澉浦等各地市舶司抽解的舶货，并负责管理“官本船”海外贸易。至元二十四年，杭州市舶机构转隶专掌海运的江浙行泉府司管辖。至元三十年，杭州市舶都转盐运使司与当地税务合并。至大四年（1311 年），朝廷罢各路市舶提举司。

明洪武五年（1372 年），朝廷设市舶机构于明州（洪武十四年改称宁波），杭州设置的只是提督市舶太监衙门。永乐元年（1403 年），明成祖诏令恢复宁波市舶司设置，设立杭州市舶务，负责掌管海外商船货物来杭贸易的征税事务。嘉靖二十三年（1544 年），杭州市舶务移驻台州。嘉靖二十七年，杭州市舶务改驻宁波，由巡海副使兼理。至万历朝末年，明神宗停止征收榷税，明廷撤回各地的矿监税使，浙江境内的市舶机构亦自然消亡。

二、宁波市舶机构

北宋太平兴国三年（978 年），朝廷于杭州设两浙路市舶司，管理两浙的海外贸易。淳化二年（991 年），明州定海海外贸易逐渐兴盛，每年均由杭州市舶司派员前往从事抽解和博买，甚为不便。淳化三年，两浙路市舶司由杭州迁至明州定海。同年，迁到明州城内，由张肃担任两浙路市舶使。明州市舶司官署在子城东南，左倚外城，即今宁波市东渡路。淳化四年，张肃认为市舶司由杭州迁到明州不便，同年两浙路市舶司仍迁回杭州。咸平二年（999 年），朝廷下令在杭州和明州各设市舶司。明州市舶司辖区为两浙东路沿海的明州、台州、温州三地。

① 《宋会要辑稿》第八十六册《职官四四》。

自元丰三年(1080年)起,明州成为市舶司发放前往高丽、日本贸易公凭的唯一合法港口。

南宋建炎元年(1127年),明州市舶司罢废,归并转运司。建炎二年五月,复置明州市舶司。绍兴二年(1132年),明州市舶司改设为市舶务,隶属于两浙路市舶司。乾道二年(1166年)两浙路市舶司被废后,明州市舶务直属户部,市舶的舶税抽解职责委知州、通判、知县和监官共同检视,由转运使副职为主管官。明州的市舶机构比较齐全,除了官衙以外,还有安远驿、迎宾馆、四明驿、市舶库等。安远驿,是接待商人的驿馆,服务于贡使及其随行人员。市舶司的专门仓库是东库。庆元元年(1195年),明州改称庆元府,是为庆元市舶务。嘉定十三年(1220年),庆元市舶使官署毁于大火,后由通判王珽重建,时久废圮。宝庆三年(1227年),知州胡矩捐资,命通判蔡范重建。次年,即绍定元年(1228年)正月,再次毁于火,不久重建。南宋时,温州从庆元府分离出去,另设温州市舶务,庆元市舶务的辖区仅庆元、台州两地。南宋光宗、宁宗后,废江阴、秀州、温州三市舶务,庆元市舶务成为两浙路管理对高丽、日本诸国贸易的唯一机构,直至德祐元年(1275年),因元军大兵压境,庆元市舶务方被罢废。

元至元十三年(1276年),元军占领庆元府,改称庆元路。庆元与泉州、广州在元代列为三大对外港口,管理海外贸易的机构称市舶提举司。至元十四年,元军攻克两浙、福建后,沿袭南宋市舶制度,在庆元、上海、澉浦、泉州设市舶司。庆元路市舶司位于路治东北隅姚家巷。市舶司库即宋市舶司旧址。至元三十年,温州市舶司并入庆元市舶司。大德二年(1298年),澉浦、上海市舶司并入庆元市舶司,直属尚书省管辖。元代,庆元市舶司辖区为温州、澉浦和上海三地,辖区除浙东沿海地区外,扩大到浙西(现浙北)沿海和上海地区(当时松江府的华亭、上海两县)。大德七年,实行海禁,罢庆元市舶司。至大元年(1308年),恢复庆元市舶司,允许商人出海贸易。至大四年,又罢之。

元延祐元年(1314年),复立庆元市舶司,然而仍然禁止商人下海,由官府垄断海外贸易。延祐七年,朝廷以下海商人将丝银细物与外国交易为由,再罢庆元市舶司,并撤销建于城东北隅姚家巷的市舶司官舍。至治二年(1322年),恢复庆元市舶司,但朝廷重申严市舶之禁,禁止金银、丝绵、人口贩往海外。次年,朝廷开海禁,"听海商贸易,归征其税"①,直至元末撤销。

元至正二十四年(1364年,宋龙凤十年),吴王朱元璋政权始于明州置浙江市舶提举司。至明洪武三年(1370年),朝廷共设明州、泉州、广州3处市舶司,以中官主事,其中以明州通日本。洪武七年十月,因倭患严海禁,罢明州市舶司,以后废置不常。洪武十四年,明州改称宁波府。永乐元年(1403年),明成祖诏令恢复市舶司设置,允准设立宁波、泉州、黄渡(太仓)和广州市舶提举司,"设官如洪武初制"②,由宦官掌管(称为市舶中官)。宁波市舶提举司衙门设在宁波府治西北隅,建有正厅、东西廊房、迎宾厅、庖舍、明楼、耳房等。永乐三年,原洪武初年所设广盈东仓(原宋元市舶司库)改为宁波市舶司库。同年,因诸蕃贡使益多,诏令在宁波府设置安远驿,专门接待日本使团,归宁波府市舶司管辖,此后历经百余年。

嘉靖二年(1523年)五月,日本西海道国主大内氏遣使宗设入贡,率船3艘到达宁波。几

① 《元史》卷九十四《食货二》。
② 《明史》卷七十五《职官四》。

天后，南海道国主细川氏又遣使瑞佐和宋素卿入贡。宁波市舶太监赖恩受宋素卿重贿，违反先到先验的先例，先检验后到的瑞佐货物。在宴会上，又违例让后到的瑞佐坐在宗设上首。宗设气愤，杀瑞佐，纵火烧掠宁波，追逐宋素卿直至绍兴城下。宗设回国时，宁波卫指挥袁琎兵败被俘。宗设攻定海不下，扬帆出海，备倭指挥刘锦追至海上，阵亡，是为"争贡事件"。给事中夏言上奏：倭寇之乱，起因于市舶，下令罢宁波市舶司。嘉靖三十九年(1560年)，恢复宁波市舶司。嘉靖四十四年，朝廷复罢宁波市舶司。隆庆二年(1568年)，设浙海钞关于宁波，征收船舶钞税。明代推行的"朝贡贸易"制度，致使宁波港的对外贸易不再繁荣，宁波市舶司地位亦大不如前，逐渐弱化消亡。

三、其他市舶机构

(一)温州市舶司

南宋绍兴元年(1131年)，朝廷于温州置市舶务。温州市舶务原归两浙路提举市舶司管辖，乾道二年(1166年)，两浙路市舶司撤销，改归转运司管理。地址在今温州市区府学巷工人文化宫附近。绍兴十年曾遭大火焚毁。庆元元年(1195年)，由于温州等地市舶收入显著减少，朝廷撤销温州市舶务。

元代朝廷为充盈国库，仍继续沿用宋代的市舶司管理制度，鼓励开展海外贸易。自至元十四年(1277年)起，在庆元、泉州、上海、澉浦、广州、温州、杭州等地相继设立市舶提举司。至元三十年，朝廷颁布《市舶则例二十二条》，对开放的贸易港口加以整顿，撤销温州市舶司，并入庆元市舶司。

(二)秀州市舶务

北宋政和三年(1113年)七月，于秀州华亭县置市舶务，抽解博买，专置监官一员。"后来因青龙江浦堙塞，少有蕃商舶船前来，续承朝旨，罢去正官，令本地县官兼监。"[①]宣和元年(1119年)，因青龙江开通，复仍设专任监官一人。南宋绍兴二年(1132年)，两浙路市舶司移至华亭县时，华亭市舶务改设青龙镇，后改称上海市舶司。乾道二年(1166年)，宋高宗裁撤两浙路市舶司，秀州市舶务归两浙转运司管理。庆元元年(1195年)，朝廷禁止商船在秀州停泊贸易，秀州市舶务因而撤销。

(三)江阴军市舶务

南宋绍兴十五年(1145年)，朝廷于两浙西路江阴军(今江苏江阴)置市舶务。《宋会要辑稿》第八十六册《职官四四》载："(绍兴)十五年十二月十八日，诏江阴军依温州例，置市舶务，以见任员一员监管，从本路提举市舶司请也。"乾道二年(1166年)，宋高宗裁撤两浙路市舶司，江阴军市舶务归两浙转运司管理。庆元元年(1195年)后停废。

① 《宋会要辑稿》第八十六册《职官四四》。

(四)澉浦市舶务

南宋定都临安(今杭州),辟澉浦为临安外港。淳祐六年(1246年),于海盐县澉浦置市舶官,负责对商船的抽分、征榷。淳祐十年,在澉浦镇东海岸置市舶场,隶属行在市舶务管辖。据《海盐县志》载:淳祐十二年,委朱海杰为澉浦市舶官。宝祐二年(1254年),委胡用虎为澉浦市舶官。

元袭宋制,至元十四年(1277年),于澉浦置市舶提举司,委派航海世家、通晓航海贸易、祖居澉浦的福建安抚使杨发督之。大德元年(1297年),澉浦市舶司并入杭州市舶都转运司。大德二年,澉浦市舶司并入庆元市舶提举司。

第二节 北新关 南新关 浙海关

明代实行海禁,施行"朝贡贸易",海上贸易不昌。然朝廷于京杭大运河沿线设有10余处钞关。宣德四年(1429年),在杭州设立北新关,征收船料、商税,兼管海外贸易。因隶属户部管辖,又称"户关""户部分司"和"北新钞关"。此后又在杭州设南新关,由其负责征抽竹、木、炭等税,用于疏浚、营建、造船等。因隶属工部管辖,又称"工关",下设10个分关。清顺治二年(1645年)改为"南榷关"。北新关、南新关虽属税关,但对舶货实施稽征,也兼具某些海关职能。康熙二十四年(1685年),朝廷在沿海设江、浙、闽、粤四海关。浙海关则主要对沿海商船和贸易稽征舶税。

一、北新关

明宣德四年(1429年),朝廷在杭州府仁和县武林门北十里外的水陆要冲、商旅辐集之地设置北新关。关卡附近有桥,称"北新",故以此名关,征收船料。景泰元年(1450年),朝廷委派户部官吏专门掌管苏、杭二府征收船钞事宜,故又称"钞关"。景泰六年,罢主事船钞官吏,而委派杭州府官掌管船钞征收。成化四年(1468年),北新关等钞关一并罢废。成化七年,北新关复设。弘治六年(1493年),朝廷命南京户部派遣官吏掌管北新关,由此形成钞关管理定例。正德六年(1511年),北新关除收船料外,还兼收商税。此时,北新关隶属杭州府织造掌管。至万历年间(1573—1620年),明朝廷数次对钞关进行整顿,经过合并或裁减,只留杭州(北新关)、临清、淮安、扬州、苏州、九江及河西务等7处。

清初沿用明制,在内地的一些交通要道设钞关(户关)征收船税,还将一些钞关改称"榷关"。顺治二年(1645年),北新关改名为"北榷关",征收船税及商税,所征税款上缴户部,仍归户部管辖。康熙四年(1665年),朝廷将部分榷关交地方官管理,北新关归浙江布政使征收税课。康熙七年,改隶于两浙转运使。康熙八年,对于北新关等12处复定税收额较多的钞关,朝廷仍派部员督征。康熙五十三年,杭州等9处钞关,先后改交各地巡抚监管。雍正元年(1723年),又改由地方管理。雍正二年,因"关课紧要"仍改归户部管理。雍正七年,北新关归属杭州织造府兼管。同治二年(1863年),停北新关征税。翌年12月,左宗棠奏请北新关暂缓开设征税。光绪元年(1875年)、二年和八年,拟恢复北新关征税,终因浙江巡抚等再三反对,北新关终告罢废。

二、南新关

明代初年,朝廷在杭州等地设有抽分竹木场,对客商贩运的竹子、木材、薪炭等课税。洪武十三年(1380年),明太祖下诏"罢天下抽分竹木场"①,取消各地所设的抽分竹木场。成化七年(1471年),朝廷允准在杭州、荆州、太平(今安徽芜湖)等三府设置抽分竹木局,由工部都水司派官吏进行管理,对过往的竹、木等货物抽税,抽税形式以竹、木等实物为主,税费收入供工部用于缮造船舶等事项。于是,在杭州设立南新关,隶属工部,亦称"工关"。根据《南关榷事书》载,南新关计有渔临关、安溪关、观音关、良畎关、板桥关、祓楠关、北新关、美政关、古荡关、富新关等小关10处。

清顺治二年(1645年),沿袭明制,复设南新关,并改名为南榷关,其抽分勘验在城外旧场,而驻节仍于城中榷署,由工部委派本部司员掌管抽分事务。雍正七年(1729年),南新关归属杭州织造府。同治四年(1865年),南新关裁撤。

三、浙海关

清康熙二十四年(1685年),朝廷在宁波设立浙海关,关址在宁波江东包家道头。同年,设浙海关监督一员(不分满、汉)、笔帖式一员。海关监督由朝廷指派,是浙海关的最高行政长官。浙海关辖区包括宁波、绍兴、台州、温州四府及浙西(今浙北)的嘉兴地区。浙海关根据海税征管需要在所辖沿海各地设置关口,一般在往来贸易集中且港湾水情稳定的地域设置大口稽征舶税,如在大关、沥海、白桥、温州等;在其他有船只往来贸易的集散地设置小口;另在大口或小口附近的小支港船只可以通行及装卸货物之处设置旁口,如大关口附近的蟹浦及邱洋、沥海口附近的王家路、白桥口附近的健跳、温州口附近的宁村等,派单书、巡役等负责稽收税银。

图67-1-2-1 乾隆二十八年(1763年)所建浙海关大关(《宁波海关志》,浙江科学技术出版社2000年版,彩版第8页)

康熙三十四年(1695年),

① 《明史》卷八十一《食货五》。

宁波设浙海关衙署，地址位于府治南旧理刑馆处（今宁波市中山西路鼓楼东侧）。同年，又批准在定海县（今舟山市）设海关衙署。康熙三十七年，浙海关监督张圣诏请朝廷允准，将浙海关衙署移驻定海县城东。康熙五十九年，裁浙海关监督，由浙江巡抚兼任。康熙年间（1662—1722），浙海关监督衙署设有稿房、洋房、闽房、梁头房“四房”。乾隆元年（1736 年）后，专委宁绍台道护理。乾隆二十二年，由于海盗猖獗，朝廷下令外国商船只准到广州一地贸易，浙海关管理进口贸易职能消失，定海海关衙署被关闭。乾隆二十八年九月，浙海关改设在江东木行路，商舶往来于此验税，称大关口（又称“浙海大关”，俗称“税关”）。至道光朝初年，浙海关管辖的各类关口计有 35 处。道光二十三年十一月十二日（1844 年 1 月 1 日），宁波开埠通商后，浙海关监督“掌浙江海关印务”，辖区浙江全省。

咸丰十一年（1861 年）四月十三日，清政府设立浙海关（新关），将设于江东（木行路 25 号）的浙海大关及其旁口改为常关，由浙海关监督掌管。浙海关监督由分巡宁绍台海防兵备道张景渠兼任。浙海关监督署设立于道台衙门内，在昔浙海关旧址。同治十三年（1874 年），薛福成任分巡宁绍台兵备道兼浙海关监督，并连任关、道 5 年。浙海关监督主要行使计算关税收入、记载日常事务、批示拨发海关经费支出、委派下属书办往浙海新关等职权。浙海关（新关）税务司负责估税，海关监督负责收款、保管及解缴税钞（由指定银号代理）。从开关到清代末的 50 年间，浙海关（新关）税务司对税款并无直接管理权。浙海关外班洋员如总巡、巡丁、船长等，虽由税务司任命，但形式上必须由海关监督发给委任状（当时称为“喻单”），才在法律上得到正式承认。同治十二年，总税务司赫德发出第 13 号“总税务司通札”称：“监督不能命令税务司”，从而削弱了海关监督的权力，并使之失去对海关外班洋员名义上的任免权。

光绪二十七年（1901 年），清政府根据《辛丑条约》将以通商口岸海关为中心 50 里内的常关划归海关税务司兼管，代征常关税。是年十月，距宁波口 50 里以内的常关——江东的浙海常关总关、镇海分关及小港、沙头两口，划归浙海关（新关）税务司兼管。

宣统三年（1911 年）九月十五日，宁波光复，成立军政分府，由军政分府都督兼浙海关监督。民国元年（1912 年）6 月，浙海关监督公署成立，地址位于今宁波市中山西路清代海关衙署内，设海关监督一人，由北洋政府民国大总统委派。浙海关监督除管辖浙海关外，专管距新关 50 里外的常关。12 月，北洋政府财政部开始收回对海关监督的管理权限，将海关监督直接隶属于中央政府，不归地方都督管理，并制定《新任各关监督办事暂行规则》。同年，浙海关依照《浙海关监督公署办事细则》，设立督署税务课和督署稽核课。民国 2 年，浙海关监督公署设镇海、定海两分关。民国 5 年，在定海县沈家门、岱山、衢山、螺门等地添设 4 卡，属定海分关管辖。民国 19 年 3 月，浙海关监督所辖 50 里外的常关分关 11 处，及所属旁口分卡 24 处，全部划归浙海关（新关）税务司管理。次年 6 月，撤销浙海关所管辖的 50 里外的所有常关分关和分卡。民国 26 年 9 月，裁撤浙海关监督公署，全部档案及财产均移交浙海关（新关）保管，仅保留海关监督一人继续办理关务。民国 27 年 2 月，又裁去浙海关监督，其事务统由浙海关税务司掌管。

第三节　浙海关(新关)　瓯海关　杭州关

第一次鸦片战争后,清政府被迫与西方列强签订一系列不平等条约,海关成为清政府征收税款、偿还赔款和外债的重要机构。咸丰四年(1854年)六月,英、法、美三国驻沪领事趁上海小刀会起义、江海关关务停顿机会,组成江海关税务监督委员会,开始实行税务监督制度,参与江海关对出入口岸外国商船的征税管理事宜。第二次鸦片战争后,清政府与列强签订《天津条约》及与英、美、法签订《通商章程善后条约》作为《天津条约》附约,按照此条约,清政府于咸丰九年札派英人李泰国为"总管各口海关总税务司"。此后,全国各通商口岸统一按照江海关税务司制度设立海关,称为"新关",亦称"洋关",其中包括浙海关、瓯海关、杭州关,负责征收对外贸易税费。清政府原设的户关、工关、海关则称为"常关",专征商税和民船船钞。

新关设立之后,仍设有海关监督公署,掌管常关,并对新关实施监督。辛亥革命后,海关监督权力削弱,原来拥有的收纳、保管税款的权力都为外籍税务司所掌控。民国26年(1937年),浙海关、瓯海关和杭州关海关监督公署先后裁撤,仅保留海关监督一职。民国34年,全国各海关监督又奉令裁废。

一、浙海关(新关)

清咸丰十一年(1861年)四月,总理衙门决定在宁波设立浙海关(新关),总税务司委任署理中国海关总税务司英国人费士来(G. H. Fitz-Roy)兼浙海关税务司,并委任美国人华为士(W. W. Ward)为第一任浙海关(新关)税务司,两人负责筹建浙海关(新关)。四月十三日,清政府在宁波府江北岸外马路74—75号设立浙海关(新关),将设于江东(木行路25号)的浙海大关及其旁口全部改为常关,由浙海关监督掌管。五月,浙海关(新关)公布《宁波口各国商船进出口起下货物完纳税钞章程》,又名《浙海关章程》。是年十一月初八,太平天国军队攻克宁波城,驱逐浙海关监督、税务司,成立"天宁关"①。同治元年(1862年)四月十二日,太平军退出宁波,浙海关恢复建制。

光绪二十七年(1901年)《辛丑条约》签订后,相关条约国强行规定以常关税补足中国海关税和盐税摊付赔款的不足部分,规定以通商口岸海关为中心50里内的常关划归海关税务司兼管,代征常关税。是年十月,距口岸50里以内的常关——江东的浙海常关总关、镇海分关及小港、沙头两口,划归浙海关(新关)税务司兼管。宣统三年(1911年)九月十五日,宁波光复,由军政分府都督兼浙海关监督。但浙海关(新关)税务司秉承总税务司意旨,夺取浙海

---

① 清咸丰十一年(1861年)十一月初八,太平天国军队攻克宁波城,驱逐浙海关监督、税务司,改原浙海关监督署(今宁波市中山西路鼓楼东侧)为"天宁关",保留原浙海关江东常关。在镇海设天平关,在宁属洛兴埠、慈溪沙集、鄞县梅墟等处设立税卡。小刀会上海帮首领大将军潘起亮任海关监督。公布税则,减低税率,宣布3个月内不征进出关税,凭关票验收进出货物、船舶,禁止鸦片进口。清同治元年(1862年)四月初九,清军攻陷镇海,天平关被占领。同月十二日,太平军退出宁波,天宁关结束,历时近半年。

关监督的税款保管权，架空海关监督对新关的监督权。

民国19年(1930年)3月，浙海关(新关)税务司又取得管辖原浙海关监督所辖的50里外常关分关11处，及所属旁口分卡24处。

民国30年(1941年)4月，宁波沦陷，港口、码头、仓库等设施尽遭破坏，仅商轮数艘行驶于甬沪线。同年12月，汪伪国民政府总税务司岸本广吉派伪总税务司署企划处副处长加藤畦一到宁波接管浙海关。后因无税可征，于次年3月闭关。民国32年5月，汪伪国民政府设"海关转口税宁波征收所"，在宁波江东、江北岸轮船码头等交通要道设立分卡，在镇海设立分所。抗日战争胜利后，"海关转口税宁波征收所"被国民政府接管。民国34年，恢复浙海关建制，暂准宁波口岸与外洋贸易。但因日军侵略之后的宁波经济奄奄一息，民族工业凋敝，进出口贸易每况愈下，浙海关关务清淡，税费收入不抵关务支出。民国37年9月，海关总税务司呈请国民政府财政部，将浙海关及其所属机构划归江海关管辖，由乔汝镛负责将其改组为江海关宁波分关，并任宁波分关副税务司。

1949年5月，宁波解放，江海关宁波分关由中国人民解放军宁波市军事管制委员会接管。

二、瓯海关

清咸丰十一年(1861年)，浙海新关设立时，原浙海关下属的温州、瑞安、平阳等口及其旁口改组为浙海常关所属的分支机构。同治四年(1865年)，为管理方便，浙海常关温州口改组为瓯海常关，并将原来管辖的瑞安、平阳两口，也划给瓯海常关管理，由温处道兼任瓯海常关监督。

光绪二年(1876年)七月，中英签订《烟台条约》，温州被辟为通商口岸。翌年二月十八日，温海关设立，半年后，根据总税务司署的指示，温海关改称瓯海关，地址位于温州府城镇海门(东门)外岸。总税务司任命英国人好博逊(H. E. Hobson)为瓯海关首任税务司。另设瓯海关监督一职，由温处道方鼎锐担任，对外称"瓯海关监督公署"。瓯海关监督管理瓯海常关，并对瓯海关税务司进行监督，但权力十分有限，行政管理权主要掌握在税务司手中。

光绪二十七年(1901年)，根据《辛丑条约》规定，常关税收列为"庚子赔款"担保之一，清政府将距离通商口岸50里内的常关划归各口海关税务司管理。但由于遭到当地官员的抵制，从光绪三十三年三月起，瓯海关税务司才开始取得温州50里内的常关的部分管理权。至民国2年(1913年)4月，取得瓯海常关所属50里内的宁村、状元桥等口的全部管理权。民国19年3

图67-1-3-1　民国8年(1919年)时的瓯海关税务司官邸(杭州海关提供)

月1日，又取得温州50里外的常关，计瑞安、平阳（古鳌头）等5处分口及其所属旁口的管理权。民国20年6月，温州口50里内外常关及所属分卡、堵卡全部裁撤，其中宁村、瑞安、古鳌头等由瓯海关改设分卡。温州港各类船舶的进出手续、货物的税款（包括船钞）缴付全部向瓯海关办理。

20世纪30年代初，台州地区沿海一带走私猖獗，因此，瓯海关于民国22年（1933年）1月在海门（今台州市椒江区）设立分卡。民国26年7月抗日战争全面爆发前夕，瓯海关分卡仅剩海门、古鳌头2个。当时瓯海关管辖范围为北起海门、南至浙闽交界附近的镇下关（镇霞关）沿海一带。民国26年10月，瓯海关监督公署撤销，只留监督一人。

抗日战争时期，浙江省仅剩瓯海关维持海关业务。随着日军不断加紧对温州进行海上封锁，温州海运衰落，瓯海关监管重心逐步从港口转向内陆。民国31年（1942年）1月1日，闽浙货运稽查处奉令裁撤，其在浙江境内所属的安吉、於潜等10个分站，由瓯海关接收并改组为分卡。4月，瓯海关奉令征收战时消费税，陆续在浙江内地的安华、孝丰、东阳、青田、龙泉、仙居、临海、淳安、衢县、泽国、壶镇、临安以及沿海的金清镇、石塘等地设立分卡，最多时达到20多处，管辖范围几乎遍及浙江全省（除沦陷区外），正式关员达100余人。

民国34年（1945年）2月1日，随着全国各关监督裁废，瓯海关监督一职即行撤销。至抗日战争结束，瓯海关所属支关陆续裁撤，剩下瑞安、古鳌头、海门3个沿海支关也先后于民国36—37年间撤销。

民国38年（1949年）5月，温州解放。6月，瓯海关由中国人民解放军温州市军事管制委员会接管，并划归江海关。

三、杭州关

清光绪二十一年（1895年）三月，中日《马关条约》辟杭州为通商口岸。光绪二十二年四月十九日，总税务司派英国人李士理（S. Leslie）筹建杭州关。八月二十五日，杭州关正式开关，当日公布关章，即《杭州口各国商船起下货物完纳税钞及各项开口试办章程》。关址位于杭县拱宸桥通商场（现杭州市第二人民医院）。李士理为首任税务司。十一月十一日，于嘉兴县（今嘉兴市）端平桥运河旁杉青闸设杭州关嘉兴分关，征收货税、烟土税厘及管理经往运河的船舶和货物。翌年六月初二，清政府在杭州设立杭州关监督公署，隶属于总理衙门，署址位于杭州蒲场巷。首任海关监督邹仁浦，对杭州关税务司负监督之责。设总务科、稽征科和交涉科等机构。杭州关所征税款，概交杭州关监督公署保管、汇解，一切关务行政由海关监督主持处理。杭州关所需薪津费用，依一定数额向杭州关监督具领。

光绪二十四年（1898年）二月初九，清政府为偿还外债和筹集军饷，与英、德签订续借商款协议，规定以通商口岸所征各项厘金先为偿还借款，责成总税务司代征。是年三月初六，总税务司在杭州设立浙东厘金局，下辖宁波、绍兴、台州、温州、处州（今丽水市）5个总局、36个分局。任命四品衔、原九龙关副税务司孟家美（英籍）为杭州关额外副税务司，专门经理浙东厘金事务。厘金局置于总税务司辖下，与杭州关不是隶属关系。自光绪二十七年七月孟家美离任之后，所有杭州关税务司、副税务司（共21任）都兼理浙东货厘事务，而未接管浙东厘金局的全部工作，直至民国20年(1931年)浙东厘金局裁撤。

图67-1-3-2 光绪二十三年(1897年)所建杭州关税务司帮办宿舍(杭州海关提供)

杭州关成立之后，曾设立分支机构。民国元年(1912年)7月2日，杭州关在杭州闸口火车站设立办事处。民国13年，在杭州城站邮局设立邮包办事处。民国23年8月8日，嘉兴分关因国民政府裁撤厘金之后税收锐减，接总税务司署会同关务署联合发布的指令，被定为永久上下客货处所。民国25年，为打击和防止陆运走私，杭州关在杭州城站设立"杭州关防止陆运走私稽查处"。民国26年，海关总税务司批准杭州关设立钱塘江分卡和西兴分卡。

民国26年(1937年)9月29日，据国民政府训令，裁撤杭州关监督公署，监督一职仍予保留，驻杭州关办理关务，原有关防、小关章予以保留，其卷宗、财产移交杭州关接管。民国27年2月2日，国民政府财政部鉴于杭州沦为战区，海关监督无法执行职务，杭州关监督被裁撤。民国26年12月13日，南京沦陷。杭州关税务司卢斌率员撤退至安徽省，在歙县城北门外设立杭州关歙县办事处。民国27年3月，撤至温州，根据总税务司指示，撤退的职员安排在瓯海关工作。是年6月11日，杭州关在江海关办公楼设立杭州关驻上海办事处。此时杭州关只有税务司1人，由江海关配备1名帮办协助工作。

民国30年(1941年)12月8日，日军占领上海英租界，接管总税务司署，国民政府总税务司署移至重庆。汪伪国民政府设伪总税务司署，推行"统制"政策，大肆掠夺资源。民国32年9月14日，伪总税务司署设立"杭州关转口税局"，对进出杭州的土货征收转口税。局址位于杭州市清波门桥45号，另在杭州城站、艮山门站、清波门、钱塘门、武林门、南星桥、邮政局7处设立分卡。民国33年1月，伪"杭州关转口税局"奉伪总税务司令，所有分卡一律改称支所。民国34年1月1日，伪"杭州关转口税局"设立萧山支所，所址位于西门外金家潭。1月15日，增设笕桥监视所。

民国34年(1945年)8月抗日战争胜利，国民政府总税务司署驻上海办事处派员接管伪"杭州关转口税局"，并恢复日军占领前的建制，仍称杭州关。所有日籍人员予以特殊离职。8月19日，原伪"杭州关转口税局"总务课长王义福按国民政府总税务司令，接管伪"杭州关转口税局"。9月20日，杭州关恢复建制。总税务司任命王义福为杭州关暂行代理主任。但此时，杭州关业务萧条，税收锐减，经费入不敷出。12月10日，杭州关奉总税务司令于即日关闭，所有善后工作交江海关处理。民国35年3月31日，杭州关善后工作全部处理完毕。

第四节 杭州海关 宁波海关

1949年10月中华人民共和国成立，除杭州关未恢复建制外，浙江省设有江海关宁波分关、瓯海关，后更名为上海海关宁波分(支)关、温州分(支)关，至1954年12月，按照中央人民政府海关总署的指令相继裁撤。自此，至1972年，浙江省境无海关机构，凡涉海关业务概由上海海关派员办理。

20世纪70年代，随着国家实行对外开放政策，对外贸易逐步恢复增长，为加强管理，从1973年至1979年间，经国务院批准，中华人民共和国温州、宁波、杭州海关陆续设立，管理体制为由对外经济贸易部海关管理局指导海关工作，由浙江省革命委员会和地方外经贸局共同管理。

1980年2月9日，国务院对海关管理体制进行改革，全国海关建制收归中央统一管理，成立中华人民共和国海关总署(以下简称海关总署)，作为国务院直属机构，统一管理全国海关机构、人员编制及其业务。各地海关机构的设立、撤销，由海关总署会同有关部门报国务院审批。各地海关受所在地省、市、自治区人民政府监督指导。1981年2月25日，浙江省人民政府(以下简称省政府)据此发出《关于杭州、宁波、温州海关管理体制的通知》:杭州、宁波、温州海关的人员编制及其业务由海关总署统一管理，同时受省政府监督指导;省政府委托浙江省进出口管理委员会负责监督各海关贯彻执行国家统一制定的方针、政策、法律、法令、规章，协调海关与有关部门的关系，指导反走私工作。1983年11月7日，省政府决定，杭州、宁波、温州海关由地方监督指导工作，委托浙江省对外经济贸易厅代管。1984年6月9日，经国务院批准，杭州海关调整为正厅局级机构，直属于海关总署，下辖宁波海关、温州海关。同年11月，海关总署进一步强化海关体制改革，对全国海关实行集中统一垂直领导。1987年7月1日，《中华人民共和国海关法》正式施行，全国海关的隶属关系不再受行政区划的限制，海关依法独立行使职权，向海关总署负责。由此，杭州海关及所辖宁波、温州海关由海关总署垂直领导管理。

1995年1月1日，宁波海关升格为副厅局级海关机构，直属于海关总署。2002年5月10日，宁波海关升格为正厅局级机构。其时，浙江省域内海关业务由杭州、宁波两个直属海关分别独立管辖与办理。其中宁波海关管辖宁波市行政区划内的海关业务，杭州海关管辖除宁波市行政区划以外浙江省域的海关业务，同时负责浙江省海关对口联系省政府工作。

至2010年12月，杭州海关内部共设立1个缉私局(副厅局级)及7个缉私分局、18个职能处(室)、12个隶属海关、5个派驻机构、2个关直属事业单位。宁波海关共设立1个缉私局(副厅局级)及4个缉私分局、16个职能处(室)、1个正处级海关总署派驻机构、6个隶属海关、5个派驻机构、2个关直属事业单位。

一、杭州海关

(一)机构沿革

民国38年(1949年)5月3日,杭州解放。5月16日,王建华、李振敏受中国人民解放军杭州市军事管制委员会命令,作为军代表往拱宸桥旧址接管杭州关的关产、档案。1951年12月28日,原杭州关位于拱宸桥一带的房产转拨给杭县人民政府。至1979年重新设关之前,杭州地区所涉海关业务概由上海海关派员前往办理。

1978年,杭州海关开始筹建,办公地点设于杭州市长生路24号原浙江省对外贸易局(以下简称省外贸局)内。1979年1月2日,国务院批复浙江省革命委员会、对外贸易部:同意设立杭州海关。人员配备、干部编制和经费开支由浙江省解决。1月17日,浙江省编制委员会批复省外贸局:杭州海关隶属省外贸局领导,对外称杭州海关,对内是省外贸局海关管理处,管理宁波、温州海关工作。10月1日,杭州海关开关,王长索首任关长。

1980年10月29日,杭州海关设办公室(包括人事工作)、业务科、查私科、驻机场办事处4个科级机构。1981年2月25日,根据省政府通知,杭州海关为处级机构。1982年7月1日,杭州海关迁至杭州市曙光路5号办公。

1984年6月9日,经国务院批准,杭州海关调整为厅局级机构,下辖宁波海关、温州海关,沈德华任关长。是年,海关总署统一全国海关机构名称,调整部分海关的隶属关系,并将设置科级机构(不含科级海关和办事处)的审批权限下放给厅局级直属海关。

1985年1月8日,海关总署批准杭州海关设立办公室、货运监管处、行李监管处、查私科技处、人事教育处、行政处6个正处级机构,科级机构由杭州海关自行确定。12月24日,查私科技处改为查私处,同时,设立关直属技术科,接管原查私科技处的技术业务工作。1987年2月18日,行李监管处改为行李邮递物品监管处,下设2个科级机构:杭州海关驻机场办事处、杭州海关驻邮局办事处。4月16日,根据海关总署关于全国海关查私机构统一更改名称的通知,查私处更名为调查处。1988年2月1日,杭州海关迁入杭州市教工三路22号(今学院路130号)杭州海关大楼办公。4月1日,舟山海关正式开关,为杭州海关正处级隶属海关。

图67-1-4-1　建于1987年的杭州海关办公大楼(今杭州市学院路130号,杭州海关提供)

1989年3月1日,杭州海关调整科级机构,货运监管处内设监管科、保税业务监管科、征税科、统计科,担负海关监管、征税、统计三大职能。12 月 4 日,根据海关总署对杭州海关“定职责、定机构、定编制”方案(以下简称“三定”方案)的批复,杭州海关设立征税统计处;撤销货运监管处征税科和统计科,征税、统计业务划归征税统计处管理。经设置和调整,杭州海关内部机构设有:办公室、监察审计室、人事教育处、机关党委办公室、行政处、货运监管处、保税业务监管处、行李邮递物品监管处、征税统计处、调查处、技术处、财务科。

1990 年 10 月至 1991 年 10 月,杭州海关陆续在海门、绍兴、湖州、嘉兴增设 4 个正处级隶属海关。

1991 年 8 月 13 日,海关总署批复同意杭州海关设立政治部。1994 年 3 月 11 日,海关总署批准设立杭州海关驻萧山办事处(正处级)。

1995 年 1 月 1 日,经海关总署批准,宁波海关正式调整为副厅局级机构,直属于海关总署领导。宁波海关与杭州海关的隶属关系改变后,杭州海关的业务管辖范围变更为除宁波以外的浙江省行政区域及其所辖海域,即不包含宁波市 5 个区、慈溪市、余姚市、奉化市、鄞县(今宁波市鄞州区)、宁海县、象山县及其所辖海域。1 月 14 日,杭州海关根据海关总署对杭州海关“三定”方案的批复进行机构调整:撤销行李邮递物品监管处,其下设的驻机场办事处升格为正处级派驻机构,下设的驻邮局办事处(科级)改为派驻机构;设立监管处;设立稽查处;撤销保税业务监管处。经设置和调整,杭州海关内部机构设为:办公室(内设科级法律室)、监管处、征税统计处、稽查处、调查处、人事教育处(同为保卫处)、财务处、技术处、行政处、监察室、审计室、政治工作办公室(同为机关党委办公室)。6 月 9 日,海关总署批准设立金华海关、杭州经济技术开发区海关。8 月 8 日,杭州海关驻邮局办事处(科级)升格为正处级派驻机构。

1996 年 6 月 21 日,海关总署决定在部分直属海关重新设立保税业务管理部门,并同意在杭州海关设立保税处。8 月 19 日,保税处正式设立。1997 年 7 月 15 日,杭州海关设立信息化管理处,负责海关信息管理系统的开发、运行。

1998 年 3 月,杭州海关作为全国海关第二批通关改革试点单位,启动关区通关作业改革。1999 年 1 月,杭州海关按照通关改革作业模式,对监管处、关税处进行业务和人员重组,设立杭州海关通关中心,为临时机构。业务组成部分为:审单中心、物流监控处、综合业务处。办公地址位于杭州市中山北路 489 号运通大厦。通关中心运行期间执行杭州海关通关中心临时机构职责。

1999 年 1 月 22 日,杭州海关走私犯罪侦查分局(副厅局级)及其下辖的温州、舟山、海门、绍兴、嘉兴、金华 6 个支局成立。5 月 28 日,杭州海关驻余杭办事处对外开办海关业务。9 月 28 日,杭州海关驻富阳办事处对外开办业务。

2000 年 8 月 18 日,杭州海关机关服务中心成立。8 月 29 日,海门海关更名为台州海关。12 月 7 日,海关总署批复杭州海关机构改革方案:杭州海关调查处升格为杭州海关调查局(副厅局级);成立杭州海关现场业务处,为杭州海关正处级派驻机构;撤销保税处,其承担的杭州地区加工贸易监管业务交由杭州海关现场业务处办理;撤销信息化管理处,其风险管理职能划归同时设立的通关管理处,数据分析职能划归综合统计处,信息技术管理职能并入技术处管理;撤销行政处,其管理职能划归财务处,服务职能由杭州海关机关服务中心接管;撤销稽查处，稽查业务划归杭州海关调查局稽查处办理；设立加工贸易监管处。经设置和调整后，杭州海关内部机构设为：办公室（下设副处级法规室）、通关管理处（下设副处级审单中心）、关税处、加工贸易监管处、监管处、综合统计处、技术处、调查局、人事教育处、财务处、思想政治工作办公室（同为机关党委办公室）、监察室、督察审计室。

2001 年 1 月 4 日，杭州海关调查局设立 5 个处级机构：综合处、调查处、稽查处、海查处、审理处。2002 年 7 月 23 日，调查局增设企业管理处，同时撤销监管处企业管理科，并将其职能划归调查局企业管理处；增设风险管理处，通关管理处风险管理职能划归调查局风险管理处。11 月 21 日，中国电子口岸数据中心杭州分中心设立。12 月 27 日，杭州海关迁址至杭州市西湖区黄龙路 7 号海关大楼办公。

2003 年 1 月 1 日，杭州海关走私犯罪侦查分局更名为杭州海关缉私局，下设的各走私犯罪侦查支局更名为缉私分局。1 月 17 日，杭州海关调查局综合处更名为办公室。2004 年 5 月 20 日，海关总署批准成立杭州海关政治部。9 月 28 日，杭州海关驻机场办事处调整为杭州萧山机场海关。

2004 年 12 月 17 日，为适应海关总署调查部门的职能转变，杭州海关对调查局内设机构进行调整：撤销审理处，其职责由调查局办公室承担；调查处更名为贸易调查处，除承担原调查处职责外增加贸易调查职能。调整后的调查局内设机构为：办公室、风险管理处、企业管理处、稽查处、贸易调查处，均为正处级。2005 年 7 月 29 日，根据全国海关调查职能调整工作会议精神和《海关总署关于印发〈调查部门职能配置和机构设置调整方案〉的通知》，杭州海关撤销调查局及内设的办公室和贸易调查处，保留稽查处、风险管理处、企业管理处，并调整为杭州海关正处级内部机构。

2006 年 1 月 17 日，杭州海关根据《海关总署关于直属海关通关、监管、审单部门职能和机构调整的通知》，撤销通关管理处及其内设的审单中心，设立审单处。监管处更名为监管通关处。

2007 年 2 月 26 日，衢州海关开关。11 月 28 日，丽水海关开关。2009 年 7 月 15 日，义乌海关开关。

表 67-1-4-1　　1979—2010 年杭州海关历任关长名录

姓　名	职　务	任　　期	姓　名	职　务	任　　期
王长索	关长	1979-02—1983-06	耿永祥	关长	1997-11—2000-01
沈德华	关长	1983-06—1988-03	张志南	关长	2000-06—2007-05
刘　真	关长	1988-03—1991-05	徐道文	关长	2007-05—
卢剑静	关长	1991-05—1997-11			

资料来源：根据杭州海关有关档案整理。

说明：任职时间未列截止年月的表示至 2010 年 12 月 31 日仍在任。

（二）内设职能部门

1. 办公室

1985年1月8日，杭州海关办公室（科级）升格为正处级。1989年3月1日，设立文秘科、综合业务科。1995年4月25日，办公室内部机构调整为：综合科、机要科、法律室。

2001年1月4日，根据海关总署对杭州海关机构改革方案的批复，办公室下设法规室（副处级）；办公室内设：秘书科、文档科、信息宣传科；法规室内设：法律科、贸易管制科、归类科；原法律室撤销。同时，负责归口管理杭州海关学会工作。2002年6月3日，法规室单列。2004年7月21日，增设办公自动化管理科。2006年1月16日，增设政策研究室（科级）。2008年12月30日，增设综合业务科。

至2010年12月，经更名和调整，办公室内部机构为：秘书科、机要档案科、信息宣传科、政务信息化管理科、政策研究室、综合业务科。办公室是关区政务和综合业务的职能管理部门，与海关总署办公厅（国家口岸管理办公室）、国际合作司实行业务对口管理。

2. 人事教育处

1985年1月8日，杭州海关设立人事教育处，为正处级机构。1989年9月13日，人事教育处增设保卫科。1991年8月13日，杭州海关人事教育处撤销保卫科，人事教育处（保卫处）改归杭州海关政治部。1995年1月14日，人事教育处（保卫处）仍为关直属处。1998年8月17日，人事教育处增设综合科、干部科和教育办公室。2001年1月4日，杭州海关进行机构改革，人事教育处内设干部管理科、工资机构编制科、教育培训办公室（正科级）、离退人员管理科。2009年8月21日，离退人员管理科更名为离退人员管理办公室。人事教育处是关区人事公共事务和教育培训工作的职能管理部门，与海关总署人事教育司、教育培训中心、离退休干部办公室实行业务对口管理，在政治部领导下开展工作。

3. 法规处

2003年9月4日，杭州海关撤销法规室，设立法规处（正处级），内设法律科、贸易管制科。2006年7月18日，增设知识产权科。法规处是关区法制工作、贸易管制工作和海关知识产权保护工作的职能管理部门，与海关总署政策法规司实行业务对口管理。

4. 关税处

1995年12月15日，征税统计处更名为关税处。1996年10月7日，关税处内设综合科、征税科、审价办公室。2001年1月4日，根据海关总署对杭州海关机构改革方案的批复，关税处内设税收管理科、减免税科、价格管理科。2002年5月18日，商品归类、原产地认定管理职能改由海关总署关税征管司承担，杭州海关关税管理职能随之进行相应调整。6月3日，增设商品归类科。关税处是关区税收征管职能管理部门，与海关总署关税征管司实行业务对口管理。

5. 监管通关处

2006年1月17日，监管处更名为监管通关处，内设物流监控科、查验管理科、行邮监管科、通关管理科。监管通关处承担关区监管通关业务处理以及监管通关、货运、行邮监管的职能管理工作，与海关总署监管司实行业务对口管理。

6. 审单处

2006年1月17日，杭州海关设立审单处，内设审单规范科、审单一科、审单二科。原通关管理处与审单工作相关的职能由审单处承担。主要职责是负责开展关区电子审单、专业化集中审单，并对报关单电子数据进行实时审核。

7. 加工贸易监管处

2000年12月7日，杭州海关设立加工贸易监管处。2001年1月4日，内设加工贸易监管科、单耗管理科。2004年4月7日，增设保税科。加工贸易监管处是关区加工贸易及保税监管业务的职能管理部门，与海关总署加工贸易及保税监管司实行业务对口管理。

8. 综合统计处

1995年12月15日，杭州海关设立综合统计处，原征税统计处的统计工作划归综合统计处管理。1996年10月7日，内部机构为综合科、统计科。2001年1月4日，内部机构为统计科、统计分析科。2002年6月3日，增设综合科。综合统计处是关区进出口贸易统计和业务统计的职能管理部门，与海关总署综合统计司实行业务对口管理。

9. 稽查处

1995年1月14日，杭州海关设立稽查处，原保税业务监管处的业务划归稽查处管理。4月25日，稽查处内设综合科、前期审批科、企业管理科和稽查科。1996年10月7日，撤销前期审批科。2000年12月7日，杭州海关撤销稽查处，同时设立杭州海关调查局稽查处。2005年7月29日，杭州海关调查局撤销，稽查处保留并调整为杭州海关内部机构，内设稽查一科、稽查二科、稽查三科。稽查处是关区稽查工作的职能管理部门，与海关总署稽查司实行业务对口管理。

10. 风险管理处

2005年7月29日，杭州海关调查局撤销，风险管理处保留并调整为杭州海关内部机构。同时，组建杭州海关风险分析监控中心，与风险管理处两块牌子、一套班子。风险管理处（杭州海关风险分析监控中心）内设风险信息管理科、业务运行监控科、风险分析与风险处置科。风险管理处是关区风险管理工作的职能管理部门，与海关总署稽查司实行业务对口管理。

11. 企业管理处

2005年7月29日，杭州海关调查局撤销，企业管理处保留并调整为杭州海关内部机构，内设企业管理一科、企业管理二科。企业管理处是关区对海关监管企业进行管理工作的职能管理部门，与海关总署稽查司实行业务对口管理。

12. 技术处

1989年12月4日，杭州海关设立技术处。1991年1月29日，内设综合技术科、计算机科。1995年4月25日，调整为综合科、计算机科、一体化办公室。1997年1月6日，增设防伪技术科。10月14日，计算机科划归信息化管理处，撤销一体化办公室。2001年1月4日，设立计算机应用一科、计算机应用二科、运行管理科、通讯技术科、检查防伪科、综合科。2004年4月7日，内部机构调整为综合科、系统运行科、项目管理科、网络运行科、通讯技术科、信息安全科。7 月 21 日，撤销项目管理科，原技术处承担的有关办公自动化工作职责移交办公室负责。技术处是关区科技管理和科技建设的职能管理部门，与海关总署科技发展司实行业务对口管理。

13. 财务处

1993 年 9 月 11 日，经海关总署批准，杭州海关直属财务科升格为财务处。1998 年 7 月 20 日，财务处内设经费科、税费科。2001 年 1 月 4 日，杭州海关进行机构改革，财务处内设：经费科、税费科、缉警财务科、关产装备科。2002 年 11 月 21 日，增设综合科，负责关区的私货处理和私货仓库的管理、协调。2006 年 3 月 16 日，财务处内设机构调整为：综合预算科、海关经费科、税费科、缉私警察经费科、关产装备科、国有资产管理委员会办公室（事业财务管理科）。2007 年 8 月 1 日，根据《海关总署关于规范直属海关单位财务装备部门名称的通知》，财务处更名为财务装备处。2009 年 9 月 28 日，财务装备处更名为财务处，并撤销关产装备科。财务处是关区财务职能管理部门，与海关总署财务司实行业务对口管理。

14. 思想政治工作办公室（机关党委办公室）

1989 年 12 月 4 日，杭州海关设立机关党委办公室（正处级）。1991 年 8 月 13 日，海关总署批复杭州海关成立政治部时，原机关党委办公室的职责分解到政治部办公室和组织宣传处。1995 年 1 月 14 日，海关总署批复杭州海关，设立机关党委办公室，同为政治工作办公室，同时撤销组织宣传处。2004 年 5 月 20 日，杭州海关设立政治部，思想政治工作办公室（同为机关党委办公室）在政治部领导下开展工作，主要负责关区思想政治教育、精神文明建设、海关文化建设、基层建设和准军事化建设等。

15. 督察内审处

1994 年 3 月 29 日，设立审计室（正处级），负责对关区各种税费、经费、财务、固定资产和基本建设进行审计监督。1997 年 5 月 9 日，海关总署参照全国审计机关职能部门的设置规范和各行业系统内设置审计机构的通行做法，下达部分海关审计室更名为审计处的通知。根据通知，6 月 9 日，杭州海关审计室更名为审计处。2000 年 12 月 7 日，审计处改称督察审计室。2002 年 6 月 3 日，督察审计室内设督察科、审计科。2005 年 5 月 31 日，督察审计室更名为督察内审处。

16. 关务保障处

2009 年 8 月 21 日，杭州海关设立关务保障处，内设综合管理科、资产管理科、装备一科、装备二科。关务保障处是关区关务综合保障的职能管理部门，与海关总署关务保障司实行业务对口管理。

17. 监察室

1988 年 9 月 6 日，海关总署遵照国务院和监察部关于“在县以上各级政府中需要建立监察机构的职能部门，尤其是监督、执法部门，要建立监察机构”的要求，决定在各级海关单位中建立监察机构，在杭州等直属海关设立监察室。10 月 25 日，杭州海关撤销党组纪检组，同时设立监察室。1989 年 12 月 4 日，设立监察审计室（正处级）。1994 年 3 月 29 日，监察审计室更名为监察室。监察室是关区纪检、监察工作的职能管理部门，与海关总署驻署监察局实行业务对口管理。

18. **离退休干部办公室**

2010年7月6日，杭州海关设立离退休干部办公室（正处级），负责杭州海关离退休干部管理和保障工作。

（三）内部机构：杭州海关缉私局

1998年12月16日，海关总署批准设立杭州海关走私犯罪侦查分局（副厅局级）及其所属的温州、舟山、海门、绍兴、嘉兴、金华6个走私犯罪侦查支局（均为正处级），实行由海关总署走私犯罪侦查局与杭州海关双重垂直领导体制。陈铮首任局长。侦查分局内部机构设有：办公室、政治处、侦查处、法制处、情报技术处和督察处（均为正处级）。局址位于杭州市西湖区学院路130号。1999年1月22日，杭州海关走私犯罪侦查分局及其6个支局正式挂牌成立。2001年1月17—20日，杭州海关调查局将原所属海关缉毒业务及有关文件、缉毒器材等事项移交至杭州海关走私犯罪侦查分局。2001年12月17日，杭州海关走私犯罪侦查分局在海关垂直领导管理体制下，列入浙江省公安厅机构序列，称浙江省公安厅杭州走私犯罪侦查局。2002年4月29日，海关总署调查局海查处更名为海关总署走私犯罪侦查局海查处，职能划归走私犯罪侦查局。5月27日，根据《海关总署办公厅关于做好海上缉私职能调整交接工作的通知》，杭州海关调查局原关区海上缉私职能划归杭州海关走私犯罪侦查分局，关区海查业务向走私犯罪侦查分局请示报告。筹建中的杭州海关调查局海查处更名为杭州海关走私犯罪侦查分局海查处。同日，温州、舟山、台州海关也对海上缉私职能进行相应调整。8月7日，海关总署统一海上缉私机构名称，海查处更名为海上缉私处。12月23日，杭州海关走私犯罪侦查分局增设查私处和法制二处（均为正处级），原法制处更名为法制一处。12月30日，杭州海关走私犯罪侦查分局迁至杭州市黄龙路7号海关大楼内。

图67-1-4-2　1999年1月22日，杭州海关走私犯罪侦查分局成立暨授牌（杭州海关提供）

2003年1月1日，杭州海关走私犯罪侦查分局更名为杭州海关缉私局，关区各隶属海关走私犯罪侦查支局统一更名为缉私分局。统一更名后，原列入浙江省公安厅序列的名称不变。4月23日，增设杭州海关驻机场办事处缉私科。2005年7月21日，杭州海关调查局撤销，其承担的查私办案职能划归杭州海关缉私局，关区各隶属海关所承担的查私办案职能划归杭州海关缉私局各分局。7 月 25 日，增设杭州经济技术开发区海关缉私科和湖州海关缉私科。2007 年 9 月 4 日，增设丽水海关缉私科、衢州海关缉私科。2008 年 11 月 10 日，设立杭州萧山机场海关缉私分局(正处级)，隶属于杭州海关缉私局。

杭州海关缉私局是关区打击走私工作的职能管理部门，与海关总署缉私局实行业务对口管理，负责与地方公安、打私等执法部门的联系。

1. 温州海关缉私分局

1998 年 12 月 16 日，温州海关走私犯罪侦查支局(正处级)设立。业务管辖范围为：温州市，乐清、瑞安 2 个市(县级)，永嘉、平阳、苍南、文成、泰顺、洞头 6 个县，以及丽水市及所辖的青田、云和、庆元、龙泉、遂昌、松阳、缙云、景宁畲族自治县等 8 个县。黄跃明首任副局长主持工作。2000 年 4 月 25 日，内部机构设置为：办公室、政工科、侦查科、法制科、情报技术科、侦查中队。2002 年 9 月 13 日，增设海上缉私科、海上缉私一中队、海上缉私二中队和海上缉私三中队。12 月 27 日，增设查私科。2003 年 1 月 1 日，温州海关走私犯罪侦查支局更名为温州海关缉私分局。

2. 舟山海关缉私分局

1998 年 12 月 16 日，舟山海关走私犯罪侦查支局(正处级)设立。业务管辖范围为：舟山市，岱山、嵊泗 2 个县。王兆麟首任副局长主持工作。2000 年 4 月 25 日，内部机构设置为：办公室、政工科、侦查科、法制科、情报技术科。2002 年 9 月 13 日，增设海上缉私科、海上缉私一中队、海上缉私二中队。12 月 27 日，增设查私科。2003 年 1 月 1 日，舟山海关走私犯罪侦查支局更名为舟山海关缉私分局。

3. 台州海关缉私分局

1998 年 12 月 16 日，海门海关走私犯罪侦查支局(正处级)设立。业务管辖范围为：台州市，临海、温岭 2 个县级市，玉环、仙居、天台和三门 4 个县。陈甫林首任副局长主持工作。2000 年 4 月 25 日，内部机构设置为：办公室、政工科、侦查科、法制科、情报技术科。11 月 14 日，海门海关走私犯罪侦查支局更名为台州海关走私犯罪侦查支局。2002 年 9 月 13 日，增设海上缉私科、海上缉私一中队、海上缉私二中队。12 月 27 日，增设查私科。2003 年 1 月 1 日，台州海关走私犯罪侦查支局更名为台州海关缉私分局。

4. 绍兴海关缉私分局

1998 年 12 月 16 日，绍兴海关走私犯罪侦查支局(正处级)设立。内设办公室、法制科、侦查科。业务管辖范围为：绍兴市，嵊州、诸暨、上虞 3 个县级市，绍兴和新昌 2 个县。唐伟安首任副局长主持工作。2000 年 4 月 25 日，内部机构调整为：办公室、政工科、侦查科、法制科。2002 年 12 月 27 日，增设查私科。2003 年 1 月 1 日，绍兴海关走私犯罪侦查支局更名为绍兴海关缉私分局。2004 年 11 月 1 日，增设情报技术科。

5. 嘉兴海关缉私分局

1998 年 12 月 16 日，嘉兴海关走私犯罪侦查支局(正处级)设立。业务管辖范围为：嘉兴市，海宁、桐乡、平湖 3 个县级市，海盐和嘉善 2 个县。汤彪首任副局长主持工作。2000 年 4 月 25 日，内部机构设置为：办公室、政工科、侦查科、法制科、情报技术科。2002 年 12 月 27

日，增设查私科。2003 年 1 月 1 日，嘉兴海关走私犯罪侦查支局更名为嘉兴海关缉私分局。

6. 金华海关缉私分局

1998 年 12 月 16 日，金华海关走私犯罪侦查支局（正处级）设立。业务管辖范围为：金华市，义乌、东阳、永康、兰溪 4 个县级市，金华、浦江、武义、磐安 4 个县及衢州市，江山市（县级），常山、开化、龙游、衢县 4 个县。戴军首任局长。2000 年 4 月 25 日，内设机构设置为：办公室、政工科、侦查科、法制科。2002 年 12 月 27 日，增设查私科。2003 年 1 月 1 日，金华海关走私犯罪侦查支局更名为金华海关缉私分局。2004 年 11 月 1 日，增设金华海关缉私分局情报技术科、金华海关驻义乌办事处缉私科。2009 年 7 月 7 日，金华海关驻义乌办事处缉私科更名为义乌海关缉私科，归属杭州海关缉私局领导。

7. 杭州萧山机场海关缉私分局

2008 年 11 月 10 日，海关总署批准设立杭州萧山机场海关缉私分局（正处级），隶属杭州海关缉私局。潘炳华首任局长。2009 年 11 月 12 日，内部机构设立办公室、缉私科、法制科。12 月 8 日，杭州萧山机场海关缉私分局正式对外挂牌。

（四）隶属机构

1. 温州海关

民国 38 年（1949 年）5 月 7 日，温州解放。6 月 5 日，中国人民解放军温州市军事管制委员会接管原瓯海关。9 月，根据中央财政经济委员会海关总署筹备处[①]指示，华东区财经委员会贸易部和温州市军事管制委员会财经部于 10 月 24 日将瓯海关正式划归江海关领导，但其名称不变。1950 年 3 月 4 日，瓯海关改称上海海关温州分关[②]，内设货运监管、验估征税、总务 3 个股，股下设组。温州分关的管辖范围，最初只限于温州港内和温州地区沿海一带。同年 7 月，上海海关将台州地区海门以南沿海一带划给温州分关管理。1951 年 1 月 1 日，上海海关温州分关更名为上海海关温州支关，主要任务为管理往来待解放区的船舶和货运。1954 年 3 月，温州、台州两地区沿海一带的查私工作移交给公安边防部队接管。8 月 19 日，对外贸易部、海关总署下达撤销温州支关的通知。12 月 21 日，上海海关温州支关正式撤销。

1957 年 2 月 21 日，国务院正式批准温州为对外开放的 18 个沿海港口之一，使温州成为当时浙江省唯一对外开放港口。1963 年 3 月 11 日，国务院批准温州港对日轮开放。日轮的监管、结关等工作，皆由上海海关派员办理。1972 年 6 月 17 日，国务院批准设立温州海关。1973 年 3 月 2 日，温州海关成立。管辖范围为温州、丽水地区。内设办公室、货运监管组（兼管查私工作）和驻邮局办事处。办公地点设在温州市仓后街 20 号海员俱乐部内。郭炳森首任关长。6 月，迁至岑山寺巷 5 号。1974 年 7 月 1 日，温州海关驻邮局办事处正式成立，负责办理温州、丽水地区进出境国际邮包的监管、征税工作。1978 年 6 月，设立查私科，货运监管

---

① 民国 38 年（1949 年）8 月，中央财政经济委员会在北平（中华人民共和国成立后更名为北京）成立，负责筹组全国海关工作。同年 10 月 25 日，中央人民政府海关总署在北京成立，中央财政经济委员会海关总署筹备处即告撤销。

② 1950 年 1 月 5 日，江海关更名为中华人民共和国上海海关。

组改称货运监管科。当月，关址迁至海坦山54号海关大楼。

1981年2月25日，根据省政府通知，温州海关为正处级机构。1984年5月1日，温州海关驻海门办事处设立。温州海关的管辖范围由原来的温州、丽水地区扩展至台州地区的海门区、温岭县和玉环县。1985年2月18日，温州海关正式隶属于杭州海关。

1986年5月1日，温州海关驻码头办事处正式对外办公，对外称温州海关驻码头检查站，主要负责国际航行船舶船员携带物品的监管事宜。1990年5月，根据温州海关"三定"方案，撤销驻码头办事处，增设征统保税科。6月9日，温州海关内部机构调整为：办公室、货运监管科、征统保税科、调查科、驻邮局办事处（内部称邮检科，正科级）、人事教育科、技术科和行政科。

1990年10月6日，海门海关开关，原温州海关驻海门办事处随之撤销，温州海关的辖区范围恢复至原来的温州市以及丽水地区。1992年7月3日，温州海关设立政治处，下辖办公室，原关直属人事教育科改属政治处领导。1994年4月19日，设立财务科。

1994年5月23日，国务院批复同意设立温州经济开发区海关机构。11月2日，海关总署批复同意设立温州经济技术开发区海关（副处级），隶属温州海关领导。业务管辖区域为温州经济技术开发区。1995年3月16日，温州经济技术开发区海关正式开关。同年9月19日，海关总署鉴于温州口岸机场即将开放，决定设立温州海关驻机场办事处（副处级），隶属温州海关领导。11月20日，温州海关驻机场办事处正式开关。1997年3月12日，经海关总署批准，温州海关驻鳌江办事处（副处级）正式对外办理业务。业务管辖区域为平阳、文成、苍南、泰顺等4个县。1999年2月5日，温州海关迁入温州市黎明西路143号海关大楼办公。

2000年12月29日，根据杭州海关对温州海关机构改革方案的批复，温州海关内部机构调整为：办公室、综合业务科、通关科、查验科、物流监控科、加工贸易监管科、技术科、调查科、人教科、行财科，另设机关服务中心（正科级）。2001年10月9日，温州海关设立监察审计科。2002年9月4日，合并物流监控科和查验科，设立监管科。10月22日，设立货运机检科，负责七里港港区进出境集装箱检测和港区散货查验。2003年4月11日，海关总署批准设立温州海关驻乐清办事处（副处级），管辖范围为乐清市、永嘉县、温州七里港区，由温州海关负责筹建。4月17日，海关总署批复同意在温州瑞安市设立温州海关现场业务科（正科级），对外加挂"温州海关驻瑞安办事处"牌子并使用印章，业务管辖范围为：瑞安市和文成县。2005年1月27日，瑞安办事处正式对外开办海关业务。2006年1月21日，乐清办事处正式对外开办海关业务。

2006年4月5日，温州海关进行机构职能整合，内部机构设为：办公室（对外加挂法规室牌子）、人事政工科、关税统计科、监管通关科、稽查科、加工贸易监管科、技术科、监察内审科、财务科，另设机关服务中心（正科级）；隶属机构为：温州经济技术开发区海关、温州海关驻机场办事处、温州海关驻鳌江办事处、温州海关驻乐清办事处、温州海关驻邮局办事处、温州海关驻瑞安办事处。2007年8月1日，财务科更名为财务装备科。

2. 舟山海关

1986年4月25日，国务院、中央军委批复同意舟山港对外开放。6月5日，海关总署根据国务院、中央军委批复，决定设立舟山海关，由杭州海关筹建。1987年4月1日，舟山海关筹备处以杭州海关名义对外办公，开办业务。1988年3月26日，杭州海关批准舟山海关设立办公室、业务一科、业务二科。4月1日，舟山海关开关，为正处级机构，隶属于杭州海关。业务管辖区域为舟山市。关址位于舟山市环城东路66号舟山大厦。胡奇夫首任副关长主持工作。

1990年6月9日，舟山海关内设：办公室、人教科、业务一科、业务二科、业务三科。1993年5月，办公地址迁入舟山市环城南路130号海关大楼。1995年3月8日，杭州海关批复舟山海关"三定"方案，舟山海关内部机构调整为：办公室、人教科、监管科、稽查科、调查科、行政科和技术科。2000年12月29日，内部机构调整为：办公室、综合业务科、通关科、监管科、技术科、调查科、人教科、行政财务科。2002年3月15日，舟山海关设立机关服务中心。12月10日，舟山海关部分机构和职能调整：保留监管科，撤销通关科，原监管科、通关科部分职能合并，设立加工贸易监管科。

2003年4月9日，海关总署批复同意设立舟山海关驻嵊泗办事处（副处级），管辖范围为舟山口岸马迹山港区。2004年4月7日，舟山海关增设金（塘）六（横）现场业务科，管辖范围为金塘、六横岛。2005年6月1日，舟山海关迁至舟山市海景道599号海关大楼。6月8日，舟山海关驻嵊泗办事处正式对外开办海关业务。7月29日，金（塘）六（横）现场业务科更名为舟山海关现场业务科，管辖范围调整为岱山县及舟山本岛以外的金塘、六横等岛屿的海关监管业务。

2006年9月30日，根据杭州海关对舟山海关"三定"方案的批复，舟山海关内设机构调整为：办公室（对外加挂法规室牌子）、人事政工科、综合业务科、监管通关科、加工贸易监管科、稽查科、技术科、现场业务科和财务科。隶属机构为：舟山海关驻嵊泗办事处。2007年8月1日，财务科更名为财务装备科。

2008年8月1日，舟山海关将现场业务科的管辖范围调整为岱山县和普陀区六横岛海关监管业务。同时，设置金塘监管科，负责金塘岛、册子岛海关监管业务。

3. 台州海关

1989年5月8日，国务院、中央军委批准海门港对外轮开放后，海关总署于同年6月30日批准设立海门海关（正处级），隶属于杭州海关。1990年10月6日，海门海关开关，原温州海关驻海门办事处同时撤销。海门海关的管辖范围为台州地区，关址位于椒江市建设路28号。叶德云首任关长（兼）。11月19日，海门海关设办公室、货运监管科、征税统计保税科和调查科。1993年12月15日，增设行政科。1995年3月8日，内设机构调整为：办公室、人教科、监管科、稽查科、调查科和行政科。

2000年8月29日，海门海关更名为台州海关，业务管辖区域、机构级别、隶属关系等不变。12月29日，台州海关内设机构调整为：办公室、综合业务科、通关科、监管科、加工贸易监管科、调查科、人教科、行政财务科。2002年3月15日，设立机关服务中心。

2003年11月17日，海关总署批复同意杭州海关在临海市设立台州海关综合科、业务科（均为正科级），对外加挂"台州海关驻临海办事处"牌子并使用印章。2004年7月5日，海关总署批复同意在温岭市设立台州海关综合科、业务科(均为正科级),对外加挂“台州海关驻温岭办事处”牌子并使用印章。2006 年 1 月 22 日,台州海关驻临海办事处开关;3 月 1 日,正式对外开办海关业务,业务管辖范围为临海市及天台、仙居、三门县。12 月 12 日,台州海关驻温岭办事处正式对外开办海关业务,业务管辖范围为温岭市、玉环县。

2006 年 1 月 1 日,台州海关迁入台州市椒江区中心大道 269 号海关大楼办公。9 月 30 日,根据杭州海关对台州海关“三定”方案的批复,台州海关内部机构设有:办公室(对外加挂法规室牌子)、人事政工科、综合业务科、监管通关科、加工贸易监管科、稽查科、技术科和财务科。隶属机构为:台州海关驻临海办事处、台州海关驻温岭办事处。2007 年 8 月 1 日,财务科更名为财务装备科。

4. **绍兴海关**

1988 年 12 月 31 日,国务院批复同意设立绍兴海关。1989 年 1 月 20 日,海关总署批准设立绍兴海关,为正处级机构,隶属于杭州海关。1991 年 6 月 26 日,绍兴海关正式开关,关址位于绍兴市胜利西路 323 号。胡奇夫首任关长。业务监管区域为绍兴市,绍兴县、诸暨市(县级)、新昌县、嵊县、上虞县。7 月 9 日,绍兴海关设立办公室、业务一科、业务二科 3 个科级机构。1992 年,办公地址迁入绍兴市胜利东路 289 号海关大楼。1993 年 12 月 15 日,增设业务三科,主管稽查和调查业务。1995 年 3 月 8 日,根据杭州海关对绍兴海关“三定”方案的批复,绍兴海关内设机构调整为:办公室、人教科、监管科、稽查科、调查科。1996 年 3 月 15 日,增设保税科。1998 年 2 月 11 日,增设行政科。2000 年 12 月 29 日,绍兴海关内设机构调整为:办公室、综合业务科、通关科、监管科、加工贸易监管科、调查科、人教科。2001 年 7 月 3 日,设立机关服务中心。2003 年 11 月 17 日,海关总署批复同意杭州海关在上虞市、诸暨市分别设立海关机构,内部设立综合科、业务科(均为正科级),对外分别加挂“绍兴海关驻上虞办事处”“绍兴海关驻诸暨办事处”的牌子。2005 年 11 月 26 日,绍兴海关驻上虞办事处、绍兴海关驻诸暨办事处正式对外开办海关业务。

2006 年 9 月 30 日,杭州海关批复绍兴海关“三定”方案,内设机构调整为:办公室(对外加挂法规室牌子)、人事政工科、综合业务科、监管通关科、加工贸易监管科、稽查科、财务科、机关服务中心(正科级)。隶属机构为:绍兴海关驻上虞办事处、绍兴海关驻诸暨办事处。2007 年 8 月 1 日,财务科更名为财务装备科。

2009 年 7 月 7 日,海关总署批复同意设立绍兴海关驻新嵊办事处(副处级),隶属于绍兴海关,业务管辖区域为新昌县、嵊州市。2010 年 6 月 18 日,绍兴海关驻新嵊办事处正式开关对外办公。

5. **湖州海关**

1988 年 12 月 31 日,国务院同意在湖州设立海关办事处。1989 年 1 月 20 日,海关总署批准设立杭州海关驻湖州办事处(正处级)。1991 年 9 月 19 日,杭州海关驻湖州办事处更名为湖州海关。10 月 14 日,湖州海关开关,关址位于湖州市狮象弄 8 号。张桂燕首任关长。业务管辖范围为湖州市及长兴、安吉、德清 3 个县。内部机构设立办公室、业务综合科。1992 年 8 月 15 日,关址迁至湖州市龙溪南路 7 号海关大楼。

1995年3月8日，杭州海关批复湖州海关"三定"方案，湖州海关设立：办公室、人教科、监管科、稽查科、调查科。2000年12月29日，湖州海关内部机构调整为：办公室、综合业务科、监管科、加工贸易监管科、调查科、人教科。2002年3月27日，湖州海关设立机关服务中心。2003年10月2日，关址迁至湖州市仁皇山路388号海关大楼。

2006年7月18日，湖州海关增设现场业务科，负责安吉县区域内海关有关监管业务。9月30日，湖州海关内部机构调整为：办公室（对外加挂法规室牌子）、人事政工科、综合业务科、监管科、稽查科、技术科、现场业务科（安吉）。

6. **嘉兴海关**

1988年12月31日，国务院同意设立嘉兴海关。1989年1月20日，海关总署批准设立嘉兴海关（正处级），隶属于杭州海关。1991年10月16日，嘉兴海关正式开关，关址位于嘉兴市禾兴北路。李妙根首任关长。业务管辖范围为：嘉兴市，海宁、平湖2个县级市，嘉善、海盐、桐乡3个县。内部机构设立办公室、业务一科、业务二科。1995年3月8日，根据杭州海关对嘉兴海关机构改革"三定"方案的批复，嘉兴海关内设办公室、人教科、监管科、稽查科、调查科。1996年3月15日，增设保税科。

1997年7月7日，海关总署批准设立嘉兴海关驻乍浦办事处（副处级），1999年10月28日，正式对外开办海关业务，业务管辖范围为乍浦港口岸。

2000年12月29日，嘉兴海关内部机构调整为：办公室、综合业务科、通关科、监管科、加工贸易监管科、调查科、人教科。2001年7月3日，设立机关服务中心。

2003年4月17日，海关总署批准在嘉善县设立嘉兴海关现场业务科（正科级），对外加挂"嘉兴海关驻嘉善办事处"牌子并使用印章。11月17日，海关总署批准在海宁市设立综合科、业务科（均为正科级），对外加挂"嘉兴海关驻海宁办事处"牌子并使用印章。2004年3月22日，嘉兴海关驻乍浦办事处业务管辖范围调整为乍浦口岸和乍浦经济技术开发区。2005年3月26日，嘉兴海关驻嘉善办事处正式对外开办海关业务。8月1日，海关总署批准嘉兴海关增设监管科和备案科，对外启用"嘉兴海关驻出口加工区办事处"印章并挂牌，负责嘉兴出口加工区的海关业务。2006年2月28日，嘉兴海关驻出口加工区办事处正式开关。

2006年9月30日，根据杭州海关对嘉兴海关机构改革"三定"方案的批复，嘉兴海关内部机构调整为：办公室（对外加挂法规室牌子）、人事政工科、技术科、综合业务科、监管通关科、加工贸易单证科、加工贸易核查科、稽查科、财务科。2006年10月30日，嘉兴海关驻海宁办事处正式对外开办海关业务。2007年8月1日，财务科更名为财务装备科。

2008年11月10日，海关总署批准嘉兴海关在桐乡市设立相关科级机构，对外加挂"嘉兴海关驻桐乡办事处"牌子并使用印章。12月28日，嘉兴海关驻桐乡办事处正式对外办理海关业务。

2010年1月15日，国务院办公厅批复同意在嘉善经济开发区设立嘉兴出口加工区（B）区。9月14日，海关总署批复同意设立嘉兴海关驻出口加工区（B）区办事处，为正科级机构。10月28日，嘉兴海关驻出口加工区（B）区办事处正式对外办理海关业务。

2010年7月，嘉兴海关迁至嘉兴市昌盛中路516号海关大楼。

7. **金华海关**

1995年5月12日，国务院同意设立金华海关机构。6月9日，海关总署批准设立金华海关(正处级)，隶属于杭州海关。1996年9月24日，金华海关开关，其业务管辖区域为金华市、衢州市，关址位于金华市环城西路2298号。周信尧首任关长。内设办公室、业务一科、业务二科。2000年12月29日，金华海关内部机构调整为：办公室、综合业务科、监管科、加工贸易监管科、调查科、人教科。2001年3月23日，海关总署批准设立金华海关驻义乌办事处(副处级)。业务管辖范围为义乌市、东阳市、浦江县和磐安县。2002年3月27日，设立机关服务中心。10月18日，金华海关驻义乌办事处(副处级)开关。

2004年8月24日，金华海关设立综合科、业务科(均为正科级)，对外加挂"金华海关驻永康办事处"牌子并使用印章，负责永康市的海关业务。

2006年3月，金华海关迁至金华市李渔东路1159号海关大楼。9月30日，金华海关内部机构调整为：办公室(对外加挂法规室牌子)、人事政工科、综合业务科、监管通关科、加工贸易监管科、稽查科、财务科。

2007年2月26日衢州海关开关后，金华海关的业务辖区改为金华市。9月20日，金华海关驻永康办事处正式对外开办海关业务。2009年1月13日，经国务院批准，金华海关驻义乌办事处调整为义乌海关，金华海关的业务辖区改为除义乌市以外的金华市行政区域。7月3日，金华海关内部机构调整为：办公室(法规室)、人事政工科、财务装备科、监管通关科、监控查验科、稽查核查科。

8. **杭州经济技术开发区海关**

1995年5月12日，国务院批复同意设立杭州经济技术开发区海关。6月9日，海关总署批准设立杭州经济技术开发区海关(正处级)，隶属于杭州海关。1997年2月28日，杭州经济技术开发区海关开关，关址位于杭州经济技术开发区4号路19号。张彩月首任关长。内设办公室、业务一科、业务二科。业务管辖区域为杭州经济技术开发区。2000年12月29日，内部机构调整为：办公室、综合业务科、监管科、加工贸易监管科、调查科。

2001年7月9日，杭州经济技术开发区海关增设备案科、监控科，对外加挂"杭州经济技术开发区海关驻出口加工区办事处"牌子并启用印章，专门负责杭州出口加工区的海关业务。2006年9月30日，杭州经济技术开发区海关内部机构调整为：办公室(对外加挂法规室牌子)、人事政工科、综合业务科、加工贸易一科、加工贸易二科、稽查科、技术科、监管(监控)科、备案科。2009年1月15日，经杭州海关批复同意，位于萧山区新湾镇杭州江东工业园区40平方千米的海关业务划归杭州经济技术开发区管辖。4月27日，杭州经济技术开发区海关进行机构整合，内部机构调整为：办公室、人事政工科、风险督察科、稽查核查科、监控查验科、监管通关科、加工贸易管理科。

9. **杭州萧山机场海关**

1995年1月14日，海关总署批准杭州海关驻机场办事处升格为正处级。李晓明任办事处主任。主要业务是在杭州笕桥机场监管航空器、进出境旅客及其携带物品。2000年12月30日，随着杭州萧山国际机场的正式建成启用，杭州海关驻机场办事处由笕桥机场迁至杭州萧山国际机场。2004 年 9 月 16 日，国务院批准将杭州海关驻机场办事处调整为杭州萧山机场海关。9 月 28 日，海关总署批准杭州海关驻机场办事处调整为杭州萧山机场海关（正处级），隶属于杭州海关。2005 年 1 月 5 日，杭州萧山机场海关正式挂牌运作。业务管辖范围维持原杭州海关驻机场办事处规模。傅一鸣首任关长。2006 年 9 月 30 日，根据海关总署对杭州海关“三定”方案的批复，杭州萧山机场海关内设机构调整为：办公室（对外加挂法规室牌子）、人事政工科、综合业务科、监管通关一科、监管通关二科、快件监管科、旅检一科、旅检二科、旅检三科。

10. 衢州海关

2004 年 12 月 20 日，国务院批准设立衢州海关（正处级），隶属于杭州海关。经海关总署批准、杭州海关同意，衢州海关经过近两年筹建，于 2007 年 2 月 26 日开关，正式对外办理海关业务。办公地址位于衢州市花园中大道 77 号。牟光明首任关长。内设办公室（法规室）、业务一科、业务二科。业务管辖范围：衢州市及所辖柯城区、衢江区、江山市、常山县、开化县和龙游县。2007 年 12 月 16 日，衢州海关设立机关服务中心。

11. 丽水海关

2005 年 3 月 25 日，海关总署批复同意设立丽水海关（正处级），隶属于杭州海关。经海关总署批准、杭州海关同意，丽水海关于 2007 年 11 月 28 日正式对外办理海关业务。办公地址位于丽水市莲都区人民街 597 号。唐伟安首任关长。内部设立办公室（法规室）、业务一科、业务二科。业务管辖范围：丽水市及所辖莲都区、龙泉市、青田县、缙云县、遂昌县、松阳县、云和县、景宁畲族自治县和庆元县。2008 年 12 月 8 日，丽水海关设立机关服务中心。

12. 义乌海关

2009 年 1 月 23 日，国务院批准设立义乌海关（正处级），隶属于杭州海关。2 月 13 日，海关总署下达通知，将金华海关驻义乌办事处调整为义乌海关。义乌海关在原金华海关驻义乌办事处的基础上，经半年时间的筹备，由杭州海关验收合格，并经海关总署批复同意，于 7 月 15 日正式开关，并对外办理海关业务。办公地址位于义乌市城北路 555 号。业务管辖范围为义乌市行政区域。张军首任关长。内部机构设：办公室（对外加挂法规室牌子）、人事政工科、财务装备科、监管通关科、监控查验科、知识产权科、稽查核查科（与知识产权科合并办公）。8 月 20 日，设立机关服务中心。

（五）派驻机构

1. 杭州海关驻萧山办事处

1994 年 3 月 11 日，海关总署批准设立杭州海关驻萧山办事处（正处级）。1995 年 4 月 18 日，杭州海关驻萧山办事处（筹）对外开办部分海关业务。7 月 24 日，设立综合科、业务科。1998 年 2 月 22 日，杭州海关驻萧山办事处正式开关，办公地址位于萧山市（今杭州市萧山区）通惠中路 265 号。辖区为萧山市行政区域。陈继陆首任办事处主任。内设办公室、业务一科、业务二科。2001 年 1 月 4 日，内部机构调整为：综合科、通关科、监管科、加工贸易监管科。2009 年 7 月 13 日，综合科更名为办公室。

2. 杭州海关驻余杭办事处

1995年1月24日,海关总署批准设立杭州海关驻余杭办事处(正处级)。1999年5月28日,正式开关,办公地址位于杭州市余杭经济技术开发区海关大楼。辖区为余杭市(今杭州市余杭区)。王礼怀首任办事处主任。内设办公室、业务一科、业务二科。2001年1月4日,内部机构调整为:综合科、监管科、加工贸易监管科。2009年7月13日,综合科更名为办公室。

3. 杭州海关驻邮局办事处

1987年2月28日,海关总署批准同意设立杭州海关驻邮局办事处,为科级机构,隶属于杭州海关行李邮递物品监管处。1993年12月26日,杭州海关驻邮局办事处进驻杭州市邮政局办公。地址位于杭州市解放路1号杭州(邮政)枢纽大楼。1995年1月14日,杭州海关撤销行李邮递物品监管处后,驻邮局办事处改为杭州海关派驻机构。8月8日,海关总署批准杭州海关驻邮局办事处调整为正处级机构。1996年8月19日,杭州海关驻邮局办事处正式升格为正处级机构。宋愈首任办事处主任。1998年7月20日,驻邮局办事处设立业务一科、业务二科。2001年1月4日,内部机构调整为:综合科、通关科、监管科。2009年7月13日,综合科更名为办公室。

杭州海关驻邮局办事处主要负责浙江省行政区域(除温州市、丽水市以外)的进出境邮递物品、印刷品、音像制品及邮递快件的通关和监管业务。2010年9月30日,接管杭州海关现场业务处负责的辖区内"非贸业务"(非贸易性监管业务)日常管理及免税外汇商品审批监管职责。10月18日,应杭州市政府要求,杭州海关驻邮局办事处通关科进驻杭州市行政服务中心(杭州市解放东路18号)办公。

4. 杭州海关驻富阳办事处

1996年8月30日,海关总署批准设立杭州海关驻富阳办事处(正处级)。1999年9月28日,富阳办事处正式对外开办海关业务,办公地址位于富阳市江滨西大道58号。辖区为富阳市、桐庐县。丁禺首任办事处副主任主持工作。内设办公室、业务一科、业务二科。2001年1月4日,内部机构调整为:综合科、监管科、加工贸易监管科。2004年4月7日,增设通关科。2006年10月18日,内部机构调整为:综合科、通关科、监管科、加工贸易监管科。2009年7月13日,综合科更名为办公室。

5. 杭州海关现场业务处

2000年12月7日,海关总署批复同意设立杭州海关现场业务处(正处级),承担杭州市区(除杭州经济技术开发区、萧山、富阳、桐庐、余杭以外)的通关作业、加工贸易、减免税审批及后续管理等海关业务。沈军首任现场业务处主任。2001年1月4日,现场业务处内设综合科、通关科、监管科、加工贸易监管科。办公地址位于杭州市中山北路489号运通大厦,2002年12月27日,迁入杭州市黄龙路7号海关大楼。

（六）直属事业单位

1.杭州海关机关服务中心

1999年8月5日，海关总署批准设立杭州海关机关服务中心，为杭州海关直属事业单位，具有事业法人资格。承担对内后勤保障服务工作；利用既有设施和关产，依据国家有关规定，开展多种经营，提高资产利用率和经济效益。2000年8月18日，杭州海关机关服务中心正式成立。

2.中国电子口岸数据中心杭州分中心

2002年11月21日，经海关总署批准，中国电子口岸数据中心杭州分中心设立，为中国电子口岸数据中心分支机构，同时作为杭州海关直属事业单位，具有独立法人资格。负责本地区电子口岸应用项目及联网企业的技术支持，办理本地区电子口岸系统服务业务；负责本地区用户集中托管服务器的运行、维护管理。

2009年12月9日，内设综合财务科、技术运维科、软件开发科和口岸业务科等4个科级机构。

二、宁波海关

（一）机构沿革

民国38年（1949年）5月25日，中国人民解放军宁波市军事管制委员会派军代表刘勇三等接管江海关宁波分关。1950年3月1日，江海关宁波分关更名为上海海关宁波分关。9月23日，上海海关宁波分关兼管的助航设备移交交通部航务总局，后受交通部航务总局上海区海事处委托，继续代管虎蹲山、七里峙灯塔及助航设备。12月27日，根据中央人民政府海关总署①指示，上海海关宁波分关更名为上海海关宁波支关，镇海帆船管理处改为宁波支关镇海办事处。宁波分关和支关管辖范围与浙海关时期相同。1951年2月，宁波支关将港务管理移交浙江省航务局宁波办事处。11月24日，镇海办事处奉令裁撤，移交至浙江省航务局宁波办事处。12月28日，中央人民政府海关总署下令裁撤宁波支关，海关人员全部被派往其他海关。

1975年11月，为适应宁波港口建设需要，宁波地区革命委员会批准成立宁波海关筹建处。1976年4月，宁波海关筹建处正式成立。7月22日，浙江省革命委员会批准成立宁波海关。1977年1月，浙江省对外贸易局请示对外贸易部成立宁波海关。1978年9月23日，国务院作出《关于建立中华人民共和国宁波海关的批复》，正式同意建立宁波海关。关区范围包括宁波、舟山及台州（除玉环）三地区及附近海域。关址位于宁波市解放北路91号。葛光河首任关长。

1979年8月，经宁波市对外贸易局批准，宁波海关设立办公室、货运监管科、查私科。

① 海关总署在1949年10月至1953年1月期间，称中央人民政府海关总署。

1981年5月10日，宁波海关沈家门监管站设立。同年2月25日，根据省政府通知，宁波海关为处级机构。1984年2月，设立征税统计科。同月，海关总署批准设立宁波海关驻北仑办事处(科级)，1985年1月，正式对外办公。

1985年2月18日，宁波海关正式归属杭州海关领导。1986年6月13日，宁波海关增设人事教育科。8月25日，增设行政科。1987年4月16日，查私科改称调查科。1988年4月1日，舟山海关开关，宁波海关沈家门监管站随之撤销。1989年8月31日，增设技术科。9月，增设保税科。10月，宁波海关办公地址迁至长春路150号海关大楼。1990年6月9日，宁波海关内部机构设置为：办公室、人教科、行政科、技术科、调查科、征统科、保税科、货管科、旅检科、宁波海关驻北仑办事处。

1990年10月6日，海门海关开关，宁波海关将台州部分地区管辖业务移交海门海关，宁波海关辖区调整为：宁波市行政区域(海曙、江东、江北、镇海、北仑5个区)及鄞县、慈溪、余姚、奉化、象山、宁海6个市县及其海域。

1992年5月，杭州海关批复同意宁波海关设置政治处，下设办公室、组织宣传科，原直属人教科改隶政治处。12月26日，宁波海关驻经济技术开发区办事处开关。1993年1月1日，镇海海关开关。1994年4月19日，宁波海关增设财务科。

1994年11月18日，海关总署决定将宁波海关调整为海关总署直属机构，为副厅局级。1995年1月1日，宁波海关与杭州海关进行业务交割，隶属关系正式变更。宁波海关业务管辖范围为：宁波市区、慈溪市、余姚市、奉化市、鄞县、象山县、宁海县及其所辖海域。施昌虎时任关长。宁波海关升格后进行机构调整，内部设立9个处(室)：办公室、人事教育处(同为政治工作办公室)、监察审计室、技术处、监管处、关税处、保税处、稽查处、调查处，均为正处级；3个直属科：行政科、财务科、综合统计科；外设机构为：镇海海关、宁波海关驻经济技术开发区办事处、北仑海关(筹)、宁波保税区海关(筹)。

1996年5月18日，宁波海关驻余姚办事处开关。28日，宁波保税区海关开关。6月28日，宁波海关驻慈溪办事处正式开关。1997年5月26日，北仑海关开关，宁波海关驻北仑办事处随之撤销。1998年4月9日，宁波海关设立信息化管理处。12月30日，宁波海关关址迁至马园路19号(今马园路89号)技术业务办公大楼。

1999年2月12日，宁波海关走私犯罪侦查分局成立。2000年6月6日，经海关总署批复同意，宁波海关内部机构调整为：办公室、人事教育处、财务处、思想政治工作办公室、监察审计室、通关管理处、关税处、加工贸易监管处、监管处、综合统计处、技术处、调查局和走私犯罪侦查分局；派驻机构为：现场业务处、驻经济技术开发区办事处、驻机场办事处、驻余姚办事处、驻慈溪办事处，均为正处级。隶属机构为：镇海海关、宁波保税区海关、北仑海关、大榭海关(筹)，均为正处级。11月10日，宁波海关机关服务中心成立。

2000年12月7日，海关总署批复宁波海关机构改革方案：宁波海关为海关总署直属副厅局级机构；撤销调查处，设立调查局；原稽查处稽查业务划归调查局。经调整、设置，宁波海关内部机构设为：办公室、关税处、加工贸易监管处、监管处、综合统计处、技术处、调查局、人事教育处、财务处、思想政治工作办公室(同为机关党委办公室)、监察审计室；派驻机构为：现场业务处、驻经济技术开发区办事处、驻机场办事处、驻余姚办事处、驻慈溪办事处，均为正处级；隶属机构为：镇海海关、宁波保税区海关、北仑海关、大榭海关（筹），均为正处级；海关总署派驻机构为：海关总署宁波商品价格信息处（正处级）。

2001年4月28日，大榭海关开关。

2002年5月10日，海关总署正式将宁波海关机构级别调整为正厅局级。邢强任关长。6月26日，宁波海关对调查局部分内部机构及工作职责作出调整：海上查私管理职能由宁波海关调查局划归宁波海关走私犯罪侦查分局，风险管理职能由通关管理处划归宁波海关调查局；企业管理、报关员管理职能由监管处划归宁波海关调查局。

2003年1月1日，根据《国务院办公厅关于海关总署走私犯罪侦查机构职能调整和机构更名的复函》，宁波海关走私犯罪侦查分局更名为宁波海关缉私局。缉私局主要承担宁波海关查处走私、违规案件及走私犯罪案件等职能；调查局负责在调查、稽查过程中查处走私、违规案件，并将私货管理职能划归宁波海关财务处管理。3月11日，中国电子口岸数据中心宁波分中心设立。12月28日，象山海关开关。2004年12月，宁波海关完成调查局内设机构调整：调查局审理处合并至办公室，调查局下设的调查处更名为贸易调查处。

2005年7月21日，宁波海关撤销调查局及其内设处室，保留宁波海关风险管理处、稽查处和企业管理处为关内部机构。宁波海关现场业务处、宁波海关驻经济技术开发区办事处、镇海海关、宁波保税区海关、北仑海关的调查科均统一更名为稽查科。

2008年10月30日，宁波海关驻鄞州办事处开关。是年，在海关总署推行构建大监管体系背景下，为防范宁波海关执法风险和廉政风险，关党组提出在关区建立“四大中心”，即风险监控中心、物流监管中心、通关中心、查验中心，并于11—12月，分别在风险管理处、大榭海关、现场业务处和北仑海关设立。“四大中心”实现了宁波关区监管资源的统筹和核心业务监管的强化，全面提高了海关监管通关效能，实现把关和服务职能的有机统一。

2009年11月23日，设立宁波海关政治部，政治部组成部门为人事教育处、思想政治工作办公室。11月26日，宁波海关驻机场办事处调整为宁波机场海关。

表 67-1-4-2　　1949—2010年宁波海关历任关长名录

姓　名	职　务	任　　期	姓　名	职　务	任　　期
刘勇三	军代表	1949-05—1950-02		（关长暂缺）	1987-09—1987-10
刘勇三	分关长	1950-02—1950-12	施昌虎	关长	1987-10—2000-06
刘勇三	支关长	1950-12—1951-12	邢　强	关长	2000-06—2004-06
刘迎三	代理支关长	1951-03—1951-12	王全国	关长	2004-06—2008-04
葛光河	关长	1979-05—1987-09	庞中联	关长	2008-05—

资料来源：根据宁波海关有关档案整理。

说明：任职时间未列截止年月的表示至2010年12月31日仍在任。

(二)内设职能部门

1. 办公室

1980年10月,海关总署批复同意宁波海关设立办公室。1995年1月1日,办公室调整为正处级机构,下设综合科、文秘科、法律室(科级)。2000年6月6日,办公室下设副处级法规室。2003年6月9日,宁波海关撤销办公室法规室,另设法规处。至2010年,办公室内设综合科、信息宣传科、机要文档科、政策研究室、政务信息化管理科。

2. 人事教育处

1995年1月1日,关直属人事教育科升格为人事教育处(同为政治工作办公室)。至2010年12月,人事教育处内设综合科、干部科、教育培训科、退休干部管理科。

3. 法规处

2003年6月9日,宁波海关设立法规处,为正处级机构,内设法制科、贸易管制科。

4. 关税处

1995年1月1日,宁波海关关税科升格为关税处。6月29日,关税处内设副处级审价办公室。1998年底,关税处内设综合业务科、审价办公室。2000年12月29日,内设机构为综合业务科、价格管理科。2008年12月3日,海关总署宁波商品价格信息处承担的关区进出口商品审价职能划归关税处,并设立审价科。关税处内设机构为综合业务科、征管科、审价科。

5. 监管通关处

1995年1月1日,宁波海关设立监管处(正处级),下设综合科、通关科。2000年6月6日,原保税处分管的保税仓库管理工作划归监管处。12月29日,监管处内设综合业务科、物流监控科。2007年4月19日,监管处更名为监管通关处。监管通关处内设综合业务科、物流监控科、选择查验科。2010年6月1日,宁波海关将所有物流监控和通关管理的职责统一归口监管通关处负责,将保税货物的物流监控和通关管理职能从加工贸易监管处划归监管通关处负责。

6. 审单处

2007年4月19日,宁波海关调整部分机构及职责,撤销通关管理处及其内设的审单中心,设立审单处(正处级),原通关管理处审单职责划归审单处。审单处内设综合业务科、业务规范科、审单一科、审单二科、审单三科。

7. 加工贸易监管处

2000年6月6日,宁波海关设立加工贸易监管处,内设综合业务科、加工贸易规范科。2001年8月3日,监管处的保税仓库管理职能划归加工贸易监管处。

8. 综合统计处

2000年6月6日,海关总署批复同意宁波海关内设机构调整,综合统计处为宁波海关正处级机构,内设综合分析科、数据统计科。2010年6月1日,宁波海关将所有统计数据的质量控制和管理职能统一归口综合统计处负责。

9. 稽查处

1995年6月，海关总署批复设立宁波海关稽查处。1996年2月，稽查处下设综合科、稽查核销科。1997年8月，稽查核销科改为稽查科。2000年，宁波海关撤销稽查处，将稽查业务职能划归调查局。2005年7月21日，宁波海关撤销调查局后，另设宁波海关稽查处。2010年6月1日，宁波海关将企业稽查、减免税核查和保税中后期核查的管理职能统一归口稽查处负责。

10. 风险管理处

2005年7月21日，宁波海关设立风险管理处。2008年12月26日，宁波海关在风险管理处内设立宁波海关风险监控中心，负责全关区的海关风险监控。下设综合科、风险分析科、风险布控处置科，同时撤销风险管理处业务科。

11. 企业管理处

2005年7月21日，宁波海关设立企业管理处。企业管理处工作职责是：负责关区报关企业与报关员的审批、注册、备案和年审，以及企业分类管理、信用管理和综合性评估等有关职能管理。

12. 技术处

1995年1月1日，关直属技术科升格为正处级机构，下设综合通讯科、计算机科。1998年4月，宁波海关根据海关总署部署，技术处的计算机科划归信息化管理处。2000年12月29日，技术处内设综合科、项目开发科、系统运行科、安全检查通讯科。至2010年12月，技术处内部机构设置为综合科、系统运行科、通信网络科、信息安全科、项目管理科。

13. 财务处

1997年12月，宁波海关根据《海关总署关于在部分海关设置财务处的通知》，设立财务处，原直属财务科撤销。2000年12月29日，财务处内设综合科、会计科、资产装备科、缉私警察经费科。2007年7月24日，财务处更名为财务装备处，内设综合科、预算管理科、经费科、缉私警察经费科、基建资产科、税费科。2009年8月6日，财务装备处更名为财务处并调整其职责，撤销基建资产科，调整后财务处内设综合科、预算管理科、经费科（缉私警察经费科）、税费科。

14. 思想政治工作办公室（机关党委办公室）

2000年5月，宁波海关成立思想政治工作办公室。至2010年12月，内设综合科、党务与群众工作科。

15. 监察审计室

1995年1月1日，宁波海关内设监察审计室，为正处级机构。2000年12月29日，监察审计室内设监察科、审计督察科。2010年6月1日，宁波海关对关区部分机构职责作出调整：将所有内控监督、考核评估指标管理和各类内控考核评估结果发布的职责统一归口监察审计室负责。监察审计室内设综合科、监察科、审计督察科。

16. 关务保障处

2009年8月6日，宁波海关设立关务保障处，为正处级机构，内设综合科、装备设备管理科、资产管理科。

（三）内部机构：宁波海关缉私局

1999年2月12日，宁波海关走私犯罪侦查分局成立，为副厅局级机构。姚苏东首任局长。内设办公室、政治处、督察处、侦查处、情报技术处、法制处。局址设在宁波市长春路150号。2001年1月11日，宁波海关走私犯罪侦查分局接管宁波海关调查局移交的情报职能。2002年1月14日，宁波海关走私犯罪侦查分局在海关垂直管理领导体制下，列入浙江省公安厅机构序列，称浙江省公安厅宁波走私犯罪侦查分局。6月26日，宁波海关调查局海上缉私职能、海查处机构和人员隶属关系调整至宁波海关走私犯罪侦查分局。9月4日，根据《海关总署办公厅关于做好海上缉私职能调整交接工作的通知》，宁波海关走私犯罪侦查分局海查处更名为宁波海关走私犯罪侦查分局海上缉私处。同日，为承担走私等行政违法案件的立案调查和案件审理职能，根据海关总署批复，宁波海关走私犯罪侦查分局进行机构调整：增设查私处；增设法制二处，原法制处更名为法制一处；增设计划装备处；均为正处级。

2003年1月1日，宁波海关走私犯罪侦查分局更名为宁波海关缉私局，承担查处走私、违规案件及走私犯罪案件的职能。2004年3月3日，法制二处（正处级）正式设立。2005年7月21日，宁波海关调查局撤销，其承担的查私办案职能划归宁波海关缉私局，关区各隶属海关、办事处所承担的查私办案职能均划归宁波海关缉私局及其分局。

1. 北仑海关缉私分局

2003年6月12日，北仑海关缉私分局正式挂牌成立，为正处级机构，负责北仑海关辖区内查缉走私违规、其他行政违法案件以及走私犯罪案件。林志雄首任局长。至2010年12月，北仑海关缉私分局内设办公室、侦查科、查私科、法制科、情报科。

2. 镇海海关缉私分局

2004年5月9日，经海关总署批准，宁波海关设立镇海海关缉私分局，为正处级机构。业务管辖范围为镇海海关辖区。谢良根首任局长。内设办公室、侦查科。

3. 大榭海关缉私分局

2007年8月3日，经海关总署批准，宁波海关设立大榭海关缉私分局（正处级）。业务管辖范围为大榭海关辖区。杨鲁明首任局长。内设办公室、侦查科。

4. 宁波机场海关缉私分局

2007年9月25日，经海关总署批准，宁波海关设立宁波海关驻机场办事处缉私分局（正处级）。欧洁明首任局长。内设办公室、侦查科。2009年11月25日，宁波海关驻机场办事处缉私分局更名为宁波机场海关缉私分局（正处级），内设办公室、侦查科。

（四）海关总署派驻机构

2000年6月6日，海关总署宁波商品价格信息处设于宁波海关，为海关总署派驻机构（正处级）。主要工作职责：承担关区进出口商品审价职能；编发辖区内进出口商品价格信息资料、动态，根据商品价格监控和风险分析制定价格风险参数，负责向海关总署关税征管司报告工作中发现的普遍性问题及重大问题；负责对海关总署指定和各直属海关咨询的有关商品价格进行调查和反馈；研究解决各直属海关提出的估价疑难问题。2008年12月3日，其关区进出口商品审价职能划归宁波海关关税处。

（五）隶属机构

1.镇海海关

1990年12月15日，国务院同意设立镇海海关。1991年1月10日，海关总署通知设立镇海海关，为正处级机构。1992年12月15日，海关总署批复同意镇海海关开关，业务监管区域为宁波市镇海行政区域及镇海港区。1993年1月1日，镇海海关正式对外办理海关业务，关址设在宁波市镇海区沿江东路376号。袁玉国首任关长。内部机构设置为：办公室、业务一科、船舶监管科。1994年4月19日，杭州海关批复镇海海关机构设置方案，内设办公室、业务一科、业务二科、调查科。至1994年底，镇海海关隶属于杭州海关，由宁波海关代管。1995年1月1日，宁波海关调整为海关总署直属机构后，镇海海关为宁波海关隶属机构。2000年12月29日，镇海海关内设办公室、通关科、加工贸易监管科、调查科。至2010年12月，内部机构设为：办公室、通关科、审计科、稽查科。

2.宁波保税区海关

1992年11月29日，国务院批准设立宁波保税区。1993年3月，《中华人民共和国杭州海关对进出宁波保税区的货物、物品和运输工具的监管实施细则》颁布实施，经杭州海关批准，宁波海关设立驻保税区工作组，正式进驻宁波保税区开展业务。1994年1月27日，宁波保税区海关机构筹备处设立。5月23日，国务院批准设立宁波保税区海关。12月14日，海关总署批复通知设立宁波保税区海关（正处级）。1996年5月28日，宁波保税区海关正式开关，隶属于宁波海关，业务管辖区域为宁波保税区，关址设在宁波市北仑区兴业大道1号。袁玉国首任关长。内部机构设为：办公室、通关科、保税科、调查科。2000年12月29日，内部机构调整为：办公室、通关科、加工贸易监管科、调查科。

2004年2月5日，宁波保税区海关驻出口加工区办事处（与宁波保税区海关两块牌子、一套班子）正式挂牌运作，下设监管通关科、备案核销科。至2010年12月，宁波保税区海关内部机构设置为：办公室、监察审计科、通关科、审批科、稽查科、物流监控科、保税物流园区监管科、机关服务中心。

3.北仑海关

1994年5月23日，国务院批复同意在宁波北仑区设立海关机构，级别为正处级。1994年12月14日，海关总署批复通知设立北仑海关（正处级），隶属于宁波海关。监管区域为宁波市北仑区行政区域（除宁波保税区、宁波经济技术开发区区域外）。1997年5月26日，北仑海关开关，关址位于宁波市北仑区明州路189号。朱毓成首任关长。内设6个科级机构：办公室、通关科、查验科、船管科、调查科、保税稽查科。2000年12月29日，内设办公室、进口科、出口科、单证管理科、物流监控科、查验科、调查科。2003年2月10日，宁波海关设立北仑海关驻港区办事处（副处级），隶属于北仑海关，内设物流监控科、监管一科、监管二科、货运机检科。2008年12月26日，北仑海关进出口货物的通关业务划归现场业务处（宁波海关通关中心)负责办理,并设立宁波海关查验中心,负责全关区的海关查验工作。

至2010年12月,北仑海关内部机构设置为:办公室、监察审计室、查验一科、查验二科、查验三科、查验四科、机动查验科、机关服务中心。

4. 大榭海关

1995年5月12日,国务院批准设立大榭海关机构(正处级)。6月,海关总署批复通知设立大榭海关机构筹备处。2001年4月6日,海关总署对大榭海关进行开关验收。4月28日,经海关总署批准,大榭海关开关,正式对外办理海关业务,关址设在宁波市大榭开发区行政商务区海关楼,其业务管辖范围为大榭开发区。施文虎首任关长。内部机构设为:办公室、综合业务科、物流监控科、调查科。

2008年11月18日,大榭海关内设立宁波海关物流监管中心,负责全关区物流监管。内部机构设为:办公室、监察审计科、业务一科、业务二科、业务三科、业务四科、机关服务中心。

5. 象山海关

2003年12月28日,象山海关开关,隶属于宁波海关,其业务管辖范围为象山县行政区域,关址设在象山县象山港路515号。励海波首任关长。内部机构设为:办公室、业务科。

6. 宁波机场海关

1990年4月,宁波栎社机场建成并交付使用,为对外开放的空港口岸。7月14日,宁波海关设立行李邮递物品监管科,负责进出境旅客行李物品检查等项业务。1995年2月,经海关总署批准,宁波海关设立宁波海关驻机场办事处,内设综合科、旅检科。行李邮递物品监管科随之撤销。顾松强首任办事处副主任主持工作。2000年12月29日,宁波海关驻机场办事处内设办公室、旅检科、通关科。

2009年11月26日,宁波海关驻机场办事处调整为宁波机场海关,机构级别为正处级,隶属于宁波海关。内部设立办公室、旅检科、通关科。

(六)派驻机构

1. 宁波海关驻经济技术开发区办事处

1990年12月15日,国务院批准设立宁波海关驻经济技术开发区办事处。1991年1月10日,海关总署下发设立宁波海关驻经济技术开发区办事处(正处级)的通知。1992年12月26日,宁波海关驻经济技术开发区办事处正式开关并对外办理海关业务。业务监管区域为宁波经济技术开发区小港区域,办公地址设在宁波市北仑区小港东路10号。周志浩首任办事处副主任主持工作。内部机构设为:综合科、业务科。2000年12月29日,宁波海关驻经济技术开发区办事处内设办公室、通关科、加工贸易监管科。2010年12月6日,内部机构调整为:办公室、综合业务科、加工贸易监管科、稽查科。

2. 宁波海关驻余姚办事处

1996年2月16日,海关总署批复设立宁波海关驻余姚办事处(正处级)。5月18日,宁波海关驻余姚办事处正式开关,业务管辖范围为余姚市行政区域,办公地址设在余姚市南雷南路477号。朱宣军首任办事处副主任主持工作。内设综合科、业务科。2000年12月29

日，内部机构调整为：办公室、业务科。2010年12月6日，内部机构调整为：办公室、监管科、审批科、稽查科。

3. 宁波海关驻慈溪办事处

1996年2月16日，海关总署批复同意设立宁波海关驻慈溪办事处（正处级）。6月14日，宁波海关驻慈溪办事处设立，下设综合科、业务科，业务管辖范围为慈溪市行政区域。6月28日，宁波海关驻慈溪办事处正式开关，办公地址设在慈溪市北二环中路468号。王永华首任办事处主任（兼）。2000年12月29日，内设机构调整为：办公室、业务科。2007年12月3日，宁波海关驻慈溪出口加工区办事处（与宁波海关驻慈溪办事处两块牌子、一套班子）正式挂牌运作。2010年12月6日，内部机构调整为：办公室、监管科、审批科、稽查科。

4. 宁波海关驻鄞州办事处

2004年5月25日，海关总署批准设立宁波海关驻鄞州办事处（正处级）。2008年10月30日，宁波海关驻鄞州办事处正式开关，业务管辖范围为鄞州区行政区域，办公地址设在宁波市鄞州区宁南南路756号。叶建首任办事处主任。内设办公室、加工贸易监管科、稽查科、综合业务科。2010年12月6日，内部机构调整为：办公室、监管科、审批科、稽查科。

5. 宁波海关现场业务处

2000年6月6日，宁波海关设立现场业务处，办公地址设在宁波市昌乐路266号。叶建首任处长。内设综合业务科、前期审批科、后续管理科。主要负责宁波老港的进出境船舶监管及进出口货物的通关业务，宁波市所辖未设海关机构的县（市、区）的加工贸易、保税、减免税审批和后续管理、转关、征税、统计等海关业务。

2008年12月26日，宁波海关在现场业务处内设立宁波海关通关中心，负责办理北仑、大榭口岸进出口货物的通关、征税等海关业务。2010年12月6日，宁波海关现场业务处（宁波海关通关中心）进行机构调整，内部设立：办公室、监察审计科、进口一科、进口二科、出口一科、出口二科、综合统计一科、综合统计二科、风险管理科、稽查科。

（七）直属事业单位

1. 宁波海关机关服务中心

2000年6月6日，海关总署批准设立宁波海关机关服务中心，为宁波海关直属事业单位，具有事业法人资格，承担对内后勤保障服务工作。11月10日，宁波海关机关服务中心正式设立。

2. 中国电子口岸数据中心宁波分中心

2002年8月2日，海关总署决定在包括宁波在内的20个直属海关筹建中国电子口岸数据分中心。2003年3月11日，中国电子口岸数据中心宁波分中心成立，为宁波海关直属事业单位，具有事业单位法人资格。负责组织协调宁波地区中国电子口岸应用项目的推广和服务；联网企业的技术支持，宁波电子口岸业务受理窗口的运行；负责宁波地区用户集中托管服务器的运行维护管理；开发和经营宁波口岸电子网；参与海关的各项应用软件开发和技术服务工作；开展对外软件开发和技术服务工作。

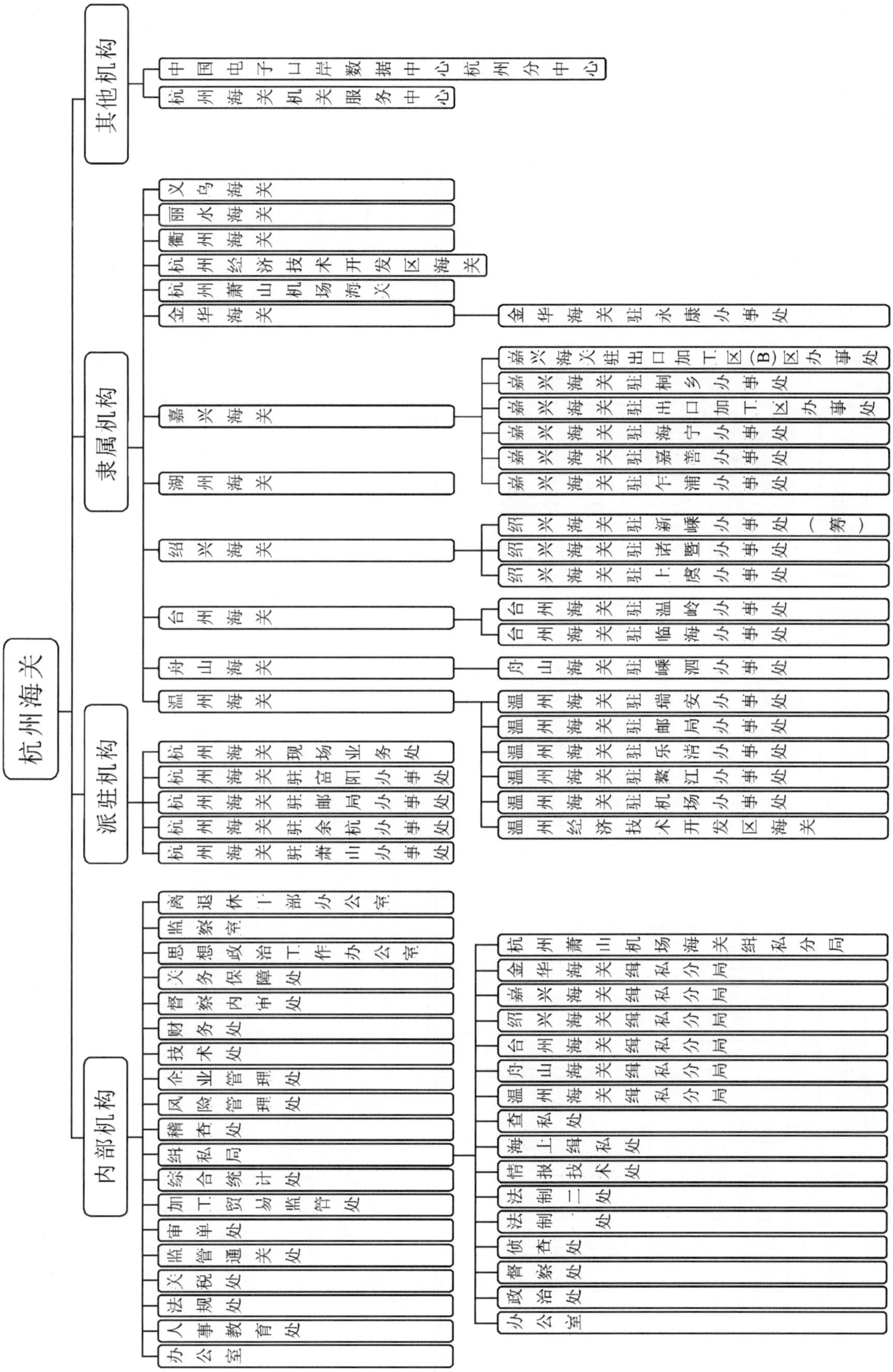

图67-1-4-3 杭州海关机构设置图（截至2010年12月）

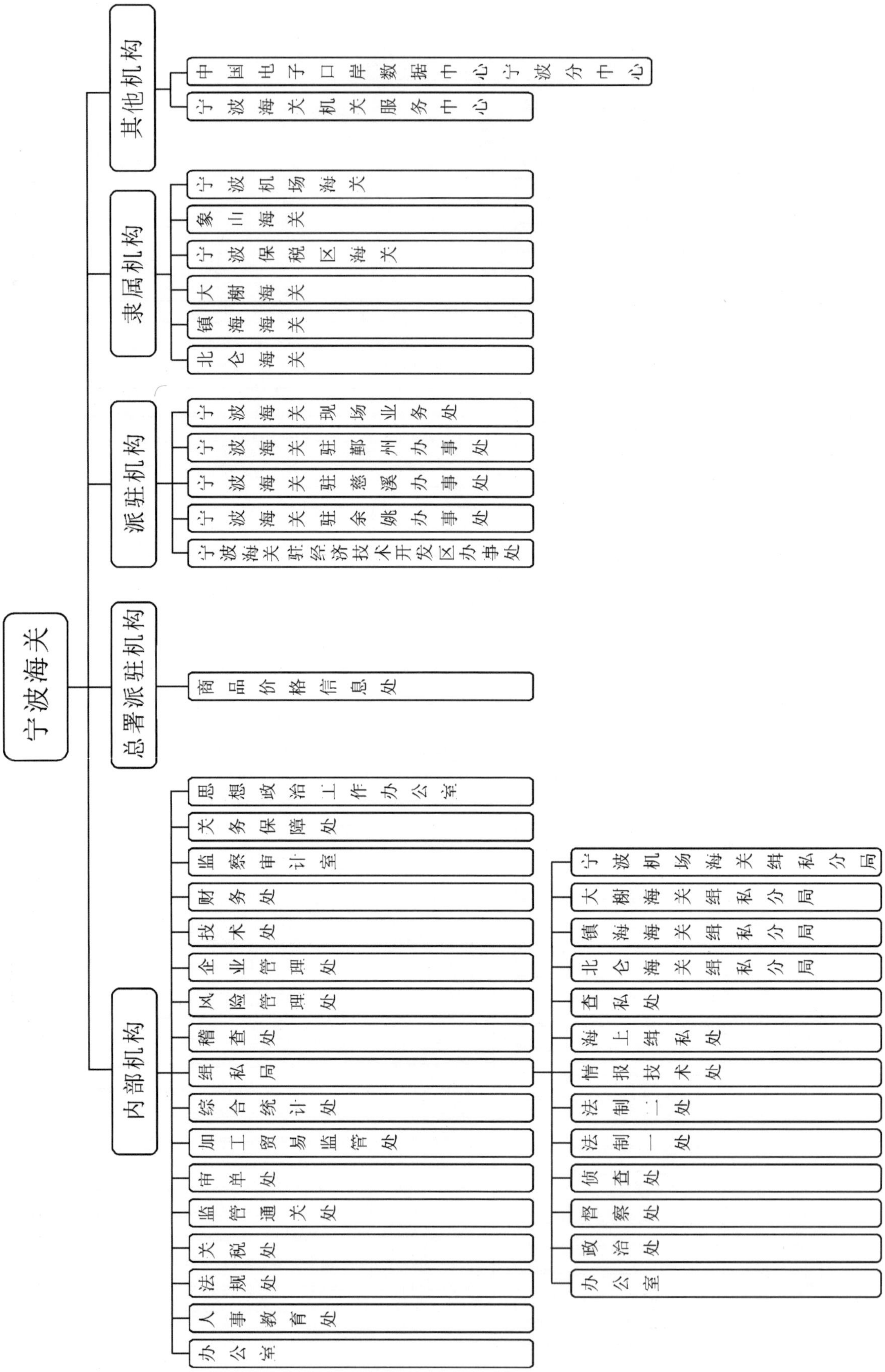

图67-1-4-4 宁波海关机构设置图（截至2010年12月）

第二章　货物监管

货物监管是海关代表国家对进出境货物实施的一种行政管理，使之符合国家政策和法律法规，维护国家主权和利益。监管是海关基本职能之一。

北宋开始建立市舶司制度，对进出口货物实施监管。市舶司以核发公凭垄断国内商人出海贸易的审批权，对进出口货物进行管理。南宋沿袭北宋管理办法，以适应海外贸易扩大，增加朝廷收入。元代对进出口货物的管理延续两宋旧制，并对货物的输入输出及禁限、管制作出较详细的规定。明代实行海禁，仅允许朝贡贸易，市舶司凭“勘合”及朝贡表文监管贡船、贡物。清初实行海禁，仅有朝贡贸易，对贡船、贡物、贡期均予以限制。康熙二十三年（1684 年）展海开禁后，在沿海设浙海关等四海关，对进出口贸易货物实施管理。

中英《南京条约》签订后，宁波成为五口通商口岸之一。清咸丰十一年（1861 年），设立浙海关（新关），负责对外籍商船进出口货物征收“夷税”。而清朝廷原设的浙海关负责监管国内船舶。此后，浙江又设瓯海关和杭州关，对进出口货物、通商口岸间贸易往来货物、出入内地货物实行监管。民国期间，浙海关、瓯海关、杭州关逐渐形成比较完善的监管制度，以利税收征管。

20 世纪 70 年代，浙江省先后设立温州、宁波、杭州海关，为适应对外开放的要求，各海关更新观念，改进办法，开拓业务。2001 年 12 月中国加入世界贸易组织（以下简称“入世”）后，浙江省对外贸易持续高速发展，贸易方式灵活多样，商品种类日趋复杂，进出口货物成倍增长。杭州海关、宁波海关①贯彻“依法行政，为国把关，服务经济，促进发展”的工作方针，以经济建设为中心，建立、健全货物监管制度，加强各项监管措施，促进提高通关效率，支持浙江省对外经济贸易发展和科技文化交流。

第一节　一般进出口货物监管

一般进出口货物监管是指海关对单边输入、输出关境进出口贸易方式和货物的监督管理，也是海关对进出口货物监管的基本环节和基本制度。进口货物自进境起到办结海关手续止，出口货物自向海关申报起到出境止，以及自进境起到出境止的货物，由海关实施监管。包括一般贸易进出口货物、捐赠物资、对台小额贸易货物、暂时进出境货物等。对义乌小商品市

① 以下杭州海关、宁波海关分别记述时用全称，两关合记时简称杭、甬海关。

场出口货物监管，是浙江省杭、甬海关监管的一大特色。

一、一般贸易

（一）市舶司及清代前期海关货物监管

北宋太平兴国三年（978年），为管理日渐发达的海外贸易，朝廷在杭州设两浙路提举市舶司；淳化元年（990年），在明州（今宁波）设市舶司，负责对进出口货物检查，执行禁限，兼管对外贸易事务及收购与出售政府禁榷[①]物品，招待、保护外商等。北宋《元丰市舶条》（又称《广州市舶条》）规定，凡商船、商货、商民出境，须凭市舶司发放的“公凭”“公据”通行，市舶司以核发公凭垄断国内商人出海贸易审批权，对进出口货物进行管理；并规定杭州、明州是贡船的停泊地和出海地，贡船至宋，贡使须向当地市舶司递交该国“表文”；贡船入港，当地官府须派兵监护，并由市舶司验核相关凭证。南宋期间海外贸易更趋兴盛，绍兴元年（1131年）在温州设市舶司，沿袭北宋各种市舶管理办法和措施。

元代，浙江沿海地区仍是海外贸易主要港口所在地。至元十四年（1277年）起，陆续设温州、杭州、庆元（今宁波）等市舶提举司管理市舶事务，征收市舶税。先后废除“博买”及“禁榷”制度，制定《至元市舶则法》《延祐市舶则法》等管理制度，对货物的输出入、禁限及管制等作出较详细规定，同时对朝贡贸易进行管理。

明洪武元年（1368年）起，在明州等地设市舶机构，各地市舶司凭“勘合”对贡船、贡物实施监管。“勘合”是朝廷颁发的允许朝贡国船舶进行贸易的凭证，详细列明贡物品种、数量、重量以及随船人数、姓名等内容。贡船入境，须向市舶司缴验“勘合”和朝贡“表文”。其中，朝贡“表文”须加盖朝贡国国王印鉴。若无“勘合”“表文”，不得朝贡。贡物入境，市舶司须同时验核“勘合”和“表文”，确认无误后方可存入专用仓库并加封。永乐元年（1403年），指定台州、定海（今宁波镇海区、北仑区）等港口为日本、琉球贡船停泊港。永乐三年起，仅允许日本国朝贡船每十年朝贡一次，每次限船2艘，每船限定200人，不得携带军器，违者以寇论处。

清初实行“海禁”，但允许贡船往来，仅对其数量及贡期进行限制，对由朝贡船舶带进的贸易货物给予减免税优惠。康熙二十三年（1684年）“开海贸易”，允许浙江等地沿海商民出海贸易。康熙二十四年在宁波设立浙海关，下设宁波、温州等口，对进出口货物实施监管，征收税费，查缉走私。康熙二十五年，浙海关规定，凡商船从闽广等地载货进口，须委托进口地牙行[②]代为申报，牙行领取红单（海关开具的验货准单）后即赴海关税口报验、缴税。红单内注明税金，经海关核定后钤盖戳记。康熙五十六年，颁布南洋禁海令，禁止商民出洋贸易。雍正五年（1727年），禁令废除，浙海关恢复对出洋商民的管理。乾隆二十二年（1757年），对西洋船实行广州一口对外通商政策，各国商船集中到广东口岸贸易。同年，因出现英、法等商人为

---

① 禁榷是中国古代朝廷对某些商品实行专卖，限制民间商业贸易，借以扩大财政收入的一种方法。宋代财政匮乏，禁榷是其获取财政收入的主要方法之一。

② 牙行是古代和近代为买卖双方介绍交易，评定商品质量、价格的居间行商。在晚清外贸制度下，形成的一种商业资本集团，如广州十三行。垄断经营对外贸易，同时又是清政府管理和约束外商的媒介和工具。

避高额税银，违反“一口通商”政策，擅自将船驶往浙江定海（今舟山市）停泊情事，故次年清廷颁发谕令，严禁外籍商船前往宁波贸易。

（二）近代海关（新关）货物监管

清咸丰十一年（1861 年），宁波始设外籍税务司制的浙海关，对进出口货物实施监管及申报制度。《浙海关章程》规定：“商船从进本口时刻尽二日内，将该照牌及进口货单呈交领事官。如该国无领事官，则自行赴关禀报。”并规定，凡商船呈报进口货单，须自备报单，海关在起货单二纸（一英文、一中文）盖章后，商人将该货起入驳船，运至海关码头，派人查验，即行发给验货单。出口货物亦如此。光绪四年（1878 年），浙海关按总税务司颁布的《海关总章程》进行监管。光绪二十二年八月，杭州关依据《杭州口各国商船进出口起下货物完纳税钞及各项开口试办章程》，对进出口货物实施监管及申报制度。规定凡进口货物向海关申报后，海关发给起货单，将货物卸运至海关码头进行查验，查验完毕，由海关发给验单，交货主向银行缴纳税款，并持已缴税凭证向海关申领放行单，才被准予提货。鸦片（称洋药）的进口主要在嘉兴分关，必须在卸货后运入海关洋药栈房进行查验。出口货物的查验程序与进口相同，只是在缴税后，须由海关发给准单，方能装船。对于退货，亦按上述查验办法进行。查验时间规定在每日上午 10 时至下午 4 时，节假日停办。此项制度一直延续至杭州关裁撤。

图 67-2-1-1　光绪二十三年(1897 年)建于拱宸桥旁的杭州关码头验货房（杭州海关提供）

民国 5 年（1916 年）10 月，杭州关加强货物查验，对出口货物一律实行详查。如茶叶和丝绸，实行抽查、丈量，核对颜色，严格核对毛重、净重；对木柴等大宗货物则不进行细查细验。对进口货物，特别是来自日本并由上海转运到杭州的，作重点查验；对持有免重征执照的洋货和土货，则适当放宽，作 5％的抽查；鲜货过秤后立即放行；对贸易性质较明确的商品，如豆饼、豆类、钢材等，则按一定比例运至验关房抽查。铁路进口货物，接铁路部门通知后，随时派员前往查验，凭免重征执照放行货物。对机制洋式产品则着重核对有否顶替调包；船运进口货物，在海关码头进行查验。铁路出口货物，由高级验货员在车站仓库进行查验；船运出口货物，均在海关验关房进行查验，实行双人作业制，即由一名洋员钤字手执行，一名华人司秤协助，并由高级验货员监督，在货物卸入验关房后，开启包装，核对货物内容，并过秤。嘉兴分关对进口舱单上易出现差错的商品，特别是在上海加工过的货物，要求商人加以注明，如标有“出口时未经查验”的，则予以重点查验。

民国17年(1928年),南京国民政府宣布,货物进出口手续一律改由商人自行办理或委托报关行代理,外国领事不再参与监督货物报关事宜。民国20年,财政部关务署颁布《管理报关行暂行章程》,对报关行业进行整顿,规定经营报关业务应具备的条件和取消报关行资格的具体情况,明确海关为报关行的唯一监管机构。民国26年"七七事变"后,沿海各关相继关闭。杭州、宁波、温州等口岸海运业务衰落,进出口贸易几近停滞。民国32年,汪伪国民政府总税务司署在宁波和杭州设立"海关转口税宁波征收所"和"杭州关转口税局",对进出宁波、杭州的土货征收转口税。抗日战争胜利后,国民政府恢复杭州关、浙海关和瓯海关建制。后因业务萧条,税收锐减,经费入不敷出,杭州关被裁撤。浙海关并入江海关为其分关。

(三)中华人民共和国海关货物监管

民国38年(1949年)5月,浙江各地陆续解放。根据海关总署筹备处指示,原瓯海关业务划归江海关(后改称上海海关)管理,1950年后设上海海关宁波、温州分关(支关)。其间,主要依据华东军区公布实施的《华东区国外贸易管理暂行办法》《华东区国外贸易管理暂行办法实施细则》实施监管。后因浙江沿海地处前线,对外贸易基本处于停滞状态,则依据华东区财政经济委员会制定的《华东区与未解放区间往来货运管理暂行办法》监管往来解放区和待解放区的货物。后因海关实际监管业务甚少而裁撤。1957年2月,国务院批准温州港为准许外国籍船舶进出的18个沿海港口之一。1964年8月,温州港正式恢复对外开放,主要进口日本化肥和朝鲜水泥。从20世纪50年代初至70年代省内海关机构成立之前,浙江省内所涉海关业务均由上海海关派员前来办理。

1973年3月温州海关成立,监管区域包括温州、丽水及附近海域。1978年9月宁波海关成立,监管区域包括宁波、舟山、台州(除玉环)及附近海域。1979年1月杭州海关成立,监管区域为杭州周围的车站、机场等场所。至此,省内海关机构开始承担浙江各口岸的货运监管业务。

1979—1984年,杭州、宁波、温州三海关成立后均在各自业务辖区内独立执行监管任务。1980年1月,根据海关总署规定,省内海关开始对进出口货物正式实行报关单申报制度。凡属国家规定需实施商品检验的货物,须随进出口货物报关单附寄商检证明及有关证件,以便进出口货物及时报关。海关内部建立起审单、复核等作业流程,以保证申报的准确性。同时,制定相应的放行复核制度,在审核报关单及有关单据后,批注监管要求,供查验货物、征收税费及统计、档案作业参考。对于一般贸易货物,放行即为解除海关现场监管;对于减免税货物、缓税进口货物,放行后按规定进行后续或时效监管。在放行环节,重点对申报、查验、征(免)税等作业进行复核,作出结束现场监管决定后,在相关报关单据上签盖"海关放行章",供收发货人提取或装运进出口货物。同年10月,实施《关于出口许可证制度的暂行办法》。当时在宁波口岸进口的货物中,有相当部分属于实行许可证制度的紧缺物资和其他商品,对此宁波海关严格凭证接受报关。对其他一般货物,视具体情况,采取一般查验和重点查验相结合的监管方法。对有些单证不全的采取灵活办法,由有关单位出具保函或交纳保证金,先放行货物,后补办手续。对进口大宗货物,需要船边直接提运的,准许先提货后下厂下点进行查验。为方便合法进出，杭州海关从1981年开始延长接受报关、验货的时间，在查验基础上，进一步加强放行环节的复核。同时，在货物集中地点现场办公，凡外地来杭提货者，给予随报、随验、随放的待遇，还派员到有关单位直接查验和放行货物。

1983年，杭州海关根据《执行出口许可证制度的几项规定》《建立出口许可证请示汇报、检查统计制度》《申请出口许可证须知》等规定，对违反出口许可证管理规定，伪造、伪报、涂改、骗取出口许可证的，视情节轻重按《中华人民共和国暂行海关法》有关规定，以违规、走私论处。同时还重点加强审单工作，根据不同对象，选择监管重点：按经营单位，以非外贸专业公司和初次开展外贸业务的公司为重点；按贸易性质，以加工贸易货物为审核重点；在货物品种中，以机电产品和化纤产品为重点。1984年，开始实施《进口货物许可证制度暂行条例》及《进口货物许可证制度暂行条例细则》，对进口国家限制进口商品，根据批准权限经归口部门审批后，由企业申领进口货物许可证，海关凭许可证接受申报并验放货物。

1984年6月9日，经国务院批准，杭州海关调整为正厅局级机构，下辖宁波海关、温州海关，浙江省域均属于杭州海关业务辖区。

1985年，杭州海关实行由审单、征税人员参加的联合申报台制度，对审核无误、情况正常的钢材、木材、矿石等大宗货物，审单后直接放行，并不断扩大直放范围。同时，就地验放货物，加速通关。并于当年开始承办经上海港海运出口至日本和经欧亚大陆桥出口至西欧的集装箱货物监管业务，派员赴各监管点验放货物。查验工作重点转向以进口为主，重点查验应税、应证商品。1985年后，根据进出口货物许可证分级管理的要求，杭州海关制定“三明确”和“三加强”原则：明确领证范围，明确签证权限，明确审批手续；加强初审职责，加强复核制度，加强内部联系。同时根据实践经验和具体情况，进行监管业务改革。对不同的进出口货物提出不同的验货要求，进行有重点、有针对性的监管。1987年7月，杭州海关开始对进出口货物实行申请担保管理办法和分类验放制度，凡属规定范围内符合条件的进出口货物，在缴纳保证金或出具保证函后，海关先予放行、缓纳税款或移位存放，允许在担保期内办结所有海关手续并注销担保。对于非出口许可证商品及信誉良好、单证齐全、不易发生问题单位的出口货物，报关后即刻放行，免予查验。对查验工作实行双人作业制、主管领导派班制、现场执勤报告制、人员定期轮换制等制度，加强内部监督制约。1988年，对出口集装箱全面实施监装员制度，全年监装集装箱数占出口总箱数的70%。是年底，杭州海关执行报送进出口许可证管理反馈检查信息的旬报制度，根据“一批一证、证货相符、证企相符”的规定，重点查发倒卖、转让许可证情事。对海运进出口散装大宗货物采取船边验放或审单后直接验放，对国家重点工程项目进口物资，设立专门窗口，实行随报、随验、随放制度。各口岸海关逐步实行审单、征税、统计一条龙联合作业制，企业可在一个窗口办完海关手续，加快通关速度。

1989年6月，宁波海关开始对转关运输货物单证进行清理核查，建立有关档案，并实行“海关验货情况登记本”制度，记录查验环节经营单位、报关人员差错及违规事例，以考核各经营单位、报关员及海关验货人员的工作质量，并作为确定货物重点查验的依据。宁波北仑电厂是国家“七五”期间重点建设项目，需进口大量设备，宁波海关对该项目进口的材料、设备采取集中报关等便利措施，避免因单据不全耽搁验货而影响设备安装和工程建设，并培训责任心强又懂技术的企业人员作为海关义务监管员，直接参与办理货物进口验放手续，提高工作效率。11月，杭州海关加强出口退税单证管理，制定内部签发出口退税报关单操作程序。在审单环节严格落实国家有关部门担保制度、机电产品审批制度和商检制度，对一些企业出具保函不严格、不履行义务的行为，除依法处罚外，还给予通报批评和取消具保资格的处理。

1990年，杭州海关执行出口收汇核销管理办法和出口退税报关单管理办法，对出口退税报关单实行复核，由经办关员初审后交复核员审定，对超过10万美元或70万港币的报关单，由主管处(关)长审定，经查验放行的出口货物，由复核员在出口退税报关单上签名并加盖海关验讫章。翌年，杭州海关开办铁路整车查验封关发运监管业务，就地查验封关，以缓解深圳铁路出口货物的储运压力，加速货物发运，使企业能及时办理收汇、退税业务，降低出口运营成本。

1991年，宁波海关进行H883报关自动化试点，11月系统正式投入使用。到1993年底，杭州关区大部分业务现场使用H883自动报关系统。当年，杭州海关还对属于法定检验目录的商品凭商检机构出具的商检放行单放行，对出口纺织品按《纺织品出口配额管理办法》管理。同时把查验工作与评选优秀报关员结合起来，对优秀报关员申报的货物采取优先安排查验、实施抽查或免验等相对简化的查验方式。对货物采取分类管理，把纺织品、国家禁止进出口化工产品、加工贸易重点商品及其他需许可证及批文的商品列入重点监管范围，加强查验。对14种高退税率商品、出口数额大的重点商品，以及资信较差企业的出口商品，也加强查验，并在放行环节加强全面复核，防止以少报多、以次充好、伪报品名或假出口，骗取出口退税。1994年1月1日起，杭州海关实施新的进出口许可证管理办法，同时执行进口配额机电产品和进口配额一般商品管理规定。机电产品进口单位凭国家机电进出口办公室的配额证明，向对外贸易经济合作部(以下简称外经贸部)领取进口许可证，海关凭进口许可证验放。一般商品进口单位凭进口配额证明向外经贸部及其指定发证机关申请进口许可证，海关凭进口许可证验放。重点对原油、成品油、钢材、胶合板等进口敏感商品和其他应证、应税、限制类商品进行监管，严格凭有效证件验放，以维护正常贸易秩序。当年，杭州海关连续查发6起无证出口配额纺织品情事，并按规定作出处理。对进出口货物和企业实行分类管理，突出监管重点，开展冰鲜鱼海上直接出运业务，对出口蔬菜实施预报确报制度。对“信得过企业”“信誉良好企业”和优秀报关员报关的进出口商品及一般商品的进出口，实行信任放行，方便企业。

1995年起，杭州海关、宁波海关均为海关总署直属海关，其中宁波海关业务辖区为宁波市行政区域，杭州海关业务辖区为除宁波市行政区外的浙江省其他行政区域。

1996年1月，杭州海关启用计算机打印格式报关单。同月，杭州海关与浙江省国税局签订《出口退税管理协作备忘录》，同时加强进出口收付汇核销管理，对所出具核销用报关单一律加盖使用海关防伪印油验讫章。对进出口报关单防伪标签的加贴、退单、领用、保管均作出明确规定，并指定专人负责防伪标签加贴工作。是年底，杭州海关总关业务现场加贴进口付汇用防伪标签1008枚，出口收汇用防伪标签2487枚，出口退税用防伪标签2209套，无遗失和错发。宁波海关加大对重点、敏感商品的监管力度，尤其是对进口废物、滞港无主超期货物等商品开展监管与清查，与环保等部门配合，全年共查出“洋垃圾”4批132吨。1997年2月，杭州海关驻机场办事处EDI(无纸报关)系统试用成功，当天顺利审核通过51份进出口报关单。11月29日，杭州海关又成功完成微机EDI通关申报系统的试点工作（系全国海关系统首家试点单位）。是年，杭州海关加大对转关运输货物及载体，进口量大且税率高的敏感商品，机电产品及散件，易制毒品和武器的化工产品，废旧物资，新产品及申报品名、规格等含糊不清的商品的重点查验。宁波海关推广应用转关运输网络管理系统，对通关模式和舱单管理系统进行改革，实现查验记录自动化和查验工作无纸化。对报关员实行IC卡管理。北仑海关开关后，实行内外勤分离的半封闭通关模式，进一步提高通关效率。

1998年5月，杭、甬海关实行查验工作量化标准，规定：进口货物查验率不低于10%，出口货物查验率不低于5%，对重点布控企业和列入关区重点查验目录的商品，查验率必须达到100%；对混装货物予以重点查验，按实际比例验放；对液体商品进口，在第一时间登轮收取原始舱单，坚持船边水测，掌握载货状况；对在锚地过驳作业的船舶和货物，进行全过程的监控，掌握过驳货物数量及流向。8月，北仑海关设立出口拼箱货物海关监装点，口岸查验时间缩至半个工作日。10月1日，杭州海关正式列入全国第二批通关制度改革试点海关，总关业务现场及嘉兴海关、驻机场办事处启动通关新程序，由审单中心集中审核报关单证5554份，其中红通道报关单3968份、绿通道报关单1586份。12月1日，杭州海关开始进出口报关联网核查系统试点工作。当年，杭、甬海关对本关区的进出口货物堆场、监管仓库重新进行审核和清理，修订监管操作规程及岗位责任制，落实24小时巡查制度。1999年1月，杭、甬海关全面启用进出口报关单联网检查系统，并从4月1日起停止在报关单上使用"防伪标签"。7月，杭州海关实现集中审单联网，对报关预录入企业和海关一线人员进行培训。重点对审单环节的"红绿通道"进行三项修改，突出监管重点，发挥计算机集中审单和专家审单的优势，使进、出口报关单的申报不合格退单率分别下降至6%和3%。在实际监管中规定，查验必须在监管区内进行，查验方法为彻底查验、抽查和外形查验三种方法，对具体要求、量化指标、查验程序及有关特殊事项作出规定，并成立机动查验队实施机动查验，作为强化现场正常查验的补充。当年，宁波海关批准设立宁波铁路北站海关监管点，明确国际转运货物操作规范、进出口许可证验放标准、空陆联运货物的监管等问题。完善对出口拼箱货物监装点和空箱的管理，加强船边监管和卡口、二类口岸管理，清理整顿关区监管场所和监管车队，加大查验力度。是年，杭、甬海关通过舱单分析、数据比对、风险参数制定等方法，对敏感商品实施风险布控，查获重大违法进口案件89起，价值4.1亿元。在出口环节发现3起超许可证报关口岸范围报关情事，同时查处多起非法买卖出口许可证及对台小额贸易无出口检验检疫证明等案件。

2000年1月，根据海关总署的要求，杭、甬海关对列入《出入境实施检验检疫的商品目录》的进出境货物，一律凭检验检疫机构签发的出入境货物通关单验放。10月1日，实施进出口许可证联网核销制度，提高口岸通关速度。是年1月至11月，杭州海关共签发出口报关单退税联26172份，出口退税货物总值13.2亿美元，二次核对报关单463份。在实际工作中，大力发展转关运输监管业务，扩大浙江省外贸进出口渠道；推行合作备忘录（MOU），加强后续和时效监管；实施企业分类管理和风险管理，有效实施稽查制度，促进对外贸易健康发展，保证合法进出；逐步实现电子数据交换（EDI），完成通关作业改革第一阶段试点工作。同年，宁波海关开通杭甬"口岸直通式"和沪甬"空运直通车"监管业务，开展出口货物铁路转关业务，降低企业经营成本。开通宁波至台州的内支线业务，扩大宁波港的辐射面。调整北仑海关接单制度，确保外贸货物的及时出运。12月，宁波海关开始全面实行集中审单的新型通关模式，并首家开发集网上报关、审批、查询等多种功能的公共服务信息网。次年，开始推广应用跨关区快速通关、视频监控、电子车牌识别和电子地磅系统，开发研制集装箱吊机称重系统，H986工程（大型集装箱检查设备）相继建成并投入使用。

2001年12月11日，中国正式加入世界贸易组织，进一步促进浙江省外贸的高速发展。杭、甬海关也不断深化改革，顺应时代发展要求。

2002年8月1日，宁波海关试点“提前报关、实货放行”通关模式，船公司或其代理人在货物抵港前可提前向海关传输正确、完整的舱单电子数据，收货人或其代理人可提前办理报检、报关等手续，海关可提前进行电子审单、实单审核、税费计征等工作，待货物实际到港后即办理货物查验和实物放行手续。8月5日，上海、南京、杭州、宁波4个海关研究解决转关运输协调问题，实现海关对进出口转关货物的集中监管。杭、甬海关推广电子口岸、绿色通道、进口预约报关制度及大型高新技术企业优先通关、上门验放、担保验放等便捷通关措施，开通杭甬跨关区出口无纸通关试点，通关效率明显提高。次年1月，宁波海关在关区内正式实施“多点报关，口岸放行”①的新型通关监管模式。该模式为全国首创，为配合这一业务改革，宁波海关开发应用查验关封管理系统，进一步完善物流监控体系。同时在扩大无纸通关、提前报关、便捷通关、网上付税、出口退税等快速通关措施的基础上，正式启用口岸电子执法系统出口退税子系统，与国税部门实施出口退税联网核查；与检验检疫部门实现通关单电子数据和纸质通关单的联网验核，促进口岸通关效率整体提升。3月，杭州海关制定并实施《杭州海关通关作业审单操作规程（试行）》，对电子审单、审单中心专业化审单等工作的要求和工作范围进行明确。3月25日，国家环保总局、经贸委、外经贸部、海关总署、质检总局组成联合调研组对台州口岸进口的废料进行现场调查。在“非典”肆虐期间，杭、甬海关均建立24小时联系制度和报告制度，发放防“非典”材料，加强一线监管，对来自疫区的集装箱进行消毒，加强对入境旅客使用物品的管理，在业务现场设立绿色通道，对抗“非典”物资实行24小时不间断通关，做到随到随验、随验随放。共验放抗“非典”物资11批，价值500多万元；验放援助港澳抗“非典”物资1批；验放进出境预防“非典”邮件3537件。7月，杭甬跨关区出口货物“异地报关，口岸放行”通关监管模式开始试点运行，空运进出口卡口系统和数字化硬盘录像系统也先后在杭州关区投入使用。

2004年，杭、甬海关开始推广应用全国跨关区快速转关作业系统，科学调配海关总署下拨的监控设备，完善口岸海关的视频监控中心，推广第二代龙门吊称重系统在港区的应用。11月，为支持东北粮食外调，缓解浙江省粮食供应紧张状况，对原产于黑龙江的大米通过内支线运往俄罗斯口岸，然后经外贸航线运输至温州口岸，由杭州海关和哈尔滨海关分别实施监管，有效解决国内运输成本高企、内贸货物产需脱节的问题。次年5月1日，在检验检疫部门的配合下，杭州海关从宁波口岸进口转关监管废纸至富阳实施验放，使富阳口岸成为全国

① 即企业在关区内自主选择海关报关，口岸海关对货物进行实货放行。

进口废纸转检查验唯一试点口岸。杭州海关进一步推进“大通关”建设，在关区推行“5＋2”、24小时预约通关制度等便利措施，采取“选择申报，口岸放行，便捷转关”和“选择申报，口岸分流，全程监控”两种作业模式，对海运出口货物正式实行“出口预配舱单”管理模式，并分别于7月、10月同上海、宁波开展转关卡口联网试点工作。当年，宁波海关全面推行出口舱单与报关单电子数据预核系统，正式实施规范和简化转关运输业务改革。

2006年，杭州海关推行“提前申报，货到验放”快速通关模式，实现监管时空“前推后移”；宁波海关对出口货物全面实施快速通道作业模式。10月，杭州海关相继制定并实施《杭州海关进出口货物报关单修改和撤销操作规程》《杭州海关通关特殊作业操作规程》《杭州海关通关作业审单操作规程》《杭州海关通关作业环节非政策性退税操作规程(试行)》等一系列规定。当年，宁波海关先后与长江沿线海关建立协作配合机制，推行跨关区“属地申报，口岸验放”通关模式，实现“一次申报、一次查验、一次放行”。完成海关总署卡口控制与联网扩大试点相关工作，物流监控的智能化水平明显提高。11月15日，宁波海关无纸报关双信息放行系统成功投入试运行。2007年1月31日，温州海关与上海外港海关之间首票实行“属地申报，口岸验放”通关模式进口的货物顺利办结海关手续。3月14日，国家对整车出口实施许可证管理后宁波口岸首次出口汽车整车505辆。9月，杭州海关启动专项行动，要求各现场加强对农产品、食品、药品及有关消费品的实际监管，严格凭出入境通关单验放。宁波海关深化“无纸报关”“集中报关”作业模式，利用科技手段，创新审单工作模式，进、出口货物当天验放率分别达到65％和99％。

2008年1月，根据海关总署要求，杭、甬海关开展“通关单联网核查”试点工作，宁波海关综合管理运行控制系统也正式投入运行。6月，杭州关区油气液体化工品监控系统的联网调试工作顺利完成，创新海关监管模式。为保障北京奥运会取得圆满成功，根据海关总署要求，7月20日至9月20日，杭、甬海关进入二级安保备勤管理阶段，并相继开展对涉嫌兴奋剂进出口化工品，邮运渠道走私武器等违禁品和粮食、化肥、能源、钢铁、稀有资源矿产等敏感出口商品的专项核查，加强监管力度。是年，宁波海关进行职能整合和人力资源重新配置，建立物流监管中心、风险监控中心、通关中心、查验中心等“四大中心”。在查验中心推行查验“两班倒”工作制，实现出口货物当天报关、当天查验、当天放行和“365天24小时通关”。相继开发启用审单处业务审批电子管理系统、宁波海关通关查询分析系统、出口有货报关单证流信息和物流信息联动系统、H2000出口运抵报告系统等通关作业系统，实现报关单、关员作业、通道商品等数据的信息化。2009年1月，杭州海关视频监控系统正式调试成功，首批接入义乌国际物流中心的视频监控图像。6月，海关总署完成对进口废五金监管情况的专项督察，台州海关的工作方法得到肯定。10月22日，宁波海关完成江海联运内贸跨境运输货物的监管工作。该业务系黑龙江省伊春市交通局向宁波某船舶制造有限公司购买的一艘大型游船，受国内运输线路限制，企业采取“内贸货物跨境运输”方式，通过大型承运船自宁波港启运，经俄罗斯港口到达黑龙江省抚远港。是年，根据海关总署统一部署，杭、甬海关启动出口分类通关改革试点，口岸通关效率明显提升。

2010年3月1日起，杭州海关取消“手工税单”五级审批模式，调整“报关单撤销”审批权限，下放“节假日预约通关”和“报关单解锁”审批权限。11月，杭州海关规范关区查验工作和监管场所管理，组建关区机动查验小分队，在金华、义乌等地开展规范申报机动验核；审批设立监管场所94家，验收43家；加大对“两高一资”①、对俄出口产品等重点监管货物的查验力度；推广应用舱单及运输工具管理系统、旅客通关系统。加大对行邮渠道的监管力度，保持对违禁宣传品、武器弹药及毒品走私的严查态势；着手研究并实施舟山地区海关综合监管改革、义乌小商品出口监管综合改革等方案；推广实施“港区延伸”“空港直分拨”“多点报关、选择放行”，开通京杭地面卡车航班等业务。是年，杭、甬海关先后启动进口货物分类通关改革试点。转关业务涵盖对海运、空运、公路、铁路和内支线、联程中转等各类运输方式的监管模式。宁波海关一、二级指挥机制基本建成，实现风险布控查验管理系统和H986图像分析系统数据互通共享。杭、甬海关严格落实对进口固体废物“三个100%”查验要求，省内货物实现“一次申报、一次查验、一次放行”，转关货物实现应转尽转。

二、捐赠物资

进口捐赠物资，是指境外捐赠人以扶贫、慈善、救灾为目的向中国境内捐赠的直接用于扶贫、救灾、兴办公益福利事业的物资。受对外交流规模所限，改革开放之前的捐赠物资业务鲜见记载。

省内海关机构设立后，早期的捐赠物资以办学用教学仪器、机电产品为多，接受单位以学校、医院、侨联等公益事业单位为主，占总数八成以上。浙江省各海关按照国务院、海关总署有关规定和“自用合理”“直接用于”的原则，严格审核捐赠情况，并对捐赠物品接受单位、种类进行限制，加强对重点捐赠物品的监管。对于捐赠物资直接用于发展工农业生产、科学技术、文化教育、医学卫生以及兴办各种公益福利事业的捐赠品，海关直接凭批件或许可证予以免税验放；但用于其他方面的，则需征税。假借捐赠名义，内外串通，逃避审查，进行套汇、逃税、倒卖等违法活动的，按走私论处，并追究有关单位和人员的责任，情节严重的，依法惩处。

1982年起，杭州海关根据海关法律法规的规定和国务院及有关部门文件要求，加强对捐赠国家限制进口产品的管理。凡捐赠限制进口的机电产品，不仅事先需报请审批，除凭批件外，还要申领进口许可证，海关凭证验放。当时，根据实际情况，海关把捐赠汽车和钢材作为监管工作的重点。1986年，宁波海关对宁波大学受捐进口的建校物资采取凭保函先放行等措施，同时请示海关总署给予特案免税，实行特事特办。1989年11月，宁波海关连续查获5起擅自处理捐赠进口物资案，其中1起将捐赠物资擅自出售，构成走私，予以没收处理，另4起的当事人均为学校、医院，所接受的捐赠汽车长期借给其他单位，宁波海关对其作出罚款处理。

1990年，杭州海关实行《海关对华侨、港澳台同胞捐赠进口物资监管办法》，明确规定捐赠物资的范围及审批、报关手续。接受捐赠单位在取得相关侨务办公室或台湾事务办公室批件及许可证等文件后，向所在地海关办理征免税审核手续，经主管海关审核后，签发“海关对

① 指高耗能、高污染和资源性产品出口。

华侨、港澳台同胞捐赠物资审核验放表”，批注征免税情况，并做关封交接受单位，凭此向捐赠物资进口地海关办理验放手续。捐赠物资进口时，接受单位填写“进口货物报关单”一式两份，随关封、许可证、发票、装箱单等有关单证向海关申报，进口地海关按关封批注办理征免税验放手续。1991年，杭州海关审批进口捐赠物资总额1332.29万元，1992年增至3365.81万元，审批进口小汽车100多辆。针对捐赠物资增长的情况，杭州海关把审批和后续时效管理作为工作重点，对进口捐赠物资在审批前作实地考察，了解受赠(接受)单位性质，确定征免税的范围和界限。在此基础上，为完善内部管理制度，健全作业程序，制定《杭州海关对捐赠进口物资管理规定》，建立起三级审批制度。做好年检年审，加强时效监管，对国家限制进口的机电产品，特别是汽车，进行登记造册，建立档案，实施年审，杜绝“假捐赠、真价购”的走私偷税现象，到1995年，捐赠活动中未发现违反国家政策规定的情事。

1996年4月1日，国务院调整进口税收政策，进口捐赠物资按法定税率征收进口关税和进口环节代征税，捐赠物资进口业务萎缩。2003年4月，为全力支持防控“非典”工作，提高抗“非典”救灾、慈善捐赠进口物资的验放效率，体现特事特办原则，杭州海关研究制定《杭州海关验放抗“非典”救灾、慈善捐赠进口物资的临时规定》，对抗“非典”救灾、慈善捐赠进口物资的验放实行特事特办，加快处理。2008年“5·12”汶川地震后，杭、甬海关积极响应中央号召，迅速行动，积极做好抗震救灾工作，在认真做好宣传与维护稳定工作的同时，坚持“快速、便利”原则，开设“抗震救灾”专用通道。实行全天候24小时通关，对进境救灾物资提供“无障碍”“零等待”“随到随放”等通关便利，全力做好救灾捐赠物资通关工作。

三、对台小额贸易

20世纪70年代，台湾籍渔船在进行海上作业时，由于避风、修理、补给等原因，在大陆沿海指定港口靠泊，从大陆运去生活用品、生产产品，或用少量台湾地区产品进行货物交易，对台小额贸易逐渐发展起来。

浙江省对台小额贸易始于1979年，温州、台州、舟山地区先后在洞头县北岙镇、平阳县鳌江镇、温岭县松门镇、黄岩县海门区、玉环县、普陀县沈家门镇等地建立台湾渔民接待站(后改称台湾同胞接待站)。这些接待站从中牵线搭桥，推动该地区对台小额贸易的开展，主要成交大陆的水产品，以及酒类、中药材等，一般有出无进。成交后，台湾渔民多以美元付款，偶尔使用港币。每笔成交额都在5000美元以上，多时可达1万多美元。宁波地区对台小额贸易从1983年起步。当时台轮主要来石浦港购买水产品，或因避风、修船、求医、会亲而进行有偿补给。

对台小额贸易初期，海关根据国务院《关于开展对台贸易的暂行规定》及《对台贸易管理试行办法》进行监管。1985年5月，一艘从台湾驶往海门港的台湾渔轮，以美元向当地有关部门购买瓶装绍兴黄酒，折合人民币4770元，温州海关驻海门办事处按照有关规定，予以免领许可证放行。1986年8月，温州市瓯华公司经浙江省对外经济贸易厅批准，与一艘台湾渔轮在鳌江港进行贸易，该轮共装运大陆产凤尾鱼罐头9600听出港，价值11040美元，温州海关于当月17日派员到鳌江镇实施监管。后来，温州海关又多次派员前往平阳县鳌江镇、洞头县北岙镇、玉环县大麦屿等地监管对台小额贸易。台州地区所属椒江市、松门镇等地，由温州海关驻海门办事处负责。沈家门港对台小额贸易主要由宁波海关沈家门监管站实施监管。由于石浦没有设立专门的海关机构，对台小额贸易由当地有关部门代管，同时宁波海关不定期派员到石浦港进行监管。1987年7月1日，实施《浙江省对台小额贸易管理试行办法》，规定：对台小额贸易进出口货物和运载货物的船舶及其有关人员均需接受海关监管；进出口货物必须事先向海关报验，办理有关进出口手续之后方可提取或出运，否则以走私论处；经营小额贸易的公司必须经省对外经济贸易厅审批后，向海关办理登记备案手续，未经批准的其他公司，不得从事对台小额贸易。次年2月，杭州海关制定实施《对台小额贸易监管实施细则》，对船舶进出口停靠、申报单证要求、许可证要求、查验地点及处罚等均作出规定。5月，国家修订对台贸易的有关规定，对台小额贸易进出口金额的上限为5万美元（含5万美元），每船每航次进口货物金额在5000美元以下的免税，5000美元至5万美元的照章缴纳直接对台贸易调节税。对台出口中，如因批量、装载、商品等原因有少量超出时，海关可酌情在20%幅度内适当放宽。1994年，杭州海关试行对台小额贸易异地报关管理。在关区统一实行对台小额贸易的预报关与事后集中报关制度，即每次对台出口货物采取电话申报，委托监装员监装货物，海关随时派员现场抽查，公司按月向海关集中申报一次。是年9月1日，海门海关对台小额贸易出口货物实行装船24小时前以传真形式预报关制度，如装船实际情况与预申报内容存在较大差异，对台小额贸易公司须以书面形式对预申报内容进行更改，海关整理预申报资料，按月核对，确定是否与集中报关内容相符。1995年7月，杭州海关采取便利措施，提高凭单放行比例。是年，杭州关区共监管对台小额贸易货物9652吨，价值2500万美元。至1997年底，杭州海关监管对台小额贸易点共10个，对台小额贸易公司计10家。1998年，对台小额贸易货值为1670万美元。1998年6月，国家为推动对台贸易健康发展，规定各类进出口企业均可在其经营范围内开展对台进口业务，取消自台湾地区进口水泥、人造革、地胶板、纸及许可证商品须报外经贸部审批的规定，对台贸易按一般进出口货物管理。之后，对台小额贸易额呈下降趋势。

2000年后，许多台商来浙江投资建厂。对台小额贸易因具有量小、方式灵活、交易简单等特点，成为“大三通”①的有益补充。2005年，象山县水产品直航台湾，逐渐形成一定规模。次年，宁波海关完善《对台小额贸易监管操作规程》，简化有关手续，规范码头监管。2007年，海关开始对对台小额贸易监管点实施电子监控管理，对船舶电子监控从申报时间预设、渔船靠泊到渔船离开码头，实行一船一光盘备存，及时掌握相关信息。2008年，设立对台小额贸易保税仓库，以便更好地利用石浦港的港口条件和丰富的水产资源，为两岸间从事水产品的加工、贸易、境外货物转运和销售合作等创造有利条件。12月15日，两岸“大三通”全面启动。宁波、舟山、台州、嘉兴、温州等港口名列大陆首批对台开放两岸海上直航的港口。浙江省对台小额贸易进入新阶段。2009年2月25日，台州港首次对台直航，大陆4044吨散装船“雪松”号驶往台湾麦寮港。3月31日，两岸直航以来首艘来自台湾地区的“协荣11”号靠泊嘉兴港，所装货物为

① “大三通”是指海运直航、空运直航、邮政直通。

3000吨PTA①。6月，台州大麦屿港相继开通集装箱对台海上直航和客运直航线路。10月19日，温州与台湾海上直航集装箱班轮航线正式开通。当年，台州海关被当地政府评为"对台直航"首航工作先进单位。2010年，象山海关实施保税仓库和保税区对台出口模式，促进对台小额贸易向深层次发展。4月9日，宁波口岸开展对台小额贸易以来首次进口来自台湾地区的常规货物(机器配件和食品)，该批货物由台轮"通顺"号执航，靠泊石浦港。7月3日，台州大麦屿港至台湾基隆港定期航班正式开通。11月2日，温州市苍南县霞关对台小额贸易试航成功，标志着浙江沿海口岸对台小额贸易业务进入新阶段。

四、暂时进出口

暂时进出口货物是指国际组织、外国政府或外国和中国港澳地区的企业、群众团体以及个人为开展经济、技术、科学、文化合作交流而暂时运入或运出中国关境，在规定时间内需复运出境或进境的货物，如展览品。杭、甬海关根据海关总署发布的规章制度对暂时进出口货物、展览品进行监管，办理暂时进出口货物的申请、担保、审批、延期等业务。

1984年，杭州海关开始有进口展览品的监管业务。展览品包括用于举办展览会的展示品，以及与展览会有关的宣传品、布置用品、招待用品和其他一切有关物品。进口展览品自进境起到复运出境止，出口展览品自向海关申报出境起到复运进境向海关核销止，都置于海关监管之下。是年，杭州海关先后监管3次国际性展览会展览品，如多国电子产品展览。展览品分别由上海口岸和杭州铁路艮山门站进口。根据《海关对进口展览品监管办法》，杭州海关对海运进口展览品按"海关监管货物"办法转关至杭州展览点，铁路运输进口的则由外运公司转运至展览点。展览品进口前，先由展出单位或其代理人持展品清单一式两份及进口报关单、批准文件，向海关申报。海关在展览会开幕时集中人力查验，展出期间实行轮流巡视的监管办法，并做好详细查验记录，以备办理展品的留购、征免税、转关和复出口手续。

随着改革开放的深入，浙江省举办的各种对外经济技术展览日益增多。1995年10月，国际摩托艇联合会F1摩托艇比赛在杭州举行，杭州海关积极配合比赛组委会做好比赛用器械的进出境验放工作，确保国际赛事顺利进行。1997年，在绍兴举办的第八届国际纺织机械展览会上，共有14个国家和地区的41家企业、代理商参展，展出面积达6500平方米，现场总成交额达1.03亿美元。杭州海关派员驻会监管，确保展会顺利举行。1999年起，根据国家有关规定，杭州海关进一步规范对展览会及展览品的管理，举办国际科技会议或展览面积在1000平方米以上的展览会，须凭科技部批件办理有关手续。由举办资格单位自行举办的1000平方米以下的展览会，则凭主办单位申请按规定办理。对于进口展品，仍须接受海关的全过程监管并按《海关对进口展览品监管办法》管理。2000年后，杭州海关根据相关规定，对历届西湖国际博览会中进口展品实施监管。

2004年7月28日，为支持国家重点工程项目杭州湾海底输油管道建设，宁波海关对该项

① PTA，即精对苯二甲酸，是重要的大宗有机化工原料之一，广泛用于化学纤维、轻工、电子、建筑等国民经济的各个方面。

目施工所用的特种船舶及作业装备等一批价值 1330 万美元的重大装备，按照暂时进出口货物进行监管，并针对杭州湾海底情况复杂、气象条件恶劣、施工难度较大等客观因素，对部分专用设备进行延期处理。自 2005 年 6 月开始，中国国际动漫节每年在杭州举办，杭州海关对进出境展品实施监管，确保展会如期顺利举行。次年 4 月，杭州、舟山两地召开首届世界佛教论坛，杭州海关专门请中国佛教协会及浙江省佛教协会的有关人士对关区行邮监管人员进行宗教政策法规及接待礼仪常识的培训。为保证旅客的通关顺畅，杭州海关在机场设立常驻工作点，顺利做好旅客及参展物品的通关事宜。7 月，为规范暂时进出口货物及进口机电产品的税收征管工作，杭、甬海关开展对暂时进出口货物及机电产品税收征管专项核查，未发现违规情况。

2008 年 12 月 18 日，“台湾历史文化展”在杭州玛瑙寺连横纪念馆正式展出。该展览由杭州西湖风景名胜区管委会、台湾财团法人国政研究基金会合作举办，展品采用借展的形式进关，展期 2 年，共接待中外游客 11 万余人次。考虑到“台湾历史文化展”的重大意义，杭州海关先后为此次展品办理 4 次延期手续。2009 年 11 月 13 日至 15 日，在浙江省衢州市龙游县举行国际汽联亚太汽车拉力锦标赛。杭、甬海关对该赛事所用的 25 辆境外参赛车辆及零备件按照暂时进出口货物进行全程监管。2010 年 4 月 28 日，萧山机场海关开辟绿色通道为来自台湾的景美女中乐仪旗队一行共 112 人提供通关便利，并对其携带的表演器材实施快速验放，这是经杭州入境的上海世界博览会的参展工作人员及器材。

五、义乌小商品市场出口

义乌小商品是专指在义乌市场出售的各类低值、杂项物品的不确定称谓。义乌小商品城汇集各类商品 10 余万种，是全球小商品的集散地和物流中心。义乌小商品的出口，是浙江经济的一大特色和亮点。但由于小商品价值低、种类多，不同于一般的贸易货物，如果按照海关惯常的申报归类，企业的通关时间和通关成本较高。为此，杭州海关和义乌市政府积极开展调研，向海关总署汇报有关情况，提出针对性的建议和意见。在海关总署的支持下，积极创新监管方法，促进小商品进出口市场的繁荣。

2002 年 1 月，金华海关驻义乌临时监管点成立，并于 4 月 8 日在义乌江东货场正式开办海关直通业务。5 月 28 日，义乌监管现场与宁波口岸之间开始试行跨关区一站式通关模式。10 月 18 日，金华海关驻义乌办事处正式成立。次年 5 月，金华海关在义乌国际物流中心开办进出口通关业务，企业可在物流中心办理申报、审单、转关、查验、放行、退单等一条龙业务。鉴于义乌小商品出口势头强劲、商品种类繁杂、外贸方式多样、出口退税和收汇比例小等特点，杭、甬海关提出“一个市场，共同管理；两个海关，无障碍通关”的构想，深化跨关区通关改革，简化手续，降低成本。7 月 1 日，试行“异地报关、口岸放行”的通关模式，出口货物在义乌办事处提前报关，货到宁波港区后放行。义乌小商品出口得到多方高度重视，2003 年先后有 5 位海关总署领导到义乌实地调研并听取汇报。杭州海关也不断创新监管模式，特别是采取“快速转关”“异地报关、口岸放行”“属地申报、口岸验放”等多项便利措施，促进义乌小商品出口规范发展。

2005年12月10日，杭、甬海关启动“宁波—金华”“宁波—义乌”海铁联运业务，内地企业进口货物在口岸海关监管下直接通过火车运至内地，只需在内地海关办理一次报关手续即可；其出口货物只需在内地海关办理一次报关手续，通过火车运至口岸，在口岸海关监管下就可直接装船发运至境外。当年义乌小商品出口贸易额达150亿元，出口集装箱约30万标准箱。次年又先后开通“义乌—杭州—北京”“义乌—威海”等小商品转关出口通道。9月，杭州海关对义乌国际物流中心一、二期仓库正式实施出口小商品的仓库监装监管模式，并对义乌小商品实行“出口监装＋集中式验放”模式、小商品清单申报制度等9项措施，逐步规范和简化小商品的通关流程。

2007年1月16日，杭州海关向海关总署申请批转《义乌小商品出口货运监管操作规程》，使沪、宁、杭、甬四关统一对义乌小商品的监管操作规程。9月，海关总署下发《关于支持浙江义乌小商品出口市场发展的若干意见》和《义乌小商品出口货运监管操作规程》，确定“旅游购物”的监管模式。针对出口小商品品种繁杂、货值较低、难以逐项申报，以及市场直接采购、人民币现金付款等特点，实施小商品出口申报以“章”为单位的简化归类方法，将小商品出口涉及的8000多个税号归并为98个，还解决了由于小商品出口的特殊性给跨关区转关带来的核销、结关等一系列难题，极大地简化了申报手续，提高了通关效率。这是海关总署首次为一个县级地区一种特殊经济形态出台一项特殊支持政策。政策实施以后，义乌小商品出口呈井喷式增长。此外，杭州海关还加快义乌国际物流中心及义乌办事处东阳监管点卡口控制与联网系统升级和监管点场所硬件及监控设施的改造，增设电子地磅。2008年6月，杭州海关在义乌开展为期2周的“机动查验专项行动”。为加大对小商品出口海关监管查验力度，还配置一台大型集装箱检查系统（H986），通过高科技手段改进监管方式，提高通关效率。

2009年7月15日，义乌海关正式开关，通关现场根据海关总署《义乌小商品0139贸易方式出口货物申报暂行规定》，按“市场采购贸易”方式（仅限于义乌市市场集聚区内采购的出口商品），执行监管工作，进一步简化手续。9月2日，义乌公共保税仓库投入运营。是年，为加强小商品出口监管力量，由杭州海关监管通关处牵头组建义乌小商品机动查验队，指导和协助金华、义乌海关各业务现场查验工作，不定期开展出口监管专项行动，对装箱仓库和监管场所进行巡查暗访和二次查验抽查复检。次年3月，杭州海关向海关总署上报《义乌小商品出口监管综合改革方案》，之后，国务院研究室、发改委、商务部等相关部委先后赴义乌就此方案开展调研。12月20日，首票以义乌小商品出口的监管综合改革联网模式申报出口的货物顺利转关出口。截至2010年，义乌小商品市场已汇集41个行业1900个大类40余万种小商品，出口涉及212个国家和地区，市场外向度达55％左右。义乌已发展成为国内重要的商品集散中心、国际小商品交易平台，享有较高的市场知名度。

表 67-2-1-1　　1861—1931 年浙海关、瓯海关、杭州关验放进出口货值一览表

单位:关平两

年份	浙海关			瓯海关			杭州关		
	进口货值	出口货值	总计	进口货值	出口货值	总计	进口货值	出口货值	总计
1861	3034124	5934987	8969111						
1862	3228184	2023914	5252098						
1863	16070285	6981934	23052219						
1864	10003113	6250306	16253419						
1865	7210760	5085255	12296015						
1866	6409051	6435810	12844861						
1867	6730956	5516879	12247835						
1868	6528724	6073709	12602433						
1869	7067468	6617587	13685055						
1870	7317457	7296576	14614033						
1871	7038610	8976484	16015094						
1872	7558149	10351148	17909297						
1873	7931340	7721672	15653012						
1874	7532465	7013845	14546310						
1875	7862383	4982932	12845315						
1876	6968524	5435897	12404421						
1877	7842445	4609208	12451653	245409	18117	263526			
1878	8379584	4271018	12650602	203520	21847	225367			
1879	8066397	4869972	12936369	261177	54213	315390			
1880	7252401	5131929	12384330	341595	88375	429970			
1881	8731797	4537223	13269020	417927	69848	487775			
1882	7906856	3763870	11670726	369298	98087	467385			
1883	7356622	3560428	10917050	355511	59883	415394			

续表 1

年份	浙海关			瓯海关			杭州关		
	进口货值	出口货值	总计	进口货值	出口货值	总计	进口货值	出口货值	总计
1884	6649117	4773272	11422389	371462	62929	434391			
1885	7374051	5107028	12481079	386380	101490	487870			
1886	8437930	4810377	13248307	473927	103005	576932			
1887	6521048	4444484	10965532	487333	105598	592931			
1888	7501093	5657732	13158825	605113	97630	702743			
1889	7496259	5177781	12674040	549683	110093	659776			
1890	8194825	4874590	13069415	467776	135385	603161			
1891	7960341	4911963	12872304	476534	164342	640876			
1892	8871408	4944334	13815742	519510	183479	702989			
1893	9189379	6288626	15478005	595683	311380	907063			
1894	8984676	5615081	14599757	531166	259882	791048			
1895	10129800	6396155	16525955	620424	466077	1086501			
1896	11008014	6115430	17123444	763483	319738	1083221	124402	102994	227396
1897	11055641	4986495	16042136	919608	335596	1255204	1503704	6169372	7673076
1898	10425757	3992777	14418534	988971	448757	1437728	2963219	5033245	7996464
1899	11948911	4314351	16263262	1134482	490034	1624516	5114356	6402552	11516908
1900	10281312	4945996	15227308	1156403	303227	1459630	4678202	4785371	9463573
1901	12403427	4560928	16964355	1093889	366000	1459889	6308576	5815982	12124558
1902	11877598	7481666	19359264	1272558	643797	1916355	7199577	7125445	14325022
1903	14269236	7970857	22240093	1459329	1130004	2589333	7418735	8203026	15621761
1904	13296265	8001147	21297412	1521794	866905	2388699	8602249	9158519	17760768
1905	13011886	6151744	19163630	1506191	729068	2235259	7317808	10200623	17518431
1906	12178005	6739353	18917358	1468563	878165	2346728	6548013	9769765	16317778
1907	15920369	8940474	24860843	1320685	750800	2071485	9400969	10301995	19702964
1908	17413444	9229679	26643123	1583584	941991	2525575	10202044	11833917	22035961
1909	12370721	9923477	22294198	1421526	800896	2222422	11536300	12557729	24094029

续表 2

年份	浙海关			瓯海关			杭州关		
	进口货值	出口货值	总计	进口货值	出口货值	总计	进口货值	出口货值	总计
1910	13271529	10319536	23591065	1733543	988708	2722251	9121671	11735868	20857539
1911	14357411	7863141	22220552	1639627	1008370	2647997	8073720	9632054	17705774
1912	13386741	8915469	22302210	2667155	1062728	3729883	6686147	13540169	20226316
1913	17026492	8787509	25814001	2650197	1040705	3690902	6438178	10855330	17293508
1914	17730645	9436897	27167542	2473654	1143326	3616980	6349429	10827919	17177348
1915	16000218	10609551	26609769	2105726	1291262	3396988	7213264	12822168	20035432
1916	18499770	11153784	29653554	2015156	1490157	3505313	7985808	13191301	21177109
1917	14423443	10684080	25107523	1982193	1250029	3232222	9689916	11348472	21038388
1918	15820957	14141813	29962770	2375631	1021130	3396761	9465409	9269781	18735190
1919	16522629	11811577	28334206	2559468	1502649	4062117	7178903	11196530	18375433
1920	18502904	9904980	28407884	3376148	1484098	4860246	9750411	10243515	19993926
1921	23627944	10788892	34416836	7415278	1444576	8859854	10949758	11294966	22244724
1922	25672184	11796427	37468611	4786022	1861979	6648001	14152828	11359986	25512814
1923	27604676	14014681	41619357	5531547	2834655	8366202	15387610	11231473	26619083
1024	27708355	17168339	44876694	5813892	3202687	9016579	10187481	12425734	22613215
1925	28743207	18202834	46946041	5832229	3334645	9166874	11212094	11868813	23080907
1926	34360911	16205494	50566405	6257967	4402739	10660706	16016969	13997295	30014264
1927	33785455	18513011	52298466	6985622	4555734	11541356	12739786	12921640	25661426
1928	35900262	16397990	52298252	8176152	4263957	12440109	11789723	14407364	26197087
1929	31265517	16913688	48179205	9383335	5166544	14549879	12747912	15734212	28482124
1930	36484448	16735755	53220203	9496245	5611652	15107897	14879794	13480711	28360505
1931	30368185	13800526	44168711	11636220	5261499	16897719	7439127	11102108	18541235

资料来源：浙海关数据根据《宁波海关志》浙江科学技术出版社 2000 年版第 124—125 页整理；瓯海关数据根据《1877—1931 年温州口华洋贸易统计册》整理，其中 1877 年仅包括 4—12 月统计资料；杭州关数据根据《1896—1931 年杭州口华洋贸易统计册》整理，其中 1896 年仅包括 10—12 月的统计资料。

第二节　加工贸易货物监管

加工贸易是企业全部或部分进口境外原材料、设备及零部件，经加工增值后再出口境外的一种贸易方式，包括来料加工、进料加工等。国家对加工贸易实行保税政策，并根据经济产业政策适时调整。民国时期，即对机制货物工厂实行注册登记制，并对货物运销实行税收优惠，机制洋式货物可视为加工贸易的雏形。但由于工业基础薄弱、国际资本倾轧等多重影响，机制洋式货物发展始终步履维艰。中华人民共和国成立后，仅存的一些机制洋式货物工厂随着“公私合营”而消亡。改革开放以后，特别是“进口替代”战略实施后，加工贸易实现从无到有、从小到大的快速发展，渐成浙江省对外开放和外贸经济的重要内容。

一、机制洋式货物

民国时期，受洋货行销的刺激和抵制洋货、提倡国货、振兴实业运动的影响，杭州及附近地区的机制仿洋式货物生产从民国10年(1921年)后渐渐兴起，一些工厂使用进口新式机器仿制洋货，或代替旧式器具和手工制造土货。

机制洋式货物必须是中国境内华洋工厂经核准享受特定税收待遇，用机器或手工制造的仿制洋货的产品。其无论采用国产或进口原材料均可享受特定的税收待遇：凡出口国外的，准予免征关税；运销国内的，在经过第一个海关时纳正税一道，及正税半数附加税一道。如普通土货在同样情况下不征转口税时，机制货物也可免缴关税。杭州关对机制洋式货物和工厂实行登记注册和年审制度。需享受机制货物特定待遇的工厂，应首先报请政府实业部核准，如系外资工厂，应由该国公使转报实业部，由实业部对机制货物是否该厂自制进行核实后，方予核准。杭州关对经核准的工厂实行登记备案，由工厂书面申报其基本情况，如厂名、经理人、成立时间、产品制造方法、使用原料、机器种类、资本状况、产品使用商标、包装式样等，并确定是否进行验厂核实，一般情况下都进行实地勘查后备案注册，工厂始得享受机制货物特定税收待遇。每年的第一个月，机制货物工厂必须向海关申请年审登记，申报内容为注册时向海关备案的情况；如因故未按时申请年审，海关则以书面形式通知工厂，催后仍不办理的，中止其享受机制货物特定待遇。杭州关对注册有效期内的处罚规定也较严格，海关对工厂负有检查权，至少每年进行一次，如发现工厂有违章情况，轻者，给予一定经济处罚，较重者，撤销其享受的待遇。如工厂将外购货物抵作自制货物向海关报运，属违背核准原案行为，也将撤销待遇。特殊情况规定也较细，工厂如有出租、转移或抵押等情况，但工厂名称、产品商标并无改变，则仍可享受特定待遇；如厂名更改未向海关登记作出更改，立即取消特定待遇；如产品商标需变更，先暂停特定待遇，报请关务署核准后，才能恢复。

杭州关对机制工厂实行就近登记制，向海关注册的机制洋式货物工厂主要分布在杭州、嘉兴两地，涉及的行业和产品主要是造纸、火柴、制皂和针织业，其中较为典型的工厂有：杭州的光华火柴公司，成立于宣统三年(1911年)，火柴每年出口值近百万元。武林造纸股份有限公司，成立于民国13年(1924年)；嘉兴的民丰造纸股份有限公司，成立于民国14年。制皂业有9家工厂，仿洋产品主要供当地使用。针织业主要分布在嘉兴平湖一带，后逐渐拓展至全省各地，经营生产方式是主营企业把机器租赁给农民个人，由其在家中织造产品，按件计付工资，发展较为迅速。传统丝绸产业受上海同行业的影响较深，杭州许多丝绸厂开始购置进口电力机器织绸，出货快，工资省。至民国9年，杭州已拥有织机800台，到民国16年达3800台之多，具有代表意义的是都锦生丝织厂。在机械、搪瓷、面粉行业也有机制仿洋产品生产，如杭州的武林铁工厂。这些工厂都有自己的产品品牌，有些商标还驰名全国。由于机制产品市场广阔，较受欢迎，利润也优厚，受利益驱动，一些工厂纷纷涉足这种新式经营生产方式。到民国22年，杭州关注册登记的机制洋式货物工厂已有24家，除1家在金华兰溪外，其余工厂均在杭州和嘉兴。

杭州交通便利，出入的机制洋式货物贸易量、贸易额都较大。杭州关在对注册工厂实行管理的同时，对机制货物的出入、运销也执行较为严格的规定。机制洋式货物无论出口国外，或在国内运输，工厂必须在货品的标签和包装上印明牌号、商标及厂名，才能享受特定待遇。海关对商标的审核也极其严格，如有出入，即按普通货物征税。如机制货物转由其他通商口岸出口的，杭州关予以免税放行转运，并在报关单副本上加盖证明“机制货物免税及一年内有效”戳记，送交转船出口地海关查核。对出运通商口岸的机制货物，杭州关在启运报关时先予完纳关税，并在报关单副本上加盖戳记，作为特别免重征执照，送交指运地海关查核，免予重征关税。如货物在指运地或运入杭州的货物再行运往内地，可由商人向海关申请换发运单，货物仍予免税。如需分销数处的，由海关监视分装，分别填发运单，所有运单自填发之日起，一年内缴销。

民国20年(1931年)厘金局撤销后，实行统税制度。民国22年起，凡通商口岸间运销机制洋式货物，只要呈验统税执照，就可免征关税；如销国内的，仍征统税。民国23年4月1日起，杭州关实行机制货物专项税则，凡机制货物于国内销售，在经过第一口岸海关纳正税及正税半数附加税一道，税率按机制货物税则之最低税率征收，如税则所列从量税率高于从价“值百抽五”，商人要求从价计征的，也可予以核准。

杭州关注册的机制洋式货物工厂，涉及行业较少，品种范围较窄，且普遍存在技术含量低、附加值少、资金投入有限的情况，产品无法与洋货抗衡。虽然一些丝绸织造印染、火柴、造纸等工厂技术含量较高，资金投入较大，但很多机制产品长期依赖进口原料，企业仅做简单加工，实际是变相的进口产品，国人习惯称之为“国货”，以区别于进口的外国货。杭州光华火柴公司，日产85支装火柴3.7万盒，木材及磷、氯酸钾均依赖日本进口。嘉兴硖石的一些织袜厂，需进口部分棉纱，但由于在国内生产，终究物美价廉，因而一定程度上能取代洋货。民国中期，杭州光华火柴公司的火柴就挤占日本火柴在杭州的很多份额，逐步占领市场。而传统产业的产品，如丝绸也占领市场，且大量出口国外。但是，杭州及附近地区消费品市场终究依赖进口货，到民国26年(1937年)抗日战争全面爆发前，杭州关注册的机制洋式货物工厂仅有18家。

二、“三来一补”

“三来一补”是指来料加工、来件装配、来样加工和中小型补偿贸易，是改革开放初期尝试性创立的一种贸易形式。一般在轻纺、机电、地方中小型矿产和某些农副产品等行业，由外商提供技术、设备、原材料、样件，并负责全部产品的外销，中方提供土地、厂房和劳动力。

1978年7月，国务院颁布《开展对外加工装配业务试行办法》，来料加工开始在浙江省起步发展，当年共签订来料加工和补偿贸易项目8项，协议金额359万美元。翌年9月，国务院颁布《开展对外加工装配和中小型补偿贸易办法》(俗称“二十二条”)，宁波口岸即有纺织行业的加工装配业务。舟山第二海洋渔业公司与日本大洋渔业株式会社签署的进口12艘渔轮合同为宁波海关监管的第一份补偿贸易合同。

1980年后，来料加工业务发展迅速，类别也趋多样化，海关监管工作随之逐步加强。2月，海关总署与国家有关部委联合颁发《海关对加工装配和中小型补偿贸易进出口货物监管和征免税实施细则(试行)》。省内海关机构根据“三来一补”分片管理、以加工单位所在地海关管理为主的原则，开始对来料加工业务进行管理，同时对补偿贸易实行监管。11月，经与上海海关协商，原由上海海关负责备案监管的未到期补偿贸易合同全部移交杭州海关监管。12月，杭州海关发布《关于来料加工、中小型补偿贸易进出口货物报关须知》，对合同备案手续、合同条款要求、进出口报关、加工及经营管理、转关运输、违规处罚等均作出明确规定：凡由外商提供和利用国外出口信贷进口生产技术或设备，由中方以生产产品返销方式分期偿还对方技术、设备价款本息的，均可作为补偿贸易对待。同时，建立与有关外贸公司的业务联系制度、执行加工合同进程表、进出口货物登记表和核销结案调查等业务制度。凡开展补偿贸易的企业在进口设备前，凭工商行政管理部门的营业执照、主管经贸部门的审批文件及合同备案证明书、正式合同副本等向海关办理备案登记手续，海关对有关文件、合同进行审核，符合补偿贸易条件和范围的，签发“补偿贸易进出口货物登记手册”。1981年，浙江省内企业在海关共备案来料加工合同714份，其中来料加工业务以纺织服装为主，另有电子、机械、医药化工产品、工艺品等产品加工合同。杭州海关专门成立新型贸易监管组，办理合同备案登记和具体核销工作，印发“加工装配报关须知”，对合同备案、进出口报关、中期管理、核销及内销补税均作出规定。10月1日，杭州海关进一步规范审批制度和具体要求，统一来料加工业务报关和核销手续，建立“加工装配和中小型补偿贸易进出口货物登记手册”制度。根据加工装配的特点，建立与外经贸部门、税务部门、工商管理部门的协作管理制度，共同把关。

加工贸易企业在初期的发展不甚规范，如金华地区东阳县1983年至1985年的来料加工违法案件发案率很高，几乎达到90%。杭州海关主动向外贸部门和企业宣传政策规定，促使外贸部门经常与海关联系，通报情况，帮助海关催办核销手续和追缴税款。经过努力，东阳县来料加工业务在之后的几年未再发现走私案件。同时，省内海关机构加强联系，协助配合，共同把关。1985年9月，杭州海关与下属宁波海关联合查获香港恒发公司与杭州西子服装厂利用服装和窗帘来料加工合同进行走私案件，查扣被倒卖的进口布料32000余米，案值40余万元。

针对来料加工发展较快的情况，1986年3月，杭州海关专门设立新型贸易监管科，负责对灵活贸易方式项下货物的监管，使不少企业取得较好的经济效益。截至1986年，杭州海关共备案补偿贸易合同38份，协议金额8524万美元；登记备案来料加工合同1152份，加工生产单位140个，加工产品种类上百种，从起初单纯的服装加工，逐步扩大到纺织、针织、工艺、机械、电子元器件、家具等产品生产。绝大多数加工项目属劳动密集型，手工程度高，客户90%以上系港澳客商，加工企业80%以上属乡镇企业。如绍兴县外贸公司代理的医用纱布垫来料加工业务，到1986年底共签订合同34份，加工总数13919.9万米，工缴费总额达1107.09万美元，工厂实际收汇941万美元，企业获得收益，并逐步提高生产和管理水平。

由于补偿贸易合同期较长，贸易性质不易定性，合同条款及执行情况又较为复杂，杭、甬海关在工作中既注重基础审核（即备案合同和审单）环节，又兼顾查验、核销等关键环节的整体监管，坚持"审、验、核"一体，前后连贯，突出重点，密切与货管、查私、征税等部门联系，强化后续管理。针对补偿贸易的不同种类，分别建档，及时记录合同履行中的动态情况，为改进监管方法和正确落实优惠政策提供依据。如对补偿贸易合同中出现的延期偿还、超额补偿，中国银行贷款偿还及销售第三方等问题，深入企业摸底调查，并及时报告海关总署，请示正确处理方法。同时，对违规情事，如擅自出售补偿贸易项下的进口船舶、擅自改变补偿方式等，均严格按规定作出处罚。在外部配合上，积极主动与外贸等部门联系。在合同备案与审单环节上，注意了解合同签订情况、客户资信、加工生产过程等，同时，及时下厂核查核销，掌握第一手资料，并要求外贸主管部门协助海关做好来料加工管理工作。

1987年2月5日，宁海县二轻工业总公司与香港中东发展有限公司签订补偿贸易协议，由港方提供价值110万美元的生产纯兔毛条设备，用生产的纯兔毛条补偿，补偿期为3年。9月2日，余姚化纤棉织总厂与香港富春有限公司签订补偿贸易合同，由港方提供106台价值196万美元的生产设备，厂方通过浙江省纺织品进出口公司生产的6500件纯棉纱和混纺纱进行补偿。11月，海关总署颁布《中华人民共和国海关关于对外加工装配业务的管理规定》，杭州海关根据关区具体情况制定实施意见和办法。对重点合同采取不同的监管方法，限定重点敏感商品的进出口岸以上海、宁波为主，或采取转关方式。加强对合同条款的审查，在单耗明显偏高时，提出异议，建议修订，否则不予备案。对合同条款有遗漏、缺陷或对中方不利的，建议审批部门重审，暂缓登记备案。加强中期核查，从进料、进仓到加工都派员实地监管，督促企业制定专门账册，核定用料，成品出口时下厂察看，并实地核销。逐渐形成前期管理、现场管理与后续管理相结合的机制。

由于浙江属沿海省份，补偿贸易以鲜活、冷冻海水产品等为主，主要在舟山。这类补偿贸易项目占杭州海关备案合同数的80%以上，而且合同期限长，不确定因素较多，合同履行较为复杂。舟山第二海洋渔业公司与日本大洋渔业株式会社于1983年签订一笔1.92亿日元的补偿贸易合同，进口冷冻船，以海水产品补偿，期限为5年，到1988年共出口偿还1.19亿日元的海水产品，尚欠0.73亿日元。该公司因国内外利率差价关系，从中国银行借款中归还这笔欠款。但按补偿贸易规定，该公司还必须向对方出口0.73亿日元的海水产品。如中方继续向日本大洋渔业株式会社出口这批海水产品，大洋公司就会趁机压价，中方的损失会更大。舟山海关从实际出发，根据省外经贸厅的补充批准文件，同意将该合同所欠的海水产品销售第三方或第三国，这样既不违反国家有关补偿贸易的规定，又使企业避免重大损失。

杭州红雷丝织厂自开展补偿贸易到1987年，先后两次通过补偿贸易引进日本丝织生产专用设备及技术，价值137万美元，出口和服绸82万米，价值约265万美元。通过两次补偿，不仅补偿设备价款，还增加出口，生产能力得到发展，企业从一家无创汇能力的小厂，发展成为年创汇超过1000万美元的大户，成为浙江省开展补偿贸易的成功范例。杭州第二棉纺厂、湖州第二毛纺厂均为较早开展补偿贸易项目的企业。

1989年，杭州海关制定《杭州海关对中小型补偿贸易管理操作规程》，明确对补偿贸易的监管重点和登记手册的核发办法，以及审核要求。1989年9月17日，海关总署公布《关于对来料加工进口料件收取保证金问题的通知》，明确对少数资信不好、管理混乱，或有走私违法前科的企业所经营来料加工进口的料件，已批准的拆解旧汽车和废旧家用电器来料加工合同进口的料件，以及需要加强管理的特定的进口料件，先收取相当于进口税款的保证金，加工成品出口经海关核销后，退还保证金。对于大多数资信较好、正常开展来料加工业务企业所进口的料件，免收保证金。

杭州新丰塑料厂以补偿贸易方式进口300万美元塑料编织袋生产线，设备投入生产运行后，外商一直未履行承购返销义务，致使该项目无法实现产品返销补偿。到1989年，工厂已负债累累，无奈之下企业连续三次以现汇支付设备价款，违反补偿贸易原则，超出补偿范围。在了解企业实际情况后，杭州海关及时为企业提供政策咨询，建议企业按技术改造项目报批设备免税，经有关部门批准立项，报经海关总署批准，杭州海关对该项目设备特案按技术改造项目免征关税，从而使企业避免更大的损失。1989年，镇海石化总厂为解决国家调拨计划原油减少、设备空转问题，准备开展进口原油来料加工业务。根据工艺要求，需采用进口原油与国产原油按一定比例进行混炼，但这一方式与来料加工政策规定不符。宁波海关通过专题调研，对原油加工工艺的特殊性和原油来料加工的前景作分析研究，报经上级部门同意，促成该厂开展此项业务。

1990—1991年，浙江省内加工贸易企业备案合同有所增加，但随之也出现一些问题。杭州海关结合过去来料加工中走私违法活动情况，在来料加工合同登记备案前进行实地验厂，了解工厂加工能力等，以防止出现“三无”(无厂房、无设备、无工人)工厂，通过各种渠道了解客商的资信情况。同时，适当延长备案时间。1992年，杭州海关专门制定《加工贸易进出口货物登记手册填写和审核规范》。1993年，又制定加工贸易的验厂制度和核销规范，并制定本关区67种常见商品单耗。根据业务增长的实际，杭州海关对备案合同实行计算机管理，逐步开发核销程序，同时实行三级审批制、双人外出检查制、三证齐全核销制、双人验厂反馈制等4项制度。是年，杭州海关共备案来料加工合同675份，料件金额91278万元。1994年，由于外汇体制改革，外贸业务受影响较大，来料加工业务合同数量有所增长，但料件金额明显下降，全年备案合同725份，料件金额43880万元，金额比上年减少51.93%。

1996年起，杭州海关执行国家对来料加工限制的规定，除原规定的18种商品、13种中药材不得开展来料加工外，国家禁止出口的商品、军民通用化学品、易制毒化学品、重水等均须报外经贸部批准，海关方给予备案。从1996年4月1日起，国家停止对补偿贸易的优惠政策，来料加工装配进口设备按一般贸易进口照章征税。7月1日，杭州海关根据国务院规定在关区范围推广实施加工贸易银行保证金台账制度。规定：由外经贸主管部门审批加工贸易合同，审核企业的生产能力，防止“三无”企业利用加工贸易渠道从事走私违法活动；海关依据外经贸部门批件，对加工贸易实施台账制度下的保税监管；中国银行通过台账协助海关核销，从而形成三位一体的加工贸易管理体系。以银行保证金台账制度推行为契机，来料加工、进料加工和外商投资企业的进口加工复出口业务均纳入海关计算机台账管理系统备案核销。1997年之后，随着国家优惠政策的取消，补偿贸易、来件装配、来样加工业务逐渐萎缩，浙江省内企业仅有少量来料加工业务，此局面一直持续至2010年后。“三来一补”业务在发展之初，充分利用国内的土地、劳动力优势，引进当时国内紧缺的外汇、技术和设备，实现资本和技术的积累。随着改革开放的不断深入，浙江省的经济也得到长足的发展，加工贸易的转型升级成为历史必然。

三、进料加工

进料加工是指国内有外贸经营权的单位用外汇进口全部或部分原材料、辅料、元器件、配件和包装物料加工成品或半成品后再出口国外市场的业务。

1979年3月，国务院发布《以进养出试行办法》，进料加工列入以进养出范围，规定进口的以进养出货物，企业可申请部分或全部免税，海关凭对外经济贸易部批件办理征免手续。1980年4月，杭州海关开始对进料加工实行管理。10月，海关对可可豆、人造丝、不锈钢、红木、服装面料等20余种进料加工所需进口原材料减免关税和工商税。同时规定，专为加工成品出口而进口的原料在加工时产生的副次品及因其他原因不能出口需转内销的部分，应照章纳税。有关外贸公司在订货及向海关办理进口报关手续时都必须在单据上加盖“进料加工原材料”戳记。为加工出口产品包装而进口的原材料，属于以上商品范围的也按此规定办理。1981年8月1日，杭州海关实施《专为制造外销商品而进口原材料、零部件免税和管理办法》，专为制造外销商品进口的料件如属于所规定十五大类商品范围的，可按5%征税、95%免税，其他商品均按15%征税、85%免税办理进口手续。宁波海关则抓住备案、审单、查验、核销等环节，针对部分企业在进料加工中采用伪报国别、撕去货物原商标、涂改发票等方法混装进口等情况，通过认真审查合同、严格执行国别政策、加强核销工作等措施，加强监管。

1984年3月1日起，海关对纺织品外贸专业公司试行《海关对进料加工进出口货物的管理办法》，经营进料加工的单位，于料件进口前，凭国务院有关部委和省、市、自治区对外经济贸易管理机关签发的“进料加工批准书”及进口料件合同副本一式两份，向所在地海关或指定的分工管理海关申请登记。对属于国家规定需要申请进出口许可证的商品，除另有规定的以外，还应交验对外经济贸易管理机关签发的进出口许可证。进口料件，应自进口之日起一年内加工成品出口；如有特殊情况需延长期限，应向主管海关申请展期。料件进口免征关税和工商（统一）税；加工成品出厂时，照章征收工业环节的工商（统一）税。对进口料件或加工的成品（包括副次品），以及剩余边角料转为内销和不复运出口的，应照章补征该部分进口料件的关税和工商（统一）税。1986年5月，中国包装进出口总公司进口包装物料的以进养出减免税及核销管理改由使用企业所在地海关办理。6月，外贸专业总公司集中纳税进料加工业务也改由主管海关负责。是年，杭州海关备案进料加工合同332份。1987年猛增至1170份，其中“以进养出”包装物料合同占较大比重，且多由中国包装进出口总公司统一进口。

1987年，宁波海关根据海关总署对进料加工的管理规定和优惠政策，制定《宁波海关对进料加工出口货物暂行管理办法》，规范辖区进料加工货物监管工作。次年6月1日，海关总署颁布《中华人民共和国海关对进料加工进出口货物的管理办法》，针对“两头在外”的特点，要求各海关把工作重点放在保税审批和核销上，监督进料加工企业免税进口料件专料专用，不得与国内料件串换使用；对因急需加工出口串换的，须经严格核定。12月，杭州海关结合关区实际，制定《进料加工进出口货物管理操作规程》实施细则，针对进料加工特点，对合同备案及基础工作事项，业务现场的审单、查验、放行、统计以及后续管理的核销方法、手段、核销档案保管等均作出明确的规定。

1989年3月，浙江省人民政府（以下简称省政府）为扩大出口创汇提出大力发展进料加工的要求。杭州海关在保证原辅材料用于加工产品出口的原则下，对包装物料及其他原材料试行分批核销和总量核销方法，对符合条件的生产企业鼓励设立保税工厂。11月，杭州海关实施企业加工贸易核销员制度，对核销员的责任、义务及工作要求作出规定。浙江省当年进料加工出口创汇5.6亿美元，占全省出口总额的35%。到1989年底，杭州海关累计备案进料加工合同3821份，协议料件金额达22.13亿元。随着进料加工业务的快速发展，逐渐暴露出一些问题，不少企业填写“进料加工登记手册”（以下简称登记手册）合同基本情况栏时比较混乱，存在漏填或内容不清等不规范情况。对此，宁波海关加强对登记手册的规范要求，认真审核企业填写的登记手册。由于“进料加工登记手册”是由加工单位主管地海关签发，进料加工异地出口及凭单核销容易造成串料或顶替现象。宁波海关通过加强与异地海关之间联系配合、完善监管手段，实行严密监管，保证进料加工贸易健康发展。1990年，杭州海关围绕前期、中期和后续三个环节，完善进料加工监管体系。规定：前期实行进料加工合同及登记手册三级审批制度，制定处长、科长及经办人岗位责任制；严格实行审批前的验厂、担保制度，对重大保税合同实行超前管理；完善中期核查制度，制定《保税合同中期核查办法》，确定核查重点；加强对展期、结转、串料等合同的核查；实行到期合同催核制度，把到期合同催报、催核工作列为重点；对重要商品实行重点核销，下厂核销率保证在10%，并严格补税制度。当年通告企业限期报核，共查处各类违规案件12起，涉及9个单位；共清理、核销进料加工合同1048份，补税559万元。

1992年1月，杭州海关试行保税合同集中报核方法，专人专岗负责。同时制定《杭州海关对逾期未报核保税合同处罚办法》，对超期未报核保税合同的经营单位予以一定的处罚，并对新备案合同收取保证金。7月，杭州海关制定《深加工结转办法》《进料加工登记手册填写和审核规范》。通过落实，全关区连续发现数起利用深加工结转名义进行倒卖进口保税料件的走私案件。翌年，杭州海关采取主动“上门核销”的办法，清理一些由于企业不重视核销而造成积压的进料加工合同，对无法销案的，及时清算补税；对多次催核无效的，在该企业申办新的进料加工合同时，按规定对进口料件实行先征后退；对一时无法核清的，责成企业交纳保证金，并限期核销；对有违规行为的，予以处罚。是年，外经贸部正式批准镇海石化总厂等4家石化企业开展原油进料加工业务，准许经营本企业进口原油加工成品油复出口等业务。

1994年，杭州海关对进料加工逾期合同进行专项整治，全关区共清理合同近8000份，其中接受报核合同2000份，补征税款150余万元；结合稽查业务试点，严格核销作业，运用多种手段，共查处走私违规案件11起，案值8000万元。杭州海关隶属嘉兴海关还对业务量大的企业实行驻厂核销，并研究试行企业分类管理方法，促进企业内部管理。翌年5月，杭州海关再次对进料加工合同进行清理，将因故长期积压未核销的合同全部清理完毕，补征税款2085万元；并促使大部分企业制定相应的制度，落实到人，奖罚挂钩，保证进料加工的核销。同年，宁波海关进行加工贸易银行保证金台账制度试点工作，加强海关实际监管。根据《海关总署关于启用激光防伪标签的通知》，对新核发的加工贸易登记手册，一律加贴激光防伪标签，对之前核发仍在执行中的加工贸易登记手册，在10月31日前完成激光防伪标签补贴工作。1996年10月1日，宁波海关全面启用保税加工计算机管理系统。当年宁波海关核销加工贸易登记手册4070份，其中保证金台账到期合同核销率达100%，第一次实现到期合同数量超过审批数量，核销补税6539万元。1997年6月，杭州海关根据海关总署要求，对加工贸易登记手册报核实行计算机管理。采取计算机预录入登记、IC卡防伪、加密传真确认等措施，防止“三假”。并对加工贸易总量占比较高的重点企业采取相应监管措施。同年，杭、甬海关还对羊毛、钢材等7种重点敏感商品实施专项核查核销，共集中清理核销加工贸易合同2253份，查获伪造加工贸易登记手册防伪标签合同4份，进料加工假注销2起，涉及重点敏感商品价值50万美元，羊毛假结转2起，案值980万元，羊毛串料违规案1起，案值397万元。1999年3月26日，国务院为进一步完善加工贸易管理制度，决定对加工贸易实施商品分类、企业分类和银行保证金台账实转管理，以规范异地加工、转厂深加工、税款追缴、加工贸易内销、单耗管理、协调管理等行为。

2001年，杭、甬海关自行研发的加工贸易联网系统试点先后通过测试并投入运行。当年，宁波海关综合利用审批、核销和通关等业务数据，实现审批自动化。全年累计下厂核查270人次，合同核销率99.7%，居全国海关前列。次年4月，宁波海关正式启用加工贸易批准证网上申领系统，同时主动与外经贸局联系，为其设计业务批准证联网审批方案并负责开发程序，实现海关、企业和外经贸部门的联网审批。到2002年底，已有近百家企业纳入网上审批。同时，开始试行“大手册”管理办法，以解决多料一用、一料多用、品种繁多、进出频繁等问题，简化企业加工贸易合同备案、核销手续。2003年3月，宁波海关对首家联网企业实现数据联网核查，开创加工贸易联网监管的新模式。12月12日，杭州关区第一家加工贸易联网监管试点企业嘉兴晋亿实业公司的企业ERP系统与海关H883业务系统联网成功，当日生成浙江省第一本电子账册。2004年4月，为适应宁波地区加工贸易快速发展的形势，简化审批手续，提高工作效率，宁波海关对加工贸易及保税业务的审批权限进行调整，并分别在7月和11月下发《宁波海关加工贸易和保税监管改革实施意见》《加工贸易操作规程》。当年宁波海关共确定11家企业推广海关总署联网监管标准模式，审核118个单耗标准，完成关区单耗数据库由H883系统至H2000系统的切换，各现场的加工贸易业务均实现平稳过渡。2005

年4月18日，杭州海关加工贸易联网监管电子账册首次核销顺利完成，该电子账册在H2000通关环境下于2004年4月14日生成，核算结余数量差异在1%以内，标志着加工贸易联网监管电子账册试点工作取得成功。2005年6月，宁波海关实施《宁波海关加工贸易联网监管实施工作流程》，将联网监管工作制度化。7月，宁波海关启用自行开发的加工贸易下厂核查系统，该系统在现场常规核查的基础上增加职能部门发起的指定核查，进一步强化海关对加工贸易的实际监管。

2006年4月1日，根据海关总署要求，杭州海关将"加工装配和中小型补偿贸易进出口货物登记手册""中华人民共和国海关进料加工登记手册"及"中华人民共和国海关对外商投资企业履行产品出口合同所需进口料件加工复出口登记手册"等3种登记手册，合并为"中华人民共和国海关加工贸易手册"。就实际业务而言，以进料加工为主。6月，杭州海关所属台州海关、湖州海关分别通过物料备案、合同备案、通关备案以及台账开设和登记等环节，采用分段备案方式为辖区企业核发电子手册。7月，宁波海关H2000加工贸易深加工结转子系统试点工作正式启动，宁波关区的利华羊毛有限公司于次月通过该系统成功完成与南京关区张家港精梳毛条有限公司的深加工结转申请备案，这是全国首次在直属海关之间运用H2000深加工结转子系统开展此类业务。7月25日，杭州海关与天津海关、拱北海关合作开发的中国海关单耗管理信息网系统通过海关总署审定。9月30日，平湖加工贸易联网监管区项目正式启动，成为全国第二个此类项目试验点。该平台于12月26日核发首份电子账册，实现"信息围网"替代"物理围网"的新型联网监管模式。2007年，宁波海关通过风险监控对11家加工贸易企业进行核查，其中1家被缉私局立案，1家以线索方式移交缉私部门。对关区内加工贸易不作价设备进行全面核查，对发现归类不准确、到期未解除监管等问题进行及时整改和处理。

2007年3月28日，杭州海关顺利完成H883系统手册核销结案标志补传H2000系统工作，共涉及手册6.4万本。宁波海关通过引入第三方软件公司，实现数据的自动提取和全程联动，并于4月21日正式上线运行联网企业的客户端软件和清单报关模式。当年宁波海关提出试点、推广电子化手册系统的意见，为全面取消纸面手册做好准备。2008年5月，杭州海关加工贸易联网监管手册电子化应用推广工作正式开展。5月16日，杭州海关成功核发关区第一本加工贸易电子化手册。7月，嘉兴海关、舟山海关先后为辖区企业成功核发加工贸易电子化手册，标志着保税加工监管作业"流程再造"改革取得新进展，为进一步深化加工贸易流程再造打好技术基础。当年，宁波海关查发1起擅自外发加工违规案件，系宁波某公司在2006年4月至2008年6月期间，未经海关许可，擅自将该公司加工贸易登记手册项下保税料件发往其他公司进行染色加工，涉及保税料件价值2800万元。为加强对保税加工业务的中后期管理，引入中介参与海关核查是提升海关实际监管效能的重要手段，杭州海关被海关总署批准成为该项改革试点海关之一。2008年11月，开始启动此项工作，取得较好成效。截至2010年2月底，共引入中介10家（其中海关委托5家），参与核查企业28家，核查补税1600余万元。

2009年2月，由杭州、天津和南昌海关开发和维护的加工贸易单耗信息网实施联合调试,可为全国加工贸易企业提供高效信息和咨询服务。4月,宁波海关辖区加工贸易企业全部采用电子化手册。6月,宁波海关试行加工贸易风险担保金制度,并先后制定实施《宁波海关保税业务操作规程》《宁波海关关于规范加工贸易相关(风险)处置和风险担保金收取的意见》等规定,明确单耗、结转、外发、核销、监控等5个类别28项业务(风险)的处置规范和17项风险担保金收取规范,突出重点环节监管,提升加工贸易监管水平。2010年1月1日起,舟山海关联网监管辅助核查系统正式运行。该系统通过对接企业的ERP系统,实现企业数据流、信息流与海关共享,将传统的档案式管理转为对料件进出库全过程动态管理,辅助海关监管。2月1日,嘉兴海关为锡顿金属制品(嘉兴)有限公司成功办理首份加工贸易电子化台账,实现海关与银行间的台账开设和登记联网,提高加工贸易银行保证金台账管理质量和效率。7月22日,宁波海关加工贸易管理系统为宁波市海伯精密机械制造有限公司办理的第一份加工贸易IT账册申报备案成功,标志着该系统的企业运行环境已成功搭建完成。当年,宁波关区的"电子化手册+电子台账"模式已全面取代纸质手册管理模式,通过"电子账册"联网企业ERP接口软件功能,规范联网企业中期核查数据的报送行为,为电子账册中期核查、核销提供数据支持,完善加工贸易联网监管模式。同时,宁波海关在全面落实加工贸易内销便利化措施基础上,积极参与地方政府关于促进加工贸易内销的政策研究。深入落实加工贸易禁限类目录和台账保证金联网等管理政策,积极扶持地方发展高技术含量、高附加值、环保低耗产业和带动能力强的产业,加快加工贸易转型升级。

第三节　外商投资企业货物监管

外商投资企业是外商独资企业、中外合资经营企业和中外合作经营企业的总称,也称"三资"企业。"三资"企业签订的生产加工合同经工商管理部门注册批准后,即可向海关登记备案,经海关审核后发给"外商投资企业登记手册"。其货物进出口时,持合同及手册,填写"进(出)口货物报关单",向海关申报。外商投资企业进口的货物凡属于海关监管货物的,未经海关许可,不得擅自出售、转让、抵押或移作他用。

1980年7月,杭州西湖藤器有限公司正式成立。该公司是浙江省设立的第一家外商投资企业,也是当时全国仅有的17家外商投资企业之一。杭州海关按照有关规定给予登记备案并对其进出口货物实行监管。1984年,海关总署公布《关于中外合作经营企业进出口货物的监管和征免税的规定》,海关总署、财政部、外经贸部公布《关于中外合资经营企业进出口货物的监管和征免税规定》。省内海关机构按规定对"三资"企业进出口货物进行监管,采取的主要措施有:控制主要建筑材料的使用,防止将进口物料移作他用、出售节余物料抵偿工费;对生产性和非生产性外资企业定期检查,加强核销,防止违章情事的发生;加强对海外建筑装修承包工程公司进口设备、工具等物品的管理。从1980年到1986年,杭、甬海关备案中外合资、合作、外商独资经营企业62家,总投资额1.22亿美元,协议利用外资4000万美元,实际投入1900万美元。

1986 年 10 月，《国务院关于鼓励外商投资的规定》公布，规定外商投资企业为履行其产品出口合同而进口的料件均可作为保税货物，免领进口许可证，由海关实行监管。宁波海关根据外商投资企业实际情况，提出专人负责办理备案、审核和减免税申请，简化审批手续，免费提供咨询等便利服务措施。12 月 1 日，杭州海关对外公告实施《中华人民共和国海关对外商投资企业履行产品出口合同所需进口料件管理办法》，明确向海关报核和内销补税的期限等，规定从 1987 年 1 月 1 日起对外商投资企业经营的进料加工业务实行登记手册制度。对产品全部外销的，料件进口时全部免证免税；对有内外销比例的，先予保税放行，待产品内销时再补办进口纳税手续；对未经有关部门确定为产品出口型企业的，进口料件的内销部分在进口时不予保税。同时根据该文件对此前外商投资企业的进口料件进行清理，补发登记手册。次年 7 月，宁波海关还专门制定送政策上门，提高办事效率，专人办理备案、审单、审批手续等 7 条措施，以落实国家关于鼓励外商投资的规定，为“三资”企业服务。

1989 年，浙江省外商投资企业自营出口占全省外贸出口的 3.5%，1990 年上升至 6.6%。全省设立外商投资企业 785 家，协议利用外资额 5 亿美元，实际吸收外资 2 亿美元，其中到海关登记备案共 601 家。1991 年 7 月，海关总署召开全国海关对外商投资企业监管工作座谈会。次年 9 月 1 日，杭州海关执行《中华人民共和国海关对外商投资企业进出口货物监管和征免税办法》，并通过明确企业登记备案、“四胞”①投资企业认定、企业投资总额、企业出口产品外发加工、企业进行来料加工手册和保税业务对口指导等措施，加强对辖区外商投资企业的监管工作。

为便于海关对外资企业的管理，1993 年 10 月 1 日起，杭州海关实施《杭州关区三资企业管理细则》，对企业备案、设备归口、交通工具、外商投资第三产业、办公用品等方面的要求作出明确规定，进一步完善对外商投资企业的监管工作。宁波海关在外商投资企业中开展评选“信誉良好企业”活动，对于“信誉良好企业”，给予优先办理进出口报关手续、优先安排查验等一系列优惠服务的政策措施。

1994 年，杭州海关根据有关政策、规定，建立起一套既符合海关监管要求又适应企业发展的监管模式。如：登记备案前验厂制度，重点审核项目登记备案材料；加强保税料件、减免税设备后续管理；对企业减免税物资进行定期、不定期核查，以防止倒卖、转让情事；改进监管模式，突出外经贸部门在管理外商投资企业保税料件、设备、车辆过程中的协管作用；对外商投资企业减免税设备、车辆实行手册管理，并基本实现计算机管理；试行分类管理，加强重点核查。结合海关监管模式的探索与稽查工作的试点，将企业划分为信誉良好企业、一般企业、资信较差企业三类，重点加强对第三类企业的监控。截至 1994 年 8 月，杭州海关登记备案的外商投资企业达到 7230 家，其中生产性企业 6641 家，占总数的 91.85%。协议利用外资总额 88.8 亿美元，实际利用外资 21.3 亿美元。1994 年 1 月至 8 月，杭州海关通过对第三类企业的监控，发现倒卖保税料件案 10 起，案值 7600 余万元。

1995 年底，国务院调整或取消部分税收优惠政策，规定：自次年 4 月 1 日起，新设外商投

① “四胞”指的是台湾同胞、香港同胞、澳门同胞和海外侨胞。

资企业不再享受减免税优惠，该规定之前的外商投资项目，尚有过渡期限；超过过渡期限，也不予减免税。受此政策调整影响，全省外商投资设备进口大幅减少。次年7月，杭州海关对外商投资企业加工贸易也全面实施银行保证金台账制度，并逐步将外商投资企业的进口加工复出口业务统一纳入加工贸易管理中。1998年1月1日，国家发布《外商投资产业指导目录》，对国家产业政策鼓励发展的内外资项目进口设备免征关税和进口环节税。针对国家鼓励和支持的外商投资项目进口设备与技术，杭州海关在全关区确定统一做法，重点是：理顺内部关系，重新划分职责；明确审批程序，规范作业制度；加强与地方"三资"企业主管部门的配合，建立项目确认书的联系制度，共同做好审批工作；并先后制定《杭州海关对国家鼓励发展的内外资项目进口设备征免税审批办法》和《杭州海关对外商投资企业进口货物管理办法》。到1998年，杭州海关共备案外商投资企业5834家(1995年1月1日起，不包括宁波海关备案数)。同期，宁波市累计批准外商投资企业3830家，在海关备案登记正常开展进出口贸易的企业共1309家。外商投资企业从事加工生产项目集中在化工、造纸、纺织、建材和食品等行业，投资项目规模较大。

1999年9月，国家为鼓励外商投资，进一步扩大进口税收优惠政策。在执行中，杭、甬海关对进口免税设备采取从快验放，加强后续时效监管，要求企业不得擅自转让和出售。对于更新或技术改造而被替换的，如在本企业内继续使用，按监管年限5年进行管理，到期方能解除监管。如在监管年限内出售和转让给其他可享受进口设备税收优惠企业的，可允许并免予补税。是年，杭州海关进一步规范对外商投资企业的七部门联合年审年检工作，在全关区统一布置，与地方有关部门及时协调，制定联合年检初审方案，并做到企业注册数、入网数、代码核对数和年审合格数的"四数统一"。同时根据《中华人民共和国海关对外商投资企业进出口货物监管和征免税办法》，结合杭州关区具体情况，制定《外商投资企业管理操作规程》，明确规定外商投资企业办理进出口业务应准备的材料和凭据。2000年，杭州海关根据出入境检验检疫机构对企业投资财产价值鉴定的需要，对以实物作价投资，或委托国外购买进口，不属法定检验目录以外的，又属监管代码为"2025""2225"和"0513"的设备及物品，加凭"入境货物通关单"验放并实行审价。是年，杭州海关对外商投资企业用免税进口设备抵押货款也限制在国家允许范围的银行及非银行金融机构，并可要求企业提交相当于进口税款的保证金，或提供金融机构担保。同时，加强企业加工贸易及其料件内销的管理。

中国加入世贸组织后，外商投资企业开始与内资企业一样，平等享受"国民待遇"。由于经济的互补性，浙江省外商投资企业依然呈平稳发展态势，在改善经济结构、推动转型升级、带动就业等方面做出应有贡献。2005年1月1日，商务部、海关总署颁布的《货物自动进口许可管理办法》(以下简称《办法》)开始施行，该《办法》规定：外商投资企业作为投资进口或者投资额内生产自用的免领"自动进口许可证"，将外商投资企业在非投资总额内利用"自有资金"进口的自动进口许可管理商品排除在免证范围之外，并明确外商投资企业以"自有资金"方式进口的自动进口许可管理商品，必须到商务部门领取自动进口许可证。次年9月，根据海关总署的相关要求，杭州海关加强对外商投资企业的审批登记管理。是年11月，宁波海关加强与国家外汇管理机构的联系，以有效开展打击非法买卖外汇的虚假外商投资专项治理行动。

2008年，为有效应对金融危机，进一步优化投资环境，提高外贸服务水平，杭、甬海关制订并实施有关服务外商投资企业的方案和活动计划，建立企业联络员制度，优化口岸通关环境，努力降低企业物流成本。2010年7月26日，湖州海关办理湖州地区首家外商独资企业注册备案业务，美国凯美克制造有限公司在长兴设立的外资企业长兴德凯汽车配件有限公司，通过采用凯美克制造有限公司的先进技术和科学管理方式，年产房车车挂系统80000套，有力地带动地区经济发展。

第四节　保税仓库和保税工厂(集团)

保税仓库，是指经海关批准设立的专门存放保税货物及其他未办结海关手续货物的仓库，按照使用对象不同，可以分为公共型、自用型保税仓库。保税工厂，是指经海关批准的，并在海关监督之下，用免税进口的原材料、零配件进行加工、制造外销商品，或对外国货物进行加工、制造、分类以及检修等保税业务活动的场所。近代海关曾实施关栈制度，近似现代海关的保税仓库制度。浙江省杭、甬海关成立后，针对浙江省外向型经济发展实际情况，在严密海关监管制度前提下，尽量简化手续，减少管理环节，支持促进保税仓库和保税工厂业务发展。

一、关栈制度

古时市舶司库即监管仓库。至近代，则代之以关栈，即指船运公司经向海关税务司申请，在地址、建筑结构及其他方面符合海关储存货物要求，并向海关具结、呈缴规定保结和执照费，海关税务司准予注册并发给执照，作为存放海关待查验、待征税货物的栈房。各船运公司当时已有足够栈房和仓库来存放进出口货物。

近代新关的关栈一般分普通关栈、转运关栈、鸦片关栈。关栈必须经当地海关派员详细勘察后，认定其地点、建筑、栈内布置等确系合宜，并经栈主呈缴规定保结和执照费后，方准注册并发给关栈执照。关栈由海关和业主予以联锁，开锁时必须由双方派员到场。存储关栈的货物以12个月为限。如期满仍未缴付税款时，应由栈主负责照章付清，并须于三日内由栈主将该货运出关栈。浙海关、瓯海关、杭州关设关后先后建立关栈。规定凡进口之洋货如系暂时起岸以待复运出口，而该商未能照章将货色、斤两等情报明，亦可准入关栈；唯该商须于报单内注明系复运他口之货。其货色虽免照报，但件数、号码以及色样，应于报单内详细开列；凡暂囤关栈之复出口货物，应限以4个月为期，倘逾期限未出口，即由海关拆验，由栈商代纳进口税。

民国10年(1921年)，总税务司颁布《海关关栈试办章程》，规定：凡申请办理屯货关栈，须带保人赴领事馆签押、盖印为证，凭此请税务司核准；由海关检查设栈地址及栈房是否满足监管征税之需要，方能缴费核准营业，此后每年需缴费申领新照；若关栈改为普通商栈，须由海关派员监视，并每月付费。此外，还对货物进出栈、申报要求、监管要求等均作出明确规定。民国20年7月，浙海关颁布《浙海关征收关栈费用办法》，规定：公用(私用)普通关栈的执照费为关平银 50 两，公用(私用)普通关栈的换照费为关平银 10 两。《浙海关整理货物关栈章程》规定：特种加工关栈的种类分为整理货物关栈和制造货物关栈。整理货物关栈设立时，应说明所拟施用之各种整理手段。经整理手续以后该项货物的包装形式或状态有所改动而性质并不改变的，整理时应受海关监督。如果整理手续所需的用具、机器机械及设备物，建筑或维修整理货物关栈所需用或消费的材料，整理货物手续中所需用或消费的材料，包装所需材料等为国产的，经核准可免税运入整理货物关栈。

民国 22 年(1933 年)11 月，总税务司署颁布《炼油关栈章程》，规定：炼油关栈应设立于经地方至管理厅核准之地点，由商人向海关申请，由税务司注册后，呈由总税务司转呈财政部核准，方可设点；炼油关栈以自用关栈为限，其公用关栈不准作炼油之用；由栈主缴执照费，执照以 5 年为期；在炼油时应受海关检视。该《章程》还规定炼油关栈应纳的各种税费。民国 29 年 7 月，浙海关向总税务司申请在甬江沿岸浙海关所在地一侧和江东岸开辟临时货栈。

转运关栈的注册登记申请应向海关外勤部门提出，由海关检验批准。关栈位置必须直通码头，库门由海关实行联锁，仓库钥匙由海关外勤人员掌管。所有未完税的进口货物，无论从国外直接进口还是经过上海运来，都必须直接从船舶卸货到转运关栈仓库里。但不同船舶载运的未完税外国进口货物不得存放在同一个仓库内。每票货物应正确堆放，并按舱单挂牌，以便海关查验。直到完税或得到提单后，由海关放行，或暂缓缴税，缴纳可靠担保，也可放行。浙海关、杭州关等照章执行。

民国 35 年(1946 年)以后，由于进出口业务日渐萎缩，杭州关被裁撤，浙海关、瓯海关批准设立关栈数量也不断减少。中华人民共和国成立后，由于省内海关机构相继撤销，关栈也随之消亡。

二、保税仓库

1981 年，海关总署发布《海关对保税货物和保税仓库监管暂行办法》，在全国推行保税仓库制度。杭州海关于 1985 年开始实施该制度。是年，浙江省进出口公司经有关部门批准，建立 CROMEMCO 微机维修站，由浙江省计算机中心负责进口微机的维修业务。当时国内已引进 5000 台 CROMEMCO 微机，维修量较大，外商投资 2 万美元购置元件，进口后存放维修站，供对外维修用。杭州海关根据保税仓库的规定和维修业务需要，为该维修站设立保税仓库并按有关规定进行管理，这是浙江省首家保税仓库。1988 年，国家实施沿海开放战略，鼓励“大进大出”。是年 4 月，杭州海关为促进外向型经济发展，规定：凡经营加工装配、进料加工业务的企业，具有法人资格的，均可申请设立保税仓库；物资、仓储部门经批准可予设立备料保税仓库。5 月 1 日，杭州海关根据修订的《海关对保税仓库及所存货物的管理办法》，结合关区及口岸实际，规定凡经批准经营有关业务并具有法人资格的经济实体，均可向海关申请建立保税仓库。仓库须具有储存、堆放进口货物的安全设施，建立仓储管理制度和详细的仓库账册，配备经海关培训认可的专职管理人员，由海关颁发“保税仓库登记证书”，方可开业经营，并对保税货物办理报关、入库手续，以及保存期限、超期处理等均作出详细明确的规定。当年，杭州海关共设立保税仓库 13 个，以加工贸易备料保税仓库为主。许多企业在设立保税仓库后，取得明显的经济效益。

1989年5月，杭州海关与省外经贸厅联合召开保税仓库（工厂）工作会议，分析保税仓库（工厂）的发展情况、存在的问题，制定管理措施。之后，杭州海关为嘉兴外贸运输支公司设立关区首家公共（综合型）保税仓库。翌年4月，杭州海关对关区保税仓库进行清理整顿，专门召开各保税仓库经理人参加的工作交流会，宣传海关政策规定，布置清理任务，并为所有保税仓库（工厂）换发新证。通过清理整顿，发现存在的问题有：由于保税仓库货物数量较少、业务不足，许多企业提出要求在保税仓库内存放非保税货物，致使保税仓库不能严格按照海关规定管理；仓库管理人员不符合海关规定要求；企业缺乏保税业务知识，部分企业错误地认为"保税"就是"免税"，有的保税仓库甚至出现长期空库现象。针对存在的问题，杭州海关通过加强前期审批工作、设库前实行实地勘查、健全内部制度、明确作业流程、实行专人负责制等措施以加强监管。宁波海关制定《保税仓库管理工作操作规程》，对保税仓库管理人员进行不定期培训，必要时实行强制性专门培训。同时利用对区内保税仓库进行换证工作时机，加强对进、销、调、存等环节的实际核查，特别注意核销及年审环节的检查。到1990年上半年，杭州海关共设保税仓库24个，仓库面积33688平方米，其中公共型保税仓库5个，加工贸易备料保税仓库18个，寄售（维修）保税仓库1个。

为支持国有大中型企业的发展，杭州海关在1991年一季度为大中型企业设立加工贸易备料保税仓库4个。是年11月，杭州海关举办首期"保税专管员"培训班，30多家单位的40多名专管员参加培训。重点介绍保税制度和作业流程，以及海关监管程序，为加强保税仓库综合管理打好基础。同时，杭州海关还针对公共型保税仓库进出量大、品种多、周转频繁的特点，专门制定《公共（综合型）保税仓库监管细则》。截至1992年底，杭州海关共设立保税仓库46个，其中公共（综合型）保税仓库13个，加工贸易备料保税仓库26个，其他专用型保税仓库（寄售、维修、国际航行船舶物料供应）7个。保税仓库大部分运转情况良好，其中有的仓库则已实现电脑化管理，可以与海关联网。同年，宁波海关和舟山海关先后设立4家专供国际航行船舶物料的保税仓库，使到港船舶可以在本港添加免税生活用品及船用保税物料和油料，为船方节省时间和费用。专业进出口公司和外贸仓储专业公司在设立保税仓库后，配合海关管理，如浙江省服装进出口公司1988年设立的2个备料保税仓库，储存货物数万吨，坚持以销定产，适应国际市场需求，4年间，利用保税仓储共节约支出800万元，降低了加工贸易生产成本，出口创汇列全省前列。宁波海关帮助申请单位制定保税货物各项管理规定，培训符合海关要求的保管员；对保税仓库实行年审制度，对存在问题的单位落实改正措施或吊销其登记手册；针对某些保税仓库货源短缺，积极向有关企业宣传保税仓库享受的优惠政策等，使保税仓库得以充分发挥其社会效益和经济效益。如镇海石化总厂设立原油保税仓库仅半年，就直接节约费用1500万元。

1993年2月，杭州海关对关区保税仓库进行检查清理，各保税仓库均无一般贸易进口汽车、家用电器和办公用品存放，也无超期储存现象，保税仓库经营情况正常。此次清查撤销2家设库后长期不经营业务的保税仓库。3月，杭州海关举办第二期"保税专管员"培训班，23家单位的30名专管员参加培训。当年，浙江汽车进出口公司与中国机电设备进出口杭州分公司设立浙江国际汽车保税仓库，进口保税汽车开展转口贸易和供应浙江省内享受免税优惠的“三资”企业。进口汽车按正常进口办理有关手续，杭州海关凭有效进口许可证验放，对存入保税仓库的进口汽车按规定进行监管，并专门制定监管实施细则。同时根据浙江省实际情况，规定年进口数量。1994年10月，杭州海关根据海关总署清理整顿汽车保税仓库的要求，撤销浙江国际汽车保税仓库，并对库存车辆作退运处理。

1995年，杭、甬海关对本关区的保税仓库进行全面清理检查。杭州海关共设立保税仓库59个，其中备料保税仓库38个，公共型保税仓库9个，油料保税仓库1个，寄售(维修)保税仓库2个，外汇免税品保税仓库9个。宁波海关设保税仓库共31个。根据清理整顿要求，两关对不按规定向海关办理有关手续和擅自提料的保税仓库，责令停业整顿，并处以一定罚款；对到期货物按章办理提货和征税手续，对经营不善的坚决撤销。共撤销保税仓库9个，暂停经营6个。同时为加强管理，对保税仓库管理人员开展培训，宣传海关有关政策。严格保税仓库有关管理规定，对所存货物定期检查核对，对仓库进行记分考核，建立仓库巡查、检查制度，并开始实行计算机管理。1997年，宁波海关对宁波保税区内16家保税仓库实行计算机联网管理，实现仓库与海关的电子数据交换。同年，杭州海关对关区保税仓库进行清理，全关区共有保税仓库48个，其中公共型保税仓库15个，备料保税仓库33个。仓库总面积57455平方米，油库容积388500立方米。储存货物主要是原油、成品油(包括柴油)、塑料原料、涤纶丝、聚酯切片、牛皮卡纸、棉坯布、染化料、电视机零配件等。但正常运转的仅占总数的30%。次年5月，杭州海关根据海关总署要求停止保税仓库成品油转口业务。对公共保税仓库明确：必须一库一址，不得变相设立分库；保税仓库使用统一标牌、专门标志；海关实行专人监管；保税仓库必须独立设置，专库专用。同时，加大查验力度，严格验核许可证，加强对油库和备料库的审批把关与货物供应审核。6—7月，杭州海关再次对保税仓库进行清理。根据仓库的经营情况，分别作出保留、停业整顿和关闭的处理。对设立后能正常运作、符合海关监管规定的30家保税仓库予以保留；对未开展经营活动半年以上、仓库管理不规范的12个保税仓库予以停业整顿，限期改进；对批准设立后长期不开展业务、管理不当的予以关闭撤库。1998年底，省内保留的保税仓库共64个，暂停经营的12个。

1999年4月，杭州海关允许保税仓库所存货物除供应本关区加工生产企业按规定提取使用外，需跨关区提取使用的，按转关运输办理；特殊情况不能按转关运输办理的，由企业缴纳风险担保金后办理提取手续。次年5月，杭州海关又一次对关区的保税仓库管理情况进行清理，对已实行内部计算机管理的保税仓库，由各主管海关与其联网，以随时掌握进、销、调、存情况；对未使用计算机管理的，要求其在8月底前实现计算机管理并与海关联网。同时，重点清查1995年后“凭保放行”出库货物的核销情况，对未履行正常手续的，收取保证金，并限期补办手续；任何保税仓库不予先提货后办手续；属许可证商品出库，一律凭证放行。10月，杭州海关完成清理工作，并对半年以上未开展经营业务的仓库一律停业整顿，共撤销或暂停各类保税仓库9个，加上前期清理暂停经营的12个，共计21个。至年底，杭州海关共保留各类保税仓库25个(包括拟保留和拟撤销仓库)。

2002年10月15日，经海关总署批准同意，中化兴中石油转运(舟山)有限公司岙山保税油库库容由35万立方米增至75万立方米，成为当时国内最大的商用保税油库。2003年，宁波海关启动海关总署保税仓库管理系统试点工作，试点期间对宁波宁兴(集团)有限公司的液化品保税仓库试行实时监控管理，实现液化品保税监管的突破。2004年2月21日，中燃舟山船舶燃料供应公司保税油库成立，截至2004年底，累计为进出舟山口岸的221艘次国际航行船舶添加免税柴油6783吨，免税燃料油10185吨，大大改善口岸的配套设施和服务。

2005年3月，宁波海关批准设立首家干货联网公共型保税仓库，该库内部实行计算机管理，安装远程监控摄像头并与海关联网，使海关对进出仓情况能够进行核查与实时监控。当年，杭州海关还先后设立金华市浙中国际仓储贸易有限公司和绍兴市国际物流中心公共型保税仓库，其中浙中国际仓储贸易有限公司是浙江中西部首家公共保税仓库。2006年2月，中石化册子岛原油油库正式投入运作。该油库位于浙江舟山册子岛东北部，为国家特大型原油储藏中转站库，也是当时国内最大的油码头。6月8日，海关总署正式发文委托杭州海关开发海关保税仓库联网远程视频监控系统。7月24日，“香港—深圳机场—杭州机场—开发区保税仓库”转关运输渠道开通，该模式下可用国内航空运输替代国际航空运输，通关时间节省12小时，运输成本减少30%。当年，杭州海关先后批准设立浙江和润物流有限公司粮油公共保税仓库和元海海洋船舶物资有限公司公共型保税仓库，前者是杭州关区首家粮油公共保税仓库，后者是首家公共型船舶物资保税仓库。宁波海关也新增2个液体公共型保税仓库，并且电子账册也已覆盖关区所有保税仓库。

2007年5月21日，舟山海关为岙山岛“国家石油储备库”办结首票23.8万吨的保税原油入库手续，为国家石油储备战略提供服务。6月1日，宁波海关液(气)态保税仓库信息化管理系统通过海关总署验收，该系统能满足液体保税仓库信息化管理的需求，实现对液体保税仓库进行可视化的实时联网监管。2008年4月16日，舟山海关为浙江和润物流有限公司保税仓库办理4.14万吨保税大豆入库手续，价值2654万美元，标志着杭州关区首家粮油公共保税仓库正式投入运作。9月8日，杭州空港首家公共保税仓库正式启用，实现机场保税仓库与航空货站、海关监管库的无缝连接，为机场空运口岸物流和保税物流搭建重要的基础平台。

2009年1月16日，舟山海关辖区岙山岛、册子岛油库等4家储罐类监管场所系统(一期)初装工作通过验收，为油气液体化工品物流监控系统与海关H2000系统连接奠定基础。9月2日，义乌首家公共保税仓库正式设立，该保税仓库仓储面积5184平方米，配套装卸场地650.5平方米，运营后可为义乌市企业保税仓储、样品展示、简单加工、中转分拨等提供服务。当年，宁波海关根据海关总署要求，严格保税仓库仓储货物存储期限、价格和归类管理，全面应用电子账册，关区保税仓库基本实现与海关的联网。同时，加大监控力度，对超期未开展业务的保税仓库进行及时清理。全年新批保税仓库3个，审批保税仓库变更申请5份，注销保税仓库和出口监管仓库各1个。

2010年1月19日，宁波海关正式批准中石化商业储备油库有限公司镇海基地为液体公共型保税仓库，并利用信息化系统实行联网监管。该基地共建有储罐38个，总容量380万立方米。当年，杭州海关先后批准设立嘉兴市乍浦东方油脂有限公司、日电产储运(平湖)有限公司、舟山市金润石油转运有限公司、浙江天禄能源有限公司、浙江巨泰进出口有限公司等5

家公共型保税仓库。是年，宁波海关全面修改保税仓库操作规程，进一步规范进口原油、成品油、液体化工品等的业务操作。截至2010年底，宁波海关共设24个保税仓库，其中液体保税仓库库容达1076.7万立方米。

三、保税工厂(集团)

1984年4月1日，杭州海关根据海关总署发布的《中华人民共和国海关对进料加工保税工厂的管理规定》，开始推行保税工厂制度，并制定监管实施细则。经国家批准有权经营进出口业务的外贸公司、工贸公司以及经工商行政管理部门注册登记准予经营进料加工业务的杭州市区企业，凭有关文件以及对外签订的进料加工合同、协议书副本或影印件，填写“保税工厂申请”一式两份，向杭州海关申请注册，经审查符合有关条件的，发给“保税工厂登记证书”。是年，经杭州海关审核同意，杭州电视机厂成为浙江省首家保税工厂。1986年，杭州海关对其进口散件按内销补税处理，保税工厂随之撤销。

1988年1月28日，宁波工艺伞厂获准成立，成为宁波市首家进料加工保税工厂。5月，杭州海关根据修订后的《中华人民共和国海关对加工贸易保税工厂的管理办法》对保税工厂进行监管。规定凡经国家批准有权经营进出口业务的企业或具有法人资格的承接进口料件加工复出口的生产企业，具备海关监管条件的，均可向主管地海关申请建立保税工厂。同时，对保税加工、仓储管理、料件使用及串换、进出口报关、核销及加工期限、违规处罚等均作出明确规定。12月，杭州海关为杭州万向节厂设立保税工厂。该厂主要开展汽车万向节总成、差速器、十字轴等产品的加工出口业务，进口原材料主要是轴承钢及有关辅件(其保税工厂设立限期至2000年)。翌年，杭州海关又批准设立两家保税工厂。保税工厂进口原材料、辅料、零部件、配套件和包装物料，进口时由经营单位或其代理人填写进口货物报关单一式两份，向海关申报。如从其他口岸进口，则凭“保税工厂登记证书”向进口地海关办理转运手续，按海关“监管货物”转运至目的地，办理报关手续，免征进口关税和工商统一税。

1990年3月，杭州海关对辖区保税工厂进行专项清理整顿，重点检查保税工厂管理及执行海关规定情况，以及社会效益、经济效益，并换发证书。次年，杭州海关把正确实行和推广保税制度作为一项重要工作，主动为有关企业提供政策咨询，通过保税工厂，促进加工贸易发展，帮助企业扩大出口、降低成本。6月，国营大型纺织企业嘉兴毛纺织总厂向海关申请以一般贸易进口原料替代保税原材料，先加工出口，实行“先出后进”。鉴于该厂已与外商签订返销合同，交货期较紧，杭州海关在经过核实后，及时报请海关总署同意，对该厂两批进料加工业务，实行同规格、同品种、同数量先串料加工出口，后进口原料，以保证企业及时出口产品，并在规定时限内，核销结案。到1992年，杭州海关关区共批准设立保税工厂10家。在支持企业发展的同时，杭州海关坚持规范管理，随时派员驻厂清点、盘查，严格核定用料定额，查阅账册，核对库存。

1993年2月10日，杭州海关实施《海关对进料加工保税集团管理办法》。保税集团是一个由具有进出口经营权的企业牵头，组织关区内同行业若干个加工企业，对进口料件进行多层次、多道工序连续加工，享受进口料件全额保税的企业联合体。集团所属加工企业必须具备加工生产出口产品的能力，具备保税工厂、保税仓库管理条件，从事多层次保税加工；每个加工企业，应订出每一道加工工序的耗料定额，海关按结转加工层次，分段核销，牵头企业代表保税集团向海关负责，并具备向海关缴纳税费的能力，承担有关法律责任，成员企业承担有关连带责任。由牵头企业向海关交验“保税集团申请书”及海关要求的其他文件、资料。经海关实地勘察，符合监管条件的，予以核发“进料加工保税集团登记证书”。12月，经批准，湖州海关为湖州毛纺集团建立浙江省首家保税集团。翌年1月，嘉兴海关分别为嘉兴飞羊集团和兰宝集团设立保税集团。上述3家企业均为浙江省毛纺行业国有企业和出口创汇大户。

1994，宁波海关制定《保税工厂和保税仓库操作规程》，使保税工厂管理趋于规范。次年，杭州海关对辖区内保税工厂进行全面调查，所有保税工厂、保税集团都要求按规定建立专门账册，保税料件的进料、领料、出库（出厂）都有专门登记，基本做到保税货物专料专用。从1996年开始，杭、甬海关根据海关总署“清理、整顿、规范”的要求，对保税工厂、集团逐年进行调查清理。杭州关区共有保税工厂8家，其中4家运转正常，4家未能开展加工贸易业务。按照规定，对未能开展业务的，杭州海关作出暂停和撤销的处理。嘉兴茉织华集团是全国最大的服装生产和出口基地。1997年3月，杭州海关根据该集团公司加工贸易的实际情况，报请海关总署同意，设立海关驻厂监管的保税工厂。嘉兴海关据此专门制定《驻厂监管实施细则》和《驻厂人员工作守则》，对该企业进行管理。宁波海关经过该轮清理整顿，到1998年初，保留4家，注销3家。2005年7月19日，鉴于宁波长青塑胶制品有限公司保税工厂自设立以来一直没有开展保税工厂的相关业务，宁波海关注销该公司保税工厂。2009年11月12日，宁波海关批复同意宁波信远工业器材有限公司加工贸易保税工厂的注销申请。由于国家政策调整以及保税工厂业务的萎缩，至2010年底，杭、甬海关辖区已经没有保税工厂和保税集团。

第五节　特殊监管区域货物监管

海关特殊监管区域是经国务院批准设立并由海关实施封闭监管的特定区域。由于功能、贸易管制和税收优惠差异，形成保税区、出口加工区、保税物流园区、保税港区等若干类型。海关负责监管该区域的保税加工和保税物流货物，其他事务由地方政府和税务、外汇等部门管理。特殊监管区域可以极大地促进加工贸易转型升级，推动外向型经济发展，杭、甬海关大力支持浙江省特殊监管区域的发展，主动对接服务。截至2010年，浙江省内设立的海关特殊监管区域主要集中在杭州、宁波地区。

一、保税区

保税区是由国务院批准设立，经海关批准注册，受海关特殊监管，可以较长时间存储商品的经济区域。宁波保税区于1992年11月经国务院批准设立，是浙江省唯一的保税区。区内享有“免证、免税、保税”政策，实行“境内关外”运作方式，是中国当时对外开放程度最高、政策最优惠的经济区域之一。

1992年11月19日，国务院批准设立宁波保税区，分东区、西区、南区，面积2.3平方千米，首期开发1.2平方千米。保税区按海关要求设置隔离设施，并经海关检查验收后启用。宁波保税区的海关监管、外汇管理、税收政策均比照天津港保税区的有关规定执行，成为当时浙江省开放层次最高、政策最优惠的综合性特定区域。1993年，杭州海关制定《杭州海关对进出宁波保税区货物、物品和运输工具的监管实施细则》(以下简称《实施细则》)，对保税区实行特殊的关税豁免政策。按照“一线放开、二线管住”的原则，企业减免税无须办理免税证明，直接凭货运单证、以手册登记方式进行管理。宁波海关按《实施细则》规定对保税区内企业、行政管理机构符合规定的进出口货物免征关税和工商统一税。3月15日，宁波海关派出工作组对保税区开展海关监管业务。是年底，保税区共设立各类企业885家，总投资8.79亿美元，注册资金6.77亿美元，其中外商投资企业150家，总投资1.6亿美元，累计进出口贸易额9460万美元，其中出口2494万美元。

宁波保税区在较短时间内形成国际贸易、保税仓储、出口加工三大功能。1994年5月，国务院批准设立宁波保税区海关。宁波保税区海关筹备机构对区内进口物资实行前期审批，按企业登记手册进行管理，免办免税表，特殊情况实行集中申报，信誉放行，便利合法进出。对经批准运往区外加工的货物，海关人员直接到企业所在地验放。截至当年10月，保税区累计设立企业1184家，投资总额10.5亿美元，其中“三资”企业200家，保税区总体发展水平居全国第四位。10月18日，保税区西区(1.1平方千米)通过海关验收。自此，宁波保税区2.3平方千米区域全部投入运行。

1996年5月28日，宁波保税区海关正式开关。次年5月，港区联动在保税区启动，保税区海关调整卡口设置，实行“一线放开、二线管住”的监管模式，对宁波保税区进出境货物实行备案制。开发应用“EDI报关—备案”一体化系统，简化进出境货物备案手续和通关流程，向外辐射保税区的功能优势。1998年3月，又进一步简化备案手续，与港务部门进行计算机联网，实行单信息放行，对区内加工企业和保税仓库实行计算机联网管理，加强对物流的实际监控，提高监管效能。严格执行各类防伪审核制度，做好单证的审核和防伪鉴别工作。宁波海关自1993年对宁波保税区开展监管业务，到1998年8月，共监管进出口货物336.1万吨，征收税款5.14亿元，累计完成贸易额25亿美元，在全国15个保税区中名列前茅。

随着宁波保税区业务不断扩大，2001年开通沪甬、杭甬“直通关”“直通车”业务，实现宁波保税区空运货物便捷通关，通关时间平均缩短2～3个工作日。保税区内企业通过区域信息化系统办理各类海关手续，简化程序，降低成本。5月28日，宁波保税区物流信息化管理系统暨港区联动全面启动。2002年4月，宁波海关在保税区内2家加工贸易企业开展H883/EDI出口无纸报关试点。翌年，积极拓展保税区功能，促成保税汽车展示销售业务开办，并开展“集中报关”试点。10月22日，宁波保税区南区正式封关运作。年末，保税区货物开始按照“保税区报关，口岸放行”监管模式通关，即宁波保税区企业对其在宁波口岸直接进出境的货物在保税区海关报关，由口岸海关负责实货验放的通关方式。该模式实现保税区与关区各口岸的联动，更为便利，有力促进保税区经济的发展。

2005年，宁波保税区海关推出料件额度备案新型监管模式。扩大“集中报关”“无纸报关”等快速通关措施的试点范围,新增“集中报关”试点企业1家、“无纸报关”试点企业3家。加强对报关员、网络操作员的培训指导,提高企业规范操作意识,对重点企业试行提供集中预归类审核服务,提高企业报关质量和通关效率。同年,对保税区卡口进行改造,对卡口管理秩序进行集中整顿,进一步深化物流监控体系改革和创新。2006年,宁波海关结合关区实际,开展特殊监管区域的整合。

2008年3月,宁波保税区海关保税监管区域信息化管理系统正式上线运行,以此为基础构建“一关三区”的监管模式,有效提升海关监管效能。并先后推出《宁波海关保税业务操作规范》《宁波海关保税业务监控分析工作制度》等规章制度,规范保税监管操作。通过提高“无纸通关”“集中报关”等快速通关措施的应用实效,对重点企业提供集中预归类审核服务,提高企业报关质量和通关效率。这些做法得到地方政府、企业的一致好评,宁波保税区海关从2001年起连续8年获得“宁波保税区文明单位”称号和服务优胜一等奖。2009年,宁波海关制定《跨关区特殊监管区域(场所)间货物流转办法》,进一步简化关区内特殊监管区域及保税监管场所间货物流转手续,建立特殊监管区域货物“分批进出,集中报关”管理模式。

2010年,宁波海关推广使用加工贸易电子化手册,认真做好保税区东区、西区和南区卡口改造验收及卡口人员监管场所调整工作,完成卡口信息化管理系统需求调研。完善视频监控系统,监控范围覆盖保税区5个卡口、围网及其他监管区域,提升监管的严密程度。当年,宁波海关全面实施《宁波保税区集中报关办法》,规范企业集中申报资质审批和管理,保税区共有11家企业开通此类业务,共审批集中报关备案3814票,货值2.04亿美元。同时,通过完善“分批进出,集中报关”模式,大力支持宁波保税区发展转口贸易和拓展物流功能。

表67-2-5-1　　1998—2010年宁波保税区海关监管业务量统计一览表

单位:万美元

年份	进口货值	出口货值	进出口总货值	年份	进口货值	出口货值	进出口总货值
1998	26065	14429	40494	2005	121886	53800	175686
1999	18666	9047	27713	2006	129884	73382	203266
2000	32615	7374	39989	2007	196652	110228	306880
2001	30515	15177	45692	2008	209395	114427	323822
2002	43648	13117	56765	2009	165438	90896	256334
2003	74651	19357	94008	2010	303758	150189	453947
2004	96123	32490	128613				

资料来源:宁波保税区海关历年工作总结。

二、出口加工区

出口加工区是指一国或地区为利用外资,发展出口导向工业,扩大对外贸易,专为制造、加工、装配出口商品而开辟的特殊区域,其产品的全部或大部分供出口,以实现开拓国际市场、发展外向型经济的目标。出口加工区按照“境内关外”的方式运作，实行海关特殊监管政策。2001年以来，国务院先后批准设立杭州、宁波、嘉兴、慈溪出口加工区，其中规模较大的主要是杭州、宁波出口加工区。

(一)杭州出口加工区

杭州出口加工区作为国务院首批设立的15个出口加工区之一，封关面积2.01平方千米。2001年5月18日，通过国务院八部委①的联合验收。8月1日，“联网报关”和“出口加工区加工贸易电子账册联网备案”项目在杭州海关调试成功，杭州海关是该项目全国首批6个试点海关之一。10月8日，杭州出口加工区正式封关运作。17日，第一批进口货物顺利运达杭州出口加工区。该批货物是区内第一家企业——易威电子科技(杭州)有限公司的首批进口设备和料件。12月24日，杭州出口加工区的第一批出口货物——570台显示器，正式向海关申报出口。

2002年1月31日，杭州出口加工区首票区外到区内货物报关手续顺利完成，区外企业出口报关单和区内企业进境备案清单成功实现对碰。2月19日，杭州经济技术开发区海关(以下简称杭经开关)为该批货物签发出口退税报关单证明联，这意味着国内货物不实际出境，也可以享受出口退税的优惠政策。为此，杭州出口加工区得到快速发展。国务委员吴仪和外经贸部部长石广生，分别于当年1月和3月专程到杭州出口加工区考察调研。2003年7月23日，商务部常务副部长于广洲在考察杭州出口加工区时，对杭州海关创新监管模式、运用科技手段为企业提供优质高效服务也给予高度评价。杭州出口加工区2003年累计进出口货物总值8.43亿美元，同比增长27.06倍，在全国已启动的20个出口加工区中，增幅位居首位，总量排名第五。2003年底，加工区内注册外商投资企业21家，累计投资总额2.29亿美元，经营项目涉及电脑、家用电器、数字摄像机、通信产品、服装、包装、玩具、汽配模具及相关配件的研发与生产。

2004年2月20日，杭经开关启动出口加工区深加工结转试点工作，并于次月开始办理此项业务，首单业务是矢野电子(杭州)有限公司的深加工结转手续。5月18日，上海浦东机场与杭州出口加工区之间的批量直转业务正式开始运作，首批直转货物共有9票，价值163万美元。从2004年上半年起，杭州出口加工区开始试行双休日、节假日通关制度，极大地方便了区内企业的进出口业务。当年，杭经开关的计算机联网管理系统还被海关总署评为“2004年度海关优秀科技项目三等奖”。次年6月，杭州海关在出口加工区开设“红绿通道”，承运货物车辆从双向双卡“红通道”进出区，其他公务用车、自用车辆及人员从“绿通道”进出区。此举在规范卡口管理的同时提高通过效率。2006年2月，海关总署联合商务部、国家环境保护总局、国家质量监督检验检疫总局到杭州出口加工区调研，重点了解区内企业边角料处理、未经实质性加工料件出区出境以及设备报废等方面存在的问题和困难。

① 国务院八部委是指海关总署、国家发计委、经贸委、外经贸部、财政部、税务总局、工商行政管理总局、外汇管理局。

对杭州出口加工区的发展，省委、省政府十分重视。浙江省委书记习近平、赵洪祝先后于2006年7月19日和2007年4月4日，赴杭州出口加工区视察，走访区内企业，同时，对海关工作予以肯定。

2007年2月14日，杭州出口加工区与吴淞海关完成第一次海运货物批量直转转关，该批货物由10个集装箱装载，总重61吨，总价值55.5万美元。11月16日，作为杭州关区个性化审单首批试点单位，杭经开关在出口加工区和口岸物流公共保税仓库两个监管点正式试行“交单放行”通关模式，极大地提高通关效率。2009年6月，杭州出口加工区开展物流功能拓展试点，九捷国际货运代理有限公司、杭州八方仓储有限公司、杭州汉达国际货运代理有限公司3家新入区保税仓储物流企业在海关完成注册，标志着杭州出口加工区物流功能拓展工作进入新的阶段。

表 67-2-5-2　　2002—2010 年杭州出口加工区海关监管业务量统计一览表

单位：亿美元

年份	进口货值	出口货值	进出口总货值	年份	进口货值	出口货值	进出口总货值
2002	0.19	0.14	0.33	2007	9.91	15.16	25.07
2003	4.05	4.38	8.43	2008	8.17	14.13	22.30
2004	9.98	12.23	22.21	2010	9.82	19.09	28.91
2005	12.44	15.21	27.65	2009	4.68	11.36	16.04
2006	12.12	16.94	29.06				

资料来源：杭州经济技术开发区海关历年工作总结。

（二）宁波出口加工区

宁波出口加工区于2002年6月经国务院批准设立，规划面积3平方千米，首期开发2平方千米。次年10月28日，宁波出口加工区通过国务院八部委联合验收，并于2004年1月5日正式封关运作。2月5日，宁波保税区海关驻出口加工区办事处正式开办业务。并于当年组织完成出口加工区H883向H2000的系统切换工作。2005年12月5日，宁波出口加工区海关信息化辅助管理系统投入运行。针对出口加工区特点，宁波海关开通政策咨询热线，推行“一站式”服务，开发应用信息化辅助管理系统，方便企业办事，简化基建物资进区手续。

2006年，宁波海关根据监管工作实际，推出简化出口加工区海关手续的10项措施，积极争取宁波出口加工区拓展物流功能，使宁波出口加工区成为开展物流功能试点的全国7个出口加工区之一。2007年，开展关区特殊监管区域和场所的全面调研，积极推进特殊监管区域、场所整合，开发管理系统并投入试运行。同时，认真做好出口加工区拓展保税物流功能以及边角料、残次品出区试点工作，启动特殊监管区域“局部整合”的改革实践。到11月底，已有1926.4吨、价值9500万美元的货物进行拓展保税物流等功能试点。2008年，宁波海关进一步完善信息化系统相关模块，优化监管流程，确保监管到位，支持加工区内企业的多元化发展。当年完成宁波出口加工区二期封关运作，并及时妥善解决遗留问题，使之顺利通过验收。

2010年，宁波海关调整出口加工区监管模式，积极向海关总署汇报关区实际情况，争取对企业发展有利的优惠措施。同时，开展调查和研讨，制定详细监管方案，调整宁波出口加工区的管理模式，帮助企业变更注册地，推进企业的转型。截至2010年底，宁波出口加工区共有27家企业开通集中报关业务，共审批集中报关进出区申请62638票。此外，宁波海关积极推进出口加工区二期地块监管模式调整，完成宁波奇美电子有限公司、宁波中盟钢铁有限公司、宁波中盟新材料科技有限公司3家企业的转区工作，共涉及减免税设备结转2.2亿美元，料件332万美元，加大对企业拓展国内市场的扶持力度。

表67-2-5-3　　2004—2010年宁波出口加工区海关监管业务量统计一览表

单位：亿美元

年份	进口货值	出口货值	进出口总货值	年份	进口货值	出口货值	进出口总货值
2004	0.51	0.82	1.33	2008	35.17	30.49	65.66
2005	1.55	3.17	4.72	2010	34.40	21.69	56.09
2006	8.79	5.39	14.18	2009	26.45	17.20	43.65
2007	23.37	21.69	45.06				

资料来源：宁波保税区海关历年工作总结。

三、保税物流园区

保税物流园区是指经国务院批准，在保税区规划面积或者毗邻保税区的特定港区内设立的，专门发展现代国际物流业的海关特殊监管区域。2004年8月16日，国务院办公厅复函海关总署同意宁波保税区与其邻近港区开展联动试点，统筹利用保税区和港区土地进行封闭围网，成为保税物流园区。规划面积0.95平方千米，享受保税区相关政策，在进出口税收方面，比照实行出口加工区的相关政策。

2005年初，宁波海关参考南京、上海两关“区港联动”试点情况，帮助地方政府完成区港联动试点区域的建设方案。为落实海关监管要求，宁波保税区海关专门起草海关业务流程和监管模式方案，并组织相关单位进行预验收，以确保园区顺利通过国家联合验收。3月29日，海关总署函复浙江省政府同意宁波保税区与港区联动试点方案，试点区域定名为“宁波保税物流园区”。8月30日，宁波保税物流园区正式通过国家联合验收小组的验收，成为全国第五个正式封关运作的保税物流园区，也是当时首个直接建于港口、区港合一的保税物流园区。为适应保税物流园区封关运作的需要，宁波海关在当年底还完成保税物流园区信息化管理系统的建设。

2006年4月11日，宁波保税物流园区首票货物通关。到12月底，园区共有海关注册企业4家，全年共办理900票货物的进出口报关手续，进出园区货运量34390吨，货运值13616万美元，征收进出口税款4900万元。同时，园区业务类型也从单一的“园区一日游”业务，扩展到国际大型商贸企业在园区开展出口配送、进口分拨等业务。2008年，宁波海关把物流试点范围扩大至为区外企业服务。截至2008年底，已有18家企业开展拓展保税物流功能试点业务，试点货物累计为6.29万吨，价值11.5亿美元；监管保税物流园区进出区货物16亿美元，同比增长24%。2009年，栎社保税物流中心通过验收，并开始运作。同时，宁波海关加强特殊监管区域信息化管理，完善系统功能。

四、保税港区

保税港区是指经国务院批准，设立在国家对外开放的口岸港区和与之相连的特定区域内，具有口岸、物流、加工等功能的海关特殊监管区域。保税港区具体包括仓储物流，对外贸易，国际采购、分销和配送，国际中转，检测和售后服务维修，商品展示，研发，加工、制造，港口作业等9项功能。2008年2月24日，国务院正式批准设立宁波梅山保税港区。这是继洋山保税港区、天津东疆保税港区、大连大窑湾保税港区、海南洋浦保税港区之后，国务院批准设立的第五个保税港区。

2009年，宁波海关牵头制定梅山保税港区通关监管模式，并协助做好相关准备工作。2010年6月29日，宁波梅山保税港区顺利通过国务院联合验收组验收。宁波海关配合开发信息化系统，确保梅山保税港区现场于8月5日正式对外开办海关业务。梅山保税港区实行电子化通关，集中申报，通关手续更为简化，物流企业实行VMI① 和采购配送。企业可以选择申报地，有利于区内企业到区外拓展业务。区内实行“一次验证”，即对于同一配额、许可证件项下的货物，海关在进区环节验核配额、许可证件，在出境环节不再要求企业出具配额、许可证件原件。入港区货物予以签发出口退税报关单。海关对保税港区内加工货物通过“以查代核”来代替银行保证金台账、合同核销、单耗标准等制度。8月26日，梅山保税港区靠泊首艘集装箱班轮“向珠”轮。该轮为巴拿马籍，总吨7864吨，由宁波梅山港驶往韩国光阳港。9月28日，宁波佳洋物流有限公司成为宁波梅山保税港区首家成功申领电子账册的企业，标志着

图67-2-5-1　宁波梅山保税港区（2010年摄，宁波海关提供）

① VMI(Vendor Managed Inventory)，是一种以用户和供应商双方都获得最低成本为目的，在一个共同协议下由供应商管理库存的合作性策略的商业模式。

宁波梅山保税港区的保税业务正式运作。

第六节 知识产权边境保护

知识产权，是指权利人对其创作的智力劳动成果所享有的专有权利，一般只在有限时期内有效。知识产权可分为专利权、商标权、著作权等。知识产权边境保护，也称知识产权海关保护，是指海关对与进出口货物有关并受中华人民共和国法律、行政法规保护的商标专用权、著作权和与著作权有关的权利、专利权实施的保护。

1994 年 9 月，杭州海关开始实施知识产权的边境保护，主要通过报关单证审核、进出口货物查验等实际监管，对涉嫌侵权货物实施扣留和调查，对违法进出口人进行处罚以及对侵权货物进行处置，建立比较完善的执法制度。1995 年 7 月，中国首次颁布《知识产权海关保护条例》，开始建立符合 WTO 规则的知识产权边境保护制度。1997 年下半年，杭、甬海关根据海关总署要求，对国产电池出口进行专项稽查。专项稽查和针对性查验，既使各进出口公司对知识产权保护提高认识，对不法分子起到震慑作用，又保护商标拥有者的合法权益，促进正常贸易。

2001 年 3 月，宁波海关修订完善《知识产权保护工作制度》，在监管环节中规范对知识产权的保护工作。当年，宁波海关查获涉嫌侵犯知识产权案件数在全国海关中居第四位，案值居第二位。次年 4 月，宁波海关举行集中处理侵犯知识产权货物仪式，海关总署政策法规司、中国红十字会救济部、宁波海关、法国制造商联合会以及耐克、阿迪达斯、吉列、韵升等企事业单位负责人或代表出席仪式并观摩侵权货物销毁活动。2003 年 4 月 25 日，杭州海关和温州市政府在温州七里港公开销毁一批侵犯知识产权的假冒货物，主要是海关查获的假冒 HONDA、NGK 等国际知名品牌的摩托车配件，共计 1500 箱、24 万余件，案值 45 万余元。这是杭州海关首次大规模开展的公开销毁假冒国际知名品牌货物活动。

2003 年 12 月 2 日，国务院废止《知识产权海关保护条例》，颁布《中华人民共和国知识产权海关保护条例》，并于 2004 年 3 月 1 日起正式执行。该条例明确规定知识产权的备案、扣留侵权嫌疑货物的申请及其处理，以及相关的法律责任。2004 年 9 月 14 日，杭、甬海关共同举行侵权货物销毁仪式，对上年度两关跨关区合作查获的 9000 卷侵犯知识产权的柯达胶卷进行销毁。10 月，根据海关总署统一部署，杭、甬海关分别开展知识产权保护专项行动，并将没收的部分侵权货物剔除标识后捐赠给贫困地区。2004—2005 年，杭、甬海关先后向社会公益机构转交罚没货物 10 批次，总价值 400 多万元，主要商品包括服装、运动鞋、手电筒、背包等，主要用于救灾、扶贫等公益事业。该活动得到社会及媒体的高度评价，认为海关此举既打击侵权企业的气焰，又使货物得到妥善处置，使海关知识产权保护行动深入人心。2006 年 1 月和 3 月，杭、甬海关分别开展国内企业自主知识产权海关保护情况调查，以提高国内企业对自主知识产权的保护意识。“4·26”国际知识产权保护日期间，杭、甬海关分别邀请奥克斯集团控股有限公司、中银（宁波）电池有限公司、韵升集团控股有限公司和宝马汽车（中国）有限公司、戴姆勒克—莱斯勒集团公司、路易威登马利蒂(法国)有限公司、法国赛博集团、美国通用汽车公司等国内外知名企业,召开知识产权保护研讨和交流活动,介绍侵权货物的鉴别方法,提升海关执法能力。此外,杭州海关还与浙江省红十字会签署《将没收的侵权货物用于社会公益事业的合作备忘录》,双方明确:杭州海关长期向省红十字会转交没收的侵权货物;省红十字会保证这些物资只用于社会公益事业,提高海关知识产权保护执法的社会综合效益。是年,杭、甬海关共查获各类知识产权侵权案件234起,涉及商标主要有阿迪达斯、耐克、七匹狼、虎头等国内外知名品牌;涉及商品有服装、运动鞋、手表、电池、胶卷、计算器、包、灯管、牙膏、牙刷、剃须刀架、汽车商标铭牌、皮带、手电筒、DVD播放机、VCD播放机、耳机、锁等生活用品和轻工产品,案值近2000万元。

图67-2-6-1　2003年4月25日,杭州海关和温州市政府在温州七里港公开销毁查扣的知识产权侵权货物(杭州海关提供)

2006年8月1日起,杭州海关重点开展行邮快件渠道侵犯知识产权行为专项打击行动,查获侵权商品主要有运动鞋、手袋、香烟、药品、汽车零件等共10余种。8月28日,义乌市保护知识产权举报投诉服务中心成立,该中心是中国知识产权保护网的重要组成部分,是全国50个知识产权举报投诉服务中心中唯一的县级市举报投诉服务中心,金华海关成为该中心的协作单位(义乌海关成立后,由义乌海关担任协作单位)。9月,杭、甬海关开展长三角地区海关知识产权保护专项执法活动,加强对重点进出口商品的布控查验,加大对侵权嫌疑货物的打击力度。专项行动期间,国际足球联合会及阿迪达斯、耐克、飞利浦、宝洁公司和法国赛博集团等一些国际知名品牌企业,多次派员拜访杭、甬海关,赠送牌匾或锦旗,对海关知识产权保护工作表示感谢。是年,杭、甬海关共查获侵犯知识产权案件235起,案值3045万元,查获案件指标列全国前

图67-2-6-2　2006年4月4日,杭州海关在义乌举行知识产权保护法规政策宣讲会,并把侵权变卖物品价值128.45万元捐赠浙江省红十字会(杭州海关提供)

列。先后向省红十字会转交包括服装、计算器、旅行包、水彩颜料等在内的价值400余万元的侵权物资用于社会公益事业和赈灾扶贫。为规范知识产权的执法行为,规范对侵权货物的保管工作,杭、甬海关分别制定《杭州海关关于保管和处理知识产权案件涉案货物的规定》《宁波海关知识产权案件办案指南》《杭州海关知识产权保护工作规程(试行)》和《宁波海关知识产权保护工作制度》等制度规范。

2007年"4·26"国际知识产权日期间,杭、甬海关先后多次公开集中销毁侵权货物,包括假冒欧司朗卤素灯,假冒阿迪达斯、迪奥等品牌的太阳眼镜,假冒英雄钢笔,以及侵权服装、鞋帽、小家电等商品,价值约1200万元。8月30日,金华海关查获涉嫌侵犯奥林匹克标志的门锁781箱,共计19400余把。这是杭州海关打击侵犯奥林匹克标志专有权专项执法活动中查获的首例案件。10月1日,杭、甬海关共同开展代号为"龙舟行动"的知识产权保护专项行动。11月29日,杭州海关在金华举行"龙舟行动"侵权货物销毁仪式,销毁侵权货物共计价值约1200万元。同年,宁波海关法规处俞则刚因知识产权保护工作成绩突出荣获世界海关组织颁发的"杰出关员"奖。2008年2月26日,杭州海关将"龙舟行动"中查获的运动服、运动鞋等7.2万件、价值118万元的侵权物资捐赠给衢州市红十字会,用于该市公益事业。3月,"龙舟行动"结束。其间,杭州海关共查处知识产权侵权案件850起,保护权利数601个,货物数量1213万件,案值3884万元,各项指标均名列全国海关前列;宁波海关查获侵权案件98起,货物1040余万件,案值共计1460万元。8月27日,海关总署在宁波召开长三角地区海关知识产权保护工作联席会议,重点交流知识产权保护工作经验,研究解决协作中存在的问题,商讨建立长三角地区海关间知识产权保护合作机制。当年底,上海海关、南京海关、杭州海关、宁波海关联合制定"长三角地区海关知识产权保护联席会议制度",以协调长三角地区各海关知识产权保护执法工作,统一执法尺度,形成执法合力。12月29日,杭州海关在关区开展"百家国内企业知识产权保护帮扶"活动,通过风险分析手段,有重点地采取知识产权保护措施,促进中国自主品牌企业开拓国际市场。在打击侵犯奥林匹克标志专有权专项行动中,共查获侵犯奥林匹克专有权案件10起,涉及货物数量约2410万件,价值218万余元。

2009年5月21日,在日本贸易振兴机构(JETRO)、日资企业知识产权保护联盟(IPG)联合举办的知识产权保护促进研讨会上,杭州海关被推选为全国两个最佳执法部门之一。7月,义乌海关正式开办业务后,针对辖区以小商品进出口业务为主、侵犯知识产权情事时发多发的特点,专门内设知识产权科,成为海关系统唯一在隶属海关设置这一机构的单位。杭、甬海关自主开发的知识产权综合管理系统和案件管理系统先后上线运行。9月15日,金华海关查获涉嫌侵权南非足球世界杯"FIFA2010"标志拖鞋2808双,这是首次查获涉嫌侵权2010年南非足球世界杯的产品。9月27日,杭州海关知识产权保护现场交流会在义乌召开。海关总署、中国外商投资企业协会优质品牌保护委员会(QBPC)及通用、宝洁、飞利浦、耐克等多家知名企业代表参加会议。同年,义乌海关知识产权专用仓库建成并通过验收。宁波海关加大对自主知识产权的保护力度,主动收集、整理自主知识产权保护的信息资料,对被侵权较多的自主知识产权产品加大保护力度,提高对重点企业、重点航线、重点区域的监控力度,并与工商、公安、法院等部门建立执法协作机制,形成知识产权保护合力。2010年7月11日,为加强世博会知识产权保护工作，上海海关、南京海关、杭州海关、宁波海关联合制定《长三角地区海关关于开展2010年世博会知识产权保护专项行动的工作方案》。当年，国际足联分别向杭州海关和金华海关赠送锦旗和感谢信，对海关在2010年南非足球世界杯期间的知识产权保护工作表示感谢，并就侵权货物后续销毁、加强合作等内容进行交流。此外，为规范小商品出口知识产权保护工作，确保知识产权保护工作有章可循、规范办理，杭、甬海关还分别制定《义乌市场采购小商品出口知识产权保护工作规范（试行稿）》《关于货运渠道小额侵权嫌疑案件的处理意见》等文件。

为宣示国家实施知识产权保护的决心，打击侵权犯罪行为，震慑不法分子，海关多次在公开场合集中销毁侵权商品。杭州海关在国际知识产权保护日期间，主动参加浙江省暨杭州市侵权盗版制品及各类非法出版物集中销毁活动，公开销毁关区行邮、旅检现场查获的侵权盗版商品和非法出版物。2010年11月，温州海关公开销毁一批从行邮渠道查获的侵权物品，共涉及29项知识产权，约11万件物品。12月2日，金华海关集中销毁一批在打击侵权专项行动中查获的货物，共计190余万件，价值约400万元。当年，在国家知识产权局、公安部、海关总署等八部委联合召开的世博会知识产权保护专项行动总结表彰大会上，宁波海关法规处、义乌海关知识产权科被评为先进集体，潘登、周冀平、孙肖琛、孙珊珊和蒋银帆等5人为先进个人，受到表彰。宁波海关被中国外商投资企业协会优质品牌保护委员会评为“2000—2010年中国知识产权和质量监督进步杰出贡献单位”。2004—2010年期间，杭、甬海关查获的侵犯FIFA商标球衣案、假冒虎头牌手电筒案、NIKE商标侵权案、AUTOLITE商标火花塞案等案例多次入选中国海关年度保护知识产权十佳案例。

第七节　贸易安全与便利

海关是国家经济安全的“守卫者”，履行监管职能正是为保障进出口业务能够符合国家在一定时期的政策目标，确保实现国家的经济稳定和贸易安全。进入21世纪以后，随着经济全球化进程的不断深化，贸易便利化日益成为促进外贸发展，进而推动经济繁荣的重要因素。平衡贸易安全与便利因此成为海关长期坚持的工作宗旨和任务。杭、甬海关积极适应浙江省经济社会发展要求，坚持监管与服务并重，促进浙江省外贸健康有序发展。

一、贸易安全

（一）古代海关对禁限货物的管理

禁榷，即专买专卖，是官市的一种。北宋太平兴国七年（982年）规定禁榷物8种，即玳瑁、犀牙、镔铁、龟皮、珊瑚、玛瑙、乳香、珠贝，后又加上紫矿。至南宋，又将牛皮、筋角等堪造军器之物列为禁榷物。大中祥符二年（1009年）八月，朝廷诏令如海外番商带鍮石到明州、杭州和广州港口，一律由市舶司收购，每斤钱五百，不准在民间交易。鍮石即自然铜，或铜矿石，为制造铜钱的原料。货币应由国家制造，故立鍮石为禁榷物。由于宋代民间通用的货币为铜钱，后来也禁止铜钱出口，南宋时曾三次下令禁止。绍兴十一年（1141年），特地派员检查在出海货物中有无挟带铜钱出中国国界，待船出海该员才能归来，否则处徒刑一年。淳熙六年（1179年），再次发布这一禁令。宋宁宗时期（1195—1224年），下令禁绝。

元代禁止出口的货物比宋代多，规定也更严。至元二十三年（1286年），禁止商人带金银、铜钱越海贸易。至元二十五年，禁止大米出口。至元二十八年，禁止贩卖人口到国外。至元三十年，重申金银、铜铁和男女人口贩运到国外的禁令。但由于朝廷腐败，上述禁令往往失效，于是在至大二年（1309年）九月，重申金银铜出口的禁令，并把禁物扩大到丝棉、布帛。延祐七年（1320年）规定，如发现出海商人把蚕丝和金银等物运到海外诸国贸易，则要撤该地市舶使职务。至治二年（1322年），甚至罢撤市舶司，重申金银、丝帛和人口出海的禁令。

明代仍禁止兵器和铜铁出口，但对日本进贡的兵器，实行类似宋代禁榷的办法。永乐元年（1403年），日本贡使携带兵器，欲在宁波民间出售，礼官李志刚上奏，按例没收送京师。明成祖认为，日本远道来贡，开支费用很多，带有一些货物出口以助经费，亦是人之常情，同意把其兵器按市价由官方收购。

清代禁止出口货物有军用物资、大米及金银等。康熙二十三年（1684年）开海禁初期，即下令禁止焰硝、硫黄和军器、樟板等出口。康熙三十四年再次重申禁令，并明确硫黄为火药原料，禁绝偷运出洋。由于远洋海船长途跋涉，船上需要准备米粮，而清廷又禁止米粮出口，因此，康熙四十七年对出海商船载粮规定：出海商船可带食米50石，超过50石，则要治罪，米没入官，并令乍浦、定海各口，增兵巡察。康熙五十六年，对出海商船作出详细规定，每人每日只准带米1升，余米1升（以防风阻延迟）。康熙五十九年，再次下令禁止商船出海携带炮火军器。除米粮外，尚需准备一些船用必需品。雍正三年（1725年），允许海船携带一定数量的铁钉、油灰、棕丝、黄麻等物，但必须在票照内填明数目，以备检查。远洋海船，如遇海盗，还必须有军器自卫，但对军器的制造和出海，管理极严。雍正六年，规定可携带鸟枪8支、腰刀10把、弓箭10副、火药20斤。雍正八年，稍许放宽，可载炮2门，火药30斤。船商必须同牙行的人一起到海关呈明所带军器的数目，海关同意后，给予制造这些军器的批准证，然后按数目制造。制造完毕，要报官检点，填写在出海票照之内。防守海口官兵凭证检查，核实放行。回港时，如果发现军器短少，必须查明原因，如果遗失，要船上的人共同具结存档。除此之外，清乾隆七年（1742年），因黑铅为制造枪、炮弹的原料，饬令严禁黑铅出口。

至于蚕丝，也曾一度禁止出口。乾隆二十四年（1759年）六月，下令禁止蚕丝出口，违犯者照贩运米粮出海罪同科。同年十二月，扩大到蚕丝所织的绸缎、丝绢，亦一律严禁。乾隆二十九年四月，放宽对蚕丝的禁令，从浙江出海的商船，可带土丝1000斤，二蚕糙丝1000斤。至于头丝、湖丝及绸缎等仍禁止出口。乾隆三十三年九月，进一步解除对绸缎等的禁令。

道光初年，规定沿海地区国内商人出洋经商，或国外商人入城，须核实人数和往返日程，每人每日可带食米1升5合。如果把米、谷、麦、豆和杂粮等偷运出洋接济奸匪，或虽未接济，如为贪图厚利将米、谷等出洋贩卖，则分别治罪：船货没入官府；地方文武官吏知情纵贿者，一并治罪；渎职失察者予以议处。由于豆类亦可作粮食用，因此对豆类也严加控制和限制：凡台州、温州商人贩买鄞县港口豆类，由海路运回原籍，或福建商船贩运豆类回闽，鄞县有关方面必须验明豆数，令商人填写有司所发的印票，到浙海关纳税。此外，必须在船只的执照内注明装豆数量、运向何处贸易。鄞县有关方面须按月造册，发文给商船运载豆类出卖所在的县和福建省进口处，对商船予以检查。如果该商船迟迟不到，或到港口查验后，并没有豆类，必须严加追究。如果台州、温州商人贩买鄞县的豆类回籍，鄞县必须令牙行互保具结，填写印票，每票100石，注明运至何处贸易，经守港口官兵检查后，加盖印章，方可出港。

（二）近代海关（新关）对禁限货物的管理

鸦片战争后，随着宁波、温州、杭州相继开埠通商，浙海关、瓯海关、杭州关对武器弹药、鸦片、吗啡和金银货币等特殊货物也实施进出口管理。

1. 武器弹药

对报送进出浙江各口的武器弹药，浙海关、瓯海关、杭州关均按总税务司的各类规定进行验放。光绪二十八年（1902年），根据《辛丑条约·通商进口税则善后章程》规定，严禁输入武器弹药。禁止输入的武器弹药包括下列4类物品：武器，供武器使用的弹药，专为制造武器的材料，专为制造弹药的材料。光绪三十三年，总税务司颁布《报运枪支子弹进口章程》，规定中国军营以及官府购运枪支弹药进口，需由该营将军、督抚先将定购单电告陆军部核发护照，并由海关税务司验明护照后，方准起岸；凡民营枪支弹药，不准进口。浙海关则规定：凡从宁波进口武器和弹药，一律不发给许可证；而对商人进口自用者，规定限量并须经海关监督批准。是年十二月初九，据总税务司令，杭州关对一批浙江省进口的枪支弹药，在验明护照及核对件数后予以放行。

民国17年（1928年）7月起，对军事当局或商人装运的军事物资，一律验凭财政部所发运输护照，核对证件与货物相符后才可放行。民国31年3月，《战时管理进出口货物条例》规定：在苏、浙、皖三省内移动物资，须有护照，否则一律禁止移动。5月，《军用物资移动暂行办法》则规定，凡军用物资如移动，须有军用运输证；战时物资如属武器弹药原料的，须由陆军部、海军部及航空署审核，在与铁路有关机构联络后发给军用运输证；武器弹药不得免税。民国37年10月9日起，江海关宁波分关执行关务署关于军用差船载运军品的批复，所有轮船装运军品，应先报关方再装运，否则，该轮不予结关，并照章处罚。

2. 鸦片、吗啡

鸦片历来作为毒品，禁止进口。咸丰八年（1858年）签订的中英《通商章程善后条约：海关税则》，把鸦片改称"洋药"，而且规定："向来洋药……例皆不准通商，现定稍宽其禁，听商遵行纳税贸易。"由此，使鸦片贸易完全合法化。光绪二十二年（1896年）八月，杭州关试办章程也专门规定，对于"洋药"的进口，须从进口船舶直接卸入海关码头的洋药栈房，进行查验，在缴纳税款后，方可放行提取。光绪二十三年，作为浙江省财政的特殊安排，鸦片开始进口，杭州关的税收也有相当部分来自鸦片，并指定鸦片全部从嘉兴口进口，由嘉兴分关验放，并主要供杭州及周边地区销售。光绪二十八年七月，总税务司通令：要求各关在海陆边境加紧查禁，采取一切防范走私的措施。吗啡及其注射器具，除医用外，禁止进口。光绪三十二年八月，清政府鉴于鸦片毒害太深、全国禁烟呼声很高的原因，责令政务处拟具《禁烟章程十条》，其前五条，着意于禁，最后一条为禁止洋烟进口，以遏来源，并明确将禁烟责任加之于税务司。从此，海关便被赋予查禁洋药进口的任务。

民国元年(1912 年)元旦，中华民国临时政府成立，临时大总统签署禁止鸦片的命令，所有鸦片一律禁止入口。

3. 金银货币

作为特殊货物，海关对金银货币也实行输出入管理。光绪二十二年(1896 年)，杭州关开关 3 个月中，就验放金银货币 2599069 关平两，主要来自上海，复出口的通商口岸也以上海和苏州两地为主，无直接出入外洋情况。光绪二十三至二十六年间，杭州关监管统计的金银货币量始终呈现输入大于输出的情况。其中光绪二十四年，杭州有 3 家造币厂开始生产铸造银圆，自产自给货币，输入所增无几。翌年，造币厂奉令停产，机器设备全部运往北京，输入又恢复增加，且输入值高于输出值。光绪二十八年后，杭州关验放的金银货币量呈增长态势。光绪三十年，由于宁波一带出现钱荒，由杭州输出的金银货币连续 3 年出大于进，复出口至上海的金银货币又大量复入宁波，以救钱荒。而至光绪三十三年，由于大量输出，杭州本埠银圆奇缺，当地银行上书政府，提出禁止银圆出运上海，以维护本埠流通量。是年起，杭州关验放金银及货币，又恢复进大于出的状况，直至宣统三年(1911 年)。

民国元年(1912 年)，由于时局不稳，加之有关禁令未解除，货物以火车运输居多，造成杭州关验放的金银货币量急剧下跌。民国 13 年，杭州关执行总税务司通令，凡运送银、铜制货币及各种钞票，均由财政部核发运送护照，海关凭照验放。民国 23 年 10 月，杭州关、浙海关执行财政部及总税务司规定：为防范偷运银两及其可铸币银类制品，所运银两等均凭财政部核发证照验放，否则，一经查获，全部充公。浙海关还规定：如有必需的银币运送，须要中央银行、中国银行、交通银行等三银行联合证明书，并必须要有当地一银行署名盖章才为有效。证明书的有效期最多为 25 天，必须同时将它随银币撤销。民国 24 年 2 月，总税务司署颁行《运输钞票办法》，规定对于国内各银行已发行的钞票除中央银行以外，其余任何银行报运各项纸币，在国内各口岸间运输或运往外国口岸，或由外国口岸复进口者，各关应验凭财政部准运纸币专用护照，查验放行。由中央银行报运者，各关应验凭财政部特准中央银行运送钞票长期专照，免予开箱查验放行。民国 26 年 12 月关务署训令：旅客由中国国界各口岸携钞至其他国界口岸，以 500 元为限。民国 27 年 12 月 19 日财政部电令：凡逾限额携带钞票案件，除去准带之数(500 元)，只将逾限部分数目没收。

(三)中华人民共和国海关对禁限类货物的管理

中华人民共和国成立后，外贸部和海关总署曾经下达关于禁止铜及铜制品、以铜为主要原料的制成品出口的文件，后来这一规定大大放宽。除列名禁止限制进出口货物外，海关还根据国务院、有关部委、海关总署指令禁止限制一些货物的进出口，如禁止含有地中海果蝇的水果作物进口，禁止疫区生猪及制品进口等。为规范业务现场查获的违禁物品管理，杭州海关还于 2007 年制定《杭州海关查获违禁物品管理暂行办法》。

1. 对武器弹药及易燃易爆品的管理

国家对各类武器、弹药、爆炸物品一直禁止进出境。海关对于民用、军用必需品，则根据实际情况，制定办法加以管理。对于非军事系统使用的枪支弹药，按照公安部颁发的《中华人民共和国枪支管理办法》进行管理，包括军用枪支弹药，射击运动、狩猎、麻醉动物用的枪支弹药和能发射金属子弹丸的气枪。1993 年起，杭州海关加强对仿真武器的监管，运输、携带、邮寄仿真武器进出境主动向海关申报的，予以退运；未向海关申报的，予以没收，并按有关规定处罚。走私仿真武器进出境，情节严重构成犯罪的，依法追究刑事责任。是年，中国政府签署《禁止化学武器公约》，发布《进一步严格控制可用于生产化学武器的化工原料进出口的通知》，规定由国家化工部实行统一归口管理。1995 年，国务院又颁布《监控化学品管理条例》。1997 年 4 月 29 日，《禁止化学武器公约》生效，中国为该公约的原始缔约国，国家重申对监控化学品的经营和管理规定。杭、甬海关对军用品的进出口，均按国家有关管理条例进行验放。随着小商品对外出口迅猛增长，不少不法分子利用伪报品名、隐匿夹带等手段，将打火机、烟花爆竹等易燃易爆品出运境外，省内海关机构加强对小商品的查验力度，多次在货运渠道查获此类货物。2008 年，金华海关就先后在出口巴基斯坦和伊朗的货物中查获混装的打火机 35 万个、爆竹 432 万个。2010 年，宁波海关也连续查获 6 起违规出口危险品案，共查获烟花爆竹 965 箱约 20 吨、点火器 1998 箱约 24 万支、打火机 2846 箱共 266 万只。此外，在旅检、行邮渠道也多次查获仿真枪、气枪、铅弹、军用瞄准器和遥控低空飞行器等物品。

2. 对毒品、麻醉品的管理

中国政府一直将鸦片、吗啡等作为禁止进出口的物品加以管制和查处。20 世纪 50 年代中期中国已成为世界无毒国家，但 20 世纪 70 年代末，毒品再次渗透到中国。1987 年 5 月 21 日，宁波海关与该市公安局配合，破获宁波市自中华人民共和国成立以来第一起贩毒案件，查获鸦片 3.5 千克。1988 年 3 月 15 日，杭州海关执行国务院制定的《麻醉药品管理办法》，规定麻醉药品包括鸦片类、可卡因类、大麻类、合成麻醉药类及卫生部指定的其他易成瘾的药品、药用原植物及其制品，进出口麻醉品一律凭《麻醉药品进口准许证》和《麻醉药品出口准许证》验放。翌年 4 月 21 日，杭州海关按照国家卫生部《关于贯彻执行〈精神药品管理办法〉的通知》，对进出口两大类 104 种精神药品，实行进口准许证和出口准许证管理，并凭国家卫生部签发的进出口准许证放行。同时，加大对两类药品及制毒前体、化学原料等物品走私活动的打击力度。1998 年 11 月 24 日，温州海关查获一起特大走私贩毒案，共缴获海洛因 1015 克。2008 年，杭州海关在萧山机场查获一起行李藏毒案，缴获海洛因 1253 克，这是萧山机场口岸首次在入境渠道查获较大数额的空运贩毒案。至 2010 年底，该口岸共查获各类贩运毒品案 19 起，缴获海洛因 18748 克。

3. 对金银及货币的管理

国家进口金银由中国人民银行总行统一办理，各地政府部门、各单位都无权自行进口金银。1983 年 7 月，国家公布《金银管理条例》。翌年 2 月，杭州海关执行《对金银进出国境的管理办法》，对进出境旅客携带金银实行限量、进出境必须向海关申报等规定。1984 年后，针对国内一些部门和单位利用各种渠道非法进口金银及其制品，致使境外的金银条、块、锭、粉，金银制品以及含金银的工艺品、化工产品等不断流入国内，严重扰乱国内金银管理秩序。杭州海关根据中国人民银行和海关总署的有关文件规定进行监管。1997年起，杭州海关执行国务院颁布的《国家货币出入境管理办法》，对人民币进出境实行新的限额控制办法和规定。1999年，国家对白银管理进行改革，视其为一般商品，但对出口实行配额许可证管理，海关凭证验放。对于加工贸易项下复出口的白银，海关凭外经贸部批件按加工贸易规定进行监管，并凭出口许可证验放。2000年起，对于白银的进口，海关凭中国人民银行的批准文件验放，并实行一批一证制。随着对外交流的扩大，进出境人员增多，超量携带人民币、美元、欧元、日元、港币等货币的情事时有发生，杭、甬海关加大对空港口岸货币走私案的打击力度，截至2010年，每年均能在旅检现场查获多起超量携带货币案。

4. 对其他禁限类货物的管理

国家曾一度禁止铜及铜制品、以铜为主要原料的制成品进出口。改革开放后，部分有色金属原料、矿砂恢复出口业务。20世纪80年代后期，铜的出口大幅增长，造成国内供应十分紧张。1988年5月，海关对一般贸易出口铜实行限制，因特殊情况出口，须凭外经贸部签发的出口许可证验放。对来料加工的出口，仍免领出口许可证，按规定验放。进料加工则凭省级发证部门签发的铜锭、铜材出口许可证，并注明“进料加工”贸易方式验放。同时，对铜开征出口税，税率为30%。1989年6月10日，对铜矿砂实行出口许可证管理限制的规定。

除上述禁限类进出口货物外，对部分具有重要历史、艺术、科学价值的文物和濒危野生动植物及其标本等也禁止出口。1993年，海关根据国家有关规定，禁止麝香、天然牛黄、铜及铜基合金、白金等4种商品的出口。对进口药品，海关凭药检所在进口报关单上加盖已接受报验的印章(后又改为药检所出具的药品进口通关单)才能放行。对于易制毒品化学品，无论以何种贸易方式出口，均需报外经贸部审批，其中出口麻黄碱(包括麻黄素)、伪麻黄碱、黄樟脑、异樟脑、胡椒醛时，出口企业还须要求进口商提供由进口国政府主管部门出具的合法使用证明，方能出口。受禁止、限制的商品还有：无线电器材和通信设备、法定进出口商检商品、法定动植检商品、珍贵中药材、音像制品、印刷品以及烟、酒、贵金属等。此外，杭、甬海关认真执行国家有关部委和海关总署的规定，坚决查缉利用进出境渠道运输、邮寄、携带散发性及反动类非法出版物等违法犯罪活动，维护政治稳定和社会安定。

浙江省外向型经济发达，但资源匮乏，逐渐形成废金属拆解行业和以废纸为原料的造纸行业，对废金属、废纸的进口也大幅增长。杭、甬海关大力支持浙江省循环经济发展，加强对进口废旧物资的实际监管，对查获的污染环境或对人体有害的洋垃圾坚决退运。1995年，嘉兴海关对2批进口用于生产油漆的对苯二甲酸二甲酯送检化验，经实验不能用于制造油漆，确定为“垃圾”，作退运处理。1996年4月1日，杭州海关实施《废物进口环境保护管理暂行规定》，对列入国家限制进口可做原料的九大类废物的进口，须经国家环境保护局审批，凭国家环境保护局签发的“进口废物批准证书”及口岸商品检验机构的检验合格证明验放。此后，杭州海关连续多次查获进口废塑料瓶、废铝罐等国家严禁进境的生活垃圾，均责令退运。2000年以后，杭州海关对进口废钢、废铜、废铝、废塑料等5种废物，不再核定有资格经营的公司验放，而改凭国家环境保护总局的“进口废物批准证书”进行审核把关。同时，继续加大管理力度，实施样品化验制度，坚决打击废金属进口环节高值低报、夹带走私废旧电器和有害垃圾等不法行为，有效提高再生资源的合理利用。2003年，中央电视台曾对台州地区废金属拆解市场进行过报道，后经国家环境保护总局和海关总署联合调查组实地调研，在进出口环节未发现走私废旧电器和有害垃圾的情况。

二、贸易便利

海关对进出境货物监管，在履行贸易安全职能的同时，还通过信息化作业和通关业务改革不断优化流程，简化程序，提升贸易效率，推动贸易便利化。

1998年，海关总署提出建立现代海关制度发展战略，改革通关模式（即“大通关”改革）。10月，杭州海关成为全国第二批通关改革试点海关。次年7月，杭州海关完成“大通关”改革的核心工作——关区集中审单联网，发挥计算机集中审单和专家审单的优势，使进、出口报关单申报不合格退单率分别下降至6%和3%，同比降幅达50%以上。之后，杭州海关又着手监管区域联网监管工作，1999年12月，在乍浦召开联网监管现场演示会，标志着杭州关区从人工监管开始转向电脑联网监管。

2000年，杭州海关根据通关作业改革的要求，规范申报及审核的程序和内容，实现电子审单与专业化审单相结合的作业模式。12月8日，杭、甬海关分别开通“口岸直通式”和沪甬“空运直通车”监管业务，支持口岸大通关建设。次年2月27日，杭州海关口岸电子信息网正式运行，截至6月，共完成4010家企业、9235张IC卡的资格审核和制卡工作。8月20日，杭州海关完成跨关区快速通关系统切换，并开始使用新系统进行转关业务操作。当年，杭州海关还被列为高新技术企业便捷通关改革首批试点海关。10月16日，杭州海关通过该系统为某大型高新技术企业顺利办理“提前报关”手续，在暂无舱单电子数据情况下从货物申报至通过放行环节仅耗时20分钟。至2002年2月，通过该系统共审核适用企业便捷通关报关单184票。

2002年3月，杭、甬海关同时开展H883/EDI无纸通关试点工作，企业出口货物可通过计算机网络直接向海关申报。4月1日起，两关开始在出口申报环节全面试行无纸通关，并采取10日内补交单据措施以加强后续环节管理。企业一般3天内即交单，补交报关单率达100%。当月，首批“无纸通关”试点企业与电子口岸、海关正式签订三方协议，试点企业均为资信好、报关量大、出口货值高的企业，试

图67-2-7-1　2002年4月1日，杭州海关出口无纸通关正式开始试行（杭州海关提供）

点出口商品具有不涉证、不涉税特点。同时，确定2家报关企业代理试点企业的出口申报业务。5月17日，杭、甬海关又成功实现跨关区无纸通关。试运行期间，共验放197份无纸通关报关单，其中电脑判入无纸通道188票、人工判入无纸通道9票。企业在办公室内即可完成通关全过程，减少通关环节和单证作业数量，加快出口货物通关速度，降低物流成本。当年，杭州海关还结合关区实际，制定《杭州海关中国电子口岸网上支付系统试点方案》，推进税费网上支付工作；实施《杭州海关便捷通关作业规程（试行）》《杭州海关通关职能管理系统使用管理规范》，提高通关整体效能，确保系统运行畅通、管理有序和充分利用。

随着浙江省外贸高速发展，海关监管任务愈加繁重而监管资源相对不足的矛盾日显突出。杭、甬海关在"大通关"改革的基础上，以"通得快"和"管得住"为目标，继续推动通关业务流程再造和管理创新。2003年，杭、甬海关扩大"无纸通关、联网报关、网上支付（税款）"等快速通关措施适用范围，与国家检验检疫部门开展通关单联网试点，启用电子口岸执法系统出口退税子系统，与国家税务部门实现出口退税联网核查。杭、甬海关联合开发的"异地报关、口岸放行"的跨关区快速通关系统于6月19日联调测试成功，在义乌开展出口货物试点，实现"一次报关、一次查验、一次放行"的目标。在此基础上，在长三角地区开展"异地报关，集中审单，口岸放行"可行性研究，并于10月21日首次实现该模式下"上海—绍兴"海陆联程转关业务运行。2004年3月3日，由海关总署立项、杭州海关承担的监管职能运行监控系统集中开发工作正式启动，这是首次由海关总署立项并委托直属海关开发的监管科技项目。3月9日，宁波口岸首票进口转关海一铁联运货物完成转关申报。4月29日，杭州海关正式启动进出口企业基础信息交换试点项目建设，浙江省作为该项目全国唯一试点省份，由省政府负责组织协调，海关、外汇、国资、外贸、工商、国税、地税、质检等8个单位利用现有的信息化系统收集进出口企业基础信息数据，并及时传送到电子口岸，在中国电子口岸平台上实现进出口企业基础数据交换与共享。当年，杭州海关完成H2000通关管理系统的切换工作，并于年底将H883系统中的电子账册数据导入H2000系统，现场通关、减免税审批、加工贸易手册备案等工作均可在H2000系统中开展。

2005年5月24日，京、杭两地海关开设的"空中快速通关走廊"正式启用。6月21日，杭州海关、浙江出入境检验检疫局签署《杭州海关、浙江出入境检验检疫局建立关检合作机制备忘录》。合作领域包括：支持和推进口岸电子执法系统建设；应用推广电子通关（通关单电脑联网核查）；原产地证等信息交换，实现信息共享；建立关检协同执法机制，在敏感商品监管、货物转关运输、商品分类鉴定、旅检通道X光机"一机两屏"模式等实现全面合作；建立关检HS编码与法检目录联动调整机制等。以此为契机，杭州海关于10月24日正式推出空运渠道"提前申报、货到验放"的进出口货物通关模式。7月29日，杭州海关空港大通关信息系统一期项目试运行。该系统可实现海关与航空公司、货代、外管、税务、检验检疫、银行电子数据交换，具有联网报关、网上支付和结汇、通关单联网核查、保税联网核查等功能，还具有与"空港大通关"直接相关的一些特色功能，如舱单联网传输、通关事务网上申请、电子放行、通关效率评估、通关状态查询等，以实现"空中报关，落地放行"的通关模式。8月30日，海关总署与浙江省人民政府签署《关于建设浙江电子口岸的合作备忘录》，标志着浙江电子口岸建设进入实质性阶段。10月17日，杭、甬海关开展的卡口控制与联网操作正式试点运行。12月1日，跨关区“属地申报、口岸验放”通关模式在长三角地区上海、南京、杭州、宁波四海关正式运行，该模式下沪杭空港首票区域通关货物于12月8日顺利通关。区域通关改革推出后，仅绍兴一地就有13家大型企业申请加入。截至次年8月，共31家属地企业通过“属地申报、口岸验放”模式申报进出口报关单234票，其中进口80票、出口154票，涉及集装箱2614个，试点工作取得明显成效。

图67-2-7-2　2002年9月26日，杭州海关与便捷通关企业签订责任担保书（杭州海关提供）

2006年4月，宁波海关推广实施出口商品规范申报系统。该系统使企业申报更为规范，有效提高报关单的数据质量，降低申报差错，提高口岸通关效率。杭州海关开始实行按商品类章结构集中审单模式，使专业审单资源得到整合，发挥审单部门的平台功能，适应区域通关改革的要求。5月15日起，杭州萧山机场海关在货运渠道试行进出口货物“5＋2”“白＋黑”（白天加晚上）的预约通关制度，提高口岸通关效率，降低物流成本。10月9—24日，由杭州海关承办的海关总署监管职能运行监控系统进行优化测试。系统优化后，全部数据初始化运算时间由优化前的480小时缩短到27小时，整合效率提高近17倍。10月19日，由杭州海关牵头建设的浙江电子口岸有限公司正式开业。至此，浙江电子口岸完成实体建设阶段工作。12月25日，宁波海关正式启用删改单管理系统。该系统能多方位监控报关单修改、撤销等重点环节，进一步规范操作，提高质量。当年，宁波海关先后与合肥海关、武汉海关就“属地申报、口岸验放”工作配合办法签订协议，并全面实施与长三角及长江沿线海关的区域通关改革推广工作，使宁波口岸的功能进一步辐射至长江沿线内陆地区，充分发挥长三角地区区域通关改革示范效应。

2007年2月1日，浙江电子口岸平台正式开通运行，基于该平台的空港大通关信息服务系统也于4月10日完成升级切换，实现与航空SITA数据、海关H2000系统通关数据和航空公司到离港时间的数据交换。9月29日，杭州萧山机场海关与浙江出入境检验检疫局驻机场办事处在旅检现场正式实施“一机两屏”工作模式，实现海关与国检在旅检现场监管资源的整合。杭州萧山机场海关、杭州经济技术开发区海关分别于10月15日和11月13日开展个性化审单模式试点改革，主要做法有：由H2000系统根据风险大小判别报关单类别，现场采用“交单放行”模式办理通关业务。该模式采用风险式审单理念，极大地提升审单工作效率，为企业通关带来便利。11月1日，环嘉兴港大通关系统投入使用，绍兴某企业通过“属地申报、验放、施封、口岸验封、上船”的模式首次成功办理货物出口手续。当年，为深化区域通关改革，加强口岸与内陆通关作业协同，宁波海关先后与厦门、福州等海关就“海峡西岸”区域通关改革联系配合办法签订协议，与江西省上饶市、鹰潭市政府签署《建设“无水港”合作备忘录》，规范和简化转关运输监管业务，当年该关进口应转尽转率在全国海关中居第二位。

根据海关总署的统一部署，2008年1月1日，杭州关区40个业务现场同时启动通关单联网核查系统，现场审单人员通过该系统可以直接比对通关单与报关单的电子数据。10月20日，环嘉兴港大通关系统升级为杭州海关区域大通关系统，涵盖整个杭州关区的口岸港口，区域通关范围进一步扩大。11月27日，依托杭州海关区域大通关平台的“区港分拨直通关”首单业务在杭州萧山机场海关与杭州经济开发区海关之间试点成功。12月1日，浙江电子口岸与上海电子口岸成功实现系统的互联互通，为进一步深化区域通关提供更强大的信息平台服务，浙江省进出口企业可以通过浙江电子口岸及时了解货物在上海口岸的通关状态信息。当年，宁波海关试点实施无纸通关企业“事后不交单、单证自存”管理模式，简化业务流程，方便企业进出。

图 67-2-7-3　2008年12月1日，浙江电子口岸与上海电子口岸成功实现系统的互联互通(杭州海关提供)

从2009年起，全国海关开展以分类通关改革为核心的大监管体系建设。分类通关是海关在通关环节，基于海关风险管理以及企业诚信程度和国家政策导向，对不同类别企业、不同风险等级商品，采取不同的管理程序和措施。杭、甬海关均被列为全国首批出口货物分类通关改革试点海关。2009年6月开始，两关根据各自实际，分别制定试点工作方案。主要以企业守法管理为核心，综合企业类别、商品归类、价格、监管证件、贸易方式、贸易国别等，提炼风险参数并加载至H2000系统进行测试。两关在改革推进步骤上略有不同：杭州海关于当年8月27日，在萧山机场海关通关现场试行出口货物分类通关。在H2000系统的电子审单环节，完成对报关单的通道判别和风险甄别；现场关员对报关单进行分拣操作，根据分拣系统判别的“低风险快速放行”“低风险单证审核”和“高风险重点审核”等不同结果来实施不同的作业模式。宁波海关在各业务现场同时启动出口分类通关改革，全年共审放出口货物分类通关报关单114.4万票，平均出口通关时间为1.25小时，通关速度提升85%。试点期间，系统运行平稳。从相关评估指标来看，风险参数作用结果基本达到预期目标，货物实际监管水平未出现较大起伏，单证审核压力得到有效缓解，通关物流效率进一步提高，监管资源得以优化配置，分类通关效率优势初步显现。8月28日，嘉兴海关与辖区46家主要企业签订合作备忘录，明确这些企业享受“属地报关、口岸验放”“多点申报、选择放行”等海关优惠措施，并以此促进企业守法自律，形成关企相互支持、相互配合的新型合作伙伴关系，确保国家税收应收尽收。当年，浙江省内进出口货物实现“一次申报、一次查验、一次放行”，转关货物做到应转尽转。同时，两关还不断强化服务意识，完善查验两班制、预约通关服务、集中交接单、卡口24小时值守、专门业务咨询窗口等服务措施，出口货物当天放行率保持在99%以上。

2010年1月1日，浙江省正式实行出口商品通关单直通放行。7月19日，杭、甬海关出口转关施验封比对系统正式运行。该系统集派单、验封、理单等功能于一体，通过对启运地海关施封信息、出境地海关验封信息及H2000转关单封志信息的比对，核查风险数据，对比异常信息在派单环节进行风险提示。7月28日和8月31日，宁波海关和杭州海关先后启动进口货物分类通关改革试点。10月，宁波海关业务运行指挥中心和风险控制指挥中心正式运行，通过信息化整合，发挥预警监控、指挥协调、辅助决策、管理评估、应急处置、实时监控等功能，为业务现场防控执法风险提供协调帮助和信息支持，实现实时跟踪、过程控制、统一执法的目标。10月14日，杭州海关与深圳海关跨关区“区域通关”模式正式实施。是年，杭州海关在舟山、义乌海关试点探索监管业务综合改革，至年底，舟山海关风险监控中心试运行，义乌国际贸易综合监管改革也正式启动。

第三章　运输工具监管

海关监管的外贸货物和物品，需借助相应运输工具运至目的地，因此海关对外贸货物物品监管的同时，必定对它的运输工具进行监管，而且运输工具其本身具备国别和人格特征，因而也成为海关监管的主要对象之一。

浙江省域海关对运输工具监管始于宋代。由于浙江濒临东海，当时主要的运输工具是船舶。清代经过两次鸦片战争，清政府被迫与西方列强签订条约开放通商口岸，外国商船开始进出中国沿海、沿江各港口。海关（新关）在船舶监管上引入西方监管制度。近现代随着社会生产力的提高，运输工具类型从船舶，逐渐发展到火车、汽车、飞机和集装箱等，运输方式也从海运发展到空运、铁路、公路等形式，海关对运输工具的监管方式和手段也不断改进和创新。20 世纪 70—80 年代，浙江省内出现航空包机，杭、甬海关开始对进出境国际民航机实行监管，并建立相应的值机、检查制度。20 世纪 80 年代，随着浙江省外贸的发展，通过公路将货物经边境设关地点或港口转运的进出口货物迅速增加，杭州海关、宁波海关①开始对进出境汽车及所载货物进行监管。1984 年、1985 年宁波海关和杭州海关分别承办集装箱及所装货物监管业务。随着浙江省外向型经济的迅猛发展，进出口集装箱监管业务量急剧增长。20 世纪末，杭、甬海关把计算机引入集装箱监管工作，逐步实现电子化、信息化。进入 21 世纪，杭、甬海关在严密监管各类运输工具的同时更加注重服务地方，提高工作效率，支持和促进浙江省经济和社会发展。2010 年 11 月 1 日，《中华人民共和国海关进出境运输工具监管办法》颁布，标志着海关对运输工具监管更加规范统一，为此，杭、甬海关提前部署，积极落实。

第一节　船舶监管

船舶作为水路运输工具，因其所具有的运载量大、到运距离远等特点，最早适用于进出境运输。从宋代开始，历代海关机构都着重对海外贸易船舶进行监管。海关（新关）设立后，总税务司在船舶监管上引入西方船舶监管制度。浙海关、瓯海关、杭州关对船舶监管主要实施进出口申报、挂号领照、船舶检查及货物查验、停泊及装卸货物监管等措施，缴纳船钞、吨税。

中华人民共和国成立后，海关加强对国际航行船舶监管。20 世纪 50—80 年代期间，海关对国际航行船舶主要实行登船联检、逐船检查、船边执勤等监管方式。20 世纪 80 年代后

① 以下杭州海关、宁波海关分别记述时用全称，两关合记时简称杭、甬海关。

期，杭州海关开始对船舶监管制度进行改革，简化进出境手续，加快船货验放，提高经济效益。20世纪90年代以后，随着浙江省对外开放步伐加快和外贸经济发展，进出浙江口岸的国际航行船舶数量大幅增加。杭、甬海关根据“严密监管，方便进出，区别对待，重点突出”原则，结合口岸实际，改革监管模式，加快验放速度，做好服务工作。进入21世纪，杭、甬海关加大计算机在船舶监管中的应用力度，开发应用船舶动态管理系统，监管和服务水平进一步提高。

一、市舶机构及清代前期海关船舶监管

北宋端拱二年(989年)，朝廷规定市舶司执掌管理海舶之事，对进出杭州船舶，“自今商旅出海外藩国贩易者，须于两浙路市舶司陈牒，请官券以行，违者没入其宝货”①。要求出海商船必须向设在杭州的两浙路市舶司办理手续，申领“公凭”，作为出海许可证件，并向市舶司申请具保，才能启航。否则，一经查获，货物即被没收，船主将受处罚。返航时，由市舶司再行核对并对商船及货物进行检查。外国商船到达杭州港口时，也须向市舶司报告，由其派员上船检查。为防止偷漏税和逃避禁榷管制，市舶司对进出船舶实行严格的管理，出海商船都必须在规定时间内返回原出发港口，不许越投他处，并严禁中途擅自卸装，违者以走私论处。

对进出明州(今宁波)船舶规定，凡海外贡船或商舶，一进甬江口定海县(今宁波市镇海区、北仑区)，就由明州市舶司监官予以封船，由专人押送到城内三江口，停泊于市舶司外滨江来远亭，开船检验货物，予以抽解和博买。贡船需具有该国的表文(相当于国书)。天圣四年(1026年)十二月，日本太宰府遣人贡方物，至明州，因没有该国表文，仁宗下诏拒绝。元丰元年(1078年)，日本太宰府持表来贡，才允许贡船进明州港。

南宋时，朝廷更加重视海外贸易，市舶司对商船管理制度基本沿袭北宋，且更趋严密、完善。至南宋后期，杭州又有乍浦作为外港，海舶常至，与日本、高丽、东南亚及西亚等地50多个国家和地区有航线来往。元统一中国后，杭州海外贸易得到恢复和发展。至元三十年(1293年)，朝廷颁布实行《市舶则例二十二条》，对船舶监管也作出更为详细周密的规定。

明代实行勘合朝贡贸易制度。永乐二年(1404年)，规定十年一贡，船2艘，不得超过。宣德年间(1426—1435年)，允许增加至3艘。日本贡船按十年一贡的贡期，进宁波港，必须具备该国表文和勘合，两者缺一不可。勘合经过核对，确实无误，才允许日本贡船进入宁波港。

清初由于南明抗清势力逃亡海外，兼则东南沿海一带海盗众多，顺治十二年(1655年)颁令禁海，规定除贡船外，不许“片帆下海”，禁止“舟楫往来”②。康熙二十三年(1684年)后，开海禁，设浙海关。次年，即规定商人欲出海贸易，必须向地方官登记姓名，取具保结。出海商船必须烙上名号由守口官兵验放。康熙四十二年，规定出海贸易商船可用双桅，梁头不得超过1丈8尺。康熙五十九年，作更详尽规定，海商欲造出海商船，必须先向浙海关监督和地方官申报，由地方官调查商人家庭等情况，如资财殷实，品德良好，才被批准建造，但还必须由族

① 《宋会要辑稿》第八十六册《职官四四》。

② 佚名:《郑氏史料初编》卷一。

长和邻居担保具结。商船竣工后，船主也须具结，不得租给他人，地方官还须亲自去检查所造梁头是否超过规定，将船身烙号、刊名，并查明在船人口是否符合规定。这些工作完成后，才能发给执照，在照内写明船上人员姓名、年龄、面貌、籍贯及往外洋何处贸易等信息。待商船启航时，海关监督应验明该船长度及商人所带资金和货物，出海船员必须有家口作担保。

雍正元年(1723 年)，为了从远处一望而知出海商船来自何省，规定自船头起到鹿耳梁头，以及大桅的一半，漆上标明不同省份颜色的油漆。从浙江出海的商船，用白色油漆。此外，还须在船头两边刻上浙江省某州县某字号的字样。沿海关口及巡逻官兵，凡看到商船按规定的颜色油漆和刻有字号，就可认作民船，予以放行；如果没有油漆，没有刊号，即是匪船，立即扣留。雍正七年，批准浙江商船可往南洋贸易，由浙江督抚照会福建督抚，对浙江经过福建的船只予以检查。回航时，同样如此。雍正九年，为便于官兵稽查，规定在商船船篷上应大字书写某州县船户姓名，每字须 1 尺大小。如布篷是蓝色的，则用石灰细面，调以桐油，写在篷上；如布篷是白色的，则用浓墨书写，以桐油抹在字上。所写字迹不许模糊，字样不许缩小。雍正十一年，又规定只准出海商船在桅尖上用头巾插花，其他船只一律不准。由于从海外贸易回来的商船，要先到内地各处去出售所载货物，并在该地采办土产，回来时若遇到风浪或潮汛，就不能按规定时间到达，因此，从宁波港出发的商船，必须到乍浦海防厅，申明迟到原因，商人和船员必须出具保结。乍浦海防厅则发给照会，说明情况。商船回宁波港后，则把乍浦海防厅所发照会，上缴浙海关备案。如果该商船因在海外经商，账目未清或其他原因不能按期归来，则原发执照的浙海关要取得邻船客商和水手具结，并把情况移交给宁波地方官存案。待该船归来，呈明实情后缴销。

乾隆七年(1742 年)，规定商船在国内沿海省份贸易，以 2 年为期，如超过期限，则吊销执照，以后不准贸易；如出海到国外贸易，以 3 年为期，逾期不归，则商人与船员都勒令还原籍，永不准出海贸易。至于出海的渔船，其油漆、刊号、篷上写字，其监管规定与商船基本相同，但在桅尖上不准用头巾插花。乾隆二十二年，对西洋船实行广州一口对外通商政策，各国商船集中到广东口岸贸易。同年，因出现英、法等商人为避高额税银，违反“一口通商”政策，擅自将船驶往浙江定海(今舟山市)停泊情事，朝廷于次年颁发谕令，严禁外籍商船前往宁波贸易。

二、近代海关(新关)船舶监管

清道光二十年(1840 年)第一次鸦片战争前，浙江省海上贸易运输主要依赖帆船、划船等木制民船，并由清政府在浙江省设立浙海关进行管理。经过两次鸦片战争，清政府被迫与西方列强签订条约开放通商口岸，外国商船纷纷进入浙江口岸开展贸易。

咸丰十一年(1861 年)浙海关(新关)成立，即颁布《宁波口各国商船进出口起下货物完纳税钞章程》，规定：各国商船进宁波口以后，浙海新关有权进行监管，派关员监视；限定洋船停泊范围为甬江内自外国坟地至浮桥并盐仓门为界，又限在进口两日内将船牌呈交领事官或海关。同年，浙海关颁布《浙海关轮船往来宁沪专章》，规定：商人欲派轮船往来宁沪航线，须先报明税务司；轮船进入宁波口，须候海关巡丁到船后，方准起货、搭客及起卸行李等事；轮船由镇海经过，遇有客商上下，轮船必须在本关卡房码头对面暂为停止，以便稽查；进口停泊后须将船牌送海关，待发还船牌后，方准出入。同治元年(1862年)七月，经协议增订一款：凡外国船不准将压载之物抛入水内，违者罚银50两。同月，经协议又增订一款：无论何项枪炮皆不准施放，违者罚银50两。同治二年六月，经协议增加一款：凡船进口，须照总扦手派定地方停泊；派船应将头冲、外头冲二物收入船内，候离开别船之后，方可仍照原式安置；该船应将最下之横担转移向上；该船须挨次停泊所有港之东西两边，并须预留本地船行驶地步；凡商船后面拖有小舢板，如遇损坏情事，该船自理；凡商船停泊处，须于中间留一行驶之道；凡商船停泊，应离开浮桩；凡有因海关事务，均应报明税务司。同治七年十二月，颁布《宁波口引水分章》，规定外国船必须用宁波口引水员引水，照章付费。

光绪四年(1878年)，总税务司颁布《海关总章程》，规定：进口船只应于抵港后24小时内向本国领事馆呈交船舶证明书，由其代报关；同时船长应向海关呈递载货清单及卸货申请书，海关凭此签发卸货准单；出口船舶也须申请装船准单，货物装船完毕，船长应向海关呈交出口载货清单，如有复出口货物，也应在清单上列明；船舶应向海关办理登记，未办理登记的船舶非经特许不得装卸或转运货物；船舶结关后仍在港超出48小时的，应重新报关。

光绪十四年(1888年)开始，浙海关对往来宁波港的轮船实行常年保结制度，货主在具结保证所有货税，在结关后一定期限内全部完清后，可先予结关出口，外商保结由领事馆签证，一年登记一次。

光绪二十二年(1896年)，杭州开埠设关，日本轮船得以首先直接驶入，抵达杭州。十月，嘉兴也作为通商口岸开放。杭州关根据《江海关华轮暨华商挂号民船来往苏、杭、沪试办章程》《江海关洋轮暨洋商雇用民船或自置船只来往苏、杭、沪通商试办章程》，采取注册挂号、规定航线、悬挂关旗标识、加贴特别封志、征收税厘等措施，对来往上海、苏州的轮船、民船及拖船实行管理。

光绪二十四年(1898年)，清政府迫于英国政府要求准许英国船舶到内地通商压力，称：近年以来，江苏苏州、浙江杭州两府开设商埠，民船往来，多用轮船拖带，搭客运货，悉皆便捷，仍与民船贸易并无窒碍；华、洋商民每请设立公司制造船只，驶行各口，自应因时制宜，变通尽利。拟将通商省份所有内河，无论华商、洋商，均准驶行小轮船，借以扩充商务，增收税厘。同时授权海关总税务司拟订并施行《内港行轮章程》。内港行轮统由税务司管理，并由海关发给驶行内港的华、洋轮船关牌，轮船前往内港，于出口、回口时，均行"一体报关""由关核定应否照完何项出口税""凡属洋商之船，应完何税，即按条约税则办理"，但"洋商应遵之章，须与条约相符，仍由海关一体颁布"。轮船经过海关、厘卡时，如有"不遵允停轮，或搭客、水手等在内港地方滋闹等事，即照各关卡定章罚办，一律由海关将该船之船牌撤销，不准复往内港贸易"①。如系洋商之船，若该商以审断案情及罚款，则按同治七年(1868年)《会讯船货入官章程》办理。由此，保证海关对轮船及贸易的管辖，而实际上是为外商在华争得比华商轮船贸易更有利的条件。从此，内河航行权为洋人所占，洋商通过内港贸易，进一步渗入内地。洋轮经海关挂号后可驶往未经条约规定的内河港口，对装载客货驶入内港的中外汽轮及挂号民船，

① 《杭州海关志》，浙江人民出版社2003年版，第486页。

也列入海关监管范围。光绪二十四年九月，清政府总理衙门又批准《续补内港行轮章程》作为补充，咨行各省遵照办理。翌年，杭州关监管验放中外轮船数达到 9927 艘。

光绪二十六年(1900 年)，列强又胁迫清政府先后签订中英、中美、中日通商行船条约，因而将通商口岸 50 里半径内的常关也置于海关税务司管辖之下，同时规定“通商省份之内港，嗣后均准小轮任便往来贸易”。从此，各国商船纷纷在浙江沿海、内河开辟航线，渗入内地，倾销洋货，掠夺浙江资源，还与一些官商华轮相互勾结，压制其他华商轮业开办，垄断苏、沪、杭三角航线运输，迫使其他小轮公司“自行倒闭”。同年，日商在上海设立大东轮船公司，其汽轮航行于苏、沪、杭三地之间，利用轮船公司也开通杭州至上海的往来火轮航线。

光绪二十七年(1901 年)二月，日本驻杭领事馆要求杭州关给予日商轮船开辟杭州至苏州新航线，即从杭州经菱湖、湖州、南浔、震泽、平望、吴江等处再抵苏州，由苏州至杭州则反其道行之，欲为日商在华争取更多货运航行权益。此条新航线经总税务司批准试行，并明确该航线属试行，与旧路并行，与各内河章程不相干涉，但却扩大至所有中外轮船，凡有准单者，新旧两路皆可行驶。轮船在苏、杭两地，由苏、杭两海关实行检查管理，沿途经湖州的白民桥、南浔等处厘卡，须向厘卡呈验准单，接受检查，但不得沿途起下货物，而民船仍须按原航线行驶。是年，杭州关验放各类轮船猛增至 10450 艘，至光绪三十年达 14842 艘。

光绪三十一至三十三年(1905—1907 年)，航行船舶增多，违章行驶也相应增多。杭州关随即开展调查，发现由上海至杭州的轮船到嘉兴后非法绕道者众多，为此，对违章轮船采取收缴内港行轮执照、取消航权、由海关重新审定等措施。但由于内港行轮均由上海江海关注册，核准入内河航行时往往又未注明航行线路，出现漏洞，杭州关也无从查起，而查获的很多轮船又未经核准即驶入内地。对此，杭州关向江海关提出建议并经其同意，内港轮船也可由杭州关注册，同时规定并注明航线，严加管制。

宣统三年(1911 年)，鉴于民船不按规定航线行驶、私卸货物、逃避税收情况较多，杭州关根据总税务司规定，对民船实行更加严厉的管理措施，以防止民船舞弊行为。对从事苏、杭、沪通商贸易的每一艘民船，无论是拖带或驾风行驶，均发给民船结关单一份，对本航次有效，抵达通商口岸时交海关注销，如载运旅客，须在民船结关单上填具。民船在苏、杭、沪之间载货航行，除结关单和英文总货单外，还发给一份中文货物总单，详细列明英文货单上的内容，并与英文货物单和结关单存放于不加封的封套中，以供沿途厘卡验核确认，到达口岸时交海关注销。同时，根据总税务司令，对民船擅自改变航行线路、私卸货物的情况，由各厘金分卡沿途进行监督，如厘卡查获此类违章案件，应通知海关按苏、杭、沪通商章程规定，将船、货没收。如发现民船的海关单证不属于该船或已过期，厘卡有权将船、货扣留，并由地方政府给予处罚。民船无违章情事的，厘卡不得随意扣压，对船名、编号货物等经核对检查无误后，厘卡在海关单证上盖章确认放行，由此保证海关与厘卡配合，使贸易民船运输健康发展。

民国 5 年(1916 年)起，杭州关又执行《民船夜间悬灯章程》，规定：凡民船在行驶中或中途靠泊时，均应在桅杆顶上悬挂白色球式灯或采取变通办法悬挂，以利辨认，违者将处 1～5 元的罚款。尽管海关措施严密，但由于苏、沪、杭地区水网密布、河道纵横、四通八达，民船吨位小，易四处航行，客观上给不法商人违章运输、私卸货物等提供方便。民国 7 年，杭州关在

6 月至 8 月的 3 个月中连续查扣沪杭间违章航行运输民船 300 多艘，这些民船或未按规定时间抵达杭州，或中途私卸货物、诈逃厘金及内地子口税，或抵杭后伪报货物量额。在与江海关多次联系确认后，杭州关对这些民船均作出相应处罚，轻者罚款，补缴税款，重者，船、货扣留没收。为达到监管目的，是年九月起，杭州关根据苏、沪、杭三地海关商定的转关核销制，每周对结关民船作出详细检查记录，并将民船结关清表、报关单、英文货物舱单等，以关封形式寄送沪、苏两关，以保证在 2 个月内对抵达目的地的民船实现检查核销，并及时返回核销情况，取消单证由船主带交目的地海关的做法。而后，为使监管措施更严密，根据江海关提议，杭州关又开始对航行沪、苏、杭、嘉四地的民船实行特别记认联照管理办法，以遏制民船沿途违规行为。对杭州、嘉兴驶往上海、苏州的民船，在海关指定地点停船靠岸，由海关派员在民船舱内粘贴注册挂号民船特别记认联照纸两份，一份封寄目的地海关，另一份留底备查，船抵达目的地后由该地海关验照核销。所有民船必须直驶目的地，沿途不得另往他处，也不得起卸货物。如由杭州始发的民船在结关后 1 个月内(嘉兴始发的在 14 天内)，未抵达目的地，或在其他地方起卸货物的，船、货均作充公处理或予以严厉惩罚。舱内粘贴的联照，任何人不得损坏，如查无联照，民船船主也将受到罚办。

民国 7 年(1918 年)6 月 26 日，浙海关颁布《宁波理船章程》，共 7 类 30 条，又附以《浙海关理船厅通告》3 条。它是浙海关理船厅为监管外国商船及其辅助洋式船只的华船而制定的。内容比较全面：精确地划定港区，划分各种船舶停泊地段；除对一般商船加强管理外，又对装运特殊货物的船只，装运易燃物品、爆裂物品的外轮，采取严密措施，特别加强管理；加强防疫检验工作，将载有传染疾病者的外轮，进行隔离停泊；加强港内清洁卫生工作，不准外轮将煤灰、污秽物等抛弃江内；加强港内的避碰、防火等安全措施。

民国 10—19 年(1921—1930 年)，浙海关按《普通行轮章程》出入口船只统计来看，行海轮船逐年增加，船只数约增长 50%，吨位约增长 60%。而航海旧式帆船却逐年减少，10 年中减少 50%，其吨位减少 40%。内港轮船数量也不断持续增长，10 年中船只数增长 100%左右，吨位约增长 60%。而其中外国船只不断减少，中国船只快速增加。民用木船数量亦急剧减少。

杭州关与沪、苏两地海关的监管配合自采取若干措施后，民船运输渐趋正规。但民国 13 年(1924 年)，由于厘卡无端生事，民船管理出现波折。1 月，江苏五库厘卡连续扣留从嘉兴前往苏州的多艘华商雇用民船，这些民船已经嘉兴分关完纳货物关税，办结手续，但直到船商交纳厘金和罚金后方得以放行。五库厘卡这种做法的理由是，嘉兴一处并非通商口岸，嘉兴分关所发海关单证也不能予以认可。同时，民船未按苏、杭、沪章程规定悬挂关旗，船身也未注明注册号码，船舱也未加封等，属违反章程规定。商人几经抗议和交涉，均无结果，五库厘卡坚持己见和做法，直至民国 15 年 9 月。其间，杭州关针对五库厘卡的错误做法，多次上诉指出，厘卡无权扣留民船并纳厘金，嘉兴系当局规定之通商口岸，嘉兴分关已设立近 30 年之久，所发单证一直有效，从未遇阻，洋商所雇用民船早已不执行封舱、注记等做法，而华商雇用民船却屡遭查扣、处罚，强行缴纳厘金，实是“中外有别”，建议总税务司取消这些规定限制，修改章程，代之以坚持使用民船执照、货物中文清单等证件供沿途厘卡检查确认，但此事仍不了了之。到民国20年1月，厘卡裁撤。翌年12月，苏、杭、沪民船章程废止，嘉兴分关不久也改为上下客货处所。

民国22年(1933年)9月，浙海关颁布由国民政府核准的《引水管理暂行章程》。民国24年1月5日，总税务司署电令：查镇海地方暂准属“内地”稽征，所有往来上海、宁波间船只，如系遵照《内港行轮章程》行驶者，得在该处停泊并装卸货物。1月9日，总税务司训令致浙海关税务司：查上海三北轮船公司请将往来上海、宁波船只，准中途在镇海停泊装卸货物，并将所装来往土货免征转口税一案，呈关务署审批，得到关务署批准。7月，浙海关税务司原辖普通民船、木帆船、中小轮船公司船舶的检验、丈量、登记、船员管理及海事处理等移交给新成立的上海航政局宁波办事处。

民国26年(1937年)10月1日起，总税务司将民船货运统一纳入船运统计，但因抗日战争全面爆发，日军占领杭州，杭州关船舶监管业务也即中断。民国30年4月19日，日军占领宁波港，次年3月，浙海关闭关，船舶监管业务中断。民国32年(1943年)，伪“杭州关转口税局”成立后，日本侵略军因军事和掠夺之需，曾开辟临浦与闸口的钱塘江轮拖货班。

三、中华人民共和国海关船舶监管

中华人民共和国成立之初，浙江省进出境船舶主要在宁波港和温州港进出。由于地处国防前线，海域被封锁，宁波口岸一度无国际航行船舶出入。1950年2月，上海海关宁波分关在镇海设帆船管理处，监管往来于沿海的船只。同年12月底，镇海帆船管理处改为上海海关宁波支关镇海办事处。次年11月1日，奉命停止监管沿海一般运输船只。

1951年2月开始，有兼营国内运输的外籍国际航行船舶行驶于温州鳌江港。5月，温州港也开始航行兼营船舶。在这些船舶中除极少数自中国香港地区或日本空船进口外，其余皆来自国内沿海口岸。至1954年12月温州支关撤销时止，行驶温州关区的外轮全部为兼营船舶。到1955年11月，外籍兼营船舶方才停止在温州关区航行。1957年2月，国务院正式批准温州港为准许外籍船舶进出的18个沿海港口之一。但由于各方面的原因，温州港直至1964年8月，方才正式对外开放，接待外籍国际航行船舶。当时浙江省境未设海关机构，所以每次外轮进港，都由温州港务部门事先通知上海海关，由其派员到温州执行监管任务。据统计，1964年温州港进出外籍轮船6艘次，1966年2艘次，1967年16艘次，1968年6艘次，1970年18艘次，1971年54艘次，1972年46艘次，其中1965年、1969年无进出口船舶记录。这些外籍船舶主要来自日本和朝鲜，装载化肥、水泥入境。1973年3月温州海关重建，开始办理外籍船舶结关手续。温州海关对进出境国际航行船舶监管，主要有3个环节：进口时联合检查、停留港区期间监管和出口结关。

1978年9月，宁波港对外开放，始有中国籍国际航行船舶进出。1979年6月1日，宁波港正式对外开放，进出口船舶逐年增多。宁波海关根据1979年3月21日交通部、公安部、外贸部、卫生部联合颁布的《国际航行船舶进出口联合检查进行程序与注意事项》有关规定进行监管。当时宁波海关对国际航行船舶一般不进行联检，必要时，集中登轮，分别进行检查或办理必要手续。

1979年后，浙江省口岸对进出境国际航行船舶实施联合检查(以下简称联检)制度，由港务监督、海关、边防检查、卫生检疫4个部门共同派员登轮办理手续。进口联检程序为：港务监督在接到船长或其代理人关于船舶到达预报时间后，即将联检时间通知海关等有关单位。联检人员得到船舶到达确报时间后，于指定地点同时乘联检艇前往船舶锚地或泊位，登轮进行联检。港监作为联检组长，负责组织联检工作具体实施，并通知船长交验各单位所需有关文件，其中海关收取的单证包括“船舶进口报告书”“进口载货清单”“船员清单”“进口旅客清单”“船员自用和船舶备用物品、货币、金银清单”。联检时，海关接受船方递交单证，即为海关接受船舶进境申报，不再另外办理进境申报手续。船舶申报进境后，海关即将申报进口时间、船舶国籍、登记吨位、货物数量等事项，载入船舶登记簿内。对中国籍国际航行船舶，据情况实施联检或不实施联检。对在锚地待泊的外国籍船舶，海关一般不驻船调研，但随时加强对船舶监督和巡逻。各联检单位一切手续办理完毕后，由港监人员向船长宣布联检结束，船方即可降下卫生检疫旗(俗称“黄旗”)，准予上下人员和装卸货物。1980年，宁波海关共监管进出境船舶132艘次，比上年增长6.5倍。

1983年后，进出宁波港外籍船舶显著增加。宁波海关贯彻“坚持制度、依法监管、简化手续、加速验放”方针，做好船舶监管工作。1985年，为适应对外开放形势，结合口岸实际，杭州海关增设宁波海关驻北仑办事处，24小时接受申报，及时办理联检、结关手续，方便合法进出。1986年，温州海关根据温州口岸无国际航行船舶专用码头、海关监管难度大等情况，在海关自用码头设立检查站，为进境船舶办理进境申报手续，为合法进出提供方便，并在实际监管中尽可能做到当场处理问题。同时根据温州港实际情况，把船舶监管重点从外轮转向国轮，从不定期国轮转到来往香港定期班轮，突出监管重点。针对温州港是潮汐港特点，温州海关取消日出以后和日落前为联检时间标准的限制，全面实行24小时联检制度。在方式上采取锚地联检、边航行边联检或直接靠泊码头联检的灵活做法，时间也由原来1小时缩短至20分钟左右，工作效率提高1倍以上。

1988年5月，国家对船舶进出境联检作重大改革。杭州海关实施新规定，在正常情况下，办理联检手续时间，进境船舶不超过30分钟。对于在国内港口之间航行的外国籍船舶，不实行联检，而由外籍船舶代理人按要求，向船方收取有关单证、报表，分别交港监、边检、卫检、海关等有关检查检验单位，在办妥手续后，再由代理人送交船方，必要时海关派员上船对船方申报情况进行核实。联检时船舶代理单位可派一人代表船方上船；其他商品检验、动植物检疫、食品卫生检验人员需要随联检人员一起登轮时，应事先报请口岸办公室同意，并在联检工作结束后，再办理其他检查业务。对于在码头实施进口联检船舶，联检单位在船舶直接靠码头前，到达指定泊位，做到人等船。具备船舶夜航条件、夜间可靠离码头和装卸作业的，则实行24小时联检，但对来自疫区船舶不实行夜间联检。对于大中型国际旅游船和客船，则采取边航行边联检做法。船舶停港期间，要装卸货物，必须事先通知海关，并在海关监管下进行。从1989年起，针对船舶停港往往时间较长，起卸、添装货物和船用物料次数多、数量大，船体结构复杂等情况，杭州海关对装卸进出口货物采取巡视方法，并要求船舶监管部门发挥对船舶动态了解较为详细的优势，及时向货物监管部门通报装卸货物作业情况，保证及时、准确掌握贸易国别、货物来源及其他有关情况。同时，在办理船舶进境手续时，先对载货清单和船方其他单据，如对提单副本进行审核，及时掌握每艘船舶所载货物总票数，以防止因单据不齐而造成通关延误。进出口货物先卸入海关监管区或监管仓库。船边直接提取的货物，则由货主或其代理人事先办理报关手续，凭进口货物报关单验放。出口货物在装载之前，必须先办理报关验放手续，理货部门凭盖有海关放行章的装货单装货，核对货物标记唛码和包装式样，并做好交接。对于直接出口货物、准予直接运至船边装船的货物，需办妥出口报关手续，经海关查验盖章放行。由于出口货物品种多、批数多，货物运抵仓库时往往离装船出口期限较短，会影响出口查验的进行，易造成监管漏洞。杭州海关结合日常巡视监管，根据货物预配舱单，核查货物装舱情况，在办结船舶出境手续的同时，根据出口载货清单和船方单据，如大副收据，核对实际装船货物情况，从而准确掌握出口货物实际情况。同年起，舟山海关对中外合资舟洋渔业公司等多家渔业企业实行冰鲜鱼海上直接出运试点，采取货物预确报的办法，即运输船舶先办理出境联检，对货物先行预报关，然后到海上装货点装载冰鲜鱼后直接出运日本，运输船舶回港后，再进行货物确报关，并提供货物过驳装载清单，使捕捞、冰鲜、驳运、销售等环节形成一条龙，既提高出口冰鲜鱼鲜度，又减少出口作业环节，提高企业经济效益。同时，对于出海捕捞船队，海关赴启程地点，直接办理船舶出境手续。同年 3 月，英国“堪培拉”号邮船抵甬，宁波海关首次监管大型旅游船。5 月，“海达”号客班轮始航于宁波—香港航线，宁波海关按照国际航行船舶进行监管。

1992 年 1 月 1 日，海关对中国籍国际航行船舶监管实行“船舶进出境（港）海关监管簿”（以下简称“海关监管簿”）管理，办理进出境手续时调阅和登记“海关监管簿”，使监管更加严密。同时也采取便利于船舶监管的措施，如船方不能及时提供齐全的“进口载货清单”，须出具保证函，经海关同意后可先卸货，卸货后 24 小时内将“进口载货清单”补交海关审核。海关认为必要检查船舶时，船方负责人须到场，并按海关要求开启舱室、房间、储所，搬移货物、物料等，必要时，集中船员和暂时加封船员房间与其他部位。检查完毕，由船舶负责人在海关检查记录上签名。船舶装卸进出口货物，须向海关如实申报并接受检查，船舶起卸进口货物完毕后，船舶负责人须将反映实际起卸情况的交接单据及溢、短、误、损记录在 24 小时内送交海关。船舶装载出口货物前，货物代理人还须将预装清单报送海关。出口货物如发生退运，船舶负责人或其代理人须在货物装船完毕前向海关报明。船舶添装或起卸船用燃料、物料，船舶间调拨船用燃料、物料、物品、公用烟酒、食品，均由船舶负责人编制清单报海关核准，并在海关人员监管下进行。同年，针对供应国际航行船舶燃料大多属保税货物的特点，舟山海关、镇海海关在加强保税油库管理的同时，利用“海关监管簿”登记每次供船燃料的情况，核算基本类型船舶航程耗料标准，为保税油库核销提供依据。同时，针对供应单位多、渠道多的特点，对非保税燃料供应也作出明确预报、确报、起卸、调拨等规定，实行先申报、后供应，理顺供求关系和管理。舟山海关还对外籍油轮抵港清仓作业及航修进行监管，支持舟山港扩大对外影响和吸引外资，促进舟山拆船、洗舱业务发展。

1993 年 11 月，海关总署决定对船舶进出口联检制度进行改革。杭州海关选择镇海海关作为全关区改革试点，以取得第一手实际可行经验，尽快与国际惯例接轨，推动船舶监管制度全面改革。1994 年 3 月，镇海海关成立改革领导小组，制定改革方案和监管操作规程，包括相关单证周转、交接制度，船舶和货物监管业务联系配合制度等。对进出境船舶，一般情况下不再登轮检查，而由海关派员在港区码头卡口现场办公，接受船舶代理人船期预确报和办理进出境监管手续。5 月 16 日，镇海海关率先在浙江省取消持续了近 40 年的登轮联检制度。具体做法是：船舶代理单位在船舶进境前 24 小时前通知海关，由卡口海关值班关员负责接受船方或船代的船舶进境通知，在船舶登记簿上作好电话或传真记录，在船舶动态示意图上标出位置、船名及经办人员。同时，通知当日船勤当班关员，由其在船舶进境后 24 小时内，负责接受原进境联检所需各种单证；单证不齐的，按规定及程序，由船方或船舶代理人出具保证函。对船舶主要航线、装货港、原产地及有关货物和物品情况进行审核，符合规定的，在进境船舶会签单上加盖验讫章，准予装卸货物和上下人员。同时，对有关单证和情况进行分析，并将进口载货清单移交货物监管部门。对于需要新申请船舶吨税的，由船勤当班关员向船方或船舶代理人收取“吨税申请书”，必要时，查阅船舶“吨位证书”和“国籍证书”。1995 年 3 月 1 日，杭、甬海关实施《国际航行船舶进出中华人民共和国口岸检查办法》，明确取消联合检查制度，实行代理申报制。对于进境船舶，除特殊情况外，一般不上船办理手续和检查。船舶到港时间，由港务监督部门，或船舶负责人，或其代理人在 24 小时前通知海关。船舶进境（港）时，由船舶负责人或其代理人持原进口联检所需单证向海关申报，其手续应在 24 小时内办理，停泊时间不足 24 小时的，则在驶离口岸 6 小时前办理。因故不能办理的，则由船舶负责人或代理人，在船舶进境（港）24 小时内，以口头或书面形式向海关报告，经批准，可延迟办理。船舶代理人事先到海关办理进境手续，无法递交由船长签章的单证时，代理人签单亦为有效；无法提供国轮“海关监管簿”的，允许该船到港后 24 小时内送海关签单；无法递交“进口载货清单”的，可凭代理人提供的保证函办理，但船舶到港后 24 小时内，齐全的“进口载货清单”必须补交海关。同年 5 月，杭、甬海关所属各海关陆续进行船舶监管制度改革，取消联检制度，船舶出口结关也均实行代理申报制。5 月 9 日，宁波海关北仑口岸对进出境国际航行船舶施行“红绿通道”验放办法。6 月起，杭、甬海关根据船舶监管改革要求，简化对船用物资的管理手续，改变以往对中国籍船舶逐船登轮加封烟酒和人民币的管理方式，对船舶公用的烟酒，使用“海关监管簿”和“船舶备用烟酒清单”，实施申报登记管理，正常情况下，一般不登轮加封，由船方代封。供应船舶所需的燃料、物料、食料，由船方负责人或代理人，委托经海关核准的供应单位自行按规定供货上船；事后海关凭船舶负责人和代理人签字的供应单据，办理有关手续。此后，宁波海关进一步实施与国际接轨的船舶监管制度，在北仑港实行 24 小时船舶检查制度，加大计算机在船舶监管中的应用力度，开发应用船舶动态等管理系统，进一步提高监管水平。

1996 年 11 月 21 日，为促进港口生产服务的配套功能，加强对在港洗舱、航修船舶的监督管理，规范海关监管手续，宁波海关研究制定《宁波海关关于试行国际航行船舶洗舱航修监管规定的通知》。船务代理企业和洗舱、航修单位应在船舶抵达口岸 48 小时前向海关提出书面申请，并将作业计划、人员清单、物品清单、工具设备清单及海关监管需要的其他单证向海关申报。靠泊非监管区的船舶应严格执行会商制度，并实行“一船一报”规定，经海关同意后，方可开展洗舱、航修业务。船方应设置洗舱、航修日志，向海关报告作业情况，并协助海关指定专门义务监管员，配合海关监管。船舶在洗舱、航修期间，不得有装卸货物行为。在作业期间，海关对船舶的烟酒库、印刷品和音像制品进行加封。上下船舶的作业人员及其所携带的个人自用物品，应当向海关如实申报，并接受海关检查。作业用的维修物品、工具设备等由洗舱、航修单位编制清单报海关核准，上下船需在海关监管下进行。船方如需卸地处理扫舱地脚、油渣和废旧物料，船舶负责人应书面向海关申请，由接受单位向海关办理有关手续。海关将根据船舶和作业的实际情况，采取相应的监管方式，如巡视监管、登轮监管、驻船监管等。是年，舟山海关针对口岸进出境船舶数量大的情况，为消除货物监管与船舶监管脱节的现象，试行船舶档案计算机管理系统，特别对船舶进境有无违规走私情况、进口舱单情况、进口报关情况作出详细记载，从而为监管船舶出境，及核对出口货物装载、报关、舱单管理提供更为可靠的资料和信息。对于运载进口废旧物资的船舶，实行现场联检和商检预验制度，如载运货物经商检检定不合格的，对环境易造成污染的，则责令船舶将载运货物退运出境，办结船舶出境手续。1997 年 10 月，杭州海关开始对享受免税供应油料的国际航行船舶扩大至进出境的中国籍船舶（含港、澳、台籍船舶）、外国籍船舶、进出境来往港澳小型船舶和进出境从事远洋捕捞的渔船。同年，杭州海关针对口岸货物监管中出现的问题和漏洞，要求所属有关海关加强货物与船舶监管结合部的联系与衔接，防止出口骗税。各有关海关都分别采取措施，与港务部门、船舶代理、理货公司等签订合作备忘录，凡出境船舶必须递交有关外轮理货公司出具的出口货物证明或理货单，才能办理出口手续。海关船舶监管人员，根据大副签收的“收货单”核对“出口载货清单”，检查装船的货物是否都已办结海关手续，原报出口货物有无未报关、漏装等情况，核对吨税执照是否有效，防止执照过期、漏缴船舶吨税。

1998 年 4 月 27 日，为加强对国际航行船舶维修企业监督管理，规范海关监管操作，促进港口生产服务的配套功能，宁波海关发布《宁波海关对国际航行船舶维修企业的管理办法》。未经批准的任何单位、个人不得从事国际航行船舶维修业务。维修企业原则上应在维修船舶抵达口岸 24 小时前向海关提出书面申请。海关核准申请和有关单证后，对符合监管条件的核发“国际航行船舶维修许可证”，维修企业持证作业。维修企业应设置航修日志，向海关报告作业情况，并协助海关指定专门义务监管员，配合海关监管。海关根据维修企业的实际情况，采取巡视监管、登轮监管、驻船监管等相应的监管方式，进一步规范国际航行船舶洗舱、航修作业的海关监管。同年，杭州海关加强对港区的巡逻，在出口环节，审核船舶单证，重点是出口舱单的真实性，增加登轮检查和港区巡查频率。1999 年 7 月起，在办理出境船舶手续时，对出口货物代理人的预装清单与舱单进行核对，核查出口货物是否发生退载、退装，并在舱单上批注。同时，对重点船舶舱单申报的航线、货物数量、产地、商品规格等内容进行逻辑分析、核查，核对舱单的真实性。对有嫌疑的船舶进行登轮调查，必要时，实施船舶抄查等检查措施。承运人或其代理人则在船舶离港后 72 小时内，将出口清洁舱单补充提交海关，同时将电子数据传输海关。同月，杭州海关对进境船舶卸货后，实行在舱单上批注的做法。而对于直卸装运的进口货物，实行船边监管，并在舱单上核注，对于重点航线船舶及其货物数量、产地、商品规格等，必要时实行登轮调查，进行重点核查，或对船舶进行抄查。对于需过驳货物的，则对过驳全过程实施监视监控。杭州海关为严防和打击港口仓储场所偷箱、调包等走私违法活动，把船舶监管作为物流监控源头，加强 24 小时巡查。国际航行船舶抵达后卸货前，及时收取船舶负责人或其代理人提交的、经船长签字确认的船舶载货清单。在审核舱单后，着重了解船舶实际载货情况，并与港务、理货等单位核对舱单的有关内容，确定其真实性。为加强对进出境船舶及其货物监管，杭州海关对船舶使用燃料、物料以及港口免税品公司、外轮供应公司供船物料(品)实行实际监管，并根据船上记录进行核查。1999 年，宁波海关在保证监管到位的情况下，不实施船舶联检和驻船监管。结合港区码头、海关监管区域 24 小时巡查制度，加强对进出境船舶和监管货物的实际监管。进境国际航行船舶抵达后卸货前，出境国际航行船舶离境后 24 小时内，收取船舶载货清单(舱单)。海关收取出口船舶舱单后，通过计算机联网，与外轮理货公司、外轮代理公司进行舱单核对。对进境船舶，海关在审核舱单后，了解船舶停靠泊位，了解、分析船舶实际载货情况，核对进口货物是否存放在经海关登记注册或经海关同意的监管仓库和场所。利用海关与港务局计算机联网信息，加强对码头货物的监控。完善进口货物双信息放行制，海关将货物放行信息由电脑传给港务部门，货主凭海关的电脑放行信息和加盖有放行章的提单提货。强化出口货物进场联合机制(“有货报关制”)。货物进入港区，港区将进场信息由电脑传给海关，海关凭港区信息接受报关，有效地减少退关、退载等现象发生。加强对船舶使用燃料、物料以及港口免税公司、外轮供应公司供船物品的监管验放，对所供物料、物品监管上船。开展进境船舶舱单风险分析，建立具体操作规程和岗位责任制。

2000 年 1 月 19 日，宁波海关加强对在港清洗舱船舶及相关单位的监督管理，制定《宁波海关对国际航行船舶清洗舱的管理办法(试行)》，明确对从事国际航行船舶清洗舱业务的接收单位的相关管理规定。2 月 2 日，宁波海关明确对宁波关区内国际航行船舶及其所载货物的监管职责。5 月，杭州海关把船舶监管与加强情报和调查相结合，以掌握走私动态，拓展监管时空，有重点地开展对锚地船舶的巡查，同时，加强船边、现场巡视和卡口监管。对于停靠二类口岸船舶、支线二程船、油船、液化气船等，到港后上船核对舱单率达到 100%；对其他国际航行船舶，上船核对舱单率则在 50%以上。开展有目的、有内容的巡查和对重点船舶的船边监控。对重点船舶所载货物，采取上船看货、调研、审核有关单证等措施，并对其装卸进行严密监装和对现场进行巡查。同时，将 24 小时巡查扩大至码头、装卸现场、仓库，上船核对舱单也同时列入 24 小时巡查的监管内容。同年，宁波海关加强与宁波港“区港联动”，开发应用港区堆场管理系统和进出境集装箱动态管理系统。通过与港务部门计算机联网，实时掌握港区各堆场的进出口货物堆存情况和具体作业情况，对港区进出口货物实施“双信息”放行。2000 年底，海关总署和国家交通部联合在宁波海关召开物流监控现场交流会，宁波海关物流监控模式被海关总署作为成功经验在全国海关推广。2001 年 7 月 18 日，为加强对进出口国际航行船舶舱单的管理，强化海关物流监控的基础工作，加快通关速度，提高贸易效率，促进港口发展，宁波海关制定《宁波海关对船舶舱单管理的实施细则》，加强对船舶舱单的监管，要求船务代理报关员必须在海关规定的期限内(进口舱单为船舶进境之日起 24 小时内，出口舱单为船舶离境后 72 小时内)向海关提交清洁舱单以及向海关补充提交清洁舱单和发送与清洁舱单内容一致的舱单电子数据。船务代理报关员向海关递交由船舶负责人签字的舱单必须填制封面、装订完整，内容清晰、齐全。船务代理报关员必须按照海关规定的数据格式在规定的时间内向海关发送舱单电子数据，内容应与纸质舱单一致。此外，该实施细则对舱单修改相关情况进行详细规定。

2003 年 7 月，杭州海关关区外籍船舶修理业务大幅增长，为加强对外籍船舶修理企业监督管理，杭州海关起草《杭州海关外籍船舶修理海关监管暂行办法》，对从事外籍船舶修理的企业资质、相关手续、年审等方面进行规范。12 月 31 日，为加强对进出境国际航行船舶的舱单管理，加快通关速度，提高监管效能，宁波海关修订下发《宁波海关对船舶舱单管理的实施细则》。2004 年 8 月 14 日，浙江新市油脂股份有限公司 5000 余吨进口毛豆油直转第一批货物从张家港口岸运抵湖州，杭州海关派员实施船边监管，这是杭州海关首次对内港大宗散装货船舶进行监管。同年，宁波海关在业务大幅增长情况下，在确保有效监管同时，采取措施保证监管船舶快速进出口岸。主要做法有：加强对船舶代理企业培训，实行严格管理；定期召开船代联席会议，将各船舶代理企业在船舶申报中存在的业务差错进行通报，并要求及时改进；加强对船舶靠泊码头的监管，实行分类管理。针对北仑港各船舶靠泊码头布局分散，且监管区码头与非监管区码头、老码头与新码头、公共码头与货主码头并存，监管难度大的特点，采取分类管理方式，加强对船舶靠泊码头的监管。如对属于非监管区域码头的台塑码头、青峙化工码头，采取一船一查制，对靠泊该码头的所有国际航行船舶进行登轮检查；对属于海关监管区的一期、二期码头等，采取码头"间歇性巡查"和船舶抽查相结合的方法进行管理；对货主码头，主要通过视频监控系统对靠泊码头船舶作业情况进行远程监控。加强对进出境船舶风险分析，实行重点管理。采取风险分析的方法，对风险大的船舶实行重点布控，重点检查。发挥科技在船舶监管中的作用，实行科技管理。通过宁波海关船舶码头管理系统，将船舶代理企业向海关申报的电子数据和纸面单证进行核对；通过该系统快速调阅的船舶档案资料，及时了解船舶进港离港时间、停靠位置、货物装卸量等情况；通过对港务部门提供的吊机称重数据、外轮理货部门提供的理货数据和船方提供的舱单数据的分析，核对船舶代理企业向海关申报的货物件数、重量与船舶实际装卸数量是否一致，为舱单风险分析提供可靠的依据，提高布控命中率。坚持落实船舶监管"365・24・1"承诺，即做到 365 天岗位不缺勤，24 小时预约值班，1 小时通关。对于非工作时间靠泊船舶的有关监管手续，实行预约加班制，随到随办，保证船舶顺利进出境。

图 67-3-1-1　海关关员上船办理监管手续（2003 年摄，宁波海关提供）

2005年,《海关总署关于开展内外贸集装箱同船运输以及中国籍国际航行船舶承运转关运输货物试点的通知》发布,宁波海关根据文件精神,立足宁波口岸实际和港航企业需求,自2005年4月1日起正式在北仑海关开展内外贸集装箱货物同船运输和中国籍国际航行船舶承运转关运输货物试点工作。要求内外贸集装箱同船运输试点企业提供理货证明、内外贸清单、舱单等材料;中国籍国际航行船舶承运转关运输货物的试点企业递交相关船舶报备资料,并予以登记编号。加强对码头的监管,严格实施封闭式卡口管理,内贸和外贸集装箱货物分开堆放并做好明显标志。北仑海关的工作获得试点企业如北仑第二集装箱有限公司、北仑国际集装箱码头公司和中海集装箱运输浙江有限公司的高度评价。截至2006年3月31日,共监管承运内外贸同船运输货物的承运海关监管货物船舶160艘次,监管内外贸同船运输集装箱2.16万标箱,监管承运转关运输货物的中国籍国际航行船舶16艘次,监管中国籍国际航行船舶承运转关运输货物集装箱2207标箱。

2006年5月4日,舟山海关及时为外籍遇险船舶办理进境手续。5月4日22时50分,在长江口海域(东经122°33′0″、北纬29°49′7″),中国籍拖轮“三航拖4001”从上海港拖带马绍尔群岛籍驳船“RATU KUMALA”与中国福建籍船舶“信昌1号”发生碰撞,致使“三航拖4001”船头严重损坏。因抢救及时,两船均无船员伤亡。舟山海关接到事故情况报告后,迅速派员赶往处置,及时为遇险船舶办理有关海关手续。6月17日2时40分,中国香港籍船舶“新世海”轮在长江口海域与一国轮“泰华海”号发生碰撞,形势较为危急。事故发生后,相关单位组织拖轮前往抢险救助,并安排舟山中远船厂作为两船临时抢修地。杭州海关在接到事故情况报告后,迅速组织人员前往,及时办理船舶相关进港、抢修手续。9月7日,世界最大的挪威籍“BERGE STAHL”(以下称“博格斯坦”)号散货船靠泊舟山港嵊泗马迹山矿石中转码头。“博格斯坦”轮载重36.5万吨、长342.08米、宽63.5米。该航次来自巴西蓬塔达马地亚港,满载35.6万吨巴西铁矿,吃水达22.85米。这是该轮首次满载靠泊亚洲港口,标志着马迹山中转港接卸能力有新突破。舟山海关驻嵊泗办事处派员为此次靠泊提供便捷的船舶监管和货物通关服务。

图67-3-1-2　2006年9月7日,世界最大散装货船之一“博格斯坦”号靠泊舟山马迹山港(舟山海关提供)

2006年10月30日至11月20日,瑞典籍仿古帆船“哥德堡”号参加沈家门港开港600周年纪念活动,并在舟山地区访问、巡游。舟山海关按照原定监管预案,对该船舶进行监管和服务,受到舟山市政府、“哥德堡”号船长的好评。2007年1月,杭州海关按照国际航行船舶监管来往港澳船舶 11 艘次。2 月，监管 5 艘次。同年，宁波海关共监管进出境船舶 9543 艘次，同比增长 16.1%。针对进出境船舶具有户外作业、流动性大、监管难度大等特点，宁波海关加大监管力度，主要做法有：加强申报管理。进境船舶进境后、出境船舶驶离码头前，船舶装卸货物和上下人员物品，运输工具负责人必须先期向海关申报，经海关同意后，方可进行有关操作。除正常的申报管理以外，与港务部门建立数据定期核查制度，通过数据对比，核实船舶申报情况，将进出境船舶监管落到实处。对船舶检查采取有重点、有针对性的登轮检查，通过调阅船舶航海日志、船舶轮机日志，掌握船舶航行动态及装卸货情况，对敏感航线、船舶开展重点检查。坚持船舶监管服务承诺，既提供高效优质服务，又加强实际监管。加强吨税征收管理，严格吨税征收手续，定期对吨税征收情况进行检查，确保税款应收尽收。该年宁波海关船舶吨税入库达到 2.06 亿元，同比增长 19.1%。宁波海关加强对进出境船员携带物品的监管，严防反动宣传品和不法物品进出境。坚持科技手段与实际监管相结合，注重科技手段在船舶监管中的运用。开发应用集装箱船舶申报、电子地图、信息统计功能三合一的宁波海关船舶码头管理系统，对船舶的基本信息和海关监管记录进行实时数据采集，实现进出境船舶全方位、全时段的监控。借助视频监控系统，对靠泊码头作业的进出境船舶进行远程管理，第一时间掌握船舶的靠泊、装卸、人员物品上下情况。北仑海关、镇海海关和大榭海关均设立视频监控中心，关员通过视频监控系统可实现对进出境船舶的远程监管。建立港口船期公告平台，由港务部门提供船期数据，既便于海关监管，同时通过网页对外发布，方便企业查询。坚持码头、锚地管理与船舶监管相结合，采取措施加强对码头和锚地进出境船舶的监管：通过建立完善的隔离设施，形成独立封闭区域，安装视频监控系统，与海关实现计算机数据联网等，有效加强对监管码头的管理。同时，安排关员或执勤武警，对监管区码头和非监管区码头开展不定期巡查，对码头靠泊船舶开展监管；利用海上缉私力量，加强对锚地巡查力度，定期或机动地对停泊锚地进出境船舶实施巡查。

2008 年 7 月 1 日，北仑海关为当年首艘来往港澳船舶“春兴 268”轮快速办理进出境手续。该轮为深圳春顺船务有限公司所属中国籍散货船，由香港经三门岛至宁波，卸载 5499.867吨航空煤油。同年，宁波海关成立舱单核查工作小组，采取措施开展规范舱单管理专项整治工作，取得明显成效，出口舱单核销率达 100%。推进物流平台建设，正式启用 H2000 运抵报告系统，完善集装箱管理系统、船供及免税品业务监管系统、卡口控制与联网管理系统，努力构筑严密高效的监管体系。12 月 15 日，海峡两岸开通直航。12 月 17 日，第一艘从台湾直航的“潮汕河”号靠泊宁波港。宁波海关开通“两岸直航专用窗口”，实行“365 天 24 小时便利通关”模式，对台湾水果、水产品、冷冻品等特殊货物的通关，设立“加急货物绿色通道”，实行预约通关、快速验放。2009 年 5 月 27 日，巴拿马籍船舶“KAMISHIMA”号装载 87997 吨澳大利亚煤炭进靠舟山港，此为舟山口岸首次进口大宗散货煤炭。6 月 25 日，为规范和统一关区已放行出口报关单改船操作，宁波海关制定《宁波海关已放行出口报关单改船操作规程(试行)》。同年，落实船边(机下)监管、监装监卸、登船登机检查等监管作业制度，登轮检查比例超过 3%，登机检查比例达到 100%。成立物流监控指挥中心，初步建立具有业务受理、实时监控、风险预警、协调指挥功能的科学高效的指挥运行机制，确保所有进出境船舶向海关申报，管住舱单申报行为和申报内容，管住海关监管货物。建立舱单核销监控清查制度，进出口舱单实现100%核销。全面启用出口运抵报告制度，确保口岸出口货物"有货报关"。强化服务意识，提升服务水平，不断完善查验两班制、365天预约通关服务、集中交接单、船舶申报和转关申报365天不间断、装船信息核对24小时零缝隙、舱单到港确认无条件预约加班、卡口24小时值守、专门业务咨询窗口等服务措施，确保出口货物当天船期放行、当天查验完毕、当天装船，出口货物当天放行率保持在99%以上，保障口岸物流顺畅。

2010年2月7日，大榭海关实地监管载运国内重大构件船舶"振华14"轮。该轮国籍为圣文森特和格林纳丁斯，载重40486吨，吃水8.5米，载有属于梅山保税港区的4台码头桥吊设施。2月22日，宁波口岸首次以汽车滚装船装载出口吉利汽车。该船名为"南方快航"，船长188.03米，载重12893吨。此航次共计装载出口533辆"帝豪""自由舰""熊猫"等型号的吉利汽车，运往埃及、叙利亚。宁波海关为其快速办理相关手续。5月10日，宁波海关发布《宁波海关关于进一步加强国际航行船舶出口岸手续联系配合工作的函》，与宁波海事局加强在国际航行船舶出口岸手续办理方面的有效合作，特别是对北仑、大榭口岸的国际航行船舶实行船舶出口岸手续纸面签发和电子签发结合制度。12月4日，临时对外开放的独山港区独山港务码头迎来首艘国际航行船舶"裕友"号。该轮为巴拿马籍，净吨位13790吨，装载价值3065万元的5075吨伊朗产液化气。嘉兴海关驻乍浦办事处按"一事一报"原则进行审批，并和其他监管部门一起对该轮实施登轮检查。同年，宁波海关创新运输工具监管机制，加强实际监管。建立物流监控指挥中心，对进出境船舶进行统一管理；开发应用AIS系统（船舶自动识别系统），对关区内靠泊码头和锚地的船舶实施动态实时化、可视化监控；完善监管部门与缉私部门的协作机制，利用缉私艇等缉私力量加大对船舶的核查力度；加强与海事等口岸单位的合作，实现口岸单位之间船舶手续办理电子化；加强对运输工具实际监管，提高登轮检查等实际监管比例。强化舱单管理、船舶管理和卡口管理，集装箱船舶实行100%装船信息比对，进出口舱单实现100%核销，出口转关100%验封。全年，杭、甬海关共监管国际航行船舶20279艘次。

表67-3-1-1　　1861—1948年浙海关监管进出港船舶艘次、吨位一览表

年份	往来外洋		往来国内		共　计	
	进出港船舶（艘次）	船舶吨位（吨）	进出港船舶（艘次）	船舶吨位（吨）	进出港船舶（艘次）	船舶吨位（吨）
1861	1087	122105			1087	122105
1862	1410	160763			1410	160763
1863	3198	503459			3198	503459
1864	2837	595666			2837	595666
1865	1816	509034			1816	509034
1866	1311	366488			1311	366488

续表1

年份	往来外洋		往来国内		共　计	
	进出港船舶(艘次)	船舶吨位(吨)	进出港船舶(艘次)	船舶吨位(吨)	进出港船舶(艘次)	船舶吨位(吨)
1867	1318	356595			1318	356595
1868	1142	428027			1142	428027
1869	1060	394512			1060	394512
1870	973	380928			973	380928
1871	884	384094			884	384094
1872	970	427580			970	427580
1873	946	432650			946	432650
1874	889	410990			889	410990
1875	1084	539039			1084	539039
1876	929	487732			929	487732
1877	1097	634030			1097	634030
1878	1091	493670			1091	493670
1879	1158	597296			1158	597296
1880	1113	606136			1113	606136
1881	1048	656376			1048	656376
1882	1129	679213			1129	679213
1883	1066	685770			1066	685770
1884	1068	738404			1068	738404
1885	890	556532			890	556532
1886	1142	753094			1142	753094
1887	1059	779247			1059	779247
1888	1111	764441			1111	764441
1889	1126	771789			1126	771789
1890	1363	1052663			1363	1052663
1891	1406	1220297			1406	1220297

续表 2

年份	往来外洋		往来国内		共　计	
	进出港船舶（艘次）	船舶吨位（吨）	进出港船舶（艘次）	船舶吨位（吨）	进出港船舶（艘次）	船舶吨位（吨）
1892	1161	988859			1161	988859
1893	1054	918288			1054	918288
1894	972	904579			972	904579
1895	991	962766			991	962766
1896	1178	985312			1178	985312
1897	1133	968083	710	44670	1843	1012753
1898	1101	987519	1025	64695	2126	1052214
1899	1100	998787	1607	92631	2707	1091418
1900	1100	996383	1606	96406	2706	1092789
1901	1113	985896	1806	101730	2919	1087626
1902	1134	1041952	2082	125468	3216	1167420
1903	1186	1073878	3089	182914	4275	1256792
1904	1186	1066550	3864	226163	5050	1292713
1905	1273	1045958	4509	224998	5782	1270956
1906	1259	1226273	3788	237856	5047	1464129
1907	1538	1731245	4298	304646	5836	2035891
1908	1459	1696972	3734	289857	5193	1986829
1909	1589	1868923	3668	326284	5257	2195207
1910	1950	2314273	3636	375580	5586	2689853
1911	1690	1900373	3914	397012	5604	2297385
1912	1626	1861575	5241	436386	6867	2297961
1913	1760	1942801	4628	360005	6388	2302806
1914	1762	1961226	5987	494305	7749	2455531
1915	1725	2070969	6386	510140	8111	2581109
1916	1570	1855702	5212	504413	6782	2360115
1917	1552	1866254	6422	602616	7974	2468870

续表3

年份	往来外洋		往来国内		共计	
	进出港船舶（艘次）	船舶吨位（吨）	进出港船舶（艘次）	船舶吨位（吨）	进出港船舶（艘次）	船舶吨位（吨）
1918	1485	1797255	6394	525228	7879	2322483
1919	1398	1710281	6697	548803	8095	2259084
1920	1179	1690216	6731	558927	7910	2249143
1921	1243	1703985	7317	560549	8560	2264534
1922	1454	2157098	6761	569908	8215	2727006
1923	1467	2329981	6891	643140	8358	2973121
1924	1473	2342645	7432	711128	8905	3053773
1925	1423	2171395	8565	676739	9988	2848134
1926	1545	2360623	9210	704690	10755	3065313
1927	1730	2858757	9573	717058	11303	3575815
1928	1729	2940738	16062	927739	17791	3868477
1929	1617	2835916	13414	861220	15031	3697136
1930	1702	2829227	13329	870850	15031	3700077
1931	1861	2921179	12485	1059361	14346	3980540
1932	50	73040	2220	3061416	2270	3134456
1933	35	49634	1981	2927768	2016	2977402
1934	59	83718	1768	2822982	1827	2906700
1935	77	122474	1980	3034060	2057	3156534
1936	15	21532	2053	2967904	2068	2989436
1937	12	18059	1490	2178198	1502	2196257
1938	10	141111	587	577266	597	591377
1939	11	14674	613	523219	624	537893
1940	20	24219	750	424380	770	448599
1946	2	888	1170	890986	1172	891874
1947			3504	1744041	3504	1744041
1948	1	87			1	87

资料来源：《宁波海关志》，浙江科学技术出版社2000年版，第154—156页。

表 67-3-1-2　　1978—2010 年杭州海关、宁波海关监管进出境国际航行船舶统计一览表

单位:艘次

年份	杭州海关监管进出境国际航行船舶	宁波海关监管进出境国际航行船舶	年份	杭州海关监管进出境国际航行船舶	宁波海关监管进出境国际航行船舶
1978		12	1995	3103	2945
1979		32	1996	2856	3299
1980		132	1997	3007	3303
1981		186	1998	2863	3196
1982		234	1999	2778	3944
1983		459	2000	3532	4386
1984		612	2001	5710	4656
1985	640	443	2002	6563	4476
1986	589	465	2003	8411	5557
1987	1141	702	2004	8608	6354
1988	1155	581	2005	8825	7870
1989	1307	655	2006	10139	8217
1990	1543	896	2007	10561	9532
1991	2285	1362	2008	9821	8870
1992	2776	1617	2009	10786	8826
1993	3430	2387	2010	11805	8474
1994	4949	2469			

资料来源:根据杭州海关、宁波海关历年业务统计数据整理。

说明:1985—1994 年,杭州海关监管进出境国际航行船舶统计数字包括宁波海关;1995 年起,杭州海关监管进出境国际航行船舶统计数字不包括宁波海关。

第二节　飞机监管

随着社会和科技发展,航空运输具有快速、便捷、安全的特点,在跨境贸易运输和人员交往中得到广泛运用,也成为海关运输工具监管的重要内容之一。

20世纪70年代至80年代初，浙江省内没有固定的开放空港，也没有固定的航线、航班，只有少量包机。杭、甬海关根据1956年外贸部发布的《海关对国际运输民航机监管办法》及1974年修订发布的《中华人民共和国海关对国际民航机监管办法》，对进出杭州、宁波航空港国际民航机实行监管，并建立相应值机、检查制度。1987年7月1日起实施的《中华人民共和国海关法》，对进出境航空器申报、监管和检查作出明确规定，杭州海关据此做好对进出境航空器监管工作。

随着改革开放不断深入，浙江省航空事业也得到迅速发展，20世纪80年代后，逐步开放杭州、宁波、温州等一类航空口岸，新的航线不断开辟，航班密度不断增加。舟山、义乌等开通临时包机。杭、甬海关监管飞机数量逐年增加。杭、甬海关根据法律法规，安全、高效地做好飞机监管工作。

一、进出杭州机场飞机

杭州海关成立后，于1979年6月30日开始对进出境民航飞机进行监管，并办理旅客进出境检查业务。杭州海关驻机场办事处依照1974年外贸部修订颁布的《中华人民共和国海关对国际民航机监管办法》，对进出境民航机进行监管，要求航空站在民航机降落或起飞前2小时通知海关，上下旅客及驳卸货物、邮件、行李和其他物品，须经海关许可。国际航空机降停后，机长或者代理人向海关递交的进境申报单据为："入境和过境旅客及行李舱单"一份，"进口和过境货物、邮件和其他物品舱单"一份以及有关货物运单副本一份，"机组人员及其自用物品、货币、金银清单"一份。国际民航机起飞前，机长或其代理人向海关递交下列单证："出境旅客以及行李舱单"一份，"出口货物、邮件和其他物品舱单"一份以及有关货物运单副本一份，"机组人员及其自用物品、货币、金银清单" 一份（进站后机组人员没有变的免交）。对于航机上的货物、物品，按规定办理：进出口货物、邮件、行李和其他物品办完海关手续，运单或其他单据上经海关签印放行后，航空站才能交付或托运；换机过境货物、邮件、行李和其他物品，应当卸于海关同意的仓库场所，由海关监管，并且按照海关有关规定办理过机手续；海关认为必须开拆机上有关部位或查阅航行记录簿的时候，机长或其指定人应当照办和交验。但根据民航机特点，无特殊情况，不予检查。经海关在出口舱单上签印放行，飞机即可起飞离港。

1980年，杭州笕桥机场经国务院、中央军委批准，正式辟为开放航空站。11月，香港与杭州间往返班机通航。当年，杭州海关驻机场办事处共监管进出境民航机60架次，旅游包机43架次（其中日航飞机3架次）。1981年3月27日，杭州航空站开办国际航空货运业务，自此进出口货物空运成为浙江外贸运输的重要渠道。当年，杭州海关驻机场办事处监管民航机372架次。其后，监管民航机数量逐年增加。1984年，浙江省出口日本国活梭子蟹由杭州民航直接包机运往东京、福冈等地，不需再通过上海空港转运，从而提高出口水产品鲜活率，多创外汇。至1991年，监管进出境民航机超千架次，达1212架次；机组及出入境人员首次超万人，达11610人次。1992年8月，为庆祝朝鲜民主主义人民共和国国庆，中国政府将杭州西子电梯厂生产的自动扶梯作为礼物，赠送朝鲜政府。礼物从杭州由包机出运，杭州海关驻机场办事处派员实地监管装运，保证包机正点起飞。

1994年4月，随着浙江省和杭州市进一步对外开放，新加坡胜安航空公司为适应市场需要，把原以包机形式来往于新加坡和杭州两地的航班，改为定期航班，每周三、六各一班。2002年12月14日，杭州市政府召开2002年杭州西湖博览会总结表彰会，会上通报表扬杭州海关和杭州海关驻机场办事处对西湖博览会的大力支持和出色服务。

2004年杭州开通若干航线，主要有：1月16日，开通杭州至新加坡空运定期航班；3月8日，开通汉城（今首尔）至杭州至上海空陆联程进口转关业务；3月10日，开通厦门至杭州至汉城空运联程出口转关业务。3月28日，杭州萧山国际机场一类口岸正式开放，杭州航空口岸对外籍飞机开通。当日，杭州海关完成对首航杭州往返东京、大阪航线进出境旅客和货物的监管任务。5月17日，杭州至苏州工业园区空陆货运直转监管业务启动。6月10日，温州—杭州—北京空运出口监管业务启动。6月11日，上海—杭州—曼谷空陆货运直转监管业务启动。7月7日，杭州—汉城国际货运航线开通。7月30日，宁波—杭州—北京空陆货运出口转关业务启动。8月21日，汉城—杭州—苏州空陆货运直转监管业务启动。11月27日，杭州—吉隆坡客运包机国际航线开通。2005年又开通若干航线，主要有：1月14日，悉尼—杭州—汉城全货机国际航线开通，首票进出口货物顺利通关。3月7日，杭州海关与中国国际航空公司、港龙航空公司、大韩航空公司、全日空航空公司等6家国内外航空公司签订进出口货物舱单电子数据传输协议，为实现“空中报关、落地放行”打下基础，标志着杭州空港口岸大通关建设步入一个新阶段。4月20日，杭州—曼谷空运往返直航航线开通，杭州海关顺利完成首航监管任务。至此，杭州空港口岸开通国际客运航线8条。5月24日，京、杭两地海关开设的“空中快速通关走廊”启用，推出7项便捷措施与作业流程，并建立转关业务处理应急协调等保障机制。5月27日，汉城—杭州—福州空陆货运直转监管业务启动，首票空运发至福州。8月3日，开通杭州—郑州—非洲空运联程出口转关业务。10月9日，杭州萧山机场海关开通重庆—杭州—欧美空运出口转关业务。10月24日，杭州萧山机场海关开通长沙—杭州—南美洲空运联程出口转关业务。10月30日，杭州—厦门—新加坡往返航线国内段客货载运业务开通。

2006年3月26日起，澳门航空公司开通浙江省内首条航线：杭州往返澳门航班。首航日，澳门至杭州NX122次航班共有旅客115名，杭州至澳门NX121次航班共有旅客61名。5月24日，杭州海关作为首届世界佛教论坛承办工作先进单位之一，得到省委办公厅、省政府办公厅通报表彰。

2007年1月25日，杭州萧山机场海关开通合肥—杭州—欧洲空运出口转关线路，首批2.6吨货物顺利通关，为安徽等地不断增长的货运需求增添新的进出口渠道。4月20日，杭州萧山机场海关开通第三届中国国际动漫节转关快速专用通道，并顺利办结首批28件共488千克漫画手册转关手续。7月10日，杭州萧山机场海关与韩亚航空公司等6家航空公司签订《SITA舱单数据联网申报传输备忘录》，至此，在杭州空港开展国际货运业务的12家航空公司全部实现舱单数据联网申报。2008年3月21日，杭州—乌鲁木齐—中亚的空运出口转关线路开通，首批1.5吨货物顺利通关。3月30日，杭州萧山机场正式启用国际中转厅。

当日，杭州萧山机场海关监管国际中转航班2架次。5月12日，四川汶川发生特大地震。5月28—31日，杭州萧山机场海关在确保监管现场安全前提下，先后2次在海关监管区域内开辟快速运送通道，为来自四川震区伤病员专机提供快速转运服务，共协助运送伤病员专机4架次。12月15日，杭州—台北常态直航包机首航，浙江出运台湾邮件新邮路开通。当日，杭州萧山机场海关监管该航线进出境包机6架次，监管进出境旅客共计1362人。2009年5月21日，杭州萧山机场海关与首都机场海关就“京、杭地面卡车航班联系配合办法”签订协议，开通中国国际货运航空有限公司京、杭地面卡车航班。8月24日，杭州萧山机场海关正式开通杭州—上海卡车航班业务，首票货物共计5974千克，价值约101万美元。

2010年1月11日，杭州萧山机场海关开通日航萧山机场—浦东机场卡车航班，并顺利完成首票124千克货物监管工作。1月25日，杭州萧山机场海关正式开通杭州—桂林—东盟转关业务，并为首票2.1吨货物办理通关手续。3月17日，杭州—曼谷往返航线客运业务开通。3月30日，首条经昆明中转中东地区货运转关航线杭州—昆明—迪拜航线正式开通，可满足浙江省小商品出口到中东地区的运输需求。7月3日，杭州萧山国际机场新国际航站楼正式投入运行，杭州萧山机场海关当日共监管进出境飞机36架次。11月1日，《中华人民共和国海关进出境运输工具监管办法》颁布，杭州萧山机场海关积极做好实施准备。该年共监管进出境飞机10569架次。

表67-3-2-1　　1980—2010年杭州海关监管进出境飞机数量一览表

单位：架次

年份	进出境飞机数量	年份	进出境飞机数量	年份	进出境飞机数量	年份	进出境飞机数量
1980	60	1988	816	1996	1371	2004	7573
1981	372	1989	1082	1997	1544	2005	10345
1982	348	1990	665	1998	1604	2006	12375
1983	447	1991	1212	1999	1522	2007	10791
1984	435	1992	1359	2000	1760	2008	11934
1985	376	1993	1947	2001	2142	2009	9807
1986	556	1994	1453	2002	3925	2010	10569
1987	682	1995	1470	2003	3872		

资料来源：根据杭州海关历年业务统计资料整理。

二、进出宁波机场飞机

1984年，由于旅外宁波籍人士如包玉刚等开始返乡探亲，香港至宁波空中包机不定期开通，当时起降于庄桥机场。1991年，宁波栎社国际机场建成。经国务院批准，宁波航空口岸自1992年对外开放。1992年9月，宁波—香港空中航班开通，宁波海关开始对进出宁波航空港国际民航机实行监管。开通香港航线，对促进宁波市对外开放发挥重要作用，使宁波获得较好的经济效益和社会效益。香港航班从起初每周2班增至每周7班，香港港龙航空公司加入营运（每周2班），客机乘坐率保持在80%以上，且呈持续上升趋势。是年，宁波海关监管进出境飞机117架次。1993年6月，香港港龙航空公司又开通香港至宁波往返包机航线，是年宁波海关共监管飞机564架次。随着宁波与世界各国和地区往来日益密切，前来投资考察、旅游观光和进行文化交流的外国人士及团体越来越多，仅有的一条香港航线已难以适应发展需要。为此，宁波市政府经请示浙江省政府，由浙江省政府转报国务院和中央军委，要求宁波航空口岸对外籍飞机开放。宁波海关积极支持。

图67-3-2-1　监管飞机的宁波海关关员（1994年摄，宁波海关提供）

1995年，宁波海关监管进出境飞机达到900架次。1998年10月9日，宁波—澳门—台北/高雄包机首航成功。11月，宁波—澳门—台北包机开通。12月，宁波空港国际货运开通，宁波海关开始国际航空货运监管业务。国际航空货运业务正式开通运营后，宁波空港国际客货运业务发展势头迅猛，促进宁波本地及周边地区口岸贸易和对外交往繁荣与发展。是年，宁波海关监管进出境飞机978架次。2000年，宁波海关在依法行政前提下，继续支持宁波空港繁荣发展，开通宁波—泰国旅游包机，扶持“澳门航空”包机带货，同时为“宁波空港货运发展十五规划”献计献策。2001年12月4日，宁波海关驻机场办事处完成越南共产党中央总书记农德孟一行专机监管任务。

长期以来，宁波空港由于受自身基础条件限制，加上未对外籍飞机开放，存在着进出境航线少、航班密度低，货源流失严重，进出境货运量倒挂等问题，影响宁波空港繁荣与发展，同时也给进出口企业带来不便。为促进宁波空港进出口货运业务的发展，扭转货物“进不来、出不去”局面，宁波海关驻机场办事处对宁波空港进出口货运情况开展调研，组织召开货代企业座谈会，听取意见、分析原因，向宁波市有关部门提出建议。在继续做好与上海、北京等空港口岸“直通关”业务基础上，拓展新的“直通关”线路。在2003年8月、9月两个月宁波与南京“直通关”业务试运行期间，宁波空港出口货运量首次超过进口货运量，结束宁波空港进出口货运量长期倒挂的局面，促进宁波空港及宁波市地方外贸经济日益繁荣与发展。10月17日，宁波—南京空运“直通关”签字仪式在宁波海关驻机场办事处举行，甬宁“直通关”正式开通。这是宁波海关驻机场办事处继开通至京、沪、穗三大国内空港“直通关”业务基础上开辟的又一条“直通关”线路，标志着江、浙、沪三省市的四大空港实现互动。2004年，宁波航空口岸进出口贸易额达到11亿美元，进出口货运量达到6308吨，递增速度达55%；出入境人员突破20万人次，是1992年航空口岸开放初的40倍；每周航班从当年2架次增加到60多架次。2005年3月，宁波空港首条全货机青岛—宁波—香港航线开通，宁波市政府和各有关部门多年努力得以实现。为确保海关对此项业务监管和服务有良好开端，宁波海关从海关监管职能出发，先后完成两地海关监管协议签订、货物操作场地验收、操作流程确认等前期准备工作，为全货机开通搭建良好监管平台，并在实际运作过程中不断强化海关监管，保证业务正常、有序开展。同时给予甬港全货机开通和运营工作相关各方提供支持，并通过提供业务数据、组织对外考察等途径，为该业务开通提供保障。

2005年4月，国务院批复同意宁波航空口岸向外国籍飞机开放。9月2日，宁波航空口岸扩大对外国籍飞机开放顺利通过国家验收。宁波海关从经济发展全局从发，给予配合和支持，在编制上报、验收准备、开办资金分配等诸多方面保持与宁波市政府和有关部门密切联系，最终顺利完成空港对外开放的国家验收。12月9日，宁波市政府对宁波海关等单位为促进宁波航空口岸扩大对外国籍飞机开放工作进行表彰。

2006年4月22日，宁波栎社国际机场正式对外开放后首条国际航线宁波—首尔航班开通，首航MU277航班出境旅客86人次，货物144千克。同年，宁波海关支持宁波—澳门航线复航，不断扩大宁波空港辐射力，逐步向国际化迈进；重点做好首届世界佛教论坛、浙洽会、消博会、甬港经济合作论坛等重大活动通关保障，全年共提供礼遇接待50批次，计543人次，受到台办、侨办和口岸办等政府部门及社会各界好评。宁波海关作为首届世界佛教论坛承办工作先进单位之一，受到省委办公厅、省政府办公厅通报表彰。

图 67-3-2-2　宁波海关关员检查甬台空中直航飞机货舱（2009年8月摄，宁波海关提供）

2007年12月，宁波海关驻机场办事处、上海浦东国际机场海关和东方航空宁波分公司在沪签署《宁波—上海出口联程中转货物监管合作备忘录》，沪甬“虚拟航班”开通。这是宁波海关继2001年推出“直通车”监管业务以来，首次与国内主要航空公司合作推出新型陆空联运监管模式，将监管车辆作为国际航班的地面延伸，通过与上海浦东国际机场海关、东航沟通协调，推出“虚拟航班”监管业务，真正实现上海浦东国际机场向宁波空港延伸，使宁波地区企业货物出运更加快捷、经济，宁波空港深度融入上海对外空中交通网络。3月28日，装载200头新西兰荷斯坦种奶牛飞机飞抵宁波。该批奶牛在宁波奉化进行检疫隔离后分批运往黑龙江牧场，租用波音747包机运送奶牛在国内尚属首次。2008年8月，宁波海关驻机场办事处、杭州萧山机场海关和香港港龙航空公司在杭签署《宁波—杭州出口联程中转货物监管合作备忘录》，杭甬"虚拟航班"开通，将宁波空港与其他大空港交通网络相融合，拓宽企业出口渠道，降低企业物流成本。2009年8月31日，宁波正式开通空运直航台湾业务，宁波海关支持两岸直航便利措施延伸至空港口岸。甬台空中直航正式开通，第一架航班出境旅客143人。宁波海关以"服务促经济"宗旨为导向，完善工作方案，加强与地方旅游、文化部门沟通，营造文明、高效、和谐的通关环境，保障甬台空中航线正常运行。

2010年4月1日，宁波机场海关与机场边防检查站签订"宁波空港口岸安保协作协议"，双方致力于上海世博会期间宁波空港安全稳定，打击和防范口岸违法行为，健全口岸防范及处置联动机制，共同营造安全和谐快捷的空港通关环境。双方共享情报信息、技术信息和工作资料等，交换24小时畅通联系方式，定期通报口岸安保形势和动态。同年，宁波机场海关采取措施做好第十四届宁波国际服装节通关保障工作，提升监管效率，加强与各联检部门合作，及时掌握航班、人员、货物信息，加强风险调研，确保在快速通关同时严格把关。2010年11月1日，《中华人民共和国海关进出境运输工具监管办法》颁布，宁波海关积极准备，加强对进出宁波机场飞机监管。

表 67-3-2-2　　1992—2010年宁波海关监管进出境飞机数量一览表

单位：架次

年份	进出境飞机数量	年份	进出境飞机数量	年份	进出境飞机数量	年份	进出境飞机数量
1992	117	1997	927	2002	1287	2007	3219
1993	564	1998	978	2003	1295	2008	2932
1994	768	1999	949	2004	2050	2009	1720
1995	900	2000	925	2005	2767	2010	1595
1996	931	2001	1185	2006	3922		

资料来源：根据宁波海关历年业务统计数据整理。

三、进出温州机场飞机

温州海关驻机场办事处于1995年11月9日正式对外开办业务。12月，大连—温州—澳门航线开通，温州海关驻机场办事处开始对进出温州航空港国际民航机实行监管。

1996年11月，温州机场经批准开辟至香港、澳门航线。1996—2007年，温州海关驻机场办事处监管进出境飞机架次不断增加，至2007年达650架次。2008年，温州海关驻机场办事处抓住长三角区域通关一体化有利时机，充分利用航空运输快捷优势，开展转关运输，拓宽货物进出境渠道，吸引货物从本口岸报关进出口，支持空港货运发展。

2009年，温州海关强化服务职能，在做好日常温州—香港出入境航班监管工作基础上，先后验放9架次临时备降航班、小型公务包机，因机械故障、天气原因晚点航班，并在现场主动协助航空公司为旅客提供服务和便利，受到旅客和航空公司好评。同年，为确保温州市人民政府举办第二期“幸福微笑”公益医疗救助活动顺利实施，为来自美国“微笑联盟”医疗队44名医疗专家随身携带入境的价值10万美元消耗性药品器材和耐用性医疗器械办理快速验放手续，获得该项目资助者高度肯定。2010年，温州海关落实各项基础工作，制定完善各项安全制度，落实细化任务措施，确保世博安保监管到位。作为上海备降机场之一，温州机场完善“温州海关驻机场办事处对临时备降国际航班处理预案”。与机场、航空公司协调规范延误航班监管办法，确保因天气原因造成延误航班旅客通关快捷顺畅。11月1日，《中华人民共和国海关进出境运输工具监管办法》颁布，温州海关积极准备，加强对进出温州机场飞机监管。

表67-3-2-3　　1996—2010年温州海关监管进出境飞机数量一览表

单位：架次

年份	进出境飞机数量	年份	进出境飞机数量	年份	进出境飞机数量	年份	进出境飞机数量
1996	44	2000	310	2004	447	2008	574
1997	292	2001	306	2005	532	2009	610
1998	408	2002	489	2006	622	2010	662
1999	313	2003	310	2007	650		

资料来源：根据温州海关历年业务统计数据整理。

四、进出其他机场飞机

进出其他机场飞机监管主要是指临时包机和临时开放口岸飞机监管。2005年10月30日，海关总署批复同意中国籍飞机舟山至香港临时包机在舟山普陀山机场出入境，舟山—香港航线当日首航。12月31日，舟山至香港临时包机旅检工作第一阶段顺利结束。舟山海关克服时间仓促、人手紧缺的困难，组织人员，共投入监管力量18批次，监管关员115人次，监管进出境包机36架次，办理出入境旅客手续3448人次。2006年4月30日，普陀山机场舟山—香港航线第二阶段临时包机顺利结束。舟山海关共投入监管力量23批次，监管关员138人次，监管进出境包机46架次，办理出入境旅客手续2657人次。

2007年10月2日，金华海关义乌空港临时口岸旅检现场正式办理业务。2—6日，金华海关共监管义乌—香港往来包机6航次，旅客386人次。由于义乌地方经济发展迅速，对外交往频繁，为促进浙江外贸经济发展，杭州海关支持将义乌航空口岸调整列入国家“十一五”口岸发展规划，并同意义乌空港口岸在中国义乌国际小商品博览会期间临时开放的申请。待旅检监管场所完善并通过验收后，准予其在国家批准口岸临时开放时限内开展旅客进出境通关业务。2009年10月2日，义乌航空口岸临时开放，义乌海关正式进驻开展旅检工作，并对飞机进行监管。2010年3月31日，义乌—上海空运卡车航班开通，实现义乌至上海空运货物一次转关，为义乌小商品空运货物出口提供“一次报关、一次查验、一次放行”直通式通关服务。8月25日，义乌至香港直航航班开通，航班时间从8月25日至12月31日，较往年延长1个月时间。12月31日，义乌海关圆满完成2010年度飞机监管任务。

第三节　车辆监管

浙江省远离陆路边境，无直接进出境汽车和铁路列车运输。改革开放后，随着浙江省外贸发展，通过公路将货物经边境设关地点或港口转运的进出口货物迅速增加。1980年以后，宁波有少量进出境(转运)汽车。1988年，杭州海关也对载运海关监管货物来往有关口岸的汽车实施监管。杭、甬海关主要依据1963年8月29日海关总署公布的《中华人民共和国海关对进出国境汽车及所载货物监管办法》进行监管：装载进口货物的汽车必须通过设关地点进出境，并在海关规定的地方停留和接受监管；如需继续内驶，由驾驶人员按规定格式填具内驶车辆申报单向海关申报；海关检查汽车时，汽车驾驶员和押运人员应在场，并按海关要求开拆车上必要的部位或搬移货物。1988年3月1日，海关总署发布实施《海关对境内载运对外加工装配保税货物车辆及所载货物管理办法》，对内地来往进出境口岸运载加工装配保税货物的车辆进行全面管理，杭州海关予以贯彻落实。10月，杭州海关为嘉兴市外运集装箱发运站15辆集装箱汽车，核发“准载证书”“境内车辆运载保税货物登记簿”及“车辆驾驶员证”，这是浙江省首家获得海关批准的此类运输企业。此后，杭州海关还先后批准4家运输企业车辆准载保税货物，并对一些来料加工企业核发临时“准载证书”，支持加工贸易经营和货物运输。1989年12月，杭州海关实施《海关对境内汽车载运海关监管货物的管理办法》，并扩大监管范围，凡内地来往进出境口岸接载、卸转海关监管货物的汽车均予以注册登记，实施监管，明确对境内载运海关监管货物车辆的海关管理制度。

由于汽车进出境主要是转关业务，为完善转关运输制度，保证转关工作顺利、健康发展，1990年后，杭州海关全面实行准载证制度，即所有承运海关监管货物的运输企业均应向主管海关办理有关运输工具和驾驶人员的注册登记。准载证制度内容包括：申请准载登记——经营境内载运海关监管货物企业向所在地海关或主管海关办理汽车及驾驶员注册登记手续，提供工商行政管理部门签发的营业执照，交通管理部门签发的车辆牌照、驾驶人员执照，经海关认可的境内单位保证函(或缴纳保证金)。车辆必须符合海关对进出境汽车技术条件要求。申请登记的汽车经海关审核、批准，发给其“准载证书”和“载货登记簿”，汽车驾驶员据此向海关办理载货、卸转手续。海关每年对“准载证书”和“载货登记簿”进行一次审核。未经审核的，其“准载证书”到期失效。承载汽车必须在海关指定地点接载海关监管货物，并向海关申报。申报内容包括：车辆的号码、车辆所属企业名称、驾驶人员姓名等。货物运载期间，海关采用加施关锁、派员随车押运等方式对汽车及所载货物进行监管。货物运抵后，由目的地海关在规定地点为承载货物办理转接手续。从内地运抵口岸的货物，由货物发货人向启运地海关办理报关手续；从口岸运抵境内某地的货物，则向目的地海关办理申报手续。

1993年6月，根据海关总署颁布的《中华人民共和国海关转关运输货物监管办法》及有关规定，杭州海关实施《对汽车承运海关监管货物的管理办法》，全面推行准载证制度：转运货物的运输企业应遵守海关有关规定，并按海关指定路线，负责将货物在规定期限内运至指运地或出境地海关，并保证海关封志（包括经海关认可的商业封志）完好无损，同时向海关交验海关签发的关封；未经海关许可，不得擅自开拆海关封志，交付、提取或处理货物等。同时对所有原注册企业及车辆、驾驶人员进行全面清理，重新注册。核准注册企业13家，核发车辆"准载证书"151张，培训驾驶员177名。1995年4月，杭、甬海关在严格转关运输货物的审批和核销同时，加强对转关货物承运人的管理。凡转关货物必须由海关批准或指定企业承运，实施经济担保并签订责任书，明确法律责任。承运企业经理人和运输人员由海关全面培训、考核。海关对承运单位实行年审年检制度，定期对"载货登记簿"的核销情况及车辆进行检查，承运人不主动核销的，海关不接受其办理新的转关承运业务；对逃避海关监管的，则取消该企业的转关货物承运业务。此外，还要求各监管点海关关员在发现承运企业及驾驶员违规情事时，及时进行教育批评，并作违规记录，作为年审依据之一，把对驾驶人员上岗培训与平时教育贯穿于整个转关运输全过程，形成有效监管。9月，杭州海关首次发现承运企业违规使用"载货登记簿"情事，该车辆系宁波某运输企业，承运人为宁波市某外运公司，而"载货登记簿"却属绍兴市某外运公司。杭州海关及时予以指正并作出处理。

1996年2月，鉴于杭州海关关区与宁波口岸间转关货物增多，杭州海关与宁波海关商定，以汽车陆路运输转关的，在浙江省区域内，暂不使用"载货登记簿"，但承运汽车必须使用"载货证书"，并做到证、车相符。1997年，杭、甬海关进一步严密运输车辆的管理措施，注意核对车辆发动机号、车身号、车牌号是否与申报注册相符；货柜车必须具备厢体可施封并便于海关检查的条件，且须全部密封、无隐蔽空隙并与车架固定一体；车辆如更换、改装或维修，须经海关核准，并及时申报，重新验车；每年对承运企业、车辆及驾驶人员进行年审，未经年审不得继续从事载运海关监管货物业务。1998年3月起，杭州海关实行《转关运输计算机网络管理系统操作规程》，进一步明确对转关货物承运企业的管理要求和法律责任，以保证转关运输健康发展。1999年5月，杭州—宁波"直通式"转关运输开通，作为外贸进出口运输的新组合，其陆路承运集装箱车辆由当地海关分别进行注册监管。

2001年8月，根据《海关总署关于清理整顿转关运输企业和车辆以及加强对转关运输货物实际监管的通知》，杭、甬海关组织人员对各自关区内承运海关监管货物的运输企业和车辆进行调研，发现的主要问题是车辆存在挂靠经营现象。两关采取措施，在配合海关总署推广新转关运输模式过程中，对所有承运海关监管货物运输的企业和运输工具重新清理、备案，规范操作，严密监管，确保海关总署跨关区快速通关系统顺利推进。10月15日，海关总署制定并实施《中华人民共和国海关关于境内公路承运海关监管货物的运输企业及其车辆、驾驶员的管理办法》。杭、甬海关严格落实，主要监管措施是：驾驶员在从事海关监管货物运输时，应出示"准载证""资格证",如实填报交验"汽车载货登记簿"。货物运抵目的地后,必须向目的地海关办理"汽车载货登记簿"核销手续。驾驶员应将承运的海关监管货物完整、及时地运抵指定监管场所,并确保海关封志完好无损,未经海关许可,不得开拆。"汽车载货登记簿"和"准载证"由车辆固定使用;"资格证"由驾驶员本人使用,不得转借或转让他人。实施卫星定位管理的车辆,卫星定位管理系统配套使用的身份证(IC)卡与"汽车载货登记簿"具有同等效力。运输企业、驾驶员应妥善保管海关核发的有关证、簿,不得转借、涂改、故意损毁。承运海关监管货物的车辆应按海关指定的路线和要求行驶,并在海关规定时限内运抵目的地海关。不得擅自改变路线、在中途停留并装卸货物。遇特殊情况,车辆在运输途中出现故障,需换装其他运输工具时,应立即通知附近海关,在海关监管下换装,附近海关负责及时将换装情况通知货物出发地和目的地海关。

2002 年 5 月 10 日起,为加强对承运海关监管货物车辆管理,宁波海关对进入港区提运海关监管货物的车辆实行"双信息放行",即港务部门卡口需验凭海关发送的海关监管集装箱货物信息和对应的车辆信息,确认无误后才允许车辆进港提箱。承运海关监管货物车辆"双信息放行"系统是在充分利用港区现行程序基础上,通过对其修改升级,达到对承运海关监管货物车辆严密高效监管的目的。该系统投入应用后有效解决港区间集装箱货物调拨的运输监管问题。

2005 年 6 月 17 日,上海—杭州进口转关卡口联网系统试点实单运行正式开始。杭州、上海间跨关区数据交换基本成功,启动后卡口联网数据报文传输无误,双方系统运行基本正常。同日,杭州海关与苏州工业园区海关就实现跨关区"区港联动"直通车监管业务达成协议。2006 年 4 月 7 日,杭州海关按期完成卡口控制和联网管理系统关区首批运输企业集中制卡工作,共制卡 74 张。4 月 10 日起,杭州关区部分现场对承运上海、南京部分现场跨关区公路转关运输货物的监管车辆实行卡口联网 IC 卡实卡验核试点。10 月,宁波某企业从法国进口 7 个集装箱废紫铜,重 154.9 吨。货物到港后,宁波国检部门凭手持式便携检测设备抽检后放行。该批集装箱转关到宁波镇海再生金属资源加工园区后,经园区卡口安装的车辆放射性物质监测系统检测,发现放射性辐射超标。后检验检疫部门复检确定部分废金属放射性含量超过国家规定标准(γ 射线环境本底值:0.10μsv/h)70 余倍。凭借园区卡口监测系统,镇海海关及时作出退运出境处理。宁波镇海再生金属资源加工园区是宁波海关对废旧物资进口的海关集中监管点,园区卡口安装车辆放射性物质监测系统。在实践中发现,该系统对废金属放射性检测效果比较好。

2009 年,宁波海关加强对属地申报和转关货物的监管,严格执行承运转关货物车辆的标准,抓住施封、验封等关键节点,加强车辆年审工作。2010 年 8 月 31 日,宁波海关 PB6000 大型集装箱/车辆检查系统设备通过海关总署联合验收组验收。该系统具备简单的物质识别和分层剥离功能,是全国海关第一个通过海关总署验收、投入正式运行的 PB6000 大型集装箱/车辆检查系统,宁波海关运用该系统加强对车辆监管。

第四节 集装箱监管

国际上集装箱运输多数采用联运方式，由生产厂家装箱直接指运收货人，实现“门到门”的运输方式，其便捷、安全的特征，为现代进出境物流所广泛采用，成为海关监管的重要方式之一。

随着浙江省外贸快速发展，进出口货物集装箱运输不断增加。1984年，宁波口岸正式开辟国际集装箱业务。根据业务需要，8月23日，宁波海关根据《中华人民共和国海关对进出口集装箱和所装货物监管办法》，结合宁波口岸具体情况，制定宁波海关执行该监管办法的实施细则，对进出口集装箱和所载货物进行监管：凡购买进口和国内生产的集装箱投入国际运输时，集装箱所有人须向海关办理注册、登记手续，以备进出口报关时核查；暂时进口的集装箱（包括租借的），经海关核准后，须在3个月内复运出口，逾期海关予以征税；承载进出口集装箱的国际航行船舶或其代理人，应按规定向海关申报并交验进出口载货清单（舱单）或者装载交换清单、运单等有关货运单据。此外，该细则又对从宁波口岸进出口的集装箱作具体规定：货主或代理人将进口集装箱运到其他设关地区办理进口海关手续时，须经宁波海关核准，并保证向到达地海关办理报关验放手续后方得提取使用；出口集装箱在起运地海关办理出口手续，运至宁波装船出口的，运输工具负责人或其代理人应及时将起运地海关关封送交宁波海关，凭此监管装船；在宁波海关辖区范围内，集装箱经营单位或其代理人要求设立集装箱中转站和拆装箱点或要求驻派人员，须经海关同意。当时，宁波海关对进出口集装箱在口岸现场逐箱查验。是年，宁波海关共监管进口集装箱200箱次。

从1985年1月1日起，杭州海关也开始承办集装箱及所装货物监管业务。杭州海关根据《中华人民共和国海关对进出口集装箱和所装货物监管办法》，并结合关区实际，对集装箱及所装货物进行监管。要求装运进出口货物的集装箱，应有加封装置，并符合海关监管要求。承载进出口集装箱货物的运输工具负责人或者其代理人，应及时向海关申报，并在交验的进出口载货清单（舱单）或者装载清单、交换单、运单上，列明所载集装箱件数、箱号、尺码，及货物的品名、数（重）量、收发货人、提单或者装货单号等有关内容，并附交每个集装箱的装货清单。未办海关手续的进口集装箱货物和已办海关手续的出口集装箱货物，应存放在经海关同意的仓库场所。保管集装箱货物的单位，应负责保护集装箱封志完整。未经海关同意，不得擅自开启封志、装入或者取出货物，不得将集装箱货物移离海关监管的仓库、场所。对于集装箱所装货物，要求进出口集装箱货物的收发货人或者其代理人，在进出境地向海关办理报关手续，并按规定递交进出口货物、物品的申报单证和其他有关单证。如果要求在到达地或者起运地海关办理报关手续，须报经进境地或者起运地海关同意，并按“海关监管货物”办理手续。海关认为必要时，可对有关集装箱施加海关封志。海关对集装箱货物进行查验时，收（发）货人、集装箱经理人或者其代理人应当到场，并且按照海关要求负责开箱、拆包、搬运等事项。进出口集装箱货物，经海关放行后方准提取、装运或者继续发运。经海关放行的进出口集装箱货物，海关认为必要时，可以进行复查，或者调阅有关交接、验收等单证和账册。收发货人或其代理人，因故要求海关派员到非设关地点或者海关监管区域以外办理验放手续时，应报请进境地或者就近地海关核准（对进口集装箱货物，就近地海关核准后，应将核准情况通知进境地海关）。

杭州海关集装箱监管业务陆续开展，基本满足了浙江省外贸企业集装箱进出口运输需要。1985年，杭州海关全关区共监管集装箱2009标箱，比上年增长9倍。是年，杭州海关对海运日本和经大陆桥出口至西欧的集装箱及所装货物进行监管，共计536箱，进出口货物5000吨。为更好地服务浙江省经济发展，1986年，杭州海关根据工作实际，及时制定有关进出口集装箱监管工作的补充办法：进出口的集装箱货主或代理人应在海关查验前24小时向海关申报；暂时进出的外籍箱体（包括租借的），超过3个月，如仍需使用，可向海关申请延长至6个月；货主单位要求海关下厂下点查验时，必须提前一天向海关提出申请等。

1986年7月，中国加入《一九七二年集装箱公约》，并开始实施《中华人民共和国海关对用于运输海关加封货物的国际集装箱核发批准牌照的管理办法》，杭州海关贯彻实施。是年，杭州海关为适应内陆地区外贸业务发展需要，先后开辟查验监管点61个，其中出口54个，进口7个，分布在关区范围内4个行政地区。1986年，杭州海关共监管进出口集装箱3043只。1987年2月，宁波海关为改进集装箱监管工作，将倪家堰集装箱装卸点开辟为海关“合格监管点”。8月，杭州海关试行集装箱出口监装员制度，即经海关审核，交付单证齐全、正确、有效，集装箱由海关认可的监装员监督装箱，海关认为必要时进行抽查，简化手续，从而加速货运通关。1987年，杭州海关集装箱进出大幅度增长，达6288标箱。

面对集装箱监管业务增大压力，1989年，杭州海关首次把计算机引入集装箱监管工作。到1990年，杭州海关共监管集装箱27810只，其中宁波海关监管21288只，占总数的76.5%。是年，宁波港首次跨入全国沿海十大国际集装箱运输港口行列。1991年6月，宁波海关制定《中华人民共和国宁波海关对出口集装箱拆、装点及其货物的管理办法》，加强对集装箱监管。9月，宁波至美国东海岸的纽约、查尔斯顿和休斯敦的国家核心班轮洲际集装箱直达干线开通，宁波成为全国大陆沿海重要的国际集装箱大型中转枢纽港。同年，宁波海关批准设立宁波市外运仓储公司进出口集装箱装卸点，促进宁波口岸集装箱运输，加强海关有效监管。1992年4月，经海关总署批准，宁波海关开展中国远洋运输总公司宁波北仑港国内中转集装箱支线监管业务，并按《海关对经过中转港进出口集装箱货物的管理规定》进行监管。1992年后，随着宁波外向型经济迅猛发展，宁波海关进出口集装箱业务量急剧增长。1993年共监管69787只，比1988年增长15.8倍，占到整个杭州关区的76%，在全国16个副省级城市中占第七位。1994年，温州海关结合口岸集装箱运输的特点及机构职能的调整，对进出口集装箱及所装货物监管办法进行改革，在审单与查验之间，增设放行环节。对信誉良好的单位和部分非重点货物，试行凭单直放办法，以提高监管效率；对一般货物“门到门”集装箱运输，实行“自装自卸”的监装员制度，从监装时间和地点等方面提出明确要求，把责任落实到代理单位和监装员。

1995年7月，全国一些地区利用进境集装箱藏匿走私情况较为严重，杭、甬海关及时贯彻落实海关总署要求，开展打击利用集装箱走私的专项斗争，并取得阶段性成果。11月，宁波海关与港务局集装箱公司电脑联网完成人工转换步骤，并开始试运行。1996年1月，杭州海关加强对集装箱实际查验，防止以空箱名义走私。对作为货物的进出口集装箱，不论是否装货，均须单独报关纳税；对暂时进口的集装箱，不论是否装货，进口和复运出口时，均实行单独申报，并提高对集装箱的查验比例。9月，海关总署与中国外轮理货总公司签署《关于做好海运进出口货物、集装箱监管工作的合作备忘录》，杭、甬海关均加以落实。杭州海关采取措施，提高港口进出境运输效率，遏制和打击利用海运集装箱进行走私和违法活动。宁波海关则配合上海国际航运中心建设，加快宁波港国际集装箱运输业务发展，做好理货与海关监管工作衔接，与宁波外轮理货有限公司就做好海运进出口货物、集装箱监管工作签订合作备忘录。杭、甬海关还根据外轮理货公司提供的线索，查获多起走私违规案件。为提高浙江省进出口货物在宁波港进出口比例，加快海运进出口集装箱货物的通关速度，降低贸易成本，1997年经海关总署批准，宁波港成为内支线进出口货物的中转港。杭、甬两关经协商，于同年4月18日就杭、甬海关关于内支线国际集装箱中转业务监管联系配合办法签订协议，对内支线集装箱监管加强联系配合。1998年4月6日，为加大打击货运渠道伪报数量走私违法活动力度，海关总署下发《海关总署关于在海关货运监管现场安装电子地磅的通知》，要求凡日均监管进出境集装箱、货柜车90箱（辆）以上的海关货运监管现场，都列为首批安装电子地磅的现场。电子地磅应安装在所有集装箱、货柜车进出必经通道上，以保证把称重作为监管业务流程的一个必要环节。1998年，宁波海关第一台电子地磅在北仑海关安装运行。杭州海关第一台电子地磅在舟山海关老塘山货运监管点安装运行。是年，为杜绝无货假出口骗税、骗汇及逃避海关监管的违法行为，降低出口报关退关率、改单率，杜绝走私分子利用伪造假海关印章私提进口货物，宁波海关开发并应用港区联动集装箱管理系统。

1999年6月，经海关总署批准，舟山—上海内支线集装箱中转航线开通，舟山港为支线港，舟山海关根据《海关对中转进出口集装箱及货物管理暂行规定》进行监管。9月，随着宁波北仑港进出口集装箱货运业务迅速发展，海关监管任务更加繁重。为实现有效监管，严厉打击走私，保证合法贸易迅速进出，宁波海关在北仑海关建设集装箱称重监控系统。11月，为强化物流监控，完善对进出境空集装箱的监管，防止和打击空箱夹藏货物、空重箱调包等走私违规情事，宁波海关对空箱均实行申报验放制度，空箱在提箱或装船前须向海关申报，并接受海关监管；实行空箱舱单核销制度；海关对申报进出境的空箱进行一定比例随机抽查；加强舱单风险分析，不定期地对空箱进行整船核查；加强与外理、港务部门联系配合，建立共管体系，规范港区进、提箱制度及卡口管理；充分利用港区现有称重设备（如地磅等）强化对空箱监管，并探索改造港区吊机，配置称重装置，拓展监管时空。2000年3月，宁波海关H986工程正式开工建设。杭州海关H986系统则安装于温州海关七里港港区监管点。H986集装箱扫描设备的利用，提高了海关查验工作效率，相对传统查验方式具有较高的准确性和安全性，被喻为海关查验手段的革命。杭、甬海关的H986设备建成启用后产生明显社会效益和经济效益，改变浙江省口岸传统监管模式和监管理念，提高海关文明执法水平和通关速度，有效震慑走私违法分子。

2000年6月15日，温州至满洲里铁路集装箱国际联运转关运输业务开通。7月，温州—上海国际集装箱转关运输“铁海”多式联运业务开办，由温州海关实施监管。11日，为更好地开展杭、甬国际集装箱运输“直通关”工作，省政府口岸管理办公室在宁波召开专题协调会议，就杭、甬国际集装箱运输“直通关”运作所涉及的口岸查验、运输、服务等多环节、多方面问题进行商讨，并就杭州、宁波有关各方在配合与协作以及“直通关”操作的办法等方面达成共识。杭州、宁波两地开展国际集装箱运输“直通关”业务，既是对宁波港发展集装箱运输的支持，也是对增强内陆集装箱中转站功能、方便外贸货物进出口运输的支持。这对浙江省，特别是对内陆县、市、区开展外贸进出口业务来说，是一种崭新的运输、监管模式。杭州以及其他市、县可以通过内陆中转站的“直通关”方式，利用宁波港进出口外贸货物。这种适应经济发展的“一条龙服务”，是一种通关便捷、政策优惠、结汇方便的运输和管理方式，在浙江省得到推广和运用。10月8日，为加强上海、宁波“铁海”联运进出口集装箱及其货物的监管，促进两地间铁路中转业务健康发展，规范作业，根据海关总署《海关对中转进出口集装箱及货物管理暂行规定》，宁波海关下发《上海海关、宁波海关关于监管铁路中转进出口集装箱及其货物的联系配合办法》。2001年3月31日，温州七里港区投入试运行，开通温州至新加坡集装箱干线班轮，从而改善温州港外贸运输条件，打破温州港仅能容纳万吨以下船舶停靠的状况，缓解温州市外贸快速发展的瓶颈制约。温州海关对首航的101个集装箱出口货物办理监管手续。4月6日，温州至莫斯科国际货运集装箱班列首发列车启运。这是国内继北京之后开通的第二条至莫斯科的跨国班列货运专线，自此，为温州市外贸货物出口俄罗斯乃至欧洲提供一条方便、快捷的陆路通道。班列开通初期每周发运1列，预计全程运输时间为19天。2001年上半年，宁波海关开发研制集装箱吊机称重系统（即龙门吊）。7月20日，宁波海关邀请海关总署监管司、交通部水运司及部分兄弟海关与地方相关部门专家等，召开“宁波海关龙门吊联网称重系统样机鉴定会”，专家对该系统的开发给予充分肯定，属国内首创。8月29日，查验集装箱随机指派系统在北仑海关启用。

2002年4月10日，国家经济贸易委员会、铁道部、交通部、对外贸易经济合作部、海关总署、国家质量监督检验检疫总局联合发布《关于加快发展我国集装箱运输的若干意见》，杭、甬海关根据浙江省经济面临的良好发展环境和机遇，采取有效措施积极落实，支持和配合浙江省逐步缩小集装箱运输的差距，加强多种运输方式间的有机衔接，改善宏观政策环境，建立规范的市场秩序，促进浙江省集装箱运输持续、快速、健康发展。2003年4月16日，上海—萧山国际集装箱海陆联运中转业务新闻发布会在萧山举行，标志着杭州萧山陆路口岸成为真正意义上的内陆“无水港”。8月29日，根据《中华人民共和国国际海运条例》和交通部办公厅《关于同意国际班轮公司在我国沿海主要港口之间调运空集装箱的函》的规定，允许有关国家国际班轮公司在交通部备案后，利用其经营的船舶调运自有或租用的空集装箱。杭、甬海关根据海关总署要求，落实该规定。2004年，宁波海关开发应用宁波海关国际中转集装箱监控系统，对国际中转集装箱实现监控实时化、申报无纸化。7月23日，为探索、深化宁波海关监管模式改革，增强宁波港口疏港、堆存能力，促进宁波市对外经济发展，宁波海关制定《宁波海关关于“北仑—余姚”进出口集装箱货物转场的操作规程》。

杭、甬海关陆续安装、使用大型集装箱检查设备,使用大型检查设备对进出境货物及运输工具进行查验已成为重要的作业方式之一。2005 年,为提高 H986 设备使用效益,杭州海关与温州市口岸办、港务、集装箱公司等多方协商,分别解决 H986 电力专线开通、温州大桥集卡通行免费、免去集装箱机检查验的吊装、移位、掏箱等所有费用,加大七里港集装箱货物的查验比例等。同时,加强业务制度规范化建设,严格执行各项业务规章制度、作业流程规范和查验机检程序。自主开发 H986 统计分析系统,建立报关单数据库、机检的典型图像库和机检查验结果数据库等,为 H986 系统查验、分析、决策及统计服务。宁波海关则开发完成 H986 典型图像资料库软件系统。该系统将机检查验工作中典型货物扫描图像、实物照片、报关单数据、查验结论等进行整理归档,形成资料积累,作为图像分析参考依据,有效提高机检定论准确性。2006 年,杭州海关定期进行图像风险、特点分析,研究走私、违规手法和动向,加强自主布控。通过对机检货物商品类别、机检比例、经营方式及单位、贸易性质和查获情况进行综合分析,确定查验方向和重点。充分利用全国海关 H986 系统所积累的图像库和海关风险管理平台来捕捉并确定所查货物的风险值和货物特性。以风险值和货物特性来确定该批集装箱货物 H986 过机查验量以及查验方式和查验重点,确保对集装箱货物的严密监管。充分挖掘业务潜力,保证过机量,尽量使设备满负荷运作,加强监管力度,增强海关威慑力。9 月 18 日,为有效防范和打击利用集装箱偷渡活动,中央社会治安综合治理委员会办公室、公安部、交通部、商务部、海关总署联合制定《关于防范和打击利用集装箱偷渡活动的工作意见》,杭、甬海关根据要求部署落实。

2006 年,宁波海关设计开发宁波海关集装箱管理系统,对多年来开发的集装箱管理应用程序进行整合,构筑统一的集装箱监管平台,实现对宁波港所有进出口集装箱的查询、监管和监控,科技管理整体效能和科技应用水平进一步提升。2007 年,宁波海关在宁波海关集装箱管理系统基础上又开发完成宁波海关集装箱货物管理系统,完善卡口控制与联网管理系统,实施推广选择查验系统,开展随机布控,使物流监控更加严密和智能化。2008 年 6 月 25 日,宁波海关集装箱货物管理系统投入试运行,该系统涵盖集装箱货物装卸船、进出卡口等物流监控环节和集装箱移箱、锁定等监管业务,实现海关对集装箱数据的综合查询、异常报警、统计分析等管理要求,有效整合原先分散在码头、堆场以及港务部门的数据和程序,形成以海关监管为主,集港区、船代、货主等服务为一体的信息化物流监控平台。9 月 22 日,宁波海关穿山港区 H986 工程正式开工,穿山港区 H986 工程配备同方威视 PB6000 双能双视角集装箱/车辆检查系统,能提高海关查验效率,提高通关速度。

至 2008 年,宁波港集装箱吞吐量突破 1000 万标箱,达 1084.6 万标箱,升居中国内地港口第四位、世界第八位;有 191 条集装箱航线,月航班超过 800 个,同全球 100 多个国家和地区的 600 多个港口开展贸易往来,为尔后宁波港集装箱运输的进一步快速发展打下了重要的基础。

由于宁波海关在北仑港区三期码头尚未配备机检查验设备,在集装箱进口固体废物实施“两个 100%”查验后,查验工作量大与查验人员紧缺的矛盾更加突出。为此,2009 年 9 月 18 日,宁波海关在北仑港区三期码头安装 H986 设备实现机检查验,对北仑港区集装箱码头全面覆盖，以实现有效监管和高效运作。同年，宁波海关支持宁波—乍浦内支线转关集装箱运输业务发展，拓展宁波港在浙北地区的港口服务，即内支线出口转关集装箱在乍浦港装船后即可在宁波海关办理转关核销放行手续，提升内支线出口转关集装箱的通关速度，加强实际监管。经统计，2009 年 1 月至 2010 年 3 月，该关监管宁波—乍浦转运进出口转关集装箱 5.8 万标箱。2010 年 8 月 10 日，集装箱驳轮“联合 30”号靠泊舟山金塘大浦口集装箱码头 1 号泊位，舟山海关派员实施船边监管，第一时间为企业办理内支线转关手续，标志着杭州关区唯一集装箱出海口正式开展集装箱通关监管业务。同时，也标志着舟山港集装箱码头海运业务的正式开展。8 月 31 日，宁波海关 PB6000 大型集装箱/车辆检查系统设备通过海关总署联合验收组验收。9 月 3 日，乍浦至日本集装箱直航航线开通，首航承运福州通运集装箱 14 个，乍浦出口集装箱 8 个，航线为乍浦至东京，承运船舶为中海集运代理的塞浦路斯籍班轮“向和轮”(PIONEER)。当日，杭州海关联合边防等单位对该船进行登轮监管。此次直航班轮的开通，填补了乍浦口岸集装箱货物直接出口业务的空白，标志着乍浦口岸作为浙北唯一口岸的辐射力进一步加强。

2010 年 12 月 14 日，为加强执法联动，提高监管效能，共同打击瞒报匿报集装箱危险货物的行为，宁波海关加强与宁波海事局的查验协作，双方签订《宁波海关、宁波海事局业务交流合作备忘录》。对海关监管区内海事局需布控检查的嫌疑集装箱，海事局向集装箱货物托运人或其代理人制发“中华人民共和国宁波海事局船舶载运集装箱开箱检查通知书”，各现场海关需审核集装箱货物托运人或其代理人提交的“开箱申请表”和海事局制发的“集装箱开箱检查通知书”。如审核同意，现场海关在“开箱申请表”上盖章确认。各现场海关在日常查验中发现集装箱货物存在下列瞒报匿报危险货物，在查验结束后半个工作日内报送宁波海关职能部门：一类危险品，爆炸品(烟花爆竹)；二类危险品，气体(气体打火机及充气罐、点火枪、发胶、制冷剂、摩丝、喷雾式空气清新剂、喷雾式杀虫剂等)；三类危险品，易燃液体(香水、油漆、指甲油、香蕉水)。各现场海关查获的涉嫌瞒报匿报危险货物，需进行性质鉴定的，由各现场海关向对应的海事局各现场单位提出性质确认需求，或提供样品，海事局将给予海关技术支持，协助确认货物性质。海事局如需开箱检查，应在海关查验场地进行，现场海关须对海关监管货物履行相应监管职责。2010 年，杭、甬海关共监管进出口集装箱约 957.4 万标箱。

图 67-3-4-1　大榭海关关员检查进出卡口集装箱(2009 年摄，宁波海关提供)

从2006年起，浙江省政府实施港口发展战略，整合浙江港口资源，正式成立宁波—舟山港。经过数年的努力，至2010年，宁波—舟山港集装箱吞吐量达到1314.4万标箱，在中国内地港口中名列第三。作为进出境集装箱监管的主要部门，杭、甬海关对此做出了重要贡献。

表67-3-4-1　　1984—2010年杭州海关、宁波海关监管进出口集装箱数量一览表

单位：标箱（TEU）

年份	杭州海关监管进出口集装箱数量	宁波海关监管进出口集装箱数量	年份	杭州海关监管进出口集装箱数量	宁波海关监管进出口集装箱数量
1984	200	200	1998	56990	326084
1985	2009	1473	1999	62703	418198
1986	3043	2292	2000	81119	700771
1987	6288	4279	2001	108067	986133
1988	7191	4155	2002	195049	1564273
1989	10258	6069	2003	294643	2414295
1990	27810	21288	2004	412307	3338579
1991	43381	35330	2005	568469	3759427
1992	63497	49380	2006	647960	4844320
1993	91978	69787	2007	709413	6222800
1994	135774	105860	2008	809815	6667081
1995	42816	133672	2009	1049588	6513500
1996	35123	135614	2010	1209118	8364773
1997	44201	232404			

资料来源：根据杭州海关、宁波海关历年业务统计数据整理。

说明：1984—1994年，杭州海关监管进出口集装箱统计数字包括宁波海关；1995年起，杭州海关监管进出口集装箱统计数字不包括宁波海关。

第四章　物品监管

海关物品监管，是指除货物以外的行邮物品监管，包括对进出境人员行李物品、邮递物品、非贸易物品监管等。主要针对特定人员个体，因此政策性、敏感性强。

近代浙海关、杭州关等依据《浙海关轮船往来宁沪专章》《杭州口各国商船起下货物完纳税钞及各项开口试办章程》等对进出旅客进行监管、检查。光绪二十二年（1896 年）二月，清政府批准海关开办大清邮政。同年十一月，大清温州邮政总局设立，后杭州邮政局、宁波邮政总局陆续设立。浙海关、瓯海关、杭州关海关人员对邮政包裹实施监管。民国 19 年（1930 年），浙海关施行《出口旅客应税物品收税章程》。

1973 年 3 月，温州海关成立后，承担温州、永嘉、瑞安、青田等地进出口邮包查验工作。1979 年 6 月，宁波港对外开放，宁波海关开始对进出境船员自用物品进行监管。同年，杭州海关成立，即开展进出境旅客行李物品监管业务。是年，杭州市设立境内提货处，开展“在外售券、境内取货”业务，为出国人员购置进口物品提供服务，杭州海关对此实施监管。1985 年 3 月，海关总署批复同意杭州海关在杭州开办进出口邮递物品监管业务。

1987 年 7 月 1 日，《中华人民共和国海关法》（以下简称《海关法》）正式施行，其中规定验放旅客行李物品和邮递物品原则是以自用合理数量为限。为严格执行国家的各项政策规定，杭州海关结合浙江地方具体实际，制定切实可行的操作规程，有效监管本关区旅客行李物品和邮递物品的进出，促进浙江省外向型经济和对外交流健康发展。

1995 年开始，全国开展大规模“扫黄打非”①活动，杭州海关、宁波海关②加大对进出境印刷品和音像制品的监管力度。1996 年 10 月，杭州海关驻邮局办事处被国务院新闻办、新闻出版署、全国“扫黄打非”办公室、海关总署等四部委联合授予全国“扫黄打非”先进集体称号。

2006 年 4 月，首届世界佛教论坛在浙江杭州、舟山举办，杭、甬海关设置专用绿色通道、完善应急预案、加强宣传引导，为论坛的筹备和举办提供优质服务，被省委办公厅、省政府办公厅评为首届世界佛教论坛承办工作先进单位，受到通报表彰。2008 年，为保证北京奥运会顺利举办，杭、甬海关落实海关总署部署，并根据各自海、空港口岸实际，分别制定各项安保方案，通过加强安保培训，落实紧急预案等措施，提高现场突发事件应对能力，圆满完成奥运安保任务。

---

① “扫黄打非”是指扫除淫秽色情、封建迷信等危害人们身心健康、污染社会文化环境的文化垃圾和打击非法出版物。

② 以下杭州海关、宁波海关分别记述时用全称，两关合记时简称杭、甬海关。

至2010年，浙江省境内杭州、宁波、温州、舟山等地设有多家口岸、市内、供船等类型的免税店。杭、甬海关根据海关的法律、法规和规章，对浙江省各口岸进出境旅客携带物品、邮递物品、非贸易性物品、免税店物品等各类进出境物品进行全方位的监管。

第一节　行李物品监管

清咸丰十一年（1861年）四月浙海关（新关）建立后，旅客行李检查成为海关物品监管重点。是年，《浙海关轮船往来宁沪专章》颁布，对进出旅客检查作出详细规定。光绪二十二年（1896年）八月杭州关开关当日，即颁告《杭州口各国商船起下货物完纳税钞及各项开口试办章程》，规定海关对旅客行李物品监管范围包括杭州至嘉兴运河沿岸通商口岸及内港各处。

20世纪70年代，浙江省温州、宁波、杭州海关相继成立，遂开展对旅客行李物品的监管工作。1987年7月1日，《海关法》正式实施，规定对进出境旅客行李物品和邮递物品验放的标准是以自用合理数量为限。这一标准长期成为海关验放行邮物品的原则。海关监管的行李物品主要分旅客行李物品（包括华侨和港澳台旅客行李物品、外国籍旅客行李物品、出国人员行李物品等）和运输工具服务人员自用物品。

一、旅客行李物品

中华人民共和国成立后，因受帝国主义封锁，浙江省境内人员与海外来往甚少。1951年，少数华侨、港澳台胞从宁波口岸出入境，共25人。当时上海海关宁波支关根据《华东区对外贸易管理办法》和《华东区进出口货物稽征暂行办法》及中央人民政府海关总署《归国华侨行李物品免税优待暂行办法》，对进出境物品实施管理。由于华侨及港澳台同胞与海外有着特殊的人脉关系和沟通作用，依据国家的政策规定，海关对华侨和港澳台同胞进境探亲、旅游所携行李物品一贯予以特殊照顾。

1979年1月，对外贸易部修订实施的《出国人员行李物品管理规定》，正式将出国人员分为长期和临时出国人员两类。对在外1年以上出国人员进境时，可免税带进电视机、收录机、自行车、缝纫机、照相机、电冰箱、洗衣机、手表8种物品各1件；临时出国人员每次入境可免税带进上述8种物品之中的1件。对超出限量和超过上述免税品种范围的耐用消费品，征税进口。

1979年6月30日，香港至杭州的旅游包机首次抵杭，出国人员可以从杭州直接入出境。该包机每10天一班。10月5日，又开通了加班机。杭州海关依照外贸部1974年颁布的《海关对国际民航机的监管办法》，制定了以旅检工作为主体的值机、把关、检查、征税、案件处理5种岗位责任制，同时制定了7条现场工作纪律和10条文明礼貌守则。当年共监管进出航班38架次，监管进出境旅客3723人次，其中华侨和港澳旅客2550人次，占进出境总人数的68.5%。

外国籍旅客指中国籍旅客以外的所有旅客，包括无国籍人。1979年杭州海关成立当年，进出境外籍旅客 1142 人次，涉及法、美、意、加、澳等 25 个国家和地区。这些外籍旅客以游客为主。是年，外贸部海关管理局将外国专家进出口物品主管海关进行分工调整，杭州海关负责除宁波地区外的浙江全省外籍人员监管。

1980 年 4 月 12 日起，杭沪间港航包机所有进出境旅客均在杭州办理海关手续，沪杭段航班改为国内航线。11 月起，香港至杭州班机正式定期通航，每周进出 6 个航班，旅客成倍增加。以前搭旅游包机入境旅客行李很少，手续简便，定期班机通航后情况发生变化。杭州海关及时研究验放尺度，对超量及应税物品建立退运保管制度。针对开关伊始，关员中新手多、业务不熟的情况，杭州海关将旅检工作中日常应用的政策规定等汇编成“旅检工作手册”，要求关员人手一册学习，穿插阶段性考核，80%的关员成绩良好，使政策掌握程度、验放速度和工作质量得到提高。旅游包机每航次约 100 人，在半小时左右即可办妥海关手续，一般旅客的检查、登记手续也不超过 10 分钟。是年，监管进出境旅客 5876 人次，其中港澳旅客 5298 人次，占旅客总人数的 90%。1981—1982 年，国外旅客约占全部旅客的 30%，其中以旅游者居多，占全部入境旅游者的 40%，尤以美、日旅客为主。杭州海关驻机场办事处依规定为进出境人员办理行李物品的验放手续。

1982 年，海关总署发布《外国旅游者办理海关手续须知》，规定外国旅游者带进旅程需用的个人行李物品限自用合理数量，其中酒限 2 瓶（每瓶限 750 毫升）、香烟限 400 支，予以免税放行。经海关登记准予带进自用的手表、录音机、照相机、电影摄影机、摄像机等，离境时必须复带出境。杭州、温州、宁波海关均严格执行海关总署的规定。

同年，台湾当局放宽赴大陆探亲人员限制，经第三地入境台湾同胞逐渐增多。7 月，海关总署制定施行《中华人民共和国海关对台湾同胞及其在大陆亲属进出境行李物品验放的暂行规定》，对台湾同胞进出境携带行李物品，按“准许免税和征税进口行李物品限量表”验放。其中，对经批准回大陆定居的台胞，其携带或托运进境的行李和安家物品，在自用范围内予以免税放行，不受限量表限制。从 1982 年 8 月至 1983 年 4 月，从杭州入境台胞 9 人，出境 30 人，年龄在 50 岁以上的居多，多为首次回乡，带进的重点物品有手表、收录机、照相机、电视机、摩托车、洗衣机等，回程时携带家乡土特产。杭州海关均按规定给予免税放行。

20 世纪 80 年代初，走私活动开始出现蔓延势头。杭州海关根据口岸旅客情况进行定期分析汇总，确定将以下三类人员列为查验重点：一是探亲旅客，尤其是前往温州地区的旅客；二是港澳商人，尤其是本省籍和往来频繁的人员；三是绕道进出的旅客。对上述对象，均采取细查细验，全面开箱，或使用探测器进行人身查验。对旅游人员，则根据申报核对物品，少开箱甚至不开箱，加快验放速度。

1984 年 7 月 1 日，海关总署制定施行《中华人民共和国海关对台湾同胞进出境行李物品的管理规定》，放宽对台胞携带行李物品的限量。首次回大陆探亲、参观或旅游的台胞，可特殊照顾免税进口 3 件高档消费品、5 件普通消费品。如自行车、缝纫机、手表、电视机、电冰箱、洗衣机、收录机、照相机开始列名为可以免税进口的物品。对台湾同胞带进上述物品，杭州海关按规定予以免税放行。

1985 年 1 月 1 日，杭州海关执行海关总署对出国人员进出境行李物品管理新规定，海关重点管理物品开始分为大件和小件两类。大件是指人民币200元以上、1000元以下的高档耐用消费品。同时扩大了验放物品品种范围。对长期出国人员,海关给予“进口免税物品登记证”,凭证核放携带和托带进境的物品。长期出国人员在境外满1个季度、临时出国人员满15天可免税带进1个大件和1个小件。在境外超过1个季度满15天的,按2个季度验放物品,以此类推。

20世纪80年代中期,来浙江旅游、探亲、从事贸易的华侨、港澳旅客明显增多。至1985年,杭州关区出入境人员(包括短期与长期居留旅客在内)已达31392人次(出境18382人次,入境13010人次,其中华侨及港澳同胞16582人次)。这些人员除了外贸人员以外,还有留学生及考察、劳务输出、科技、文化、体育交流人员。杭州海关验放带进进口重点管理物品2281件,其中以电视机居多,其次为手表等。

1987年7月1日,《海关法》正式实施,其中对验放旅客行李物品的要求是以自用合理数量为限。此外,根据中共中央办公厅出台的《关于做好台胞来祖国大陆探亲旅游工作的意见》,海关总署修订《中华人民共和国海关对台湾同胞进出境行李物品的管理规定》。同时,针对不法分子骗取台胞免税指标在国内出售牟利等违法活动日益突出的现象,海关总署下发《中华人民共和国关于对台胞带进物品加强管理的通知》。对1年内第3次起多次入境的,只免税放行其带进的一般自用生活用品;对带进国家限制进口、国内外差价大的家用电器等重点物品,比照华侨1年内第2次入境待遇,征税放行。1988年1月29日,6名在巴拿马籍“杰克逊”轮工作的中国台湾船员,通过宁波海关北仑办事处办理入境手续。这是宁波海关首次对以观光和探亲为目的入境的台胞船员进行监管。1988年初开始,入境杭州的台湾地区旅客人数剧增。5月达到高峰,为1731人次,占出入境旅客人数的60%左右,最多时达到80%。11月3日起,杭州海关按照海关总署规定,对经香港、澳门地区进境的台湾同胞,验凭外交部驻香港签证办事处签发的或香港中国旅行社代办的旅行证件,对经由国外进境的台胞,凭驻外使(领)馆签发的旅行证件,对其携带进境的行李物品,均予以免税优待。由于上述免税优待政策的出台,台湾同胞带进物品数量也在逐年递增,种类有摩托车、音响、录像机、电视机、电冰箱等。

1989年5月,海关总署下发《中华人民共和国海关关于进出境旅客选择“红绿通道”通关的规定》。6月,国内发生政治风波,受其影响,杭州口岸入境旅客数当月锐减至仅620人次,其中外籍旅客仅为135人次,比上年同期减少74%。9月10日起,国务院决定取消因公出国人员每季度可免税带进海关公布的人民币500元至1000元家用电器及200元至500元的学习生活用品的规定,而改为在境外每满180天,可免税带进上述限值物品各1件。杭州海关遵照执行。是年底,杭州海关开始实行进出境旅客选择“红绿通道”通关模式。杭州海关下属沿海海关对旅游船的监管业务始于1987年。1989年,宁波海关监管旅游船旅客1200人次。

温州海关对进出境旅客监管检查,起初在温州市安澜港区的沿海客运站中进行,场地窄小、条件简陋。1990年3月1日,在温州市人民政府口岸管理办公室的协调下,温州海关联检厅移至当时在温州麻行码头新建成的沿海客运大楼。9月,原“进口免税物品登记证”停发,出国人员回国时,海关凭本人护照办理旧证免税指标的验放手续。是年,杭州海关应浙江国际经济技术合作公司要求，取消逾期滞留美国迪士尼公司的13名违纪违约劳务人员享受因公免税额的待遇。翌年2月，新的"进口免税物品登记证"开始发给常驻国外机构2年以上人员和公派研究生、劳务输出人员，以方便他们在境外托运进口行李物品，由海关凭证按规定验放。对出国人员进出境行李物品的管理规定，海关根据不同时期具体情况不断进行修订、补充与完善。从1990年起，出国人员从杭州口岸带进耐用消费品数量开始下降。

1991年5月，国务院批准宁波栎社机场航空口岸对外开放。宁波海关推出方便宁波空港旅客通关的5条措施：对符合礼遇及免验人员规定的进出境中外籍旅客一律按有关规定执行，增设礼遇通道；对一般进出境旅客携带价值较低的个人自用物品减少过机率及行李开包查验率；对进出境从事招商引资、出国考察的公派人员按照强化重点物品监管、方便一般物品进出的原则处理；对境内外客商携带数量合理、价值较低或无商业价值的货样、广告样品和产品目录等予以放行；对确系企业生产急需、货主随身携带进境的料件，采取先出具保函放行、后补办报关手续等做法。

鉴于浙江境内许多外国专家等常驻人员向杭州海关提出申请，要求对他们分离运输进境的行李物品移至杭州办理海关监管手续，自1991年11月1日起，杭州海关审核申请，同意后开具"进口物品监管联系单"，商请各进口地海关凭联系单给予办理监管转关手续。此举得到九龙海关（现称深圳海关）等关响应，为外籍常驻人员提供了方便。

在杭州关区验放的进出境旅客中，台湾同胞带进重点物品远远超过其他进出境旅客而居首位。经统计，1992年1—8月，台湾同胞带进的电视机1506台，占所有进出境旅客带进电视机的93%；摩托车497辆，占87.5%；录像机170台，占82%；电冰箱105台，占86%。9月，宁波至香港航线开通。是年，杭州海关监管进出境航班1242架次，验放进出境旅客16万人次，验放重点物品2万余件。

为鼓励在外留学人员回国服务，1992年8月，海关总署制订文件，对在外留学人员回国携带进境行李物品给予政策优惠，其中规定给出国连续学习进修期限1年以上（含1年）的留学人员学成回国工作除享受规定中的免税优惠外，准予在国内用现汇购买供个人自用的国产小汽车①1辆，计入本人免税限量。至1993年4月16日，杭州关区共受理审批6名回国工作留学人员申请购买国产小汽车。

1993年，为加强对旅检现场突发事件预防和处理工作，宁波海关制定《旅检现场业务操作规程》《旅检现场突发事件处理原则》《旅检现场突发事件处理预案》，监管模式由普遍开箱、重点抽查的做法改为"红绿通道"验放。同时，杭州海关旅检工作由"防范为主"向"促进为主"转变，简化手续，加快通关速度。1994年，杭州海关旅检现场设置无障碍通道，实行有申报和无申报两种通道模式，降低申报率和过机率，加快通关速度。

此后，随着国家对外开放进一步深化，加之宁波、温州两口岸增设连接境内外的"空中走廊"，出国从事贸易、洽谈业务、留学的人员往来更加频繁。1996年，海关总署将享受免税限

① 国产小汽车，指经国务院或其授权部门批准的经营单位，根据海关规定，在海关监管下，向指定经营对象销售指定范围内的由国内生产并免税进口关键零部件或退还流通环节增值税的小汽车，由办理审批手续的海关统计。

量人员重新确定为外交、留学、援外、远洋、劳务和访问学者6类，每半年(180天)可享受1件免税指标，最多一次可连续享受4年即8件指标额度。4月1日起，规定除对中国驻外外交机构人员、留学人员、访问学者、赴外劳务人员、援外人员和远洋船员进境行李物品的免税指标暂予保留外，其他各类中国籍旅客携运进境的物品由海关按规定予以征税放行。8月，海关总署制定实施《中华人民共和国海关对中国籍旅客进出境行李物品的管理规定》，把华侨和港澳台旅客等中国籍非居民旅客携带行李物品进出境的管理与因公和因私出国人员等中国籍居民旅客合并管理，取消对华侨"按公历年度首次进境"验放物品的做法，按"中国籍旅客带进物品限量表"的规定验放行李物品，杭、甬海关均遵照执行。

1999年8月1日起，国家对自1996年12月31日发布实施的《关于对携带外汇进出境管理的规定》作了修改，启用新版"携带证"。杭州海关自1999年9月1日起，停止验放旧版"携带证"。8月25日，为满足归国留学人员购买国产新型号汽车的要求，海关总署经会商国家计划经济委员会等五部门同意，决定将1992年《关于回国服务的在外留学人员用现汇购买个人自用国产小汽车有关问题的通知》第二条留学人员允许购买的小汽车种类范围修订为："凡国家定点轿车生产厂家生产的轿车，留学人员均可购买。"是年，海关总署进一步规定：在外留学回国人员连续在外每满180天，可免税购买《旅客行李物品分类表》第三类物品1件；临时进出境留学回国人员在境内停留时间不超过30天的，按连续在境外计算验放时间；留学回国人员在境外学习、进修1学年以上(含1学年)的，仍可在其免税限量内购买免税国产轿车1辆。是年，杭州海关共审批留学回国人员购买免税国产轿车24辆。

从杭州海关建关起至2000年，杭州海关共监管进出境旅客326万人次。仅2000年，杭州关区进出境人员达36万人次，带进的消费品品种范围由20世纪90年代初期以家用电器为主，逐渐向电脑、通信器材等转变。

2004年6月16日，海关总署颁布《中华人民共和国海关对非居民长期旅客进出境自用物品监管办法》，将外国籍长期旅客①，如外资企业、境外企业、新闻机构、经贸机构、文化团体等常驻机构人员，外国专家，外国留学生等合并管理，海关凭其长期居留证件，准予其进境合理数量的自用物品。8月1日，该办法正式实施，杭、甬海关即遵照执行。根据该监管办法，非居民长期旅客进出境自用物品应当以个人自用合理数量为限。其中，常驻人员②可以征税进境机动车辆，每人限1辆，其他非居民长期旅客不得进境机动车辆。非居民长期旅客取得境内长期居留证件后方可申请进境自用物品，首次申请进境的自用物品海关予以免税，但按照本规定准予进境的机动车辆和国家规定应当征税的20种商品除外；再次申请进境的自用物品，一律予以征税。此前，海关总署发文，对华侨、港澳台非居民长期旅客的身份问题进一步

---

① 外国籍长期旅客是指经公安部门批准进境并将在境内连续居留1年以上(含1年)，期满后仍回到境外定居地的外国公民。

② 常驻人员是指非居民长期旅客(指经公安部门批准进境并将在境内连续居留1年以上[含1年]，期满后仍回到境外定居地的外国公民、港澳台地区人员、华侨)中的下列人员：(一)境外企业、新闻机构、经贸机构、文化团体及其他境外法人经中华人民共和国政府主管部门批准，在境内设立的并在海关备案的常设机构内的工作人员；(二)在海关注册登记的外商投资企业内的人员；(三)入境长期工作的专家。

明确:境内无职业人员,可只提供通行证、回乡证等进出境证件;境内华侨、港澳台常驻人员,除提供进出境证件外,还应提供国家工商行政管理总局制发的“外国(地区)企业常驻代表机构工作证”、劳动和社会保障部制发的“台港澳地区人员就业证”等证件。由于浙江省进出境管理部门对华侨和来自港澳地区长期居住人员已停止发放“暂住证”,杭州海关凭其长期居住地公安局(或者派出所)出具的长期居住证明予以确认。

2004 年 10 月 9 日,海关总署为方便留学人员购车,放宽了留学人员购车时限:留学人员学成后在外停留时间不超过 2 年,并自入境之日起 1 年内向海关提出购买国产免税小汽车的,海关均可批准其申请。12 月 27 日,海关总署经商教育部,进一步明确留学回国人员在外学习、进修 1 学年的时间审核问题:按照在外学习、进修时间不少于 9 个月掌握。杭州海关按照海关总署的有关规定进行审批,并印制“购车业务办理指南”,以方便留学回国人员办理有关手续。此后,留学回国人员购车业务逐年增加。2004 年,杭州海关共审批杭州市区(除杭州经济技术开发区、萧山、富阳、桐庐、余杭外)留学回国人员购买免税国产轿车 62 辆。

2005 年 7 月 1 日起,杭、甬海关在杭州、宁波空港实施进出境旅客书面申报制度。旅客在进出境前,可在航空器上、旅行社等地点,提前填写完毕,进出境时选择“无申报通道”(又称“绿色通道”)或“申报通道”(又称“红色通道”)办理相关手续。9 月 4 日,杭州萧山机场海关旅客通关多媒体信息查询系统投入使用。旅客可通过该系统快速查询海关简介、通关流程、通关指南等内容。

2007 年 9 月 29 日,杭州萧山机场海关在旅检现场正式实施“一机两屏”的工作模式,加强关检合作,提高口岸管理效能。是年,杭、甬海关旅检现场保持缉毒高压态势。杭州海关通过分析毒品走私形势,研究本口岸毒品走私风险、走私手法特点,发布风险信息,加大组织关员培训力度,增强关警协作,并首次启动人体缉毒应急机制,对多名外籍旅客实施人体查验,首次查获人体藏毒案。宁波海关成立缉毒工作小组,加强旅检现场风险分析,收集情报和资料,探讨跨关区缉毒工作体系具体措施和做法。是年,杭州萧山机场海关旅检现场实行“7×24”工作制度①。

2007 年下半年,杭州海关对关区进出境自用物品监管工作进行核查。次年 1 月 28 日,杭州海关根据核查结果发文要求关区各关严格规范审批。4 月 17 日,再次发文,要求关区各关切实发挥三级审批制度把关作用。非居民长期旅客申请进境超出“中华人民共和国海关旅客进出境行李物品分类表”所列最高限值(即完税价格人民币 5000 元)的物品,原则上不予受理。若确属自用,应及时向杭州海关监管通关处请示。

2008 年 1 月 30 日,杭州海关发文要求关区各关切实按照海关总署有关规定审核非居民长期旅客进出境自用物品必须提供的身份证件、长期居留证件、就业证和其他单证。重点审核相关证件是否有效、规范,申请人是否在境内连续居留 1 年以上(含 1 年)。对于外籍常驻人员提供的就业证满 1 年但“长期居留许可”不满 1 年的情况,若其确实由于工作需要未及时向公安部门申请,导致“长期居留许可”只满 11 个月以上的,可以考虑审批其自用物品进境,

① 即一周 7 天、每天 24 小时全天候轮班工作制度。

但对进境自用车辆则一律不予审批。对申请进境机动车辆的，还应审核其所在常驻机构的“中华人民共和国海关常驻机构备案证”或者所在外商投资企业的“自理报关单位注册登记证明书”、提（运）单、装箱单等相关单证。凡不符合规定要求的，一律不予批准。要求规范常驻人员征税进境自用车辆转让手续，严格按照海关总署有关规定受理常驻人员征税进境自用车辆的转让申请，常驻人员申请自用车辆转让过户时，应当由车辆进口申请人本人向主管海关提出书面申请，并递交相关单证。对征税进境的自用车辆，自向公安交通管理部门办结车辆登记手续之日起未满1年的或者无法提供有关单证的，一律不准转让。

2008年5月，为保证北京奥林匹克运动会顺利举办，杭州萧山机场海关、宁波海关驻机场办事处在旅检现场对进境行李物品、快件、涉奥物资、重点商品实行100%X光机检查。杭州萧山机场海关旅检现场实施不间断人工开箱查验，严格控制和查缉威胁奥运安全的行李物品、货物进境，防堵核、生、化、爆等危险品入境。6月2日，杭州萧山机场海关全面实施奥运安保工作方案和通关监管应急预案，加大对反动、邪教以及散发性宗教宣传品的查缉力度，坚决查扣危害国家安全、政治稳定的各类危险品和反动宣传品。组织开展专项航空器清舱查验行动、航空废弃物检查，并在舱内查获多种违禁刊物。宁波海关充分发挥海关和缉私警察的各自优势，强化配合协作机制。在奥运安保期间，杭州萧山机场海关启动突发事件应急预案，妥善处置疑似爆炸物案件3起，共查获涉奥违规货物、物品9546件；宁波海关驻机场办事处查获各类违禁品723份。

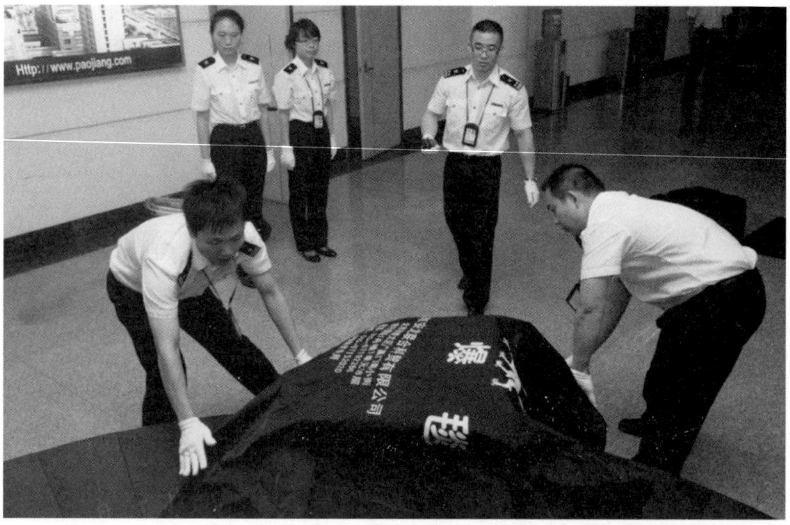

图 67-4-1-1　杭州萧山机场海关在旅检入境现场实施奥运安保方案（2008年摄，杭州海关提供）

2009年，杭州萧山机场海关创新旅检监管模式，制定新国际航站楼旅检出境半开放模式监管实施方案，并推广应用旅客通关管理系统。

2010年7月3日，杭州萧山国际机场新国际航站楼正式投入运行，杭州萧山机场海关当日共监管进出境飞机36架次，监管进出境旅客5265人次。7月，杭州萧山机场海关在旅客出境现场启用半开放式监管模式，实现出境旅客先托运行李再通关的流程改革，平均每天监管出境航班从17班增加至26班，旅客通关更便捷、快速。上海世界博览会期间，杭、甬海关按照海关总署部署，认真履行安保职责，通过完善各项预案、整合监管资源、加强风险分析、开展应急演练、健全配合机制等措施，切实提高旅检现场实际监管能力、查缉能力和应变能力。其间，杭州、宁波空港未发生一起危害国家安全、破坏社会稳定的突发情事。

表 67-4-1-1　　2002—2010 年杭州关区、宁波关区进出境旅客数量一览表

单位：人次

年份	杭州关区			宁波关区		
	进境旅客数	出境旅客数	合计	进境旅客数	出境旅客数	合计
2002	214342	216568	430910	69713	68437	138150
2003	197197	201879	399076	58559	58724	117283
2004	363002	363002	717714	91330	92178	183508
2005	497966	487035	985001	107940	107126	215066
2006	607830	593062	1200892	133344	1366461	269805
2007	601928	590387	1192315	165844	165459	331303
2008	620337	600739	1221076	151960	154870	306830
2009	781096	748689	1529785	103830	105754	209584
2010	974103	957670	1931773	102532	104312	206844

资料来源：根据杭州海关、宁波海关历年业务统计数据整理。

说明：进出境旅客指的是作为海关监管对象的短期旅客、长期旅客、定居旅客和过境旅客。

二、运输工具服务人员自用物品

运输工具服务人员，是指进出境中各类从事国际运输的运输工具服务人员，包括国际航行船舶船员、国际航空器的乘务人员等。其进出境自用物品受海关监管。

温州海关较早开展对运输工具服务人员行李物品的监管，主要监管来往中国内地至香港及国内至日本、朝鲜货轮上船员所携带的行李及自用物品。1979 年 6 月 1 日，宁波港正式对外开放，随着国际航行船舶进出，宁波海关开始对进出境船员自用物品进行监管。当时，海关对船员自用物品的监管依据对外贸易部 1978 年 5 月 1 日修订发布的《海关对外国籍船舶船员携带进出口自用物品监管办法》。是年，共验放船员重点物品 138 件。

1979 年 6 月 30 日，杭州海关首次在机场为 103 名中外旅客办理进境海关手续，并比照有关规定对飞机机组人员带进物品办理进境海关手续。这是杭州海关首次对航空器服务人员携带进境物品进行监管。杭州海关依据 1974 年 10 月对外贸易部修订发布的《中华人民共和国对国际民航机监管办法》，对航空器服务人员携带进境物品进行监管，以其旅途必需及零星自用为限；对机组人员自用物品征免税验放标准，根据“运输工具服务人员携带进境自用物品限量表”及有关规定执行；对机组人员携带进出境自用物品的，采用验凭“运输工具服务人员入境携带物品登记证”（以下简称“登记证”）验放。“登记证”由运输工具服务人员派出单位按海关规定的格式和要求造花名册，并送签发“登记证”的海关备案。机组服务人员进出境时，

如实填写出入境日期、所带自用物品和外币，其中在外天数用汉字大写并数字顶格记载，海关验放物品时，凭“登记证”所填写的内容，予以累计天数和验放物品。

1979 年 8 月，对外贸易部下达《海关对我国远洋船舶船员携带进出口自用物品监管办法》，规定船员可任选手表、收录机、照相机、缝纫机、电视机、自行车、电冰箱、洗衣机 8 种物品中 2 种各 1 件免税带进；任选上述规定物品及摩托车、吸尘器其中 2 种各 1 件征税带进。同时核发“船员携带自用物品登记表”。杭、甬海关照此执行。

1980 年，宁波口岸开辟宁波—日本、宁波—香港航线。当年，进出宁波港的国际航行船舶以国轮为主，宁波海关监管重点是中国籍船员进出境携带的行李物品，对外籍船员主要是监管其上下船携带的物品。是年，杭州笕桥机场香港—杭州班机正式定期通航，当年共监管进出境机组人员 767 人次。

1981 年，海关总署、交通部联合下达《关于〈海关对我国远洋船舶船员携带进出口自用物品监管办法〉的补充通知》。为了严格执行规定，加强对船员携带进出口重点物品的管理，宁波海关对船员购买该办法中列名的重点物品，一律凭出售商店正式发票办理验放手续，不符规定的作退运处理，无法退运的按规定由海关变价缴库。1985 年，海关总署施行《海关对国际运输工具服务人员进出境行李物品的管理规定》，规定：在外每个季度可以免税放行一定数量的生活用品、烟、酒，同时还可以从限量表第四项列名的电视机、电冰箱、录像机等价值人民币 200 元以上、1000 元以下的学习和生活用品，以及从限量表第五项列名的手表、自行车、电子琴、打字机等价值人民币 50 元以上、200 元以下的学习和生活用品中，每项任选其中 1 件免税进口；超出上述免税限量仍属自用的，由海关征税放行；运输工具服务人员携带出境的物品，除限制出境的物品以外，在自用合理数量范围内的，准予带出。携带外币出境，海关凭中国银行开具的证明或本人入境时申报的数额核对放行。上述各项携带进出境物品，应向海关申报，并填入海关发放的“运输工具服务人员进出口物品登记证”，由海关凭证验放。是年，从杭州口岸入境的中国籍船员和民航乘务人员携带的家用电器如电视机、录像机和其他高档消费品数量增多。同年，宁波海关增设驻北仑办事处，24 小时接受进出境船舶的申报，及时为船员办理物品验放手续。

1986 年之后，海门港每月有定期货运班轮通航香港，温州海关驻海门办事处开始对国轮船员带进物品实行监管。同年，温州海关根据温州口岸无国际航行船舶专用码头以及海关监管难度大等现状，在温州市政府、温州市口岸管理办公室及有关单位支持下，在温州海关自用码头设立检查站，采取锚地联检、边航行边联检或直接靠码头联检的灵活做法，24 小时接受船员物品申报和验放。1987 年 4 月 1 日，舟山港对外轮开放。1988 年 4 月，舟山海关开关，负责来往舟山港国际航行船舶船员行李和自用物品监管任务。

20 世纪 80 年代后期，由于部分物品（如自行车、黄金）国内外差价较大，运输工具服务人员携带进口物品品种也起了变化，从过去购置家用电器大件为主转向购置黄金及首饰、自行车、摩托车为主。1988 年 11 月，海关总署为贯彻国务院限制高档消费品进口的精神，要求各地海关对中国从事国际运营运输工具服务人员所带自用物品，严格按实际在外累计天数掌握验放，并规定超出免税限量自用物品，不再征税放行。

1989 年 12 月，海关总署根据国务院关于调整中国出国人员携带物品规定精神，重新制定《海关对我国从事国际间运营的运输工具服务人员携带自用物品的管理规定》，规定：中国籍从事国际运营业务运输工具上工作的服务人员和中国派往外国籍运输工具上工作的服务人员所带进出境自用物品，以自用合理数量为限。海关对其进境时携带的物品，按上述规定所附的“运输工具服务人员携带进境自用物品限量表”验放，其中规定其在外实际时间满 180 天，可免税带进家用电器、照相机、摩托车和其他价值人民币 500 元以上、1000 元以下生活用品，以及微波炉、打字机和其他价值在人民币 200 元以上、500 元以下生活用品各 1 件。这一管理规定既照顾出国人员合理要求，同时又加强对国家限制进出口物品管理。

随着宁波北仑港对外开放扩大，外轮抵港日益增加，不少船员熟悉中国外汇市场，利用黑市比差倒卖外汇。宁波海关驻北仑办事处查处多起中外籍国际航行船舶船员逃避海关监管，私藏外汇、人民币进出境倒卖牟利事件。为维护国家利益，加强外汇管理，宁波海关按照海关总署有关法规和监管规定，及时核对银行发票，还强化对外宣传，印发“船长注意事项”，以避免或减少此类事件的发生。1990 年 9 月 15 日，制定实施《宁波海关对进出境运输工具服务人员携带外币、人民币非法进出境处罚的实施细则》，有效遏制了走私套汇活动。

1990 年 10 月，海门海关正式开关。即日，海门海关首次对巴拿马籍外轮“新海昌”号货轮及船员行李物品进行监管。自此，杭州关区所属港口所在地海关均担负起对船员进出口物品监管任务。进出浙江沿海各港口的国际航行船舶，主要是以国轮，尤其是本地船舶为主，对外籍船员主要是监管其上下船携带的物品。对船员物品监管的重点是中方船员。由于杭州没有直接对外的港口，因此杭州海关对船员物品监管主要由宁波、温州、舟山、海门 4 个隶属海关实行。从杭州海关设关截至 1993 年底，共监管进出境各类运输工具服务人员 490802 人次。

1993 年，宁波海关根据镇海口岸实际情况，制定“集中上轮办理海关手续”“卡口监管和巡视监管相结合”“零星物品可采用口头申报方式”等监管办法。1994 年起，宁波海关对定期、定航线班轮船员采用定期集中办理海关手续，加速验放。1995 年，杭、甬海关及下属各沿海海关进行船舶联检制度改革，即国际航行船舶到港后，除勘探、客货混装船及二类口岸监管点以外，一般不再联合登轮检查，而由船方或其代理人到联合办公点一次集中办理进出口岸海关手续。此举方便了国际航行船舶的进出和船员自用物品的验放，深受船员欢迎。

20 世纪 90 年代初期，船员利用运输之便，携带重点物品进境走私现象时有发生。特别是在 1995 年、1996 年、1997 年，宁波海关及杭州海关所属温州、舟山、海门等沿海海关均加强了对船员携带物品进境倒卖走私的打击力度，多次查获中国籍和外国籍进出境船舶服务人员走私案件。90 年代中期，宁波、温州相继开放航空口岸。杭州海关对民航机组人员进口自用物品监管业务量相应增加。随着宁波外向型经济的发展，进出宁波口岸船舶服务人员也逐年增多，1998 年进出境船员达到 62961 人次，较 1978 年增长 140 余倍。

进入 21 世纪，随着国家经济发展，家用电器、电脑等科技用品生产能力增强，国内外差价倒挂，运输工具服务人员携带自用物品进境日渐减少，杭、甬海关不再将其列为监管重点。

表 67-4-1-2　　2002—2010 年杭州关区、宁波关区进出境运输工具服务人员数量一览表

单位：人次

年份	杭州关区			宁波关区		
	进境数	出境数	合计	进境数	出境数	合计
2002	54355	49056	103411	89291	83007	172298
2003	60866	49454	110320	117148	108897	226045
2004	81454	59356	150810	140944	134694	275638
2005	96158	82517	178675	175201	167676	342877
2006	111092	94315	205407	197846	190349	388195
2007	110920	89046	199966	226485	222226	448711
2008	112320	93505	205825	229085	222791	451876
2009	124290	112091	236381	235848	228284	464132
2010	135713	121311	257024	247954	244191	492145

资料来源：根据杭州海关、宁波海关历年业务统计数据整理。

第二节　邮递物品监管

海关监管的邮递物品是指通过国际邮政渠道进出境的各类邮件、包裹等物品，主要包括邮包、邮袋和特快专递物品。

清光绪二十二年（1896 年）二月初七，清政府批准开办国家邮政，大清邮政官局正式成立，由海关总税务司赫德兼任总邮政司。随后，浙江省温州、杭州、宁波邮政官局相继设立。光绪二十三年正月十九日，大清杭州邮政局设立，由杭州关税务司兼任邮政司，杭州邮界范围的邮政事务纳入杭州关业务，邮政工作人员由海关派员充任，杭州、温州、宁波邮政局对邮递物品监管制定相应规章。宣统三年（1911 年），大清邮政局划归邮传部管辖，各地邮局不再归海关经营管理，但海关仍然负责对国内外邮政包裹进行监管征税，派员常驻邮局。至 1949 年 5 月温州解放，瓯海关仍继续派员常驻邮局，负责邮包的查验工作。

1950 年 12 月 22 日，中华人民共和国中央人民政府海关总署和中华人民共和国邮电部发布联合指示，规定自 1951 年 1 月 1 日开始，全国各地海关停止监管国内邮包，相关工作改由邮局办理，海关只负责对进出境邮递物品的监管、征税。

1973 年，温州海关成立后，承担温州、永嘉、瑞安、青田等地进出口邮包查验工作。1985 年 3 月，海关总署批复同意杭州海关在杭州开办进出口邮递物品监管业务，管辖除温州、丽水

地区以外的浙江各市、县国际邮递物品。

2010年5月12日,海关总署下发《监管司关于对进出境邮件、快件开箱查验后放置〈查验告知单〉的通知》。杭州海关按照通知要求,在进出境邮件查验工作中使用"查验告知单"并按要求规范放置,同时将相关情况和工作要求通告邮局。

一、邮包

光绪二十三年(1897年)正月十九日,大清杭州邮政局成立,即开办普通包裹业务。同年,杭州邮政局制定《杭州关邮政规则》6条,规定:"一切出口邮件,不论最终目的地如何,概先由杭州发往上海,以后的分投递及进一步续运事宜概由上海负责。"并首次规定对邮件的申报制度,"凡各通商口岸邮局寄发之邮包,非报明海关,不得寄递"。由于清代海关对在国内各口岸间流通的货物亦加征关税,所以杭州关当时除监管进出境邮包外,对内地之间或是内地与通商口岸之间寄递的邮包也一律加以查验征税。杭州关时期,海关查验邮包后,照章在报税单上盖印以作为经查验完税之证,邮局即凭此项税单收寄。然而以邮包夹带违禁物品走私者,经常在海关查验后抽换包裹内容或全包调换以走私。而邮局在收寄包裹时则因无检验包裹之权,无从知其内容是否为违禁物品及案件发觉后又不能证明其弊端之所在,从而使其走私得逞。针对这一情况,杭州关税务司与邮局接洽,于查验包裹之后,即在该包裹包皮之骑缝处粘贴验讫封条或加盖印章,使该包裹在海关查验之后交邮局寄递之前,无抽换内容或调包的机会。邮局遇有收寄包裹未经海关粘贴封条或加盖印章,或已有封条印章而情形可疑者,均即送交海关复验,有效杜绝了利用此手段进行邮包走私的行为。

自杭州邮政局成立次年起至光绪二十六年(1900年),共收发验放信函包裹等邮件36.17万件,其中国际邮件达4.48万件。光绪二十九年,总税务司通令,规定邮包收寄人应于领取时,将包内物品的名称、数量、品质、价值及寄发地点等项向海关详细报明,由海关据报查验,并决定征免税项。如收件人无法报明邮件情况,海关可在收包人或其代理人在场的情况下开包查验。光绪三十一年,杭州邮政局收寄包裹2.23万件,重量为3.32万千克。宣统元年(1909年),宁波邮政局邮区全年共投递包裹3.9万包。宣统二年,宁波邮政局全年共投递包裹5.1万包。均由杭州关和浙海关负责查验、征税。

民国12年(1923年)3月,鉴于嘉兴邮政局未经海关准许擅自放行15件邮包,总税务司特致电杭州关:在海关所在地凡未获海关准许,邮包不得投交给公众。经浙江邮政局与杭州关税务司商妥,责令嘉兴邮政局向嘉兴关交付抵补15件邮包估称的关税损失。

民国13年(1924年)以前,杭州关在杭州清泰门城站邮局设立邮包办事处,并派供事2人、钤字手1人和司秤1人前去办理邮包检查征税业务。杭州关与邮局达成具体办事程序协议:由杭州关派员驻邮局办理对外邮包查验、征税;当日所征税款交邮局,由邮局汇解到税务司署。同年,奉总税务司令,浙海关亦派员驻邮局查验进口邮件。

民国17年(1928年)4月1日,杭州关代浙江省统捐总局起征于民国7年的邮包厘金由财政部从各省收回自办,杭州关将此业务划交浙江邮包厘金局管征处。民国18年,杭州关、浙海关实施总税务司颁布的《海关管理邮件办法》,对所有可能夹带应税物品的进口国际信函或包件(印刷品除外),一律按以下方法办理:凡寄至本地的信函货样等未贴有绿色签条或其他标记指明须经海关查验的,应由邮局将海关通知单送达收件人,令其前来邮局开拆呈验;寄至本地的挂号、保险及代收货价邮件,如有夹带应税物品嫌疑的,亦一样办理。民国19年,杭州关制定《邮包监管办法》。根据该办法,杭州关驻邮局关员为3名,包括税务员、稽查员和司秤。《邮包监管办法》中的查验范围是:物品内容是否与报关单相符,及物品价值是否超出限度等。《邮包监管办法》还规定从外国进口的邮包一律查验。

民国20年(1931年)1月1日,浙江邮包厘金局撤销,邮包厘金也免征。6月,浙海关对以非包裹形式邮寄宝石、首饰等贵重应税物品的邮件收件人责成其向海关呈交一式两份的申报单。民国23年,再定凡包裹夹带有非供个人使用的货物者,收物人应向海关呈递申报单,并附以发票或其他价值证据,海关据此查验征税。同年,总税务司署通令,自该年11月16日起废止征收国内邮包转口税。杭州关邮包监管办法作了相应调整,查验对象仅限于国际邮包和来自内地口岸的国内邮包。浙海关代税务司复电总税务司称,废除国内邮包转口税后,此类邮包数量剧增,而船舶邮包运量减少,少有外国邮包寄进本区;若有,亦只作为寄向内陆传教士之用,海关只做定期抽查。

20世纪30年代中期,各地海关逐渐放弃对国内邮包的检查,海关对邮包监管业务量逐渐减少。自民国24年(1935年)9月9日起,杭州关仅派1名稽查关员前往城内邮局工作半天(上午)。此期间,杭州关按总税务司要求,对海关监管国内邮包的办法进行修订。修订后的办法共6条,其中第1条规定:"国内邮包邮寄人在邮寄时不必直接找海关,只需在邮包报单上填写海关所需内容,包裹可视为受海关检查。"

民国25年(1936年)2月,浙海关根据总税务司令,禁止邮包或邮件夹带麻醉品,一经发现,全数没收。5月,浙海关又宣布装有卷烟用纸、外国电影胶卷、注射针类、氯化物、无线电器材、军火类、军用物品爆炸物品、毒品、人骨及人灰、印花税票、税票、黄金等物品的邮包,为违禁品和限制性邮包,应交海关按有关规定处理。

抗日战争全面爆发后,国民政府下令禁止167类商品进口,包括可以国产品代替者和非必需的奢侈品。海关奉令禁止装有违禁品的邮包入口,查出以后,没收充公。民国26年(1937年)10月,浙海关开始征收国内邮包转口税。税务司要求杭州邮政总局邮务授权宁波、镇海两邮政局局长向海关提供方便,对邮局寄出送发或转运的国内邮包进行检查和征收转口税。10月13日,宁波邮政局开始检查邮包和征收转口税。但宁波邮政局认为镇海是二等邮局,尚无征收关税的先例,并且,在镇海处理的大部分邮件是经过宁波邮政局的,于是,宁波邮政局在镇海处理过的邮件上打上"验讫"标记。宁波邮政局所有的运货单和纳税申报单都经过海关工作人员的检验。邮寄或发送投递的包裹都在柜台上查验。申请人可向银行缴纳税款(在邮局邻近)。民国26年,浙海关还遵照总税务司令,规定由外国寄进邮包免税限值为不足金单位1元,并实施至民国32年。

自1950年3月至1954年12月上海海关温州分关(支关)撤销止,上海海关温州分关(支关)共监管进出口邮包1462件。根据外贸部《海关对进出口邮递物品监管办法》(1964年9月5日)规定,海关查验国际邮递物品的范围,还应包括印刷品(非贸易性)在内。因此,自1976

年 5 月 1 日起，温州海关接管了温州、丽水地区进出口国际邮包印刷品的查验工作。

1983 年 12 月 28 日，浙江省人民政府（以下简称省政府）召集杭州海关、浙江省对外经济贸易厅、浙江省邮电管理局等单位，商讨开办浙江省国际邮递物品监管业务事宜。1984 年 11 月 1 日，省政府决定在杭州开办国际邮递物品监管业务。为此，杭州海关和浙江省邮电管理局一方面联合向海关总署和邮电部报批，另一方面双方达成协议：杭州寄往国外的邮递物品，应由寄件人到设有海关办事处的邮局办理出口寄件手续。外国人、华侨、港澳同胞从宾馆内邮政服务所投寄的个人邮件，可由邮局人员代交海关，并当海关关员之面拆启查验。同时商妥，海关办公场所由邮局提供。1985 年 1 月 9 日，杭、甬海关和浙江省邮电管理局为开办国际邮递物品监管业务联合草拟报告。3 月 6 日，海关总署批复同意杭州海关在杭州开办进出口邮递物品监管业务，并同意开拆、重封进出口邮包的职责分工暂按上海海关现行分工办法办理。1985 年，温州海关隶属杭州海关领导，杭州海关开始办理邮递物品监管业务。是年，共监管进出境邮包 27058 件，处理邮件夹带 1647 件，退运邮包 73 件。

1986 年 7 月，温州海关对进口小包采取审单、外形查验和技检相结合的方法，使开验率下降到 48%，加速邮检速度。12 月，通过温州口岸的进出口邮包不断增加，尤其是出口邮包数量猛增，最多一天达 429 件，物品以副食品居多。

1988 年 1 月 1 日，海关总署调整《进出口邮递物品监管办法（1984 年修订）》，进出境国际邮包每次限值由原人民币 100 元改为 200 元，全年每户收、寄限值各为人民币 1000 元；港澳地区邮包限值由原 30 元提高到 100 元，全年每户收、寄限值仍各为人民币 300 元。邮寄出境中药材、中成药的限值，国际邮包每次由 50 元增加到 100 元，港澳地区邮包每次由 20 元增加到 50 元。集邮邮票、录音带、人参等物品进出境限值与邮包限值相同。对有关进出口国际、港澳个人邮寄物品按规定的限值、限量及起征点要求办理验放手续。

对于转寄台湾地区的个人邮递物品，海关总署于 1988 年 4 月 1 日规定：通过香港、澳门地区转寄进境或转寄台湾地区的个人邮递物品，按照寄自或寄往港澳地区个人邮递物品处理；通过外国转寄进境或转寄台湾地区的个人邮递物品，按照进出境国际邮递物品处理。中国台湾地区放宽台胞与大陆的联系以后，台湾同胞与大陆亲人的交往日益频繁。1989 年 5 月，台湾地区开放与内地通邮业务。7 月 5 日起，温州海关驻邮局办事处陆续收到一些直接寄自台湾地区的小包邮件，邮包的内容大多是西药等，温州海关比照对港澳地区邮包的有关规定予以验放。1990 年 1 月至 8 月，从温州口岸进出境的邮包共计 45097 件，其中大包占了 10%，比 1989 年同期增长 27%。上述邮寄物品大多属正常往来，但亦有相当部分存在超值超量现象。是年 11 月，发现个人邮寄进境的高档化妆品如法国香水有贸易倾向，引发诱因是国内外市场差价很大。为此，杭州海关采取相应措施，根据海关规定，对凡不属自用合理数量的，予以退运。

1990 年 7 月 1 日起，杭州海关根据海关总署《海关对旅客携带和个人邮寄中药材、中成药出境的管理规定》，对邮寄出境的中药材、中成药等物品，凡寄往香港、澳门地区的，限值人民币 100 元，寄往国外的限值人民币 200 元。对于通过香港、澳门地区转寄台湾地区的个人邮递物品，按海关总署有关寄自或寄往香港、澳门的个人邮递物品规定执行。通过第三地转寄进境或转寄台湾地区的个人邮递物品，按进出境国际邮递物品处理。1990年，温州海关成为全国监管进出境邮包总数量最多的前10个海关之一。

随着改革开放的不断深入，原邮包限值和免税额已不尽合理。因此，海关总署于1992年9月8日再次调整对进出境个人邮递物品的限值和免税额。杭州海关根据本地实际情况亦作出相应调整：对寄自或寄往国外的邮包，限值由每次人民币200元改为400元；寄自或寄往香港、澳门和台湾地区的邮包，限值由每次人民币100元改为200元。而每一邮包的免税额，从国外寄进的邮包，由每次人民币50元改为100元；从港澳台地区寄进的，由每次人民币10元改为50元。对来华外国专家邮递进境的一般日常生活用品免税放行。此外，杭州海关集中力量加强对毒品、文物、反动淫秽物品以及武器弹药等属于国家禁止和限制物品的查缉。

1993年12月26日，杭州海关驻邮局办事处（正科级）正式进驻邮局办公，开办进出境邮递物品的监管业务。

根据海关总署的规定，自1994年11月21日起，寄自或寄往港澳地区的个人物品，每次允许进出境的限值为人民币800元，免税额为人民币400元；寄自或寄往上述地区以外的个人物品，每次允许进出境的限值为人民币1000元，免税额为人民币500元。是年，杭州海关在进出境邮包中查获进口罂粟种子、出口文物、走私外汇等案件多起。

1995年，杭州海关驻邮局办事处与浙江省丝绸集团有限公司等外贸创汇大户签订集中报关协议，规定：在守法前提下，杭州海关给予上述公司通关便利，出口邮件先予登记放行，于次月27日集中办理报关手续。同时，驻邮局办事处对进出境邮件实行分类管理。是年，杭州国际邮件互换局全面开通业务。4月1日，杭州海关驻邮局办事处开始办理普通邮件、信函总包直接封发美、日等国家及中国港、澳地区的监管业务。同年，在全国范围内开展的“扫黄打非”行动中，杭州海关驻邮局办事处查获国家禁止出境文物书籍163册、人民币现金5.3万元，查扣各类违禁品2979件。

1996年，针对国内外减肥美容热的兴起及减肥美容药品境内外差价大的情况，杭州海关驻邮局办事处将个人寄自国外具有商业性倾向的减肥美容药品作为管理重点，对属于自用物品性质的此类邮件作放行处理。依照“放宽一般，管好重点”的指导思想，将监管重点放在对文物、毒品及反动、淫秽物品上。同年，温州设立国际邮件互换局，成为全国15个有国际邮件互换局的地区之一。

1997年12月，杭州国际邮件交换站开始工作，地点在杭州笕桥机场。杭州国际邮件互换局封发至香港特别行政区的特快专递邮件总包可交发杭州至香港直达航班直接发运出口。

1998年5月，杭州海关驻邮局办事处与杭州市邮政局联合举办杭州海关首期“国际邮件收寄员海关知识培训班”，为浙江省除温州地区以外的邮政系统80多名邮局收寄员作海关业务知识讲解和培训，并向考试合格者颁发“海关驻邮局办事处义务监管员”证书。是年，杭州关区共监管进出境邮包541750件，其中杭州海关驻邮局办事处查获国家二类管制精神药物5000片，计5900毫克；查获国家管制易制毒原材料麻黄草1513克；收缴无合法证明的濒危植物种子3批共23袋；查获违规出入境本币69450元、外币日元27万元、美元8457元及面值100万美元的大额仿真假币1张。1997—1998年，杭州海关驻邮局办事处查获各类文物461

件，其中三级珍贵文物3件和象牙1对。

从1985年至2000年，杭州海关共监管进出境邮包599.18万件。

2003年4—6月，其间因“非典”疫情的暴发，杭州海关驻邮局办事处第一时间快速验放防治“非典”邮件334票，监管进出境邮递物品60.4万件(册)，查获各类非法出版物0.51万件(册)。

二、邮袋

清光绪四年(1878年)十二月，浙海关对邮袋监管规定是：一切出口包件都应受海关查验，并必须列入载运船舶舱单内；邮船所载进口包件在卸下前，须向海关提供一份包件清单，海关检查后才予以卸下提取。民国18年(1929年)，浙海关规定，邮袋出入须在海关总务科查验棚开验，由海关邮政包裹税征收处负责检查。民国23年，浙海关规定，由派驻邮局的关员监管进口邮袋，负责审核进口邮袋的路单，并专册登记。民国35年，浙海关对邮袋管理手续作详细规定：凭有关收发邮件单查点进口邮袋，对装有小包邮件的邮袋应根据所报清单进行核对。出口邮件由关员监视封袋，路单由海关核对。

1976年5月，温州海关开始对温州、丽水地区进出境邮递非贸易性印刷品进行监管后，每年都查获许多带有反动、黄色淫秽等内容的印刷品，依照规定，予以没收处理。对印刷品邮袋的监管过程是：进口印刷品邮袋到达邮局后，由邮局交海关单独开拆检查。经审查准予放行的印刷品，即交邮局投寄。出口印刷品在交邮局投寄前，应先交海关查验，有时还需填写报告单，经海关检查准予放行后，海关在邮件上加盖“三角章”，邮局方可办理投寄手续。

温州口岸的国际邮袋，除特快件有时由国内航空班机转运外，都通过陆运，经上海、广州、天津等地进出。国际邮袋有印刷品、小包邮件(如挂号、快件等)、包裹(大包)等种类。装运进口邮包的邮袋到达温州邮局后，即由邮局通知温州海关驻邮局办事处派员会同邮局工作人员开拆邮袋，海关凭进境地海关的“关封”和邮袋内封送的邮件路单(转运通知书)，对该邮袋按进口邮袋进行监管。每一邮袋内装有邮包清单一式两份，其中一份由海关收取，凭以核点袋内邮包或小包邮件的件数。有关收发邮件路单送交海关核签后，邮局方可提运。出口邮袋同样由海关驻邮局办事处关员监视封袋，按照清单核对所装邮包。如发现有未经海关查验而放行的出口邮包，予以扣留，补办报验手续。经核对无误后，海关在直封邮袋路单上加盖“放行章”，在转口邮袋路单上加盖“验讫章”，将盖章路单封入海关关封内交邮局装入邮袋封发。对于出口邮袋，驻邮局关员监视邮局封袋，并向出境地海关签发转运通知书。对装有包裹的出口邮袋，包裹清单应送交出境地海关核对。邮包的拆验、重封必须由海关和邮局派员会同进行，并在拆封过的邮包封面骑缝处加贴盖有海关“验讫章”和邮局日戳章的会封标签。从20世纪80年代末起，温州海关不再向出境地海关签发转运通知书，而改为在出口邮袋布牌上加盖“验讫”戳记，由出境地海关查核放行。温州海关以邮包的报税单或小包邮件的“绿色标签”，作为接受收件人对邮包的申报依据，并凭以检查邮包内物品是否与申报的名称、价格、数量相符。为了加速邮运，由温州邮局代收件人当场向海关办理报验手续，并负责开拆和重封邮包，温州邮局向收件人收取验单手续费。

1992年8月，国家邮电部和海关总署联合发文，先期在京、津、沪、苏、浙、闽、粤等15个省市开办利用民间渠道办理中国大陆与台湾地区包裹快件业务。杭州海关及所属温州海关对邮政速递公司收寄的台湾快件包裹实施专袋管理，由速递公司交海关查验后封成专袋，以转关快件发往广州互换局。封袋转关时，速递部门将一份国内封发清单送交海关加盖“验讫”关章，做成关封与相关快件一起发运。该类邮件可使用国内特快邮袋和袋牌，袋牌上加注“台湾快件包裹”和“转关”字样。台湾地区寄往中国大陆的进口快件包裹至广州后，由广州速递公司向当地海关办理报关手续；非本关区的台湾快件包裹，封成专袋，以转关快件分发各相关验关局海关查验后放行。

1993年10月1日开始，温州市邮政局对国内、国际特快邮件的检查采用EMS(特快专递)站点计算机处理系统。对路单、清单、总包重量、邮件数等都实行电脑登单和统计。海关对邮袋的监管查验和统计更趋方便准确。

1995年10月13日，邮电部邮政总局发函浙江省邮电管理局，同意杭州国际邮件互换局自该年10月23日起向美国旧金山、日本东京、中国香港地区封发航空函件和航空包裹总包，要求总包经上海发运出口。杭州国际邮件互换局应按规定为上海机场的国际邮件交换站代做AV7国际航空邮件总路单，所填制的路单增做一份，交海关做成“关单”，并装入“葫芦”袋随总包发往出口航空港。11月1日起，杭州邮政速递局向中国香港地区、日本和美国直封特快专递邮件总包，杭州海关实施监管。

1996年11月20日，温州海关开始监管温州国际邮件互换局向法国、荷兰、意大利封发空运、水路、陆路函件总包(SAL)。至2010年，由杭州海关监管的杭州国际邮件互换局、温州国际邮件互换局可向除极少数国家和地区外的世界绝大部分国家和地区封发SAL和EMS邮件总包。

三、特快专递物品

1987年1月10日，温州市邮政局正式开办国际国内特快专递邮件业务，可通达美、法、荷、新、日及中国港、澳地区等33个国家和地区。1988年9月1日，杭州海关试办出口快递物品直接在杭监管出运的业务。

1992年8月15日，邮电部、海关总署联合通知，先期在浙江等16个省市局实行利用民间渠道办理大陆、台湾地区之间包裹快件业务，并规定海关监管措施及有关验关事项。1993年1月13日，杭州、温州邮政局遵照邮电部意见，由邮政速递部门试办代客报关业务，海关给予相应的报关权并予以办理验放及缴纳税费手续。10月1日起，温州邮局采用EMS网络计算机处理系统处理国内外特快邮件，给温州海关对进出境特快邮件监管查验和统计工作带来便利。在此期间，温州地区邮包数量明显增多。但由于寄达国主要是意大利、西班牙等国，对药品、食品、部分服装及小商品包裹有专门规定，被退回的包裹数量不断上升。据统计，是年仅8月、9月两个月的退包总数就达1116件，最多一天退包数高达266件。同年，法国、德国、荷兰、加拿大、瑞士五国的邮政快递业务部门与天地快件公司(TNT公司)合营，成立国际快递公司(GDEW)，脱离了国际邮政快递业务网络。为保证与上述五国快件业务渠道的畅通，邮电部所属中国速递服务公司(中国邮政速递局)决定,自1993年11月20日起将发往上述五国的出口国际快件,一律按与该公司合作的美国安邦快递公司快件投递方式收寄。海关对安邦公司出口快件进行监管,采取代客报关等办法,经驻邮局海关办事处查验放行后,转发至出口互换局封发香港。

1995年4月1日,杭州海关驻邮局办事处开始办理特快邮件总包直接封发美、日及中国港、澳地区等国家和地区的监管业务。在开通国际邮件直封业务后,杭州海关驻邮局办事处对特快邮件的监管随到随验,急事急办,加快通关速度,保证运转时效。

2000年1月1日,杭州、温州市邮政局被指定为中国速递国际快件业务的开办局和出口互换局。杭州海关对中国邮政EMS与荷兰TNT邮政集团合作办理的"中国速递国际快件"业务实施监管。

2005年10月19日,温州经杭州萧山机场至日本的EMS邮件转关业务开通。2006年3月27日,浙江省邮政局决定,自2006年4月10日起将浙江省出口韩国首尔和美国纽约的EMS邮件总包从杭州萧山国际机场直航发运。杭州海关对此给予支持和配合。

表67-4-2-1　　2002—2010年杭州关区进出境特快专递物品数量一览表

单位:件

类别		2002年	2003年	2004年	2005年	2006年	2007年	2008年	2009年	2010年
进口		256568	251448	222963	290891	292671	311720	324617	383902	369874
其中	港澳	73203	72615	64387	84453	82714	89696	93809	110714	102807
	台湾	23910	26734	22055	26658	27417	30501	31530	37298	35037
	国际	159455	152099	136521	179780	182540	191523	199278	235890	232030
出口		498024	556431	457159	528940	671777	691304	745898	1076482	926456
其中	港澳	136525	140462	125876	138922	177025	196433	217225	314584	265874
	台湾	46336	46621	39505	43280	56760	68106	73431	106359	90217
	国际	315163	369348	291778	346738	437992	426765	455242	655539	570365
总计		754592	807879	680122	819831	964448	1003024	1070515	1460384	1296330

资料来源:根据杭州海关历年业务统计数据整理。

第三节　非贸易性物品监管

非贸易性物品是指与贸易性货物相区别的物品,系个人自用或馈赠性质,不包括进出口商业性物品。主要为印刷品、音像制品、货样广告品、常驻机构公用物品等。

一、印刷品、音像制品

进出境印刷品、音像制品是指各种非贸易性的进出境印刷制品和摄影底片、照片、纸型、绘画、剪贴、手稿、复印件、手抄本以及唱片、录音带、录像带、视盘、电影胶片和计算机的纸带、磁带、磁盘、光盘等信息储存介质。海关对这类物品的监管,主要是监管其内容。

1975—1979 年,浙江省进出境印刷品、音像制品的监管业务,主要由温州海关驻邮局办事处承担。1979 年杭州海关成立之初,邮递物品监管业务未正式开展。进出杭州口岸的印刷品、音像制品仍需上海海关协助办理。由于宁波未开展国际邮递业务,进出境印刷品、音像制品以运输工具服务人员(船员等)携带与旅客携带为主,在宁波航空港未开辟之前,又以国际航行船舶渠道为主。鉴于从宁波口岸进出境印刷品、音像制品大多属于个人(进出境旅客、运输工具服务人员)自用物品监管范畴,宁波海关在具体的办理过程中,力求既严格按照规章制度,又方便船员的合理需求。

1981 年,中共中央、国务院、海关总署相继发布《严禁进口淫秽色情书刊的通知》《关于严禁进口、复制、销售、播放反动、黄色、下流录音、录像制品的规定》《关于严格查禁淫秽物品进出口实施办法》等文件。浙江省各海关及各口岸部门随即执行,严格禁止任何单位和个人以任何方式进口各种违禁音像制品,无论是否向海关申报,经海关检查发现,一律予以没收。但在具体查禁此类物品的同时,又强调掌握以下政策界限:把淫秽色情的和不够健康的加以区别,避免笼统化;把海关允许进口的同中国国内能够提倡、推广的加以区别,两者既要有所衔接,又不能有过大差距,避免不适当地扩大封存面或禁限面;把外籍人员进口和本国籍人员进口以及不同身份的外籍人员进口的印刷品和音像制品加以区别,以适应各种不同情况。

对印刷品和音像制品的监管,杭州海关除了加强邮运渠道的把关之外,对旅游进出渠道也进行监管。1981 年,针对旅客携带宗教印刷品进境有增长趋势,杭州海关采取对策,对申报为自用且数量在合理之内的,作详细登记并要求复带出境;对数量较大,或属于托带、散发的,一概作退运处理。该年第三季度共退运此类书籍 287 本。由于措施及时,第四季度退运的宗教印刷品仅 27 件。

宁波海关在 1982 年底至次年初的 5 个月内,查获携带违禁印刷品、音像制品案件 25 起,查扣黄色书刊、画报 67 本,黄色报纸 95 份及录音带 2 盒、挂历 1 本。检查原版磁带共 500 盒,其中查扣 100 盒,没收 26 盒,消磁发还 50 余盒。20 世纪 80 年代初,随着录音机的逐渐普及,大量录音带通过旅客、船员携带及邮运渠道进境。杭州海关及各隶属海关在验放时,对旅客、国轮船员携带进境的反动、淫秽录音带一律予以没收;对携带入境内容明显不健康的录音带予以退运。同时制定了一套专人保管、移交、销毁等措施。1983 年,杭州海关首次统计口岸年度进出境非贸易性录音带 1764 盒,其中退运 136 盒。

1983 年之后,从宁波口岸入境的印刷品又增加进口废船渠道。废船中往往放置各种违禁印刷品。对此,宁波海关根据交通部、对外贸易部、国家物资局《关于对进口废船进行检查、交接工作的几项规定》,严格按照接船的有关监管规定,控制接船人数,加强船舶监管。交船后,全面清理检查船体各部分,查扣废船上淫秽、反动印刷品,以防止扩散;对离船船员按旅客办理入境手续；对查获、收集的印刷品，经注册、登记后，定期烧毁。仅 1983 年 1—9 月，宁波海关即监管检查进口废船 5 艘，共查收淫秽色情书刊、画册 100 多本，反动书刊 200 余份（件）。

1985 年，杭州关区共监管非贸易性印刷品 17190 件，查扣违禁印刷品 200 件。是年 5 月，宁波海关在执行《海关对我国际运输工具服务人员进出境行李物品的管理规定》时，结合现场监管工作实际，对中方远洋船员携进个人自用的录像带，作 3 种方式处理：凡属于反动、淫秽录像带，一律予以没收，情节严重者，按有关规定从严处理；对非属反动、淫秽的，但内容略有不健康或界于一般性故事情节和略带不健康内容的录像带，作消磁处理后放行；对纯属科技、教育、文化和带有一般性故事情节，情况正常的录像带，准许进口。1987 年，杭州海关驻邮局办事处监管进出境印刷品和音像制品 22346 件，查扣违禁印刷品 478 件、音像制品 10 件。同年，杭州海关在入境旅客中，查获多起旅客携带黄色录像带事件。

1988 年 6 月，海关总署颁布《中华人民共和国海关对个人携带和邮寄进出境印刷品管理规定》，禁止进境的五类印刷品为：攻击中国宪法的有关规定，污蔑国家现行政策，诽谤中共和国家领导人，煽动对中国进行颠覆破坏，制造民族分裂，鼓吹“两个中国”和台湾“独立”的；具体描写性行为或有其他色情淫秽内容的；境外宗教团体、机构或个人向中国散发宗教的印刷品；宣扬星占、卜卦、风水、相命等迷信内容的；其他对中国政治、经济、文化、道德有害的。杭州海关严格遵照执行。

1989 年 5 月，中国台湾地区与中国大陆开辟转口通邮业务，杭州海关开始监管寄自台湾的邮包。是年，国内发生了政治风波，境外敌对势力借机大量散发反动宣传品邮件。杭州海关全年查扣各类违禁印刷品、音像制品 2752 件，同比猛增 552%，其中温州海关查扣散发性反动印刷品近千件。对于仅有“中华民国”字样、“中华民国”年号、“中华民国国旗”、国民党党旗和党徽及台湾当局领导人头像的，抹去封皮后予以放行。

1992 年，杭州海关监管进出境物品量增加迅猛，共查获各类反动、淫秽印刷品和音像制品 551 件，扣没违反规定邮寄出境的涉外证件 10 多份，扣没反动、淫秽印刷品和音像制品 96 件，扣退印刷品和音像制品 1800 余件，其中一名香港旅客被查获一次携带入境的淫秽图片 550 张。是年，宁波至香港空中航线开辟，进出境旅客增多，旅客携带黄色反动印刷品、音像制品现象也呈增长趋势，有的甚至选择“绿色通道”直接闯关。对此，宁波海关采取措施，把住各个监管环节，加强对进出境印刷品、音像制品的监管。是年，共没收反动、淫秽印刷品、音像制品 66 件。

1995 年开始，全国开展大规模“扫黄打非”活动。杭州海关根据关区实际制定《印刷品审查办法》《音像制品审查办法》等，配备专门审查设备和专职人员，根据不同国家和地区，不同时间和对象，确定查验重点，并与有关部门建立联系制度。是年，杭州关区共查扣违禁印刷品、音像制品 2979 件。杭州海关还在旅检现场首次查获 7000 多片语音集成块。宁波海关驻机场办事处旅检现场查获的违禁印刷品和音像制品也有所增加。1996 年，杭州海关关区查扣的违禁印刷品、音像制品增至 5039 件。1997 年，杭州海关采取各种措施，进一步完善印刷品、音像制品的审查、移交、保管、销毁制度，加强与地方政府及有关部门的联系沟通，形成合力，齐抓共管，继续加强对印刷品和音像制品的监管。全年共监管印刷品和音像制品达839413件，扣没各类违禁印刷品和音像制品达51275件。

1998年3月，杭州海关举办“扫黄打非”成果展览，接待来自省委办公厅、省政府办公厅及省公、检、法、文化、出版等相关部门50余名负责人前来参观指导，该展览由29个典型案例和500余件实物组成。省委副书记、省政协主席刘枫为展览题词“把关服务，为国争光”，省委常委、宣传部部长梁平波题词“国门卫士”。是年4月、6月，杭州海关两次公开集中销毁反动、淫秽、散发性宗教迷信等非法出版物21万余册，销毁淫秽、盗版录像带和VCD光盘500余盘片。该年，杭州海关关区共监管印刷品、音像制品855286件，扣没违禁印刷品、音像制品15561件。

1999年4月，杭州海关在来自美国的特快邮件内查获“法轮功”书籍和录像带等违禁宣传资料。是年，杭州海关遵照海关总署8月9日和9月10日全国海关行邮监管工作会议精神，严密查缴“法轮功”等邪教内容出版物。两次参加浙江省新闻出版部门组织的“扫黄打非”收缴物品集中销毁行动，公开销毁各类违禁印刷品1万余册、音像制品500余盘片、“法轮功”刊物200余本。

2002年6月1日，海关总署以总署令23号发布的《音像制品进口管理办法》正式施行。是年，杭州海关监管各类印刷品、音像制品103万件，查扣违禁印刷、音像制品20683件，其中“法轮功”刊物约3000件。宁波海关查获各类盗版、淫秽、反动出版物、VCD共3456件。

2003年，杭州海关驻邮局办事处共查获各类违禁印刷品和音像制品1.69万件。2004年，温州海关驻邮局办事处共监管进出境印刷品18.9万件，进出境音像制品697件。2005年，杭州海关驻邮局办事处共查获各类违禁印刷品和音像制品1.12万件。是年，温州海关驻邮局办事处共监管进出境印刷品、音像制品24.73万件。

2006年4月13—16日，首届世界佛教论坛在浙江杭州、舟山举行。为妥善处置供会内使用的散发性宗教宣传品入境问题，杭州海关积极请示海关总署，通过举办培训，完善应急预案，设置专用绿色通道，会合省市政府相关部门及专家共同参与把关，使之得到妥善解决，为论坛的成功举办提供优质的服务，受到省委办公厅、省政府办公厅的通报表彰。

2006年，宁波海关驻机场办事处开展“百日打击盗版专项行动”。至10月25日，共查获盗版音像制品399件。在此次专项活动中，宁波海关驻机场办事处采取预防和打击相结合方法，通过加强相关政策宣传，使旅客了解海关规定，减少携带盗版音像制品的行为；采用风险分析方法提高查缉水平，强化关员技能培训，提高打击力度。是年，杭州海关驻邮局办事处共监管进出境印刷品、音像制品94.8万件，查获各类进出境违禁印刷品、音像制品36329件。

2007年，杭、甬海关加大对旅检渠道违禁物品和进出境旅客违规行为的查缉力度。1月14日，宁波海关驻机场办事处查获一名中国籍居民旅客出境携带330张盗版光盘，这是该办事处单次查获盗版光盘数量最多的一次。1月25日，杭州海关开展集中销毁行邮渠道查获违禁印刷品和音像制品行动。此次行动集中销毁了行邮渠道自2002年以来查获的各类违禁印刷品共计5.28万件。宁波海关当年共查获海关总署列名的反动违禁印刷品429件，查获淫秽、盗版违禁音像制品2203份。是年，杭州海关驻邮局办事处共监管印刷品、音像制品

89.11 万件。

2008 年北京奥运安保期间，杭州萧山机场海关共查获涉奥违禁货物、物品 9546 件，其中反动、邪教印刷品、音像制品 8869 件。同年 10 月 24 日，杭州萧山机场海关联合其他四部门开展集中销毁行邮货运渠道查获违禁印刷品行动。是年，杭州海关驻邮局办事处共监管进出境印刷品、音像制品 122.06 万件，温州海关驻邮局办事处共监管进出境印刷品、音像制品 11.1 万件。宁波海关查获违反“一个中国”原则教科书 30 余万册，在奥运会前夕连续查获 3 批次累计 11 万余册违反“一个中国”原则的记事本和日历本，维护了口岸安全和国家的主权与尊严。是年，宁波海关在旅检渠道共查获各类违禁物品 1852 份，包括违禁音像制品 1309 份，其中淫秽光盘 501 张，盗版光盘 808 张；违禁印刷品 543 份，其中反动书籍 521 本，净化了口岸环境。2009 年 4 月 22 日，杭州海关参加“浙江省暨杭州市 2009 年侵权盗版制品及各类非法出版物集中销毁活动”，现场销毁在行邮渠道查获的侵权盗版制品及各类非法出版物 5.79 万件。2010 年 8 月 12 日，宁波机场海关缉私分局立案调查一起携带非法出版书籍入境走私案。当事人谢某于 8 月 11 日经由香港至宁波入境时，选择绿色无申报通道，海关在其随身携带行李箱中查获非法出版书籍 34 本。该案系宁波关区首起立案查处的携带非法出版书籍入境走私案件。

二、货样、广告品

20 世纪 80 年代，国家恢复对进口货样广告品的税收优惠政策，有关单位进口大量货样，对促进国内生产发展、提高出口商品质量、增加花色品种、改进包装装潢有积极意义。但是，由于管理制度不健全，有的单位以进口货样为名，进口高级消费品、办公用品甚至个人生活用品；有的还借此向外商讨要样品，对外造成不良影响。为加强管理，杜绝漏洞，更好地发挥货样应起的作用，1980 年 10 月，海关总署经会商财政部重新制定发布《海关对进出口货样、广告品的监管、征免税办法》。该办法规定，无商业价值和其他用途的货样和广告品，以及纯用于分析化验并将耗费掉的货样，准予免征关税和代征税；超出上述范围的货样和广告品，不论是价购或者赠送，均按一般进口货物，照章征收关税和代征税。1981 年，杭州海关办理邮寄进出口货样 3791 件。1982 年为 1304 批，计 6366 件，以后逐年增加。

为适应中国对外贸易进一步发展和商品价格的变化，海关总署在 1986 年适当放宽进出口货样、广告品的免税额，于 7 月 1 日颁布实施《海关对进出口货样、广告品监管办法》。根据该办法，进出口货样和广告品经海关审核数量合理，并且每次总值在人民币 200 元以下的，准予免征关税和代征税；每次总值在人民币 200 元以上的，征收超出部分的关税和代征税。但对各种机动车辆和某些家用电器等以货样和广告品进口的，不论价值大小，除另有规定者外一律照章征税。1988 年 3 月，温州海关对邮寄进口的货物、广告品等，价值在人民币 200 元以内的，由原来应出具单位证明改为免收单位证明直接验放。如是货样，但包装上注明为个人收的邮包，按个人行邮物品验放。1990 年 8 月，海关总署对该办法第七条予以修改，将免税额人民币 200 元提高到人民币 400 元。进出境旅客如携带零星货样、广告品时，可由本人在“旅客行李申报单”上填报，根据《海关对进出口货样、广告品监管办法》以及 1990 年 8 月海关总署对该办法第七条予以修改的规定，经审核数量合理，并且每次总值在人民币400元以下的，准予免税放行；如果每次总值在人民币400元以上的，征收超出部分的税款。至2010年，杭州海关和宁波海关仍执行上述规定。

三、常驻机构公用物品

常驻机构是指境外企业、新闻机构、经贸机构、文化团体及其他境外法人经中华人民共和国政府主管部门批准，在境内设立的常设机构。20世纪80年代后，外国和中国港澳台企业在中国内地派驻人员或设立常驻代表机构不断增加。1992年8月，海关总署发布《关于对外商常驻机构及非居民旅客进口机动车辆及公私用物品管理年限等问题的通知》，对常驻机构进口家用电器、机动车辆及个人自用机动车辆设立6年管理年限，个人进口自用物品的管理年限为2年；自用物品及车辆2年内不得出售、转让或移作他用，2年以上6年以下的，需出售、转让或移作他用的须报主管海关审核批准；对超出管理年限的车辆，出具“解除监管证明”；对管理年限内的机动车辆及公私用物品建立年审制度。杭州海关遵照此规定执行。

2004年8月1日，为规范海关对常驻机构进出境公用物品的管理，海关总署实施《中华人民共和国海关对常驻机构进出境公用物品监管办法》。常驻机构在进出口物品前需事先向主管海关备案，由本机构或其委托的报关企业向海关提交书面申请。进出境地海关凭主管海关审核批准的单证和其他相关单证予以验放。对常驻机构和常驻人员免税进境的机动车辆，实施年审等后续监管；规定对其征税进境的机动车辆不再实施后续监管。杭、甬海关即遵照执行。2008年1月17日，为规范非贸物品监管工作，杭州海关发文要求关区各关在办理常驻机构备案手续时，严格按照《中华人民共和国海关对常驻机构进出境公用物品监管办法》（海关总署令115号）有关规定，提供常驻机构中常驻人员名册等相关文件；对无法提供常驻人员名册或提供的常驻人员有效身份证件不齐全的，海关不予办理备案手续；对其提出的进出境公用物品申请不予受理。至2010年，杭、甬海关仍执行此规定。

第四节　免税物品监管

免税物品是指根据国际惯例，由经国家批准的经营单位，在特定区域和场所，向出境旅客、运输工具服务人员、外交人员、出国人员等规定的对象销售的免予征收关税的商品。浙江省主要有免税品、“在外售券、境内取货”业务商品和免税外汇商品等，由海关实施监管。

1979年1月，杭州设立由香港惠谊有限公司经营的商店作为境内提货处，承担“在外售券、境内取货”业务。1984年12月，国务院批准成立中国免税品总公司，承接中国旅游服务公司免税品销售业务。1992年，海关总署分别同意宁波、温州设立免税外汇商场。

20世纪90年代末，专供出国人员免税外汇商品的免税业务亦因市场变化而大幅萎缩。2002年2月，海关总署通知各直属海关、中国出国人员服务总公司、中国远洋运输（集团）总公司、外交部驻外机构供应处，取消执行外汇商品进货计划审批制。

2005年11月，海关总署制定《中华人民共和国海关对免税商店及免税品监管办法》，规定“免税商店设立审批”由海关总署直接负责。至2010年，中免杭州萧山机场出境免税店营业，浙江省境内杭州、宁波、温州、舟山等地设有多家口岸、市内、供船等类型的免税店。

一、免税品

1981年，中国旅游总局、中国民航总局、国家外汇管理总局、海关总署联合批准下发了《关于在杭州、天津、昆明、成都、南京、桂林机场开办免税品业务的联合通知》，同意在杭州等地机场开设免税店。由于当时受场地等条件的限制，杭州机场免税品销售业务一直未能开展。1982年，民航浙江省管理局拟于该年上半年在杭州机场开办免税商场业务，但杭州机场仍不具备条件，杭州海关于同年4月14日报告海关总署，暂缓在杭州机场开办该项业务。

1993年2月，海关总署同意温州对外供应公司设立免税店，开展免税品供船业务。8月18日，宁波海关建议给予成立于1984年的宁波市对外供应公司免税商店补办审批手续。11月30日，海关总署批复中国免税品公司，同意在杭州机场设立专供出境旅客免税品的口岸免税店。1994年3月21日，海关总署应中国免税品公司要求，统一核定外供免税店经营品种。经批准的免税商品仅供应给离境的国际航行船舶和船员。外供免税店如需增加经营附表以外的新品种，应经海关总署同意。

1995年1月，为加强对口岸免税商店的管理，海关总署根据《国务院批转关税税则委员会、财政部、国家税务总局关于第二步清理关税和进口环节税减免规定的意见的通知》，规定各地进境口岸免税商店停止进口免税商品，进、出境合一的口岸免税商店改为单一出境口岸免税商店。口岸出境免税商店销售免税品时，验凭出境旅客机票和已加盖出境边防章的本人护照，严格控制免税品流入境内。为了便于管理，遵循国际惯例，是年8月起，各口岸免税商店及进出境飞机、列车、船舶等运输工具上的免税商店，在销售的免税烟草制品和酒精饮料内、外包装的显著位置上均打上“中国关税未付(China Duty Not Paid)”的中、英文字样。1995年10月，经海关总署批准，舟山对外供应公司免税商店开业，成为全国第99家免税商店。

1996年10月，海关总署规定，口岸免税店需将进货计划(包括品名、规格、价值等)报主管海关审批后，方可通过总公司对外订货。12月，海关对口岸免税店实行年审制度，年审内容包括经营资格、免税品经营情况、进货及库存情况、数字报表、违规情况等。海关总署率先在北京、深圳、珠海口岸免税店试运行计算机管理系统，对免税商品的进货报关和销售情况进行管理，并向全国海关推广。

1998年9月1日，海关总署批准设立宁波机场免税店。12月21日，杭州海关制定《杭州海关对供船免税店及其免税物品的监管办法》(以下简称《监管办法》)，并下发温州、舟山、海门、嘉兴海关。该《监管办法》规定：供船免税店是指在口岸设立的专门为通过国际航行船舶及其服务人员和通过船舶出境的旅客供应免税商品的免税商店；供船免税店供应区域应限于海关总署批准的港口范围，并严格按限定的供应对象、在海关总署核准的经营品种之内供应免税商品；供船免税店应建立符合海关监管条件的免税品监管仓库，并建立相应的账册；海关对免税品监管按照保税货物监管模式进行，每季核销。《监管办法》同时制定海关对免税品进口环节、供船免税品核销环节的监管细则，规定各海关向杭州海关监管处报告供船业务情况的详细内容，并于1999年1月5日制发执行。

1999年3月4日，宁波海关派员对外交部驻外机构供应处申请在宁波设立免税店进行实地考察。3月10日，经宁波海关上报海关总署监管司批复，同意设立该免税店。4月8日，海关总署批复同意在宁波北仑港设立免税店，开展免税品供船业务。6月21日，海关总署批复中国免税品公司在温州机场设立出境口岸免税店。7月23日，杭州海关根据海关总署批复，同意中国免税品公司在温州机场设立免税店，限于向出境旅客销售免税商品。

2000年5月8日，经海关总署批准，浙江中免免税品有限责任公司成立，负责浙江省内中免所属各类免税店所需免税品的调拨、报关管理。12月30日，杭州萧山国际机场建成启用。2001年7月16日，海关总署批复同意原设在杭州笕桥机场的出境口岸免税店迁往杭州萧山机场。

2002年1月21日，海关总署同意中国免税品公司所属市内免税店在原有供应对象基础上，增加即将离境的港澳特别行政区旅客。同年，海关取消对免税品进货的审批工作。2003年9月26日，宁波海关将宁波关区免税店检查情况汇报海关总署监管司。经核查，宁波口岸具有经营免税品业务资格的免税店有4家，正常经营的有3家，分别为：宁波栎社机场免税店、宁波市外轮供应有限公司免税店、宁波中免免税品有限责任公司保税仓库。

2005年11月起，由海关总署直接负责免税商店设立审批。免税商店分为口岸免税店、运输工具免税店、市内免税店、外交人员免税店和供船免税店等5类免税品商店。其中口岸出境免税店销售免税品时，凭出境旅客搭乘的登机牌、车票、船票等销售免税品；市内免税店销售的免税品，在隔离区内交付给旅客携带出境；外交人员免税店凭主管海关审批的有关单证和核准的数量销售免税品。浙江省杭、甬海关遵照执行。

2006年3月，杭州萧山机场的出境口岸免税店经历几年的库存销售，清点完毕后歇业。

2008年11月5日，海关总署批复准予东航中免宁波分公司设立机上免税店，经营从宁波航空口岸进出境的东航国际(地区)航班机上免税品业务。

2010年6月10日，海关总署批复同意中国免税品(集团)有限责任公司在杭州萧山国际机场设立口岸免税店，向出境旅客销售免税品。7月3日，中免杭州萧山机场出境免税店正式营业。

二、“在外售券、境内取货”业务

1977年，为方便华侨、港澳同胞回国探亲访友时携带馈赠礼品，对外贸易部、商业部、中国人民银行和国务院侨务办公室批准香港中旅社和香港3家国货公司开办“在外售券、境内取货”业务，经营品种限国产自行车、缝纫机、衣料、食品等。旅客在香港购买货券，于入境时交海关核验盖章，然后到国内指定地点凭券取货。开始时仅限广州市等少量设有提货点的城市，后来因这项业务受欢迎，经营品种和经营单位以及提货点不断扩大和增加。

1979年1月，杭州关区最早设立的境内提货处是由香港惠谊有限公司经营的商店，地址在杭州市工人路1号西湖电子大厦内。同时承担“在外售券、境内取货”业务，由售货单位向海关提交年度进货计划。物品进口时，按实际进货品名、数量、价格等填具“进口货物报关单”向海关申报，并存放在海关认可的保税仓库内，接受海关监管。提货券须经海关检验，盖章后方可取货。

1992年2月17日，杭州海关批复香港惠谊有限公司杭州提货处在杭州打铁巷(今绍兴路37号)增设“在外售券、境内取货”业务保税仓库，面积为130平方米。为适应不断开放的形势，免税商场经营范围不断扩大，由最初“在外售券、境内取货”的单一商品形式扩大为交电、百货、针纺织品、食品、工艺美术品、黄金饰品及药品零售等。其供应对象也有所扩大，除进出境的华侨、外籍华人、港澳台同胞外，也包括出国探亲的中国公民和外国在华侨民。入境探亲旅客如需购买上述免税商品，由本人持护照和经入境地海关签章的“旅客行李申报单”，经杭州海关批准后，同本人携带入境的物品合并计价，办理征免税放行手续。1992年1—8月，杭州关区验放“在外售券、境内取货”免税商品5379件。

1996年8月，杭州海关根据《中华人民共和国海关对中国籍旅客进出境行李物品的管理规定》，取消中国籍旅客(除保留部分人员外)免税指标。之后，“在外售券、境内取货”业务萎缩。2004年8月，海关总署公告停止执行有关“在外售券、境内取货”业务管理规定。杭州海关即终止该项业务。

三、免税外汇商品

1983年，国务院批准外经贸部、外交部、财政部、海关总署联合报告，同意在中国成套设备出口公司供应站基础上，成立中国出国人员服务公司，统一经营出国人员外汇商品供应业务。

1985年9月，经国务院批准，华侨等探亲旅客免税商店业务，由中国华侨旅游侨汇服务总公司及其各地的分公司统一经营。其服务对象为华侨、外籍华人、台湾同胞、因私出国的中国公民和外国在华侨民；其经营品种有电视机、电冰箱、录像机、收录音机、照相机、洗衣机、摩托车、手表、播放机、缝纫机、自行车、电子琴、打字机等。除供应对象和征免税限量与出国人员不同外，海关对其监管的要求与出国人员免税商店基本相同。10月，海关总署发布《中华人民共和国海关对经营免税外汇商品业务的管理规定》，规定经营免税外汇商品业务，须报经国务院或国务院授权的主管部门批准，由海关总署备案。经营品种、销售对象，由海关总署核准。经营单位设立的门市部、提货点和专用保税仓库由所在地海关核准，报海关总署备案。免税外汇商品的进口、仓储按海关对保税货物和保税仓库的监管规定办理手续。每批货物进口时均由经营单位向进口地海关报关。经营单位销售商品时，验凭经海关签章的免税外汇商品发货票或提货单发货。经营单位及其所属门市部和提货点，每月将进货、销售和库存物品情况造具清单，于次月5日前连同有关发货票和提货单向海关办理核销手续。同时规定免税外汇商品业务异地调拨、维修件进口等均要接受海关监管。

1990年10月，浙江省首家“中侨外汇免税商场”在杭州设立开业。地址在杭州市采荷路采荷三区八号楼一楼。在总面积585平方米场地中划出200平方米做免税商品保税仓库，

120平方米做商场门市。杭州海关批复浙江省中国旅行社，就商场经营事项提出三点要求：第一，商场经营国家规定的各类免税商品（包括广告、零售、代购、代销业务）；第二，商场供应各类免税商品可按一、二、三、四类分类，不列名“大件”“小件”等；第三，商场应按海关法律、法规及有关协议实施。

由于出国人员逐年增多，为满足出国人员外汇商品供应需求，方便出国人员就近购买和维修外汇免税商品，国家外贸部于1991年12月批准成立中国出国人员服务公司杭州外汇商品供应站。供应站主要任务是经营出国人员免税外汇商品，提供售后维修服务。

1992年，海关总署分别同意宁波、温州设立免税外汇商场。杭、甬、温3家免税商场（店）均为中国华侨旅游侨汇服务总公司经营，海关派员进驻商场办理征税手续。杭州海关对免税商场的监管措施主要有：按规定对商场实行前、中、后三期管理，除每日销售报表签字留存外，每月对单证、账册核销一次，并不定期对免税仓库进行验仓；实行双人核销制。杭州海关还先后制定了免税商场业务操作规范和对免税外汇商品业务监管细则等管理办法。

1997年以后，随着国家税收政策调整、国产家电质量的提高及家电企业品牌意识的强化，国产家电凭借价格、售后服务的优势，一度使进口商品面临挑战。据统计，1997年1月至3月，杭州的免税商场进口商品销售金额骤减，进口商品仅6次，价值33万美元。9月，海门口岸成立台州市中侨免税品有限公司，该公司下属外供公司开始供应船员烟酒类商品。截至1997年底，杭州海关关区的隶属沿海海关均设立免税商店监管机构，供应对象扩大至常驻境外的外交机构人员、留学人员、访问学者、赴外劳务人员、援外人员和远洋船员，品种也增加到完税价格1000元以下的报刊、图书、音像制品、首饰、体育用具、医疗保健用具、厨房卫生用具、家用小五金、代售品、礼品、纺织品等物品，并且试行国产免检的退税政策。1998年，宁波海关驻机场办事处对中侨、中远、外供3家免税商店监管免税商品额达469.8万美元。

1999年，海关总署为规范对免税外汇商品业务管理，规定经营单位对属下分支机构实行集中统一管理，统一对外签约组织进货，统一报关进口。经营单位于每季度最后一个月的月初将本系统各分支机构下一季度进货计划汇总后，统一报海关总署监管司审批。经营免税外汇商品的各分支机构在本系统内调拨进口免税商品，应报经营单位同意，并由经营单位同时向调入地和调出地海关提出书面申请。海关对境内免税商店实施年审制度，年审内容包括各经营单位的基本情况、进货、销售及库存的数字报表，经营中执行政策情况，有无违规行为等。12月30日，海关总署下发《外汇商品监管作业规程（试行）》，统一各直属海关对外汇商品监管各业务环节的作业程序。杭、甬海关遵照执行。

20世纪90年代末，专供出国人员免税外汇商品的免税业务因市场变化而大幅萎缩。2002年2月，根据海关总署通知，浙江省各海关取消执行外汇商品进货计划审批制。

2004年9月，浙江中盈投资有限公司在杭州设立中盈免税商场。免税商场经营商品主要有手表类、服装类、工艺品类、生活用品类、化妆品类、皮具类。杭州海关按月对其入出库电子数据和纸质单证进行审核，按月复查外汇商品核销月报表、货券和护照，确认电子数据和纸质单证的对应，保证入出库单证单单相符。

杭州萧山机场海关监管的免税店为中国国际航空股份有限公司经营的机上免税店，于

2007年开业。杭州海关根据《中华人民共和国海关对免税店及免税品监管办法》(海关总署132号令)和《杭州海关机上免税品监管操作规范》对该免税店实施严格监管。海关审核免税店计算机管理系统数据与“免税品明细账”是否一致，并抽核“机上免税品配备核销表”“机上免税品销售记录表”及有关销售单据，在实地盘库审核无误后办理免税品核销手续。2008年，该店共计进货14890件，2007年结余6612件，销售16026件，库存5476件。2009年5月，为进一步规范免税店经营行为，杭州海关坚持要求免税店提供销售发票，并在单据后随附标有销售情况的旅客清单，至2010年仍据此执行。

第五章　税费征收

关税是国家主权的直接体现。北宋端拱二年(989 年),朝廷在杭州设置两浙路市舶司。根据当时的市舶法则,“掌蕃货海舶征榷贸易之事,以来远人,通远物”①,对海运而至的国内外船舶、货物进行检查,验明许可,实施“抽解”(即征收关税)、“博买”(即政府专营)。南宋定都临安(今杭州),海外贸易更趋兴盛。宋高宗诏曰:“市舶之利最厚,若措置合宜,所得以百万计。”②

宋代推行《元丰市舶条》,即规定抽解有定数,将舶货分为粗、细两类,分别征以不同的税率。元代颁布《市舶则例二十二条》,对抽分(征税)、税则及税率都有原则规定。明清时期,宁波的浙海关、杭州的北新钞关、南新钞关实行《商税则例》和《梁船则例》。

清代前期海关,实行自主税则。第一次鸦片战争后,由于不平等条约的签订,自主关税变成协定关税,关税税率被限制在“值百抽五”(每百两税五两)的较低水平,成为世界上关税税率最低的国家之一,中国沦为西方国家工业品倾销市场和攫取廉价原材料的基地。浙江省所设浙海关(新关)、瓯海关和杭州关,均沿用协定关税税则。辛亥革命爆发后,外籍税务司又借机窃取海关关税的保管权。

民国 16 年(1927 年),国民政府开展争取关税自主的外交活动,废除自 1843 年以来受不平等条约束缚的片面协定税则,宣布裁撤厘金等一切内地税,撤销常关,收回关税保管权,并于民国 17—37 年制定、颁布实施并 4 次修订《国定进口税则》,突破了被约束长达 80 余年“值百抽五”的协定税率,使中国关税收入大幅增加。民国 26 年,日本全面侵华,国土沦陷,中国关税收入受到严重影响。

1950 年 1 月,中华人民共和国政务院通过《关于关税政策和海关工作的决定》,宣布实行保护关税政策。翌年 5 月,颁布《中华人民共和国海关进出口税则》(以下简称《进出口税则》)。《进出口税则》是自鸦片战争以来第一部真正完全自主的海关税则。它的制定和实施不受外来势力的制约,完全体现中国人民的意志,保护了社会主义经济建设。浙江省温州、宁波和杭州海关成立后,即实行 1951 年《进出口税则》。

1980 年,浙江省各海关恢复单独计征关税,认真贯彻执行“依率计征,依法减免,严肃退补,及时入库”的征税工作方针,并结合口岸实际,逐步建立和完善各项税费征收制度和管理办法,使税收征管工作趋于规范化、科学化。在加强税收征管的同时,浙江省各海关认真执行

---

① 《宋史》卷一六七《职官七》。

② 《宋会要辑稿》第八十六册《职官四四》。

国家税收优惠政策，定期开展税收大检查，准确及时做好税费退补工作，把好审价关，并在税费计征和管理工作中，全面推广应用计算机。

1995年后，宁波海关依托沿海港口的独特地理优势，税收连年大幅增长，2000年宁波海关税收达102亿元，突破百亿大关，2008年更是达到570亿元，位列全国直属海关第六位。2002年6月，海关总署宁波商品价格信息处成立，按海关总署的统一分工和部署，承担《进出口税则》第25—29章和第31章的商品价格信息管理工作。通过对信息资源的分析与整理，形成具有分管商品特色的电子价格信息产品——《价格信息参考》。

杭州海关注重服务地方经济发展，2006年建立重大减免税前伸服务机制，服务于浙江省重大招商引资项目和重点技改基建项目。2007年，为贯彻海关总署关于支持和促进浙江义乌小商品出口市场发展的意见，杭州海关制定了相关配套操作规程，简化上万种小商品拼箱出口的归类和申报手续，支持小商品出口规范有序、快速发展。

浙江省境内所设杭州海关和宁波海关两个关区，分别负责各自辖区内的税收征管。杭州海关从设关起至2010年，共征收关税252.4亿元，代征税1950.49亿元。从1998—2010年，减免税金额503.3亿元。宁波海关从1995年直属海关总署以后至2010年，共征收关税402.36亿元，代征税3579.54亿元，减免税金额267.68亿元。杭州海关、宁波海关[①]共计征收税收6184.79亿元，减免税收770.98亿元，对增加国家财政收入、维护公平稳定的进出口贸易秩序、促进浙江省经济结构调整和转型升级发挥了积极的作用。

第一节 税制税则

关税征收为历代所重视。北宋在杭州设置的两浙路市舶司和在明州设立的市舶司即根据当时的市舶法则予以“抽解”。元丰三年（1080年）制定的《元丰市舶条》已较为完备，确定将舶货分成粗细两类，区别抽分，其后各朝虽抽分率变化不定，但这种原则被保留下来。明代后期，除征收货税以外，开始征收船钞，并确定了按丈输税的规定。鸦片战争以后，清政府与列强签订一系列不平等条约，中国丧失税则制定的自主权。咸丰八年（1858年）签订的《天津条约》和《通商章程善后条约：海关税则》，进一步确立“值百抽五”的征税原则，使中国已经很低的进口税率又被压到5%以下。民国17年（1928年），南京国民政府与各条约国（日本除外）签约，承认中国的“关税自主权”，并于是年底颁布民国18年实施《国定进口税则》，这是近代中国的第一部自主税则，突破了长期以来“值百抽五”的束缚，使当时关税总水平大为提高。

1951年5月1日，中华人民共和国政务院颁布《进出口税则》，保护社会主义经济建设。温州海关、宁波海关和杭州海关建关初期，即使用该《进出口税则》。改革开放以后，国家于1985年颁布《中华人民共和国进出口关税条例》（以下简称《关税条例》）及所附《中华人民共和国海关进出口税则》（以下简称《进出口税则》），1992年颁布以国际通行的《商品名称及编

① 以下杭州海关、宁波海关分别记述时用全称，两关合记时简称杭、甬海关。

码协调制度》(以下简称《协调制度》)为编码的《进出口税则》,2003 年通过修订后的《关税条例》,其后每年根据《协调制度》变化调整《进出口税则》中的商品及编码。加入世贸组织前后,中国政府从 20 世纪 90 年代开始逐步降低关税总水平,1992 年关税总水平为 43.2%,到 2010 年已降至 9.8%。

一、市舶则例

历代市舶司管理海外贸易的法则称为市舶条例,唐代已开其端,至宋代略为完备,及至元代更为周密。宋初市舶条例因时因地而不同,沿无一定。据朱彧《萍州可谈》载:"凡舶至,帅漕与市舶监官莅阅其货而征之,谓之抽解。以十分为率,珍珠、龙脑,凡细色(注:贵重货物)抽一分;玳瑁、苏森,凡粗色(注:粗贱货物)抽三分外,官市各有差。然后商人得为己物。象牙重及三十斤并乳香抽外,盖官市,盖榷货也。"但由于各地市舶司没有统一的法令,且政令频繁,各个时期抽解不一,一度曾高达十分之四。淳化二年(991 年),始制定市舶抽解法,十分抽二。宋仁宗在位期间(1022—1063 年)又改为"十税其一",但规定含糊,易产生弊端。"凡蕃货之来,十税诸一,必择诸精者,夷人苦之"①。熙宁年间(1068—1077 年),鉴于市舶管理法令不统一之弊,朝廷遂下令在先前有关市舶规定的基础上,进行修改补充,制定完备的市舶法。元丰三年(1080 年)八月二十七日中书言,"广州市舶条例已修订,乞专委官推行"②。这部以广州市舶条例为主,两浙、福建等地市舶条例为辅的《元丰市舶条》制订完毕,下令在全国的市舶司(两浙、福建、广南)中推行,这是宋代第一部统一的市舶法。《元丰市舶条》纠前代之弊,规定抽解有定数,将舶货分为粗、细两类,分别征以不同的税率:"其抽解将细色值钱之物,依法十分抽解一分,其余粗色并以十五分抽解一分。"将货物予以分类,细色货物征高税,粗色货物征低税,符合征税的基本原则。其后由于时移事易,又不断"续降"新的条法,抽分率变化不定,但这种粗、细货物按不同比例抽分的办法,在宋、元两代延续下来。

除了对进口舶货有抽解之外,在北宋很长的一个时期内,对出口货物亦征以商税。宋代朱熹记载:"广之蕃舶装船,旧皆取税。"直至嘉祐年间(1056—1063 年),余靖出知广州才"奏罢之"③。此虽属广州市舶司的做法,但作为全国三路市舶司之一的两浙路市舶司所在地杭州,亦应仿效。

南宋时,明州市舶务对外来货物,分作十五分,市舶务抽一分,上缴朝廷;船舶税(船脚靡费)抽一分;明州知府抽三分;州郡和市舶务副职官员办公厅抽二分,予以博买,以充博易本钱(也称市舶本钱)。这样共抽十五分中的七分,其余八分还给国外商人进行民间贸易,税率即 40%以上。关税过重,海舶不至。时任庆元(今宁波)郡守胡矩作了改革,除不博买外,凡来自高丽和日本的商船,对商人首领和船中杂事,十九分抽一分;其余船客所携不分粗色、细色,十五分抽一分;海内及其他外国商船不分纲首、杂事、艄公、船客、水手,十分抽一分。这样大大

① 〔宋〕范仲淹:《范文正集》卷十四。
② 《宋会要辑稿》第八十六册《职官四四》。
③ 〔宋〕朱熹:《五朝名臣言行录》卷九之七。

降低了税率，促进了海外贸易。其时，明州市舶务还抽解货物的十五分之一给纲首为“船脚靡费”，是为舶税的萌芽。

元代基本承袭前朝征税制度，但有新的发展，即在抽解之外，不再对部分舶货实行“禁榷”“博买”制度。杭州、庆元、澉浦的舶货抽解法，最初采取统抽制，即无论粗、细货物，均按同样的比例抽分。至元二十年（1283 年），依宋代旧制，定市舶抽分例，货物按粗、细两类，“精者取十之一，粗者十五之一”①。至元三十年，以留梦炎和原宋市舶官员李晞颜收集整理的宋代市舶则例为基础，“比照目今抽分则例”②，经过各方面官员会商，制定《市舶则例二十二条》。根据该市舶则例，杭州市舶司除按粗货十五分之一、细货十分之一的比例抽分外，还按泉州市舶司的办法，在抽分以后的货物内，再抽取三十分之一的舶税，建立了抽解之外又有舶税的征税制度，以后推广至庆元路市舶司。延祐元年（1314 年），修订颁布了新的《市舶则例二十二条》，将抽分比例提高一倍，“粗货十五分中抽二分，细货十分中抽二分”；同时“并依旧例于抽讫物货内以三十分为率，抽要舶税一分”。此做法一直延续到元末。

元初，蕃货和土货（注：国内货物）一律按“双抽”之制抽税，即除征市舶税外，还征当地商务税的住税。这种税制对利润颇高的蕃货贸易影响不大，但对国内沿海的土货南北贩运影响很大，商人难以承受税负。至元十七年（1280 年），上海市舶司提控（提举）王楠提出，吉布、条铁等货即系本处土产货物，若依蕃货例双抽，似乎太重，客旅生受。对土货按进口蕃货实行双抽，阻碍了国内沿海的物资交流和沿海航运的发展，于本国经济不利。因此，朝廷采纳王楠的建议，定双抽、单抽之制，蕃货双抽，土货单抽。这样，减轻了贩运土货舶商的负担。元代的市舶征榷抽分制度中，还有一种新规定，即官本船的抽分办法。由于官本船的船舶，资金由官府提供，所以官府要取十分之七的税，商人得剩余的十分之三。

明代前期实行海禁政策，杭州市舶司和明州市舶司执行严格的朝贡贸易（勘合贸易）制度，对进贡货物例不抽解；附至货物，虽然有规定依例抽分，但为显示天朝的恩惠，也往往优免抽分，尤其在洪武（1368—1398 年）、永乐（1403—1424 年）年间最为普遍，几成常规。但是，过多的免征，巨额市舶抽解的放弃，使国库收入损失巨大，弊端很多，财政不堪重负。正德五年（1510 年）规定，自此以后，凡贡船至者，不拘年份，到即抽十分之三税。正德九年废止抽解，规定“非贡期而至者，即阻回，不得抽分”③。至正德十二年，又恢复前法，但抽分率改为十分之二。此后仍废立不定。隆庆元年（1567 年）以后，随着海禁的废止，私人海外贸易迅猛发展，朝廷开始征收货税，并加征“水饷”，由元代的抽分制改为按商船大小征税的丈抽制，共分 11 等。实行“水饷”和“陆饷”并征制度。

水饷（丈抽法），由船商交付，每年征收一次。据万历三年（1575 年）则例，行西洋船，船阔 1 丈 6 尺以上，每尺抽税银 5 两，一般应纳银 80 两；贩东洋船，每船照西洋船丈尺税则，量抽十分之七。水饷采用累进税率征收，船每加阔 1 尺，加征银 5 钱。陆饷，即货物进口税，征之于

① 《元史》卷十二《世祖九》。
② 〔清〕梁廷枏：《粤海关志》卷四。
③ 《明武宗实录》卷一一三。

购买进口货物的铺商。据万历十七年则例，折成从价税率，约为百分之二。此外，对自吕宋（今菲律宾）返回的空船，除征收水、陆两饷外，还征收“加增饷”（类似临时附加税），每船征收银150两，万历十八年减为120两。

明末，水饷改称船钞，船钞、货税并征，并以货币税取代实物税。这一重大变化，反映近代海关关税制度开始萌芽。时宁波设立钞关，称浙海钞关。

二、钞关商税则例和海关税则

（一）北新关

明代钞关的商税则例分为《梁船则例》和《货物则例》两类：其中《梁船则例》规定船户缴纳船料，以船梁的长短狭阔核定征收船料税银的数额；《货物则例》则规定对通过关津的货物由官方定价，从价计征货物税银，并由船户先代商人缴纳货税，然后再由船户向商人收取。宣德四年（1429年），杭州北新关对过往商船征收船料（船钞），船料根据船只的大小和长宽及路程的远近，分等收钞，空船则不征。税额初定为100料（每料相当于一石）船收钞100贯，后逐步减为15贯。以后改按船只梁头的广狭为准，分等定税，名曰梁头税。

北新关征税有定额，并逐年增加。原定额2388080贯981文。弘治年间（1488—1505年），改为折银。弘治元年，北新关每年岁料约计4000余两，以后每岁渐增，多时并商税共达30000余两。正德六年（1511年），北新关兼收商税，对船上所载货物，各照货物精粗，定收税银。万历三十九年（1611年）加至银49700余两。天启元年（1621年）九月初一，为遵旨会议事议增银4000两。天启二年，又加增银4000两。天启三年三月，为遵旨酌议措饷等事，增银16000两。天启七年十二月十六日，又增银6240两，岁征额计银110240两。

清代北新关则以征收商税为主，兼收船钞。根据《北新关商税则例》所载，征商税之物品分丝绸、布匹、蓄货、铁、瓷、木板、漆器、药材等50类，共2100多个品种，以丝绸、大米、木材等为大宗。

顺治十三年（1656年），北新关每岁定额银94400两。康熙二十五年（1686年），征额税银计107669两，又加额岁银2500两，外加铜斤水脚银15384两6钱5分，统计征银并铜斤水脚银，共计125553两6钱5分。康熙三十三年加增银5000两。康熙三十八年四月，恩免加增银5000两。据《北新关志》载：自康熙五十五年，除正额外，盈余银3万两。康熙六十一年，盈余银4万两。雍正四年（1726年）后，盈余银4万～5万两不等。雍正八年，盈余银亦有4万余两。

（二）南新关

明代，杭州南新关对过往的竹木实行抽分制度，“凡商贩竹木，十取其一”①。初时解送清江、卫河等造船厂，供造漕运船只之用。据《南关榷事书》载：成化十六年（1480年），因解户不

---

① 〔明〕田汝成：《西湖游览志》卷十九。

便,部议奏解折银,本年白银4000两。成化十七年,解银5500两。成化十八年至二十一年,各解银7000两。弘治元年(1488年),解银9500两。弘治二年至十三年,俱解银18070两。弘治十四年起,每年俱解银14440两,遂为正额。

清代,据《大清会典》载:南新关抽分岁额银22800两。顺治十年(1653年),增银1200两。康熙二十年(1681年),增银2572两,共岁额银26572两。康熙六十年十二月,额定南新关除正额钱粮外,每年加增盈余银6000两。雍正二年(1724年)四月,确定加增银两裁去。

(三)浙海关

清康熙二十四年(1685年),浙海关设立后,即以《海税则例》为例,经实地勘查后删减酌定,制定《浙海关税则》,对进出口舶货予以课税,对东洋各国和西洋各国所征船钞有别,国外船只和国内船只的船钞也有别。康熙二十八年,浙海关参照正式颁行的《粤海关税则》,对以往则例进行重新修订。据雍正《浙江通志》载:浙海关初设,岁无定额。以后洋舶日增,规定梁头货税等项。雍正元年(1723年)后,额定浙海关15个口为税银32000余两,每年盈余无多,其中乍浦口为13000两。雍正七年,浙海关除正税外,岁加征盈余银57600两,乍浦口也递增39000余两。浙海关亦订有税收盈余和支款办法,后演变为包税制。雍正十二年,下令各海关都必须把税率条款用大字书写,竖立在关口,不准用小字书写,悬在偏僻地方,以防止海关官员隐瞒税率,滥增税收以饱私囊。

雍正十三年(1735年),浙海关开始按户部指令实施"比例税则",规定凡税则中未载明的货物,比照其他列名货物确定税率,折中征税。

乾隆三年(1738年),为避开粤海关的各种附加税及浙海关的税率较低等原因,蕃船"舍粤就浙"日渐增多。经闽浙与两广总督的联名奏请,朝廷允准提高浙海关税率,以限制蕃船多往宁波贸易。从乾隆十八年起,浙海关开始施行户部修订的正税则例、比例则例、估值册和规礼等海关则例。乾隆二十二年,为了限制英商到宁波贸易,朝廷一度下令浙海关关税税率较粤海关增加1倍。而后,又颁旨禁止外籍船舶前往浙江沿海贸易。两年后,朝廷再次下令严禁外商前往宁波贸易,并限制生丝、丝绸、绵、绢等货物出洋贸易。自此,浙海关主要对从事沿海贸易的中国船舶进行课税。

浙海关对国内船只的船钞,分粮食船、出海贸捕船与捕鱼船3种,根据梁头大小予以从量征税。货物税则分食物、用物、杂物等税则。道光四年(1824年),浙海关将下属各口所征货物的税则税率,按照户部制定的则例分别进行删减,另行造具清册呈送户部核准,对部分商品的税则税率进行修订或调整。宁波大口进出口货物的税则税率为:每100斤作80斤征税,散仓货物丈量其深、宽及长度,三者相乘折算为重量,论斤征税。来自安南(今越南)、东洋的货物税率为:每100斤作60斤或70斤征税。如作80斤征税,则与福建、广东货相同,都以9折征收。宁波府象山、古窑、小港及台州湖头渡和绍兴、沥海等支关进出口税例与大关相同。其余所属各口,也分别各有税例,头围口(今海盐澉浦)税例:如纱、罗、布,每100匹作60匹征税;上丝,每100斤作60斤征税。各色杂货,每100斤往宁波、绍兴、台州、温州照大关则例征税;由长江往广东、福建的,每担征税4分。温州、瑞安、平阳等口税例:进口货物,每100斤作

60 斤征税；出口货物往本省的，每 100 斤作 80 斤征税；往福建省的，每 100 斤作 60 斤征税。竹木以根计算，税率相同，只有杉木 10 根作 7 根征税，松板 10 丈作 9 丈征税，木炭 1000 斤作 900 斤征税。

三、晚清新关税则和常关税则

（一）新关税则

关税税则是一国关税政策的具体体现。清道光二十三年（1843 年），《海关税则》实施以前的中国海关税尚属自主。鸦片战争后，随着一系列不平等条约的签订，中国丧失税则制定和修订的主权。从道光二十三年清政府实行第一个不平等协定税则后，清政府要求增税提案，在历次修改税则的国际会议上总是被否决。道光二十三年八月十五日，清政府被迫签订生效的作为《五口通商附粘善后条款》组成部分的《海关税则》，是中国近代史上第一个不平等的片面协定税则。

《海关税则》与旧税则相比，在税则结构上区别了出口税则、进口税则，出口税则在前，进口税则在后。出口税则分为 12 大类、68 个税目，进口税则分为 14 大类、104 个税目。大部分为从量税，小部分为从价税。进出口货品中从价征税的，税率分为“值百抽十”与“值百抽五”两级，其中，凡税则未具体列名的出口货物，一律“值百抽五”。税目分类有所改进，趋于合理，但不论进口税率或出口税率，比原来的实征税率都大幅度降低。

《海关税则》中的进口免税货品有“金银类、各样金、银洋钱、锭锞，及洋木、洋麦、五谷”等；出口免税货品有金、银洋钱及各种金银类及瓦砖、瓦片等造屋之料（主要为当时香港建设所需）。税则中附列“船钞”一项，废止丈量船身、按丈输税的旧制，改按核定的吨位课征。

《海关税则》实行后的几十年里，清政府与条约国对其进行了两次全面修订：第一次，即咸丰八年（1858 年）税则。是年，清政府被迫签订《天津条约》和《通商章程善后条约：海关税则》，确立了“值百抽五”的征税原则，使中国已经很低的进出口税率又被压到 5%以下，整体关税水平比原税则又有降低，且这一原则当时成为束缚中国进出口税率的桎梏；建立子口税制度，中国国内税主权遭到破坏；鸦片以“洋药”的名义列入税则，使鸦片进口合法化；扩大免税物品的范围。该税则绝大多数税目为从量税，只有极少数为从价税。另外，船钞不再附列于税则，而在中英《天津条约》第二十九条中规定了船钞的税率，该税率在第二次鸦片战争中曾几度被降低。浙海关、瓯海关和杭州关成立之初，即据此税则征收税钞。第二次全面修订，是光绪二十八年（1902 年）修订进口税则。第一次税则修订以后的几十年间，由于物价上升和银价贬值，实际关税税率远低于“值百抽五”，因此，为偿付赔款，条约国才同意本着所谓“进口货税增至切实值百抽五”的原则修订税则，而清政府在修订中完全处于被动接受的地位。修订后的税则的进口税率有所提高，以增加税收，抵付赔款，起到一定财政关税的作用，但税率水平仍然十分低下，且划一的税率对原料和制成品、必需品和奢侈品、生产资料和消费资料都不加区别，无法起到保护关税的目的。免税物品的范围有所缩小，仍以增加收入、确保赔款为目的。

(二)常关税制

第一次鸦片战争后,中英缔结《南京条约》开放五口通商。从咸丰九年(1859 年)起,各地新关相继设立,主要负责管理洋船及其所载货物的征税事宜。沿海各关如江海、粤海、津海、闽海、镇江、厦门等关分设海、常两关,分别征收海、常两税。各地常关,包括沿海常关及内地户关等,根据清廷所订《钦定户部则例》确定的税则计征税款,但各常关所执行的税则及税率并不相同,各地常关自定税则经呈报户部核准后即予公布施行,全国各地计有常关税则 20 余部。其中就包括浙海关制定的《浙海关商税则例》。

民国 3 年(1914 年)年初,北洋政府财政部和税务处拟定《改订常关收税章程》,于同年 6 月颁行全国,要求各地常关改按海关税则酌定情形分类计征。该章程涉及税则条款的主要内容为:(1)各地常关经征往来国内土货税项,一律依照海关税则分别按以下三类情形计征:土货往来国内,在起运地的常关缴纳出口税;在运往目的地经过其他常关时缴纳过境税;在到达目的地的常关缴纳入境(进口)税。除米粮、茶叶及竹木等三类货品另订税则外,其余往来国内土货均按照海关税则确定的出口税率折半计征,未在海关税则内列名的土货按2.5%税率从价计征。(2)民船载运国内土货由沿海各常关出洋,按照海关出口税则确定的出口税率核减三成计征出口正税,未在海关税则内列名的土货按 3.5%税率从价计征,由火车或人力车或牲畜车载运出境的土货按海关出口税则全数征收。(3)洋货进口,按海关进口税则确定的进口税率计征进口正税,未在海关税则内列名的洋货按 5%税率从价计征。当时浙海常关的税率,仅为新税则的 58.5%,而浙海关 50 里内外常关在民国 5 年才推行新税则。

民国 20 年(1931 年),南京国民政府改革税制,先后裁撤通商口岸 50 里外各常关,废除常关税,各地海关停止使用常关税则。

四、民国时期海关税则

辛亥革命以后,中华民国成立。当时的北洋政府继续沿用晚清政府与各国订立的海关税则,但争取关税自主的呼声开始出现,并对税则进行了两次大的修订。第一次全面修订,即民国 7 年(1918 年)进口税则的修订。这次修订是中国政府提出以参战(第一次世界大战)为条件才被协约国同意接受。修订后的税则中增加了 3 号列,这是一项重大改进,既便于海关验估、征税、统计等工作,也便利商人报关。税则分类趋向细化,税收负担趋向合理,具有一定的科学性。该税则改进估价方法,规定以批发市价为准,并设立专门的估价机构——验估课,对以后的海关估价工作产生深远影响。第二次全面修订税则于民国 11 年(1922 年)。在中国关税自主的呼声下,华盛顿会议达成了《九国关于中国关税税则协定》,3 月 31 日在上海成立修改税则委员会,于 9 月底完成。该税则仍然是一部片面的协定税则,税率有所提高,但仍未达到条约规定的"切实值百抽五"的水平。规定了进口货物的估价方法和因估价引起争议的解决方式,以及免税品、禁运品范围和完全禁止进口的毒品名单。

民国 16 年(1927 年)4 月,南京国民政府成立。民国 17 年 7 月 12 日,南京国民政府与各条约国(日本除外)签订条约,相关条约国承认中国"关税自主权"。是年底,国民政府公布第一部《国定进口税则》，于民国 18 年 2 月 1 日实施，同时颁布实施《进口税则暂行章程》和《税则分类估价评议会章程》，并且废除了对洋、土货所征收的子口税和对转口土货所征收的复进口税。《国定进口税则》分为 14 类、718 号列，税率从量者计 400 余项，从价者计 330 余项，免税者 4 号列。除征收 5%的进口正税外，并另行征收附加税。附加税分 7 个税级，按商品的类别不同，分别适用从 2.5%～22.5%不等的税率，总的关税水平突破了长期以来“值百抽五”的束缚，大为提高。其后，在实施过程中于民国 20 年、民国 22 年、民国 23 年、民国 37 年历经 4 次重要修订。民国 34 年抗日战争胜利后，国民政府于民国 35 年 8 月宣布取消出口税。次月，财政部下令停征出口税，民国 23 年修订颁行的《海关出口税则》亦同时废止。

民国 36 年(1947 年)4—10 月，共有 23 个国家和地区在日内瓦召开会议，拟定并决议通过《关税与贸易总协定》，国民政府亦派代表参加第一轮多边贸易减税谈判，签订关税减让议定书。民国 37 年 4 月 21 日，国民政府正式签署《关税与贸易总协定》，中国成为缔约国之一。同年 5 月 21 日起，中国海关开始施行《关税与贸易总协定》所确定的第 8 号中国减让税率，并公布关税减让税率表。为实施关贸总协定确定的关税减让，国民政府国定税则委员会对民国 23 年《国定进口税则》予以修订施行。修订后的税则改以往单一式税则为复式税则，即根据关贸总协定确定的关税减让表，将进口税率分成国定税率和协定税率两种。与中国签订商务及友好条约适用协定税率，而未与中国签订关税协定的国家输入商品仍适用国定税率。民国 37 年《国定进口税则》仍将进口货品分为 16 类、672 个号列，其中免税货品号列 8 个。进口货品一律实行从价税率，税率 5%～ 200%，较原税率提高 1～3 倍。

是时，浙江省浙海关、杭州关和瓯海关均执行上述税则。

五、中华人民共和国海关税则

(一)1951 年税则

民国 38 年(1949 年)5 月后，浙江各地陆续解放。江海关宁波分关、瓯海关执行当时华东财政经济委员会关于《华东区进出口货物稽征暂行办法》，作为过渡，两关按 1948 年进口税则和 1934 年出口税则所规定的税率征收进出口税。

1950 年 1 月，中华人民共和国政务院发布《关于关税政策和海关工作的决定》，规定：“海关税则必须保护国家生产，必须保护国内生产与外国商品的竞争”，宣布独立自主、保护关税的政策。同时规定制定税则的 6 项原则：进口国内能大量生产的工业品、半制品，税率应高于该商品成本与国产品成本间的差额，以保护民族工业；对奢侈品和非必需品，订更高税率；国内生产很少或不能生产的工业原料、设备以及农业机械、种子、肥料等，低税或免税；科学图书、防治农业病虫害物品及国内不能生产的药品，免税或减税；实行两栏税率制，与中国有贸易条约、协定的，运用正常税率，否则，适用比正常高的税率；奖励输出的半制品、加工原料，低税率或免税。根据《中华人民共和国暂行海关法》(以下简称《暂行海关法》)和上述原则，1951 年 5 月 1 日公布实施了《进出口税则》及《进出口税则暂行实施条例》，这是鸦片战争以来第一部真正独立自主、维护本国产业的税则。

1951年税则实行进出口合一制，进口税率设最低税率和普通税率两种，出口税率只有一栏。20世纪70年代，温州海关、宁波海关和杭州海关开关时均使用该税则。

（二）1985年税则

1985年3月，国务院颁布实施《中华人民共和国进出口关税条例》及所附《中华人民共和国海关进出口税则》。该条例明确规定，《进出口税则》是条例的组成部分，其修改及暂定税率的确定，由有关部委组成的税则委员会审议并报国务院批准实施；条例共分8章、37条，对税率的运用、完税价格的审定、税款的交纳及退补、关税的减免等方面作了详细规定。由于修订后的条例、税则较之原税则变动极大，杭州海关组织征税人员学习、充实征税力量、加强对外宣传，贯彻执行新关税制度。

1985年税则仍采用进出口合一制，共分5栏，自左往右第一栏是税则号列，第二栏为货名，第三栏为进口税最低税率，第四栏为进口税普通税率，第五栏为出口税率。在税则之首列出4条归类总规则，作为税则归类遵循的原则，同时为使各税目之间划分明确，不产生交叉，在许多类、章下加列类注和章注。1987年9月，国务院又修订该《关税条例》。

（三）1992年税则

1992年1月1日，《进出口税则》目录转换采用国际上通行的《商品名称及编码协调制度》商品分类目录。1992年税则商品分类目录以《协调制度》6位品目为基础，并根据中国对外贸易情况加列1231个7位和8位数级子目，使其税目总数达6251个。1992年税则仍采用进出口合一制，为查找方便将进口税则与出口税则分列，但税目和子目完全相同。在税则之首列出6条归类总规则，作为税则归类遵循的原则，同时在许多类、章下加列类注和章注，本国加列的子目有的加子目注释，对章或税目或子目作出进一步解释。

1992年《进出口税则》的商品分类目录较之以往有较大的变动，为此杭州海关专门做了研究，统一步骤，制订《杭州海关实施〈协调制度〉准备工作计划》，具体分5个阶段，保证在1991年底之前做好准备工作。同时成立准备工作领导小组和《协调制度》商品归类技术协调小组，对关区各关统一进行检查、指导、评估，保证各项准备工作顺利进行。是年，根据进出口贸易和对外经济往来内容发生变化的情况，以及采用《协调制度》的现实需要，借鉴国际上的做法，国务院对《关税条例》进行了补充、修订，于3月18日对外发布，4月1日起施行。

（四）1996年税则

1996年1月1日，实施以1996年版《协调制度》为商品分类目录的《进出口税则》，这是1992年实施《协调制度》目录以来第一次较大规模修改和调整版本，税目总数为6549个，税率不变。版本转换后不久，国务院决定，从4月1日起，调整1900多个税号商品的进口税率，关税水平降为23.2%，并同时对部分商品实行暂定税率，对一些农产品实行关税配额税率。同月，国务院决定对进口税收优惠政策进行调整，清理了一批不符合国际惯例的减免税规定。1997年10月，又降低4874个税号商品的进口优惠税率，使国家的关税水平朝着既定的目标又迈进了一步。

其后，关税税则委员会根据“降低关税水平，理顺税率结构，扩大征税税基，削减税率峰值，稳定进口税收，实行适度保护”的降税原则，从 1997 年初开始，展开降税方案的调研和拟订工作。考虑到国内制造业和中央财政收入的承受能力，对 2000 年前的降税工作作出“均衡分步降税”的安排。至 2001 年 1 月 1 日，中国再次自主降低关税，关税总水平降至 15.3%。

（五）2002 年税则

2002 年 1 月 1 日，中国实施以《协调制度》（2002 年版）为基础的《进出口税则》，对农产品、化工产品、纸张、纺织品、贱金属、机械等产品的税目结构和范围进行较大调整，由此使 1900 多种商品归类发生改变。在税率方面，2002 年税则取消 1996 年税则年度实施税率，设普通税率、最惠国税率、协定税率和特惠税率等 4 栏基本税率。

2003 年，海关总署首次出版《本国子目注释》，对《进出口税则》本国子目的商品名称及范围进行解释，填补了多年来《进出口税则》和《海关统计商品目录》在本国子目商品归类法律依据及范围和解释方面的空白。此后根据需要不断对《本国子目注释》进行修订和补充。

2004 年 1 月 1 日实施的《中华人民共和国关税条例》，将《中华人民共和国海关进出口税则》更名为《中华人民共和国进出口税则》（以下简称《进出口税则》）。

（六）2007 年税则

2007 年 1 月 1 日，中国实施以《协调制度》（2007 年版）为基础的《进出口税则》。该税则仍采用进出口合一制，但为了查找方便将进口税则与出口税则分列，但税目和子目完全相同。2007 年税则调整共涉及 1600 个本国 8 位税号的变化，占全部 8 位税号的 20%以上，主要涉及机电产品、化工产品、纺织品、木制品、贱金属及合金 5 大类。在税率方面，根据加入世界贸易组织承诺的关税减让义务，中国进一步降低聚乙烯等 44 个税目的最惠国税率，关税税率总水平降至 9.8%，其中农产品 15.2%、工业品 8.95%。经过降税，关税税率形成两头小、中间大的格局，大体形成资源性产品、零部件、制成品税率由低至高的合理结构。

其后，每年的《进出口税则》都会根据当时的经济形势，调整相应的税则税目和税率。截至 2010 年，《进出口税则》共有税则税目 7923 个，关税总水平降为 9.8%，完成了加入世界贸易组织时的承诺。

至 2010 年底，浙江省杭、甬海关均执行该《进出口税则》。

表 67-5-1-1　　1992—2010 年中国关税水平、税则税目主要变化情况一览表

调税时间	关税总水平(%)	税则税目总数(个)	调税时间	关税总水平(%)	税则税目总数(个)
1992 年 1 月	43.2	6251	2002 年 1 月	12.0	7316
1992 年 12 月	39.9	6251	2003 年 1 月	11.0	7445
1993 年 12 月	36.4	6321	2004 年 1 月	10.4	7475
1994 年 4 月	35.6	6350	2005 年 1 月	9.9	7550
1996 年 4 月	23.2	6549	2006 年 1 月	9.9	7605
1997 年 10 月	17.3	6633	2007 年 1 月	9.8	7646
1999 年 1 月	16.7	6940	2008 年 1 月	9.8	7758
2000 年 1 月	16.4	7062	2009 年 1 月	9.8	7868
2001 年 1 月	15.3	7111	2010 年 1 月	9.8	7923

资料来源:《中国海关通志》,方志出版社 2012 年版,第 1577 页。

第二节　税收种类

海关税收,除关税外,在各个时期根据不同情况代国家和有关部门在进出口环节及其管辖范围,征收各种税、费、捐等,统称海关税收。

关税的作用首先表现为财政收入。南宋初年,市舶收入每年达 100 万贯,占全国财政收入的 20%。元代时,市舶收入也相当可观。明朝廷由于实行勘合贸易制度,进口的主要是贡品,概无关税收入,也无统计。

清咸丰十一年(1861 年),浙海关(新关)建立,负责收取洋关税,而原浙海关则负责收取常关税。当时海关收取的税收种类繁杂,既对进口货物(洋货)征税,又对国内货物(土货)征税。税收种类除进出口税以外,还有复进口税、转口税、子口税等,以及一些厘金和统税等国内税。国民政府成立以后,于民国 18 年(1929 年)颁布实施第一部《国定进口税则》,大幅提高了关税税率,并陆续裁撤国内税。

中华人民共和国成立后,很长一段时间,由于国家实行统一作价的进口商品关税,由外贸公司并入外贸利润统一交库的做法。如当时温州海关,关税收入每年均不到 20 万元。1980 年恢复单独计征关税,关税收入日益增加。随着浙江省对外贸易的迅猛发展,杭、甬海关的税收也大幅增长,2003 年杭州海关征收关税和进口环节税超百亿元,2010 年达到 405.01 亿元。宁波海关作为口岸海关,税收一直处于全国海关前列,2000 年宁波海关税收就超百亿元,并于 2003 年、2004 年和 2005 年分别超过 200 亿元、300 亿元和 400 亿元,3 年实现“三级跳”。

2010年，宁波海关税收达600.37亿元。该年，浙江省杭、甬海关征收的税收合计为1005.38亿元。

一、浙海关、瓯海关和杭州关税收

（一）进口正税

中国古代没有严格的统计制度，关税收入的统计资料留存很少，但在史料记载中也有一些反映。宋代时，朝廷在东南的财政收入，以关税为最多。北宋皇祐年间（1049—1054年），市舶收入达53万贯，治平年间（1064—1067年），增至63万贯。南宋初年，战争频繁，财政困难，市舶收入每年达100万贯，占全国财政收入的20%。绍兴年间（1131—1162年），两浙、闽、广市舶司一年收入高达200万贯，超过北宋时最高额的2倍以上。当时明州市舶司关税收入的主要货物有从日本输入的木材、黄金、水银、硫黄和各种工艺品（倭刀、折扇），从高丽输入的人参及其他野生药材、布匹、漆、铜器等，从东南亚各国输入的各种香料、胡椒、布、藤、木材、铁、银子、珊瑚、玛瑙、玳瑁等。元代时，市舶收入也相当可观，进口的货物品种超过宋代，主要商品为日本的金子、木材，高丽的铜器、漆，东南亚国家的香料、布，马来西亚的棉花，甚至有非洲的花梨木、丁香等。明代实行朝贡贸易性质的勘合贸易制度，日本的贡品主要有马盔、铠甲、剑、腰刀、玛瑙、水晶、硫黄、苏木、牛皮以及洒金或镀金的屏风、文台、牛箱、贴金扇等。但皇帝的赏赐超过日本的朝贡，赏赐数量亦无定制，故概无关税收入。清初，以乾隆十八年（1753年）为例，全国关税收入共4324005两（包括陆地关税），浙海关为87654两，占比2%左右。关税收入的主要进口货物为日本的铜，东南亚的大米、木材、糖、香料、药材、象牙、珍珠及毛、棉织物等。

清咸丰十一年（1861年），浙海关（新关）建立以后，进出口净值和海关税收稳步上升，同治十年（1871年），在已开放的15个通商口岸中居第五位。然而由于进口税执行“值百抽五”的低税率，而每年的土货出口额都超过洋货进口额，浙海关征收的出口税额迅速增加，而进口税在关税总收入的比率逐年下降。光绪三年（1877年）二月，瓯海关建立后，对国外进口的洋货以及从其他通商口岸运来的本国土货，都征收进口税。光绪二十二年（1896年）八月，杭州关设立，于八月二十五日起根据咸丰八年进口税则开始征收进口正税。是年，江海关规定：凡洋货从上海报运杭州者，均在杭州完纳进口正税。当年3个月共征税关平银[1] 465两有余。翌年4月，嘉兴分关也开始征税，但主要是对鸦片征收药土税和洋药厘金（进口关税和厘金）。随后几年，杭州关每年征税关平银40000两上下（不含鸦片进口税，下同）。由于对煤油、糖、日用品如火柴的需求持续增长，洋货进口量增加，税收得到较快增长，到光绪二十八年，首次超关平银10万两。此后，至民国2年（1913年）的11年间始终保持在每年十几万关平两的水

① 关平银，亦称关平两、关银、海关两，是清代中后期海关开始使用的一种记账货币单位，属于虚银两。1关平两的虚设重量为37.7495克足色纹银（含93.5374%纯银）。海关在征收关税时，依据当地实际采用的虚银两与纹银的折算标准进行兑换。

平。民国 3 年，第一次世界大战爆发，外洋贸易受到很大影响，尤其是海关征税办法发生重大变更，即从该年 5 月底起，洋货可在口岸征税，凭免重征执照，准予报运进口杭州，不必在本地完税。因此，当年税收猛跌为关平银 75352.408 两，只有上年的 49.80%。随着沪杭铁路建成通车，铁路运输安全、快速，较之水运有竞争优势，许多价值高的货物在口岸完税，通过铁路运达本地，该关的进口关税受到严重影响，民国 4 年更减至不足关平银 10000 两，这种情况一直持续到民国 19 年。

瓯海关和杭州关的相继建立，使浙海关辖区缩减到仅剩宁波、绍兴、台州三府，贸易和关税趋向萎缩。光绪二十六年(1900 年)，进口正税仅为关平银 59114 两，不及出口正税的四分之一，仅为关税总数关平银 686180 两的 8.6%。其后，由于内地经济的发展，进口贸易有所增长，关税也随之增加。光绪二十八年，浙海关计征进口税关平银 96848 两，上升为当年关税总收入关平银 668991 两的 14.5%。其后进口关税水平始终保持在十几万两的水平上，至光绪三十三年，由于大量的西贡米进口，进口税增至关平银 154128 两。而后逐步下降，以民国元年(1912 年)为最低点，仅关平银 68506 两。主要进口美国面粉和美国煤油，并进口墨西哥银洋 1397520 元。民国 20 年，浙海关进口税猛增至关平银 182529 两，但以后几年又有所下降。

浙海关(新关)和杭州关进口税收长期低落的原因主要是税率过低，如浙海关(新关)民国 4 年(1915 年)，洋货进口估值关平银 2928890 两，征收进口税关平银 101895 两。民国 17 年，由外洋及香港进口的洋货估值关平银 596 万两，由通商口岸进口洋货估值 910 万两，仅征收进口正税关平银 160426 两。由此可见，中国的进口税远远低于“值百抽五”的最低税率。

民国 18 年(1929 年)2 月 1 日实施《国定进口税则》，使进口税的平均税率达到 8.5%。是年，浙海关(新关)自开关以后 68 年来第一次大幅度增加税收，征收进口税关平银 284042 两，比上年增加 77.05%。民国 19 年，征收进口税关平银 394320 两，比上年增加 38.82%。民国 20 年 1 月 1 日实施的《国定进口税则》，税率又大幅度提高。以浙海关为例，虽进口货值急剧下降，但进口税却仍然大幅增长。该年度洋货进口净值关平银 10950688 两，而进口税却增至关平银 860889 两，占该年度浙海关总税收的 77.85%。同年，上海港修改了码头捐收费率，洋货直接运杭报关进口，较之由沪转运来杭者，可免缴纳上海码头捐及浚浦(疏浚黄浦江)捐。因此，杭埠商人群起效尤，在杭州关报关纳税，以致该年直接进口贸易增加颇巨，其中尤以食糖及人造丝为最多，计在杭州关纳税之糖共有 118000 担，人造丝 588000 斤。由于进口税率的提高，是年，税收创纪录，达法币 2178150.57 元，按当时关平银与法币的比值1∶1.558计算，合关平银 1398042.73 两，占各种税收总和的 84.57%。在此之前，自杭州开埠以来进口税占总税额的比例，最高不超过 30%。民国 25 年(1936 年)，杭州关征收进口税合关平银 3002900.462 两，为建关后征收进口税最高的年份。这种进口“繁荣”情况一直持续到民国 26 年。是年底，日军侵占杭州，关务中止，杭州关税收枯竭。杭州关自光绪二十二年(1896 年)至民国 27 年(1938 年)的 43 年中，共征进口税折合关平银 13072357.093 两，每年平均 304008.305 关平两，占总税收的 48.19%。

民国 27 年(1938 年)，宁波口岸直接进口洋货 120 万元，进口土货 1610 万元。民国 28 年，直接进口洋货估值 170 万元，进口土货 3730 万元。进口税在账面上虽有所增加，但扣除物价上涨因素，实际下降。民国 29 年，宁波口岸贸易和关税征收情况，上半年非常繁荣，下半年则衰落不堪。自武汉、广州相继被日军占领以后，其邻近的温州和福州等地，又被日军封锁，宁波口岸是通往海外各国及上海租界唯一的海上通道，成为抗日战争大后方通向世界的主要咽喉孔道。是年，元旦至 7 月中旬，宁波口岸进出船只比较畅通，成为全国抗日战争军需物资转运枢纽，美国和加拿大的援助物资、海外华侨对抗日战争资助的物资和军需，都依靠这条唯一孔道输入。当时大后方的民用必需品进口数量巨大，还有一些军用、民用都需要的商品也须征进口税。石油产品，如汽油、煤油、柴油、矿物质润滑油类进口跃居首位，汽车配件及轮胎也数量激增。其中柴油进口比上年增加 70 倍，汽车轮胎进口比上年增加 30 倍。直接进口洋货估值 1060 万元，转口土货 5910 万元，征收进口税计 441 万元。虽然军需物资和援助物资免征进口税，另一些进口物资也免税或低税率，如泰国进口的大量洋米，但关税总收入仍创造了最高纪录。民国 29 年 7 月 16 日，日军在镇海登陆。国民政府征调大批轮船及少数战舰于甬江梅墟凿沉，设置封锁线。虽然中国军民奋战将日军逐出镇海，然而镇海口外遭到日军封锁，洋货进口完全停顿，至民国 30 年春都未解除封锁。5 月初，宁波沦陷，不久，浙海关停闭。

民国 34 年(1945 年)8 月，抗日战争胜利，杭州光复。杭州关于 10 月恢复征收进口税，至 12 月份杭州关闭关停止业务，实际只征收了 3 个月的进口税，每月税收分别为法币 833155 元、605661 元和 33572 元。同年，浙海关亦复开，但基本上无外轮到甬。民国 35 年，直接进口洋货估值法币 13380 万元，进口国货值法币 37039760 万元，征收税款法币 51453629 元。当时转口税已废除，全系进口税。税收不足以支付关务费用。民国 37 年，浙海关合并于江海关，为其分关。

(二)出口正税

出口正税是对本国商品出口所征的关税。古代宁波出口贸易中收入的关税，主要货物为丝织品、瓷器、茶叶和海产品。

道光二十三年(1843 年)，中英关于关税税则的谈判中，中国代表耆英认为，所争者茶叶、棉花耳，余不必校也。最后议定，茶叶由旧征每担税银库平银① 1 两 3 钱增至关平银 2 两 3 钱，棉花由旧征每担税银库平银 1 钱 5 分增至关平银 4 钱。因而，对以茶叶、棉花出口为大宗的宁波口岸来说，浙海关的出口正税成为关税总收入中的主干。浙海关(新关)开关初期，土货出口量急剧增加。自咸丰十一年(1861 年)至同治十年(1872 年)间，土货贸易出口的经营者大多是洋商，或者由中国商行借用洋商的名义经营。所以，在此期间浙海关缴纳出口正税的都是外国商人。同治十年是土货出口额最高的一年，进出口净值关平银 1800 万两，而土货出口超过关平银 1000 万两，在当时已开放的 15 个通商口岸中占第五位。全年税收总计关平

---

① 库平银，亦称库平两，是清代国库收支使用的标准货币单位。1 库平两相当于 37.26542108 克足色纹银(含 93.5374%纯银)。光绪三十四年(1908 年)，清政府农工商部与度支部拟订统一的度量衡制度，规定库平银 1 两为 37.301 克。

银 826739 两，占全国新关税收总数的 7.13%。然而这十年内每年的土货出口额都超过洋货进口额，使宁波口岸成为全国少有的出超港口。土货出口在同治十年之前主要是鱼、盐两大宗货物，同治十年新增本地产的棉花和大部分为过境的茶叶，作为原料的明矾和手工业产品草帽也大量出口。而土货出口的经营者已大多数是中国商人。同治十二年，华商开始缴纳关税，以后逐渐增加。

根据中英《烟台条约》，随着温州、芜湖相继开埠，宁波口岸失去了南部和西部的腹地，如皖南的祁门茶叶改从芜湖出口，使宁波口岸的土货出口贸易受到较大影响，建立在此基础上的浙海关税收也随之下降。后来，由于宁绍台地区生产发展，逐步弥补了失去南方腹地的损失，税收也逐年增加。光绪二十一年（1895 年）的出口正税收入，竟达到浙海关税收的最高峰。

光绪二十二年（1896 年）八月杭州关建立，根据咸丰八年出口税则及《江海关洋轮暨洋商雇用民船或自置船只来往苏、杭、沪通商试办章程》《江海关华轮即华商挂号民船来往苏、杭、沪试办章程》（以下均简称《苏杭沪章程》）中“征税章程”的规定，对本国土货从杭州运往其他通商口岸时（杭州无直接运往外洋者），课征出口正税，按“值百抽五”折成从量税计征。该税则执行达 70 余年。民国 20 年（1931 年）6 月，杭州关执行《国定出口税则》，有 98 项商品的税率提高为 7.5%，其余不变。但又规定了 30 余项商品免出口税。杭嘉湖及周围地区历来是丝绸、茶叶的重要产地，这两项是中国传统的大宗出口产品，杭州又是通过大运河水系前往上海等地的必由之路，因此，出口正税是杭州关税收中最主要税种，在绝大部分年份，都保持第一税源的地位。民国 20 年，全国裁撤各地厘卡，货物运输不再为厘金所困，不必为免纳厘金而在海关完税，故出口货物多改为直接运往上海转口各地或外洋，加上从当年 6 月 1 日起，出口税只对输出外洋土货征收，输往其他口岸土货改征转口税，杭州关税收遂一蹶不振，是年只有上年的 50%左右。民国 23 年，由于中国大宗出口商品逐年衰落，国民政府增加免征出口税货物种类，达 77 号列。翌年再次修订，增加了减税品 42 个号列，多数出口货物的税率降低 50%，免税货物范围也再予扩大。随着免出口税货物种类的增加，出口税嗣后更少至只有几千元法币，反映出杭州当地出口税收的衰落。从光绪二十二年起至民国 27 年止，杭州关共征出口税关平银 8511512.478 两，占同期税收总额的 31.38%，年均 197942.151 两，为第一大税种；民国 21 年前，每年征收出口正税占当年税收总额 50%以上的，就有 25 个年份；达到 80%以上的，也有 16 个年份。民国 21 年至 27 年，共征出口税法币 68189.49 元，仅占同期总税收的 0.35%，显示了前后两个阶段的巨大差异。随着抗日战争全面爆发，民国 28 年起，出口税一律免征。

同样，出口税在浙海关的税收收入中有着举足轻重的地位。如光绪二十六年（1900 年），出口正税关平银 275977.823 两，为浙海关关税总收入的 40%以上。其后一直处于第一大税的位置，甚至达到 60%以上，直到民国 20 年（1931 年）实施《国定出口税则》保护国货出口，民国 21 年后出口正税在浙海关关税总收入中下降至 1.16%。民国 35 年 9 月 7 日，浙海关奉令停征出口税。

（三）复进口税

复进口税即沿岸贸易税(Coast Duty)。根据咸丰十一年(1861年)《通商各口通共章程》的规定，外籍轮船往来中国通商口岸之间贩运土货，除在装货口岸缴纳出口税外，还须在卸货口岸缴纳复进口税，税率为进口正税的一半，即2.5%，所以亦称“复进口半税”。纳税程序：土货进口后，先将相当于复进口税之银存于银号，如在3个月内出口运往外国，确系原包、原货，并无拆动、抽换情形，即将所存之银交还；如在当地销卖，或逾期未出口，即将所存之银入账，作为复进口税；如在期限内出口土货有拆动、抽换情形，所存之银也照样作为复进口税入账。

浙海关(新关)开关后，于同治元年(1862年)开征洋商复进口半税，当年仅关平银7847两，次年即增至关平银44193两。自咸丰十一年(1861年)至宣统三年(1911年)51年中，浙海关所征复进口税：华商为关平银729977两，洋商为关平银931233两。

杭州关开征该税之初，仅关平银400余两，后逐渐增多。光绪二十八年(1902年)至民国3年(1914年)，每年复进口税基本上在关平银40000两以上，最高年份宣统三年(1911年)达76582.556两，原因是该年大豆、豆油及作肥料用的豆饼进口大增。至民国4年，因征税办法变更，由上海复运来杭之土货，其复进口半税不再在杭征收，税收减少，以后基本保持10000两的年税收水平，直至民国19年。杭州关征该税，前后共35年，税额总计关平银1032631.224两，占同期总税收的7.29%。

民国20年(1931年)2月17日起，国民政府改革内地税制，复进口税废止。奉国民政府财政部令，浙海关和杭州关均停征复进口税。

（四）转口税

复进口税取消后，浙海关及杭州关从民国20年(1931年)起，开始征收转口税。对按照普通行轮章程航行的轮船，载运土货从一通商口岸转口到另一通商口岸，原在起运口岸的出口税照征。因出洋谓之出口，由此口至彼口应称转口，故改称转口税。转口税税率仍适用咸丰八年(1858年)出口税则，而改称转口税则。民国20年6月1日，对转往国内通商口岸的土货所征收的“二五附加税”改称为“转口税附加税”，故转口税连同附加税的税率共为7.5%，一并在货物起运口岸课征。由口岸运至内地或由内地运往口岸的土货，如中途驶至另一通商口岸，或从另一通商口岸港界经过，再驶往内地或口岸，也须缴纳转口税。已完税的外国货物经加工改变原来状况的，应视为土货征收转口税，但民船装载往来通商口岸之土货免征转口税。转口税开征后，杭州关即在城站、南星桥及拱宸桥3处实行征收，并要求当地警方协助缉查绕道运输的逃税行为。同时，根据财政部令，杭州关于是年10月6日发布公告，于次日起，对所有在杭州邮寄的包裹或经过包裹，一律恢复征收转口税。民国23年10月16日起浙海关、杭州关等奉令停止征收邮包转口税。

浙海关于民国20年(1931年)即有转口税统计，该年征收转口税关平银140096两。杭州关开征转口税的第一年(1931年)即征得关平银97493.125两，约占当年税收总额的

35.92%，仅次于出口税。由于民国20年10月1日起，国民政府取消一切内地税，专抽轮船往来载运通商口岸的土货，而民船铁路或其他方式陆运之货、轮运往来口岸与内地货物均不征转口税，商人为减轻负担，将原来由轮船运输货物改用其他交通工具或采取分段运输等方法，如此，转口税损失甚巨，且税负欠公允，国民政府于民国26年10月1日实行《整理海关转口税办法大纲》，扩大征税范围，凡民船、铁路、公路、轮船、航空运输往来通商口岸间及通商口岸与内地、内地与内地之间的土货，一律照征转口税一次。税率仍按民国20年税则，从价征收7.5%，共162项；从量征收为5%，共197项。已纳转口税的货物出口时，按转口税则与出口税则的差额，实行多退少补。至民国27年止，杭州关共征转口税关平银717070.266两，占杭州关同期税收总额的5.53%。抗日战争全面爆发后，海陆交通运输阻塞，转口税收锐减，重庆国民政府于民国31年4月15日裁撤该税种。

民国32年(1943年)5月，汪伪国民政府成立伪"海关转口税宁波征收所"，并在江东、江北岸轮船码头等交通要道设立分卡，在镇海设立分所，征收转口税。同年，伪"杭州关转口税局"设立后，即于次日在杭州地区按以前的规定开征转口税。伪"杭州关转口税局"在设立后第一年的3个半月内共征收转口税中储券31672981元。根据伪"总税务司署"与伪浙江省政府的安排，伪"杭州关转口税局"成立后，原地方征收的临时营业税及建设特捐于该年8月底前停征，海关则自开征转口税起，需将当月税收总数扣除本关办公经费、伪"总税务司署"开支分摊、债赔各款后净余数的一半，逐月拨交伪省政府，作为补偿。至翌年3月16日停止拨交，前后7个月，共拨交伪省政府中储券23724707.45元。民国33年9月1日，根据伪总税务司署颁布的《铁路运输货物转口税上海完纳办法》，为便利日本掠夺中国资源，伪"杭州关转口税局"规定凡由杭州通过铁路运输经上海转往日本的货物，转口税改在上海缴纳。民国34年6月28日，伪"杭州关转口税局"布告称：自该年7月1日起，所有应完转口税货物，概按照其时转口税率加征100%转口税附加税。

抗日战争胜利后，民国34年(1945年)9月，国民政府财政部下令，废除转口税。同时，裁废伪"杭州关转口税局"和伪"海关转口税宁波征收所"。伪"杭州关转口税局"开征转口税，从民国32年至34年，3年的税收分别为中储券3167.30万元、30991.12万元、251822.91万元，合计为中储券285981.33万元。

(五)船钞

清道光二十三年(1843年)，中英两国代表在虎门签订的《海关税则》(《五口通商附粘善后条款》的一部分)，对船钞作了原则性的改革，即船钞由按船身丈量输税改为按吨位计算征税。咸丰八年(1858年)《海关税则》修订，将船钞从税则中删去。另《天津条约》第二十九条中规定船钞税率：150吨以上，每吨纳钞银4钱；150吨正及150吨以下，每吨纳钞银1钱。凡是船只出口往其他通商口岸及香港，船主由海关监督颁给专照的，自发照日起，4个月以内赴通商各口可以不再纳船钞。同时中英《通商章程善后条约》第十款规定，船钞收入作设置浮桩、号船、塔表、望楼等助航设施之用。咸丰十一年五月，浙海关(新关)建立之初，按章对外籍轮船征收船钞。至年底，计征收洋商船钞关平银3951两。同治元年(1862年)五月，太平军撤离宁波，浙海关恢复，至年底，征收洋商船钞关平银6001两。同治二年增至25381两，同治三年达到高峰，激增至35302两。

根据《苏杭沪章程》及《杭州口各国商船进出口起下货物完纳税钞及各项开口试办章程》的规定，杭州关对华、洋商人的轮船及洋商自置之船征收船钞，对华商民船和洋商雇用的华船征收船料。商船进港后，在48小时内，何时卸物即何时缴纳船钞；超过48小时，无论是否卸货，应即缴纳船钞。杭州由于受运河航道水位的限制，来往的商船吨位有限，且船钞税率极低，杭州关从开关到民国27年（1938年）的43年中，共征船钞关平银5244.917两，只占税收总额的0.02%，仅相当于浙海关1年的征收数。

由于币制改变，民国22年（1933年）3月10日开始对150吨以上的船舶改按每吨法币0.65元计征，150吨及以下按每吨0.15元计征，由海关发给完纳船钞执照，有效期仍为4个月，但军舰、公务船只及其他有特殊情况者免征船钞。民国34年以后因货币贬值、税制改变，对税率作过多次调整。

（六）子口税

子口税是常关税的一种，其性质属于内地过境税，英文名为Transit Duty。口岸海关称“母口”，内地常关、厘卡所在地称“子口”。征收子口税后，即可代替常关税和厘金（厘金税），所以子口税又称“抵代税”；因其税率为进口正税之半，又名“子口半税”。咸丰八年（1858年），清政府签订的《天津条约》和《通商章程善后条约：海关税则》，确立子口税制度。子口税有两种：一种是运洋货入内地子口税，税率为进口税率之半，按从价课税的货物，每值100两征关平银2两5钱。凡洋商运洋货从通商口岸入内地，经进口岸海关检查，确系原货，一次缴纳进口税和子口税后，随由海关发给进口税单，名为“运洋货入内地之税单”（Transit Pass Inwards），该货便得放行。此后经过各关卡时，应将税单呈验，由关卡查核单货相符，即盖戳放行，无论远近，一律免征税厘，也不收任何手续费。另一种是洋商往内地购买土货，须先向本国领事申请，由领事向海关监督署领取“购买土货报单”（Transit Pass Memorandum）。该报单由三联组成，通称“三联单”。洋商在内地购买土货之后，运抵最靠近装船口岸的子口时，缴纳子口税，方准该货起运上栈。待装船出口时，再完纳出口税。

咸丰十一年（1861年）四月浙海关（新关）开关，至十二月初九因太平军占领宁波而闭关，半年间尚收子口税关平银28830两。同治元年（1862年）五月，太平军撤离宁波，浙海关恢复。在7个半月的时间内，征子口税关平银25392两。同治二年，全年征子口税达65481两。咸丰十四年创最高纪录，竟达111506两。同治十一年，两江总督曾国藩提出：发给进口子口税单，不以申请人的国籍为转移。宁波口岸最早响应，全国只有镇江关和浙海关两个口岸执行这个原则。同治十二年开始，浙海关“内地子口半税”统计中已不分华、洋商人。但子口税收入持续下降，光绪十一年（1885年）下降至10977两，仅为咸丰十四年的10%左右。其主要原因是上海商业日趋繁荣而洋商的子口税大多已在上海江海关完纳。一直到光绪二十三年，浙海关子口税才回升到关平银27745两。以后一直维持在这一水平。发出的子口单以“运洋货入内地之税单”为主，进口洋货以糖、棉布和棉纱、煤油居多，而土货出内地的，寥寥无几，出口货物则以棉花和蚕茧为多。

由于子口税可抵正税之半，又先适用于洋商，英国首先攫取了这一特权。后依据片面最惠国待遇条款而扩大为所有列强在华共同享有的特权，其目的是深入中国内地倾销洋货和搜刮廉价原料。子口税规定只有洋商才能享受子口税特权，华商则处于“逢关纳税、遇卡抽厘”的不平等地位。洋商凭借特权，领取子口税单，高价倒卖给华商牟利，华商则借此避纳内地税厘，子口税单成了一种买卖。因此，清政府于光绪六年（1880 年）和光绪二十二年分别规定华商也可请领“运洋货入内地之税单”和“购买土货报单”（又称“三联单”）。其中请领“三联单”，按镇江关《发给三联报单如何缴回暂行章程》执行，但在实施中，“三联单”的请领权仍为洋商所有。

杭州关多数年份只有洋货入内地子口税税收，主要是部分进口洋货如煤油、糖、火柴等，凭子口税单运销至浙江中西部地区及邻省。仅民国 4 年（1915 年）和民国 6 年有土货出内地子口税税收，各为关平银 15 两和 68.25 两，仅占进出口子口税总额的 0.04%，原因是经该关出口的货物产区基本在附近，沿途所征厘金不会超过子口税，没有申领子口税单的必要。杭州关从光绪二十二年（1896 年）至民国 19 年的 35 年中，共征收子口税关平银 228555.691 两，只占同期杭州关税收总额 14168147.870 两的 1.61%。

民国 20 年（1931 年）1 月 1 日，国民政府下令裁撤厘金税和子口税，浙海关、瓯海关和杭州关随即停止征收子口税。

（七）药土各税和洋药厘金

清咸丰八年（1858 年），《通商章程善后条约：海关税则》规定鸦片以“洋药”的名义准其进口，每 100 斤纳税关平银 30 两。自此鸦片贸易合法化。光绪十一年（1885 年）中英签订《烟台条约续增专条》，又规定，鸦片进口每 100 斤（箱）正税关平银 30 两，厘金 80 两，一并向海关完纳。由此确立了税厘并征制度。同时，对本国生产的鸦片（土药）运销各口也实行税厘并征。本国土药因质量较洋药为次，价钱要低，税厘按洋药的三分之二计征。

同治元年（1862 年），浙海关对洋商洋药（鸦片）税单独立项。直至同治五年，每年收税仅数万两，主要是因为鸦片税当时由宁波北门厘捐局征收。以后，征收的鸦片税在浙海关总收入中所占的比例不断提高，征收洋商鸦片税曾占关税总数的 28%。自同治十三年开始，增加了华商的洋药税。光绪二年（1876 年），洋商洋药税和华商洋药税占浙海关全年税收总数的 35%以上，可见当时洋药税的重要地位。从光绪十三年开始，浙海关即进行洋药税厘并征，洋药税和洋药厘金的征收数占比进一步提高，光绪二十四年达到 40.7%，以后虽其比重逐步下降，但仍为当时第一大税种。宣统初年，每 100 斤洋药税厘加至关平银 350 两，土药加至 230 两。

杭州关开关之初，并无鸦片进口，随着嘉兴分关设立，杭嘉湖道出于地方财政上的考虑，对进口鸦片，官方发给津贴每箱白银 3.8 两，指定该地区鸦片全从嘉兴进口，鸦片税厘遂大增。翌年即征得土药各税关平银 29328 两、洋药厘金 78208 两，占当年全部税收的 28.69%。以后逐步递增，高峰时期光绪二十九年至三十一年（1903—1905 年），超过出口正税，成为当年的第一大税种。光绪三十二年，清政府开展禁烟，浙江当地各界采取有力措施禁食鸦片，鸦片进口开始减少，自宣统三年（1911年）起，不再有鸦片报关进口，鸦片贸易停止。

浙海关在同治二年（1863年）至宣统二年（1910年）的48年中，共征华商、洋商洋药税关平银6748457两。杭州关从光绪二十三年（1897年）至宣统二年共征收土药各税和洋药厘金关平银2433026.161两，占同期杭州关税收总额的29.25%。其中，光绪三十年鸦片税收最高，曾达到关平银273901两（税厘合计），占当年税收总额的38.96%。

民国8年（1919年），税则明确禁止鸦片入口，正式停征洋药税和洋药厘金。

（八）行邮物品税

行邮物品税是海关对进出境旅客行李和个人邮递物品所征收的关税。近代海关征收的物品税还包括国内旅客行李和国内邮包。浙海关、瓯海关和杭州关对旅客随身携带行李物品和邮寄物品，与贸易货物采用同一本税则征收进出口税。

清同治十一年（1872年），总税务司署发出《关于征收行李税有关规定》的通令，对从其他口岸携带价值在银10两以上洋货入口，又无免税护照的中国旅客征收行李税；对来自香港或外国的旅客，其携带行李数量若达到关税整数，则应完纳关税；若达到应税数量隐匿不报者，则处以关平银10两以内罚金，并仍照章纳税。光绪二十三年（1897年）二、三、四月杭州邮政局开办的头3个月，共征物品税关平银241.54两。光绪二十八年规定：凡住在中国的居民个人自用而非出售的、已使用过的进口衣服、家具、书籍、图画以及正当旅客自用的随身携带或分运的行李均予免税。同年9月在第二次全面修订的税则免税表中列明：由侨民带入非贩卖的自用旧衣服、书籍、图画和家具等免税，税款不足关平银0.3两者免征。

光绪三十四年（1908年），对杭州寄给内地的丝绸邮包征收出口税及土货出口半税，税率为每半公斤毛重征0.13银圆，不足半公斤忽略不计，从2公斤的邮包起征。寄往通商口岸的邮包仍继续免税放行，关税由目的地海关征收。鉴于寄往通商口岸以外内地的丝绸邮包，在杭州投寄的税负比在通商口岸外的邮局投寄为重，商人遂绕过杭州，至湖州府、濮院、新市、双林等地邮局大量投寄包裹，造成逃税。杭州关经总税务司署邮政税务司批准，规定对在上述4个内地邮局投寄的丝绸邮包也照征关税，以公平税负。采取措施后，丝绸邮包的税收稳步增长。宣统二年（1910年）达关平银28000两，其中杭州占16000两，内地4个邮局占12000两。民国元年（1912年）10月1日，总税务司鉴于此种做法不符合有关通令的精神，与全国其他地方的做法不一致，而且邮政部门已与海关分开，与当初批准该做法时形势已不同，训令要求停止在上述4个内地邮局征收邮包税。

浙海关对邮包进行监管，对装有应税物品的包裹则按章征收包裹税。凡包裹由宁波邮局寄往外国者，如系应税物品须征出口正税。若包裹系由内地寄交宁波邮局送往国外，此项包裹应完纳出口正税及出内地子口税。凡由外洋寄宁波之邮包，如包裹寄交本口之人，则完纳进口正税；若寄交内地，则完纳进口正税及入内地子口半税。如浙海关在民国14年（1925年），从邮局包裹所征入内地子口税关平银182513两，这些包裹应已征收进口正税关平银365026两。又以邮局包裹所征出内地子口税关平银1708两，这些包裹还须完纳出口正税关平银3416两。税款可在海关完纳或在邮局缴纳，邮局代收税银后按月汇缴海关。

民国20年(1931年)1月1日，子口税、复进口税取消后，原对邮包征收的子口税、复进口税随之停征。10月，杭州关执行总税务司令，对旅客行李所带应税物品，批准其在船上完税，不以税额为限；国内沿海口岸旅客所带应税行李物品价值不及法币5元者，准予免税。

(九)进出口税附加税

1. 二五附加税

按照民国11年(1922)华盛顿会议通过的《九国间关于中国关税税则之条约》第三条的规定，中国裁撤厘金前，可采用过渡办法，即对应纳关税的进口货征收附加税，普通品为2.5%，奢侈品不超过5%，唯该税实行日期、用途及条件须由关税会议议定。民国14年北京关税特别会议无形解散后，对“二五附加税”的实行日期与条件的议定仍无结果。广东国民政府首先于民国15年10月11日自动对进口洋货、出口土货以“内地税”的名义征收普通品2.5%、奢侈品5%的税，为避免条约关系国的干预，由广东国民政府财政部委派专人在各海关及常关收税所附近征收。国民政府迁都汉口后，又于民国16年1月1日在新控制省份开征该税。之后，其他各省也纷纷开征附加税。军阀孙传芳控制下的杭州地区，成立附税征收处，由杭州关监督会同当地经收海关税款的银行负责，于同年2月开征“二五附加税”，但征税对象只限于进口货物。国民政府定都南京后，另颁“二五附加税”征收办法，从杭州出口的土货也需缴“二五附加税”。

民国18年(1929年)2月1日，浙海关和杭州关实施《国定进口税则》，“二五附加税”归海关办理，取消了对进口洋货征收此项附加税，对于出口土货仍照征。至民国20年6月1日实施《国定出口税则》，出洋土货之“二五附加税”取消；对出口往国内通商口岸之土货所征收的“二五附加税”，改称转口税附加税，并入转口税，“二五附加税”取消。

2. 5%附加税

浙海关和杭州关自民国21年(1932年)8月1日起，征收进出口税附加税，征收对象为应税进出口货物，税率为进出口税的5%。此项附加税，经一再展期征收之后，至民国26年8月7日实施《国定进口税则》停征止，杭州关共征收该税合关平银547289.082两，占同期税收总额的4.31%。

3. 45%临时附加税

民国37年(1948年)1月1日，依照第十八次国务会议通过的《开征临时附加税实施办法》，浙海关对进口应税货物于现行附加税外，另征临时附加税，按进口税率的45%与进口税同时征收。原定征收期为6个月，直至8月实施《修正海关税则》时，方予停征5%附加税和45%临时附加税。

(十)附征赈捐和救灾附加税

附征赈捐是按照赈济需要的临时附征税，税率为进出口税额的10%。民国10年(1921年)，浙海关与浙海常关分别附征赈捐关平银35413两和关平银9822两，可见当时浙海关的税收已远超浙海常关。而杭州关奉总税务司令附征赈捐，为期 1 年，共征得关平银 21807.99 两，作为赈济北方五省旱灾之用。民国 13 年，各省区淫雨成灾，因而从翌年 11 月 1 日起又开征赈捐，税率不变，至民国 16 年止，杭州关共征关平银 7039.59 两。民国 20 年，长江流域发生空前大水灾，浙海关与杭州关奉令自当年 12 月 1 日起，开始征收救灾附加税，起初税率亦为进出口税额的 10%，用于偿还赈灾用美国小麦贷款。至翌年 8 月 1 日起，减为 5%，续征 1 年，以后逐年通知延期。至民国 34 年，美麦贷款业已偿清，遂于翌年 4 月 29 日停征。杭州关征收赈济水灾附加税前后共 13 个年份，计关平银 577269.726 两，占同期税款总额的 4.17%。

表 67-5-2-1　　1861—1948 年浙海关税收一览表

年　份	税收总额	年　份	税收总额	年　份	税收总额	年　份	税收总额
1861	296682.780	1880	677399.440	1899	800870.750	1918	405544.883
1862	112403.582	1881	764640.748	1900	686184.188	1919	412610.946
1863	352945.869	1882	691741.219	1901	674973.339	1920	337408.437
1864	395323.440	1883	645214.403	1902	668991.282	1921	465042.298
1865	393925.000	1884	710468.878	1903	694567.164	1922	100863.284
1866	424953.000	1885	747439.357	1904	682176.348	1923	415906.277
1867	452601.714	1886	738888.623	1905	613877.301	1924	487345.826
1868	567908.811	1887	848922.347	1906	590347.100	1925	541489.196
1869	690353.078	1888	1182230.822	1907	686466.733	1926	509525.575
1870	689409.608	1889	1155954.767	1908	677078.907	1927	493971.458
1871	718354.741	1890	1181812.494	1909	614529.345	1928	468607.388
1872	803138.194	1891	1225366.487	1910	545227.382	1929	697859.889
1873	751202.750	1892	1256772.604	1911	452080.959	1930	799831.439
1874	769923.313	1893	1277986.481	1912	449993.449	1931	1139125.539
1875	732403.759	1894	1186850.099	1913	483454.700	1932	2134717.02
1876	719590.145	1895	1240342.629	1914	536976.062	1933	1591023.16
1877	723300.422	1896	1205189.867	1915	485476.881	1934	3571633.47
1878	597514.474	1897	832405.326	1916	479835.506	1935	3470053.99
1879	657215.812	1898	735555.484	1917	390963.853	1936	1910813.41

续表

年　份	税收总额	年　份	税收总额	年　份	税收总额	年　份	税收总额
1937	2547784.54	1939	3720134.80	1946	53997610.96	1948上半年	2577291305.92
1938	3526321.43	1940	5661574.49	1947	269840430.00	1948下半年	886.59

资料来源:《宁波海关志》,浙江科学技术出版社2000版,第207页。

说明:(1)1931年以前计数单位为关平两,1932—1947年和1948年上半年计数单位为法币元,1948年下半年计数单位为金圆券元。(2)1941—1945年,日占时期,浙海关闭关,未有统计。

表67-5-2-2　　1896—1938年杭州关税收总额一览表

单位:关平两

年　份	税收总额	年　份	税收总额	年　份	税收总额	年　份	税收总额
1896	4060.210	1907	685646.275	1918	239425.116	1929	315411.708
1897	374874.749	1908	657301.124	1919	266746.660	1930	333748.244
1898	444610.681	1909	663807.601	1920	174364.164	1931	271426.202
1899	595959.802	1910	595972.151	1921	242919.337	1932	196108.760
1900	534665.736	1911	553984.672	1922	190475.837	1933	1653212.388
1901	618128.480	1912	544822.841	1923	205575.857	1934	2066141.207
1902	593641.179	1913	518764.999	1924	201856.943	1935	2176760.276
1903	657533.671	1914	411520.691	1925	171754.597	1936	3352821.791
1904	702956.079	1915	308918.213	1926	182741.158	1937	3194592.529
1905	614904.018	1916	313699.562	1927	182904.547	1938	45837.600
1906	577210.047	1917	277269.006	1928	209971.914		

资料来源:《杭州海关志》,浙江人民出版社2003年版,第189页。

说明:(1)1896年的进出口税额为杭州关开关后3个月的数额。(2)1932—1938年征收税额按关平两与法币元的比值1∶1.558换算。行邮物品进口税的数字包含在内。

二、杭州海关和宁波海关关税

(一)货物进口关税

民国38年(1949年)5月25日,江海关宁波分关由中国人民解放军宁波市军事管制委员会接管，仍隶属于江海关，负责宁波口岸的税收征收。1949年宁波口岸征得进口税15983.92万元（金圆券）。1950年3月1日，江海关宁波分关改名为上海海关宁波分关，是年征收税收43767元（新人民币）。当时，宁波口岸进口货物主要有照相材料、医药及用具、人造丝织品、毛制品、棉制品等。少数进口税即为上述未完进口税的洋货补税。

20世纪50年代初，由于美国等西方国家对中国实行经济封锁和物资禁运，沿海许多岛屿尚未解放，浙江地处东南沿海前线，宁波等地又被列为国家战略海防城市，因此对外贸易受到严重制约，海关业务几近停顿。1951年12月、1954年12月，中央人民政府海关总署相继裁撤上海海关宁波支关、温州支关，停征关税。1973年3月，温州海关成立，关区范围包括温州、丽水地区。但当时因受到"文化大革命"干扰，温州口岸对外贸易发展十分缓慢，出现"单一航线（日本）""单一流向（有进无出）""单一货种（化肥）"的"三单一"局面，因而温州海关的监管工作比较简单，业务量也不大，每年税收不到20万元。

1978年9月，国务院正式批复同意建立宁波海关。1979年6月1日，宁波港正式对外开放，宁波海关随之恢复监管业务。但由于当时从宁波口岸进口的货物均为化肥、水泥、成套设备等由外贸公司集中纳税的大宗货物，宁波海关没有进口税收入。

1979年1月，国务院同意设立杭州海关。建关后，杭州海关根据1951年税则开始对进口零星货样、来料加工、寄售等贸易中应税货物从价征收关税，但数额很小，当年只有13000多元。翌年，国家恢复对外贸公司进出口货物单独计征关税，使杭州海关的税源大为增加，是年税收为前一年的39倍。但从宁波口岸进口的仍几乎全部为集中纳税的水泥、成套设备、化肥等大宗货物，宁波海关只对零星一般贸易货物征税，是年全年征税额为3.88万元。1981年，从宁波口岸进口的非集中纳税的货物有了较大幅度的增长，随之宁波海关进口税收入也有较大增加，当年共征收关税205.27万元，较上年增加50余倍。此后，宁波口岸进口税收入不断增加。其中，1982年为68.85万元，1983年为178.01万元，1984年为428.5万元。1984年，杭州海关进口关税增加到720.64万元。1985年，杭州海关的征税统计口径为整个浙江省，该年进口关税统计为1903.84万元。是年，为了贯彻实施新的《关税条例》和《进出口税则》，杭、甬、温三关采取积极措施，加强学习和对外宣传。翌年，建立征税经办人员审查、科长审核、处长审批的三级审批制度，确保应收税款全部、及时入库。1988年，又建立了税收财务定期核对入库制度，以便及时掌握税收入库情况。1989年，杭州海关加大催缴欠税的力度，对拖欠税款严重的单位，采取发函催缴、封存部分货物或暂停办理海关手续相结合的办法。舟山、温州海关屡创无欠税口岸。是年，全关区进口关税突破亿元大关。1991年，海关总署试行编制各关年度关税收入计划，下达各关执行。为完成税收任务，杭州海关根据各关1989年、1990年征税实绩及对本年口岸进出口贸易情况预测，拟订《杭州关区一九九一年关税收入计划》，将税收量化到各关，充分调动各关的积极性，并加强征管。是年，杭州海关提前完成海关总署下达的税收任务。

1992年，杭州关区顺利完成使用以《协调制度》为基础的新《进出口税则》进行征税的过渡。1994年，杭州关区各关积极挖掘税源，走访主要纳税企业，采取支持转关、实行"小集中纳税"等方便措施，对保证金定期核销，对欠税及时催缴，对"先放后征"建立审批制度，防止随意性。通过以上措施,该年征收进口关税达 4.18 亿元。1995 年 1 月,宁波海关直属海关总署,由此浙江省境内的海关税收由杭州海关和宁波海关根据各自的管辖范围对应征收。是年,杭州海关征收的税收略有下降,为 3.24 亿元。而宁波海关同年征收的进口关税为 3.25 亿元,较上年增长近五成,原因在于液体化工品、机电产品、铁矿砂等主要应税货物进口大量增加,也彰显出口岸海关的征税优势。1996 年,鉴于国家调整减免税政策和逐步降低关税水平的形势,杭州海关加大综合治税力度,树立"大关税"意识。关税部门与各业务部门密切配合,利用关税数据库开展每月税收分析,了解各关税收征收进度以及商品的完税价格和商品归类是否准确,以便及时采取措施,改进工作。1998 年,杭、甬海关根据海关总署精神,将"依法征管,综合治税"作为关税工作指导思想,确立税收工作在海关业务工作中的核心地位。2000 年,杭州海关为使关区各关牢固树立税收"一盘棋"思想,取消"切块"下达税收任务的方法,同时做好属地纳税企业税收管理工作。是年,征收进口货物关税 13.39 亿元,创历史最高水平。

2001 年 12 月,中国加入世界贸易组织,为了应对可能出现的情况,杭州海关对 2002 年税收形势进行预测、分析,提出入世应对措施和对策;根据《WTO 估价协议》制定关区《审价实施细则》;做好对关区前 20 位纳税大户跟踪管理和税源开拓工作以及加大减免税审批和后续管理力度。是年,宁波海关把税收任务作为业务工作的"轴心",全年税收同比增长 15%,创历史新水平。镇海海关发挥地处全国最大液体化工品港口的有利条件,积极开拓税源,全年增收税款 5.077 亿元,成为一大亮点。宁波海关另一纳税大户"波导股份",手机部件和集成电路进口量同比呈现翻倍式增长,全年共计征收税款 8.7 亿元,成为另一重要税收增长点。2003 年,杭州关区"小灵通"室外基站以及无线接入网设备进口量大幅增长,实征税款 6.71 亿元,该项商品也成为当年仅次于原油的主要进口税源商品。

加入世贸组织以后,中国的关税水平逐年降低,从 1992 年前平均税率 47.2%,一直降到 2010 年的 9.8%。然而,税率的降低,并没有造成税款的下降,反而由于货运量和货值大幅增加,税收连年大幅增长,杭、甬海关的税收也随之连上台阶。同时,杭、甬海关始终坚持对税源商品的分析和纳税大户的跟踪服务,做好原油、铁矿砂、废铜、液体化工品等主要税源商品的税收征管工作。2005 年,宁波海关税收数量名列全国海关第五位;2008 年,杭州海关实征税款跃居全国海关第九位,均创历史最好排名。据统计,杭州海关从 1979 年到 2010 年,共征收关税 252.40 亿元;宁波海关从 1995 年到 2010 年,共征收关税 402.36 亿元;杭、甬海关共计征收关税 654.77 亿元。

表 67-5-2-3　　1979—2010 年杭州海关征收货物进口关税一览表

单位:万元

年份	金额	年份	金额	年份	金额	年份	金额
1979	1.35	1981	536.48	1983	91.96	1985	1903.84
1980	52.14	1982	212.74	1984	720.64	1986	3693.40

续表

年份	金额	年份	金额	年份	金额	年份	金额
1987	3831.64	1993	29603.65	1999	83556.25	2005	181306.95
1988	6655.29	1994	41766.77	2000	133855.77	2006	217933.14
1989	10363.36	1995	32392.08	2001	150274.79	2007	258616.49
1990	7675.32	1996	30677.40	2002	106836.60	2008	234170.13
1991	15193.09	1997	38273.02	2003	129946.60	2009	253180.10
1992	17346.32	1998	39341.93	2004	168607.78	2010	325504.07

资料来源：根据杭州海关历年业务统计数据整理。

说明：1985—1994年杭州海关数据包括宁波海关数据。

(二)货物出口关税

民国38年(1949年)5月宁波解放后至1951年5月，江海关宁波分关(后更名为上海海关宁波分关、支关)对出口货物不征出口税。1951年5月16日，实施《进出口税则》，国家本着鼓励出口的原则，只对花生油、花生、猪鬃、桐油、薄荷脑、薄荷油6种商品开征出口税。但当时从宁波口岸出口上述商品为数甚少。

1979年杭州海关开关后，只对花生、花生油、薄荷油、薄荷脑4种商品征出口关税。第二年，对该4种商品停征出口税。1982年6月1日，国务院批准财政部、海关总署《关于若干商品征收出口关税的请示》，对34种商品出口征收关税，用经济杠杆予以调节，防止影响国内物价稳定和出口外汇收入。是年，杭州海关共征出口税75.09万元，宁波海关征收出口税15.42万元，主要应税货物为对虾、淡水鱼、海蜇、兔毛、珍珠等。此后，宁波海关出口税收稳步增长。1983年为48.96万元；1984年超百万元，为118万元，约占当年关税额的五分之一。1985年，宁波海关税收并入杭州海关一并计算。是年，从宁波口岸出口的应税货物主要为一些农副产品和海水产品。1987年，出口税应税商品减少到7种；同时，对生丝开征出口税。1988年，征收出口税有比较大的调整：对国内紧缺的原材料如铜、铅、丝、绸、山羊绒等开征出口税，但对计划内出口的丝、绸实行全额退税。1994年起，对若干出口应税商品实施暂定税率(即年度内临时调低出口税率)。

2001年12月，中国加入世界贸易组织，出口商品数量有了较大幅度的增加。2004年12月31日，《世界贸易组织纺织品与服装协议》执行期满。在纺织品配额取消、全球纺织品贸易一体化的背景下，中国政府为适当控制低端纺织品出口，减少贸易摩擦，决定自2005年1月1日起，对部分出口服装主动开征出口关税，涉及148个税号项下的各种服装。出口税从量计征，税率分别为每数量单位人民币0.2元、0.3元和0.5元。浙江是纺织品出口大省，这次纺织品出口税收的调整，对于以出口为主的纺织服装企业压力较大。为此，杭州海关和宁波海关及时发布信息通知相关企业，使企业的损失降低到最低限度。杭州海关对自2005年1月1日起国家对部分纺织品和服装出口税目、税率的调整情况撰写新闻稿件，积极做好对外宣传工作，同时还派员参加浙江省部分出口企业座谈会，向企业介绍部分纺织品征收出口关税的情况，宣传海关相关征管政策和措施。宁波海关还建议出口企业适时调整产业结构和产品范围，增加出口税率较低或者不征税的纺织品，提高产品竞争力。2005年底，由于和有关国家签订谅解备忘录，国务院关税税则委员会（以下简称税则委员会）宣布，从2006年1月1日起，停止对全部纺织品征收出口关税。据统计，2005年杭州海关征收纺织品出口关税742万元，而宁波海关征收的纺织品出口关税则达到1.1亿元，同比均大幅增长。

2005年以后，国家开始对出口税收政策连续进行多次调整，主要对一些煤炭、原油、钢材、铜、铝等“高能耗、高污染、资源型”产品和粮食产品征收出口税，商品范围有所扩大，出口税征收也是连年增长。2008年，宁波海关征收出口关税1.97亿元，同比增长2.28倍。主要出口征税商品为钢铁制品、石墨、氟化氢等。

1982—2010年，杭州海关共计征收出口关税4729.5万元。

表67-5-2-4　　1982—2010年杭州海关征收货物出口关税一览表

单位：万元

年份	金额	年份	金额	年份	金额	年份	金额
1982	75.09	1990	240.13	1998	0	2006	290.79
1983	222.10	1991	82.55	1999	0	2007	292.06
1984	317.01	1992	105.05	2000	0	2008	1285.44
1985	109.54	1993	68.86	2001	0	2009	173.52
1986	16.78	1994	39.49	2002	0	2010	88.79
1987	354.55	1995	0.47	2003	0.04		
1988	7.28	1996	0	2004	0.09		
1989	217.58	1997	0.03	2005	742.28		

资料来源：根据杭州海关历年业务统计数据整理。

说明：1985—1994年杭州海关数据包括宁波海关数据。

表 67-5-2-5　　1981—2010 年宁波海关征收货物进出口关税一览表

单位:万元

年份	金额	年份	金额	年份	金额	年份	金额
1981	205.27	1989	5071	1997	51802	2005	405450.13
1982	87.48	1990	3859	1998	50168	2006	389311.93
1983	251.04	1991	10668	1999	104437.3	2007	432173.5
1984	543	1992	11474	2000	167433.74	2008	407319.16
1985	2833	1993	19294	2001	211131.56	2009	397437.77
1986	1901.6	1994	21832	2002	199189.88	2010	470179.29
1987	1239	1995	32536	2003	279166.96		
1988	2906	1996	51474	2004	374445.39		

资料来源:根据宁波海关历年业务统计数据整理。

(三)关税附加税

关税附加税是指出于特定需要对进出口货物除征收正常关税外,还需要额外征收的一种附加税。关税附加税一般具有临时性特点。

1. 调节税

1985 年 7 月 16 日,杭州海关贯彻执行海关总署转发的《国务院关于对若干商品开征进口调节税的通知》,对部分商品开征进口调节税。计算公式为:进口调节税=进口货物到岸价格×进口调节税税率。该税属附加关税性质。鉴于某些地区、单位耗用大量外汇,盲目进口某些国内外差价大的机电、化纤产品,对民族工业产生不利影响,对下列产品在进口时加征进口调节税:小轿车、旅行车、工具车、越野车和其他机动小客车、8 吨以下载重车、摩托车、录像机、电子计算器、微型计算机及其外围设备、涤纶加工丝、化纤织物,税率 20%~80%。同年,根据国务院关于控制重复引进、制止多头对外的决定,对未参加"统一归口、联合对外"引进的生产线和装配线设备,以及部分关键机器设备加征进口调节税,但从南斯拉夫、罗马尼亚、民主德国、匈牙利、保加利亚、波兰、捷克 7 国进口的上述设备除外。嗣后,征税品种和税率,根据情况变化,多次作出调整。进口调节税的征收,对盲目进口和重复引进起到了一定的抑制作用,进口中的混乱现象有很大改变。宁波海关亦从 1985 年 7 月 16 日起,对此类商品在进口时开征进口调节税。由于这些商品从宁波口岸进口数量较小,当年计征进口调节税 7.92 万元。自 1992 年 4 月 1 日起,杭州海关根据海关总署《关于取消进口调节税的通知》,停征进口调节税。

杭州海关征收进口调节税,前后共 8 年,共征税 1672.44 万元,年均 209 万余元。

2. 特别关税

1992 年 4 月施行的《关税条例》规定,任何国家或者地区对其进口的原产于中国的货物征收歧视性关税或者给予其他歧视性待遇的,海关对原产于该国家或者地区的进口货物,可以征收特别关税,后又改称为报复性关税。2001 年 4 月,日本政府单方面决定,对大葱、鲜香菇、蔺草席等 3 种主要原产于中国的农产品实施临时保障措施,实施期限 200 天,采取关税配额的形式,对超过限量的进口采取大幅上调关税税率的限制措施。受此影响,中国上述 3 种农产品主要产区收购价格急剧下降,农民和出口企业损失严重。6 月 21 日,海关总署发布公告,决定自次日起对原产于日本的汽车、手持和车载无线电话机、空气调节器一律在原进口关税税率的基础上加征税率为 100%的特别关税,共涉及 60 个税目的商品。该项规定实施以后,杭州关区进口的"小灵通"通信设备就在征收特别关税之列,对杭州海关税收产生较大影响。据统计,2001 年 1—6 月,杭州关区在进口手持无线电话机税收下降的情况下,进口原产于日本的"小灵通"通信设备税收反而同比增长 44%,关税和进口环节税合计 1.65 亿元。12 月 21 日,中日双方在北京举行部长级会谈,并最终达成共识:日方决定不启动对大葱、鲜香菇、蔺草席 3 种农产品的正式保障措施,中方决定撤销对原产于日本的汽车、手持和车载无线电话机、空气调节器 3 种进口商品加征 100%特别关税的措施。

2002 年 6 月,海关总署下发通知,对超出配额总量进口的普通中厚钢板、冷轧普薄板(带)等钢铁产品加征特别关税,实施期限为 3 年。据此,杭州海关进口实施最终保障措施的钢铁产品涉及税号 23 个,共征收特别关税 97402 元。纳税产品涉及原产地为法国、比利时和日本三国。

3. 反倾销税

1995 年,原产于美国、加拿大、韩国的新闻纸大量向中国低价倾销,使中国的新闻纸产业受到严重冲击。为维护对外贸易秩序和公平竞争,保护国内相关产业,《中华人民共和国反倾销和反补贴条例》于 1997 年 3 月起施行。1999 年 6 月 1 日,海关总署发布公告,决定对进口原产于加拿大、韩国和美国的新闻纸征收反倾销税。新闻纸反倾销案是中国第一宗反倾销案。其后,又陆续对其他商品开征反倾销税。

2008 年,杭州海关共对 22 项商品征收反倾销税 1812 万元,同比增长 149.07% 。主要开征商品是化工品、钢材、新闻纸等。

(四)行邮物品税

对进境旅客行李物品和个人邮递物品(以下简称行邮物品)所征收的关税俗称行邮税。海关对行邮物品管理以自用合理数量为限,凡在自用合理数量以内进境物品免税放行,对超出自用合理数量的物品征税放行。征税放行的行邮物品通常国内外差价较大。

中华人民共和国成立之初,宁波口岸基本上没有人员进出。1951 年仅有少数华侨、港澳台胞出入境,江海关宁波分关征得少量行李物品税。同期,宁波口岸有少量国际邮包进出,江海关宁波分关仍按 1948 年进口税则征收包裹税。但所征包裹税,为数甚微。20 世纪 60 年代以前,行邮税没有单独的征管办法,行邮物品与进出口货物共同适用《进出口税则》,但适用最低税率。在价格管理方面,各地海关以自行编制的完税价格表作为估价依据。

1962 年,行邮物品开始按不同于货物的征税办法征收。1978 年,杭州海关、宁波海关和温州海关执行新修订的《中华人民共和国海关对入境旅客行李物品和个人邮递物品征收进口税的办法》，将原来海关代征的工商统一税和进口关税合并为进口税，一并征收，同时取消地方附加费。物品进口税不分"最低"与"普通"两栏税率，税率分20%、50%、100%、150%、200%五个税级，根据"入境旅客行李物品和个人邮递物品完税价格表和税则归类表"，从价计征。

1994年，根据税制改革的实际情况以及汽车产业政策的要求，税则委员会通过新的行邮物品进口税征收办法。该办法将非贸易性的进口汽车和摩托车从行邮物品的征税范围中划出，改按一般进口货物依照《进出口税则》征收关税、增值税、消费税。杭州海关从该年7月1日起执行该规定。其后，海关总署分别于1996年、2002年和2007年数次调整"入境旅客行李物品和个人邮递物品征收进口税税率表"。2004年1月实施的《关税条例》将行邮物品进口税定名为"进境物品进口税"。杭、甬海关均遵照执行。

杭州海关开关之初只有行李物品税，1979年征得的行李物品税仅25442元。宁波海关1979年开关恢复业务，当年宁波海关共监管12艘次中国籍远洋轮，对国际航行船舶服务人员携带进口的行李物品照章征税，是年共征收行李物品税745元。此后，随着来宁波口岸的国际航行船舶增多，此项关税的征收有所增长，一般在2万元～4万元之间，较多的1985年为5.66万元。1991年宁波至香港空中包机航线开通，1992年又改为定期航班，中国公民从宁波口岸进出境日益频繁，携带行李物品较多，行李物品税征收也有较大幅度增长。至1995年，杭州海关征收行李物品税达到105.50元，首次超过百万元。

2010年9月，海关总署公布《关于调整进出境个人邮递物品管理措施有关事宜的公告》，规定个人寄自或寄往港、澳、台地区的物品，每次限值为人民币800元；寄自或寄往其他国家和地区的物品，每次限值为人民币1000元。该规定实施3个月，杭州海关征收邮递物品税113.62万元。其中邮寄进口的商品大部分为奶粉等国内外差价较大的商品。

经统计，杭州海关从1979年至2010年共征收行邮物品税1767.14万元，宁波海关从1978年至2010年共征收行邮物品税69.32万元，浙江省境内杭、甬海关共计征收行邮物品税1836.46万元。

三、代征税费

（一）浙东货厘

为偿还清光绪二十四年（1898年）的英德续借款，浙东厘金局每年需分担偿还库平银100万两，约合关平银98.3万两，由海关总税务司委派专职的厘金副税务司代征，照广东六厂办法。但后来实际上并没有直接征收厘金，而是根据年度分摊额，每月定额库平银83333.333两，海关按月向省牙厘总局催收解缴，汇入上海汇丰银行的总税务司署账户。自光绪二十七年七月起，代征该项厘金事务转由杭州关负责。此后，虽然由于政局不稳或厘金税款不足等原因时有延迟，但基本上都能足额征收解缴。民国9年（1920年），浙江省政府因与北洋政府就驻浙江陆军第十师的军饷问题发生分歧，自该年10月份起不再向海关转交分摊的厘金款额,而用于军饷。此后,海关每月催收,毫无结果。民国 18 年 3 月 15 日,总税务司指示杭州关:自本季度起,不再继续每月催交厘金分摊额,季度统计不再编制。代征浙东厘金终止。

自光绪二十四年(1898 年)五月初一起,海关开始代征浙东厘金,至代征终止,共解款 245 次,计库平银 20500547.94 两,折关平银 20169300 两。

(二)邮包统捐(厘金)

民国 7 年(1918 年),杭州关开始代地方征收邮包统捐,海关提成征收额的 10%作为手续费,余额由税务司于月底汇交海关监督转给省统捐总局;嘉兴分关则直接交嘉兴统税局。民国 17 年 4 月 1 日起将征收邮包厘金事务移交浙江邮包税局,停止代征。杭州关自民国 7—17 年共代征邮包厘金关平银 9241 两。

(三)统税(货物税)

统税始于民国 17 年(1928 年),当时厘金制度尚未取消,试办卷烟统税,实行就厂一道征税后,通行全国,不再重征,后逐步推广。根据总税务司第 4224 号通令,浙海关和杭州关于民国 20 年 5 月 16 日对由国外进口的棉纱、水泥、火柴、卷烟、面粉及来自国内未实行统税省份的国产棉纱、下脚棉纱、火柴、水泥、卷烟、面粉及棉纱直接织成品代财政部税务署征收统税。统税按财政部关务署所定税率,以法币征收。但在税款用银缴纳的时期内,对英美烟草公司等 6 家在上海的烟草公司进口的烟草准按"凭保放行",由其每月底直接到统税局付税。同时,从 6 月份起,杭州关对来自广东、广西的应税货物,不论是否有统税完税证明,一概照征统税。同年 11 月 1 日起对进口卷烟改用海关"金单位"收取进口税,停止对英美烟草公司等 6 家企业"凭保放行"的征收办法。

民国 31 年(1942 年),汪伪国民政府对进口火柴、棉纱、麦粉加倍征收统税,对进口烟酒按原税率增加 4 倍征收。翌年 7 月,国外进口棉纱及直接织成品的税率改为从价 5%,火柴从价 10%。民国 33 年 3 月,烟酒也改为从价计征,税率为 25%～60%不等。

抗日战争胜利后,按关务署指示,浙海关和杭州关仅对境外进出口货物征收统税。民国 35 年(1946 年)10 月,国民政府修订货物统税条例,改为货物税条例,应税货物共 13 类。该条例后经多次修改,至民国 38 年 9 月征收货物税的范围是:卷烟、熏烟叶、洋酒、火柴、糖类、棉纱、毛纱、皮统、水泥、饮料品、迷信用纸、化妆品等 12 类。中华人民共和国成立后,将货物税并入工商统一税。

(四)浙江省营业专税

民国 33 年(1944 年),伪"总税务司署"批准伪"杭州关转口税局"接受当地汪伪政权的委托,从是年 7 月 1 日起,对杭州市内的竹木、皮毛、纸张、棉麻、药材 5 类产品代征营业税。其代征地点为城站及城站行李房、艮山门、武林门、钱塘门、清波门、南星桥(包括闸口)、邮政局等 8 处,根据浙江省营业专税章则确定的税率从量征收。海关扣除所征收税款的 10%作为征收费(手续费),余额每星期送存浙江省银行金库。

翌年杭州光复后，根据浙江省政府要求，于8月23日停止代征营业专税。

（五）矿产税

民国22年（1933年），国民政府财政部税务署接管矿产税，当时开征此税的有浙江、安徽等6省的氟石、石膏、明矾、煤焦、锰、钨、铁等矿产品。是年5月间，杭州关对应纳矿产税之货物报关运销或转运时，开始代税务部门查验。翌年，财政部制定矿产税稽征暂行章程，采矿区域如因特别情形不便派员驻矿征收矿产税时，应于该矿产物运出经过第一道设有海关之地方，由统税机关或海关补征矿产税。征税对象以本国矿产品为限，包括未税或由未实施矿产税地区运来之本国矿产品，国外输入矿产品免征。根据民国36年2月制定的矿产税条例，矿产税类别及税率为：第一类，煤炭、煤气、石油，从价征3%；第二类，石膏、滑石、明矾、磁土、火黏土、天然碱、铜、锡，从价征5%；第三类，其他各类矿产物，一律从价征10%。

（六）工商统一税、工商税

1958年9月，国务院颁布试行《中华人民共和国工商统一税条例（草案）》（简称《工商统一税条例（草案）》），将货物税、商品流通税、营业税、印花税合并为工商统一税，共有税目109个，从价计征，税率1.5%～69% 。计算方法为：组成计税价格＝（到岸价格＋关税）÷（1－工商统一税税率），工商统一税＝组成计税价格×工商统一税税率。该条例由全国人民代表大会常务委员会会议通过，具有正式法律效力。海关对进口的工农业产品代征工商统一税。

1972年，国务院发布《工商税条例（草案）》，将工商统一税及其附加、城市房地产税、车船使用牌照税、盐税、屠宰税合并而成工商税，计算方法与工商统一税一致。其税率表按行业分为4大类、44个税目，税率3%～66%不等。该条例尚未正式立法，只对国内企业试行。杭州海关和宁波海关成立后，对国内工商企业进口货物代征工商税。1979年5月，财政部、外贸部联合下发《关于对进口商品征收工商税问题的通知》，明确对国内工商企业进口货物代征工商税，对外商投资企业进口货物代征工商统一税。

1984年11月1日起，在全国范围内实行利改税第二步，将工商税改征产品税、增值税、营业税和盐税。中外合资经营、合作经营和外商独资企业进口商品仍按《工商统一税条例（草案）》规定执行。1990年3月，对国内企业代理外商投资企业进口货物，明确由海关征收工商统一税。

经统计，杭州海关自1979年至1986年共征收工商税和工商统一税53.52万元，其中1981年最多，为23.00万元。宁波海关自1979年6月开始征收工商税和工商统一税，1980年即征得0.53万元，1981年大幅增长达到91.28万元，此后起落较大，1993年征收达到1367.28万元。1993年底，国务院实行税制改革，颁布《增值税暂行条例》和《消费税暂行条例》，从1994年1月1日起对进口货物由征收工商税和工商统一税等税种改为征收增值税、消费税。

（七）产品税

1984年11月1日，杭州海关和宁波海关根据国务院颁布的《中华人民共和国产品税条例（草案）》的规定，开始对国内企业、单位进口货物代征产品税。产品税是从工商税分离出来的税种，除应征增值税的产品和盐外，其他所有产品都是它的课税对象，分为工业品和农、林、牧、水产品两部分，共270个税号，税率3%～60%不等，其计算公式为：计税价格＝（到岸价格＋关税）÷（1－产品税税率），产品税＝计税价格×产品税税率。1993年底，税制改革，从翌年1月1日起，产品税等4种税改为征收增值税、消费税，产品税取消。

1985—1993年，杭州海关共征收产品税6.65亿元，其中宁波海关从1984年开始征收后，当年11—12月即代征产品税93.8万元，此后连年大幅增长，1993年达到2.12亿元。

（八）增值税

1984年11月1日，杭州海关和宁波海关根据《中华人民共和国增值税条例（草案）》，对国内企业、单位进口货物征收增值税。增值税从工商税派生出来，以商品流转额中的增值额为课税对象，分甲、乙两类。税率为6%～16%，共6个税级，每级级差为2%，计算方法与产品税相同。从1986年起，增值税征税范围逐步扩大至纺织、日用机械、日用电器、电子产品、中成药、文化用品、日用化学品、食品饮料、皮革皮毛等。

1994年1月1日起，杭州海关执行《中华人民共和国增值税暂行条例》，增值税、特别消费税等四税改为增值税、消费税。虽然增值税的名称未变，但新的进口环节增值税在税目、税率、计算方法等方面都有了变化：组成计税价格＝关税完税价格＋关税＋消费税，应纳税额＝组成计税价格×增值税率；分为2档税率，粮食、食用植物油、自来水、暖气、冷气、热水、煤气、石油液化气、天然气、沼气、居民用煤炭制品、图书、报纸、杂志、饲料、化肥、农药、农机、农膜及国务院规定的其他货物，按13%的税率计征，其他的则按17%计征。是年，杭州海关代征税（增值税和消费税）收入大幅度增长，首次超过关税收入，居海关税收第一位。

2009年1月1日，修订后的《中华人民共和国增值税暂行条例》施行。该条例的最大特点是将生产型增值税变为消费性增值税。是日，根据海关总署2008年第103号公告，对原享受进口税收优惠政策的进口设备及技术和配套件、备件恢复征收进口环节增值税，但仍免关税。1994—2010年，增值税税目税率虽几经调整，但17%和13%的两档税率未发生变化。

杭州海关自1984年至2010年，共征收增值税1938.71亿元；宁波海关自1995年至2010年，共征收增值税3597.36亿元。浙江省境内杭、甬海关自1984年至2010年，共征收增值税5536.07亿元，居海关税收第一大税种。

表 67-5-2-6　　1984—2010 年杭州海关征收增值税一览表

单位:万元

年份	金额	年份	金额	年份	金额	年份	金额
1984	59.99	1991	4458.91	1998	123353.02	2005	1232960.33
1985	219.71	1992	7159.31	1999	188119.00	2006	1791507.87
1986	2296.19	1993	12870.81	2000	465225.75	2007	2315202.19
1987	1246.47	1994	124248.13	2001	410498.29	2008	3495599.45
1988	3129.45	1995	83031.83	2002	486268.90	2009	2763041.88
1989	4179.63	1996	97539.83	2003	887095.18	2010	3677387.64
1990	3593.53	1997	148113.18	2004	1058708.35		

资料来源:根据杭州海关历年业务统计数据整理。

说明:1984 年为 11 月、12 月两个月的税额。

表 67-5-2-7　　1980—2010 年宁波海关征收增值税一览表

单位:万元

年份	金额	年份	金额	年份	金额	年份	金额
1980	0.53	1988	3156	1996	184542	2004	2890055
1981	91.28	1989	4585	1997	235117	2005	3620262
1982	23.82	1990	6792	1998	212898	2006	4154014
1983	132.68	1991	15293	1999	370212	2007	4675523
1984	240	1992	16851	2000	855379	2008	5293473
1985	2704	1993	28587	2001	825463	2009	4109216.58
1986	3101	1994	95571	2002	992188	2010	5533543.51
1987	1117	1995	134858	2003	1708624		

资料来源:根据宁波海关历年业务统计数据整理。

(九)特别消费税、消费税

1989 年 2 月 3 日,杭州海关根据海关总署《关于对进口彩色电视机征收特别消费税的紧急通知》,对单位和个人进口彩色电视机整机征收特别消费税。该税从量计征,14 英寸及以下的彩电,每台税款 400 元;14 英寸以上的为 600 元。

1989年4月22日，杭州海关根据国家税务总局《关于对小轿车征收特别消费税有关问题的规定》，对进口小轿车（包括吉普车、工具车、22座及以下的面包车）代征特别消费税。该税从量计征。此后，根据情况发展，税额有所调整。

1994年1月1日，根据《中华人民共和国消费税暂行条例》，特别消费税与产品税等税种改为消费税和增值税，在进口环节由海关代征。消费税的征收对象为进出口烟、酒及酒精、化妆品、小汽车等11类产品，其中对啤酒、黄酒、汽油、柴油4种产品从量计征，其余则从价计税。计算方法：组成计税价格＝（关税完税价格＋关税）÷（1－消费税率），应纳税额＝组成计税价格×消费税税率。税率为3％～45％不等。杭州海关根据以上规定代征消费税。1995年，宁波海关计征消费税为2555.53万元。其后消费税经过多次调整，其中2006年是最大规模的一次调整。调整后，课税范围由11类增至14类。杭州海关自1989年至2010年，共征收特别消费税、消费税14.84亿元。宁波海关于1996年、1997年、1998年分别征收消费税822.96万元、1017.30万元和69.33万元。

（十）船舶吨税

温州海关、宁波海关和杭州海关成立之初，依照1952年制定的《中华人民共和国船舶吨税暂行办法》，对在关区内港口行驶的外国籍船舶，外商租用的中国籍船舶，中外合资企业使用的中、外国籍船舶和中国租用航行国外及兼营沿海贸易的外国籍船舶征收吨税。1986年10月1日，吨税划归交通部管理，不再列为关税收入项目缴入中央金库，而是缴入"交通部船舶吨税专户"，由海关代征，作为预算外资金直接用于海上干线公用航标的维护和建设。

1987年3月，鉴于30余年来，国内沿海助航设施日益完善，人民币汇率逐渐调低，原订费率已不相适应等因素，决定对船舶吨税定额税率进行调整，仍为从量计征。同时，税率分为一般吨税和优惠吨税，分别依据是否与中国签订船舶吨税的互惠条款来确定。1990年9月1日、1991年2月20日和1994年3月15日，为与人民币调低汇率保持一致，分别将吨税税率平均提高25％、10％和50％。

宁波、温州、舟山、海门、乍浦等对外开放海港中，宁波港是浙江省最重要的港口，尤其进入20世纪90年代，宁波口岸外贸发展迅速，国际航行船舶进出大量增加，使宁波海关代征吨税额大幅度上升。1995年，宁波海关征收船舶吨税即达到5239.96万元。1996年，增加到11077.25万元，1997年、1998年分别征收2845.5万元和2973.25万元。

2000年，对在香港特别行政区登记注册的船舶按船舶吨税优惠税率计征。对于台湾地区船舶，根据1979年外贸部下发《关于台湾船舶免征吨税的问题的通知》，对台湾地区公私企业的船只的监管手续，按中国籍国际航行船舶对待，不征收吨税。2001年1月1日起，规定船舶吨税作为中央预算收入，全部上缴中央国库。船舶吨税纳入预算管理后，仍专项用于海上航标的维护、建设和管理。

2003年，嘉兴海关自主开发船舶监管系统，在该系统中可查阅各个国家、地区及港口的中英文名称和国别代码，有助于提高船籍确认和吨税征收的工作效率与准确性。2004年，杭州海关共征收船舶吨税4958万元，其中舟山海关征收就达4670万元。随着舟山嵊泗马迹山码头等各项目陆续投产，进出口岸的外籍船舶，尤其是一些大吨位的散装货船和油轮连续靠泊，使舟山海关船舶吨税的征收连年大幅增长。与此同时，舟山海关通过采取“预约通关”“网上支付”等便捷通关措施提高通关效率，促进船舶吨税的增长。2009 年，舟山海关根据在港停泊期间无上下客货，且验凭当地海事部门证明，为一悬挂方便旗的巴拿马籍“卫远”轮办理吨税免征手续，免征吨税 18 万余元。

1986—2010 年，杭州海关征收船舶吨税 88273.61 万元。

（十一）对台直接贸易调节税

根据国务院《关于对台湾省直接贸易运进大陆的产品征收调节税的暂行规定》，从 1983 年 1 月 1 日起，对台湾地区厂商及其驻外分支机构，从台湾地区起运或原装转口直接销售给大陆的台湾地区产品，属直接贸易，不征关税和工商统一税，而征对台直接贸易调节税。在设有海关的地点，由海关代征。征收调节税的货物分为 15 类，税率为 0～200%不等。

1995 年，根据《国务院关于改革和调整进口税收政策的通知》，自 1996 年 4 月 1 日起，按照对不同关税区货物贸易的通行规则，对由中国台澎金马关税区运进的、符合原产地规定的产品，统一按海关进出口税则的优惠税率计征进口关税，并征收进口环节税，取消对台直接贸易调节税。

杭州海关只在 1989—1991 年有对台直接贸易调节税税收，3 年的税额分别为 29.68 万元、60.45 万元、20.73 万元。

（十二）出口商品利润调节税

1985 年，国务院决定对国营企业出口商品开征利润调节税。征收对象是出口盈利较大的商品，共涉及 254 种商品，税率 1%～23%不等。同时，对部分企业、商品和确有困难者，准予减免。杭州海关自 4 月 1 日起代征该调节税，至 6 月 20 日共征得调节税 981.21 万元。是日起，由于出口商品国内收购价格和国外售货价格发生较大变化，出口换汇成本上升，暂停征收出口商品利润调节税。

（十三）盐税

1984 年 10 月 1 日，杭州海关执行《中华人民共和国盐税条例》，对进口盐代征盐税。盐税从量计征，进口盐按照“盐税税额表”所列最高税额纳税，即每吨人民币 160.80 元。1994 年起，盐税改征增值税，税率为 17%。

杭州海关很少有盐进口，只在 1992 年、1993 年分别征收盐税 241 元和 108 元。

（十四）车辆购置附加费

杭州海关于 1985 年 5 月 1 日按照海关总署、交通部《关于代征车辆购置附加费有关问题的通知》开始代征进口整车的车辆购置附加费（以下简称车购费）。车购费的 3‰作为海关代征的手续费。进口车辆的车购费，以计算增值税后计费组合价格（即到岸价格＋关税＋增值税)为计费依据,费率为15%。享受减免关税的车辆照征车购费,应纳税额=(到岸价格+关税+增值税)×法定税率。但外国使领馆及国际机构自用车、设有固定装置的非运输车辆及交通部、财政部批准免征的车辆免缴车购费。

从1991年10月份起,杭州海关按规定将非贸易渠道进口车辆,包括入境旅客和境外企业、新闻媒体等常驻机构及常驻人员进口的车辆,及捐赠、赠送进口的车辆,转交进境地交通部门征收车购费。1994年1月1日,进口车辆由落籍地交通部门征收,杭州海关停止办理车购费代征业务。1987—1993年,杭州海关共征收车辆购置附加费2956.5万元。

(十五)地方附加费

1958年,国家实行工商统一税,海关开始对进口货物和行邮物品征收工商统一税额1%的附加费,作为地方财政收入。1978年8月,对入境旅客行李物品和个人邮递物品停止征收附加费。对征收工商统一税的进口货物,地方附加费照征。1988年,杭州海关只征得地方附加费27元。随后,1990—1993年,各征得2215元、385元、5066元、37297元。1994年起,工商统一税取消,地方附加费随之停征。

四、海关规费和其他收费

(一)浙海关和杭州关

1.浙海关规费

咸丰十一年(1861年)四月,浙海关(新关)成立,洋税征收事务由新关接管,浙海总关为"常关总关"。常关除正税外,还有许多规费,主要有报单费和官单费等。规费只对外地船只收取,当时规费称为"照票",有时也以实物收取,如海味船进口还要给鲞余4尾或鲞菜(海味),柴船进口缴烧火柴7箱,番茄船进口要缴鲞茄若干。常关中、下层关员及水手等工资待遇很低,全赖以规费作主要收入。

浙海关(新关)设立后,收取规费也成为制度。对于进口须引水船舶,海关得收取引水费和引水执据规费。其他如在关栈寄存货物,也须按包缴费银若干。民国元年(1912年)4月,浙海关对征收规费作如下规定:凡客商如有逢星期日及封关日或夜间要求查验放行,必须在封关之前一天下午4时以前递交报单,注明于次日何时特请查验,并货物名色、件数。如准予所请,即由本关发给专单,至次日无论其请验与否,报关人应认呈缴规费银两,起步为每小时或不足1小时者,至少应缴纳规费关平银5两。民国22年,浙海关规定对在港区外船只上卸箱装煤油,每天征收规费法币16元,以作为特别检查费。

规费成为当时浙海关的一项重要收费,以民国24年(1935年)11月为例,关税收入为法币45345.4元,而规费收入为法币15000元。

2.杭州关规费

杭州关依照总税务司署的规定,结合杭州作为河港的特点收取有关规费,其中最主要的规费为上下客货特别准单费。根据《杭州口各国商船进出口起下货物完纳税钞及各项开口试办章程》，每天由早上10点钟至下午4点钟为办公时间，在办公时间以外及星期日、例假日办理旅客上下和货物起卸事务，需向海关请领特别准单，按规定缴纳特别准单费，具体金额因时而异。

民国元年(1912年)7月，经浙江省政府要求，杭州关在沪杭铁路的终点站闸口设立验货点，派人对通过铁路运输出口的茶叶实施查验。由于此处不在海关监管区内，因此，规定由铁路局逐月支付海关验货人员"工资"和在车站办公用房的租房津贴。至民国5年，改为收取规费，按一名验货员在火车站一天10银圆计费，不足一天按一天计算。随后，总税务司署又规定在杭州、嘉兴火车站验货的收费标准。同时，在海关码头对岸的公共汽车站，收茶季节各报关行将汽车运到的大量茶叶直接装船，为防止失控，海关专派一名关员查验茶叶、监督装船，收取特别查验费。

民国6年(1917年)，杭州关对亚细亚火油公司在拱宸桥附近设立的油槽发放执照，执照费为关平银250两，以后每年续照费为50两。至民国19年，总税务司署决定在杭州设普通货物关栈和火油类关栈，用以存放保税货物，允许对汽油、煤油等油类危险品实行保税管理，除执照费及续照费照收外，还收取装桶火油关栈监视费、保税油槽监视费，每月各关平银100两(如关栈业主提供海关监管官员住宿，并按每人每月300两支付海关，则上述监视费免收)，以及保税油槽、装桶火油关栈合并监视费，每人每月关平银300两(提供住宿)。

自民国14—20年(1925—1931年)，杭州关共收取验货费关平银10622两。民国22年，收取标准为每张报单一天法币10元，半天6元。是年，装卸货物特别准单费收费标准为一个工作日(12小时)收取法币14元，上下旅客特别准单费为一个工作日(12小时)收取法币3元。

3. **码头捐**

光绪二十四年(1898年)，浙海关税务司设立江北工程局，建造江北一带的马路，以此征收码头捐，对进出口货物每件捐钱3文。民国初年，改为征收银圆每件4厘。

民国16年(1927年)12月，宁波市政府颁布《宁波市码头捐条例》规定：凡进口货物均须缴纳码头捐。其捐率以应纳关税数目2%计算，但每件货物除特别规定外，至少以5厘为起点，至多以2分5厘为限，一律依中国通用银圆征收。凡已在他口缴纳转口来甬的货物，仍须缴纳码头捐，其捐率定为每估价1000两，抽捐1元。凡各项进出口免税货物，除米麦及苞米外，每件应缴纳码头捐银圆5厘。民国18年3月1日起，执行《修正宁波市码头捐则例》，降低了税率和起征点，同时还规定拒不纳码头捐者，得课以应纳捐款5倍以上、20倍以下之罚金。民国22年，国民政府规定：从3月10日起废除关平两，改征法币。

码头捐之征收，委托浙海关税务司督同宁波市政府征收员办理，其款项主要用于发展江北市政和辅助宁波市其他事业。

4. **其他收费**

抗日战争爆发前夕，杭州关还收取其他一些费用(单位：除列明外，均为法币)。如代行领事事务费，于民国21年(1932年)年底《苏杭沪章程》取消后开始收取，对象为外籍船舶，进口8元/只，结关出口8元/只。又如货物产地证书费，由海关代发，收费2元。还有内港轮船执照费，31元，换照费每年8元等，收费种类不下10种。

伪“杭州关转口税局”时期，杭州关在监管工作中照章收取各种规费。由于通货膨胀，民国33年（1944年）8月1日，除起卸货物特别准单费及霍乱注射证明书费不变外，报关行执照费增加到中储券556元、换照费增加为中储券112元，其他海关征收各费之附加费，改按各费原订数额的19倍征收。

（二）杭州海关和宁波海关

1.规费和监管手续费

1981年5月，海关总署制定《海关征收规费暂行办法》。根据该办法，在海关规定的监管区域以内并工作日内执行任务的，一律不收规费，但需由货主或其代理人提供往返交通工具；企业单位或人员要求海关派关员到监管区域以外或工作日外办理海关手续、执行监管任务时，应事先向有关海关提出申请，经海关同意并按每一关员每一工作日人民币10元缴纳规费，国家规定的节假日加倍交付。如在监管区域外执行任务的，应由申请人提供往返交通工具和住宿并支付其费用。海关所收各项规费作为中央财政收入，按有关规定以“规费收入”科目解交国库。1985年2月1日起，海关总署将每一关员每一工作日收取规费标准提高至人民币50元。1986年5月28日，海关总署下调行李物品征收规费标准，即派员在监管区域以外验放行李物品，申请者为单位的，按照规定减半收取规费；申请者为个人的，海关验放1件行李物品收费人民币5元，2件及以上收费10元。1992年，规费改称为“监管区域外监管手续费”，收费标准不变。规费征收之初为数甚微，如1984年杭州海关征收规费778元，宁波海关仅76元。其后，由于1985年提高了规费征收标准，规费收入也有所增加。是年，杭州海关征收规费12484元，宁波海关征收规费6156元。

1988年，海关总署按规定开始征收免税商品监管手续费。征收对象为：境内供应驻华使领馆外交人员、华侨、台胞等探亲旅客、出国人员、运输工具服务人员免税外汇商品的公司及所属免税商店、供应站；供应出入境旅客的口岸免税商店；经营“在外售券，境内取货”业务的公司及经营其他免税品业务的单位。手续费费率为免税商品到岸价格的2%，1998年起调整为1.5%。杭州海关依规定对中国免税品总公司、中国出国人员服务总公司、中国华侨旅游侨汇服务总公司设在关区的各分支机构进口的免税商品征收监管手续费。宁波海关也同时对免税商品，包括中国旅游服务公司和中外合作开采海洋石油外籍人员服务供应公司经营的免税商品，收取海关监管手续费。

1995年，宁波海关收取规费955.95万元，1996年增加至2391.25万元，1997年、1998年分别收取1540万元和774.45万元。杭州海关自1979年至2010年，共收取规费和免税商品监管手续费2818.74万元。

2.减免税和保税货物监管手续费

1988年9月，海关总署等三部门制定并实施《海关对进口减税、免税和保税货物征收海关监管手续费的办法》，规定对进口时减、免关税（含进口调节税）的货物及保税货物征收监管手续费，费率为1‰～3‰，起征点为人民币10元。计算公式为：监管手续费金额＝货物到岸价格×[1－(批准的减税税率÷法定税率)]×手续费率。1989年,针对有些加工项目进口料件价值高,收取工缴费偏低而监管手续费过高,导致企业负担过重的情况,杭州海关依海关总署令降低了一些项目的监管手续费。1992年,宁波海关依海关总署令,对存入出口监管仓库的货物,按货物离岸价格的0.5%向发货人收取海关监管手续费。2000年8月,海关总署取消对外商投资企业利用自有资金项目进口的免税设备等征收海关监管手续费。

2004年,根据国家有关减轻企业负担、促进公平竞争的精神,海关总署发布2004年第5号公告,决定自2月12日起,停止对进口减税、免税和保税货物征收海关监管手续费。

1995年,宁波海关征收减免税、保税货物监管手续费为2481.94万元,1996年、1997年和1998年则分别收取4250.86万元、3627.55万元及1760.23万元。杭州海关自1988年至2004年共收取减免税、保税货物监管手续费13485.18万元。

3.滞报金

1987年下半年,海关总署为运用经济手段促进加快进口货物通关速度,决定对进境后未在规定时间内向海关申报、办理进口手续的货物征收滞报金。滞报金的起征日期为:运输工具申报进境之日起第15日,转关运输货物为货物运抵指运地之日起的第15日,邮运进口货物为收件人收到邮局通知之日起的第15日。滞报金按日计征,日征收金额为进口到岸价格的0.5‰,起征点为人民币10元。

1988—2010年,杭州海关共征收滞报金5097.96万元。

4.出口丝绸退税关务费

1988年10月,国家对出口丝绸开征出口税,但对中国丝绸进出口总公司系统计划内出口的丝绸征收的出口税实行退税,由海关总署按月向中国丝绸进出口总公司按退税总额的1.8%收取海关关务费,作为海关经费开支。外资企业生产的丝绸,经主管部门批准的计划内出口部分,也给予退税,但暂免征收退税关务费。1989年4月1日,改为由经办计划内出口退税的地方海关直接向出口单位收取出口丝绸退税关务费,然后上缴海关总署。1997年起,丝绸出口不再征收关税,退税关务费随之取消。

1995年,宁波海关征收出口丝绸退税关务费为2230.9万元,1996年减至1634万元,次年为325万元。1989—1996年,杭州海关按规定征收出口丝绸退税关务费共计3082.32万元。

5.其他收费

根据海关总署的文件规定,杭州海关和宁波海关还负责收取其他一些行政性收费,如报关注册费、报关员培训费,还有各类业务单证费。据统计,自1986年至2000年,杭州海关共收取单证费265.45万元。

上述收费项目,经国务院几次清理取消,截至2010年底,海关收费项目仅有海关监管手续费(规费)、海关施封锁成本费、进口货物滞报金及报关员培训考试费等4项。

第三节　税费计征

在海关业务工作中，税收征管专业性较强。古代以从量税为主，当时主要根据货物的粗细配以不同的比例予以抽分，而抽分的往往是实物。明代后期船钞、货税并征，并以货币税取代实物税，同时税收征收方式也渐渐演变为以从价税为主，从量税为辅。其后，近现代海关参用西方的管理方法，税收征管逐步趋于规范和科学。中华人民共和国成立后，尤其是1980年恢复单独计征关税后，杭州海关和宁波海关按照海关总署的规定，做好税收征管、审价、归类和原产地认定工作，做到"应收尽收"。同时，努力提高征管质量，税收进度、价格水平、同品名不同归类差异率一直名列全国海关前列，通过规范执法为企业提供最大的通关便利。

一、税收征管

（一）征税方式

关税以征收方式划分，主要分为从价税、从量税、复合税和滑准税。从量税的计算公式为：应纳税额＝货物数量×单位关税税额；从价税的计算公式为：应纳税额＝完税价格×关税税率。从价税涉及税则归类、完税价格、汇率、税率4个要素。

中国古代以从量税为主，抽解的为实物。宋代《元丰市舶条》规定："其抽解将细色值钱之物，依法十分抽解一分，其余粗色并以十五分抽解一分"。以后，随着对外贸易的发展和货币的使用，从价税成为主要的征收方式，但仍有从量税。如清代的船钞，当时皆系丈量船身，按丈输税。道光二十三年（1843年）税则改为按吨位计算，直至当代仍按吨位（船舶净吨）计算。

为此，杭、甬海关自设关至2010年，按国家和海关总署规定所征税收以从价税为最主要的征税方式，少数商品依据其不同的商品属性，采用其他征收方式。

（二）税率和汇率的适用

民国时规定，由外洋直接进口之货物，系按装运轮船正式呈报进口日施行税率征税；由关栈申请进口之保税货物，应按呈递出栈报单当日施行之税率征税。

汇率方面，杭州关遇到的主要问题是确定收税用的虚拟货币关平两与实收的当地流通的各种货币之间的兑换率。根据上海市场的兑换率，杭州关一般按1关平两折合1.5银圆征税。此兑换率长期不变，导致比价不能反映实际价值，引起税收损失。民国2年（1913年），杭州关与银行商定，每月将汇率修订一次，以后半月的汇率平均值作为下一月的汇率。民国19年2月1日起，海关进口税改用金单位征收，而其他税种仍使用关平两征收。民国22年，国民政府实行"废两改元"，按1关平两等于1.558银本位币"元"征收。民国35年6月5日，总税务司令，废止海关金单位，采用法币为唯一计税单位。杭州当地无外汇行情，采用当地中央银行每日公布的上海总行制定的海关金单位与法币间的兑换率作为缴税的汇率，而瓯海关则根据总税务司署电报通知按逐日公布的折合率，于收到电报的次日起执行。

中华人民共和国成立后，进口货物的税率，分为普通税率与最低税率。凡从与中华人民共和国订有贸易互利条约或协定的国家进口货物，按最低税率征税；否则，应按普通税率征税。进出口货物完税价格根据外币计算的，按照中国人民银行买卖外汇牌价酌定平均数，折合人民币；无牌价的外币，根据中国人民银行决定的汇率折合计算。1980 年 4 月 1 日起，对从香港、澳门地区进口的货物，改按最低税率征税。

1985 年，杭州海关执行颁布的《关税条例》及其他有关规定，根据进口货物的原产国决定适用最低税率或普通税率；对中性包装及其他经查验无法确定原产国的进口货物，仍按购自国别确定适用税率。此外，对复进口的国货和产自台湾地区（直接贸易除外）的进口货物，按最低税率征税。进出口货物按申报进出口之日实施的税率征税；先行申报的进口货物，以载货的运输工具申报进口之日实施的税率为准。计税时，外币折合人民币的汇率以签发税款缴纳证之日国家外汇管理部门公布的“人民币外汇牌价表”的买卖中间价为准。

1986 年 7 月 5 日，人民币对各国货币的汇价下调 15.8%，但海关对进口商品征收的各项税费，仍暂按调整前的汇价计征。1989 年 1 月，海关计征税费所用的外汇折合率恢复采用国家外汇管理局公布的当日汇率。同年，根据海关总署的有关规定，杭州海关对凡以中性包装或裸装形式进口，经查验无法确定原产国别而货主又不能提供原产地证明的进口货物，一律按普通税率计征。

1992 年，《关税条例》规定进口关税设普通税率和优惠税率，最低税率改为优惠税率。2002 年 1 月 1 日起实施的《进出口税则》，优惠税率改称最惠国税率。除普通税率与最惠国税率外，还设置了协定税率及特惠税率。其中协定税率适用于区域性优惠贸易协定，如中国和东盟签署的区域性优惠贸易协定；特惠税率适用原产于与中国签订有特殊优惠关税协定的国家或地区的进口货物，一般为零关税。

2003 年 12 月 30 日，海关总署发布公告，确定当月适用的计征汇率为上一个月的第三个星期三（第三个星期三为法定节假日的，顺延采用第四个星期三）中国人民银行公布的基准汇率；以基准汇率以外的外币计价的，为同一时间中国人民银行公布的现汇买入价和现汇卖出价的中间值计算。截至 2010 年，仍沿用该规定。杭州海关和宁波海关均由总关职能部门指定专人维护汇率，确保计税的准确性。

（三）税款缴纳

1. 纳税方式

宋代时，规定海舶由国外返回时，要在原发舶州住舶，向住舶地的市舶司缴验出海时所发的公凭，验实后就地抽解。但有的时期也允许船舶若遇风信不便等特殊情况，允许于非原发舶州住舶抽买。南宋初年，由于杭州地位重要，两浙路市舶司为与他司争利，“申请令随便住舶变卖”①，这一申请得到朝廷的批准，使两浙路所有港口，特别是杭州港的市舶收入明显上

① 《宋会要辑稿》第八十六册《职官四四》。

升。这种做法侵害了其他市舶司的抽解收益，引起不满，隆兴二年（1164 年），恢复以前做法。元朝廷明令海舶回原发公验的市舶司抽解，概不许海舶越投他处，也不许他处市舶司“互占他处舶司舶商”。

近代浙海关和瓯海关均在口岸纳税，杭州关只对进出拱宸桥运河港来往通商口岸的货物、旅客行李征税，后来征税范围又扩大到通过邮运渠道的进出口物品。进口货物不论洋货、土货，均由口岸转运而来，基本上没有直接对外贸易。民国 3 年（1914 年）5 月底起，进口洋货可直接在口岸完税，凭免重征执照转口杭州关，在杭州关报关进口但不需重新缴税。翌年 4 月，从上海复运出口的杭州土货，也实行免重征制度，复进口税不再在杭州缴纳。

1980 年 1 月 1 日，海关恢复对外贸公司进出口货物单独计征关税。海关总署决定根据不同情况实行集中纳税或地方纳税，对外贸部直属各外贸总公司向国外订购负责付款的进口货物实行集中纳税，其他进出口货物则实行地方口岸纳税。杭州海关在实际征税时，根据进口合同副本上是否盖有“集中纳税”专用图章来确定是否为集中纳税货物。对集中纳税货物，杭州海关只负责对所申报的货物品名、数量、贸易性质予以核实，不进行征税。1985 年，根据海关总署等三部门《关于改进进口货物集中纳税办法的规定》，每批货物进口前，各总公司应通知口岸的收货人或代理人，在报关单上加盖“集中纳税”戳记。对未在报关单上加盖“集中纳税”戳记的，杭州海关概予在口岸办理征税手续。在实践中，集中纳税制度存在很多问题，如税款不能正确计算、不能及时入库等。为了加强税收征管，海关总署决定自 1993 年 1 月 1 日起，取消集中纳税制度，所有进出口货物均在口岸纳税。1995 年宁波海关直属海关总署，杭州海关和宁波海关不定期就应税货物的转关协商办法，确保应税转关货物畅通便利。

2006 年 9 月，海关总署发布总署令要求实施跨关区“属地申报，口岸验放”通关模式，即符合海关规定条件的企业进出口货物时，可自主选择向属地任一海关申报纳税，在货物实际进出境地的口岸海关办理货物验放手续。这一举措，大大便利了浙江省进出口企业。至 2010 年，此方式仍然适用于杭、甬海关。

2. 纳税期限、滞纳金

清咸丰八年（1858 年），海关即规定，进口货物应于起岸后即行纳税，出口税应于货物装船时完全付清。后又明确所有由外洋直接进口之货物及由关栈进口之货物，应于报关之日起 15 日内完纳税项；逾期未交，若遇政府提高税率，则按新税率征税。对于具有常年保结的船只进口的货物，须于运输工具结关后 15 日内缴清各项税款，否则得向海关缴纳延长完税期限的展期费；也可将未缴清税款的货物，存入保税关栈，但最多以 12 个月为限，期满即须完税。

1980 年，海关总署对进口货物的纳税期限作了重新修订，即关税及代征税应当从海关填发税款缴款书的次日起 7 日内缴纳（星期日和例假日除外），过期由海关自第 8 日起至缴清税款日止，按日征收税款总额 1‰的滞纳金。滞纳金除留成外，作为海关罚没收入缴地方金库。行邮物品不征收滞纳金。1983 年起，滞纳金作为海关“其他收入”全部上缴中央金库。1989 年，海关总署规定了滞纳金减免的权限，据此，杭州海关总关可批准 3 万元以下、各隶属海关可批准 1 万元以下滞纳金的减免。

浙江省杭、甬海关严格执行纳税期限和滞纳金规定，保证国家税款及时、足额入库。1998

年，杭州海关征收关税滞纳金、增值税滞纳金、消费税滞纳金各为563025元、1696589元和9858元。

2001年1月，海关总署规定将税款缴款期限确定为15日，自第16日起按日计征应收税款总额1‰的滞纳金，同时取消各级海关减免滞纳金的权限。2004年1月施行的《关税条例》将滞纳金率由1‰降为0.5‰。2005年3月1日起施行的《中华人民共和国海关进出口货物征税管理办法》(以下简称《海关征税管理办法》)规定滞纳金起征点为人民币50元。

3. 先放后征与缓税

1987年，海关总署制定《中华人民共和国海关关于进出口货物申请担保的管理办法》(以下简称《担保办法》)，确定对于各类减免税货物在减免税手续尚未办妥而货物已到口岸的，可凭保函或保证金先予放行货物，在规定的时间内提交减免税证明，即予核销保函或退还保证金。另外，对本地企业进口的生产急用的零星货物，以及归类、价格、征免性质一时难以确定的货物，在保证税收安全的前提下，也可凭保先放后征。

《担保办法》同时规定，对于企业因故需要缓税的，在提交保证金或保函后，其中保函需要由缓税单位的上级部门或银行出具，经海关批准可予缓税。缓税期限一般不超过6个月，到期后可延长3～6个月。超过1年以上的缓税项目需报海关总署核批，并按规定征收缓税利息。1989年对缓税的审批趋于严格，超过半年以上即须上报海关总署关税司同意。

杭州海关和宁波海关严格执行先放后征和缓税的有关规定，尤其对于当地资信良好的企业、国有大中型企业和其他有重大社会或经济影响的项目，在纳税人向海关提出申请并制订详细、可行的分期缴税计划的前提下，按规定给予缓税，此举既能帮助企业渡过难关，又最大限度地避免发生欠税。

（四）税款退补

1. 退税

浙海关(新关)设置次年，便实行退税制度。从同治元年(1862年)五月下旬起，浙海关允许洋商享受退税存票待遇，准予洋商确属无法推销而向外国复出口的进口货，请领特别号收(银号缴款收据)或存票，以抵付进口税。该存票可作为一种特别的付税凭证，用以缴纳未来应付的税款。同治二年九月，浙海关根据《中丹条约》的规定，允许外国商人可以在中国沿海进行土货贸易，使退税权扩大到已缴清出口税和复进口半税的土货，同时将土货退税期限从原来的3个月延长到1年。此外，还对船满退回货物、载入进口货单而实际未上岸的货物、损伤货物、船用杂物及煤油等，也予以存票或特别号收的时效，洋货进口税的退税期限为3年，土货出口税的退税期限为1年，期满无效。存票由浙海关监督发给。以上仅是存票抵用的退税方式。光绪三年(1877年)，总税务司通令浙海关，自二月十三日起，准将存票向海关换取现银。

杭州关成立后，亦按该存票抵税的制度实施。除了对已税洋货复出口退回原纳进口税和土货复出口退回进口半税外，还对已征税的短卸货物、已征税放行因故未装载出口的退关货物、运销方式发生变化的货物(如原为转口内销货物，已征转口税，后来改为外销，应改征出口税;若已征之转口税高于出口税,差额部分应予退还)、由于海关工作失误造成多征税款的货物予以退税。此外,对可享受减免税待遇的货物,事先提交有关减免税证明的,原缴税款也可予以退还。如民国17年(1928年)11月,浙江大学进口28包科学仪器,从上海转运杭州,共付税关平银385.743两。至民国19年,国民政府财政部批准其免税,杭州关凭总税务司署免税证明予以退税。

洋货退税存票制度在施行中也有诸多弊端,易为不法商人利用,串换货物,骗税漏税。民国20年(1931年)2月2日,浙海关和杭州关接到总税务司电报:鉴于目前退税制度引起严重问题,自4月1日起,一切已税进口洋货,无论复出口往国外或沿海均不退税。复进口税随之废除,复出口土货也不再有退税的问题。

1980年,随着国家对外开放和海关全面恢复征税任务,退税范围扩大,而且除退关税外,相关的代征税也由海关一起办理退还手续。杭州海关和宁波海关根据《暂行海关法》《海关法》《关税条例》及海关总署的有关规定,办理相关退税事宜。上述退税申请,以缴纳税款之日起1年为限,逾期不予受理。杭州海关和宁波海关对退税实行三级审批制度,最后须经主管关长批准,方可开具"收入退还书",以维护国家税收的严肃性和纳税人的合法权益。

除非政策性退税外,还有政策性退税。1994年,杭州海关按照海关总署、财政部等四部委《关于对部分进口商品予以退税的通知》的规定,对国内企业在国家批准计划内进口的小麦、棉花、钾肥、磷肥、尿素、复合化肥、农药及农药中间体和农膜原料等,对其进口环节增值税先予征收,然后上报财政部予以退税,切实做到"即征即退",加快农资企业的资金周转,支持农业的发展。1995年,宁波海关及时办理关区有关退税事宜,当时退税货物集中在国家批准进口的粮食、棉花、化肥、农药及农药中间体等关系国计民生的大宗商品,是年进口环节税退税13405万元。截至2004年7月31日,杭州海关隶属舟山海关根据废钢船进口增值税先征后返的有关政策规定,共审批政策性退税450万元。

2004年1月实施的《关税条例》,对退税工作增加了新的条款,更具有可操作性,主要内容有:海关发现多征税款的,应当立即通知纳税义务人办理退还手续;纳税义务人发现多缴税款向海关提出退税申请的,海关应当自受理退税申请之日起30日内查实并通知纳税义务人办理退还手续。同时还规定,在退还多缴税款的同时,对于产生的同期活期存款利息也一并退还。杭州海关的退税金额并不多,如2007年,杭州关区共审批办理退税46份,退税金额合计为601.5万元,退税的主要原因有:海关纠正归类错误、货物退运出口等。

2. 补税

1987年实施的《海关法》根据造成短征的原因不同,分为补征和追征,即进出口货物、进出境物品放行后,海关发现少征或者漏征税款,应当自缴纳税款或者货物、物品放行之日起1年内,向纳税义务人补征。因纳税义务人违反规定而造成的少征或者漏征,海关在3年以内可以追征。2004年1月实施的《关税条例》对补税增补了相关条款,增加对因纳税义务人违反规定造成少征或者漏征税款,海关在追征税款的同时加收滞纳金的规定。根据补税的成因不同,可分为归类补税、审价补税和加工贸易货物内销补税、减免税货物内销补税和稽查补税等。

杭州海关和宁波海关严格按照《海关法》《关税条例》和《海关征税管理办法》的规定开展补税工作。1987年，杭州海关补缴入库关税116万元。随着业务量的增大，补税的情况逐渐增多，尤其是进入20世纪90年代后，加工贸易在浙江省蓬勃发展，加工贸易保税货物内销成为主要的补税项目，其他还有减免税货物转让补税、稽查补税及审价补税等。1995年，宁波海关充实和加强税收检查机构和力量，各下属关、处分别成立税收检查小组，是年共查获偷漏的税款1500多万元。2010年，杭州海关累计实现审价补税2.08亿元，归类补税1166.86万元。此外，杭州海关征税系统通过定期税收自查和每年底的财务、税收大检查，对查出的漏征、少征予以补税。

（五）出口退税

出口退税是国家对出口货物已征收的国内税部分或全部退还给出口企业的一种措施，其原则是“征多少，退多少，未征不退”。实施出口退税政策对增强本国产品的国际竞争力和促进国民经济持续健康发展有积极作用。出口退税政策虽然主要由税务机关实施，但货物必须要在海关监管下实际出口后，出口企业才能享受退税待遇。1985年4月1日，国家实行出口产品退税政策，规定出口企业向税务机关办理出口产品退税时，必须提供盖有海关验讫章的出口退税报关单。出口退税政策的实施，极大地促进了对外贸易的发展，但同时出口骗税问题也日益严重。1996年1月，海关总署与国家税务总局和外汇管理局联合发文，决定自当年3月15日起，在海关出口退税报关单上加贴防伪标签。

出口退税制度实行以后，杭州海关与宁波海关均十分重视，采取多项措施支持该项政策的实施。2001年12月10日，杭州海关开始实施出口退税热线服务制度，以方便企业及时了解本企业出口退税证明签发情况，并再次对外承诺在收到清洁舱单后3个工作日内完成核销和签发出口退税报关单证明联。宁波海关也从2003年初做出“海关在收到舱单后3日内办理出口退税报关单签发工作”承诺，不断加快退税速度，出口退税联的平均签发时间为2天，而当时国家税务总局和海关总署的规定是5天。与此同时，杭州海关和宁波海关结合通关实际情况，认真贯彻执行退税政策，制定实施细则和操作规程，严格退税制度，打击出口骗税活动。是年，海关总署与国家税务总局对出口退税报关单实现电子数据联网核查，进一步防范和打击出口骗税活动。

出口退税政策实施以后，国家根据对外贸易的需要，多次调整出口退税率，其中2007年7月，财政部、海关总署等五部委联合发文，调低部分商品的出口退税率，大部分是纺织品。由于此次政策调整比较突然，牵涉范围广，调整时间紧，过渡期短，许多企业为赶上“末班车”，纷纷抓紧在政策截止日前申报出口，造成出口报关单量大幅增加、出口货物拥堵的现象。为此，杭州海关和宁波海关采取措施，为企业提供“无假日、不间断、解疑难、无障碍”的通关服务，落实“特快窗口”“快速通道”等便捷措施，提高货物通关速度，保证货物及时出运。同时，加大宣传力度，及时调整人员部署，保证口岸正常的通关秩序。据宁波海关估算，宁波地区外贸企业因及时出口上述货物至少可实现退税5.6亿元。2008年，世界经济发生金融危机，为有效应对，国家决定自2008年下半年开始上调部分商品的出口退税率，调整涉及纺织品、服装、竹制品、玩具等劳动密集型商品。此次调整有利于浙江省的纺织服装行业，为此宁波海关开通专项服务扶持纺织企业，实行出口报关单证明联打印签发“立等可取”。海关的这些举措，保证了企业在最短的时间内办理出口退税手续，确保企业资金快速回笼，提升市场竞争力，降低金融危机所带来的影响。

（六）网上支付

网上支付方式是与柜台支付方式相对应的一种纳税方式。传统的柜台支付方式，是由海关开具“税款缴纳书”，企业据此向银行缴纳税款。而随着业务量的增加和互联网技术的普及，企业需要有一种更为便捷和安全的纳税方式。2002 年，海关总署制定关于“网上支付”的一系列政策规定，并与中国电子口岸数据中心、相关商业银行共同研制开发了网上支付系统。是年 6 月，杭州海关和宁波海关被海关总署列为网上支付扩大试点海关。为此，杭州海关和宁波海关大力宣传、积极推行这一新型的税收支付方式，并相继与中国银行等多家银行签署《网上支付合作协议》。鉴于网上税费支付具有时效快、手续便捷、企业足不出户就可完成缴纳税费操作等特点，网上支付业务推出以后，通过网上支付方式缴纳的税款连年大幅增长。是年，宁波海关共办理网上支付手续 270 票，征税 3937 万元。同年，杭州海关通过网上支付系统支付的税收为 93 万元，2003 年网上支付业务即达到 855 笔，缴纳税款达 8003 万元。2003 年正值“非典”肆虐，在此期间，杭州海关利用网络资源积极开展网上支付业务，加快货物通关，获得企业普遍好评。是年，宁波海关共处理网上支付报关单 1705 票，征收税款共计 3.37 亿元，通过网上支付的税款实现大幅增长。

2005 年，海关总署又进一步制定出台关于网上支付银行担保的有关规定。凡已办理网上支付手续并按海关要求由银行提供网上税费支付担保的纳税义务人，可以在海关审结报关单证后，在税费实际支付前提取货物。该项业务极大地便利了企业。2006 年 6 月 24 日，中国某航运集团公司在宁波海关报关进口 5 万吨级的“长发海”号散货轮，通过海关税费网上支付系统，该企业在湖北武汉的办公室，仅用数分钟就完成了合计 3500 多万元进口税款的缴纳，半天不到就全部完成了现场通关手续，充分体现了网上支付便捷、安全和高效的特点。2007 年，宁波海关与 4 家商业银行签订有关网上支付税款银行担保业务的相关协议，并为 36 家企业开展了网上支付税费担保业务，缴纳税款累计 28.73 亿元。2008 年，宁波海关通过网上担保方式征收税款205.33亿元，有效提高了税收征管效率，缓解企业资金压力，业务推广成效明显。全年通过网上支付方式征收税款 255.74 亿元，占关区入库税款的 44.86%。同年，杭州关区税款的绝大部分均通过网上支付方式实现，全年通过网上支付缴纳税款 317.2 亿元，占总税款的 85.04%。至 2010 年，网上支付业务已成为浙江省杭、甬海关税款缴纳的主要方式。

二、完税价格审定

审定进出口货物的完税价格，是从价征收税费的基础。

在市舶司和钞关时期，征收实物税或从量税，只需核定征税对象的数量（重量、数量、体积等),即可正确计征,征税的环节比较简单。宁波、杭州被辟为通商口岸后,对进出口货物征税大多数仍采取从量计税,需审定完税价格从价计征的情况很少,完税价格按照“时价”(国内市场价格)核估。光绪二十八年(1902年),进口税的从价税目达到117个,占全部税目的17%。是年,新修税则对进口货物的完税价格作了明确规定:以进口地的市价为准,扣除“值百抽五”的进口税和银行、洋行等经手的7%的手续费,完税价格=市价÷(1+5%+7%),作为起岸价格,或按合同价格或到岸价格为完税价格。浙海关、瓯海关和杭州关即按照当地市价来估定洋货完税价格。若有洋货售于华商的合同,即使合同价格远低于市价,海关也不得拒绝以合同之价为完税价格依据。民国5年(1916年)6月1日,为了协调验估工作,总税务司署将全国海关划分为若干个组,每个组内设一个中心海关,起领头协调作用。杭州关划入“上海组”,每季将本口岸进出口货物价格表寄送江海关,江海关则同样每季一次将小组各关的价格表汇总寄送杭州关,作为确定完税价格的参考。该做法后因故中止。民国7年修订的《税则章程》将市价进一步明确为批发市价。民国9年6月,在上海江海关成立验估课,对以后的海关估价工作产生深远影响。

民国18年(1929年)税则颁布后,“值百抽五”的划一税率被突破,进口税率大大提高,审定完税价格显得日益重要。是年,又颁布了《进口税则暂行章程》和《税则分类估价评议会章程》,规定进口洋货完税价格为:输入口岸的批发市价×100÷(100+税率+7)。同时,合同均可视为货价的凭证,但须经海关检查与估定详细售货单据、商家簿册及其他各种有关文件并考察货色,才能决定是否予以采信。同时,对裁决各国商人对海关所定税则分类及所估完税价格发生争议的依据和程序以及对低报价格行为的处罚等作出明确规定。为了集中管理各关的验货、估价和归类工作,民国19年,总税务司署决定重建分组制度,杭州关仍归入以江海关为中心的上海组。根据总税务司的指示,杭州关需将所有进出本口岸的洋货、土货(其中从价征税的货物还需注明其实际完税的价格)每季缮制清表寄送江海关,江海关验估处则在清表上批注相应货物的上海价格后,将该表返还杭州关作为依据,以利统一估价。若杭州关就具体价格与江海关有不同意见,可将问题提交后者以确定最终采用的价格。为了适应此项变革,杭州关对内部的审价程序作了调整:每月将最常见的货物清单寄送江海关,由其将价格填上寄回;进口货物的完税价格由帮办亲自加以估定,尽可能遵循上海的价格,如得不到该货物的上海价格,则与验货员商议,必要时找出杭州本地市场上该货的价格。同时,杭州关还专门收集江海关已完税进口洋货价格作为补充参考。

民国21年(1932年)《出口税则暂行条例》规定:“凡应从价完纳出口税及转口税之货物,应以当地海关查验该货时之平均趸发市价作为完税价格。此项平均趸价,包括该货包装及整理该货等项费用,但税项并不包括在内。”杭州关在本地市场收集各主要出口土货的批发价格,有时也从产地收集土货的价格,张贴在验关房上公告周知,并结合参考上海的出口价格,凭以审定出口货物的完税价格,而不是机械地照搬上海的价格。出口价格一般每季度调整一次,如果苏州关亦有的出口货物,由于两关的税收结构相似、距离相近,其出口完税价格的调整需由两关协商一致后才能变动,以防因价格不一致而引起贸易流向的不正常转移。

杭州海关和宁波海关设立后,对进出口货物完税价格的审定执行1951年《进出口税则暂行实施条例》的规定。1986 年，海关总署制定《关于审定进出口货物完税价格的办法》(以下简称《审价办法》)，对一些特殊贸易货物如运往国外加工复进口货物、运往国外修理复进口货物、租赁(包括租借)进口货物以及国内留购的货样、展览品、广告陈列品等完税价格的审定予以明确。《审价办法》同时对于特定减免税货物作了规定，即按照特定减免税办法批准予以减免税的进口机器设备、仪器仪表、交通运输工具，在转让或出售而需予补税时，其完税价格可按当时的新旧程度确定。

1987 年，修订后的《关税条例》规定，进口货物以采用正常成交价格为基础的到岸价格为完税价格。鉴于价格工作较复杂，做好价格资料的收集、整理和价格情报工作是开展审价的基础，海关总署遂决定建立三级价格信息网：(1)以广州海关价格处为中心，建立全国征税价格信息网。(2)建立省内不同关区和省、市之间的征税价格信息网。省、市之间关区的信息网，初步确定由上海海关牵头，与杭州等 4 个海关直接进行价格资料交流。(3)建立本关区内的征税价格信息网。为了贯彻上述部署，杭州海关于该年 5 月制定《杭州海关关区价格信息网络管理办法》，暂定以港澳地区进口商品为重点，建立起本关区的价格信息网。同时在关区各关配备专职或兼职审价员，以执行海关总署的最低限价制度、参与华东片海关审价资料的收集和交流工作为职责，加强审价力度，打击低报、瞒报行为。同时广泛开展价格调查，收集价格资料。1991 年上半年，杭州海关将本口岸进口较多、多年来作为价格跟踪重点的医疗仪器有关资料，通过分析、对比，整理汇编成“医疗仪器的系列价格”，为广州价格中心采用，特刊一期《医疗器械专刊》，供全国海关审价参考。10 月，海关总署指定上海、九龙等九海关分工做好重点商品审价工作，确定由杭州海关负责医疗设备的重点审价工作。

1992 年，海关总署重新修订 1988 年下发的《中华人民共和国海关审定进出口货物完税价格办法》(以下简称《审价办法》)，明确进口货物以海关审定的成交价格为基础的到岸价格作为完税价格，该价格应包括向国外支付的软件费及进口人支付给卖方的佣金。该《审价办法》同时明确了申报价格明显低于进口的同类货物的成交价格，或海关掌握的国际市场公开成交的价格，而又不能提供合法证据和正当理由的，以及买卖双方具有特殊经济关系的等三类不适用成交价格的情形。上述规定对于打击价格瞒骗行为、统一海关估价尺度发挥重要作用。该《审价办法》还规定，按照特定减免税办法减税或免税进口的货物需予补税时，其完税价格仍按该项货物原进口时的成交价格确定。

是年，为实现审价工作的规范化管理，更好地完成审价工作任务，根据《商品名称及编码协调制度》(HS)的商品分类目录要求，杭州海关征税部门与技术部门联合研制开发了“海关审价价格资料管理系统”微机软件，并投入运行。该程序是华东片海关开发的第一个微机和小型机之间价格资料磁盘交换软件，除具有全条件组合查询、报表生成、汇总等功能外，还能实现价格资料的微机与小型机、微机与微机之间的磁盘交换。该系统在华东片海关得到推广使用。

1993 年，根据海关总署《关于价格资料和价格信息工作若干规定的通知》，杭州海关制定《杭州关区三级价格信息管理制度》，根据本关区审价工作需要，在某一时期内，对一些价格敏感、进出口量大的商品实行关区统一价格，制定三级价格信息表，统一估价尺度。该制度自 3

月15日起执行。1994年1月，全国海关价格资料计算机（小型机）联网试运行后，海关总署规定一、二、三级价格由广州海关价格中心统一制发各关执行，不再实行原先的片区、关区价格信息制度。杭州海关认真执行该规定，为使总关与下属各关也实现价格资料的联网，针对各隶属海关基本使用微机的情况，杭州海关征统处与技术处共同开发了全国海关价格资料联网应用系统（PC版），并被海关总署在全国海关推广使用，有利于全国海关价格资料共享和相对统一，提高时效性。年底，作为全国最大液体化工品进口口岸的镇海海关与全球性的咨询公司新加坡普氏（PLATTS）公司的全球价格信息系统电脑联网成功。该系统可使海关审价人员随时了解全球各大液化、石化产品市场当天的报盘价格和成交价格及运费变化，全国其他海关也可通过自己的计算机网络得到有关价格信息。该系统的开通，对打击低报、瞒报进口液体化工品价格的违法行为具有重要意义。1995年，宁波海关根据本口岸进出口货物的情况，大量收集和整理有关商品价格资料，尤其是对本口岸重点进口商品和敏感商品，如液体化工产品、铁矿砂、原油、木材等，做了系列登记调查工作，积累价格资料，并利用计算机建立价格资料库。同时，宁波海关重视审价机构的建立，配备专兼职审价员，设立价格管理小组，并制定《宁波关区审价管理办法》。是年，海关总署发布实施《中华人民共和国海关对出口商品审价暂行办法》《中华人民共和国海关对出口商品审价实施细则》。据此，杭州海关制定《杭州海关出口审价管理办法》《杭州海关出口审价操作细则》，对部分出口商品开展审价工作，审价的重点是中国进出口商会协调价格的出口商品、出口许可证管理商品、征收出口税商品和本口岸出口重点审价商品。

1996年8月，根据海关总署《关于海关参考价格使用和管理规定》，杭州海关下发了《杭州海关关于加强审价工作的通知》，对关区各海关关于一、二、三级价格资料的使用问题，二、三级价格管理商品的审批问题及价格资料传输问题予以重新明确。11月，杭州海关在关税处内成立了审价办公室，从而推进关区的征税审价工作。12月，根据海关总署通知，杭州海关除将一般贸易进口货物和加工贸易内销货物纳入审价范围外，“三资”企业在宽限期及免税额度内的进口货物也被纳入审价部门统一审价。是年，宁波海关成立关区审价归类工作领导小组，初步形成关区审价工作网络。

1997年，根据海关总署的指示精神，杭州海关初步建立了本关区三级参考价格以外的重点商品审价制度，首先以化工原料、药品为重点，执行海关总署、华东审价片的有关规定，全年通过审价共补税4714万元。杭州海关审价部门还认真开展价格调研工作，对液化气、羊毛、移动电话、原油的国内外市场行情、现状与趋势的调研报告，为海关总署和广州价格中心采用，转发全国。1998年，亚洲金融危机发生后，杭州海关及时开展调研，撰写《东南亚金融危机对价格的影响及分析》，对国际大宗商品的价格变动及海关审价工作应采取的对策提出建议，得到了海关总署的肯定。9月，在全国海关审价工作经验交流会上，杭州海关撰写的《结合实际选择重点，开展审价调研工作》成为10篇优秀经验材料之一。杭州海关关税处又创办《价格信息动态》，作为指导下属各关开展审价工作、关区交流审价经验和信息，探讨估价技术的内部载体，有利于增加关区审价系统的沟通。是年，宁波海关完善每日价格监控制度，进一步加强审价工作。同时二次开发“液体化工品价格资料库”，制定《宁波海关进口铁矿砂价格管理暂行办法》，深化关区特色审价工作。

1999 年，杭州海关实行通关改革集中审单后，进一步明确对审价商品的管理，专门制定《审价工作实施细则》《进、出口审单岗位责任制》等一系列规章制度，使审价工作有法可依、有章可循，最大限度规范关员的自由裁量权。是年，杭州海关对审价遗留案件进行清理，共处理 1998 年审价遗留案件 8 起，追补差额税款 160 万元。2000 年，杭州海关加强关区间价格咨询工作，利用电脑传输实现网上价格资料共享，提高工作效率，解决了诸如杭州默沙东制药厂、杭州西子电梯公司等对外支付技术费用（软件费）等审价疑难问题，完成对浙江航空公司进口飞机等大合同的价格审核。积极向海关总署、价格中心反映废金属进口情况，为价格中心准确制定废金属参考价格做好基础工作。

2001 年 1 月 31 日，海关总署决定在广州设立海关总署商品价格信息办公室，分别在上海、天津、深圳、宁波和哈尔滨设立海关总署商品价格信息处，负责收集发布价格信息、制定价格风险参数及研究解决直属海关提出的估价疑难问题等。宁波商品价格信息处作为海关总署的“外脑机构”，负责全国海关能源化工矿产等商品的价格信息收集和监控，为海关总署价格管理做了大量的工作。

2001 年 12 月，中国加入世界贸易组织。为履行加入世界贸易组织的承诺，即日起中国开始全面实施《世界贸易组织估价协定》。为了实施该协定，2001 年修订颁布的《海关法》将原《海关法》“正常到岸价格”定义修改为“成交价格”，在法律层面上实现与《世界贸易组织估价协定》的衔接。2002 年 1 月 1 日实施的《审价办法》，将《世界贸易组织估价协定》所规定的 6 种估价方法转化为国内立法。同时，《审价办法》对于出口货物的审价也作了规定：出口货物的完税价格由海关以成交价格为基础审查确定，并应包括货物运至中国境内输出地点装载前的运输及其相关费用、保险费，但其中包含的出口关税税额，应予扣除；成交价格中含有支付给境外佣金的，如果单独列明，应予扣除。该《审价办法》规定，减税或免税进口的货物需予补税时，应当以海关审定的该货物原进口时的价格，扣除折旧部分价值作为完税价格，其计算公式：完税价格＝海关审定的该货物原进口时的价格×[1－申请补税时实际已使用的时间(月)/监管年限×12]。《审价办法》也对加工贸易进口料件及其制成品需征税或内销补税时的估价作出规定。浙江省杭、甬海关积极更新理念，认真贯彻执行。

2002 年 6 月，海关总署开始公布全国海关价格水平，杭、甬海关非常重视。杭州海关关税处在每月通报关区各现场的价格水平基础上，采取每 3 天分析一次关区各现场的征收水平，对明显偏低的及时通知有关现场，并提供相关资料协助查找原因，各现场也积极采取各种措施提高征管质量。在全关区一致的努力下，杭州关区的价格水平一直保持在较高的水准(0.95 以上)①。2003 年，杭州海关针对关区价格瞒骗日益严重的现象，不定期召开反价格瞒骗联系配合协调会议，关税处、缉私局、调查局三部门加强反价格瞒骗信息的交流，有力打击价格瞒骗违法行为，形成综合治税合力。同时，杭、甬海关共同开展废金属价格管理调研，双

---

① 价格水平，指某一时期某关区内进口的某类应税商品的实征税款，与根据全国平均单价计算的该关应征税款的比值。即实际税收/理论税收，以 1.0 为最佳中心值。

方就两口岸进口废物状态异同、规范申报、与商检环保合作、价格管理措施等沟通信息并交换意见，建立关区间废金属反价格瞒骗联盟。

2003年7月1日，海关总署发布实施《中华人民共和国海关关于进口货物特许权使用费估价办法》，进一步明确特许权使用费范围和计入完税价格的适用条件。杭州海关随即对关区内大型IT行业东方通信集团、三菱数源移动通信设备有限公司等企业进行特许权使用费（软件费）估价的宣传解释和价格调研工作。2005年，杭州海关创新对口岸重点税源商品的审价模式，对原油、铁矿砂等重点税源商品，采取“前期备案、中期跟踪核对、后续核查”管理模式，分解审价风险。通过前期备案掌握计价方式、合同条款等内容，中期跟踪公式价格并与国际市场行情价格比对，后续开展价格跟踪核查，取得事半功倍的效果。

为了加强对进口商品的了解，更好地开展审价工作，杭州海关各现场相继建立资料库或样品室。作为全国最大的废金属进口口岸，废金属的进口价格一直是台州海关的审价难点。为此，2004年台州海关着手建立分品种废金属基础商品资料库。温州海关针对本口岸进口葡萄酒品种繁多、价格差异明显的情况，建立葡萄酒样品室。杭州海关富阳办事处组建常见进出口商品样品室，主要以图文并茂的方式详细介绍富阳口岸主要进口货物——各类废纸。宁波海关则根据本口岸进出口货物的情况，大量收集和整理有关商品价格资料，尤其是对本口岸重点进口商品和敏感商品，如液体化工产品、铁矿砂、原油、木材等，做了一系列登记调查工作，积累价格资料，并利用计算机建立价格资料库。

2006年，海关总署修订颁布《审价办法》，更好地实现了与《世界贸易组织估价协定》的接轨，并将繁多的审价规章、公告合并到一个办法中，起到了公开和透明的作用，更加符合国际惯例。是年，杭州海关下属杭州经济技术开发区海关和玫琳凯（中国）化妆品有限公司签订《特许权使用费征收合作备忘录》，进一步明确海关征税过程中特许权使用费的计算方法、申报时间以及双方权利和义务等内容，约定该公司每半年向海关申报特许权使用费应征情况，创新了海关管理模式。2007年，宁波海关积极推行“前中后一体”审价新模式，实现了价格管理工作从以“货物”为单元到“合同、企业和货物”并重的转变，推进了审价模式的多样化。2007年通过该模式共审价补税942万元。

2008年，海关总署制定《海关进口货物审价工作规程》，杭州海关据此制定《杭州海关进口货物审价实施细则》，宁波海关也随即制定《宁波海关进口货物审价工作规程（试行）》，进一步从实体和程序上规范审价工作。同年，海关总署制定《海关出口货物审价工作规程（试行）》，规范出口审价作业程序。2009年1月1日起对部分减免税进口货物恢复征收进口环节增值税后，减免税进口货物审价成为海关工作面临的新的重点和难点。为此，海关总署于2010年下发了《关于进一步明确减免税进口货物审价工作要求的通知》，要求主管海关在审批环节即开展对进口减免税货物的审价工作，使审价工作涵盖减免税货物的审批、进口和后续管理等所有环节。是年，宁波商品价格信息处共编辑发行《价格信息参考》期刊12期，《价格信息参考电子副刊——价格传真》24期，答复价格咨询单895个，制定价格风险参数2290条，发布专项商品价格监控报告12篇，充分发挥了海关总署“外脑机构”的作用。

三、税则归类及原产地管理

(一)税则归类

宋元时期,对进口舶货的分类比较简单,杭州和明州(庆元)市舶机构根据朝廷敕令,将舶货分别按粗色、细色分类,据以适用对粗、细两色货物不同的抽解。明清时杭州的钞关按照船只的种类、尺寸分门别类,货物则照精、粗不同,据以征收船钞,定收税银。

清康熙二十四年(1685年)浙海关设立时,全国并无统一的税则,浙海关依据粤海关和江海关的税则颁布了《浙海关税则》,将货物分为衣物、食品、用品、杂品四大类予以征税。其后,浙海新关、瓯海关和杭州关征收税钞,最早使用的是咸丰八年(1858年)税则,进出口共有350多个税目。这部近代税则分类比古代的要详细、复杂。以后随着税则的历次修改,税目越来越多,分类越来越细,进出口货物税则归类的技术性也随之越来越强。尤其是民国18年(1929年)《国定进口税则》实施后,突破了“值百抽五”的单一税率,税率普遍提高,不同的货物税率各不相同,税则归类成为核定税款的核心问题之一。与有的口岸海关设有验估课专门负责货物的归类不同,杭州关确定归类由总务课和稽查课协同完成,即由验货员核实货物的性质及其在税则上的对应名称,税务员则核定其税则归类。为了增加商品知识,提高归类的技能,适应新的情况,杭州关建立货物样品收集制度,不断收集从本口进出口的货物样品,积累对商品的感性认识。此外,还利用晚上时间开设培训班,由工作经验较丰富的关员举办讲座,根据“导师指导手册”、税则及江海关验估处的各项主题讲义,结合主讲人个人的经验,讲授商品知识、税则归类知识等,形成一种业余学习业务的制度。由于从杭州进出口的货物种类较少,出现归类困难或者税务、查验人员意见不一致的情况较少。一旦发生归类意见不一致,可以抽取货样,通过内部讨论解决,也可向“上海组”的负责海关——江海关咨询决定。若商人不满杭州关的归类决定,可于20日内书面提出反对意见和理由,海关则对其重新审核,如果认为该商人的反对意见不能成立,则将该案呈请总税务司署移交“税则分类估价评议会”审定。

杭州海关成立以后,当时进口的仅有少量的货样,涉及的归类问题并不多。1980年1月,海关总署建立税则归类问题解答制度。杭州海关对实在难以归类的进口货物,按规定填写“进口货物税则归类问答书”,报送海关总署解答。并组织征税人员参观文物展览、中药材商店及浙江省外贸局举办的进口外国产品展览,还通过各种渠道收集国外商品的图片资料,以丰富商品知识,开阔眼界,熟悉有关进口货物、物品的归类。

1985年,全国海关开始实施以海关合作理事会商品分类目录为基础的新税则,商品的归类工作较以前更加复杂。进口新产品日益增多,海关在归类工作中不断碰到新问题。海关总署对归类问答制度作了改进。杭州海关在广泛收集和分析研究进出口商品的性质、成分、规格、型号、用途等有关资料基础上,参考《税则商品分类目录注释》,严格按照归类总规则进行归类;若仍有困难的,才将疑难商品的有关说明资料报请海关总署解答。同时,将从本关进口的新产品汇总填制“进口新产品税则归类汇总表”,定期寄送海关总署关税司,加强信息交流。

1990年，杭州海关征统处对征税工作岗位责任制作了全面清理，明确归类的工作程序，使之更加规范化，有效地防范归类差错的发生。针对归类疑难问题，建立"归类小组"，采取现场查验看货、提取样品、走访企业及进行专家咨询、提交专业机构化验等方式，取得商品性质、规格等方面的资料，然后经"归类小组"共同讨论，集思广益，解决难题。鉴于化工产品归类的复杂性，杭州海关总关及隶属的宁波、温州等关建立了化学品收集取样制度，建设样品室，使归类人员对常见化工产品提高感性认识和甄别能力。

1992年6月23日，中国海关经海关合作理事会批准，正式成为《商品名称及编码协调制度的国际公约》缔约国，并从1993年1月1日起，履行《商品名称及编码协调制度》(也称"HS"编码，以下简称《协调制度》)各项条款的权利和义务，按《协调制度》所规定的6条归类总规则归类。1993年，税则归类片会制度建立后，杭州海关与其他华东片海关，尤其是与上海海关加强联系，开展对《协调制度》的研究，交流商品归类信息。1995年，宁波海关直属于海关总署，大力加强归类工作，实行计算机每日报关单检查和每月关税业务数据综合分析，建立关区归类一审价工作小组、关区归类技术小组，并制定关区进口商品预归类暂行办法。1997年，海关总署在全国运行海关商品归类数据库计算机系统，将归类明确的商品汇总，形成归类信息共享。1998年5月15日，"商品归类表"在H883报关自动化系统中正式开始使用。该"商品归类表"的运行逐步实现进出口商品准确、规范的自动归类，从而加快通关速度，提高工作效率。1999年，杭州海关实行通关作业改革，制定《税则归类研究作业规范》等规章制度，并成立"归类专家小组"，专门研究关区各类疑难商品归类问题，不但充分发挥关区各类归类专家的特长，而且对统一关区执法标准、解决纳税争议起到了积极作用。

2000年2月，海关总署发布《中华人民共和国海关进出口商品预归类暂行办法》，自是年4月1日起实施。该办法改变了税则归类局限于通关环节的传统工作模式，为有效地提高海关归类的准确性和时效性、加速货物通关、增强政策法规的透明度奠定了基础。是年起，杭州海关审单处负责对关区归类工作行使指导、管理职能，处理关区日常"归类问答书"，全年共答复各类归类问答书70余篇，未发生差错。2001年3月，宁波海关制定《宁波海关商品归类工作制度》，进一步规范归类工作，明确通关作业改革中归类工作的职责分工。

2001年12月，中国加入世界贸易组织，海关总署根据世界贸易组织统一、规范、透明、高效的原则，引入归类决定和行政裁定及预归类概念，替代归类问答书等内部文件。杭州海关和宁波海关根据世界贸易组织的原则，及时将有关归类决定予以公布，维护进出口收发货人的合法权益。2002年10月，海关总署下发《关于进出口商品实行简化归类的通知》，杭州海关和宁波海关据此开展归类工作，简化通关程序。

2004年，杭州海关针对原H883与H2000系统缺少归类问答书自动提示功能的情况，将历年海关总署和直属关的问答书整理上网，方便查找，弥补审单程序的不足。同时，为主动做好本关区归类差异率监控工作，组织开发同名商品归类差异分析系统，提高同名差异考核成绩。同名商品归类差异率体现海关执法的一致性，一直是海关总署考核直属海关的重要指标，杭州海关对此高度重视。经统计，2005年上半年杭州关区进口商品18700项，同名商品归类差异56项，差异率仅为0.299%，在税收前15位海关列第一。宁波海关2005年也下发

《宁波海关关于加强关区商品归类工作的意见》，关区商品归类工作取得了明显成效，2006年同名商品归类一致性水平在全国税收前10位海关名列第一。2007年，宁波海关充分运用科技手段，及时发现并纠正税收业务差错；开发应用同名商品归类差异比对系统，在预录入环节对同名商品归类差异进行控制，加强申报源头管理；开发应用同名商品归类实时监控系统，运用数据预定功能进行实时对比，发现差异即时报警，加强审单过程管理。是年，杭州海关全年商品同名归类差异率为零。

2007年5月1日，海关总署下发实施《中华人民共和国海关进出口货物商品归类管理规定》（以下简称《归类管理规定》），杭州海关和宁波海关认真组织学习，要求各现场予以公布并做好对企业的宣传工作。是年5月1日，中国海关进出口商品归类系统正式上线运行。该系统集归类裁定书、归类决定书、归类指导意见报送、审核、查询、纠错功能于一体，拥有强大的商品资料、归类风险信息查询功能，极大地提高了通关过程中的归类效率。系统正式运行以后，杭州海关即成立归类系统应用小组，并下发关区培训材料。商品归类是海关各项业务的基础，也是通关过程中的难点，为此杭州海关充分发挥关区关税岗位人员，尤其是关区归类技术小组成员的力量，组织编写“杭州关区常见商品归类指导手册”，梳理关区主要进出口商品，对进出口货值在前300位的商品进行了详细描述，阐明了归类理由和依据，并提供参考税号。9月，海关总署印发《海关商品归类工作制度》，进一步细化《归类管理规定》。

义乌小商品的出口一直是浙江经济的一大亮点，但由于小商品具有价值低、种类多的特点，如果完全按照海关当时关于申报归类的要求，将极大地增加企业的通关时间和通关成本。为此，杭州海关和义乌市政府积极开展调研，并向海关总署汇报有关情况，提出针对性的意见。2007年9月，海关总署下发了《海关总署关于支持浙江义乌小商品出口市场发展的若干意见》和《义乌小商品出口货运监管操作规程》，确定“旅游购物”的监管模式，针对出口小商品品种繁杂、货值较低、难以进行逐项申报，以及市场直接采购、人民币现金付款等特点，实施小商品出口申报以“章”为单位的简化归类办法，从而极大地简化申报手续、提高通关效率。

2008年12月，海关总署颁布施行《中华人民共和国海关化验管理办法》，杭州海关立即组织开展关区培训，并建立涵盖300多种进口化工原料的商品资料库，提高化验送检的质量。2009年，海关总署又修订了《海关商品归类工作制度》，在此基础上，杭州海关也下发《杭州海关商品归类工作制度》，进一步规范归类工作的内容和程序。宁波海关也于2010年下发《宁波海关预归类、归类咨询工作规程（试行）》，进一步规范关区预归类、归类咨询工作。

（二）原产地管理

1986年12月，海关总署下发《关于进口货物原产地的暂行规定》，将原产地的认定标准确定为完全获得标准和实质性改变标准2项，杭州海关据此执行。1989年5月，杭州海关根据海关总署的规定，加强对“中性包装”货物的审核和查验，对于无法确定原产国别的进口货物，一律按普通税率计征关税。

2001年12月，中国加入世界贸易组织，开始根据《世界贸易组织原产地规则协定》（以下简称《原产地规则》）的基本原则完善原产地规则。2003年，《内地与香港关于建立更紧密经贸关系的安排》(CEPA)签订，规定自2004年1月1日起对原产于香港的273种进口商品实行零税率。为及早应对CEPA所带来的变化，杭州海关成立了CEPA运行领导小组及工作小组，并积极向电视、报纸等新闻媒体宣传介绍执行CEPA的意义及概况，同时向现场海关、企业印发CEPA宣传手册及通关须知，并召开有关业务部门协调会。针对海关总署执行CEPA的安排，预测在CEPA执行初期可能遇到的问题，明确部门分工，制定应变方案。同时杭州海关还对香港与浙江之间的贸易情况进行系统分析，对CEPA实施后海关税收、贸易量、进口商品等情况开展研究，对CEPA予浙江经济和企业的影响等方面作出初步预测，并对CEPA原产地证明联网核查系统进行全方位的模拟测试，在业务和技术上做好了各项准备工作，确保CEPA的顺利实施。

2004年9月，国务院颁布《中华人民共和国进出口货物原产地条例》(以下简称《原产地条例》)，翌年1月1日起正式实施。该条例将实质性改变标准确定为税则归类中的4位数级税则号列发生了变化。杭州海关随即开展对《原产地条例》的学习，进一步加强原产地认定工作，强化对CEPA、东盟、曼协等优惠原产地证书的认定，做好原产地规则培训和宣传工作。宁波海关也十分重视原产地认定工作，并不定期开展对关区优惠贸易协定项下原产地管理执行情况的检查，规范原产地管理工作，并及时补征相应的税款。至2010年，浙江省杭、甬海关仍执行该《原产地条例》。

第四节　减免税

关税减免自古有之。两宋时期，朝廷多次下诏特减商人市舶抽解商税。明代杭州市舶司和明州(今宁波)市舶司执行严格的朝贡贸易(勘合贸易)制度，对进贡货物例不抽解，免予抽分。近代浙海关、瓯海关和杭州关均执行咸丰八年(1858年)税则的免税条款，每一品目范围的扩大均达到无以复加的地步。中华人民共和国成立后，尤其是改革开放以后，国家出台了一系列关税优惠政策，对于扩大开放、吸引外资、引领产业导向、加快技术进步起到了积极作用。是时，杭州海关和宁波海关严格执行国家税收优惠政策，做好政策宣传和前期沟通服务，1998—2010年杭州海关减免关税和进口环节税503.3亿元，1995—2010年宁波海关减免267.68亿元，有力地促进了浙江省经济的转型和产业升级。

一、浙海关和杭州关减免税

中国古代，税收减免可分为诏令减免和则例减免。所谓诏令减免即指经过皇帝的特批，下诏予以减免。所谓则例减免即指根据特殊的情况制定相应的规则，予以减免。

两宋时期，朝廷多次下诏特减商人市舶抽解商税。天禧元年(1017年)，阿拉伯商人麻思利等人将珍珠假冒为杂物，被明州市舶司发觉，对其珍珠予以抽解。麻思利等人又称珍珠将进奉朝廷，要求免去商税，直赴京城，三司不准。真宗下诏，特减一半商税。乾道二年(1166年)，定广南路和两浙路市舶司所发船舶，在回程中，如因风水不便，船破樯坏，即可免予抽解。

南宋宝祐六年(1258年),宋理宗为鼓励日本商人到庆元(今宁波)贸易,特准免去日本商人随身所带金子的抽解和博买。明洪武四年(1371年)至弘治年间(1488—1505年)130余年,由于明太祖和明成祖考虑"怀柔"蕃国,免去国外进口货物的全部关税。

清康熙二十四年(1685年)设浙海关,是年免外国贡船船钞,外国商船则减税十分之三。康熙二十八年,宁波和东南沿海地区经过长期的禁海令后经济凋敝,人民生活困难,清廷遂下令对国内出洋渔船及经营民间日用品贸易的商船免征全部税收。康熙四十七年,对暹罗国(今泰国)贡使所带货物,亦"听其随便贸易,并免征税,以示柔远之意"①。康熙朝后期,江南一带粮食短缺,米价骤涨。康熙帝从暹罗朝贡使者处了解到暹罗其地米甚饶裕且价值亦贱后,于康熙六十一年敕令从暹罗进口30万石大米到福建、广东、宁波贩卖,并规定暹罗进口大米系官运官卖,免征关税。雍正二年(1724年),清廷指令对从暹罗进口的大米免征压船货税。雍正六年,对暹罗国商民运米至福建、广东、浙江,雍正帝上谕批:"米谷不必上税,著为例。"②此后雍正朝对凡暹罗国运来中国的进口大米均按例予以免税。乾隆六年(1741年)规定,各省用国库采购粮食救灾,或用粮食米谷运至灾区,经过各关口,应免征其税,但要征船钞。上述规定浙海关亦予适用,如《钦定户部则例》明确指出宁波、温州只征船钞,不征米税。至乾隆八年,大米进口免税及对随大米进口的货物减税已成为清廷定例。

道光时(1821—1850年),浙海关税则规定:凡龙头鱼、鲟鳇鱼、鲫鱼、马鲛鱼等16类鱼类,各色杂小鱼及鲜虾,每船400斤以下者免征税;蛎蝗、对虾、蟹子、白蛤等15类不论多少,一概免征。烧柴、木炭、炭屑每船千斤以下者免征。乍浦口食物项下的番茄,用物项下的福建泥风炉,杂货项下的福建草纸,凡舵工、水手零星携带,亦一概免予征税。可见当时的免税范围局限于鱼、虾等水产品以及一些零星携带的物品上,较为有限。

近代以来,随着一系列不平等条约的签订,免税范围有了极大的扩展。道光二十二年(1842年),清政府与英国签订《南京条约》开放五口通商,其中包括浙江宁波。道光二十三年,清政府签订中英《五口通商附粘善后条款》所附《海关税则》规定,进口免税货品有:金银类,各样金、银洋钱,锭镍,洋木,洋麦,五谷等。出口免税货品有金、银洋钱及各样金钱类、瓦砖瓦片等造屋材料。造屋材料的免税是作为对兴建香港的优惠。咸丰八年(1858年)十月,清政府与英、法、美三国在上海分别签订了《通商章程善后条约:海关税则》,其中的免税条款规定,"凡有金银、外国各等银钱、面粟、米粉、砂谷、米面饼、熟肉、熟菜、牛奶酥、牛油、蜜饯、外国衣服、金银首饰、搀银器、香水、碱炭、柴薪、外国蜡烛、外国烟丝烟叶、外国酒、家用杂物、船用杂用、行李、纸张、笔墨、毡毯、铁刀利器、外国自用药料、玻璃器皿,以上各物进出口通商各口,皆准免税"。这个优惠待遇扩及在华的一切外国人,而在国外的华人并不享受此项待遇。海关总税务司据此条款又扩大了免税品目范围,制定"免税品表",交各口海关执行。该表将免税品分类为食品、饮料、吸用与嚼用品、洗涤和喷香用品、照明烤火用品、餐桌用品、家具、衣物用品、信函用品、医药用品、兑换物品、不作出售的个人用品共12项,项下设32个品目,每

① 《皇朝文献通考》卷二十六至卷二十七。

② 〔清〕梁廷枏:《海国四说》卷二《暹罗国二》。

一品目范围的扩大均达到无以复加的地步。

光绪二十一年(1895年)四月,清政府与日本签订中日《马关条约》,增开杭州等4处为通商口岸,并载明关于投资设厂、减免关税的规定:“日本臣民得在中国通商口岸城邑,任便从事各项工艺制造,又得将各项机器任便装运进口,只交所订进口税。日本臣民在中国制造一切货物,其于内地运送税、内地税、钞课、杂派,以及在中国内地沾及寄存栈房之益,即照日本臣民运入中国之货物一体办理,至应享优例豁免,亦莫不相同。”按照这一规定,日商在中国设厂制造的一切货物,除取得直接利用中国廉价原料和劳动力的利益外,还获得了税收方面的特殊优惠。日商在中国制造的货物,不仅可以免完进口税,而且又可以享受与进口商品同样的待遇。光绪二十二年,杭州关开关后第一个月,征税仅关平银807两,而同期凭海关监督所发执照减免税进口的政府官用物料有日本紫铜3500担、锌块940担,免税达关平银2335两。光绪二十八年《重订通商进口税则善后章程》对免税范围重新进行了规定:“凡外国运来之米以及各杂色米粮面、并金银以及金银各钱、印字书籍、水陆各图、新闻纸等,均准免税放行进口”,大大缩小了免税品的范围。

除税则列名的免税品种外,浙海关、瓯海关和杭州关还根据总税务司指令,遵照规定办理其他减免。光绪二十七至二十八年(1901—1902年),总税务司通令对下列物品进口也准予免税:外国使领馆用品,外国驻华陆军和海军的军需品,中央和地方各省领有免税专照的官用物料,非出售的展览用合理数量的货样,根据条约规定免税的铁路建筑材料和用品,贸易商行免费分送的广告品,旅客随身携带和分运的行李,外侨带入非出售的自用衣服、书籍、图片、家具等,应发存票的船舱用煤和船用物料。杭州关从光绪三十一年至民国10年(1921年),官用物料和外国领事馆用品免税额达关平银22308两,其中绝大部分在民国前予以减免,达22118两。浙海关从光绪二十七年至民国10年官用物料和宁波领事公署所用物品的免税额共计关平银23251两。

浙海关对铁路购料予以免税,民国元年(1912年)免税关平银33两,民国2年免税关平银14783两。民国初年,为了扶植民族工业,对机制洋货进行适当减税,如民国9年,浙海关对宁波翔熊机制软席厂生产的机制软席,自4月1日起免纳海关正半各税及常关税各1年。

国民政府也对出口予以鼓励。如民国7年(1918年),总税务司转发税务处命令,对安徽、山西等省到浙江省采购桑苗回去推广种植,杭州关凭税务处证照予以免税。民国8年,对茶叶(包括茶饼、茶末)出口外洋暂准免征出口关税2年。民国9年,北京税务处编订机制洋式货物征免税办法,规定运销外洋者免纳一切税厘;运销国内者,由经过第一关征收正税(民国15年10月以后加征“二五附加税”)一道,其余税厘,概免缴纳。杭州关据此对辖区内按机制洋式货物待遇向海关登记注册的工厂生产的仿洋式产品给予税收优惠,鼓励国内机制工业的发展。除此之外,在民国2年至民国10年间,浙海关多次核准宁波部分工厂的产品照机制洋货例减税,如宁波正大火柴公司生产的火柴、鄞县全茂烛皂厂的龙船牌肥皂,还有鄞县粹成阳伞制造厂飞鸿图案的阳伞等,都是当时急需的日用百货。民国15年10月,在南京举办江浙皖丝茧展览会,杭州关根据总税务司指令,对从本口出运前往南京参展货物凭保书免税放行,但须在一定期限内运回杭州,否则,予以补纳税项。民国17年1月,宁波市草帽业同业公会向浙海关提出申请,要求免征出口税,浙海关监督应允减免。是年2月27日,国民政府财政部通令浙海关监督:"对于各种草帽及各草帽缏所有应征一切税厘,自令到之日起,概予免征。"浙海关于3月2日起,对草帽及草帽缏免征出口税。据统计,浙海关自民国17年3月2日至4月11日,免征金丝草帽、刨花帽、粗细麻帽、粗草帽、各项杂草帽等计553537顶,共免征出口税关平银3109.828两。民国18年《国定进口税则》增加免税品条款:金银条币、铂未制成物件者,如锭、条、片、板及废料、碎屑、已装订或未装订印本或抄本书籍、海图、报及杂志、动物肥料等准予免税进口。民国19年,国民政府批准公布《教育用品免税章程》,杭州关主要对浙江大学进口的教学用仪器、设备办理免税进口手续。同年又公布《新定国用物品免税暂行办法》,对政府用的物品免税进口作新的规定。民国21年5月,杭州关奉令执行国民政府制定的《军用物品免税办法》,主要为在杭州笕桥的中央航校办理军用物品免税进口手续。

抗日战争全面爆发后,国民政府于民国27年(1938年)7月规定进口货物减税办法,凡未经禁止输入的洋货,准照民国23年进口税则,按原订税率缴纳三分之一关税报运进口,以充裕后方物资。为同一目的,民国29—30年,先后规定"洋米"、汽油、柴油暂准免税进口。

汪伪统治时期,伪"杭州关转口税局"遵照伪"总税务司"的指令,办理政府用品、军需品及其他物品三类免转口税手续。主要是对日本掠夺的中国资源、战争物资实行减免税,为其侵略战争服务。根据统计,民国33年(1944年)1月至34年5月,伪"杭州关转口税局"办理免税货物军需品价值中储券87041.05万元,政府用品为中储券799.39万元,其他免税物品为中储券221491.19万元。

二、杭州海关和宁波海关减免税

1950年1月,中华人民共和国政务院正式发布《关于关税政策和海关工作的决定》,该决定即提及用低税或免税来鼓励国内生产很少或者不能生产的机器设备、工业原料等进口,用低税或免税来鼓励出口。但当时设备进口较少。改革开放以后,1980年1月,根据国务院《关于改革海关管理体制的决定》,海关管理体制收归中央,明确重申关税减免权属中央,报批手续由海关总署统一办理,其他任何部门、地方或个人均无权减免关税。根据《海关法》和《关税条例》,海关关税的减免分为三类:法定减免、特定减免和临时减免。

(一)法定减免

法定减免税是指依照《海关法》《关税条例》和其他法律、法规的规定给予的减免税。除国际组织、外国政府无偿赠送和中国履行国际条约规定进口的物资外,其他属于法定减免税范围的进出口货物,进出口人或其代理人无须事先向海关提出申请,海关征税人员可按规定在通关环节直接给予减免的同时,对其不进行后续管理,也不作减免税统计。

《海关法》和《关税条例》规定下列情况可以减免关税:关税税额在人民币50元以下的一票货物,无商业价值的广告品和货样,外国政府、国际组织无偿赠送的物资,在海关放行前遭受损坏或者损失的货物,规定数额以内的物品,进出境运输工具装载的途中必需的燃料、物料和饮食用品,法律规定减征、免征关税的其他货物、物品,中华人民共和国缔结或者参加的国际条约规定减征、免征关税的货物、物品。其中，在海关放行前遭受损坏的货物，可以根据海关认定的受损程度减征关税。

《关税条例》还规定：因品质或者规格原因，进出口货物自进出口之日起1年内原状复运进出境的，不征收相应的进出口关税。因残损、短少、品质不良或者规格不符原因而获得免费补偿或者更换的相同货物，进出口时不征收关税。

浙江省各海关均依据规定执行法定减免。

（二）特定减免

特定减免税也称政策性减免税。《海关法》规定，特定地区、特定企业或者有特定用途的进出口货物，可以减征或者免征关税。特定减税或者免税的范围和办法由国务院规定。特定减免税货物，只能用于特定地区、特定企业或者特定用途，未经海关核准并补缴的关税，不得移作他用。特定减免税货物是关税减免的主要形式，对于特定减免税货物，其收货人或代理人应在货物进出口前向海关提出减免税申请，由海关依法审核后，符合规定的发给“征免税证明”。海关需要对特定减免税货物进行统计。在前期办理减免税审批的同时，杭州海关和宁波海关还大力做好后续管理工作。其中，“抵押贷款”是企业将进口的特定减免税设备向银行用于贷款抵押之前，须先向海关办理相应手续。为此，杭州海关和宁波海关积极开展该项业务，加大政策宣传力度。2000年，杭州海关根据海关总署的文件制定《杭州海关特定减免税进口货物抵押贷款管理办法》，对“抵押贷款”的条件和流程作了详细的规定。是年1—10月，即办理减免税设备抵押贷款审批业务383项，审批抵押贷款总额16.9亿元，为满足企业资金需求、服务地方经济发挥了积极作用。

特定减免税的种类主要有：科教用品项目、内资鼓励项目、外资鼓励项目等。此外，杭州海关和宁波海关经办的特定减免税业务还有自有资金项目、残疾人用品项目、远洋渔业项目、国批减免项目，以及重大技术装备、集成电路、远洋船舶、公益收藏、无偿援助、下沙经济技术开发区、杭州高新技术产业开发区、保税区（宁波）等项目。以2010年杭州海关审批的特定减免税项目为例，审批特定减免税数额列前五位的依次为鼓励类项目、科教用品项目、自有资金项目、残疾人用品项目和远洋渔业项目，减免税额均达亿元以上。而其中自有资金项目和残疾人用品项目增长较为迅速。

1.科教用品项目

科教用品特定减免税项目是指对科学研究机构和学校，以科学研究和教学为目的，在合理范围内进口国内不能生产或性能不能满足需要的科学研究和教学用品，免征关税和进口环节增值税、消费税的减免税政策。

1978年8月，对外贸易部等四部委对有关文教用品免税进口的规定予以修改，制定《科教用品报运进口免税办法》。1982年1月，海关总署、财政部对该办法进行修订。杭州海关执行有关规定，对关区内教育部或浙江省教育主管部门承认学历的大专院校，国务院各部委和浙江省专门从事科学研究的机构，工厂、医院、大专院校所属的专门科研机构，进口直接用于科研、教学的分析检测仪器（表）及其配套设备和附件，以及一些化学试剂和书籍、科技交流资料、标本等给予免税。1996 年，全省 80%的大专院校和 40%的科研单位向海关申报科教用品进口项目，减免税额 1303 万元。1997 年 4 月 10 日，海关总署施行国务院批准的《科学研究和教学用品免征进口税收暂行规定》，对原有政策作了较大调整，规定科学研究机构和学校，不以营利为目的，在合理数量范围内进口国内不能生产的科学研究和教学用品，直接用于科学研究或者教学的予以免税。该规定在原《科教用品报运进口免税办法》基础上，进一步增加了一些适用单位，包括国务院部委、直属机构和省属专门从事科研开发的机构，国家教委承认学历的大专以上全日制高等院校，以及财政部会同国务院有关部门批准的其他科研开发机构和学校共三类符合享受科教用品免税政策的单位。同时，还确定对一些由国家有关部委核定的企业(集团)技术中心继续给予科教用品免税的待遇。当时浙江省就有万向集团技术中心、西湖电子集团公司技术中心等 4 家企业技术中心获得财政部、海关总署和国家税务总局确认，较好地推动了浙江省企业研发的投入和发展。上述机构进口科学研究、科学试验和教学用的分析或检测用的仪器、仪表及其附件，为科学研究和教学提供必要条件的实验室设备(不包括中试设备)以及图书，化学、生化和医疗实验用材料(如试剂)等，一共 16 类，海关均给予免税。由于政策支持力度加大，国家加大科研教学投入，1997 年，杭州海关办理科教用品减免税额 1524 万元。2007 年 2 月 1 日，财政部、海关总署和税务总局联合制定《科技开发用品免征进口税收暂行规定》和《科学研究和教学用品免征进口税收规定》，与原规定相比，该政策区分了科技开发和科学研究、教育的适用范围，相应的税收优惠政策更有针对性。该规定延续了企业技术中心等科研机构的优惠政策，并明确了转制为企业的科研机构经核准仍可享受优惠政策的规定，极大地促进了科研事业的发展。2008 年底，国家调整税收优惠政策，规定对于内外资鼓励项目不再予以免征增值税，但仍可免征关税，而科教用品项目不在调整范围。政策下达后，科教用品优惠政策的优势愈发明显。由于科教用品项目基本不受政策调整的影响，因此审批货值及减免关税和进口环节税连年增长。

杭、甬海关在科教用品项目的审核过程中，始终坚持直接用于科学研究和教学这一原则，并针对一些医学类学院将进口医疗设备等置于医院用于临床等情况，做好政策宣传和后续管理工作，同时加大对重点高校和重大企业的帮扶力度。截至 2010 年，浙江省杭州地区有各类企业技术中心 41 家，涵盖了万向集团技术中心、吉利集团技术中心等一批知名企业。2010 年，杭州海关科教用品减免关税和进口环节税达 16946.8 万元。审批量主要集中在杭州地区，其中仅浙江大学减免税设备货值就占其中的 34.04%，达 3185.89 万美元，减免关税和进口环节税 4323.44 万元。宁波海关科教用品项目也主要集中在宁波大学、浙江大学宁波理工学院、中国科学院宁波材料技术与工程研究所等几所大学和研究机构上。据统计，杭州海关从 1998—2010 年共减免 106256.69 万元，宁波海关从 1998—2010 年共减免 9534.39 万元。

2. 国内投资项目

国内投资项目主要分为技术改造和基础建设项目。改革开放以后，为支持国有企业技术改造，引进国外先进技术，1983 年 3 月，杭州海关执行财政部、海关总署印发的《关于从国外引进技术改造项目的技术、设备减、免关税和工商(统一)税问题的通知》，对企业为进行技术改造所需引进的关键仪器和设备，减半征收进口关税和工商(统一)税；对现有企业凡已列入中央主管部门或省技术发展规划的项目,引进的先进技术以及按技术转让合同必须随附的金额不超过引进技术金额50%的仪器、设备免征进口关税和工商(统一)税。1985年5月,杭州海关对宁波、温州等沿海开放城市和经济开发区的企业,为产品创优、技术开发、技术改造、技术引进项目下进口的设备、仪器、仪表免征关税;对其他地区的,则减半征税。1991年,杭州海关制定《关于支持大中型企业的若干措施》,对大中型企业办理技改项目,在政策咨询、办理手续等方面提供便利。1994年起,沿海开放城市和开发区进口技术改造设备改按内地进口技术改造设备减半征税的政策执行。政策调整后,杭州海关审批技术改造项目减少。至8月份,杭州海关总关仅审批2000万美元,而前一年同期则为2.57亿美元。自1996年4月1日起,对新批准的技术改造项目进口设备,一律按法定税率征税。在此之前已纳入国家或省一级开工计划的技改项目,对其进口设备给予一定的宽限期。杭州海关严格按规定减免关税,促进老企业技术进步。1996年,杭州关区技术改造减免税额5.1亿元,1997年为1.89亿元,比前一年下降63%,业务量总体上明显下降。

1997年,根据当时的国内外形势,国务院对进口税收优惠政策及时作出重大调整。是年底,国务院下发《国务院关于调整进口设备税收政策的通知》(国发〔1997〕37号),决定自1998年1月1日起,对国家鼓励发展的国内投资项目和外商投资项目进口设备,在规定的范围内,免征关税和进口环节增值税。此次政策调整最大的特点是引入了国家产业政策的范畴,对于国内投资项目,须符合《当前国家重点鼓励发展的产业、产品和技术目录》,在投资总额内进口的自用设备,除《国内投资项目不予免税的进口商品目录》所列商品外,免征关税和进口环节增值税。1998年3月,海关总署发文要求将《国务院关于调整进口设备税收政策的通知》所涉及的减免税审批项目一律归口由各直属海关的关税职能部门办理。杭州海关根据海关总署文件精神,即刻对审批部门作出调整,将内、外资减免税审批集中在关税职能部门,同时上收了一部分减免税项目的审批权,以维护减免税审批的严肃性。是年,杭州海关按照海关总署要求,于7月1日正式启用减免税管理系统,并制定《关于对国家鼓励发展的内外资项目进口设备征免税审批办法》,进一步规范审批程序。1999年1月1日,海关总署调整部分国家鼓励发展的内外资项目进口设备的海关审批手续,对需上报海关总署关税司审批的免税项目进行调整,并明确规定减免税实行三级审批制度,免税申请一律通过减免税管理系统上报及批复。杭州海关据此发文关区各关,明确规定关区的减免税审批程序,同时,要求各关在审核征免税申请时必须加强与归类部门的联系配合。是年,杭州海关根据海关总署的要求,利用减免税管理系统开展监控、分析工作,并根据本关区减免税货物的备案、审批及实际进口情况,从税收优惠政策种类条目、产业、商品、企业等不同角度进行分析,每季度上报有关材料。是年该项减免税额达11.69亿元。

2000年,杭州海关采取规范减免税下厂工作报告制度,全面整理减免税审批档案,重新修订减免税操作规程,建立计算机数据分析系统,取消关区减免税手工报表,开展关区减免税自查、互查工作等措施。是年,该项减免税额达17.75亿元。2001年,杭州海关制定《杭州海关减免税管理实施细则》,进一步明确减免税项目审批的职责和流程。6月,杭州海关下发关于统一关区减免税审批时限的通知,规定3个工作日的审批时限,并对外作出承诺。是年,杭州海关为浙江企业引进设备免税创历史最高水平，《杭州日报》《钱江晚报》和《今日早报》3家新闻媒体作了近3年杭州海关减免税政策执行情况的报道。浙江省省长柴松岳在报送的有关材料上批示："杭州海关为本省企业引进先进的技术装备，做出了积极的贡献，十分可贵。望总结经验，再接再厉更上一层楼。"2002年，杭州海关下发《减免税项目备案数据规范》和《征免税证明数据规范》，对备案项目和征免税证明的填制进行进一步明确。2003年，宁波海关下发关于调整减免税审批权限的通知，对单票减免关税和进口环节税合计小于150万元的各类"征免税证明"，规定由各隶属海关审批，减少审批环节，提高审批效率。同年8月，宁波海关下发了《宁波海关税收征管管理办法》，进一步规范减免税办理权限和程序。2004年，海关总署成立第一届减免税政策执行技术委员会，杭州海关作为倡议者，有2名关员入选委员和候补委员，提升了杭州海关减免税政策研究在全国的影响力。

2005年，杭州海关对原有"减免税审批手续告知书"进行部分修改，制发"减免税进口设备企业须知"，明确告知企业引进减免税设备后需要注意的事项，并要求企业法人代表签字，增强主体责任，有效防范违法违规行为的发生。同年7月，杭州海关下发关于调整减免税审批模式的通知，授权各隶属海关审批货值100万美元以下的减免税申请，以进一步简化审批环节，提高审批效率。

2008年12月31日，海关总署发布公告，规定自2009年1月1日起，对国家鼓励发展的国内投资项目下进口的自用设备及配套件、备件，恢复征收进口环节增值税，但继续免征关税。由于该项政策的实施，2009年杭州海关审批进口货值与减免关税和进口环节税分别为14.52亿美元和13.24亿元人民币。

2009年8月20日，财政部、海关总署等六部委联合发布《关于调整重大技术装备进口税收政策的通知》(财关税〔2009〕55号)，决定自2009年7月1日起，对国内企业为生产国家支持发展的重大技术装备和产品而确有必要进口的关键零部件及原材料，免征进口关税和进口环节税，同时取消相应整机和成套设备的进口免税政策。这是国家加快振兴装备制造业的重大举措，自此内资鼓励项目项下进口设备免税要受2个清单控制，即《国内投资项目不予免税的进口商品目录》和《进口不予免税的重大技术装备和产品目录》。杭州海关根据文件精神积极开展减免税工作，2010年，同意杭州地铁项目出具减免税货物税款担保证明，累计货值299万美元，担保税款398万元人民币，使杭州地铁项目进口设备器材能凭银行保函先予放行，极大

图67-5-4-1　2007年8月，杭州海关参加重点技术改造减免税项目浙江半山天然气发电工程现场复查会(杭州海关提供)

地便利和提高了地铁项目设备的引进和建设进度。

国内投资项目税收优惠政策实施以后，杭州海关和宁波海关严格依照法律法规的规定审批减免税，同时加强与省政府有关审批部门和行业主管部门的联系配合，开展各种形式的政策宣传，充分体现了“依法行政，为国把关，服务经济，促进发展”的海关工作方针，为浙江省企业用足用好国家税收优惠政策做出了应有的贡献。1998—2010年，杭、甬海关分别为浙江省内资企业减免关税和进口环节税228.23亿元和33.96亿元。其间，杭、甬海关为杭州大剧院、杭州半山发电厂、镇海炼化乙烯工程项目、杭甬高速公路、北仑电厂、国家“西气东输”工程浙江省杭州—湖州长兴段输气管道工程项目等一大批国家重点项目办理了减免税手续，并主动提供政策咨询服务，完善“首问责任制”和“否定报备制”，便利企业快速高效地办理减免税申请手续。

3.外商投资项目

外商投资企业包括中外合资经营、中外合作经营和外商独资经营三类企业，俗称“三资”企业。1979年11月，外贸部转发国务院批准的《关于吸收侨资、外资建设旅游宾馆进口物资征免税问题的通知》，对利用国外资金给予减免关税作出初步规定。为了鼓励华侨、港澳同胞和外国公民到中国内地投资兴办企业，国家先后制定了一系列法律。1984年2月1日和5月1日，杭州海关分别对外公告实施海关总署、财政部和对外经济贸易部下达的《关于中外合作经营企业进出口货物的监管和征免税规定》和《关于中外合资经营企业进出口货物的监管和征免税规定》，明确中外合资、合作经营企业作为外商投资或追加投资进口货物的征免税规定。1989年5月，杭州海关制定实施《对外商投资企业及进出口货物管理操作规程》，对外商投资企业享受免税的物资进行分类，规定不同货物的具体审批程序。

20世纪90年代，浙江省外商投资企业呈蓬勃发展的态势，投资形式越来越多样化。1991年11月，杭州海关根据海关总署对外商投资企业进口装修材料的征免税规定，对外商投资企业进口除投资建设宾馆、饭店、写字楼等以外而用于装修生产厂房、车间（包括与车间不可分割的办公用房）的装修材料可作为建筑材料或基建物资予以免税，对进口用于装修独立建造的办公室以及招待所、职工宿舍休息室等非生产性设施的装修材料则照章征税。同月，杭州海关制定并实施《促进吸引外资工作的十项措施》，内容包括加强政策法规宣传、咨询工作，积极参与外商投资企业可行性论证工作，缩短备案及减免税审批作业时间，提高工作效率等等。

1992年7月25日，海关总署发布实施《中华人民共和国海关对外商投资企业进出口货物监管和征免税办法》。该办法明确了外商投资企业从注册、报关、纳税到后续管理的各个环节，规定在投资总额内进口的机器设备、零部件和其他物料方予免税。同时对在沿海开放城市、经济技术开发区投资的“三资”企业，在其投资额度内进口的企业自用的交通工具、办公用品以及投资的外商和境外技术人员进口的自用合理数量的安家物品和自用小汽车（限1辆）也可免税。政策下达后受到许多外商投资企业的关注，为提高该优惠政策透明度，9月，杭州海关与浙江省对外经济贸易委员会联合举办外商投资企业海关法规宣传座谈会，为杭州市50多家外商投资企业负责人等120余人宣传、解答有关外商投资企业进出口货物监管和征免税政策，收到良好的社会效益。

1993年7月1日起，杭州海关对“三资”企业免税进口的自用物资进行登记手册管理，对每家备案“三资”企业均核发“特定地区、特定企业免税进口自用物资登记手册”一本，手册由企业自行保管，每次到海关办理减免税手续时，均需携此手册，由经办关员将所办免税物资登记入册。手册内设“企业基本情况”“进出口生产设备”“进口交通工具”“办公用品”等栏目。事实证明，手册不仅是企业办理免税手续的凭证，也利于海关在现场减免税作业时及时了解企业物资进口情况，便于投资总额扣减，掌握征免税尺度，提高工作效率。是年，杭州海关根据外商投资企业发展的形势，制定《杭州关区三资企业管理细则》，细则内容详细、全面，促进了当时外商投资企业审批的规范有序。

1993年以后，由于当时国家减免税政策过多、过滥，国家分步对减免税政策作重大调整。是年12月31日，根据海关总署《关于调整进口小汽车关税税率和减免税政策的紧急通知》，杭州海关及时对外发布公告，即自翌年1月1日起，作为企业自用交通工具进口的汽车一律恢复征税，而1993年12月31日前按规定已经有关部门批准并领取有关证明可以享受减免税待遇进口但尚未进口的小汽车，其减免税有效期顺延至1994年3月31日。1994年2月17日，海关总署又发文，明确进口小汽车系小轿车、旅行小客车、越野吉普车、面包车，其中面包车是指9座及以下面包车。因而，此时“三资”企业尚存9座以上面包车和生产用车辆还可以享受免税。6月28日，海关总署为贯彻国务院汽车工业产业政策发文全国海关：“除我国缔结或参加的国际条约和我国政府与其他国家政府协议规定可以享受免税待遇的机构、人员进口的汽车、摩托车以及国际组织和外国政府无偿赠送进口的汽车、摩托车以外，其他任何机构、人员以任何贸易方式进口的汽车、摩托车（包括捐赠进口、旅客携运进境）的税收优惠规定自7月5日起停止执行。”12月30日，杭州海关接海关总署关于贯彻第二步清理关税和进口环节税减免规定的紧急通知，自1995年1月1日起，“三资”企业进口办公用品一律停止减免税。同时规定，自1995年1月1日起，对于电视机、摄像机、录像机、放像机、音响设备、空调器、电冰箱（柜）、洗衣机、照相机、复印机、程控电话交换机、微型计算机、电话机、无线寻呼系统、传真机、电子计算器、打字机及文字处理机、家具、灯具、餐料等20种商品，无论何种贸易方式、任何地区、企业单位还是个人，一律照章征收关税和进口环节增值税、消费税。为此，杭州海关迅速采取措施，一方面对外公告，一方面严格控制突击审批，防止违反原则突击减免税的情况出现。是年12月，到海关申请减免税的大部分是生产型企业，办理必需生产设备及必备办公用品的进口减免税手续，而纯粹进口办公用品的数量零星。1995年底，国务院调整和取消部分外商投资企业税收优惠政策，自翌年4月1日起，对新批准设立的外商投资企业投资总额内进口的设备和原材料，一律按法定税率征税。

1998年1月1日，鉴于当时的国内外形势，国家下发《国务院关于调整进口设备税收政策的通知》，对外商投资政策进行重大调整，即对于1996年4月1日后设立的外资企业，对符合《外商投资产业指导目录》鼓励类和限制乙类，并转让技术的项目，在投资总额内进口的自用设备，除《外商投资项目不予免税的进口商品目录》所列商品外，免征进口关税和增值税。是年，杭州海关为保证关区各关正确、顺利执行该政策，制定《杭州海关对外商投资企业进口货物管理办法》和《杭州海关关于对国家鼓励发展的外资项目进口设备征免税审批办法》，对征免税范围、征免税审批程序、投资总额扣减、进口设备的结转、抵押贷款、总关与下属关的职责分工作了明确的规定，进一步完善了关区减免税审批和后续管理工作。杭、甬海关按规定批准浙江省外商投资企业进口货物的减免税，极大地促进了浙江外商投资企业的发展。

1999 年 11 月，海关总署下发《海关总署关于进一步鼓励外商投资有关进口税收政策的通知》，决定对已设立的鼓励类等五类外商投资企业进行技术改造，在原批准的生产经营范围内，利用自有资金进口国内不能生产或性能不能满足需要的自用设备及其配套的技术、配件、备件，可按照《国务院关于调整进口设备税收政策的通知》的规定免征进口关税和进口环节税，该政策的实施进一步扩大了对外商投资企业的进口税收优惠。

2001 年，由于进口的减免税设备有 5 年的海关监管年限，为防止企业由于法律意识淡薄而造成违反海关规定的情事发生，杭州海关下属温州海关尝试推行对监管年限内的减免税设备加贴海关标识的管理措施，以提醒企业遵守海关规定，不得擅自处置减免税设备。2004 年，面对杭州严峻的缺电形势，为保证企业生产的正常进行，杭州海关采取有力措施，加强减免税政策宣传力度，加快减免税审批速度，仅上半年就为 119 家外商投资企业审批进口免税发电机 163 台，减免关税和进口环节税 3674.3 万元，有效地缓解了外商投资企业用电紧张的状况。2005 年，杭州海关对原“减免税审批手续告知书”进行了部分修改，制发“减免税进口设备企业须知”。2006 年，杭州海关发布《杭州海关重大减免税项目前伸服务机制实施指导意见》，进一步加大对重大项目的支持力度。浙江省境内有不少国家重点项目，如天台桐柏抽水蓄能发电项目，为国际金融组织 2.24 亿美元贷款的项目，项下进口的设备具有批次多、交货急、商品各异的特点。为此，杭州海关实施重点跟踪服务机制，采取措施确保该项目进口免税设备及时安装到位。在项目运行期间，杭州海关共为该项目审批减免税 2.29 亿元，为顺利建成该水力发电项目起到了重要的作用。

2007 年，海关总署、国家发改委、财政部、商务部发布《关于针对海关在执行相关进口税收优惠政策适用问题的公告》规定，1996 年 4 月 1 日以前批准的外商投资项目(俗称“老三资”项目)，须于 2010 年 12 月 31 日前向海关申请办理项目项下进口自用设备的减免税审批手续，逾期则海关不再受理。为此，2010 年，中外合资企业等“老三资”项目的减免税申请数量同比大幅增长，杭州海关及时进行政策宣传，为通用电器能源(杭州)有限公司等“老三资”项目办理了相应的手续。是年，该类“征免税证明”数同比增长 18 倍。

2009 年 1 月 1 日，为配合实施增值税转型，对国内鼓励发展的外资项目项下进口的自用设备及配套件、备件，恢复征收进口环节税，继续免征关税。是年，杭州海关的外资鼓励项目急剧减少。

外商投资项目税收优惠政策实施以后，杭州海关和宁波海关严格依法审批，同时加强与省政府有关审批部门和行业主管部门的联系配合，不定期商讨对“产业条目”的理解，确保国家重大减免税政策落到实处。据统计，从 1998—2010 年，杭州海关对外商投资企业进口物资予以减免税额达 229.51 亿元。宁波海关致力于大力支持地方经济，针对宁波地区外资项目多、大项目多的特点，为外资项目做好减免税审批工作。1998—2010 年，宁波海关共为外商投资企业进口物资减免税额 109.90 亿元。

（三）临时减免

除法定、特定减免税以外，针对个别项目、个别企事业单位、个别产品、个别专项资金的减免关税属临时减免，由海关总署单独或会同财政部按照国务院的规定审批，通知地方海关执行。1986 年 3 月，财政部会同海关总署，考虑到浙江省的实际困难，对该省向国外租买的 2 架小型客机特案给予减半征收关税、产品税，由杭州海关负责办理具体减免手续。1989 年，国务院批准海关总署会同财政部《关于审批临时减免税若干问题的请示》，对临时减免问题作了比较明确的规定，即受理范围限于：从某些国家进口的货物，由于政治性照顾或其他特殊原因，成本较高，经营单位亏损较多的；专门用于救灾的进口物资；与境外单位科研合作项目中，对方无偿提供的专用车辆、仪器、设备、化学试剂等；其他需要给予减免税的特殊情况。临时减免实行一事一批，当年实施；如跨年度，从批准之日起半年内有效。对进口小轿车、旅行车、家用电器、烟、酒、饮料等，原则上不再批准临时减免。杭州海关对符合政策的临时减免申请，均经过详细的调查了解，严格审查，集中报总关主管关长审批，然后转报海关总署批准。

1991 年，杭嘉湖地区遭受严重洪涝灾害，当地群众生命、财产损失巨大，急需进口部分物资用于救灾和恢复生产。杭州海关及时深入灾区调查摸底，将受灾情况及当地政府减免进口税的要求转报海关总署。海关总署批准嘉兴市提出进口物资减免税申请：柴油 10000 吨准予免税；木材 5000 立方米，减半征收关税和产品税；腈纶 1000 吨关税减按 6%、聚丙烯 500 吨关税减按 12%及聚酯切片 500 吨关税减按 4%，产品税均减按 0%计征。对湖州市提出的进口的线材、己内酰胺和聚酯切片也给予减税。

宁波海关的临时减免税也较多。改革开放以后，特别是宁波被国家确定为重点开发地区和北仑港大规模开发开放后，从宁波口岸进口货物并要求关税临时减免的单位越来越多，范围也较广。对此，宁波海关严格按有关规定和有关程序，逐项上报上级海关和海关总署，办理关税临时减免。宁波关区临时减免的主要货物有原油、化肥、通信器材、技改设备等。

1993 年 7 月，海关总署贯彻中共中央、国务院关于“临时性、困难性的减免税一律暂停审批”的指示，发布《关于暂停审批临时减免税的紧急通知》。杭州海关和宁波海关执行海关总署的要求，即停止受理报批有关临时减免税的申请。

表 67-5-4-1　　1998—2010 年杭州海关审批减免税额一览表

单位：亿元

年份	金额	年份	金额	年份	金额	年份	金额
1998	13.4	2002	48.5	2006	47.8	2010	14.5
1999	24.8	2003	60.6	2007	56.7		
2000	32.9	2004	63.4	2008	46.2		
2001	45.2	2005	46.4	2009	13.2		

资料来源：根据杭州海关历年业务统计数据整理。

表 67-5-4-2　　1983—2010 年宁波海关审批减免税额一览表

单位：万元

年份	金额	年份	金额	年份	金额	年份	金额
1983	71	1990	6413	1997	56300	2004	334124
1984	58	1991	17158	1998	92290	2005	298580
1985	6342	1992	44872	1999	66016	2006	250523
1986	1678	1993	159403	2000	111885	2007	153739
1987	1820	1994	201816	2001	134663	2008	136326
1988	1443	1995	232838	2002	166299	2009	63206
1989	1819	1996	244695	2003	247293	2010	88488

资料来源：根据宁波海关历年业务统计数据整理。

第六章　查缉走私

走私是违反国家规定，非法运输、携带、邮递货物和物品进出境，逃避海关监管，以达到牟取暴利或其他目的的违法行为。查缉走私是海关的主要职能之一，是海关监管和征税工作的继续和延伸。

浙江省地处东南沿海，海岸线曲折漫长，海岛、港湾众多。自古以来，海上走私时有发生。为查缉走私，历代均有不同规定。宋《元丰市舶条》规定，进出口商舶须持“公凭”进港或出洋，“违者没入其宝货”①。《大明律》卷十五《兵律・关律》载：“凡将牛马、军需铁货、铜钱、缎匹、丝绢、丝绵私出外境贸卖及下海者，杖一百”“挑担驮载之人减一等，货船车并入官”。明代实行勘合贸易时期，走私尤为猖獗，其特点为内外勾结，国外以日本人为主，兼有葡萄牙人，占浙江沿海岛屿为据点，形成多个集团进行武装走私。清顺治十三年(1656 年)朝廷下令“禁海”：严禁商民下海交易，犯禁的不论官民，一律处斩，货物入官；犯人家产，全部赏给告发人；地方官员一律革职，从重治罪。康熙二十二年(1683 年)平定台湾后，逐渐松弛海禁，设置海关，开展对外贸易，但为防止金、银、铜外流日本，实行贸易限额管制。

道光二十年(1840 年)鸦片战争后，西方列强依据不平等条约，将鸦片作为“洋药”公开合法倾销。外国商行还连年在浙江各口岸走私出口茶叶、食盐、石膏、锡、铜等物资，众多外国商船长期集结在温州港状元桥一带走私温州土特产品。清末实行“值百抽五”的税率，走私者获利甚微，只有个别商号、民船和旅客贪图小利，进行偷税、漏税走私。

民国 18 年(1929 年)后，进口税则频经修改，税率增高，走私案件日益增多，私货以紧俏的人造丝、糖品为主。为此，杭州关税务司经调查上报杭州湾地区之走私形势，得到总税务司重视，缉私力量逐渐得到加强。民国 20 年(1931 年)“九一八”事变后，日本浪人自长城关口、辽东、胶东半岛和台湾等地大量走私日货入境。民国 23 年 6 月 19 日，国民政府公布实行《海关缉私条例》。民国 24 年，大型巡缉舰“海清”号、“海绥”号入浙海关服役。民国 37 年 3 月 11 日，国民政府制颁《惩治走私条例》。浙海关、瓯海关和杭州关据此开展陆上、海上查缉走私。

中华人民共和国成立后，浙江沿海有零星走私活动存在。1951 年 4 月 18 日，中央人民政府公布《中华人民共和国暂行海关法》(以下简称《暂行海关法》)，对走私行为、走私罪及其处理作出法律规定。1979 年后，随着改革开放和国内经济建设的全面展开，浙江沿海出现过数次较大规模的走私贩私活动。浙江省各海关在当地政府的支持下，会同公安、工商等部门进

---

① 《宋史》卷一百八十六《食货下》。

行联合查缉，取得重大成果。1999年，根据国务院和海关总署的统一部署，杭州海关、宁波海关①组建缉私警察队伍，加强查缉走私犯罪的组织和力量。

浙江省各海关在查缉走私斗争中，贯彻执行查私工作的基本方针，依靠各级党委政府领导，联系配合有关部门，根据不同时期的走私状况和特点，采取有力措施，加大查缉力度，把口岸查私同海上、内陆查私相结合，将专门机关反走私斗争与群众反走私斗争相结合，集中力量打击重大走私活动，严厉查处大案、要案。

第一节 查私体制

古代对海上和陆上的查私并非由市舶司负责，市舶司使之职往往由地方郡守、知州、知府、道台或沿海制置使、兵备道等兼任，他们有权调动官兵到海上或陆上查缉，其性质类似联合查缉。因此，当时查缉走私，是市舶司依靠宁绍台兵备道的水军联合进行。

清咸丰十一年(1861年)，浙海关(新关)设立，仅负责宁波口岸的缉私，浙江沿海口岸查缉走私仍由浙海常关各分关及分卡负责。光绪二十七年(1901年)，50里内常关及分卡划归浙海关(新关)，浙海关(新关)除负责查缉江船外，同时承担陆上关卡缉查。

民国时期，国民政府为打击走私，颁布海上查缉洋船走私条例，规定海上缉私界程，武装缉私船舰，允许向武力反抗的走私者开枪。浙江省政府据此成立浙江外海水上警察厅，设两浙缉私总部(后改为缉私局)，划定浙江海上缉私区域界线，开展查缉走私。民国20年(1931年)“九一八”事变爆发后，国民政府严格对外贸易管制，限制土特产品出口，对资敌物资实行禁运。国民政府颁布《海关缉私条例》，并装备浙海关2艘巡缉舰，杭州关在杭州城站火车站设立“防止陆运走私稽查处”，加强海陆查缉。

民国26年(1937年)“七七”事变后，抗日战争全面爆发，日军入侵浙江，国民政府将浙江仅有的2艘缉私舰载石沉入甬江，以阻止日军进犯宁波。杭州、宁波等地沦陷后，汪伪国民政府“杭州关转口税局”和“海关转口税宁波征收所”先后成立。日本船只及日本浪人和日伪控制的厂商勾结“国统区”不法商人，买通腐败官员，继续在国统区与沦陷区之间进行走私活动，特别是宁波、绍兴地区大批走私棉花和黄岩、温岭、镇海等地不法商人通过海路向沦陷区走私活动十分突出。国民政府在浙江设立缉私处和税警部队进行缉私。民国34年抗日战争胜利后，国民政府颁布《惩治走私条例》，加强打击走私。

1951年，中华人民共和国政务院下达《关于关税政策与海关工作的决定》，规定边境实施严格管理，海关缉私工作以口岸为主，沿边、沿海查私工作改由边防部队和公安部门负责。据此规定，1952年1月，浙江省各口岸查缉走私任务由各边防公安机关接收。6月，浙江省公安厅边防保卫局与浙江军区步兵第一〇五师合编为中国人民解放军公安第十七师。11月1日起，由公安部门接收浙江沿海缉私任务。上海海关温州支关遂将温州、台州沿海一带的查

① 以下杭州海关、宁波海关分别记述时用全称，两关合记时简称杭、甬海关。

私工作移交公安边防部队接管。

1974 年，最高人民法院、对外贸易部、财政部、公安部、商业部、解放军总参谋部发布《关于在反走私斗争中加强联系配合的指示》，重申各部门在联合查私中的分工：海关负责口岸现场查私，公安部门注意发现走私线索和负责侦办重大走私案件，税务部门负责内地查私工作，工商部门负责市场管理，海防边防部队负责堵截偷渡越境走私活动，法院负责审理走私案件。温州、宁波和杭州三海关成立后，于 1978 年 6 月、1978 年 8 月、1980 年 10 月设立查私科，按规定和要求，开展口岸缉私工作。由于当时特定的国际、国内历史条件和环境，浙江境内走私特别是海上走私发生较少。

1979 年后，随着改革开放和国内经济建设的全面展开，浙江沿海和内陆地区出现中华人民共和国成立以来持续时间较长、规模较大的走私浪潮。1982 年，国务院规定，沿海查私由边防、公安部门承担，海关在设关地区进行查缉，路上查缉和查禁私货市场以工商为主，公安、税务、海关予以配合。1984 年前后，国务院先后 4 次召开东南沿海三省（广东、福建、浙江）打击走私工作会议，明确提出打击走私是一项重要、长期和复杂的工作。要求各省政府组织公安、工商、税务、渔政等部门，与海关联合开展打击陆上和海上走私行动。海关作为反走私的主管部门，将查缉走私列为工作重点，恢复在沿边、沿海非设关地的缉私工作，陆续在沿边、沿海的海关重建海上缉私船队和陆上缉私队。杭州海关及所属宁波、温州海关陆续配置缉私船艇，开展海上查缉。

1993 年，国务院召开全国打击走私工作会议，规定海上缉私由海关和公安边防部门负责；打击贩私、整顿市场以工商为主，公安、税务、烟草等部门配合；口岸缉私由海关负责。银行和外汇管理部门把好贷款审批关和外汇支付关，防止贷款用于走私。

1998 年 7 月，国务院召开的全国打击走私工作会议进一步明确对缉私体制进行改革，实行“联合缉私、统一处理、综合治理”的缉私新体制，组建国家缉私警察队伍，专司打击走私犯罪活动；建立以海关为主，公安、工商等执法部门联合缉私，对查获的走私案件由海关统一处理的制度。杭、甬海关贯彻执行。此前，浙江省走私犯罪案件由地方公安机关负责侦查。1998 年 11 月 7 日，根据《国务院关于缉私警察队伍设置方案的批复》，制定组建缉私警察队伍的管理体制。1999 年 1 月 22 日、2 月 12 日，杭州海关、宁波海关走私犯罪侦查分局相继成立，负责走私犯罪案件侦办工作。

2000 年 7 月 8 日，修订后的《中华人民共和国海关法》规定国家在海关设立专门侦查走私犯罪的公安机构，配备专职缉私警察，履行侦查、拘留、执行逮捕、预审职责。12 月，杭州海关调查处、宁波海关调查处均升格为调查局，履行关区风险管理、企业管理、稽查、调查及在调查稽查过程中行使查处案件的审理和反走私社会综合治理的管理职能。2001 年 12 月、2002 年 1 月，杭州海关、宁波海关走私犯罪侦查分局分别列入浙江省公安厅机构序列，称浙江省公安厅杭州、宁波走私犯罪侦查局。2002 年 5 月，海关总署决定将各直属海关调查局海上缉私职能划归各直属海关走私犯罪侦查分局，杭、甬海关遵照执行。2003 年 1 月，杭州海关、宁波海关走私犯罪侦查分局改称为杭州海关、宁波海关缉私局，所属各走私犯罪侦查支局统一更名为缉私分局。2005 年 4 月，根据海关总署的统一部署，杭州海关、宁波海关调查局相关查私办案处(室)和职能划归缉私局,两关调查局随之撤销。至2010年,仍持续此海关查私体制。

第二节 缉私区域

缉私区域是海关查缉走私的地域范围。一般包括口岸港口及海关监管区、陆路和沿海地区。浙江省各海关缉私区域一般划定为各自相对应的行政管辖区域。

一、浙海关和杭州关缉私区域

清康熙二十四年(1685年)宁波设立浙海关,当时称浙海钞关。咸丰十一年(1861年),浙海关(新关)成立,缉私海域南经台州至温州平阳口,北至浙西(北)乍浦和澉浦二口,南北相距长达1600余里。

咸丰十一年(1861年)四月,浙海关(新关)颁布《宁波口各国商船进出口起下货物完纳税钞章程》,规定,行至招宝山正顶与金鸡山对径之界,此即为进宁波口。宁波港泊船起下货物之所,自外国坟地至浮桥(新江桥)并盐仓门为界,是为浙海关(新关)最早的监管与查私区域。

光绪二十二年(1896年)八月,杭州关设立。初期,缉私区域主要在大运河上,具体界程为大运河之长公桥至拱宸桥之北面。民国3年(1914年)9月21日,总税务司划定杭州关查私区域为:杭州属区(余杭地域),嘉兴属区(塘栖、石门、石门湾、桐乡、长安、硖石、王店、嘉兴、乌镇、海宁、平湖、乍浦、嘉善、枫泾、平望、黎里、盛泽、霞泽、南浔等地域),湖州属区(德清、新市、菱湖、湖州地域)。

民国7年(1918年)6月26日,浙海关颁布《宁波理船章程》,规定:自宁波盐仓门起讫镇海止,悉为本埠管辖港口。民国18年,国民政府划分海上缉私区域。浙江近海地处在第二缉私区域内,区域界线自山东青岛起至浙江三门湾止,包括扬子江口和杭州湾。浙海关(新关)在该海上区域查缉走私。民国19年3月,国民政府令将浙海关监督公署原辖50里外常关分口及所属旁口分卡,全部划归浙海关税务司管辖,使税务司辖区大为扩大,其缉私区域也随即扩大。民国20年6月,奉令撤销上述50里外各常关分关和所属旁口分卡。唯宁大关改为江东分卡,监视、查缉水陆两路。是年,中国参照各国成规之学说,规定海关海上缉私界程为12海里,即自中国海岸线(包括属岛在内)潮落点起12海里之内,海关有施行缉私之权。如船只在此界线以内,经海关巡船发布信号令其停轮候检,倘不遵照停驶及有其他违反关章情形,海关有权追入公海以捕之,即为连续追缉权。

全面抗日战争初期,不法商人从上海进口的禁运私货,经轮船海运到象山石浦,再转至向岩下,然后拆装,由陆路雇人挑运到象山县的西周,过象山港至翔鹤潭,再陆路挑运到鄞县横溪。因此,陆路查缉日显重要。浙海关除了在翔鹤潭、石浦等设置海关分卡以外,还商请地方当局和军队、警察一起协助,在陆路上协同缉私。为了查缉海上走私需要,浙海关后又在沿海扼要之陆地余姚庵东镇、绍兴东埠头等地重新建立分卡,进行征税和缉查私货。

二、杭州海关缉私区域

杭州海关1979年建关初期，其监管查私区域主要在机场，以后随着业务范围扩展，查私区域逐渐扩大到杭州、湖州地区。1982年全国海关查私工作会议中提出关于加强重点海关缉私力量和划定海上缉私区域，其中浙江沿海只是明确温州海关主要在瓯江口内执行缉私任务。

1984年6月，杭州海关调整为厅局级直属机构后，查私区域为浙江省行政区划所属陆域、海域。11月，东南沿海三省第四次打击走私工作会议明确，海关主要是在监管场所和设关地附近的沿海沿边地区以及其他有海关业务的场所缉私，在这些地方查获的走私案件和发现的线索中与内地有联系的，可以到内地会同或联系有关部门进一步追缉。

1987年7月3日，具体划定杭州海关海上和内陆查私区域。海上：霞关到椒江，象山至宁波，舟山本岛周围沿海海域；陆地：杭州、宁波、温州、舟山4个市及其他地、市有海关监管业务的场所。监管业务场所包括：集装箱装卸地点、外商投资企业、承接"三来一补"和进料加工业务的工厂，存放保税、未结关进出口货物及物品的场所等。

1988年10月19日，杭州海关将浙江省各海关缉私区域进行划分：

(1)杭州海关直属缉私区域：杭州市及所属萧山市、桐庐县、富阳县、余杭县、建德县、淳安县、临安县，嘉兴市及所属嘉善县、平湖县、海盐县、桐乡县、海宁市，湖州市及所属德清县、长兴县、安吉县，绍兴市及所属绍兴县、上虞县、嵊县、新昌县、诸暨县，金华市及所属金华县、永康县、武义县、东阳县、磐安县、义乌县、浦江县、兰溪市，衢州市及所属衢县、龙游县、常山县、江山县、开化县。

(2)宁波海关所辖缉私区域：宁波市及所属慈溪县、奉化县、象山县(石浦)、宁海县、鄞县、余姚市，台州地区及所属仙居县、天台县、三门县、黄岩县、临海市。

(3)温州海关所辖缉私区域：温州市及所属瓯海县、洞头县(北岙)、乐清县、永嘉县、平阳县(鳌江)、苍南县、文成县、泰顺县、瑞安市，台州地区及所属温岭县(松门)、玉环县、椒江市，丽水市及所属青田县、云和县、龙泉县、庆元县、缙云县、遂昌县、松阳县、景宁畲族自治县。

(4)舟山海关所辖缉私区域：舟山市(沈家门)、岱山县、嵊泗县。

之后，浙江省各地海关陆续建立，其缉私区域有所调整，一般为各关业务管辖区域及范围。

1995年1月1日，宁波海关升格为副厅局级直属海关机构，杭州海关查私区域为浙江省行政区域内除宁波关区业务区域的其他所有陆域、海域。

三、宁波海关缉私区域

1978年9月，宁波海关开关之初，查私区域为宁波港务三区及一些仓库。1982年扩大到港务一区仓库、倪家堰外贸中转仓库。之后，其监管查私区域逐步扩大，包括宁波、舟山及台州(其中玉环除外)3个地区。

1981年5月，宁波海关沈家门监管站成立，对进出舟山沈家门港的货物、船舶进行监管，沈家门外贸码头、仓库及老塘山码头，列为宁波海关查私区域，直至1988年4月，沈家门监管站撤销。1988年，宁波海关进一步明确其查私区域为宁波市区港务局一区、三区码头及库场，镇海、北仑一期港区码头及库场，金塘、七里、北仑锚地，设有海关机构的机场及其他海关监管业务场所。

1988年、1990年舟山海关和海门海关分别设立后，宁波海关对舟山及台州地区的监管、查私权随之移交舟山、海门海关，此后查私区域变更为宁波市行政区域及其海域。

1990年9月，宁波市外运公司栎社国际机场空运仓库，被批准为海关监管仓库，即列为宁波海关监管、查私区域。1996年9月，北仑二期集装箱码头及港区被批准为海关监管区，即列为查私区域。

2010年9月27日，宁波梅山保税港区现场正式对外开办海关业务，宁波海关明确，为保障海关各项业务的正常运作，该区域内发生的走私犯罪案件和走私违规等行政违法案件（简称缉私业务）由宁波海关管辖。

第三节　查缉走私与违规

浙海关（新关）、瓯海关和杭州关成立后，负责港口、陆上和沿海缉查私货贩运，当时主要是鸦片，后又扩大到人造丝、砂糖、部分工业品等禁运或高关税的商品。20世纪70年代末到80年代初，浙江地区走私入境的私货，主要是电视机、收录音机、手表、尼龙服装、尼龙伞、尼龙布、汽车零件等，走私出境的则是黄金、美元、贵重中药材、土产、名人字画、古董、珠宝等。入境私货主要来自中国香港、台湾等地。浙江省各海关，积极开展陆上、海上、行邮、贸易等渠道的查缉走私工作。20世纪80—90年代，浙江省杭州海关所属宁波、温州、舟山、海门等沿海海关开展了以打击走私香烟为主的海上查私，取得重大成果，无论是案件数还是案值，都在全国海关排名前列。2007—2010年，杭、甬海关连续在旅检和邮检渠道查获走私毒品，有效履行海关查缉走私、打击犯罪职能。

一、陆上查缉

清咸丰十一年（1861年）浙海关（新关）成立之初，只负责宁波口岸缉私事务。而其他各分关、分卡缉私事务仍由浙海常关管辖，同时还兼辖全省常关，负责陆上查缉。除征税外，负责缉查私货贩运，当时主要是鸦片。

民国20年（1931年）12月6日，杭州关在杭州火车站查扣来自温州的走私人造丝726千克。同时在杭州长途汽车站查扣走私人造丝308千克。杭州市公安局还协助海关缉获走私人造丝12箱，共1061.42千克。民国23年2月18日，杭州关驻邮局关员查获鸦片22.6千克。民国24年2月间，杭州关据眼线密报，福建人江某从香港偷运白糖940袋，由新埠头转运销售于绍兴城内坤泰等南货行，遂予查获。杭州关对上述走私人处以罚金4683.90元，货物发还原主。3月，总税务司派超等二级帮办等3人，前往杭州湾沿岸有关城镇和港口调查走私与货物进出情况，先后历时24天。了解到曹娥江和新埠头为私货起岸地，新埠头是走私糖从海上运往绍兴的最佳地点。10月，据密报，有人偷运人造丝168包，从温州海岸经丽水、永康、金华运抵杭州，私货藏匿于食品罐头箱内，遂予查获。12月6日，杭州关税务司刘丙彝向总税务司汇报杭州关缉私情况，称当时杭州地区走私主要为日本浪人勾结不法商人走私人造丝和砂糖进口。走私路线一是从温州沿海登陆，经丽水、金华至杭州；二是在宁波、舟山登陆，经海门、临海到本埠；三是用钓船从杭州湾直接登陆杭州地区。此外有少数藏在木船、汽车、火车或旅客行李中及邮寄到杭州。杭州关人手少，外勤稽查员仅3名，主要是依靠铁路、公路、轮运、公安等机构协助，同时根据密报进行缉私工作。民国25年2月12日，杭州关在绍兴县下方桥内河一艘大乌篷船内，缉获杭州沈庆记绸庄沈某走私日本天桥牌人造丝47麻袋，计2041.72千克，案值1039.55元(海关金单位)，偷逃关税2695.07元(海关金单位)。

民国25年(1936年)5月8日，国民政府鉴于华北走私情形日益严峻，经行政院核准，制定海关防止路运走私办法。总税务司署设立海关防止路运走私总稽查处，沪杭铁路沿线的杭、苏、沪等口岸海关设立防止路运走私稽查处。6月3日，杭州关监督与杭州关税务司会签布告：根据海关防止路运走私总稽查处规定，凡由铁路运输之洋货(计20类26种商品)，必须领有海关所发的完税凭证，否则路局拒绝承运。按照上述规定，杭州关在闸口火车站设立办事部门，派驻关员检查旅客行李，或随车执行缉私职务。民国25年1月10日至民国26年11月11日，杭州关在2年中共查缉走私案件57起，走私物品有干蚕茧、人造丝与交织品、胶底帆布鞋、砂糖、大米、黄豆、绿豆、生猪、苹果、草药等商品，其中，以人造丝与丝织物走私数量和案值为最大。民国31年，浙江省成立缉私处，隶属于国民政府财政部缉私署，在永嘉、平阳、临海、宁波以及建德、丽水、龙游、桐庐等县设立8个缉私所，下设分所，并驻扎2个税警团。

民国32年(1943年)9月至民国34年9月，在伪"杭州关转口税局"期间，其所谓查缉走私的主要任务是配合汪伪政权对"国统区"和中共抗日根据地进行经济封锁。对粮食、布匹、化工品、工业油脂、猪油、肥皂、火柴、煤、烟草、橡胶、五金电器、电讯器材、皮革、纸张等物资实施统制管理，对私运上述物资人员，"以资敌罪处置"。

民国36年(1947年)12月12日，国民政府重申关于海关单独执行货运查缉事权，取缔各地联合检查机关。民国37年1月，国民政府颁布《惩治走私条例》。其时，浙江省由改组的江海关宁波、温州分关执行查缉走私任务。

20世纪70年代，浙江地区走私活动呈零星状态，走私入境的私货主要是电视机、收录音机、手表、尼龙服装、尼龙布等，走私出境的则是黄金、美元、贵重中药材、土产、名人字画、古董、珠宝等。浙江各海关成立后相继开展查缉工作。

1980年，浙江省出现较大规模的以贩卖私货为主要形式的走私贩私活动。开始主要是闽粤两省及舟山渔民从海上运送私货来浙江贩卖，后来则以温州、台州等地人员为主，通过陆上途径向浙江内地贩运私货。走私物品主要为境内外差价大的商品，如手表、黄金、收录机、银圆等。1981年，杭州海关共查获内陆走私购私案(包括其他单位移交案件)共1049起，私货案值28.58万元。1982年8月，杭州海关破获杭州市某文物商店512方古砚偷盖火漆印走私案。此外，该店还偷盖备用火漆印票签、胶布330只，以备走私。1983年7月7日，杭州海关查获鸦片走私案1起，计鸦片500克。翌年，杭州海关连续处理在列车上查到的白银贩私案2起，查扣走私贩私白银11660克。1980—1983年，宁波海关查获走私手表6532只、录音机215台、录音磁带1313盒、尼龙布1139米、汽车3辆、银圆568枚、黄金797.95克、玉器2726件及一批计算器、电视机、冰箱等。

20世纪80年代中期，浙江省进出口货运渠道走私开始明显增多，特别是利用“三来一补”等新的贸易渠道进行走私成为走私活动的主要形式，同时企事业单位等法人走私也日益严重。1985年11月，杭州海关查封南昌某交电站向杭州市某工业公司销售台湾产艾美牌20英寸彩电300台。经查，该批彩电是福建省某贸易公司于1985年1月以所谓“对台贸易”方式走私进口。同年，宁波海关查获万元以上案件24起，企事业单位就占21起。1987年5月21日，宁波海关会同宁波市公安局破获1起贩毒案，查获鸦片3400克，抓获案犯8人。20世纪80年代末期，海关查获的走私案件中伪报货名、无证闯关、擅自出售保税货物、伪报贸易性质等方式不断增多，案值大幅上升。1989年3月21日，杭州海关查获浙江省某中医院以捐赠名义免税进口“CT”机(计算机X线断层摄影机)走私案，案值9.2万美元。是年，宁波海关查获施某伪报闯关走私尼龙布9万余米，案值60万元。

20世纪90年代以后，随着国家改革开放形势的不断发展，流通领域的管理逐步放开，除受国家管制的特定商品及毒品、枪支、刀具外，其他商品均可正常流通。海关把内陆查缉走私的重点放在毒品和其他管制物品上。1990年2月，杭州海关和昆明海关联合查获陈某等6人团伙走私毒品海洛因950克，创造了海关系统长距离跨关区协作查获毒品案件的成功范例。1991年12月5日，温州海关在温州市福建停车场查获装有从台湾基隆市通过海上走私偷运至福鼎再转运到温州的各类走私进口服装123箱，案值100余万元。1996年5月8日，海门海关根据情报与当地公安部门密切配合，抓获2名贩毒分子，缴获海洛因(纯度55.93%)249.381克。1998年11月24日，温州海关与温州市公安局鹿城分局干警联合办案，在平阳鳌江查获1起特大贩毒案，抓获毒贩杨某等2人，缴获海洛因1015克。

1999年，杭州海关开展反走私联合行动和专项斗争，海陆并举，重点加强对陆上走私成品油、化工原料的查缉，查扣化工原料1170吨、胶合板2000立方米、丰田摩托车288辆。翌年，杭州海关在有关执法单位的协助下，继续对内陆运输渠道走私实行严厉打击，重点是卷烟、毒品和易制毒化学品。

2001年9月7日，温州海关查获某公司报关出口24万余件摩托车配件侵犯HONDA、NGK、BOSCH、CHAMPION、NTN等商标权案。该案件是杭州海关查获的首起知识产权侵权案件。2002年12月26日，温州海关在从喀麦隆进口的废铝集装箱货柜最底层，查获未经申报的象牙及象牙制品，有完整象牙7条，其他象牙制品85件，案值206.79万元。2004年，杭州海关缉私局成功侦破“11·1”特大走私古生物化石案，共查获古化石2925件，其中国家三级文物以上化石662件。2005年11月23日，中共中央政治局委员、国务院副总理吴仪视察杭州海关时，对杭州海关成功侦破该案表示肯定和赞赏。

2007年6月20日，在南非警方协助下，金华海关缉私分局成功破获“666”特大跨国走私安眠酮(又名甲喹酮)案，查获吴某等4人藏匿出口的250万片重达3.8吨的安眠酮。该案是当时全国海关查获的最大宗走私毒品安眠酮案。是年1月1日，国家对进口奢侈品的关税税率进行调整，高档消费品境内外差价进一步拉大，使得走私的利润空间随之增大，刺激国内不法分子的犯罪动机。12月12日，杭州海关侦破海关总署缉私局挂牌督办的中国海关当时最大一起名表走私案，查获朱某、秦某、孙某等人利用粤港直通车夹带藏匿走私进境的各类名表共计3.5万只，偷逃税款4000余万元。

图 67-6-3-1　杭州海关查获的走私名表（2007年摄，杭州海关提供）

2007年，杭州海关组织为期5个月的打击废金属等废物走私专项活动，共立刑事案件5起，案值7385万元，涉税872万元。2008年6月23日，温州海关缉私分局查获杭州关区首起燕窝走私案：2003—2008年期间，温州市某海洋食品有限公司与香港燕窝供货商勾结，采取委托“包税”进口的形式，通过“水客”团伙携带燕窝从深圳口岸偷运走私进口，在温州加工生产后销售，牟取暴利，案值4745万元，偷逃税款1500万元。

二、海上查缉

宋代对海外贸易船只走私缉查颇为严格。太平兴国元年（976年）下令，“敢与番客货易，计其值，满一百文以上量科其罪；过十五千以上黥面配海岛，过此数者，押送赴阙，妇人人犯者，配充针工”①。淳化五年（994年）进一步重申，并增添了“四贯以上徒一年，递加二十贯以上黥面配本地充役兵”②等条目。对于发港不经市舶司检验持凭下海者，回舶不经市舶司抽分者，以及隐瞒违禁物品者，许诸司告捉，并没收其全部货物。犯者判刑，保人连坐。

宁波港在古代不仅是高丽、日本，也是东南亚各国贸易的重要港口。由于海外客商往往是该国贵族，所以他们有时将私人携带物品以进奉名义，直接带至京城，企图逃避税收。此外，当地地方官员、市舶司监官等，也往往利用职权低价收购海外客商带来的如珍珠、犀角、象牙、香药等贵重和违禁物品，或出资让出海贸易的商人收购、交换国外土特产，待商人带回国，偷税出售以获利。为杜绝这一弊端，至道元年（995年），朝廷下诏严禁各地官员私自与国外商人贸易，或通过出海商人到国外贸易，犯者置以重法，但屡禁屡犯。如天禧元年（1017年），大食国（今阿拉伯国家）商人麻思利，企图把珍珠以进贡为名，逃避明州市舶司抽解，就是当时的典型案例。

元代，针对“权豪势要之家，兴贩船舶，不依例抽分，持势隐瞒作弊”等现象，规定“私下隐

①② 《宋会要辑稿》第八十六册《职官四四》。

藏不与抽分”“不拣是谁首告出来，那钱物都断没”①。至元三十年（1293年），朝廷下诏严禁行省、行泉府司、市舶司等官吏交通舶商，以私钱进行贸易，偷漏关税。

明洪武二年（1369年）至万历十六年（1588年）近200年间，浙江沿海倭寇侵扰为患。在此期间，走私商人经常活动于乍浦、定海一带，勾结倭寇买通贪官污吏，运销违禁物品，大肆进行海上走私。虽经几载围剿严打，未能禁绝。宣德八年（1433年），朝廷下令官员和军人，不得私造海船，下海进行海外贸易。当时海上缉私，市舶司主要依靠宁绍台兵备道的水军联合进行。嘉靖十三年（1534年），在浙江温岭海外松门岛缉获走私船达50余艘。嘉靖二十七年，浙江巡抚朱纨率大军捣毁倭寇走私的大本营双屿岛。

清顺治十二年（1655年）开始严禁商民下海与外商交易。犯禁的不论官民一律处斩，货物入官，犯人家产全部赏给告发人，地方文武官员一律革职，从重治罪。地方保甲，不先告发一律处死。后又下禁令“片板不许下水，粒货不许越疆”②。法禁严厉，海上走私方始绝迹。康熙二十二年（1683年）平定台湾后，弛海禁，才准沿海百姓“以装载五百石以下船只，往海上贸易、捕鱼”③。次年，逐步废止海禁，定杭州为商品出洋主要港口之一。出洋贸易者，须呈明地方官，登记姓名，取保具结，发给执照，将船身烙号刊名，令守口官弁查验，方准其出洋贸易。自康熙二十四年宁波设立浙海关至康熙三十四年，浙海关已有哨船20艘，以备巡视缉查各关口之用。同治三年（1864年），浙海关巡船在浙东沿海巡逻中，曾缉获往不通商口岸走私的外国货船“印第安”号、“美丽”号等，并给予罚款处分。

光绪二十二年（1896年）八月杭州关设立至民国20年（1931年）期间，杭州关因处内陆，其海上区域，无论走私物品数量、规模，还是缉私任务均较少。

民国20—26年（1931—1937年），日本浪人组成的走私集团勾结国内不法商人，进行疯狂走私。其走私方式是由国内不法商人放驶帆船直接到朝鲜及中国大连、台湾等日货走私基地装运走私物品至浙江沿海，再用钓船转驳驶入浙江内河。后因先后破获乍浦、长河头、绍兴、咸祥、大嵩、沈师桥、长涂等地走私日货案多起，没收私货，严惩人犯，走私势头一度稍有抑制。然日本、朝鲜浪人，因私货大量呆滞，利益严重受损，逐渐发展为武装走私。民国26—33年，由于日军封锁中国沿海，走私船只难以活动，海上走私逐渐减少。

民国24年（1935年）12月，巡缉舰“海清”号从烟台调往第二大区上海基地，随即调往宁波，为浙海关水域进行巡缉活动。原属浙海关的巡缉舰“海绥”号则在甬江日夜巡逻，以缉查走私逃税。

民国28年（1939年）6月，温岭不法商人张某勾结乡长和散匪，私藏军火，进行武装走私。自备6艘帆船，偷运粮食、茶叶、桐油、药材、废铁等运往日占区，并从日占区运回大量日货、毒品、枪支弹药，后为温岭县政府缉获未运出货物，交浙海关处理。

抗日战争胜利后，浙海关专供缉私的巡艇仅1艘，且无武装配备。民国36年（1947年）6

---

① 《市舶则例二十二条》，元至元三十年（1293年）。

② 〔清〕夏琳：《海纪辑要》卷一。

③ 《清圣祖实录》卷一一五。

月 12 日，在镇海口外沥港海面，缉获 1 艘来自韩国的偷运大批海产品进口的走私轮船“马山丸”号。

1949 年 10 月，中华人民共和国成立，浙江沿海处于作战前线，海运尚未恢复正常，海上走私活动只有零星存在。

20 世纪 80 年代初，受当时广东、福建沿海地区走私浪潮影响，宁波地区海上走私活动也相当活跃，并一度成为内外走私船舶交换私货的场所。对此，宁波海关积极组织力量在南起台州列岛、北至舟山群岛的海域内，开展海上缉私斗争，相继截获一批走私船只及手表、录像机等走私物品，给海上走私活动以有力打击，到 1983 年基本刹住海上走私。

1987 年后，浙江海域走私物品主要以香烟为主，出口则增加了鳗苗、生丝等物品。之后海上走私活动开始向北部海区转移。1989 年 4 月 19 日，温州海关与鹿城区渔政站协同配合，在洞头海面查扣偷运鳗苗的“浙平机 117”号运输船，查获鳗苗 1.71 千克。6 月，宁波海关在当地边防部门支持配合下，查获一起通过海运擅自将减免税进口的 1 万台彩色电视机倒卖到海南省的案件。8 月 15 日，温州海关在鳌江湾海域查获 1 艘苍南走私渔船，缴获走私健牌香烟 114 件零 29 条，案值 35 万元。这是杭州海关首次在海上查获走私香烟案。

20 世纪 80 年代末、90 年代初，海上走私大规模北移，走私外烟①相当频繁，杭州海关把海上缉私列为主攻方向，投入大量人力物力，加强海上缉私力度。1990 年仅温州海关，全年出海 69 次、126 个工作日，检查船舶 575 艘次，查获海上走私香烟 7547 件，案值 1700 余万元。1991 年 1 月，宁波海关连续截获 3 起海上走私香烟案，查获香烟 700 多件，案值 108 万元。1 月 21 日，舟山海关在舟山崎头洋面附近海域连续查扣“浙瑞渔 64009”等走私船 4 艘，扣留走私人员 64 名，缉获各类香烟 1114 件，案值 200 余万元。

由于浙江省海岸线长、海岛多、隐蔽性强，走私母船一度闯入该海域大肆进行香烟走私。1992 年，杭州海关针对上述情况，重点打击海上走私母船。11 月 25 日，海门海关在渔山列岛东南海域缉获洪都拉斯籍“千日红”号走私母船，查扣走私香烟 14000 件，案值 4000 万元。该案系杭州关区首次查获走私母船，被誉为“小关打大船，小关办大案”的典型，受到海关总署的表彰。是年，杭州海关查获走私香烟 38261 件，案值 9100 万元。

1993 年，杭州海关成立关区海上缉私指挥中心。3 月 31 日，舟山海关查获外籍“金丰”(JINFUNG)号走私母船，查扣走私香烟 15254 件，案值 4100 万元，抓获人员 24 人，创当时全国海关系统海上查获走私香烟单船数量的最高纪录。6 月 2 日，海门海关与台州地区公安部门在渔山列岛东南海域缉获外籍“奥多来”号走私母船，缴获卷烟 6679 件。10 月 10 日，海门海关查获走私母船“顺丰”号轮和与其接驳走私香烟的渔船，查扣走私烟 14480 件，案值 3000 余万元。是年，杭州海关共查获海上走私案件 27 起，案值达 1.3 亿元。1994 年 8 月，温州海关在遭受 17 号强台风袭击后的一个月内查获 6 起海上走私案，案值 1200 万元。海门海关也在一个月内抓获 9 艘走私船，查获走私香烟 7346 件。舟山海关全年查获走私船只 8 艘，查扣走私香烟 7658 件，案值 1528 万元。

---

①　俗指外国品牌的香烟。

在此几年，浙江海上走私以香烟为主，同时出现了走私成品油和汽车的案件。1993年7月10日，海门海关在披山岛外东南海域查获走私轿车56辆，案值2800余万元，为杭州关首次查获海上走私轿车案。1995年9月7日，海门海关"海关813"艇查获外籍"NP PRIMA"号油轮，当场查扣0号柴油5203.5吨，案值1000万元。是年，杭州海关共查获走私烟40900件、柴油6200吨、小汽车8辆，案值11670万元。年度查获海上走私案值名列全国海关首位。海门海关"海关813"艇荣获全国单艇缉私案值第一名。

图67-6-3-2 1996年7月7日，海门海关查获"闽狮渔2837"号轮，从走私船上卸下走私香烟（海门海关提供）

1995年，宁波海关建成浙江省规模最大的镇海缉私基地。1996年后，宁波海关配备一批先进的海上缉私设施。3月，宁波海关海查中队成立后，加大海上巡航密度，即查获1艘载有价值上千万元胶合板的走私船。4月12日，温州海关缉获洪都拉斯籍走私船"LIENEI MARD"轮，查获走私香烟4717件，价值833.1万元。5月31日，温州海关"海关806"缉私艇查获福建"畅达505"号轮走私香烟共计8341件零28条，案值1700万元。7月7日，海门海关缉获"闽狮渔2837"号走私船，查扣走私香烟246466条，案值1145万元。是年，杭州关区查获走私香烟35553件、毛豆油15300吨、旧摩托车65辆、柴油530吨、铜版纸4000吨，案值7288万元，查扣走私船15艘。

20世纪90年代后期，浙江沿海海上走私油类大宗商品开始增多。1997年2月16日，海门海关"海关813"艇缉获"闽海油18"号油轮，查扣0号柴油4691吨。8月22日，舟山海关查获以加工贸易货物复出口名义走私进口豆油的"世网一号"，查扣精制豆油3207.294吨，案值1600多万元。11月5日，海门海关查获"闽鼎油0006"号轮走私柴油案，查扣0号柴油1521吨，案值299万元。

1998年，杭州海关开展以打击海上运输、过驳成品油、化工原料等重点敏感商品走私活动为内容的"野猫"行动，集中关区缉私艇，对有关海域进行全方位巡查监控，共查获海上走私案件4起，案值2860万元。6月14—15日，宁波海关在附近海域查获2艘海上走私侦查船，为全国海关系统首例。是年，宁波海关完成H966工程（海上缉私指挥系统），从而大大增强了海上缉私能力。

1999年9月25日，杭州海关走私犯罪侦查分局成立专案组负责侦办中华人民共和国成立以来浙江省最大的"9·24"走私案。查实在半年多时间内，以董氏三兄弟为首的家族式走私犯罪团伙在浙江通过海上走私香烟102375件、0号柴油33054.22吨、汽车8辆，总案值达

11.9亿元，偷逃税款7.8亿元。其后，“9·24”专案主犯董某柬于2001年1月11日，被判处无期徒刑。“9·24”专案组被公安部记集体一等功。

进入21世纪，浙江海上走私有所抬头，杭、甬海关加强海上缉私力度。2000年7月12日，台州海关“海关905”缉私艇在福建晋江中外屿缉获广东“陆丰28138”号专业走私烟船（俗称橄榄船），缴获走私卷烟1368件，案值684万元，这是全国成功擒获的首艘高速橄榄形专营走私铁壳船。9月19日，台州海关“海关905”缉私艇缉获“闽狮渔6687”号船，缴获走私卷烟4394件。该案是1998年全国打私工作会议以来，全国最大的海上香烟走私案，案值2500万元，中央电视台和其他各级媒体对“9·19”海上特大香烟走私案均作了报道。

2000年，宁波海关共查获海上走私案件4起，案值200余万元，涉案物品主要为香烟、胶合板、红油、重烧镁矿砂等。在“桑美”台风袭击宁波之际，宁波海关成功查获装载3万多吨镁矿砂的“安平二号”走私船。

图67-6-3-3　台州海关查获的走私香烟（2000年摄，台州海关提供）

2001年4月1日至10月15日，杭州海关开展“海鹰”海上缉私联合行动，调集关区海关缉私艇在北至长江口、南至沙埕港的东海海域内，开展针对香烟、成品油以及其他重点敏感商品的联合缉私行动。5月20日晚，温州海关“海关819”缉私艇在浙江东南沿海查获“泉州二号”走私船装载进口高级二手轿车61辆、车架横梁11套，案值1200万元。是年，杭州关区共出动缉私艇45航次，航程10115海里，检查船只160艘次，查获海上走私案件14起，案值1999.4万元。宁波海关采用缉私艇与摩托艇相结合的巡查方式，利用可航天气实行分时段全天候查船。全年，宁波海关共查获海上红油走私案件7起，涉案红油160吨。2002年，宁波海关组织“海马”专项行动，全年共查获案件7起，案值1203万元。2003年9月“海上清剿行动”期间，舟山海关在舟山地区和福建厦门组

图67-6-3-4　舟山海关缉私队员“跳邦”登上走私嫌疑船（2003年摄，舟山海关提供）

织了一次代号为“海剑行动”的海陆联合行动，查获一起特大海上走私成品油案件，查获涉案走私柴油3000吨，案值1000余万元。是年，杭州海关共组织缉私艇出海213航次，出动警力2059人次，航程11678海里，检查船只293艘次，查获海上走私案件10起，抓获走私嫌疑人49人，查获涉案成品油3340吨、走私旧船1艘，总案值1762万元。宁波海关开展为期3个月的打击海上走私专项行动，查获走私船6艘，走私“红油”55吨，并发现专门用来勾兑红油使之褪色的添加剂。

2004年第一季度，杭、甬海关加强与边防、海事、渔政等部门的联系和沟通，形成打击海上走私合力，与沿海海域海关加强联系、配合，实行资源共享，运用情报、科技手段，加大查缉力度，防止海上大规模走私回潮。宁波海关针对红油、成品油走私案件的新特点、新手法，加强海上巡航力度，共查获海上成品油走私案件6起，查扣走私成品油190吨。是年，杭州海关共出动缉私艇164航次，航程9218海里，出动警力1815人次，查获海上走私、违规案件22起，总案值663万元。

2007年1月22日至3月12日，杭、甬海关开展“春潮2007”海上缉私专项行动。7月23日，舟山海关“海关827”艇在舟山小板门附近海域查获巴拿马籍“盈远”号冷冻船，涉嫌走私金枪鱼等高经济价值水产品共计1400吨，案值达1200余万元。2008年2月20日，温州海关在温州苍南县霞关港查获台湾籍走私渔轮“正合”号，查获来自台湾地区的走私水产品秋刀鱼、鱿鱼等150余吨，案值500余万元。

2008年，由于国内外油价倒挂，成品油走私进口现象重新出现。3月12日，宁波海关调查终结首起无合法手续海上非法买卖成品油案件。5月2日，舟山海关“海关886”艇缉获福建宁德籍涉嫌走私矿砂船“海通兴”号，查获涉嫌走私镁矿砂3000吨，案值250万元。11月20日，宁波海关在象山石浦海域查获涉嫌走私进口台湾产成品油约140吨。由于油中注入蓝色添加剂，俗称为“蓝油”。

2009年，杭州海关开展为期2个月的海上缉私秋季专项行动期间，舟山海关“海关886”艇查获“10·30”特大海上成品油走私案，查获无合法来源轻质燃料油512吨。经追查，该走私团伙于2009年5—10月间，利用自有和租用的油船，先后19次从台湾海峡和海域装运燃料油进境销售牟利，走私燃料油8600吨，案值4500余万元，偷逃税款1400余万元。是年，杭州海关查获走私成品油9100吨，案值4800余万元。

2010年5月1日至10月31日，杭州海关缉私局组织为期半年的打击海上成品油走私专项行动，共查获各类海上走私违法案件19起(其中立刑事案件8起，行政案件11起)，查获走私成品油4713吨，走私冻品460吨，总案值3194万元。查获的成品油数量列全国海关之首。是年，杭州海关共出动缉私艇出海缉私和巡查153航次，出动警力1683人次，航程8028.3海里，检查船只131艘次。共查获海上各类走私违法案件27起，查获走私成品油5400.65吨，走私冻品460吨，查扣冷藏运输船1艘，总案值4574万元，涉税1274.51万元。

三、行邮渠道查缉

清咸丰十一年(1861年)十月，由邮班寄交宁波赫尔神父(Rev. Hall)6个箱子，提单上注明“书籍”，实际上是扑枪用的铜帽。这是浙江行邮渠道首例有记录的走私案。杭州关时期，利用邮递物品进行走私有如下手法：(1)绕越关卡，偷漏关税。杭州关开关之初，杭城商民寄递邮包概须送至拱宸桥杭州关查验。因为包裹日增，应邮局之请，经呈总税务司同意，特于杭州城站邮局派海关关员按日前往查验征税。南星桥邮局改为二等局后，邮包寄递人为逃避关税不惜舍近就远，蜂拥持赴南星桥邮局寄递，杭州关包裹税收日见短绌。杭州关税务司发现此情况后，派人往南星桥实地详查，发现南星桥邮局每日所寄出口邮包多则四五百件，少亦有六七十件之多。验完各类包裹封面所书寄件人住址又均在城中。所寄货物，丝织品占65%，茶叶占30%，其他零星之物占5%。南星桥处设有财政部浙江邮包税分局一所，该局系一查验机构，寄件人向该局完税，在包裹上加贴凭证即可赴南星桥邮局寄递。该局按年税收达20万元之多。这些寄件人既住城中，却舍近求远邮寄包裹，其规避关税绕越偷漏不言而喻(注：海关正、半税及附加税远大于地方税局所征之税)。针对此情况，杭州关比照派员往杭州城站邮局查验征税之例，每日派员赴南星桥邮局查验征税。不料这些包裹寄递人竟又舍南星桥邮局而绕往笕桥、临平等处邮局寄递，杭州关无奈，只得呈请总税务司署与邮政司交涉，以图解决。(2)抽换包裹内容或全包调换以夹藏违禁物品走私出境。杭州关时期，海关查验包裹后，照章在报税单上盖印以作为经查验完税之证，邮局即凭此项税单收寄。然而邮包夹带违禁物品走私者，经常在查验后抽换包裹内容或全包调换以走私。为此，杭州关税务司与邮局接洽，于查验包裹之后，即在该包裹包皮之骑缝处粘贴验讫封条或钤盖印章，有效地杜绝和防范以此进行邮包走私的活动。(3)勾结海关查验人员伪报品名、少报数量进行走私。民国11年(1922年)3月27日，杭州关四级钤字手伍德科克(J. L. Woodcock)勾结代客报关寄递人进行邮递走私活动，被杭州关发现后解职。

民国21年(1932年)10月27日，杭州关在城站邮局查获申报单载内系花绸，经验实为烟土的3个邮包，共计纯烟土重27.5千克。此3个邮包系从江西内地寄至浙江内地。民国23年12月20日，杭州关驻邮局关员查扣由日本大阪市宇野作治寄杭州西湖博物馆某人邮包1个，内有日文诲淫著述1册，诲淫图画及照片50张，被没收予以销毁。民国24年2月18日，杭州关驻邮局关员查获鸦片22.6千克，将案件移交地方法院处理。

民国28年(1939年)3月30日浙海关报告：近3个月来，从上海经宁波至百官、义桥、绍兴、诸暨和金华等地的走私货，有棉匹头货、高级丝绒、香皂、人造丝等。宁波行邮渠道走私的货物种类较多，都是比较精美、贵重而体积较小的物品。如民国28年3月14日，从上海通过宁波寄入的邮包中，查出走私高级丝绒115包，计重880千克；棉匹头货数千包，每包重30千克。据浙海关统计，通过邮政汇寄的各种走私货物每月为1万袋，每袋约60千克。

抗日战争全面爆发后，上海沦陷。上海经浙海关辖区通过邮政局邮汇的走私货物，大量流向内地。这些走私货物由上海用包裹寄出，均经宁波邮局，与金华、百官、绍兴、义桥、诸暨等地往来邮寄。凡是寄入的邮包，又复转运江西、湖南、贵州、四川及其他内地省份，由于邮政局对国内邮包不允许海关在宁波进口时检查，此类走私竟成安全渠道。

1973年3月，温州海关重新建关，即在进出境国际邮递物品和印刷品中发现零星的走私活动苗头。如在邮递物品中夹带一两只手表，少量丝巾、丝袜、参茸补品等，在印刷品中混入一些进行心理战的反动宣传品。1979 年宁波口岸对外开放后，国际航行船舶船员走私活动一直存在，主要形式有结伙贩卖走私物品，购买物品藏匿不报，偷带黄色反动报刊和音像制品进口，走私外币出口以及船员集体走私等。1979 年杭州海关建关后，由于海关总署对邮递物品逐步放宽限额，国内市场商品日渐增多，进出境邮递物品走私活动显著减少，但反动、黄色淫秽类印刷品和音像制品数量仍居高不下。旅检渠道进口集中在手表、小电器、洋参、反动淫秽刊物和影像制品，出口主要集中在古玩、文物、中药材等物品上。10 月 20 日，香港某贸易公司职员陈某将 12 只电子计算器利用同行旅客分散携带入境，被杭州海关查扣。1981 年 10 月 11 日，一美国游客出境时携带 39 枚古铜币，经鉴定，大部分为汉、唐、明、清代文物，被杭州海关查扣。12 月 3 日，新加坡古董商刘某携带 29 件旧玉器出境，有 3 件系清乾隆以前的汉白玉龙钓、玉斑，属不准出口的文物。1982 年，杭州海关查获旅客走私案件 36 宗，案值 30780 元。查扣未经鉴定或无火漆标志和发票的文物 16 宗，计 71 件；查扣反动、黄色、宗教宣传品 3228 件。1983 年，杭州海关查获旅客走私案件 32 宗。8 月 21 日，华侨郑某从杭州出境，随身行李和身穿衣服内藏匿有文物、玉器一批。经鉴定，其中玉马、瓷瓶、字画等 6 件为唐、元、明、清代文物，海关对不准出口物品作退运处理。

1981—1984 年，东南沿海出现走私潮。一些贩私分子除随身携带私货外，还通过国内邮包进行偷运活动。如 1984 年温州海关在邮局协助下，查扣 9 个邮包，查获走私纽扣电池 105950 粒。1986 年 9 月 1 日起，杭州机场实行入境“红绿通道”制度，杭州海关针对旅客走私的动向，突出重点，查禁淫秽物品。1987 年 2 月 18 日，杭州海关驻邮局办事处设立，正式开始对进出口邮件实施监管。通过邮递渠道查获的走私物品，主要以印刷品、音像制品为主。12 月，温州—香港客货班轮通航后，有少数船员参与走私活动。1988 年，温州海关查扣船员私自携带的录像机 6 台、珍贵文物 1 件、黄金及首饰 13 件、各类外烟 70 条以及黄色书刊 1 批。1989 年宁波—香港客货轮“海达”号通航和 1992 年宁波—香港空中航线开辟后，利用旅客行李或人身携带夹藏物品走私成为又一走私渠道。此期间旅客携带非法、淫秽印刷品和音像制品及其他走私货物时有发生。

1990 年，杭州海关在出境旅客中查获携带文物案件 8 起，携带鸡血石案件 3 起，其中 1 起案件就有 107 件文物，内有宋、明、五代文物 10 件。1991 年 9 月 7 日，宁波海关查获建关以来最大的船员集体走私香烟案。烟台港务局某轮 19 名船员集体筹款 3 万多港币，在香港购买外烟 14 箱运回境内，于 9 月 11 日在靠泊期间倒卖，案值 6 万余元。

1993 年后，BP 机（寻呼机，下同）、集成电路闯关走私案也呈上升趋势，主要原因是集成块体积小，携带方便，境内外差价大，有厚利可图。9 月 26 日，台湾地区旅客携带华威牌 ECHO 振动数码式 BP 机 144 台，总价值 14 万元，未向海关申报被查获。1994 年 3 月 14 日，温州海关在一个由荷兰邮寄入境的邮包中查扣不明植物种子 166 包，经检验鉴定确定其中 3 包分别为加利福尼亚罂粟种子、冰岛罂粟种子、东方罂粟种子，总重量 13 克。1995 年 5 月 14 日，杭州海关在旅检现场查获一批总价值 200 万元的文物，该批文物系台商在北京“嘉德 95 春季拍卖会”所拍得的文物。1996 年 5 月 20 日，温州海关查获浙江省首起非法进口象牙案，寄自非洲几内亚，3 根象牙重达 6321 克。

1997 年后，杭州海关注意查扣各类反动、宗教迷信、淫秽的违禁物品以及精神药品、文物，以此为查验重点。3 月 26 日，一境外旅客从杭州机场入境时，携带 436 枚台湾"反共救国、三民主义统一中国"邮票，被查扣。5 月 25 日，胡某在行李中夹带立体淫秽画册 1 本、立体镜 1 副被查获。宁波海关也根据不同时期、不同航线、不同旅客特点，确定反宣品进出境高发时期，通过增设调研岗位，及时掌握现场动态，加强查验针对性。1998 年 6 月，宁波海关开展为期 1 个月的"扫黄打非"专项治理，查获淫秽、黄色录像带 13 盒，黄色书籍 15 本，反动书籍 2 本，反动报纸 100 余份，盗版 VCD 200 余张。1999 年，杭州海关在邮递渠道查获各类违禁印刷品和音像制品 8128 件，没收精神药品 4540 件，查扣违法出境文物 269 件，象牙 2 根。

进入 21 世纪，利用行邮渠道走私各种国家禁限物品及其方式出现新的情况，主要有货币，濒危动物及制品，假冒、仿冒商标及物品，枪支，特别是毒品。2000 年下半年，宁波海关把打击出口骗汇作为又一重点，从旅检渠道入手查获宁波某车业有限公司出口童车高报价格案，该企业累计高报价格人民币 261 万元，非法骗取国家出口退税 25 万余元。2001 年 5 月 28 日，温州海关在申报为"柚木"，由新加坡寄给浙江省乐清市的邮包内发现非洲象牙板块，该案案值 119.79 万元。2005 年 1 月 1 日起，中国进出境旅客携带人民币现钞限额由 6000 元调整为 2 万元，但宁波口岸旅客超量携带货币现钞出境的违规案件不减反增，多为出境购物消费方便而携带大量现钞，也有出国留学人员携带大笔留学费用出境，还有的是在宁波工作经商的外籍人士、中国港澳地区居民将高额收入带回原籍。

2007 年 3 月 21 日，温州海关在行邮渠道查获 2629 件侵犯蒂芙尼(Tiffany & Co.)品牌商标权饰品案。4—7 月，温州海关连续 3 次在旅检渠道查获毒品大麻走私案，查获毒品大麻共计 53.38 千克。8 月 21 日，杭州萧山机场海关在非洲进境快件中查获象牙制品 74 件，共计 1814 克。2008 年 8 月 19 日，宁波海关与地方公安部门配合查获一起通过邮递渠道非法进口持有枪支案，查获 20 套国产气枪配件、4 套国外品牌气枪配件及 7 万余发气枪子弹。7 月 18 日至 10 月 22 日，杭州萧山机场海关在出境快件中查获珍贵动植物产品红珊瑚共 436595 克，估价达 1.75 亿元。10 月 24 日，宁波海关在上海浦东国际机场查获走私出口国家二级保护濒危珍贵动物猎隼 30 只。10 月 25 日，杭州萧山机场海关在一菲律宾籍女性旅客随身携带双肩背包夹层内发现海洛因 1253 克。这是杭州海关首次在空港旅检渠道查获行李藏毒案件。10 月 27 日，萧山机场海关在一菲律宾籍男性旅客随身

图 67-6-3-5 杭州海关缉私局与省公安厅禁毒处利用缉毒犬对杭州萧山国际机场进行毒品查缉(2008 年摄，杭州萧山机场海关提供)

携带的 6 只女式鞋底和巧克力包装纸内查获 1398.61 克海洛因。11 月 13 日，杭州萧山机场海关在一印度尼西亚籍女性旅客随身行李书本夹层内查获海洛因580.41克。

2009 年 4 月 11 日，杭州萧山机场海关在旅检现场查获首起人体藏毒走私案。12 月，杭州海关在由境外寄至义乌的邮包中截获海洛因 1099.61 克。翌年 1 月 11 日，再次截获该犯罪嫌疑人以做生意为名联系不知情人员作为收件人，将藏有毒品的包裹从境外邮寄至义乌，查获毒品大麻1866.7 克。

图 67-6-3-6　2010 年 3 月 6 日，杭州萧山机场海关查获外籍男子人体藏匿毒品案（杭州萧山机场海关提供）

2010 年 1 月，宁波海关缉私局连续查获 2 起国际邮件渠道走私大麻烟叶案。走私嫌疑人将 10 千克大麻烟叶藏匿于手电筒内和包裹中，通过国际快件形式寄到中国。3 月 6 日，杭州萧山机场海关又查获浙江省最大的一起人体藏毒走私毒品案件。自 2008 年 10 月至 2010 年 12 月，杭州海关旅检现场共查获 20 起走私藏毒案件。

表 67-6-3-1　　2008—2010 年杭州海关旅检现场查获毒品情况一览表

单位：克

序号	查获日期	毒品重量	藏毒方式	序号	查获日期	毒品重量	藏毒方式
1	2008-10-25	1253	行李藏匿	11	2009-07-27	1911	行李藏匿
2	2008-10-27	1398.61	行李藏匿	12	2009-07-31	638	快件渠道
3	2008-11-13	580.41	行李藏匿	13	2010-01-21	402	人身藏毒
4	2008-11-15	1740	行李藏匿	14	2010-03-06	1222.05	人体藏毒
5	2008-11-17	495.28	行李藏匿	15	2010-04-17	1298	行李藏匿
6	2008-11-22	1007	行李藏匿	16	2010-05-10	838.53	行李藏匿
7	2008-11-26	1001	行李藏匿	17	2010-05-13	580.85	人体藏毒
8	2009-03-13	501.4	人身藏毒	18	2010-05-23	982	行李藏匿
9	2009-14-11	254.8	人体藏毒	19	2010-07-05	1151	行李藏匿
10	2009-05-26	1007	行李藏匿	20	2010-12-02	992.72	行李藏匿

资料来源：根据杭州海关专项业务统计数据整理。

四、贸易渠道查缉

(一)一般贸易查缉

宋代时,对中国民间船只运货到海内外贸易,实行一种“公凭”制度,公凭相当于贸易许可证。同时,必须请当地有财力的3户人家作担保,明确保证不夹带违禁品以及可以制造军用品的物资,保证不将货物运到限禁区域或敌对国家。如果商人违反了规定,或未取得公凭而私自出洋,允许举报和捉拿,船货没入公库,奖励举报者,处罚犯罪者。

第一次鸦片战争后,清政府根据不平等条约施行低税率的协定关税,但仍将鸦片列为违禁货品不准贸易。英国、美国、丹麦、瑞典、葡萄牙等国的商船在其本国政府的纵容下,大肆向中国走私鸦片,鸦片成为洋商在中国沿海各地走私的主要货品。道光二十五年(1845年),走私到宁波、定海的鸦片有3650箱~4400箱,价值白银200多万两,为当年全国输入总额的十分之一。咸丰八年(1858年),中英签订《通商章程善后条约》,规定鸦片可以“洋药”名义正常纳税进口。鸦片贸易合法化后,由于鸦片税率较高,每担税银30两,相比“值百抽五”的其他商品税率高出数十倍,故通过正常贸易途径征税进口的“洋药”数量有限。而专门从事鸦片走私的飞剪船,如英商“伊蒙特”号和“西风”号经常在宁波海面活动。同时,在贸易渠道,洋商往往以虚报、瞒报违规走私。如咸丰十一年四月,上海的太平洋行由宁波运至上海申请复出口茶叶少报数量逃税案;光绪二年(1876年)八月,英商逊昌洋行夹带瞒报锡条出口案,被浙海关查处。

光绪二十二年(1896年)至民国18年(1929年),杭州关鸦片贸易走私的主要手法有两种:一是伪报品名,如在进口洋药中掺和一些其他物质,申报为土药;二是多进少报,或者报交不完整发票。发票填写时数额之一部分被隐去,然后在余下空白处添加新的数额以逃税。其他商品贸易走私较少发现。

民国18年(1929年)后,进口税率迭经修改,税率增高,走私利厚,故贸易走私增多。例如人造丝及糖品所征之税达60%~80%,其他各货税率亦较前增加数倍。这一时期走私的主要商品为人造丝及糖品,间有其他高税率商品。走私方法多是绕越海关关卡,逃避征税。民国22年6月16日,长杭轮船总局代理驾驶小轮拖干茧船6艘,10000余包干茧,绕远道去无锡而不路过苏州(贸易港),逃避征收关税。

另一种走私方法,是利用海关与厘金局管辖空隙和税差行走私之实。如民国19年(1930年)9月,杭州某造纸厂外运货物,向海关申报为机制洋货。在此之前又申请浙江省财政厅豁免厘金,其经销上海之货品,只需在江苏省完厘一道,而海关正附税与厘税之比为1∶10,以此偷漏税款。

20世纪80年代初期,一般贸易走私的商品,基本集中在电视机、收录机、照相机、手表、尼龙布及制品、摩托车等。其走私手法有:货物夹藏、运输车辆藏匿;进出口时伪报、伪装;将进出口料件、设备、加工成品非法倒卖;内外勾结签订假合同,伪造合同账册,借以骗取物资进口,偷漏关税或者套购国内紧缺物资出口等。1980年12月至1983年12月间,西湖某藤器公司采取伪报方式先后5次进口三夹板1万张、尼龙伞布21945米、尼龙沙发绒2240米，偷逃国家税收70.75万元，被杭州海关查获。1981年3月14日，杭州海关查获广东某贸易公司空运走私手表1168只。1985年10月7日，杭州海关查获浙江省某进出口公司将1800套普通照相机整套组装件伪报为医疗用照相机主要部件以逃证逃税。1986年5月9日，杭州海关查获浙江某厂进口联邦德国产经编机及配套设备(属技改项目)时，夹藏奔驰牌230型高级轿车1辆。

1987年，浙江省利用一般贸易走私出口活动增多，种类多样，有鳗苗、石斑鱼、对虾、珍珠、火腿、生丝以及其他海产品。1—3月，香港某公司林某以汕头市物资局名义与福建厦门某公司签订合同，到浙江省杭州市某丝厂先后5次收购生丝23.2吨，运到汕头某物资供销储运公司仓库存放，加以伪装后从海上走私出口，被杭州海关查处。7月，香港义信行老板斐某以广州市新塘服装厂为代理人，先后5次从杭州企业单位非法收购生丝230吨，企图走私出口，被杭州海关缉获。9月，港商叶某以福建省某纺织品进出口分公司为中转基地，冒充内地国家干部，用外汇高价套购人民币，在浙江、江苏、四川、陕西等地先后收购国家控制出口商品成料绸缎48万米，价值531万元，并通过某南华贸易公司提供银行账号、仓库、发票运至“福纺”，采取以3级品绸缎伪报为B级品绸缎报关出境，走私牟利106万元，被杭州海关查获。是年，杭州海关发现伪造海关等部门印章、证件，倒卖大批进口汽车的案件。翌年，在宁波、嘉兴、临海、绍兴、杭州等地，先后发现非法倒卖日本丰田、五十铃、马自达等品牌的面包车25辆。经查，当事人所持的“海关货物进口证明书”“商检证”“准运证”及“车辆购置附加费证明”，有的全部伪造，有的利用作废的海关货物进口证明书等加以涂改使用。

1988年6月27日，温州海关在抽查浙江省某外贸公司代理温州工艺美术服务部以一般贸易方式出口到美国的5802件工艺品、旧木制品时，发现308件属于文物，其中2件为南宋芝口影青瓷碗，属国家馆藏三级文物。6—9月间，浙江某进出口公司先后进口8批14英寸、17英寸黑白显像管和玻壳等126976只，总值110多万美元，实际向海关少报价16万美元，偷漏税款30余万元。

1995年，杭州海关在货运贸易渠道上共查处低瞒报价格案239起，补征税款955万元，违规案52起，案值18326万元，罚没收入8422万元。1996年11月至1997年4月，杭州海关查获许某、贺某等人采用伪报贸易性质的方式，分6次从厦门口岸走私进口丁基胶1566.72吨、天然橡胶2000吨、甲苯二异氰酸酯80吨，并在国内销售牟利，案值8311万元，偷逃税款3355万元。2001年4月3日，台州海关侦查终结台州某再生资源有限公司走私国家限制进口的可用作原料的固体废物，伪造各种报关单证，偷逃税额149万余元。7月11日，浙江某药用植物工业有限公司将国家禁止进出口的马鹿制品鹿茸8箱，共计130支，112.27千克，伪报成青风藤出口，被杭州海关查获。

2003年以后，温州皮革走私暗流涌动，走私违法犯罪分子从广东等地陆路运输走私牛皮至温州，而同时温州本地一些从事皮革进出口的企业也以低报价格、倒卖保税料件、高报单耗等方法实施走私违法犯罪行为，妄图偷逃关税，从中牟利。从2003年到2005年，温州海关先后成功破获温州某鞋业有限公司走私案、杨某等人走私牛皮案等6起，总计案值6768万元。

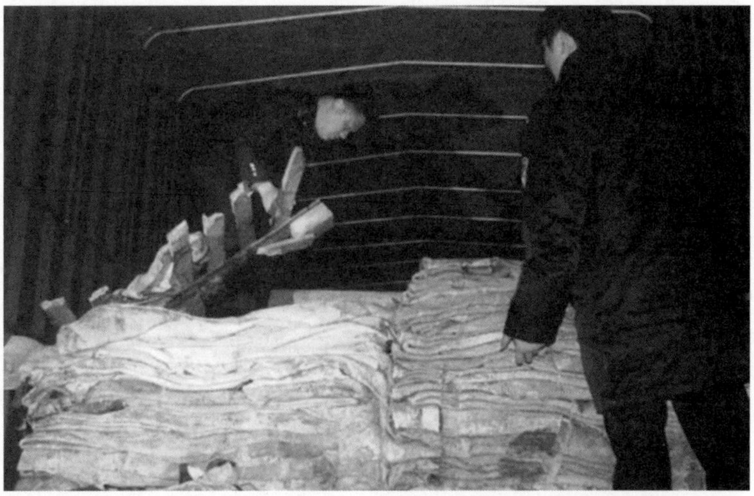

图 67-6-3-7　温州海关缉私分局查获的走私牛皮(2003 年摄,温州海关提供)

2004 年 9 月 9 日,宁波海关缉私局在宁波某冶炼有限公司报关进口来自美国长滩的黄铜废料中发现各型子弹 54 发。其后又受理涉嫌走私枪弹案件 6 起,查获各种类型子弹共计 583 发。2005 年,宁波海关查获 86 箱共计 22000 余只蝴蝶标本,当事人以塑料餐具、网球、相框的名义向北仑海关申报出口,涉嫌逃避濒危动物许可证、出口货物通关单等监管证件。2006 年 2 月,温州海关侦破温州某对外贸易有限公司低报价格走私进口不锈钢案,案值 1.26 亿元,偷逃税款 2700 万元。2006 年 3 月 23 日,镇海海关缉私分局查获宁波某公司擅自提取海关未放行监管货物违规案,涉案货物丙烯腈 3459 吨,案值 3.3 亿元,涉税 5996 万元。

2007 年 4 月 30 日,杭州海关缉私局成功侦破“10・20”羽绒走私专案,共涉及走私进口羽绒 2300 多吨,案值 4 亿元,涉税 6633 万元。12 月,宁波海关在一批出口美国的木家具中,查获禁止、限制出境清末民初文物 20 件。

2010 年 1 月 8 日,宁波海关缉私局侦查终结一起特大走私化纤混纺布案,该案涉嫌偷逃税款 2241 万元。

(二)其他贸易查缉

其他贸易查缉走私主要指对利用加工贸易、对台贸易和假捐赠名义进口国内紧缺物资,逃避许可证管理和关税,侵犯知识产权等走私违规案件的查处。

1982 年 1—6 月,杭州海关对 75 份到期保税合同进行核销,查获走私、违规案件 6 起,私货估值近 22 万元。1984 年 3 月,浙江省平阳县某服装厂和香港某贸易公司,利用来料加工名义 2 次从宁波港进口尼龙布 21643 米,进行倒卖,被温州海关查处。8 月,香港某贸易公司同浙江省三门县某劳动服务公司利用来料加工从广东省深圳文锦渡口岸进口尼龙布料 96375 米及其他辅料 1 批,在货物进口后,采取“飞料”①手法,擅自用汽车把上述尼龙布料运走,而把另外 45720 米半成品尼龙伞面料进行顶替,运往三门,从中走私尼龙布料 50000 余米,案值 16.7 万元,被宁波海关依法查处。

1985 年,杭州海关查处以“来料加工”为名,将免税进口的原辅料在国内转手倒卖案件 8

① “飞料”是加工贸易领域走私的一个专用词,即在进料加工或来料加工业务中,企业把原用于加工出口的保税料件私自卖到国内市场,造假单据核销,套取暴利。

起。如香港某公司利用来料加工名义，采取伪报、伪装手法，进口涤纶丝 9 吨、涤纶花呢 36576 米并进行倒卖，案值 45 万余元。1986 年 1 月，苍南某针织品厂擅自将来料加工剩余布料制成 2600 条男西裤出售，被温州海关科处罚款 9000 元。是年，温州海关针对温州市对外开放后来料加工企业增多的情况，加强免税进口料件的后续管理，抽调力量成立“清查小组”，集中力量清理来料加工，特别是服装来料加工合同。在核销 11 个合同中，发现有走私违法问题的合同 10 个，立案查处案值 1 万元以上案件 9 起，案值达 200 余万元。1987 年 7 月，宁波海关查获港商蔡某在内地参与走私倒卖来料加工尼龙布 21000 余米。1989 年 2—3 月，温州某服装有限公司先后 3 次从深圳文锦渡口岸进口保税尼龙布 179788 米，采用涂改登记手册和以次充好的手法，擅自处理和调换进口保税货物，被温州海关追缴走私货物等值价款 17 万元，科处罚款 45 万元。

1990 年 10 月至 1992 年 3 月，浙江省兰溪市某冶炼厂采取少报多进进料加工电解铜 72.393吨，伪报贸易性质进口铝锭 200 吨，擅自委托外单位加工，擅自内销进料加工原材料，低报价格，违反外汇管理规定，总案值 1100 万元，偷逃税款 2600 万元，被杭州海关依法查处。1991 年 10 月 30 日，宁波海关查获宁波某电子有限公司倒卖来料加工进口汽车空调器配件 2926 套、制冷机 98000 件、复印机及散件 1205 套，总案值达 3000 万元，偷逃税款 1140 万元。1992 年 12 月 11 日，温州某木业有限公司擅自转让进口 2000 立方米保税料件胶合板，被温州海关查获。1993 年 3 月，香港某贸易行以外发加工名义将 3960 台空调压缩机出售给上海某实业空调有限公司，又策划将 8160 台空调压缩机运至浙江嘉善销售，被宁波海关查获。

1994 年 6 月，浙江某针织有限公司以进料加工名义，用假进料加工登记手册进口免税聚酯切片 540 吨，被杭州海关查获。7 月，周某、陈某伪造登记手册以加工贸易名义从宁波进口冷轧平板、冷轧卷板共计 1965 吨，案值 903.9 万元，被宁波海关查获没收。11 月，李某用伪造的登记手册从乍浦港进口 386.8 吨澳大利亚产羊毛，案值 15.4 万美元，被嘉兴海关查获。1995 年 3 月，宁波海关查获宁波保税区某公司利用假手册，以进料加工名义进口新西兰产羊毛 147.519 吨、羊毛条 46.34 吨，逃证逃税，案值达 1191 万元。10 月，宁波海关查处上海某贸易有限公司以伪造印章制作假加工协议、签订形式进料加工合同等手段，向兰州海关骗取进料加工手册，企图将 2400 吨苯乙烯进行倒卖。1996 年 6 月，温州某毛纺制品有限公司以进料加工名义进口乌拉圭产羊毛 196.768 吨，进行倒卖走私，被温州海关查处，案值 570.7 万元。

1997 年 2 月，中国某燃料供应公司厦门分公司，以保税仓库货物和转口贸易名义进口 0 号柴油 4691.455 吨，违反海关监管规定擅自出售，被海门海关查处，案值 1000 万元。8 月，舟山海关查处香港某船务有限公司与宁波某油脂有限公司将进料加工复出口的精炼豆油伪报成棕榈油进口，并瞒报数量走私进口精制豆油 3207.294 吨，案值 1600 万元。9 月，镇海海关查获宁波保税区某国际贸易有限公司走私进口 3 号烟胶案，案值 950 万元。

1998 年，杭州海关进一步加大对货运渠道和加工贸易渠道利用“三假”进行走私活动专项行动，加强审单和现场查验工作，提高开箱查验率，有效地打击伪报、瞒报手法的走私活动，查获案件 48 起，罚没款 2.514 亿元。1999 年，杭州海关开展反走私联合行动和专项斗争，重点之一是打击利用加工贸易渠道的“三假”手法走私和申报不实的走私。通过风险布控，查获废铜碎料、手机配件、鳖蛋等重大走私违规案件10起，案值近3亿元。是年12月，宁波海关查处宁波明越公司利用伪造进料加工手册，向海关申报进口保税货物聚丙烯1550吨，价值1265.4万元，擅自将上述货物全部销售，偷逃税款359万元。

2001年2月22日，杭州海关一天内查获2起利用加工贸易走私涤纶丝案。厦门某进出口公司利用进料加工方式向海关申领进料加工手册，保税进口涤纶丝1749吨进行倒卖，案值1591万元，偷逃税额448万元；厦门经济特区某进出口公司利用进料加工方式保税进口涤纶丝395吨进行倒卖，案值337万元，偷逃税额95万元。

2005年3月3日，宁波海关缉私局查获某公司漏报特许权使用费进口LOCASTE皮具、箱包大案。根据其同外商签订的代理授权协议，需支付市场销售价格的5%～6%的特许权使用费，在报关进口货物时未将该笔特许权使用费向海关进行申报。同年，宁波海关在打击加工贸易渠道走私违法活动专项行动中，查获走私案件6起，案值300万元，涉税60万元。2007年8月至2008年1月，宁波海关在开展打击价格瞒骗走私违法专项行动期间，查获各类案件22起，案值2.17亿元，涉税2497万元，其中价格瞒骗案件12起，案值4912万元，加工贸易渠道违法案件10起，案值1.68亿元。

2008年7月18日，北仑海关破获台州某公司以进料加工方式进口聚丙烯15000吨制成成品后内销，再以伪报品名出口方式对加工贸易手册进行假核销的走私普通货物案，案值1.7亿元，涉嫌偷逃税款3400余万元。是年，国家限制粮食出口，宁波海关查获以伪报品名的方式向海关申报，如大米伪报成小铁桶、面粉伪报成扑克牌等粮食走私出口案件12起，涉案粮食共2764吨。2009年10月29日，宁波海关缉私局破获2起走私化纤混纺布案，案件均为货主采取伪报化纤布等级、低报价格方式进口化纤混纺布偷逃税款，总案值1亿元，涉嫌偷逃税款2240万元。

2010年10月15日，宁波海关立案调查青岛某公司以笔记本为品名向海关申报出口至乌克兰的一批塑料玩具中有国家禁止出口的仿真枪47040支。12月31日，宁波海关缉私局侦查终结宁波某再生资源有限公司以低报价格方式走私进口废五金14180余吨，案值2222万余元。

第四节　案件处理

中国古代对走私的处理极为严厉，如宋代对走私者处杖刑并发配，元代则货没官、人判罪，明代对走私重犯可判死刑，并实行连坐。浙海关（新关）建立后，凡处理走私案件涉及外国商人，由走私人该国领事参与共同会讯。民国23年（1934年）国民政府颁布的《海关缉私条例》，对走私和违章商人进行处罚都有具体规定。条例同时规定，海关对走私者，可交由政法机关拘留处理或没收私货或罚款。由此，海关始拥有独立处理走私案件的主权。

中华人民共和国成立后，根据1951年《暂行海关法》，将走私与违反海关监管规定（以下简称违规）行为分列，区别对待。

1987年,《中华人民共和国海关法》(以下简称《海关法》)颁布,处理走私、违规案件按照《海关法》和《海关法行政处罚实施细则》执行。1997年10月1日施行的《中华人民共和国刑法》规定了可追究走私罪的刑事责任。浙江省杭、甬海关依法处理各类走私违规案件。

一、走私处理

宋熙宁九年(1076年),颁布了《与化外人私贸易罪赏法》。元丰七年(1084年),制定《透漏法》。元祐五年(1090年)规定,如擅自出海到高丽、新罗、登州、莱州走私,处以徒刑二年,五百里编管。如私自到辽国贸易,罪加二等,发配一千里。至于走私船上的一般船员,处杖刑八十。企图走私尚未实行而被发觉,处徒刑一年,发配到邻州编管。

南宋时,北方为金国占领,到金国沿海走私,判刑更严。建炎四年(1130年)和绍兴二年(1132年)朝廷多次下令,如江浙沿海一带商人发船往山东走私,以军法处置。绍兴五年更规定,有违反者,不仅船货没官,且没收其家财田产。绍兴二十五年补充规定,如海商假托风浪往北界贸易,亦以军法处置。

元代的有关法规基本承袭宋制,制定《漏船法》。至元十三年(1276年)规定,如海船没有公凭,或在公凭填写的货物外夹带其他货物,作走私论,犯人杖一百,船及所载货物没官;如发现填写的货物不实,财物亦没官。至元二十八年、三十年一再重申上述命令,增加犯人杖刑数为一百七十,并补充说明,商人虽到市舶司抽分纳税,但却藏匿一部分不报,这部分货物即属走私,没官判罪。如果市舶司官员知情受贿,为商船逃税,亦按《漏船法》条例判罪。

明初制定《大明律》,规定船商如逃税不报除杖一百外,货物全部没官。洪武二十七年(1394年),下诏严禁沿海人民私自下海到国外贸易,违者处以重罚。在此诏令公布以前已经从国外贩运来的货物,限在3个月内销售完毕。嘉靖三年(1524年)规定,为外国人收买违禁品,或建造违反规定的海船私自卖与外国商人,处以重刑。嘉靖十二年,还规定如沿海居民与海商走私集团贸易,邻居知情不报,则连坐。嘉靖十三年,在浙江温岭海外百余里松门岛破获的一次闽浙商人越境走私,在审讯时,对拒捕4人处以死刑,其余人以偷渡边关罪谪发戍边。明世宗断定这些人为走私海盗,私通蕃国,认为量刑太轻,有关审讯官员事后夺职。万历四十一年(1613年)海禁时,直隶御史薛贞核提出,江南浙江的定海(今宁波市镇海区、北仑区)、石浦等地商人,不得与江苏的通州、如皋、泰州等地商人通过海路互相往来贸易,以杜绝走私集团之间的海上往来,这一建议为明神宗采纳,这样国内江浙沿海人民相互贸易,也要以走私论处。后来又开放海禁,对官吏受贿纵容包庇走私的,量刑极严。把守海防的武官如受贿偷放走私商船进入,主犯处以死刑,从犯以受财枉法罪,发配边境,永远充军,不能回来。

清代沿袭明制。康熙五十六年(1717年)一度实行海禁,不准商船出海贸易,如偷渡出洋,即为走私,不准其回籍。雍正五年(1727年),重新开放海禁,常有人到海外贸易逾期不归,起初仍不许其回原籍。可是逾期有各种原因,如因买卖中货物未清,为等待清账而逾期,这与违禁偷越出洋走私者不同。所以乾隆十九年(1754年)作了合理改变,如有确实原因为贸易事稽留在海外的,可令其回原籍;如本人已死亡,在外留有妻妾子女,如愿回原籍的,准其搭附商船回籍,由船户出具保结,在进入口岸后,向所管辖的官员报明。不过,法令仍规定,如原来属无赖之徒，偷渡出洋，在蕃国居住多年，充当“甲必丹”①，为英国人或荷兰人役使，以及本无资财，偷渡海外，流落外国，在当地与外国妇女结婚，生儿育女，后来又无以为生，企图回国来招摇撞骗的，仍需按过去条例，严加稽查，由该省督抚酌情处理。乾隆二十二年对走私处罚仍相当严厉。例如：私运大米出口超过50石的即予没收；超过100石的除船货变价充公外，走私当事人还要受到流放、充军等重罚。

鸦片战争结束，浙海关（新关）建立，凡是涉及外国商人的走私案件，在处理时除海关监督和税务司外，还必须有走私人该国领事参加，共同会讯。同治七年（1868年），总税务司制定的《会讯船货入官章程》，为专对洋商违反中国海关章程之处理约章，规定洋商违反关章由外国领事裁决，使中国海关失去独立处理走私案件的主权。光绪二十四年（1898年）实行的《内港行轮章程》规定：“倘系洋人之船，即犯事者为洋人，船上所有之华员，依由地方官一面知照就近口岸税务司，转告该船之领事馆。该领事馆即可派人前去现审；若犯法者为洋人，应照条约，将其人递交就近口岸税务司，转交该领事办理。”《海关总章程》亦规定：“如对外商科以罚金，罚金由领事馆法庭裁决实施。”其“治外法权”置中国主权于不顾。《会讯船货入关章程》直至民国23年（1934年）6月19日关务署批准颁布《海关缉私条例》，方才失效。《海关缉私条例》，对走私和违章商人进行处罚都有具体规定。海关对走私者，可交由政法机关拘留处理或没收私货或罚款。海关始拥有独立处理走私案件的主权。

中华人民共和国成立初期，海关对查获的走私案件，根据案情轻重，自行处理或移送公安机关处理。1951年5月1日《暂行海关法》施行，海关对构成重大走私行为者和政治性、集团性走私活动等走私案件一律移交司法机关处理。

20世纪70年代，温州海关、宁波海关和杭州海关成立后，对于走私案件的处理，严格遵循“有法必依，执法必严，违法必究”的原则。主要依据1951年5月颁布的《暂行海关法》和《中共中央、国务院关于打击经济领域中严重犯罪活动的决定》的精神执行。以事实为依据，以法律为准绳，做到事实清楚，证据确凿，定性准确，处罚适当，程序合法，手续完备。走私案件的处理方式有罚款、没收私货、罚没并处，三者均为行政处罚范畴。对于查获重大走私案件，需要追究刑事责任时，将走私案件移交公安、司法部门究办。

1980年1月1日《中华人民共和国刑法》实施，对违反海关法规进行走私，情节严重的刑事处罚作出规定，海关查获的走私罪嫌疑案件移交地方公安机关。1982年1月1日起实行的《全国人民代表大会常务委员会关于严惩严重破坏经济的罪犯的决定》，对走私犯罪情节特别严重的以及国家工作人员利用职务走私犯罪的刑事处罚作出补充规定。1987年7月1日实行的《海关法》，对走私罪的认定作出了具体规定，并在法律中首次规定对企业事业单位、国家机关、社会团体犯走私罪的，依法追究刑事责任。对此，杭州海关根据《海关法》要求，拟定《案件审理、移交及处理审批制度》，明确对走私违法案件审理处理的原则、审理工作要求及分级

① 甲必丹，是葡萄牙及荷兰在印度尼西亚和马来西亚的殖民地所推行的侨领制度，即任命前来经商、谋生或定居的华侨领袖为侨民首领，以协助殖民政府处理侨民事务。“甲必丹”即荷兰语“Kapitein”的音译，本意为首领（与英语“Captain”同源）。

审理范围，规定调查部门统一审理走私案件。对各业务现场发现价值不超过人民币500元及罚款不超过100元的违法案件，可由各部门自行审理。如1986年第一至第三季度，杭州海关共查处案值500元以下走私案件8起，300元以下6起，100元以下14起，50元以下12起。这些案件大多在旅检、邮检、船检现场查获或公安等有关部门移交处理，大部分物品为淫秽印刷品、音像制品、外币、人民币等。对于这些案件，杭州海关区别情况，作出不同的处理：内容淫秽或特别反动的印刷品，予以没收，并视情罚款；音像制品中个别带有不健康内容的，作部分消磁处理，适当罚款；对国家规定的违禁物品，如外币、人民币等，数量较多的，予以没收，视情罚款，少量的教育放行；对一般物品，原则上以教育为主，属应税物品的，予以补税放行；对数量较多以牟利为目的或多次重犯的，作补税或强制收购或适当罚款，使之无利可图；对数量零星的或有关部门查获的贩私案件，原则上不予主动追查或接受移交，由查获单位或部门依照规定自行处理；除少数价值较大、情节较严重的，一般不开列走私案件处分通知书，而用扣留凭单加盖“禁止进口，予以没收”替代；除淫秽物品、毒品、外币或以牟利为目的的走私案件外，对个人走私案值在200元以下，企事业单位走私案值在1000元以下的案件，下属各关和有关部门可视情掌握，不按走私论处，不开列处分通知书。

1988—1998年，根据第六届全国人大常委会通过的《关于惩治走私罪的补充规定》，海关对个人（包括团体）走私货物、物品数额在2万元以上的，企事业单位、机关、团体走私货物、物品数额在30万元以上的，认定构成犯罪，依法追究当事人刑事责任；不满上述数额的，给予当事人行政处罚。

1997年10月1日施行的《中华人民共和国刑法》规定走私罪包括：走私武器、弹药罪，走私核材料罪，走私假币罪，走私文物罪，走私贵重金属罪，走私珍贵动物、珍贵动物制品罪，走私珍稀植物制品罪，走私淫秽物品罪，走私普通货物、物品罪，走私固体废物罪，走私毒品罪，走私制毒物品罪。并对不同情节的走私罪刑事处罚作出规定，将走私普通货物、物品罪的起刑点修改为偷逃应缴税额在人民币5万元以上。海关查获的走私犯罪案件均移送司法机关追究刑事责任。1999年，杭州海关、宁波海关走私犯罪侦查分局相继组建成立。翌年起，两关所查获的走私犯罪案件，一律移交走私犯罪侦查分局，由侦查分局立案侦查，不再移交地方公安部门。

1999年6月，海关总署走私犯罪侦查局关于对涉嫌走私犯罪的外国人采取强制措施执行程序有关问题发出紧急通知，要求对涉嫌走私犯罪的外国人采取拘留、监视居住或者取保候审的，有关分局在采取强制措施后的48小时以内，传报海关总署走私犯罪侦查局转报公安部，通报当地省或地（市）级人民政府外事办公室。杭州海关、宁波海关走私犯罪侦查分局均依照执行。

2000年，海关总署走私犯罪侦查局制定《走私犯罪侦查机关法制部门办理案件暂行规定（试行）》和《走私犯罪侦查机关跨关区办案协作规定》等规章制度，协调、指导办理跨关区、跨部门走私犯罪案件。7月8日修正的《海关法》对走私处理作出修改。9月，最高人民法院颁布《最高人民法院关于审理走私刑事案件具体应用法律若干问题的解释》，就审理走私刑事案件具体应用法律的若干问题作出补充解释，其中包括走私普通货物物品、武器弹药、伪造货币、文物、珍贵动物及其制品、淫秽物品及固体废物等罪名。同时，单位走私普通货物物品犯罪案件的起刑点由偷逃应缴税额5万元调高至25万元。

2001年，杭州海关、宁波海关走私犯罪侦查分局与省人民检察院、省高级人民法院确立联席会议制度，定期召开联席会议，协调和解决走私犯罪侦查机关在办理走私犯罪刑事案件过程中遇到的难题。

2002年，杭州海关、宁波海关走私犯罪侦查分局执行最高人民法院、最高人民检察院、海关总署联合下发的《关于办理走私刑事案件适用法律若干问题的意见》，在办理案件过程中，严格依法办案，注意加强电子数据证据的收集、保全，提高破案效率。

2005年，海关总署缉私局制定《海关缉私部门刑事执法过错责任追究暂行规定》《海关缉私刑事执法部门与行政执法部门案件移送程序规定》。协调最高人民检察院侦查监督厅、公诉厅和最高人民法院刑二庭共同制定办理走私犯罪案件的规章制度，联合下发《关于建立重大走私刑事案件挂牌督办制度的通知》。杭州海关、宁波海关缉私局遵照执行。

2006年，杭州、宁波海关缉私局根据海关总署缉私局部署，推广“网络缉私”、电子信息取证等侦查工作方法；完善重大刑事案件督办制度，协调、推进与检、法机关的同步督办；强化对案侦工作的指导协调和法制监督；情报分析和经营、境外调研、国际执法合作和境外取证取得实质性进展，反走私预警监测和精确打击能力得到提高。

2007—2008年，杭州海关、宁波海关缉私局执行国务院下达的《关于进一步加强反走私工作的通知》，以及海关总署下发的《关于在缉私办案中实施宽严相济和加强理性执法若干问题的指导意见》，严把案件质量关，严格按照程序规定办理走私犯罪刑事案件，落实重大刑事案件督办制度，直至2010年仍按上述规定执行。

二、违规处理

清代，浙海关对外商违犯关章进行处罚的根据有4类：(1)主要依据中国与各国订立的条约。(2)依据总理各国事务衙门或总税务司署颁行的处罚条律。(3)援例类比，即依据历史旧有案例的判决，用类比法判处新案。这是中国法律界传统判决方式，有时也用于海关会讯中。(4)《浙海关章程》。

按民国及以前的缉私立法，一切违反海关规定的行为都视为走私，没有走私与违规之分。民国20年(1931年)，浙海关依据《海关缉私条例》和《违章漏税罚则》等法规，对走私和违章商人进行处罚。

中华人民共和国成立后，根据1951年的《暂行海关法》，将走私与违反海关监管规定(简称违规)行为分列，区别对待。从该法实施开始，对违反海关监管规定案件的处理成为海关查私工作组成的要素之一。1964年，外贸部海关管理局制定《海关查私工作试行规则》，其中对于走私与违规的界限作了明确规定，区分是否走私主要以有无逃避海关监管的行为为准。该项规则中对现场查获、逃套外汇及内地、沿海、沿边发生的各种类型的违规案件均作出明确界定。

1979年杭州海关建关初期，违规案件主要发生在行邮渠道和内陆贩私渠道，案值较小，情节轻微。20世纪80年代初期较为典型的案件是:假冒补偿贸易名义进口物品、进口物品与批件内容不符、违反补偿贸易外汇使用规定、擅自留用进口装配物品、利用捐赠名义套购外汇进口汽车留用等。对这些案件,杭州海关针对实际情况分别补征税款或罚款。1981年底,杭州海关对到期的75个新型贸易合同进行核销,发现和处理违规案件18起,补征关税18.39万元。1983年,杭州海关根据不同对象,选择监管重点,对经营单位以非外贸公司和初次开展对外业务的企业为重点;按贸易性质分,以加工装配货物为重点;在货物品种上,以机电产品、化纤为重点。同时,注重货物的原产国别、地区,有目的地进行开箱查验,查处违规案件6起。1984年,海关总署对进出口货运中违法行为的定性作出新的调整,其中对违规行为界定较为详细。如普通货物在货物或运输工具进出口申报时,由于不明规定或工作失误,没有向海关提供有关货物或运输工具的实际情况,不是有意蒙骗海关的,属违规;对于“三来一补”货物、贸易合同、特区物资、教育用品、捐赠物资、国别政策等各种形式的货运,以是否违反海关监管规定为界限标准。

1985—1990年,杭州海关在查处违规案件中发现新情况,主要表现为:擅自进出口货物,或报关时交验不出合法证件;违反海关贸易国别地区政策;以捐赠为名骗取免税;把来料加工进口货物在境内非法出售等。1988年,杭州海关在新型贸易管理环节,处理违规案30起,补税168.8万元;在许可证管理、审核进口商品原产地、审查经营权限等环节上,查处违规案件54起。

依据《暂行海关法》及有关海关规定,海关对不同的违规行为分别科处100元~1000元的罚款,或处货物等值以下或有关运输工具等值以下或所漏税额3倍以下的罚款。1987年7月1日,《海关法》和《海关法行政处罚实施细则》实施,规定对同条所列违规行为可处以罚款。《海关法行政处罚实施细则》对各种违规行为具体规定了几类处罚办法:没收货物、物品或者责令退运(退回),并可酌情(或在一定条件下)处以罚款;处货物、物品等值以下或应缴税款2倍以下的罚款;处1000元~50000元的罚款;责令补税或者将有关物品退运,可以并处物品等值以下的罚款。同时,《海关法》和《海关法行政处罚实施细则》分别规定了12项和31项违规行为,其中大多数与《暂行海关法》所规定的违章行为相类似,只有两处有明显更动:逃避海关监管,运输、携带、邮寄货物、物品进出境,但有关货物、物品不属于国家禁止进出境的物品、国家限制进出口或者依法应当缴纳关税的货物、物品的,在《海关法》中列为违规行为,改变了《暂行海关法》中逃避海关监管进出口物资,不分种类都视为走私的规定;携带、邮寄超过合理数量的自用物品进出境,未向海关申报的,根据《海关法行政处罚实施细则》的规定,如果未申报的有关自用物品数额较小,可视为违规行为,若数额较大,则应列入走私行为,这同《暂行海关法》将上述行为都作为走私认定不同。构成违规行为的基本要素是,主观方面或由于行为人的故意或由于行为人的过失,而在客观方面违反了海关的规章制度,干扰了海关的正常监管秩序,海关据此来判断是否属于违规行为。1989年,杭州海关查处违规案件219起,罚没收入527万元;其中宁波海关查处违规案件58起,罚没收入154万元。

1990年以后,杭、甬海关根据浙江省对外贸易不断发展的形势,在处理违规案件时,注意抓住大案要案及影响广的案件。同时不断提高查处违规案件的政策水平和规范查处程序。

1992 年 6 月 20 日，制定《杭州海关处理违规案件协调办法》，于同年 7 月 1 日正式实施。该办法对走私违规案件的查处程序、有关职能部门的查处权限及相互协调配合等问题做了明确规定。1995 年，宁波海关处理的 19 起进口违规案件中，申报不实 10 起，移作他用 3 起，未申报 3 起，擅自转让 2 起，其他 1 起。

2002 年，海关总署制定《海关缉私部门办理走私、违规以及其他行政违法案件若干问题的暂行规定》，明确规定，对走私等行政违法案件的查处，由案发地处级以上海关缉私部门管辖；对海关监管业务现场发现的走私等行政违法案件或者线索，应当由现场业务部门直接移交有管辖权的海关缉私部门办理；对地方公安、工商行政管理和烟草专卖等执法机关查获的需要移送海关处理的走私等行政违法案件，由有管辖权的海关缉私部门统一受理并负责查处；对经过海关缉私部门侦查认为不构成犯罪或者情节显著轻微，不予追究刑事责任的，以及经人民检察院审查依法不起诉，或者经人民法院审理依法免予处罚，但需要海关行政处罚的案件，由海关缉私部门统一办理。2003 年 7 月，海关总署印发《海关行政案件审理工作规程（暂行）》，明确规定审核案件的证据材料和适用的法律程序，准确认定案件事实，正确适用法律、行政法规、部门规章，合法、公正、及时处理走私、违规及其他行政违法案件。案件实行专人审理、分级审批，重大、疑难及给予较重处罚的案件由案件审理委员会审议。杭、甬海关据此处理各类行政违法违规案件。

2004 年 11 月 1 日，《中华人民共和国海关行政处罚实施条例》施行，海关行政处罚进一步规范。2005 年 7 月 6 日，宁波海关制定《宁波海关行政处罚罚款幅度标准》，以统一关区执法尺度。

2005 年 8 月 1 日，《海关总署关于行政处罚案件审批权限的规定》实施，杭、甬海关对货运渠道和海上案件案值在 1000 万元以上、收缴物品价值在 500 万元以上，对案值在 500 万元以上案件拟减轻处罚的幅度低于规定下限的行政处罚案件，在告知前均上报海关总署审批。

2006 年 3 月 1 日，《中华人民共和国海关行政处罚听证办法》进一步完善海关行政处罚听证制度，规定海关作出暂停从事有关业务、暂停报关执业、撤销海关注册登记、取消报关从业资格，对公民处 1 万元以上罚款，对法人或其他组织处 10 万元以上罚款，没收有关货物、物品、走私运输工具等行政处罚决定之前，应当告知当事人有要求举行听证的权利；当事人要求听证的，海关应当组织听证。8 月 9 日，海关总署下发《海关行政违法案件调查管理办法》。杭、甬海关缉私部门遵照执行。

2007 年 3 月 13 日，宁波海关首次向宁波市中级人民法院提交申请阻止 2 家公司负责人出境的申请函，以保障行政处罚的执行。6 月 17 日，宁波海关制定《宁波海关缉私局行政案件抵押金操作规程》和《宁波海关缉私局行政处罚案件担保金收取及处置规范》，进一步规范具体行政执法行为。10 月 8 日，宁波海关缉私局首次通过破产清算程序执行行政处罚案件。

2009 年 3 月 31 日，宁波海关开展简易程序行政处罚案件现场办理试行工作，制定《宁波海关开展简易程序行政处罚案件现场办理试行工作规程》。

表 67-6-4-1　　1996—2010 年杭州海关、宁波海关查处违规案件统计情况一览表

年份	杭州海关		宁波海关	
	查处违规案件数(起)	案值(万元)	查处违规案件数(起)	案值(万元)
1996	30	6496	47	30800
1997	29	3500	43	17400
1998	48	46600	32	8900
1999	121	20000	56	4106
2000	127	17900	57	21496
2001	221	31000	246	16300
2002	223	37600	200	24613
2003	209	29800	133	25000
2004	242	44600	1267	37473
2005	586	69600	2252	54152
2006	1140	84300	2629	105000
2007	1942	79900	3922	99100
2008	3993	147700	4722	207948
2009	5372	205000	6620	157100
2010	6919	315800	12072	200400

资料来源:根据杭州海关、宁波海关历年业务统计数据整理。

三、私货处理

清道光初年规定,如能在口岸盘获走私的粮食,可赏私货的十分之三给巡丁,在海上查获,则赏一半,举报人同样如此,其余粮食,全部充公。同治七年(1868 年)八月普鲁士船"舵撒"号贩运私盐案,照章将船货没收。浙江分巡宁绍台海防道、监督文廉,照会浙海关税务司包腊:照速将是案船只即日照章入官,变价解道,以便分别解给充赏。意指将变卖洋船所得的罚款,按提成数分解给总理衙门、海关道署和浙海关税务司,而由关道负责分配罚款。

光绪二十八年(1902 年),总税务司通令各关:凡经海关没收充公的船货,准许货主按照海关估价赎回完税放行,如不愿赎回或无抗议者,则听由海关处理,对没收的违禁品、专营专卖货物和物品,海关则采取专门办法处理。杭州关缉获的鸦片等毒品及有关器具,按照规定移交有关部门或焚毁。缉获没收的黄金、白银、铜圆、制钱及外钞交存中央银行杭州分行。缉

获没收的食盐移送盐务局。民国 22 年(1933 年)以后,除违禁品外,其余缉获的船货均由杭州关予以拍卖或标卖。基于市场价格或销售渠道等原因,杭州关有时将缉获品运送到上海出售。民国 23 年 9 月 14 日,关务署转发财政部训令,规定今后缉获鸦片及大麻等私货,统交禁烟督察处处理。

民国 29 年(1940 年)3 月 26 日,国民政府财政部通知浙海关监督和浙海关税务司:海关对于未经领有特许证的禁止进口物品,均按违章贩运禁品予以没收。规定海关对没收的禁止进口物品的处置办法有 3 种:(1)凡煤油、汽油经海关没收后,由液体燃料管理委员会备价提取,以供应正当需要;(2)凡洋糖没收后,由贸易委员会备价提取,以备调剂糖市场之用;(3)食品、烟酒及其他一切禁止进口物品,经海关查获没收后,应报由财政部查核处理。但遇到鲜货或变质易坏者,得由查获海关先行变价,并专案报部查核。办法内所称之“价”,即系海关拍卖价格,包括关税在内。

20 世纪 70 年代,温州、宁波、杭州海关设立后,对于走私物品的处理,均遵照《暂行海关法》和国务院、各级政府及有关部委文件规定执行。

1980 年,全国查私工作会议提出,对私货处理要以质论价,公平合理。对于收购部门不合理压价的,可以转卖给其他商业部门或委托代销。同时,还颁布《关于打击走私、投机倒卖进出口物品的通告》。据此,浙江省人民政府规定:对于在反走私行动中查获的走私物品,必须交由法定机关(设关地点为海关,其他地方为市县一级税务局)依法处理,其他部门和机关均无权处理。在内地市场查获的非法倒卖的外货(包括查清楚来源的)统由工商行政管理部门按违反市场管理的规定处理。没收的走私物品,按外贸部 1958 年 11 月 6 日第 1106 号令颁发的《海关处理没收物品办法》进行处理。金银、货币、证券、外币等交由中国人民银行收兑、托收、保管或处理;武器、无线电通信器材,其他政治破坏性物品及珍贵文物、图书、公债券、企业股票等分别无偿移交有关专管机关;禁用药品、淫秽书画物品、赌具及吸毒用具等由海关销毁;属于商业部门经营范围以内的货物,一律交由商业部门收购;商业部门经营范围以外的货物,可委托国营商店寄售或拍卖,严禁擅自变卖或“开后门”购买。浙江省杭州、宁波、温州海关据此一应执行。

1983 年 6 月,浙江省各海关执行国务院发布的《中华人民共和国金银管理条例》,对依法没收的金银,一律交售给中国人民银行,没收的金银价款按照有关规定上缴国库。1984 年,国务院批转的《东南沿海三省第四次打击走私会议记录》规定,缉私部门没收的私货,可纳入商业部门经营的,由有关国营商业部门收购,不再指定商店。为执行这一规定,1984 年 12 月 28 日海关总署发布《关于海关没收私货交国营商业部门收购问题的通知》,明确规定:(1)没收私货今后虽然不再指定商店收购,但各海关一定要严格执行规定,只能卖给有关国营商店,不能卖给集体、个体商贩;(2)没收私货在一般情况下,应交本省(市、自治区)有关国营商店或外省驻本省的国营商业采购部门收购,不要转到省(市、自治区)外处理;(3)出售私货的价格,除了当地确实不好销的以外,应不低于当地市场正常零售价格的 7 折。在这个前提下,哪个商店出价高就卖给哪个商店,以争取应上缴的罚没收入全部上缴财政。

1985 年,财政部颁布实施《罚没财物和追回赃款赃物管理办法》。1987 年 7 月 1 日,《海关法》和《海关法行政处罚实施细则》实施。杭州海关根据上述有关规定对走私货物进行处理。特殊物品除按规定交专营机关、企事业单位收购或处理外,其他货物交国营商业部门收购变卖,收购变卖的价格由海关和商业部门协商定价,不低于市场零售价格的70%。同时,鼓励罚没物品交拍卖行公开拍卖。1992年,杭州海关落实国务院下发的《关于公物处理实行公开拍卖的通知》,将走私物品委托地方政府指定的拍卖行通过公开的方式拍卖。

进入20世纪90年代,杭州海关私货处理工作除属于专门机关管理或专营企业经营的没收物品,指定移交上述部门处理外,对应由海关销毁的物品,如吸毒用具、仿真枪支、假冒香烟、失效药品、淫秽物品、赌具等,均予自行销毁。如1994年5月20日,舟山海关会同嵊泗县烟草专卖局等部门,公开烧毁512件红山茶、360件红塔山假冒商标香烟。对其他罚没、逾期、声明放弃等情况的货物,纳入拍卖渠道进行处理。

1995年,海关总署、国家烟草专卖局等四部门联合下发《关于扣留、没收的非法进口卷烟处理问题的通知》,规定执法部门没收的非法进口卷烟,应委托国家烟草专卖局设立或省级人民政府指定并经国家烟草专卖局认可的拍卖行公开拍卖。杭、甬海关将海上查获的走私香烟悉数交售地方各级烟草专卖局和指定的烟草公司,或进行拍卖。8月18日,杭州海关参加浙江烟草拍卖行成立暨拍卖会,近5000件罚没走私进口香烟参加拍卖。

1996年1月6日,海门海关委托浙江省烟草拍卖行拍卖查扣走私香烟7600余件,省内45家烟草公司参加竞拍。公开拍卖私货,体现公开、公平、竞争的原则,可促进货物的合理流向,为国家增加财政收入,有利于海关队伍的廉政建设。自1999年起,杭州海关继续落实私货的公开拍卖,与财政部驻浙江财政监察专员办事处(以下简称财政专员办)共同确认全关区16家拍卖行,规定全关区货物价值在300万元以上的罚没物品,由财政专员办和海关共同委托经双方确认的拍卖行公开拍卖,以确保缉私罚没收入及时、足额入库。

1999年4月,国家文物局、财政部、公安部、海关总署、国家工商行政管理局联合制定下发《依法没收、追缴文物的移交办法》。规定依法移交的文物(包括珍贵文物和一般文物)属于国有资产,执法部门在结案后立即全部无偿移交给接收部门。

2002年,杭、甬海关根据国家经济贸易委员会和海关总署发布的《关于开展缉私罚没车辆定点拍卖工作的通知》,将没收的进口汽车、摩托车等车辆以公开拍卖的方式处理,拍卖所得收入全额上缴国库。

2003年1月,杭、甬海关执行海关总署下达《海关总署调查局、侦查局、财装司职责分工》,将原调查局承担的私货变卖、处置等职能交由财务部门负责,相关业务及单证管理由财务处负责办理。是年,开始实施拍卖权公开竞标,取代实行多年的委托拍卖。2月18日,杭州海关完成私货仓库交接工作。此次交接的物品主要有历年来海关在扣的鹿茸、象牙制品、假银圆等。11月,海关总署制定下发《海关罚没财物管理办法》,规范罚没财物的管理范围、交接手续、拍卖程序、价格评估、仓库保管、罚没收入缴库等各个环节的工作。杭、甬海关按要求均制定符合本关区实际的罚没财物管理实施细则。

2004年,海关总署建立海关罚没财物报表制度,杭、甬海关每季度按规定报送统计报表和报表说明。是年底,海关总署财务装备司联合海关总署缉私局在全国海关组织开展库存罚没财物专项清理工作，要求各地海关彻底查清库存底账，依法变卖积压旧货。12月2日，宁波海关委托浙江省罚没走私物资拍卖行对一批走私成品油进行拍卖，该次拍卖的成品油总计1100余吨，共拍得价款367万元。2005年3月23日，宁波海关举行罚没及滞港超期物资拍卖会，成交金额228.5万元。5月30日，宁波海关委托浙江省走私没收物资拍卖行对“10·27”走私案中涉案船舶“舟顺15”号进行公开拍卖，最终竞拍价为266万元。2006年2月10日，宁波海关举行销毁走私假烟仪式，共计销毁1683件84550条走私假烟。5月24日，宁波海关拍卖一批罚没侵权及超期放弃货物，拍卖成交率达96％，拍得金额332万元，拍卖品主要有电风扇、自行车、萤石、衬衫、塑料刷子、电动滑板车、小家电等120余票。

2006年9月20日，浙江省首次对100余吨危险性极强的进口易制毒化学品作销毁处理，宁波海关对其进行了跟踪监管。12月6日，宁波海关公开销毁19辆无合法证明的走私汽车，涉及奔驰、宝马、林肯、别克、丰田等汽车品牌。12月13日，宁波海关拍卖一批罚没及超期滞港物资，主要包括罚没、侵权、超期、放弃等货物，共拍得价款182万元。2007年1月26日“国际海关日”，宁波海关集中销毁一批知识产权侵权货物，包括假冒欧司朗卤素灯、金卤灯1203箱近11万只，假冒阿迪达斯、迪奥等品牌的太阳眼镜6.6万副，假冒英雄钢笔2.8万支，价值200万元。4月20日，宁波海关举行集中销毁侵权货物仪式，共计销毁3500余箱侵权货物。7月26日，宁波海关公开拍卖一批罚没、超期、放弃财物，总成交金额达303.6万元，成交率90％，主要拍品有玻璃水钻、生产测试工作站、节日灯等。8月22日，宁波海关将涉案在扣的453吨废金属委托浙江省走私没收物资拍卖行公开拍卖，以368.5万元的价格成交。

2008年，杭、甬海关根据海关总署《关于进一步加强海关罚没财物管理工作的通知》，坚持依法拍卖，将罚没货物、物品处理作为关务公开的重要内容，事前将有关拍卖信息刊登在国家指定的媒体和海关互联网门户网站上。9月11日，宁波海关缉私局组织销毁一批淫秽物品，其中淫秽光盘382张、淫秽书刊151册。11月21日，宁波海关举行关区历史上规模最大的罚没走私汽车拍卖会，对已作出没收处理的29辆走私汽车进行公开拍卖。此次拍卖会共有10辆汽车拍卖成功。

2010年4月22日，杭州海关缉私局组织参加2010年浙江省暨杭州市侵权盗版及非法出版物集中销毁活动，集中销毁2009年以来在关区邮检和旅检等监管现场查缴的侵权盗版和非法出版物17778件(册)。9月29日，宁波海关组织没收化纤布专场拍卖会。此次拍卖的化纤布库存体积2000立方米，价值超过2009年全年拍卖额。

四、罚没收入处理

中国古代对走私的罚没收入，除没入公库外，一部分充作赏金，以赏给举报人和缉私有功的人员。

清同治二年(1863年)四月起至同治三年十月二十七日，浙海关(新关)计罚款收入共关平银1万余两。杭州关时期，罚没收入的处理，以罚没总收入均作十成，拨赏眼线三成，缉私人员赏金一成。除赏眼线和缉私人员四成外，所余再作十成均分，拨归监督三成，外交部三成，本关净收入四成。从光绪二十二年(1896年)起至民国26年(1937年)，杭州关罚没总收入为关平银 71996.09 两，交外交部提成关平银 11531.06 两，交杭州关监督公署提成关平银 12234.86 两。

民国 17 年(1928 年)3 月，国民政府财政部关务署制定《主管各关局罚款章程》规定，各海关的缉私罚款按下列比例分配：20%上缴关务署，20%由缉私出力关员分配，20%由协助缉私的职员分配，20%给提供走私情报者，其余留存本关局。没收货物的变卖价款按下列规定分配：50%上缴关务署，50%按照罚没收入分成比例分配。私货价款如无协助查获者，将所给之成数拨归本关局及主力缉私关员支配。民国 22 年 3 月 10 日起，给海关监督提成，改为一成半，外交部提成取消。

民国 24 年(1935 年)6 月 8 日，总税务司训令规定：没收货物变价款就付款先后顺序，先支付杂项费用、奖金和眼线奖金，余留部分，入账作税款，罚金不能用于补缺税款。与海关以外人员合作缉私时，缉私奖之半数给海关，另一半给非海关人员，后者如何分配奖金，海关不予过问。如一缉私案有两项以上罚款应并入一起计算。民国 26 年 9 月 22 日，总税务司电令：按国民政府指示，海关监督在罚没收入中的份额，自当年第三季度起解缴财政部(指罚没净收益的一成半原应付监督的现解缴财政部)。

民国 31 年(1942 年)10 月 26 日，国民政府财政部关务署规定：所有充公变价之款除扣除杂项支出外所余之款应分十成支配，线人充赏四成，出力缉获人员三成，解库三成。但海关、税务、盐务署有特别规定者不在此列。浙海关、瓯海关及杭州关等一应执行。

民国 32 年(1943 年)1 月 13 日，汪伪关务署公布的《关于罚没收入款项解交办法》规定：罚款及没收私货变卖价款 70%留充各海关经费或总税务司署经费，7.5%拨缴各关监督，7.5%上缴关务署，15%拨缴财政部。

中华人民共和国成立至 1979 年以前，走私案件的罚款和没收物变价收入，全部划归地方财政。1980 年后，除按规定提取一定的比例缴地方财政及必要的查私办案费用外，其余部分皆解缴国库。

1985 年，杭州海关根据财政部《关于重申国家罚没收入一律上缴国库的通知》，对 1984 年度应缴库的罚没收入进行清理，自查是否如数足额上缴国库，有无截缴坐支等现象，对 1985 年第一季度的罚没收入是否按规定比例留成和缴库进行检查。为了简化海关缉私办案费用的核拨手续，海关查处走私案件的罚没收入，自 1985 年 1 月 1 日起，50%上缴地方财政，20%上缴中央财政，其余 30%由海关总署留作全国海关的缉私办案费用。

2003 年 11 月 19 日，为适应形势发展，进一步规范和加强海关罚没财物管理工作，海关总署重新制定了《海关罚没财物管理办法》。2009 年 8 月 25 日，宁波海关缉私局将“4·27”专案违法所得 2168.5 万元罚没入库，这是当时宁波海关入库的最大数额的一笔罚没款。

表 67-6-4-2　　2000—2010 年杭州海关、宁波海关罚没入库统计情况一览表

单位：万元

年份	杭州海关罚没入库	宁波海关罚没入库	年份	杭州海关罚没入库	宁波海关罚没入库	年份	杭州海关罚没入库	宁波海关罚没入库
2000	8583	12964	2004	15636	4322	2008	10300	8768
2001	12343	3273	2005	7984	6635	2009	7061	9042
2002	12662	3458	2006	7724	6950	2010	11267	7689
2003	11760	2909	2007	12970	8102			

资料来源：根据杭州海关、宁波海关历年业务统计数据整理。

五、缉私奖励

宋元祐五年(1090 年)规定，举报私往高丽、新罗、登州、莱州贸易者，以没收走私货物、船只的一半赏给举报人。绍兴五年(1135 年)规定，如举报向北方辽国走私者，则以全部私货赏给举报人。元至元十三年(1276 年)规定，私货全部没官，以其一半赏与举报人。至元三十年四月规定，以断没来的钱物内三分中一分与首告人充赏。明代，改以银子为赏金，举报者赏金一般为银 20 两，但有时也以没收货物作赏金，把私货分成 10 份，以 3 份赏与举报人。清代的赏金一般也为银 20 两，但也有实物。道光初年规定，如能在口岸查获走私的粮食，可赏私货价的十分之三给巡丁，在海上查获，则赏一半，举报人同例，剩余粮食，全部充公。咸丰十一年(1861 年)，浙海关制定章程，关于罚款以一半分送巡宁绍台道、海关监督署充作赏金，另一半归浙海关税务司分赏给海关有关人员。同治三年(1864 年)，浙海关依照总理衙门咨文：将各海关罚款提出三成解北京总理各国事务衙门，提出三成归海关监督署充赏，以四成归税务司充作海关工作人员奖金。如“印第安”号船长卜德未领红单出口往定海，罚银 200 两，赏拿获之海关巡丁关平银 66 两；“勿立克”号船长安得森往不通商口岸进行贸易，罚银 100 两，赏拿获之海关巡丁关平银 33 两。

民国元年(1912 年)7 月 22 日，杭州关为抓获鸦片走私后奖赏一事呈浙江财政司一文中明确：“遇有浙江出境外及入境一体扣留……盖按章凡获私货，所有钤字手及线人俱有应得之奖赏银，其奖法按酌核拿获私货情形价值之一成至六成不等充赏，至线人费则照提价值之三成给赏……钤字手及线人奖赏银请由民政司照数拨给。”

民国 13 年(1924 年)初，杭州关接受海关监督公署派员缉获私运之中外杂货，变价得关平银 619.7 两，赏线人密报奖约三成，计关平银 185.75 两，合洋 278.63 元。7 月，杭州关接受海关监督公署派员缉获私运之硝镪水 28 罐，重 1260 斤，估银 126 两，赏线人密报奖三成计 37 两 8 钱。民国 16 年 5 月 31 日，总税务司发文通报表彰杭州关嘉兴分关署理副税务司李贵荣，对其在缉获重大走私案件中的表现给予高度赞扬。

民国17年(1928年)12月17日,财政部关务署令第72号规定:海关缉获私盐按每担奖励洋银1.25元;担数递加,赏数递加;100担以内每担给洋银1.25元,100担以上每担给洋银1.375元,500担以上每担给洋银1.5元,1000担以上每担给洋银1.625元。民国19年1月1日起,缉私奖金支给标准为:在根据密报查获的案件中,如处理决定是没收或罚款,告密人可从物品拍卖收入或从罚款金额中领取四成,相关关员领取两成;在无密报而查获的案件中,相关关员可从物品拍卖收入或从罚款金额中领取三成。民国22年9月22日,国民政府财政部训令规定:(1)如因眼线报告,将商人从前少纳之税款追回并判处罚款者,得照所追回3年内税款两成,或所处罚款四成,就其中最多之一项给奖,但此项奖金,如按追回3年内税款提给,只能以法币10万元为度;(2)如因眼线报告,将商人从前少纳税款追回,而未予判处罚款者,得按照追回3年内税款两成给奖,亦以法币10万元为度;(3)将来遇有应按照追回税款提成给奖时,应准由总税务司随时于税款项下支付,作为奉准特提之款,以清款目而期简捷。

民国23年(1934年)12月8日,财政部关务署训令政字第15128号《查获无照私运银币或银类奖惩办法》第二项规定:对充公之银币银类变价后,为海关或军警机关单独缉获者,照海关无眼线人提奖办法加倍给奖,即异常劳绩给予60%,寻常劳绩给予40%;海关得眼线人告密,因军警机关之协助而缉获者,照海关有眼线人提奖办法加倍给奖,军警及眼线人各得40%,关员得20%;海关借眼线人告密(无军警之协助)而缉获者,眼线人给奖60%,关员给奖40%;海关因军警之协助(无眼线之告密)而缉获者,军警给奖40%,关员给奖40%。民国25年6月,杭州关执行财政部通令规定,海关据眼线报告而缉获私货者,由处理后所得之款给予眼线奖款五成,各机关及军警缉获私货移送海关处理者,由海关处分后以处理所得之款给予奖款五成。民国27年6月10日,总税务司署查缉科发文杭州关,对于杭州关执行财政部通令5297号存在的问题予以纠正:杭州关只发放罚款的十分之四给举报人,依据是"上海的做法"应予以纠正。正确的发放举报奖,应将罚款没收两者数额之和的十分之五发放给举报人。

1973年9月1日,海关实施《海关奖励查私办法》,当时供内部掌握,规定为充分发动人民群众协助查禁走私,海关对查私有功人员,采取政治奖励与物质奖励相结合、政治奖励为主的原则,予以鼓励。政治奖励分表扬、颁发奖状和建议所在单位给予记功;物质奖励分为发给一定的奖金和奖品两种,经人民群众向海关告发或协助查获的走私案件,按告发人或协助人贡献的大小,发给该案罚没收入3%~10%的奖金或等值的奖品。海关发给查私奖金最高限额为人民币500元。但对有特殊贡献的,可以报经上级批准,给予超额奖励。1979年6月20日,中华人民共和国对外贸易部海关管理局(79)贸关查字第259号文件规定:对境外人士向海关告发,而查获的走私案件,对告发人需要外币支付奖励金,可报对外贸易部海关管理局审核拨给。10月15日,对外贸易部对上述内部掌握的《海关奖励查私办法》作了修订,并对外公布、实施,以调动各方力量协助海关查缉走私。海关对群众告发或其他部门协助查获走私案件,依法处理后,可以从案件的罚款和没收物品变价收入中提取15%作为查私奖金。海关对告发查获的走私案件,按告发人贡献的大小,发给告发人奖金总额的四分之一至四分之三,余额作为海关查私费用,告发人的奖金最高限额为人民币1000元。对有特殊贡献的人,由海关管理局核准,给予超额奖励。

1982年3月8日，海关总署规定：对其他部门查获移交海关处理的走私案件，每案奖金最高限额为人民币5万元；对有特殊贡献奖励需要超过5万元的，应向海关总署报批。9月24日，海关总署发布《海关奖励查私办法》，并于10月1日起实施。杭州、宁波、温州海关均遵照上述有关规定执行。1984年11月，国务院批转东南沿海三省（指广东、福建、浙江三省）第四次打击走私工作会议纪要规定：为有利于调动国内外各种积极因素协助缉私，今后凡属根据检举查获的走私案件，对检举人应实行论功行赏的原则，贡献小的少奖，贡献大的多奖，按每案罚没收入总数的10%以内掌握发给，但一般不得超过3000元。对有特殊贡献的，奖金还可以增加。对全民、集体所有制企事业单位提供线索和协助查获的走私案件，也都应当按其贡献大小，发给一定数量的奖金。对缉私有功人员的奖励办法，由三省人民政府根据海上缉私奖励应高于陆上的原则自行规定。海上缉私有功人员每人每年受奖额最高不超过本单位平均工资6个月的数额。是年，省政府授予温州海关“反走私先进集体”荣誉称号。

1984年底，海关总署修订《海关奖励缉私办法》，并以(84)署查字第1137号文件下发各关，自1985年1月15日起实施。该办法规定对走私案件的告发人的奖励金，按贡献大小，在每案罚没收入总额的10%以内掌握发给，一般不超过人民币3000元，但对有特殊贡献的，经海关关长批准，奖励金不受3000元的限制；对提供线索和协助破案的企事业单位与农村经济组织等单位，在每案罚没收入总额的10%以内掌握发给奖励金，但每案最高奖励金额不超过2000元。1989年8月22日，海关总署令第8号发布《中华人民共和国海关对检举或协助查获违反海关法案件有功人员的奖励办法》，自1989年9月1日起实施。杭州海关根据总署令第8号和《海关法》第五十八条的精神，制定《杭州海关对检举或协助查获违反海关法案件有功人员的奖励办法实施细则》，该细则对发奖范围、提奖原则、审批手续、保密工作、单据保管等都作出详细的规定。

1992年5月8日，省政府通报表彰全省反走私斗争先进集体和先进个人，杭州海关调查处、温州海关调查科、舟山海关业务三科被评为先进集体，杭州海关崔汉桥等6人被评为先进个人。9月25日，杭州海关下发《奖励海关缉私有功人员的暂行办法》，该办法对海关缉私有功人员以精神奖励为主，并给予必要的物质奖励，并对奖励金额、受奖人员范围、审批手续等作了详细规定。10月24日，海关总署决定对海关系统在查缉走私斗争中，成绩显著的30个科以下基层单位给予通报表彰，宁波海关调查科、海门海关“海关706”缉私艇受到表彰。12月11日，海门海关受到省政府给予打击海上走私香烟母船有功单位表彰奖励，并获奖金2万元。

1993年1月8日，杭州海关对在1992年度开展反走私斗争有突出成绩的海门、舟山、宁波、温州海关给予通报表彰，并根据《海关特殊贡献奖实施细则》规定，分别奖励海门海关奖金5万元、舟山海关3万元，奖励宁波、温州海关各1万元，予以鼓励。海门海关调查科被海关总署授予“1992—1993年度全国海关先进集体”称号。

1994年，海关总署通报表彰杭州海关暨舟山海关积极救助南京海关“海关820”缉私艇的事迹。1995年，海关总署对1993年、1994年缉私成绩突出的12个海关给予表彰，杭州海关获二等奖。1995年8月4日，杭州海关被海关总署授予“缉私一等奖”，宁波海关调查处及温州、舟山、海门海关被评为“1994—1995年度全国反走私先进集体”。

1998年8月5日，省委、省政府召开全省打击走私工作会议，对1996年至1997年度全省打私先进集体和个人给予大会表彰。杭州海关调查处、温州海关、海门海关、舟山海关、嘉兴海关、绍兴海关及陈险峰等4人被评为先进集体和先进个人。

1999年10月19日，为表彰海门海关“海关813”缉私艇和其英雄战斗群体自1993年列编以来，累计查获各类走私案件131起、案值3.9亿元，创造以小艇打大船成功战例的辉煌战果，海关总署决定将“海关813”命名为“缉私先锋艇”。

2000年8月1日，海关总署人事教育司为表彰温州海关、海门海关于是年6—7月间在浙江东南沿海开展的3次缉私专项行动中取得重大战绩，依照《海关系统奖励暂行规定》：给温州海关调查科集体记功，颁发奖金1.5万元；给海门海关调查科集体记功，颁发奖金1万元；给温州海关季文超、海门海关王国平记二等功，各颁发奖金2000元；给海门海关管恩德记三等功，颁发奖金1500元；给温州海关陈忠孝等8人嘉奖，各奖奖金500元。12月8日，海关总署为表彰查获自1998年来浙江境内最大一起海上走私案，给海门海关“海关905”艇、杭州海关调查处情报科集体记功，给海门海关王臻记二等功，合计颁发奖金2.5万元。

2001年5月21日，公安部为表彰杭州海关走私犯罪侦查分局“9·24”专案成功侦破，给予“9·24”专案组记集体一等功。海关总署走私犯罪侦查局给予杭州海关走私犯罪侦查分局蒋建华记个人二等功并颁发证书及奖金2000元，朱英伟记个人三等功并颁发证书及奖金1000元。

2002年1月23日，浙江省打击走私综合治理领导小组授予绍兴海关、温州海关调查科、宁波海关走私犯罪侦查分局侦查处等13个单位“全省反走私先进集体”，授予杭州海关朱欢丛、宁波海关梁洪举等12人“浙江省反走私先进个人”。

2003年7月25日，人事部、海关总署、公安部、国家工商行政管理总局联合下文授予杭州海关调查局、宁波海关调查局及台州海关调查科、温州海关调查科、舟山海关缉私分局为“全国反走私先进集体”，授予杭州海关缉私局张黎明、绍兴海关陈峻、嘉兴海关缉私分局姚亚良、金华海关缉私分局瞿利民、宁波海关缉私局杨明及北仑海关姚平为“全国反走私先进个人”。

2004年2月9日，海关总署缉私局给予杭州海关缉私局“3·22”专案组记集体二等功并颁发奖状、奖金，查关祥、钱志荣记个人二等功并颁发奖章、奖金。4月5日，海关总署缉私局对在专项行动中有突出拒贿拒礼事迹的杭州海关缉私局朱康平、何建明，宁波海关缉私局杨军汉、汪泽、张乐斌给予通报表扬。

2005年1月23日，杭、甬海关被浙江省打击走私与海防口岸管理办公室分别授予“2004年度反走私综合治理工作优秀单位”。10月9日，海关总署缉私局给予杭州海关缉私局“11·1”(2004年)特大古生物化石走私案专案组记集体二等功，颁发奖状、奖金；给予汤谦、陈景毅2人各记个人一等功，颁发奖章、证书和奖金；给予丛兵等7人各记个人二等功，颁发奖章、证书和奖金。是年，宁波海关制定发布《宁波海关反走私工作奖励办法(试行)》。

2008年1月23日，海关总署缉私局给杭州海关缉私局“666”专案组及周晓萌等2人记二等功。

2009年,宁波海关缉私局被中国野生动物保护协会评为2009年斯巴鲁生态保护奖先进集体,以表彰该局上年成功侦破全国最大的走私国家二级保护动物猎隼案。

第七章 海关统计

海关统计是反映通过设关口岸进出口的对外贸易货物的实际统计，在不同历史时期根据当时的情况编制不同的统计。

中国古代海关没有完整的统计制度，仅有简单的税收统计。如清嘉庆四年(1799 年)，朝廷为督促海关监督在税收中尽收尽解，保证税课收入，编造了 3 种关口征税时用的商填册、循环册和稽考册。

近代海关自咸丰九年(1859 年)起开始编制贸易统计，并对外出版发布贸易统计期刊，由简至繁，从少到多，至 1949 年，90 年间从未间断。其间浙江省设有浙海关、瓯海关和杭州关。浙江省完整的海关贸易统计始于咸丰十一年(1861 年)四月，浙海关(新关)建立后编制。其后设立的瓯海关和杭州关亦按例编制。

中华人民共和国成立后，海关贸易统计改称海关统计。1980 年，正式恢复海关统计编制。是年 1 月 1 日，海关总署实施《海关统计制度及其实施原则》。浙江省杭州海关、宁波海关、温州海关根据该项制度和实施细则全面恢复统计工作，按月向海关总署电报月进出口分类商品、数量、价值等项贸易统计数据以及业务统计指标数据。

1984 年，杭州海关升格为厅局级直属海关，下辖宁波、温州海关。由此，宁波、温州两海关的统计数据由杭州海关统一汇总，报送海关总署。1995 年 1 月，宁波海关升格为副厅局级直属海关后，其海关统计数据直接向海关总署报送。

2000 年以后，海关统计工作进一步趋于科学和规范。2005 年 11 月，国务院公布《中华人民共和国海关统计条例》(以下简称《海关统计条例》)。2006 年 11 月 1 日，海关总署根据该条例进一步制定《中华人民共和国海关统计工作管理规定》。《海关统计条例》的施行使海关统计工作的法律地位得以确立，更有利于海关依法开展统计工作，使海关统计工作进入法制化轨道。杭州海关、宁波海关①按照海关总署的统一要求，在做好海关贸易统计和业务统计基础上，加强统计分析、统计监督、监测预警和统计咨询等统计应用工作。结合科技手段，开发计算机应用。加强统计制度建设，开展统计人员岗位培训，提高队伍素质。积极为地方政府领导和有关部门以及外经贸企业提供统计咨询和政策建议，对浙江省的经济和社会发展发挥了重要的作用。

---

① 以下杭州海关、宁波海关分别记述时用全称，两关合记时简称杭、甬海关。

第一节　统计种类

近代中国海关统计主要是贸易统计，浙江省完整的海关贸易统计始于清咸丰十一年(1861年)浙海关(新关)建立后编制，其间经历晚清和民国。中华人民共和国成立后，海关贸易统计改称海关统计。1980年国家正式恢复海关统计编制，并分贸易统计和业务统计两项，浙江省各海关按海关总署的规定编制两项统计。

贸易统计主要是国家进出口贸易统计，是对外贸易实际进出口货物的统计，反映国家进出口商品的品种、数量、金额、贸易方式、经营单位和国别等情况，提供对外贸易统计资料。业务统计是对海关主要业务部门管理过程和管理结果的统计，反映海关监管、征税、查私等各项业务和工作情况，在海关管理中发挥信息、咨询和监督作用。

一、贸易统计

清代以前，浙江省关于海关统计并无完整的可查记录。康熙二十四年(1685年)浙海关成立。嘉庆四年(1799年)，朝廷为督促海关监督在税收中尽收尽解，保证税课收入，编造了3种关口征税时用的簿册，即商填册、循环册和稽考册。各关在征税时，先令商人将应纳税额填记到商填册内，缴纳税款，然后由管关人以循环册开写票据，按日登记稽考册。这些簿册须按季咨报户部查核。为此，浙海关监督依例须于关期未满前6个月赴户部请领，在关期任满后，填报稽考册。此时浙江省所设浙海关，即按例执行。

鸦片战争后，清政府与列强各国签订不平等条约，开放通商口岸。咸丰八年(1858年)，中英《天津条约》和中英、中美、中法通商章程明确规定：各通商口岸得聘请外国人帮办税务，以划一商务管理，并规定划一各地海关制度。自此，各海关统计资料开始汇总，并正式出版《贸易统计册》。咸丰八年十一月，浙海关按照总税务司的要求，编制“贸易统计”，历时1年。

咸丰十一年(1861年)四月，浙海关(新关)成立。根据总税务司的管理条例，开始编制浙海关贸易统计。十二月，浙海关编就咸丰十一年四月十三日至十二月初九“宁波口进口贸易统计”和“宁波口出口贸易统计”。自同治三年(1864年)后，浙海关对于宁波口岸的统计类型分为3种，即年度报告(浙海关贸易报告)、十年报告和贸易统计。同治四年，由于英法联军赔款即将付清，在次年起英法领事不再参与稽查账册的条件下，总税务司要求建立较完整的年度统计，订立更精确的统计制度。浙海关在编制统计报表的基础之上，增加以文字为表现形式的年度贸易报表(Trade Report)。同治七年，海关编印《海关贸易册》，内容有实际进出口货物的数量和金额，并按贸易港口和贸易国别进行统计。是时，瓯海关、杭州关尚未设立，浙江境内仅有浙海关按此例编报相关统计资料。光绪三年(1877年)二月，瓯海关设立后，指定专人负责各项统计，并将统计资料汇总报送总税务司署统计科，由该科汇编制册。

自光绪八年(1882年)起，浙海关、瓯海关每年编制《宁波口华洋贸易情形论略》和《温州口华洋贸易情形论略》，内容为总论部分论述分析之后，分下列诸项：(1)本关税课；(2)外洋贸易；(3)沿海贸易；(4)内地税；(5)船只出入；(6)旅客；(7)金银、纹银、洋钱进出；(8)药土(鸦片)贸易；(9)杂论。并每10年编写《海关十年报告》。光绪二十二年八月，杭州关设立。根据总税务司的管理条例，杭州关开始每年向总税务司署呈报《进出口贸易价值》年报和《杭州关税收》年报，由总税务司署统计科汇编成册。内容仅限于对国外和其他地方口岸进出口货物、过境运输货物、复出口货物的价值，以及进出口、沿岸贸易、药土、船舶、过境贸易的税收和鸦片厘金的统计。同时开始每年编制《杭州口华洋贸易情形论略》，每10年编写《杭州关十年报告》。

光绪二十四年(1898年)，清政府为偿还向英德续借之商款，指定浙东厘金局等4处厘金局置于总税务司之下，为之代征厘金。杭州关税务司兼理浙东厘金事务。因此，杭州关在翌年的《杭州口华洋贸易情形论略》"本关税课"项下，增加浙东厘金局近3年来进出口药土所征之税银比较。光绪二十七年，通商口岸50里内常关划归税务司兼管，因此，浙海关在此年及翌年的《宁波口华洋贸易情形论略》"杂论"项下，第一目为"常关进出口货物数目及所征之税银"。又根据《华洋轮船驶赴中国内港章程》，浙海关税务司同时管理内港航行的小轮和帆船，于是在光绪二十九年的《宁波口华洋贸易情形论略》"杂论"中，第一目改为"常关归并翌年出口船数"，而将"常关完税"改入"杂论"第二目。光绪三十三年八月二十一日起，浙海关税务司开始编制常关贸易统计，其统计种类与新关一样。是年，编制的《常关1902—1906年宁波报告》，用英文介绍了江东大关、镇海大关和沙头、小港两卡的贸易与税课情况。后附的"宁波统计"分为5节：(1)航业；(2)贸易货价；(3)进口货物；(4)出口货物；(5)税钞。光绪三十三年十一月初六起，常关贸易、税收船钞等统计项目直接编入《浙海关贸易册》，不再另作统计。

1912年中华民国建立，海关贸易统计沿用旧制。民国2年(1913年)，《华洋贸易情形论略》所附《中华民国2年浙海关贸易册》分为：贸易船只、贸易货价、进口各货净数、出口各货(复出口货不在内)、内地贸易、税钞、金银、旅客等8节。民国10年1月1日，浙海关对持有"免重征运照"的华商，用洋式机器仿制洋货的货物数量和价值进行单独统计，列为第七节"专项"。由于第一次世界大战开始后浙海关统计中已没有德国，而在新的"税课"统计中，增加了义国(意大利)的贸易税金额。对于"领有运单之机制洋式货物"，列为专门子目，与子口单并列。

民国14年(1925年)1月1日，总税务司署统计科通知，对贸易统计年报、季报和种类进行全面调整，改名为各口《华洋贸易统计报告书》及各海关《贸易统计册》。为此，浙海关、瓯海关、杭州关《华洋贸易统计报告书》的内容分为11项：(1)本埠贸易概况；(2)税课；(3)航业；(4)洋货贸易；(5)土货贸易；(6)出入内地之贸易；(7)金融；(8)旅客；(9)药土；(10)杂项；(11)常关(杭州关无常关项，为10项)。以上各项中，"杂论"被"杂项"所代替；原在开头的总论取消，部分并入"杂项"，其内容记载远为详细。值得注意的是，"常关"作为独立项目。"常关"项下又分为：帆船贸易、税课、进口贸易、出口贸易等4目。《贸易统计册》分为：税课、航业、贸易货价、出入内地之贸易、金融、旅客等6节，取消了金银等节，增加金融1节。

民国18年(1929年)开始的年度报告，又作了较大的改革：各口的《华洋贸易统计报告书》分目而不设题，并且属于海关总税务司署统计科编制"贸易报告"的一个专题。其内容为：

政情、农业、机制工业、城市建设、公路建筑、常关贸易、航政等，内容较为简约。浙江各海关根据总税务司的通令，停止将每年编制的“贸易报告”汇寄总税务司署统计科，编入全国年报的做法，改为按季度呈送“贸易季报”，并以第四季度季报统述全年贸易情况。其《贸易统计册》，如列“27 浙海关”的内容有：税课、航业、贸易货值、出入内地之贸易、金融、专项等 6 节，比原来减少“旅客”统计 1 节，并在各节款统计中增加“十年统计”。如此项目开创统计以来不足 10 年，即作“列年统计”。是年 9 月，为了统一全国财政管理，关务署奉令调整关税统计上报种类，新定 3 种月报表式下达浙海关监督。要求将税务司征收的海关税和 50 里外常关税按规定表式填制月报表，自民国 18 年（1929 年）元月填起，每月由海关监督呈交关务署。除海关正税、常关税表由浙海关税务司编制外，其余各项收支月报表概由浙海关监督编制并汇寄。民国 19 年 3 月，原浙海关监督所辖 50 里外常关分关定海、象山等 11 处及所属 24 个傍口分卡，划归浙海关税务司管辖。税务司编制了“浙海关管辖 50 里外常关分关暨分卡税收及开支表”，将分关、分卡的年度税课收入及工薪、办公费用等项列入专门统计，分为中式和西式两份。中式为中文直行排列，西式为英文横式统计，但在分关、分卡名下注以中文。

民国 20 年（1931 年）6 月，中国加入《国际经济统计公约》，国民政府遂命总税务司改变海关统计制度，采取集中统计。各海关自行编印的贸易统计自民国 21 年 4 月起取消，改由海关总税务司署集中编制，浙江各海关的统计数据和贸易报告，汇入和分述于《海关进出口贸易统计月报》和《海关中外贸易统计年刊》，如《民国 21 年海关中外贸易统计年刊（宁波口）》《民国 21 年海关中外贸易统计年刊（温州口）》《民国 21 年海关中外贸易统计年刊（杭州口）》等。自此，浙江各海关不再编制进出口货物统计。同时根据总税务司规定，各关每年增加以文字为表现形式、内容广泛的贸易报告。其“总论”部分论述本埠贸易进出口情形并作出统计分析，最后的“结语”部分对本埠其他情况加以概述。但还有一些业务报表，如各项税收统计、进出旅客等统计，仍继续由各关编制后按期报送总税务司署。此外还有年报等定期报告制度，定期对海关统计的内容进行分析对比。如民国 25 年，奉总税务司令，杭州关年终以《杭州关贸易备忘录》呈报，按统一规定说明本口岸全年贸易情况及税收分析。其内容为：概况、进口洋货和出口国货及国货去中国口岸之贸易值、进口主要商品说明、出口主要商品说明、矿及矿产品、工业发展、运输、税收、金融财政、货币兑换、交通旅客、杂项、药土（鸦片）等，内容甚为详尽。

民国 20 年（1931 年）6 月 1 日，所有常关分关、分卡一律裁撤，常关统计表随之取消。由于邮包厘金、宁波 50 里外常关税及附税、浙海关子口税及附税、复进口税及附税、宁波 50 里内常关税及附税等项皆予取消，在民国 21 年的季报和年度统计中的款项大为减少。在《贸易统计册》中，取消了“出入内地之贸易”节；取消了“常关税课”“常关出入之民船”“三年来常关贸易”等 3 款；在注解中，取消了附记的邮包厘金等；在“海关税课”款中，取消“复进口税”和“内地子口税”2 栏，增加“转口税”1 栏。

民国 24 年（1935 年）10 月，奉总税务司令，浙海关在呈送年终季报时，加送 1 份“贸易概要”，按统一规定说明本口岸全年贸易情况及税收分析。其内容为：政治形势，航政情况，农业、工业、商业贸易，洋货进口，土货进口，出口的绿茶，转口大宗的金丝草帽、蒲草帽、草席等。

民国26年(1937年)12月,杭州沦陷,民国30年4月,宁波沦陷,杭州关、浙海关统计即中断。民国34年,抗日战争胜利。是年底,浙海关统计恢复战前旧例,但由于形势变化,浙海关根据总税务司令,在"年终季报增补贸易货价"款、"贸易船舶"款,增加对民船的统计。在税课款中,因抗日战争结束时转口税已取消,遂取消"转口税"栏。但作为贸易的一部分,转口贸易统计仍按战前方式编制。杭州关在抗日战争胜利后不久,遂予闭关。

1949年10月,中华人民共和国成立。1950年,浙江省所设上海海关宁波分关和温州分关按海关总署的规定,制发统计报表和报单。1951年2月,海关总署正式通知全国海关停止编制国内统计,上海海关宁波支关、温州支关自5月份起停止编送给上海海关的每月进出口货物统计表。是年12月,上海海关宁波支关撤销,1954年12月上海海关温州支关撤销,相关统计工作随之终止。至此,浙江省域的海关业务由上海海关办理,统计数据也编入上海海关的统计资料。"文化大革命"期间,海关工作受冲击,海关统计被取消。1973年之后,浙江省温州海关、宁波海关、杭州海关陆续成立。各海关建关之初,即制定统计工作岗位责任制,保证每季末按时做好各项统计报表,严格按规定在期末后10天内汇总、统计后寄送对外贸易部海关管理局。1980年1月,国务院决定成立海关总署,全国海关建制改归中央,实行以中央管理为主的体制。1月1日海关总署下令恢复中断了13年的海关统计,同日实施《海关统计制度及其实施原则》。从1981年起,经国务院批准,对外正式公布中国进出口贸易情况时采用海关统计数据。浙江省温州、宁波、杭州三关根据该项制度和实施细则全面恢复统计工作。是时列入海关统计的进出口货物计有:(1)对外贸易进出口货物;(2)来料加工装配进出口货物;(3)华侨、港澳同胞和外籍华人捐赠品;(4)租赁期满归承租人所有的租赁物资;(5)进料加工进口货物;(6)中外合资、合作经营企业,外商独资企业进口货物和办公用品;(7)国家间、联合国及国际组织无偿援助物资和赠送品;(8)到岸价格在规定限额以上的进出口货物和广告品(无商业性价值、无使用价值和出口免费提供的除外);(9)从保税仓库提取在中国境内销售的进口货物;(10)其他进出口货物。据此逐步建立和完善海关统计工作。为进一步反映对外贸易中的新问题、新情况,根据海关总署统计处的要求,浙江省各海关自1983年1月起,报送的月快报中,增加2项内容:"进出口货物分章月报表""对6个国家(地区)进出口货物总值月报表"。进出口主要商品,由原来的57项增加为141项。

1984年6月,杭州海关升格为厅局级直属海关。1985年2月,温州、宁波海关隶属于杭州海关。由此,温州、宁波两海关的统计数据由杭州海关统一汇总,报送海关总署。1985年起,杭州海关所属宁波海关在统计指标中增列"收发货单位所在地",并对"经营单位"和"贸易方式"修改其统计指标分组。为及时向地方有关部门提供本口岸对外贸易进出口货物实际情况,从该年起增设本口岸统计指标。同年2月,杭州海关被海关总署确定为免予复核进出口统计资料的单位。1988年1月,按海关总署的统一要求,杭州海关在统计快报中增加"贸易方式总值"的指标。同时,实行对进料、来料加工贸易的"以产顶进"和"转内销"货物进行统计,并向海关总署提供月快报和"许可证控制进口商品情况表""统计审单发现问题一览表"等。

1990年5月,海关通关管理系统(H883)在全国海关推广应用,利用电子计算机技术实现货运监管、征税、统计三大海关业务的一体化管理。其记录和存储的数据信息反映进出境货物及其监管过程的全面情况，构成海关进出境货物综合数据库，较好地解决了前期管理、现场监管和后续管理以及海关监管、社会综合管理和企业自身管理紧密结合的问题。杭州海关运用该系统，使贸易统计的方法和手段发生变革，在数据的自动采集、整理汇总、传输报送及提取应用等方面取得重大突破，质量和水平得到全面提升。

1995 年 1 月，宁波海关升格为副厅局级直属海关，管辖宁波市行政区域范围，由此，宁波口岸的海关贸易统计数据由宁波海关直接向海关总署报送。

1998 年底，根据对外贸易经济合作部、国家发展计划委员会和海关总署的通知精神，规定对外公布、使用实际进出口贸易统计数据，要以海关统计数据为准，由此进一步确立海关统计的地位。海关总署明确次年 1 月起，各海关应于每月 12 日将海关总署反馈的上月初步数据向地方政府部门通报。提供统计数据的范围包括：(1)各省、自治区、直辖市及计划单列市(大连、青岛、宁波、厦门、深圳)进出口总值；(2)进出口商品贸易方式总值；(3)国别(地区)进出口总值；(4)主要商品进出口量值；(5)进出口贸易方式企业性质总值；(6)运输方式进出口总值。由此，浙江省杭州、宁波两海关及时向浙江省和宁波市政府及相关部门提供海关贸易统计数据和资料。

2000 年 5 月 1 日起，海关总署规定统计数据的采集，出口以放行、进口以结关为标志，统计数据字段由原来的 100 个字符扩展为 224 个字符。杭、甬海关照此执行。2002 年 7 月，杭、甬海关按时完成了海关总署统计司要求贸易统计库和报关单数据库数据差异原因的分析工作。

2004 年，海关总署又完成 H2000 系统(H883 升级系统)在全国的推广应用。杭、甬海关综合运用其中的贸易统计系统(TSD)以及报关单数据质量检控分析系统(CSD)等子系统，进一步提高贸易统计质量。

2010 年，宁波海关加强统计职能管理，做好贸易统计数据管理工作，采取多项举措，加大对报关单数据质量的审核和监控力度。应用 H2010 进出口日报系统，加大对大金额、大数量商品的审核力度，保证贸易统计数据的准确性。

表 67-7-1-1　　　　1986—2010 年浙江省进出口总值一览表

单位：万美元

年份	进出口总值	进口总值	出口总值	年份	进出口总值	进口总值	出口总值
1986	129291	20163	109128	1991	385052	94424	290628
1987	149984	26578	123406	1992	499907	142780	357127
1988	198628	49624	149004	1993	673269	240956	432313
1989	251387	64165	187222	1994	899144	290487	608657
1990	277342	58461	218881	1995	1151230	381448	769782

续表

年份	进出口总值	进口总值	出口总值	年份	进出口总值	进口总值	出口总值
1996	1254126	449979	804147	2004	8521312	2706647	5814638
1997	1427732	416619	1011113	2005	10739123	3058770	7680353
1998	1485382	398759	1086623	2006	13914686	3825259	10089427
1999	1830540	543415	1287125	2007	17685633	4858341	12827293
2000	2783265	838986	1944279	2008	21110927	5684227	15426700
2001	3279969	982222	2297747	2009	18773488	5472456	13301032
2002	4195650	1254548	2941102	2010	25353311	7306824	18046487
2003	6141083	1981584	4159499				

资料来源：根据历年杭州海关统计编制、《浙江统计年鉴》发布的数据整理。

表 67-7-1-2　1992—1996 年浙江省进出口货物分产销国家(地区)和国际组织总值一览表

单位：万美元

国家(地区)和国际组织	1992 年		1993 年		1994 年		1995 年		1996 年	
	进口	出口	进口	出口	进口	出口	进口	出口	进口	出口
总计	142780	357127	240956	432313	290487	608657	366192	705166	449979	804147
中国香港	8471	74279	13796	62824	11964	102272	22295	113612	44897	114257
中国台湾	–	–	–	–	–	–	–	–	25526	9605
日本	32947	70415	54936	89354	65005	132841	97545	155294	105000	185323
韩国	–	–	–	–	–	–	–	–	47728	29752
新加坡	615	11253	2985	11014	4525	12267	6468	14178	5942	14477
泰国	1293	5247	1156	3454	1480	5356	3008	6544	–	–
意大利	5909	11484	10022	12326	10030	13970	9839	20418	18416	21953
德国	4732	20124	12170	23887	12607	30951	21761	36049	27975	38420
英国	3192	6142	4399	8925	3344	12642	8736	13372	7445	18007
法国	1048	7459	1883	10210	2190	12093	3400	14880	3699	14176
荷兰	700	6004	1661	7936	1740	11505	3296	18853	6380	22977
俄罗斯	2198	4683	5566	3391	5325	3317	9696	6284	9907	15675
加拿大	1152	5185	1523	6679	2614	7056	6765	7420	7398	7141
美国	15281	52204	26526	82772	30088	104312	49593	98127	44584	126722
澳大利亚	4361	5763	5962	7446	7147	13080	11725	12427	9873	13196

资料来源：根据历年杭州海关统计编制、《浙江统计年鉴》发布的数据整理。

表 67-7-1-3　1997—2010 年浙江省进出口货物分产销国家(地区)和国际组织总值一览表

单位:万美元

国家(地区)和国际组织	1997 年		1998 年		1999 年		2000 年		2001 年	
	进口	出口	进口	出口	进口	出口	进口	出口	进口	出口
总计	416651	804147	398759	1086623	543415	1287125	838985	1944369	982222	2297747
亚太经济合作组织	–	–	293403	612802	370758	738427	618713	1093631	731380	1261068
亚洲	–	–	229983	432464	299598	526299	482024	791833	591567	897436
中国香港	10615	105280	9972	92575	11975	91798	21651	119861	21502	118500
中国台湾	31964	10387	31600	14291	42727	17139	101616	27979	114959	29290
日本	91580	186728	92656	184293	114921	227663	174013	331933	230076	376995
韩国	53436	29354	51851	29606	65364	42623	92220	65222	122905	77999
东南亚联盟	–	–	28393	43098	44845	58056	65847	97468	61946	108827
新加坡	3153	14497	–	–	–	–	–	–	–	–
非洲	–	–	3044	42905	11920	57003	11429	92569	10476	120599
欧洲	–	–	76087	317375	129721	354355	163490	527922	184292	628741
欧洲联盟	–	–	70320	240474	113540	278884	138410	401885	157689	462476
意大利	19243	22192	17655	34389	17860	40131	21521	61098	29743	68183
德国	15420	39074	17757	54632	27862	60647	50049	87220	56050	98165
比利时	–	–	3007	12941	5268	16100	10461	24298	11815	26942
英国	10109	18357	14455	32422	33028	35750	20743	54010	13866	65581
法国	7701	14763	8073	25458	8655	31096	18590	43528	26160	49675
俄罗斯	7744	15774	3045	20836	7746	16496	10274	36466	11330	42486
拉丁美洲	–	–	13256	52663	13980	59610	26328	100720	21854	131280
北美洲	–	–	61973	216570	72156	256968	118992	386435	139004	469341
加拿大	4528	7199	12465	12531	14294	15353	20932	23825	21053	29173
美国	50355	129017	49508	204036	57862	241612	97999	362603	117781	440159
大洋洲	–	–	14416	24646	16037	32890	36719	44890	35029	50347
澳大利亚	13455	13413	11234	20762	12044	28301	27440	39028	25766	43329

续表 1

国别(地区)	2002 年		2003 年		2004 年		2005 年		2006 年	
	进口	出口	进口	出口	进口	出口	进口	出口	进口	出口
总 计	1254535	2941820	1981986	4160215	2706647	5814638	3058770	7680353	3825259	10089427
亚太经济合作组织	889338	1572426	1374126	2110882	1864339	2905283	2152240	3752598	2842465	5197022
亚洲	794098	1155131	1232191	1568463	1668900	2148417	1992025	2638925	2591101	3329689
中国香港	22941	140988	36699	190577	48671	250693	36047	277585	33240	359521
中国台湾	148029	38119	204906	52312	273492	79769	354757	99994	467018	129366
日本	272124	400991	456701	489708	544602	611589	565289	750394	642263	819196
韩国	188506	116593	241161	132024	309451	171334	378544	206250	532064	320483
东南亚联盟	84402	152420	168016	221807	281020	353645	315882	424147	386893	549578
新加坡	–	–	–	–	–	–	–	–	–	–
非洲	21364	145951	40358	239828	67338	322856	79219	404572	124032	543954
欧洲	241386	808679	406519	1174655	530256	1655608	473394	2300766	517923	3000138
欧洲联盟	199335	594284	309574	873747	436485	1385168	402883	1950212	447711	2553518
意大利	36936	85329	47929	121842	547470	169539	55763	244779	59967	326005
德国	70052	126990	110202	195659	165860	295602	141968	418158	161210	542225
比利时	17656	34486	26201	49679	32453	70278	35931	102696	39891	121738
英国	13636	94749	22402	128691	25274	192339	29305	255138	35561	328954
法国	40025	59235	52469	87331	62141	134382	53745	198360	44892	240570
俄罗斯	15859	52167	31740	83255	31715	115840	34242	142096	39063	214013
拉丁美洲	34092	152692	63743	215924	96919	326167	125332	403953	125102	605265
北美洲	131374	614600	205247	870425	285214	1227851	313271	1763254	365012	2392708
加拿大	19724	45123	30108	66314	52195	102200	59522	150753	80986	199369
美国	111383	568972	174936	804037	232817	1125604	253636	1612458	283730	2193307
大洋洲	32219	65268	33831	90970	57940	133739	75263	168883	102018	217672
澳大利亚	24172	56011	21919	77651	43621	113320	58182	144458	76937	188970

续表 2

国别(地区)	2007 年		2008 年		2009 年		2010 年	
	进口	出口	进口	出口	进口	出口	进口	出口
总计	4858341	12827293	5684227	15426700	5472456	13301032	7306824	18046487
亚太经济合作组织	3583793	6218954	4119906	7062182	3775403	6069592	5016418	877380
亚洲	3165041	4243984	3637609	4967863	3237144	4417541	4212481	5796931
中国香港	38312	511460	29184	520528	22012	450080	25371	644939
中国台湾	732836	157439	902859	173115	774312	131978	1018187	201215
日本	777302	882306	894307	996067	790825	890519	1001575	1055060
韩国	604226	404129	686238	449650	584230	355359	635234	454110
东南亚联盟	484392	708666	508497	873587	444148	803964	687301	1100834
新加坡	–	–	–	–	–	–	–	–
非洲	104350	714156	172047	883210	153878	813347	188357	1110880
欧洲	689898	4042365	785229	5082080	861414	4162844	1169737	5717348
欧洲联盟	593325	3406956	656355	4264754	643603	3607047	938349	4831962
意大利	71344	418400	75759	521431	71804	426582	111426	636057
德国	213344	722081	243048	893499	218939	800941	302956	1100092
比利时	44891	164008	46548	212629	51165	180967	71236	240467
英国	50909	431836	55848	500153	52474	474045	92416	599676
法国	55190	304625	62597	363465	62656	329277	82118	438973
俄罗斯	44650	313219	65705	426641	121363	282163	122317	511105
拉丁美洲	233421	830820	329437	1177982	471358	1010584	589979	1572011
北美洲	515908	2720033	555052	2954200	498821	2562336	762735	3383522
加拿大	122683	256314	124311	299902	94608	256891	151041	337864
美国	393061	2463691	430741	2654181	404192	2305265	600662	3045409
大洋洲	149533	275934	204695	361366	249787	334379	383340	465875
澳大利亚	100643	234873	163923	295126	211145	279973	311783	371533

资料来源：根据历年杭州海关编制、《浙江统计年鉴》发布的数据整理。

二、业务统计

近代中国海关统计主要是贸易统计，但也要求各海关定期报送一些内部业务统计，涉及税收、财务、缉私、案件处理、员工动态等。中华人民共和国成立后，为加强对海关业务工作的监督管理，逐步建立和完善海关业务统计制度。

1950年，上海海关宁波、温州分关按海关总署的规定，制发统计报表和报单。报表有4项："过境货物量、值、货及国别统计表""过境货物运来国及输往国统计表""出进口商船只吨数比较表""出进口旅客人数统计表"。统计报单分两类，即进口报单、进口统计报单，出口报单、出口统计报单。1951年1月，4项统计报表改为"过境货物统计表""进出口货物统计表""进出口商船吨位统计表""进出国境旅客统计表"。1951年2月，海关总署正式通知全国海关停止编制国内统计。

20世纪70年代，浙江省温州、宁波、杭州海关建立后，即制定统计工作岗位责任制，并按要求，在每季末按时做好下列业务统计报表：(1)进出口非贸易性印刷品统计季报表；(2)进出口货运统计表；(3)进出口非贸易性邮递物品统计季报表；(4)进出口货运事故情况季报表；(5)进出国境人员统计表；(6)税收解库表(半年)。严格规定上述报表在期末后10天内汇总、统计后寄送对外贸易部海关管理局。

1980年，海关统计恢复。杭州海关、宁波海关、温州海关即开始编制海关业务统计。根据海关总署的要求，当时海关业务统计表计有10种："进出国境人员统计表""进出口货运统计表""进出口非贸易性邮递物品统计表""进出口非贸易性印刷品统计表""海关税收缴库月报表""进出口货物减免关税月报表""查获走私案件统计表""查获政治性破坏案件统计表""进出口货运事故情况统计表""海关主要技术设备发挥效能统计表"。

1981年3月，海关总署根据国务院批转国家统计局关于要求对当时各种统计报表进行一次清理整顿的通知精神，对当时海关业务统计报表进行了清理，取消"查获政治性破坏案件统计表"，改"进出口货运事故情况统计表"为"进出口货运违章案件统计表"，调整了原有报表的一些统计指标，适当增加一些必要的报表。这些报表除名称注明为月报表外，其余皆为季报表，由海关总署统一编号。

1984年，海关总署下达《海关业务统计制度》的通知，明确海关业务统计报表目录(共10种)。关业统1号：进出口货运统计表；关业统2号：进出口货运违章案件统计表；关业统3号：进出境人员统计表；关业统4号：进境人员携带进口重点物品统计表；关业统5号：进出口非贸易性邮递物品统计表；关业统6号：进出口非贸易性印刷品音像制品统计表；关业统7号：进出口货物减免税月报表；关业统8号：海关税收缴库月报表；关业统9号：查获走私案件统计表；关业统10号：海关主要技术设备发挥效能情况统计表。杭州海关、宁波海关、温州海关依例执行。

1985年1月，杭州海关及隶属各关实施海关总署重新修订的《海关业务统计制度》。修订后的海关业务统计表仍为10种："进出口货运统计表""海关后续管理统计表""进出口货运违章案件统计表""出入境人员统计表""旅客带进重点管理物品统计表""非贸易性邮递物品印刷品音像制品进出口统计表”“查处走私案件统计表”“进出口货物减免税月报表”“海关税收缴库月报表”“海关主要技术设备效能情况统计表”。其中月报仍为2种，其余皆为季报。1986年，根据海关总署统计司指示，杭州海关将对台贸易列入海关统计。同年，将“进出口货物减免税月报表”更改为“进出口货物完税价格总金额”“减免关税金额”“减免进口调节税金额”3项报表。并将各关报送的海关业务统计报表改为月报，将每月的业务统计报表，于次月8日前以传真或特快专递的方式报送海关总署。1988年1月1日起，将“进出口货运违章案件统计表”更改为“违反海关监管规定统计表”，此外“旅客带进重点管理物品统计表”内容有若干增删。同时明确，业务部门负责业务统计资料的收集、整理、汇总，并对填制的报表内容、数字进行审核；经审核无误后，除“海关税收缴库月报表”直接寄送海关总署财务装备司外，其他报表送交统计部门。1989年起，宁波海关增设“宁波海关主要业务量汇总季表”，还协助其他有关海关进行统计资料的审核和汇总工作。1990年4月1日，杭州海关在关区内试行《杭州海关科技设备效能统计实施细则》，进行科技设备效能统计。

1993年1月1日，海关总署对海关业务统计表又作了比较大的调整，修订后的海关业务统计表共有：“进出口货运统计表”“海关后续管理统计表”“违反海关监管规定统计表”“出入境人员统计表”“旅客带进重点管理物品统计表”“快递和非贸易性邮递物品、印刷音像、计算机存储介质进出口统计表”“查处走私案件统计表”“进出口货物减免税月报表”“海关税收缴库月报表”“海关主要技术设备效能情况统计表”“后续管理处理走私案件统计表”“后续管理处理违反海关监管规定案件统计表”“海关监管外商投资企业统计表”“经济技术开发区监管业务统计表”“经济特区监管业务统计表”和“保税区监管业务统计表”16个大表。杭州海关遵照执行，办理除“经济特区监管业务统计表”以外的15种，其中隶属海关办理除“快递和非贸易性邮递物品、印刷音像、计算机存储介质进出口统计表”“海关监管外商投资企业统计表”以外的13种。1995年1月，宁波海关关区内业务统计报表有较大变化，并开始使用计算机操作，指标项目增至1000个。1996年，海关总署统计指标增至13个总表、28个分表、3000个指标项目。

1996年1月起，海关业务统计报表中“进出口货物减免税月报表”所需数据由海关总署关税司按月从关税数据库中直接提取后，再转送综合统计司归入海关业务统计。“海关税收缴库月报表”由各直属海关财务部门按月统计上报海关总署财务司，由财务司生成汇总表后，再转送综合统计司归入海关业务统计。为此，杭、甬海关统计部门不再向海关总署报送此两项报表。1997年，杭、甬海关执行的海关业务统计报表有13个总表、38个分表，包括“进出口货运统计表”“保税业务管理统计表”“违反海关监管规定统计表”“出入境人员统计表”“进出口重点管理物品统计表”“快递和非贸易性邮递物品、印刷音像、计算机存储介质进出口统计表”“走私案件统计表”“进出口货物减免税月报表”“海关税收缴库月报表”“海关税收情况统计表”“经济技术开发区监管业务统计表”“保税区监管业务统计表”“稽查业务统计报表”。1999年，增加“监管业务环节发现问题情况统计表”和“走私犯罪案件统计表”。

2002年，宁波海关根据本关实际，制定并实施《宁波海关业务统计作业规范》，要求业务部门对报送的统计数据质量负责，统计部门负责对上报数据质量进行最后复核。通过完善规章制度，进一步明确各部门的统计工作任务和职责，从制度上保障统计任务的落实和业务的规范操作。同时，杭州海关也积极开展统计业务培训。

2007年3月，杭州海关结合关区实际，重新修订下发《杭州海关业务统计工作制度》。2009年宁波海关也修订下发《宁波海关业务统计作业规范》。至2010年，杭、甬海关的业务统计工作不断加强和完善。

第二节　统计方法

海关统计方法包括海关统计的制度、流程、范围、指标、项目、方式、手段、管理以及人员培养等各个方面。

清咸丰十一年(1861年)四月，浙海关(新关)开关并开始编制海关贸易统计，其方式仿效英国的会计制，用英文横式编排。其后，逐步使用中英文对照，直至民国35年(1946年)9月，浙海关对外发给单据均一律改用中文。其间，浙海关、瓯海关、杭州关在海关统计指标、项目、价格、金额单位、报送方式等方面均按总税务司署的统一规定，作出相应的调整。

1980年1月1日，中华人民共和国海关全面恢复统计工作，浙江省各海关依照海关总署的统一要求，不断加强统计工作，在制度建设、方法创新、计算机开发应用、人员队伍的培训和为地方经济社会发展服务上都取得重大的进展和成效。

一、方式

清咸丰十一年十二月(1862年1月)，浙海关(新关)编制“宁波口进口贸易统计”和“宁波口出口贸易统计”，其统计方式出自英国的会计制，涉及货物种类、船只国籍及附注等，采用英文横式编排。光绪二十二年(1896年)，杭州关开关，其编制的“杭州关税务司月报表”的统计方式亦按例使用这套统计表格。然而，浙海关监督呈报总理衙门的年表仍为直式的中文编排。之后，浙海关、瓯海关、杭州关编制的“贸易报告”及“十年报告”皆为英文本或中英文对照本。

光绪三十年(1904年)，杭州关税务司制定《杭州关公事房办事细则》，对当时杭州关的统计业务工作规程和职责作了详细规定。之前，海关进出口贸易统计的海关价格这一指标，是以国内口岸的市场价格为依据。进口货物价格，不但包括货物的原价、运费，到岸后的各种费用，如起运费、货栈费、进口税额及出售时的佣金等也包括在内；而出口货物价格，除该货物的市场价格外，离岸前的包装费、堆栈费、出口税额及收购时的佣金等概不包括在内。故以某一货物的进出口值相比较时，进口值必然过高，出口值必然过低，无法反映实际。为便于进出口贸易统计值与世界各国的进出口贸易相比较，是年以后，杭州关在编制统计时，进口货物估价以到岸价格(C. I. F)为依据，出口货物以离岸价格(F. O. B)为依据。其中到岸价格包括货值、运费、保险费，即该进口货物的市场价减去进口税额及到岸后的一切费用；离岸价格包括货值、佣金及出口税额，亦即市场价加上装船前的一切费用。

民国21年(1932年)前,海关统计采用手工编表方式进行,是年6月,总税务司署统计科采用打孔计算机后,浙江省各海关不再编制进出口货物统计,改为每月分批将所有进出口货物报单的统计联,寄送总税务司署统计科集中编制。对进口货物,必须在完纳关税及一切海关手续办理完毕并正式放行后,方可列入统计。出口货物必须在确实已全部装船之后才能列入出口统计。进出口货物报单统计联在寄出之前,统计台应负责与报单正本核对无讹后,再对照总税务司署要求的统计指标(包括货物品名、数量、重量、到离岸价格、完税价格、贸易国别等)在报单统计联上批注统计代号,由总税务司署统计科根据各项统计代号加以分类校核后,将报单上各项目逐个以打孔机分类打在卡片上,经过专门人员审核无讹后,再经分类机及制表机加以简化。简化后的卡片,便可以适应制作各项报表,如果需要制作某类统计表,可依该表的纲目,经分类机排列,即可在制表机上获得该表的内容,然后付印出版。

长期以来,海关统计中的贸易、税收统计金额单位,采用海关银两制(即关平两),民国19年(1930年)2月起,国民政府为稳定收入,采用海关金单位为纳税单位。是年修订进口税则后,进口货物改为从价税。民国21年以后,又以金单位为进口贸易值的统计单位。次年,税收、对外贸易统计值及国内贸易统计值又由关平两改为法币(国币),每关平两合1.558元法币。各地海关寄送总税务司署的报单中,进口报单及出关栈纳税进口报单的货值,按金单位计算,商品净值按固定的折合率,由金单位折成法币数目。出口报单货物的货值按法币计算至上船价格(不包括出口税在内),进口洋货统计按原产国别分别列明,出口土货根据出口商报运的运销地分别统计。由此,浙江省各海关依例执行。民国22年10月,浙海关、瓯海关、杭州关根据总税务司署通令均使用新制定的度量衡标准进行海关统计。民国35年6月1日,根据总税务司令,废除海关金单位,采用法币为唯一计算单位。浙海关、瓯海关、杭州关均以法币为统计货币单位。

民国35年(1946年)8月29日总税务司署通令:海关公文概以中文为主,英文为辅。9月22日,奉总税务司令,浙海关对外发给单据均一律改用中文。此后的季报统计中,也不再辅以英文。

民国36年(1947年)12月,因法币一再贬值,总税务司要求浙海关等对大宗进口货物除照旧记录其价格外,应尽量统计其重量与数量。

中华人民共和国成立后,江海关宁波分关(后改称上海海关宁波分关、支关)、温州分关(后改称上海海关温州分关、支关),按中央人民政府海关总署的规定开展统计工作,至1951年和1954年宁波支关、温州支关相继撤销。1980年1月1日,海关统计工作恢复。杭州、宁波、温州海关据此逐步建立和完善海关统计工作,向海关总署按月电报有关统计数据。通过举办报关员培训班、建立审单制度、统计人员参与报关一条龙等,提高海关统计的及时性和准确性。并以"进出口货物报关单"取代"进出口货物明细单",作为海关统计的原始资料。逐步建立审单制度,加强海关统计的基础工作。同时为经营单位举办报关员培训班,提高报关单填写质量。

1982年底,杭州海关重新制作了"原始资料登记表"和"主要出口商品分类表"。由于统计质量的逐年提高,1983年杭州海关被海关总署定为出口统计资料免予复核单位。1985年浙江省各海关在统计工作中继续完善复核制，增加过录表复核、电脑逻辑复核，大大提高了海关统计的准确率。

1985 年 1 月，杭州海关按照“准确及时、科学完整、国际可比、服务监督”的海关统计工作方针，执行新《海关统计制度》，对实际进出境货物的品种、数（重）量、金额、国别（地区）、经营单位、收发货单位所在地、贸易方式、外汇来源等进行统计和分析，提供统计服务。调整后的《海关统计制度》扩大了统计的范围，调整了一些统计项目，使海关统计更加切合实际。

1988 年 1 月，杭州海关开始执行海关总署下达的在海关统计快报中增加贸易方式总值的指标。同时对进料、来料加工贸易的“以产顶进”和“转内销”货物进行统计，并向海关总署提供月快报和许可证控制进口商品情况表、统计审单发现问题一览表等。5 月，宁波海关承办杭州关区海关统计汇总任务，运用 VAXⅡ小型计算机对关区各关报送的磁盘（带）进行复核和汇总并及时上报。

为保证统计资料及时、准确上报，海关总署通知自 1990 年 1 月 1 日起，杭州海关统计关别代号为 2901，并规定杭州关区上报海关总署的统计数据统一由杭州海关负责报送。8 月 1 日，杭州海关试行《杭州关区统计工作协调办法》，要求关区各关每月的贸易、业务统计磁盘（带）及报表必须于当月月末 2 天前送抵杭州海关征统科，同时送交有关贸易统计清单；全年的业务统计资料、报表和磁盘，必须于次年 1 月 5 日前报送至杭州海关。是年，杭州关区成立统计质量检查小组，分别由杭州、宁波、温州海关统计业务人员组成。1991 年，杭州海关根据海关总署的要求，从 4 月起，以关区为单位，由华东片各关轮流，按月将统计数据软盘送海关总署统计司，直至翌年 12 月。

为使海关税则和统计商品分类目录相一致，以简化海关手续，海关总署研究国际上税则和统计商品分类目录发展趋势，探索将海关统计商品目录向《协调商品名称和编码制度》（HS）转换。为此，1991 年 9 月 17 日，海关总署在宁波溪口举行《海关统计商品目录》培训班。来自全国 17 个关 75 名代表及杭州关区列席代表参加培训。其后，杭州海关多次在关区举办相关的业务培训班。1992 年 1 月 1 日以 HS 为基础编制的《海关统计商品目录》正式生效。此后，《海关统计商品目录》又经过 2 次修订，形成现行的《海关统计商品目录》。

1993 年 6 月，杭州海关对已全面开展对外业务、统计工作独立完成的隶属各关，明确其贸易数据标识，确定其统计关别代号，要求每月的统计数据提前到当月 25 日之前通过计算机网络传到杭州海关技术处，统计报关单截止日期调整为当月 22 日。是年下半年针对本口岸经香港转口货物的消费、原产国别统计混乱的情况，杭州海关积极采取措施，严格把好审核关，确保进出口货物消费、原产国别统计的准确性。根据海关总署通知，1994 年 1—11 月杭州海关统计报关单的截止日期定于每月 25 日，并于次月 2 日网络传输至海关总署计算中心。为使海关统计的月度截止日期和国际标准相一致，完整地反映国家月度实际进出口情况，自 1995 年 1 月起，海关贸易统计数据月度截止日期，由每月 25 日改为每月末日。关区各关必须于次月 3 日前将上月海关进出口统计数据报至杭州海关，逢国际劳动节、国庆节、元旦和春节等国务院规定的节假日，报表报送时间按国家公布的休假天数顺延，周休息日报表不顺延，提前报送。同时海关业务统计截止日期也改为每月末，但数据报送时间不变，仍为次月 8 日前传输至海关总署。

自恢复海关统计起，浙江省各海关按海关总署规定，统计价格折算方法为人民币价格，按照国家外汇管理总局公布的人民币对各种货币的外汇牌价的买卖平均数(即中间价)折算，而美元价格，按照各种外币对美元内部统一折算率计算。1995 年 1 月 1 日开始实施的新《海关统计制度》及其《实施细则》，进一步明确各种货币折算美元，按照国家外汇管理局印发的各种货币对美元内部统一折算率计算；各种货币折算人民币，按照国家外汇管理部门上月末日发布的人民币基准汇价表的买卖中间价折算。同时，海关统计采用的币制恢复为人民币和美元双重计值，以适应国际比较和有关部门使用统计资料的需要。

1995 年，宁波海关直属于海关总署，1 月 1 日起，宁波海关统计数据直接上报海关总署。海关总署确定宁波海关统计关别代号为 31。1996 年遵照海关总署指示，杭、甬海关认真开展税则归类补税情况统计工作，规定在征税现场，凡对货主或其代理人提供的报关单修改其税则号列时，均应作详细记录并作税则归类补税情况统计，并于每月 5 日前与征税报表一起上报。1999 年，宁波海关制定关区统计数据操作规程，修订关区业务统计报表。

2004 年 11 月 20 日，杭州海关向海关总署上报《关于要求将外商采购义乌市场小商品出口视同旅游购物统计的请示》，建议对外商直接从市场采购的不退税的小商品出口准予以“0139”旅游购物的贸易方式统计，以简化申报，提高海关统计数据的真实性，促进小商品出口的健康发展，后得到海关总署的批准。2005 年 3 月 4 日，海关总署综合统计司对 2004 年度全国海关统计工作综合评比情况进行通报，评出全年统计工作质量一、二、三等海关，杭州海关列名一等海关。2006 年，杭、甬海关继续按照海关总署综合统计司的要求，举办关区贸易统计、业务统计培训班，组织关区统计业务知识竞赛，积极参加全国海关统计业务知识竞赛，并取得优秀成绩。通过培训、竞赛、业务研讨、集中工作等活动，不断提高关区统计人员的业务素质和工作水平。2007 年，杭、甬海关参加海关总署统计系统“一佳十优”竞赛，由此掀起轰轰烈烈的统计岗位练兵和业务竞赛的热潮。

2008 年 8 月 27 日，杭州海关建立“重要业务数据”政务信息网定期发布平台，确定统计部门为海关业务数据的归口管理部门，综合整理涉及统计、监管、关税、缉私、加贸、财务、审单、稽查、企管、法规、风险等 11 个部门的 92 个主要业务指标，每月定期在政务信息网上公布，以避免数据口径差异，为各部门及时掌握关区动态数据、更好地为海关管理服务奠定基础。是年底，杭州海关为全面贯彻落实海关总署关于“海关支持扩大内需、促进经济增长十项措施”，推动省署紧密合作长效机制建设，主动向地方党政领导建言献策，分忧解难，先后向浙江省、杭州市政府报送推进区域通关一体化建设、保障浙江省进出口领域公平竞争秩序等一系列课题报告，推出“支持浙江扩大内需促进经济平稳增长等若干措施”，其中，发挥海关统计数据及分析作用是一项重要的内容，得到地方政府的响应和好评。

2009 年 3 月 2 日，杭州海关综合统计处工作网页正式开通，为关区统计部门和各级统计人员提供一个业务交流、学习和信息发布的平台。

2010 年 1 月，杭州海关召开关区关长会议，浙江省副省长龚正到会讲话，指出，杭州海关结合浙江实际做好宏观调控政策监控分析工作，海关统计预警监测分析以及其他海关业务信息、数据，对整个宏观政策的监控分析，包括浙江省的一些政策、措施的出台，都起到了很大作用。是年，宁波海关综合统计处统一组织成立宁波海关统计监测预警专业小组，以邮件形式布置专项任务，以公告形式召集成员进行集中工作，各成员协调一致，加强合作，保证统计监测预警任务的顺利完成。

二、制度

海关统计是一项严谨、科学的实务工作，严格的制度建设是做好海关统计工作的关键。近代中国海关吸收和采用西方先进的管理制度和方法。改革开放恢复海关统计之后，各级海关都比较重视和加强海关统计制度的建设。浙江省各海关多年来，认真制定、修订和完善各项海关统计制度。

1982年，杭州海关颁布《报关注意事项及填写报关内容的说明》。在统计工作流程中，建立一系列工作制度，如统计作业流程制度，岗位责任制，单证流转交接制度，报关单核销和催办制度，统计资料更正制度，利用计算机功能进行质量检控制度，差错反馈制度以及统计例会制度等，有效地提高了统计的准确性和时效性。

1995年，宁波海关全面拟订了岗位责任制和操作规程，制定《宁波关区统计数据上报制度》《宁波关区统计档案管理办法》《宁波关区统计工作考评办法》等，用制度规范作业，狠抓落实，促进关区统计数据的规范化、统一化和可操作化，受到海关总署通报表扬。是年，宁波海关试行的《统计档案管理办法》，明确统计资料归档内容。1996年宁波海关制订《关区统计质量考评办法》。

1997年8月，杭州海关针对各业务现场上报的贸易统计数据中出现的问题，建立起对贸易统计数据差错情况每月通报制度和差错追究制度，采用“关区上报数据错误反馈月报表”切实加强各环节的数据审核，确保统计数据质量的进一步提高。同时，杭州海关还通过制定实施《杭州关区关于海关统计项目申报不实处罚办法》及其《实施细则》，强化统计工作的把关监督职能，通过海关统计工作，纠正差错，堵塞漏洞，特别是在货物监管、税费征收等环节充分发挥海关统计的监督作用。1998年，宁波海关完成关区统计报表的网络传递工作。在统计工作中，建立关区统计数据月考核通报制度、关区贸易统计和业务统计数据的互查制度、海关对报关单统计项目申报不实的处罚办法。

2000年，海关业务统计全面改版，H883/5.0版在全国海关试运行成功，使业务统计数据更准确、完整，杭州海关据此制定《杭州关区业务统计实施办法》《杭州关区业务统计操作规范》《杭州关区业务统计考核办法》等规章制度，并从6月起正式实施。2001年，宁波海关制定《统计数据归口管理办法》，列入归口管理的统计数据，为所有涉及宁波关区进出口贸易、业务和行政管理状况的统计数据，协调统一管理关区数据使用工作，保证各项工作有条不紊地进行。修订《宁波关区统计考评办法》，建立统计数据质量逐级负责制，进一步提高统计数据质量。是年11月8日，杭州海关下发《杭州海关关于进一步加强统计数据管理工作的通知》，明确关区统计数据管理规范。2002年，宁波海关根据本关实际，制定并实施《宁波海关贸易统计作业规范》，明确海关统计的原始资料类别。

2003年，宁波海关修订《宁波海关统计工作综合评比办法》，适时推出“关于进一步提高宁波关区报关单数据和统计数据质量的意见”，建立部门间的协调配合机制，落实报关单日报、月报数据收集、审核、上报等专人负责制，开发计算机系统实现上述数据的自动上报、自动监控和短消息报警功能。2004年7月5日，杭州海关制定《杭州海关统计数据安全管理规定》。9月1日，为规范进出口货物报关单证档案的管理工作，根据海关总署《关于印发进出口货物报关单证档案管理制度的通知》要求，结合关区报关单管理现状，制定《杭州海关进出口货物报关单证档案管理制度》。2005年4月26日，杭州海关对上年下发的《杭州海关统计工作综合评比办法》中的部分内容进行了修订。2006年3月23日，为保障报关单数据的使用安全，维护报关单数据使用的严肃性，杭州海关制定《杭州海关报关单数据使用安全管理办法》。4月21日，为使统计评比工作更趋合理，更加贴近统计工作实际，真正起到调动统计人员积极性的目的，根据海关总署综合统计司《海关统计工作综合评比办法》，再次修订《杭州海关统计工作综合评比办法》。

2007年10月16日，为进一步做好报关单数据旬报、速报工作，加强对各单位报关单数据质量的量化考核，使报关单数据质量检控分析系统数据质量审核工作收到实效，杭州海关根据海关总署综合统计司《关于修订〈海关统计工作综合评比办法〉中数据管理部分内容的通知》要求，对《杭州海关统计工作综合评比办法》中的“报关单数据管理”部分进行修订。同年，宁波海关也修订了《宁波海关贸易统计作业规范》，明确贸易统计工作程序包括：数据采集、数据初审、数据复审、数据报送、数据查询、数据更正、数据反馈、统计参数维护、统计资料管理。统计数据质量管理实行三级审核责任制：总关审单处及各关（处）接单、税费征管和放行为第一审核环节，各关（处）统计岗位为第二审核环节，综合统计处为第三审核环节。各个环节应各司其职，共同对关区统计数据质量负责。

2008年，为了更好地实施《中华人民共和国海关统计条例》及履行赋予海关统计的职能，进一步发挥海关统计辅助决策的作用，培养关区统计业务骨干，宁波海关制定《宁波海关统计专业小组工作制度（试行）》。

2009年，海关总署对《海关统计作业规范》进行修改。根据新的规范及关区具体情况，2月24日，杭州海关制定《杭州海关统计作业规范实施办法》。海关业务改革的逐步深入，科技手段的发展创新，推动了应用系统的不断升级。为使评比制度更加适应当时的工作实际，根据海关总署《综合统计司关于修订〈海关统计工作综合评比办法〉的通知》相关要求，杭州海关综合统计处再次对《杭州海关统计工作综合评比办法》进行修订、完善，于6月15日重新印发施行。

2010年，宁波海关制定《宁波海关统计数据和信息对外发布管理办法》，对统计数据的公开、公布作出具体规定。

三、计算机应用

海关及海关统计部门较早应用计算机技术。从20世纪80年代始，浙江省各海关注重统计与技术部门的协作与配合，积极探索和开发计算机技术，应用于海关统计实务，取得成效。

1984 年，宁波海关开始把计算机引入海关统计工作。1986 年，宁波海关在向青岛海关学习基础上，自己设计程序，开始用 GW-0520 机进行统计操作，并改传统的电报报送数据为磁盘报送。1987 年，电子计算机开始全面运用于杭州海关的统计工作。是年 8 月，杭州海关通过宁波海关 VAXⅡ小型机移植运行海关统计程序进行统计，每月向有关部门提供 10 余种报表，不再使用进出口货物报关单报送统计资料，改由计算机磁盘（带）传送业务统计数据。10 月起，转录宁波、温州海关统计数据后，正式使用软盘按规定日期寄送南京海关，转报海关总署。1988 年 5 月起，杭州关区海关统计任务，由宁波海关运用 VAXⅡ小型计算机对关区各关报送的磁盘（带）进行复核和汇总上报。9 月，为减少中间转录环节，遵照海关总署综合统计司和科技司联合通知的精神，杭州海关采用与上海、福州、厦门海关相互委托递送统计磁带的方法，加快统计数据的汇总上报时间。

1990 年 6 月起，杭州海关统计月快报数据同海关总署计算中心用电话线联网成功，进行原始数据的联网传输，采用网络代替磁带（盘）传送统计原始数据，实现了数据传输的现代化。同时实现用电子计算机录入统计数据，编制本关区统计报表和各种资料。1991 年，杭州海关报关自动化系统在所属宁波海关移植成功，相继在宁波海关驻经济技术开发区办事处和宁波海关总关业务现场投入试运行，并着手进行 H883 系统 HS 转轨工作，杭州关区统计工作的现代化步伐加快。

杭州海关自 1991 年 1 月起，在每月以传真方式向海关总署综合统计司报送快报的同时，使用计算机网络系统向海关总署计算中心传输报送，传输时间为每月最后一天至次月 3 日。4 月，建立计算机关区联网，下属关与总关统计数据的上报均实行计算机点对点的数据传输与报送磁盘（带）并行作业。1992 年 1 月，完成 H883 系统 HS 转轨工作。2 月，报关自动化系统正式投入运行，大大加强了统计数据报送的及时性，推动了杭州海关统计工作现代化的步伐。从 5 月起，下属海关“海关贸易统计”“海关业务统计”“海关科技效能统计”“关税税源分析”4 种统计数据正式用计算机数传网络上报杭州海关，同时停送磁盘（带）统计数据。12 月，明确下属各关应于每月 26 日前将统计数据传送至杭州海关汇总上报。1993 年 1 月起，海关总署通知全国各直属海关均使用计算机网络直接向海关总署传输海关贸易统计数据，杭州海关于每月 3 日前将上月贸易统计数据传输海关总署。4 月，全国直属海关的业务统计数据进行上网传输试验。10 月，各关停止向海关总署综合统计司同时报送海关统计数据磁带（盘）。1993 年 11 月，海关总署召开全国海关税源统计分析会议，进一步修改了进口关税税源统计表汇总程序，当年对新软件作试运行后，于次年正式投入计算机数传运行。杭州海关据此执行。

1994 年 3 月，杭州海关要求下属各关，将原寄送总关的海关统计数据更正单，改为通过网络于每月 8 日至 15 日，向总关传送更正文件。6 月 29 日，宁波海关 H883 统计数据自动化采集系统通过杭州海关组织的验收，并于 7 月正式启用，直接采集、自动运用数据上报，该系统的应用进一步完善了 H883 自动报关系统，减轻了统计人员的劳动强度，提高了统计数据的准确性。

1995 年 9 月，杭州海关 H883/PC 版统计子系统试运行工作全面完成，并在 1996 年 1 月

1日起在关区全面推广，结束了关区贸易统计数据二次录入的历史，杭州关区各关直接采用计算机自动采集数据，并进行计算机逻辑错误检控，按月将统计数据上报海关总署。是年，宁波海关采用计算机贸易统计价格控制程序，还改变了长期以来人工读过录表的方法，既节省了人力，又保证了上报数据的准确性。建立统计数据库，据有1993—1995年宁波口岸和宁波地区海关统计数据，为开展统计分析工作奠定了良好的基础。针对业务统计数据大部分仍处于手工汇总的状况，宁波海关及时提出业务统计数据计算机操作的设想，并在当年得以实现。宁波海关还根据本关的需要，结合兄弟海关的先进经验，提出统计分析程序设计方案，使统计分析程序满足宁波口岸和宁波地区进出口贸易统计数据的分析任务。1996年，杭、甬海关顺利在各自关区推广使用海关总署H883/EDI统一版本的统计子系统，对统计工作的各个作业环节进行全方位、多层次的差错检控，为从源头上保证统计数据的质量创造了条件。

2000年，海关业务统计系统H883/5.0版在全国海关试运行成功，使业务统计数据更准确、完整。杭、甬海关顺利运行。

2003年2月24—28日，海关总署综合统计司着手设计开发进出口预警监测系统，并在杭州召开研讨会。2004年2月9日，宁波海关正式启用贸易统计数据监测审核系统。该系统实现对贸易统计部分差错数据的自动检控，同时取代传统的过录表审核方式，成为贸易统计数据审核的主要工具。6月12日，杭州海关对本关H883交接系统数据存储设备进行扩容，解决了以往H2000与H883大数据量交接导致存储设备出现异常的问题，提高了数据交接的可靠性。2005年，宁波海关全面推广应用报关单数据质量检控分析系统(以下简称CSD系统)，发挥统计监督作用，加强了对应证应税商品的审核。

2006年3月30日，杭州海关成功接收到海关总署反馈的贸易统计预定数据。3月31日，杭州海关为关区83名统计及技术人员开通H2000统计子系统授权，成功完成H2000贸易统计系统上线工作。H2000贸易统计系统(以下简称TSD系统)是在H2000运行环境下为满足海关贸易统计工作需要开发的系统，全面推广应用TSD系统是加强海关统计基础工作的一项重要举措。4月3—7日，杭州海关综合统计处安装H2000微机。4月11—15日，统计处有关人员进行了TSD系统测试并取得成功。宁波海关则于4月1—30日完成试运行工作，8月1日正式进入并行阶段。2007年1月2日，杭州海关召开“数据分中心数据交换平台项目”研讨会。2月4—10日，杭州海关对数据交换平台业务进行论证，积极探索科技应用。5月8—12日，杭州海关对CSD系统1.4版安装试运行。11月，鉴于当时TSD系统和CSD系统已上线，且运行平稳，为避免H2000平台与H883平台在人力、物力、财力以及系统资源的重复投入与使用，杭、甬海关根据海关总署领导的指示和海关总署综合统计司、科技发展司会商全国海关信息中心的决定，从2007年11月起，H883平台上的贸易统计系统(STA系统)、综合业务数据分析系统(CTA系统)退出运行，但H883平台上的综合数据提取系统(CDR系统)仍继续使用一段时间。是年，宁波海关完成统计查询分析系统二期的开发，提高系统的应用水平，并通过配备专门人力，进行查询分析系统二期的测试，开展系统使用培训，及时维护有关参数，提高系统运行和数据安全管理水平。二期系统的开发，为宁波关区统计分析工作提供先进的技术保障，也为其他业务职能部门及下属关(处)的海关业务管理提供技术手段。根据海关总署《科技发展司关于做好 H2000 正式环境 1.0.84 版更新工作的通知》要求，2008 年 10 月 14 日 22 时，H2000 贸易统计系统二期(TSD 系统二期)正式上线运行。杭、甬海关按要求做好相关工作。

2009 年 3 月，杭州海关研究开发杭州海关统计查询分析系统，5 月 13 日，获得杭州海关科技应用领导小组审议通过，并正式投入开发。12 月 1 日，统计数据查询分析系统通过验收。该系统集统计数据综合查询、集装箱查询、固定报表查询、数据管理、参数管理、任务管理等功能于一体，其中集装箱数据统计填补了以往海关统计的空白。该系统还解决了杭州关区统计工作长期无统一平台的问题。系统于 2010 年 1 月起在杭州关区全面推广应用。

第三节 统计应用

海关统计数据在实际工作中的应用，包括统计分析、统计监督及执法评估、监测预警、统计咨询服务，使海关统计数据对外直接应用和服务于国家的经济社会生活及人民群众的客观需求，对内直接监控分析数据状况，及时发现和纠正存在的各种业务问题。

自浙海关(新关)及之后瓯海关、杭州关建立后，其各口《华洋贸易情形论略》和《十年报告》，不仅详细统计各口岸的贸易状况，同时运用统计资料分析当地的政治、经济、建设、人文、社会情况，具有较高的史料价值。

1984 年，海关总署修订的《中华人民共和国海关统计制度》，明确提出要开展统计分析，提供统计服务，实行统计监督。同年，宁波海关开始向宁波市人民政府办公室、市外经委、统计局等单位提供统计资料。浙江省其他海关也逐步开展统计分析、统计监督和统计咨询服务工作。

随着 1998 年后大规模反走私斗争的需要，海关总署开始建立海关执法评估体系。2000 年 2 月，全国海关关长会议明确提出建立执法评估系统的工作任务和目标，由此浙江省各海关开始开展海关执法评估工作。2001 年底，中国加入世界贸易组织。2002 年，根据国务院总理办公会议要求，由海关总署综合统计司承担系统的开发设计，着手建立海关进出口监测预警系统。为此，杭、甬海关按海关总署要求积极开展统计的监测预警工作。

其后，杭、甬海关全面开展海关统计分析、统计监督和执法评估、监测预警以及统计咨询，为浙江省政府及地方有关部门、企业和广大群众提供海关统计的应用服务，取得巨大的经济和社会效益。

一、统计分析

中国海关编制较为完备的海关统计始于清代新关(洋关)时期，其编制的统计资料不仅完备且有连续性。清咸丰九年至同治二年(1859—1863 年)期间，浙海关编制《中国贸易统计》。同治三年至六年期间，编报《海关年报》。同治七年以后编印《海关贸易册》，内容有实际进出口货物的数量和金额，并按贸易港口和贸易国别进行统计。

光绪十七年(1891 年)12 月 31 日，浙海关编制第一份《十年报告》。从第二期开始，其编制方式为汇合该 10 年的《宁波口华洋贸易情形论略》，比较系统地运用海关统计资料开展统计分析。《宁波口华洋贸易情形论略》中的“杂论”部分，对人文、社会、交通、邮电、建设、实业、卫生、政治等诸方面有着重的分析和论述，具有较高的历史资料价值。例如光绪二十九年《宁波口华洋贸易情形论略》中的“杂论”载有：常关出入船只和吨位、常关税收情况、海务(七里屿灯塔新换闪光)、瘟疫情况、邮政、新筑马路告竣、兴建学校 2 所、宁海教案等，具有丰富的经济社会情报和统计分析的资料。根据总税务司的要求，杭州关于光绪二十三年开始按年编制《杭州口华洋贸易情形论略》。其后，以 10 年为跨度编报《杭州关十年报告》。此项报告以文字表述为主，辅以数据说明和情况分析，涉及内容十分广泛，并开始对本口岸的贸易变化和税收增减，以及成因等进行分析。民国时期，浙江省各海关对相关统计及资料分析仍依旧制。

20 世纪 70 年代，浙江省温州、宁波、杭州海关设立，恢复收集、整理、上报和编制统计资料。编制的统计资料主要有两类：一类是反映浙江省进出口情况，数据来自海关总署反馈的经营单位为浙江省的所有进出口数据；另一类是反映浙江省各开放口岸进出口情况，数据采自各海关上报的贸易统计和业务统计数据。

1984 年，根据《中华人民共和国海关统计制度》，宁波海关开始向宁波市统计局、市人民政府办公室、市外经委等单位提供统计资料。1988 年，宁波海关积极开展统计分析工作，定期撰写统计分析，不仅按月向地方统计部门递送统计分析快报及所属县(市)的明细统计报表，还对宁波口岸重点进出口商品情况进行综合分析。是年，共编写有关宁波口岸、浙江省相关口岸进出口贸易统计分析文章 8 篇，为有关部门决策工作提供参考，使宁波海关成为当时杭州关区开展统计分析起步最早的海关，受到海关总署和地方政府部门的重视与好评。同年该关针对国家修订对台贸易政策后，对台贸易报关明显增多的情况，撰写《88 年 1 至 4 月份宁波口岸对台贸易简析》。1989 年，舟山海关也开展统计分析，编制季刊，供有关部门参考。

1990 年，杭州海关征税统计处在技术处的配合下，在微机上开发成功反馈数据报表生成系统。利用该系统编制出 1989 年全年和 1990 年 1—6 月的统计月报，并撰写 2 篇统计分析文章，即《1989 年杭州口岸对外贸易简析》和《1990 年上半年浙江省外贸出口情况分析》，受到浙江省统计局的重视。为使下属各海关也能全面了解本地区的实际进出口情况，顺利地开展统计分析，杭州海关征税统计处于 8 月给宁波、温州两关转发了海关总署反馈的两地统计数据。并从 8 月 1 日起实施《杭州关区统计工作协调办法》，规定下属各关统计部门每季须进行本口岸进出口的统计分析，将统计分析制度化。1991 年，杭州海关为进一步加强统计分析工作，扩大统计分析参数资料来源渠道，主动联系浙江省统计局和杭州市统计局，进行统计资料交流。是年，杭州关区征税统计部门共撰写统计分析文章 12 篇。其中杭州海关征税统计处《浙江省台资企业情况分析报告》和舟山海关《冰鲜鱼出口分析报告》在海关总署举办的优秀统计分析报告评选活动中分获二等奖和三等奖。《浙江省一季度出口货物退运情况严重》一文被海关总署《海关信息》第 20 期和浙江省政府《政务信息增刊》第 66 期选用，这是杭州关区统计分析文章首次被署级和省级信息载体选用。同年，杭州海关还试编“杭州海关关税税源分析表”，分析关区各口岸进出口货物和税源情况。

1992年，杭州海关汇总关区各关贸易统计数据，开始按月编制《杭州海关统计反馈资料》，供关区各关领导和杭州海关有关处室参阅。同年，杭州海关召开首次关区统计工作会议，就进一步搞好统计工作，提高统计分析水平，提出要把过去统计工作中简单的单据批注和数据汇总，转变成为领导宏观调控提供决策依据，起好参谋作用，为改革开放、经济建设服务。会上议定采用“硬任务、下指标”的方法，先抓统计分析的量。针对外商投资企业发展快，其进出口货物在进出口贸易中的比重上升明显，外商投资企业的进出口情况日益受到国家有关部门和社会各界关注的情形，杭州海关发文要求下属各关每半年向杭州海关报送1次专题分析，并完成《近年来浙江省三资企业发展情况分析报告》，上报海关总署综合统计司。为更好地组织关区各关开展统计分析工作，1993年杭州海关拟定统计分析的5个重点题目，以参考提纲形式下发各关。围绕重点题目，杭州关区统计部门完成统计分析文章14篇。宁波海关还试编《宁波海关统计分析》刊物（不定期）。同年，根据海关总署有关指示精神，采取措施加强关区关税税源统计分析工作。

1994年8月，宁波海关建立地方进出口贸易统计数据库，从而为做好统计分析，为地方提供全面优质的统计服务创造了条件。是年，宁波海关在进行综合分析的基础上，特别重视对本口岸重点、敏感商品进行统计分析。1995年，宁波海关进一步加强统计分析工作，并进行量化管理，把重点放在地方对外贸易和特定敏感商品的分析上，提出有深度的分析建议，较好地反映了当年宁波口岸的进出口情况和特点。

1996年1月1日，H883/PC版统计子系统在杭州海关全面推广，统计人员从手工劳动中解脱出来，重点转移到统计分析上。是年，制订实施了《杭州关区统计分析评比办法》，隶属各关统计分析工作也得到全面开展。海门海关完成统计分析文章6篇，并汇编成《海门海关1996年统计分析》，其中《由台州废金属回收业现状引起的思考》一文被海关总署《海关政策法规研究》刊用。湖州海关坚持每月一次由办公室牵头，多个业务部门共同参与的业务形势分析会，推动统计分析工作。是年，宁波海关统计工作从单纯提供数据向提供分析结论和政策性建议转变，发挥参与决策的参谋作用。其中《宁波海关1996年审价补税3975万元》《宁波口岸1996年8—10月份大宗原油、铁矿砂进口呈现新态势》等统计分析文章被海关总署《信息快报》和《海关信息》同时录用。

1997年，杭州海关加强调查研究，结合地方特色，针对敏感性问题，利用掌握的各种统计信息，及时有效地开展统计分析。其中由海关总署综合统计司、杭州海关综合统计处和绍兴海关共同调研编写的《从纺织机械进口看国有纺织企业的发展》被刊载于海关总署《综合信息呈报》和《中国海关》杂志。《由当前移动手提电话机走私严重造成国家税收大量流失引起的思考》一文，由海关总署综合统计司呈报署长参阅。是年初，海关总署二级参考价格中关于废电机含铜量一律按20%估价规定实行后，台州地区废金属回收企业普遍反映税赋过重，影响废金属回收业的正常发展。针对这一情况，海门海关深入台州废金属回收市场调查研究，撰写《关于废电机含铜量的调查报告》，根据实际情况建议废电机最低含铜量应调整为10%，该文被海关总署《海关政策法规研究》录用。同时促成海关总署重新下发二级参考价格，将废电机最低含铜量调整为10%，受到地方政府和企业的好评。舟山海关针对舟山口岸轻柴油进口量价季节性波动较大，许可证有非法买卖情况，撰写《舟山口岸轻柴油进口现状》，被海关总署《综合信息呈报》录用后，引起海关总署领导高度重视。该文后又作为1997年全国海关打击成品油走私工作会议的典型材料进行研讨。1997年，杭州海关统计分析全国排名也由1996年的20位上升至16位。同年，宁波海关的《宁波保税区对外进出口贸易出现两极分化》，被海关总署《综合信息呈报》录用。《宁波保税区1—9月份进口货物总值2.7亿美元》，被《署内信息快报》和《海关信息工作》录用。

1998年，《1997年宁波保税区对外贸易高速发展》被海关总署《海关简报》录用；《亚洲金融危机对我外贸影响开始呈现》被海关内部刊物《情况反映》录用；《宁波口岸原油一般贸易进口骤增，加工贸易陷入困境》《4月份宁波口岸进口铁矿砂645.85万吨，原油235.02万吨，同比分别增加14.9%和18.7%》《1—7月宁波口岸铁矿砂进口总量达1104万吨》等，均被海关《署内信息快报》和《海关信息工作》录用。全年共印发《宁波海关统计分析》18期。是年，杭州海关结合地方实际，深入开展调查研究，重点抓住“东南亚金融危机对浙江省外贸出口的影响”“浙江省加工贸易的发展”“如何促进浙江省中小企业的发展”“浙江省外贸出口新的经济增长点”等重要课题进行统计分析。其中《一季度我国纸浆进口增长迅速》一文，被中共中央办公厅和国务院办公厅(以下简称中办、国办)同时录用，在杭州海关统计分析工作中属首次。同时，杭州海关统计分析紧密联系浙江省外贸实际，也引起浙江省和杭州市领导的充分关注，有6篇统计分析文章得到上述领导的批示。如杭州海关针对加工贸易在浙江省进出口贸易中所占比重不大，落后其他几个沿海省份而撰写的统计分析文章《浙江省加工贸易现状、滞后原因和发展对策》，得到有关省领导的批示，促成了《浙江省关于鼓励和支持加工贸易的若干规定》政策的出台。《浙江省水泥出口受阻原因及对策》一文刊登于《浙江统计》1998年第6期。在统计分析管理方面，杭州海关1998年制定《统计分析专题专家制》，开发了统计信息计算机检索管理系统，编制了统计分析咨询软件。是年，杭州海关还创建了浙江省海关统计学会，后吸纳宁波海关并共同创办学会会刊，编辑发行《海关统计与研究》，收录杭州关区和宁波关区的优秀统计分析文章。同时，为海关领导和海关各部门查询与提供统计数据5万余条。

2000年，杭州海关对省内茶叶、羽绒羽毛、蔬菜等商品开展统计分析调研，撰写《入世浙江省茶叶面临的机遇与挑战》《加强出口管理、深化技术加工——浙江省羽毛羽绒出口任重道远》等16篇统计分析文章，8篇被海关总署录用，2篇受到省长批示。《今年前两个月我国原油进口大幅增长》和《纺织品及制品关税下调后浙江省进口猛增》被中办、国办录用；《1999年浙江省外贸出口快速增长存在问题不容忽视》《前景看好现状堪忧——浙江省蔬菜出口亟待快马加鞭》得到副省长王永明的批示；《从我国高价位原油进口谈建立原油战略储备油库的设想》被海关总署《海关要情》和《海关统计资料》录用，后成为国家启动战略石油储备和储备油库建设的重要依据之一。《PTA大量进口存在问题不容忽视》被海关总署《综合信息呈报》录用，较好地发挥了海关统计分析和决策辅助作用。是年，宁波海关根据宁波口岸进出口商品贸易特点和关区业务运行情况，及时捕捉市场动态，进行原油、液化品、机电产品、服装等多项重点、敏感商品的调研，完成了数篇深层次的分析报告。

2001年3月19日，国家统计局负责人在杭州召开座谈会，了解年初以来浙江的经济形势，省政府6个部门参加座谈。杭州海关通过统计分析介绍了浙江省外贸出口的形势和海关通关改革情况。4月17日，省发计委召开有关经济形势分析会议，强调浙江省经济工作需要关注的重点，杭州海关运用统计分析资料重点分析介绍了浙江省外贸进出口形势及与周边省市的差距，提出相应的对策建议，受到有关部门的充分重视。为分析加工贸易项下贸易顺差与结售汇顺差差异，量化各种因素对其差异的影响程度，评估加工贸易效益，为国家进一步完善加工贸易政策和管理提供决策辅助，海关总署综合统计司会同国家外汇管理局国际收支司开展专项调研。杭州海关作为5个参与调研海关之一，于7月中旬起开展调研工作，调研分5个阶段，于9月提交了调研报告。是年，杭州海关加快对浙江省外贸进出口形势分析的频率，每月进行跟踪分析，由于预测和判断准确，分析报告得到省政府办公厅、发计委、经贸委、外经贸厅、统计局的肯定，成为分析判断浙江宏观经济形势的重要依据，受到省政府及有关部门的关注和重视。同年，宁波海关面对原油等主要税源产品受国际市场需求疲软因素作用进口减幅较大及“9·11”事件对世界经济的负面影响，积极探索税源税收分析量化指标，先后走访关区内30余家税收大户，综合运用关税分析监控、口岸电子执法等系统，整合分析统计数据，为一线海关工作提供参考，始终保持打击走私高压态势，维护口岸良好的进出口秩序。

2002年4月，省长柴松岳在杭州海关报送的《温州口岸出口低压电器退运现象增加应引起有关部门关注》的统计分析上作出批示：“要高度重视低压电器退运现象。温州低压电器产业的发展来之不易，要十分珍惜，望作百倍努力，攀登世界高峰。”7月，又在《浙江省水海产品出口形势严峻》统计分析上作出批示，要求有关部门认真研究制定切实有效措施，尽快扭转被动局面。10月，省委书记张德江也对杭州海关报送的浙江省外贸《增势强劲前景看好》一文作出批示。是年，舟山海关编发的《舟山海关对非开放区域活水鱼出口监管问题的建议》被海关总署《综合信息呈报》录用，《舟山正成为全国最重要的活水鱼基地》被国办录用。宁波海关根据关区实际情况，配合关区反价格瞒骗专项斗争等工作，在税收、监管、加工贸易等方面撰写统计分析报告9篇。

2003年3月，针对杭州海关反映的《2002年浙江省水海产品出口下降，与全国增长反差明显》统计分析，省委书记习近平作出重要批示。6月19日，针对当时浙江省蔬菜出口增长缓慢的情况，杭州海关对浙江省蔬菜生产、出口和全国蔬菜出口情况进行对比分析，向省政府报送了海关要情《浙江省蔬菜出口增长缓慢，在全国地位连年下降》，受到省政府领导的重视，常务副省长章猛进作了批示。12月，省委书记习近平又对杭州海关报送的《一波未平，一波又起——浙江打火机出口将再遭新壁垒》统计分析作出批示。同月，省长吕祖善也对《经济向好，电力短缺——导致今年浙江省煤炭进口猛增》统计分析作出批示。是年，印度反倾销局以中国生丝出口低价倾销，已使其国内相关行业受到损害为由，决定对原产于中国的桑蚕生丝正式立案进行反倾销调查。一旦终裁判定中国生丝“倾销成立”，中国生丝生产企业将面对高额的惩罚性关税，浙江生丝出口将遭受沉重打击，直接影响杭、嘉、湖地区蚕农的经济利益。针对这一情况，杭州海关经过调查后撰写《生丝出口陷入反倾销困境危及蚕农收益》一文上报省政府。省委副书记周国富将此文批转省有关部门研究探索解决办法。该文同时受到海关总署和国务院的高度重视，积极采取措施和对策，予以解决。

2004年7月21日，温州海关张林撰写的《出口的低压电器为何回“娘家”》一文分析了2004年上半年温州出口低压电器在欧美遭遇技术壁垒且退货剧增的情况，在《温州晚报》见报后引起很大反响。“中国低压电器之都”乐清市政府十分重视，市委领导在海关报送的《领导参阅》上签署意见，要求政府及相关部门认真研究，商议对策。该市电器协会率先组成调研组进行调研，市外经贸局牵头召开由海关、电器协会、出口企业参加的研讨会，相关企业纷纷要求政府部门搭建信息平台，及时通报欧美等发达国家出台的各种非贸易壁垒的措施，并采取相应对策。是年，杭州海关及时、准确地反映浙江省外贸进出口的新情况、新问题，为地方政府的宏观管理提供了大量的决策依据。全年有10余篇统计分析文章得到省委、省政府领导的批示。为全面提高关区统计分析水平，宁波海关于是年5月，制定《宁波海关特邀统计分析员工作制度(试行)》，组建成立关区第一支特邀统计分析员队伍，聘任48位同志为首批特邀统计分析员，发挥其熟悉海关业务工作、了解企业进出口贸易活动情况和信息来源广的特点，更准确、及时地采写各类统计分析，为关区统计分析工作向更高层次和更广泛领域开展发挥推动和促进作用。是年，宁波海关统计部门按照海关总署综合统计司的要求积极开展跨关区联合调研活动，牵头组织了对中国外贸出口中低价竞销问题和合作参与对中国能源进口问题等2项课题的调研。2005年7月，省长吕祖善对《上半年浙江省对美化纤布出口量增价跌现象严重》一文作出批示。是年，宁波海关开发应用了第二期统计综合查询分析系统，加强对特邀统计分析员队伍的管理。

2006年1月，绍兴市有关领导对绍兴海关撰写的《我市纺织企业实施“创品牌”和“走出去”战略面临的挑战与建议》一文作出批示，指出创品牌问题是一个大问题，要求安排好调研，并提出政府应采取的措施。4月中旬，杭州海关派员参与海关总署“澳大利亚—新西兰原产地调研”方案制订工作，通过统计分析全国各口岸出口澳大利亚、新西兰商品的海关数据，为海关总署制定优惠原产地规则提供数据支持。5月14日，杭州海关综合统计处上报的《1—4月浙江省外贸顺差173.5亿元居全国首位》统计分析文章被海关总署《海关要情》录用。是年，宁波海关为进一步提高关区海关统计分析工作水平，以立足本职岗位为原则，经个人自愿报名和所在关(处)、部门推荐，扩大特邀统计分析员队伍。并修订完善《关区特邀统计分析员工作制度》，加强写作技能培训和业务指导，为统计分析的深入开展提供了制度和人员保障。此外，与兄弟海关合作，完成关于“两高一资”产品进出口情况的联合调研报告。

2007年，杭州海关依托海关总署进出口预警监测系统，加大对浙江省进出口重点商品和对外贸易形势的预警监测力度，受到省政府领导及相关部门的高度肯定。4月18日，省委书记赵洪祝对杭州海关上报的刊载于《海关要情》的《1—2月浙江外贸情况分析》作出批示。6月12日，杭州海关撰写的《1季度浙江省纸及纸板出口量增价跌，国内造纸行业存在问题不容忽视》统计分析受到国务院总理温家宝批示；9月30日，温家宝总理在由杭州海关与天津海关等6个海关联合调研撰写的《2007年全国农产品进出口调研报告》上作出批示；与北京海关等联合调研撰写的《2007年全国私营企业进出口调研报告》得到海关总署署长牟新生的批示，充分发挥了海关统计为领导决策、为经济发展、为海关管理服务的作用。是年，宁波海关根据海关总署联合调研工作要求，积极申报调研课题，并结合关区和口岸特色，组织人员下企业开展调研，全年共有22人次分别对农产品、民营企业、汽车零部件等进行学习考察或联合调研，形成对农产品和民营企业调研报告2篇。2008年7月20日，海关总署“我国对外贸易增长方式转变”调研组到杭州开展调研。21日，调研组就当时浙江省外贸增长存在的主要问题、外贸增长对环境的影响及采取的相应对策和如何促进外贸增长方式转变等问题，与省发改委、省经贸委和省外经贸厅等10余个省级相关部门进行了讨论座谈，调查研究，了解情况。8月12日，杭州海关参加副省长钟山主持召开的支持企业和地方经济发展座谈会，杭州海关关长徐道文从海关统计分析角度通报了杭州关区和浙江省外向型经济发展状况，并从服务企业、地方经济发展举措和清理行政事业性收费两方面进行了发言。8月起，杭州海关综合统计处实施统计分析信息上报情况反馈制度。关区各单位积极响应，上报了一批具有一定统计分析价值的信息，起到了拓展分析人员视野、共享统计分析信息的良好效果，部分信息作为分析题材得到进一步的挖掘。编发《昨日分析信息》13期，起到了积极的效果，由此进一步完善机制，调动全关区统计人员上报分析信息的积极性，共同提高关区统计分析的整体水平。12月19日，杭州海关出台《支持浙江扩大内需、促进经济平稳增长八项措施》，其中，要求加大海关统计监测预警工作力度，为地方决策和企业经营提供参考依据。是年，宁波海关以促进区域经济发展为标准开展统计分析工作，选拔优秀统计人员组成统计分析专业小组，集中力量对热点商品、口岸特色商品进行调研，撰写高质量的分析文章，打造统计分析品牌。

2009年3月31日，由海关总署牵头的“国际金融危机对我国外贸进出口影响”专题调研组到杭州召开座谈会，重点就国际金融危机对中国外贸的影响、国家有关宏观调控政策的实施效果、今后外贸的走势及如何“保稳促调”进行了讨论和分析。海关总署综合统计司司长郑跃声及杭州海关、省经贸委、省外经贸厅等政府部门及银行和企业代表共20余人参加会议。12月7日，经中国统计学会评审委员会评审，杭州海关2篇统计分析论文《从外籍船舶修理贸易看海关对涉外工业性作业的统计》和《义乌小商品海关统计的难点与对策》获“义乌杯”全国优秀统计论文评比三等奖。同日，杭州海关在绍兴召开外贸形势分析会，围绕次年外贸形势、统计工作思路进行了广泛交流，并就统计分析工作提出要求。是年，宁波海关加强进出口监测预警和统计分析工作，完善查询系统管理制度，修订《宁波海关统计分析查询系统使用管理办法》，及时维护更新系统参数，确保数据源质量，提高系统使用效率。与各兄弟海关紧密联系，在考察调研、经验交流、工作研讨等方面展开多层次多角度的合作，完成“金融危机对我国民营企业的影响”“我国原油进出口贸易状况调研”“我国主要资源性商品进出口贸易状况”等联合调研课题。主动联系走访宁波市委市政府及相关部门，对宁波市经济发展过程中出现的热点、敏感问题进行共同探讨，还派员参加中国社会科学院“国际金融危机对中国沿海地区外经外贸影响研究”课题组的调研。

2010年3月5日，杭州海关专门召开统计信息工作座谈会，明确提出进一步加强《海关要情》报送工作的6点措施。3月11日召开的浙江省部门统计工作会议上，杭州海关统计工作受到省政府表扬。会议指出：“海关、商务、发改委等部门积极发挥智囊参谋作用，积极开展统计调查分析，定期向社会发布统计信息，编印资料，提高统计服务水平。报送的有关专业资料及时性和有效性不断提高，为党政领导宏观管理、开展科学决策提供了大量的统计咨询建议。尤其是国际金融危机爆发以来，紧紧围绕浙江省委、省政府决策和中心工作，不断加大监测和分析力度，在促进浙江省经济平稳健康发展中发挥了重要作用。”9 月 16 日，由广州、黄埔、江门海关组成的广东分署课题调研小组到杭州，就“珠三角与长三角、环渤海对比分析”课题与浙江省相关政府部门和企业进行座谈调研，对当时浙江省外贸发展现状以及对尔后浙江省外贸发展走势进行了充分的探讨。省商务厅、家电协会、茶叶协会和杭州地区部分企业的专家代表参加座谈。11 月 15 日，“2009 年内港贸易统计数据对比分析高级会议”在杭州召开，对 2009 年度内地和香港数据进行对比分析，对非正常贸易情况进行研判，就内地与香港交流合作进一步作出安排。海关总署综合统计司、海关总署缉私局、香港特别行政区政府统计处、香港海关情报科等四方代表参加会议。

二、统计监督和执法评估

根据《中华人民共和国统计法》和《中华人民共和国海关法》，运用海关统计数据对统计对象实施监督，一方面体现对进出口行为和过程的监督，另一方面体现对海关业务管理的监督。

1996 年 4 月，宁波海关下发《宁波关区关于年度海关统计工作质量考评的通知》，规定各类差错的内容和标准，如重大差错、较大差错、一般差错等，并进行计扣分考评，以加强统计监督。1998 年 11 月 12 日，宁波海关下发《宁波关区统计数据质量检查办法》，规定贸易统计检查内容。

1999 年，为发挥统计监督作用，杭州海关根据海关总署要求在关区普遍建立《统计监督信息》的载体，把在审核数据环节和分析中发现的海关管理问题向关领导反映，共撰写《统计监督信息》28 篇，上报海关总署 12 篇，问题涉及归类、审价、缓税、监管放行、未统计报关单、加工贸易进出不平衡等问题。通过统计监督发现违规案件多起，补税 25 万元。是年，为确保宁波关区贸易统计数据的准确性，加强统计监督管理，宁波海关综合统计处出刊《统计监督》4 期，统计处罚金额 1000 元，补征关税 7133 元，补征代征税 1231.5 元。

随着 1998 年后大规模反走私斗争的需要，建立海关执法评估体系，运用统计分析方法对海关执法状况进行监督、评估和评价，是统计监督职能的延伸和方法的创新。2000 年 2 月，全国海关关长会议明确提出建立执法评估系统的工作任务和目标。杭州海关积极参与海关总署海关执法评估系统方案的制订和软件开发工作，根据所反馈的关税统计数据，对 1999 年税收情况进行分析，对 2000 年税收形势进行预测。关区运用《统计监督信息》载体，向关领导报告在审核数据环节和分析中发现的海关管理问题，上报海关总署《统计监督信息》12 篇。

2001 年 12 月 10—15 日，海关总署综合统计司在广州莲花山举办直属海关执法评估系统培训班，对第一批批准开展执法评估工作的 33 个海关进行系统推广培训，杭州海关属第一批单位。是年，宁波海关修订《宁波海关统计工作综合评比办法》，增加“执法评估”项目，同时加强关区统计监督力度。1—10 月，全关区共发现错误 592 条、纠正各种差错 592 条，补缴税款 21.28 万元，实施统计处罚 1.3 万元，编发上报海关总署综合统计司《统计监督信息》40 篇。同时，落实措施，做好海关总署反馈数据的核查，与技术部门积极联系，为执法评估工作的开展做好准备，并在关区做好执法评估系统推广的宣传。杭州海关积极参与浙江省十五规划的制订和外经贸形势分析会，全年为各级地方党委和政府提供信息咨询、经济形势分析统计数据30余万条，统计执法评估工作初见成效。

2002年10月，海关总署在宁波举办全国海关执法评估工作研讨会，杭、甬海关参加。是年，宁波海关全面开展海关执法评估和统计监督工作，开发数据核对程序，修订《宁波海关统计工作综合评比办法》等，保证统计数据质量。1—12月共审核进出口记录94.37万条，查实差错数据450余条，纠正较大差错106条，严重差错1条，较好地保证了海关统计数据质量。同时，安装和启用海关执法评估系统，确定评估人员和系统维护管理的技术人员，明确工作职责，并制定《宁波海关统计监督作业规范》。全年共编发《统计监督信息》22期，发现并纠正各种差错1937条，补缴税款4.5万元，实施统计处罚3万元，较好地发挥了海关统计监督和执法评估职能作用。

2003年5月，杭州海关根据《海关总署关于2003年各海关执法评估情况的通报》，顺利完成2003年的执法评估自查工作。9月15日，为进一步加强杭州关区执法评估工作，明确各部门职责，规范各环节的具体操作和要求，根据海关总署有关规定，制定下发《杭州海关执法评估工作实施办法》。是年，宁波海关针对关区“多点报关，口岸放行”作业模式，通过执法监督系统及数据查询互动反馈系统，结合关区业务执法检查，规范数据核查、反馈工作，有效地提高了核查工作的及时性、客观性和公正性。全年共审核进出口记录统计数据149.3万条，纠正各类数据差错946条。通过将本关区的自查评估结果与海关总署执法评估结果的对比分析，查找问题与差距，不断完善执法评估系统参数。开发小型机数据处理程序，将更正后的统计数据导入执法评估系统，弥补系统数据的静态性缺陷，提高执法评估的命中率。运用数据审核手段，认真查找和发现监管中存在的疏漏和问题。全年编发《统计监督信息》26期，发现并纠正各种差错629条，补缴税款12.13万元，退还税款490元，实施统计处罚8.15万元。2004年，宁波海关制定下发《宁波海关执法评估工作实施办法(试行)》，明确监察审计室负责本关区执法评估自查的组织工作，综合统计处负责执法评估系统的推广应用、系统管理和核查数据下载等工作，各业务职能部门和下属关(处)负责相关业务的具体自查工作。在执法评估的实际工作中，实现由孤立地应用执法评估系统，转变为与风险管理平台和与统计监督等其他统计业务相结合的方式。健全执法评估反馈机制，与缉私局形成专门的联系配合机制。全年向缉私局移交情报线索9条，缉私局立案调查1起，案值495万元，涉嫌偷逃税款160万元；调整归类2起，涉及货值1452万元，补税151万元，退税1万元。全年编发《统计监督信息》32期，共发现并纠正各种差错244条，补缴税款合计184万元，实施统计处罚10.3万元。2005年，宁波海关通过统计监督监控业务差错，全年累计审核133.5万份报关单，240万条记录，查实一般差错266条，较大差错32条，重大差错2条；关区共更正差错数据15000余条，在海关总署的贸易统计准确性考评中实现零差错。

2006年3月10日，海关总署综合统计司司长张丽川一行到杭州海关进行执法评估系统(二期)和进出口监测预警系统演示。是年，宁波海关全年共撰写综合性执法评估报告2篇，专题性报告11篇，编发《统计监督信息》25期，发现并纠正各种差错488条。同时加大统计处罚力度，全年共实施一般程序统计处罚48起，处罚金额26.1万元；下属各关(处)共实施简易程序统计处罚83起，处罚金额8.3万元，对规范报关企业、报关员的申报行为及提高统计数据质量起到了积极的促进作用。2007年2月4—10日，杭州海关综合统计处在关区关长会议上做执法评估演示。4月1—7日，杭州海关综合统计处有关业务人员向杭州萧山机场海关介绍2006年执法评估结果。4月15—21日，杭州海关综合统计处安装调试执法评估二期系统。宁波海关也积极推广应用该系统，实现统计查询系统和风险平台信息共享。

2008年3月27日，海关总署监管司、综合统计司联合在杭州召开"部分监管业务指标定义及统计口径研讨会"，会上就监管职能运行监控系统与执法评估系统的指标设置问题进行研讨。杭、甬海关及来自全国各海关的20余名代表参加会议。10月13日，根据"强化整合、优化系统"的要求，杭州海关对管理控制系统进行整合，融合已有的内控系统、风险管理平台、执法评估系统的部分评价指标、执法监督系统及各职能部门的监控系统，在统一平台上，集中发布综合治税、风险管理、队伍管理等信息，集中处置执法风险和廉政风险，展示海关业务和队伍信息系统，形成各职能部门和现场海关之间互通互联统一的管理通道。是年，宁波海关采取有效措施，积极开展海关统计监督工作，充分发挥统计监督在海关监管和综合治税中的作用，共完成《统计监督信息》27期，关区补征税款310万元。开展以防控"两大风险"为目标的执法评估工作。全年完成专项、综合性执法评估文章28篇，海关总署各类载体录用22篇。

2009年5月14日，杭州海关综合统计处提出服务保障关区综合治税工作的具体举措，加强报关单数据及时入库工作，加大对统计数据的审核力度，尤其是对涉税涉证商品的审核。完善统计数据核查反馈制度，定期监测、分析主要税源商品进口量价情况，及时掌握动态，跟踪监测税源商品进出口行为方式的变化，及时发现低报、伪报、瞒报情事。充分运用执法评估系统，加强对税收征管质量评估，开展税收风险预警监测，运用多方面数据查找主要纳税企业和主要税源商品的税收风险，及时发布预警性建议。6月，金华海关充分发挥统计在综合治税中的作用，加强统计监督工作实效，编发了6期《统计监督信息》，并及时发送各审单现场，把统计监督工作落到实处。对发现新增主要进口税源企业，组织各部门主动对接服务。7月，嘉兴海关加大统计监督应用力度推进综合治税，强化统计监督意识，要求统计人员在日常业务工作中对苗头性和风险性问题进行分析和归纳，及时处置统计监督信息，形成税收征管和风险防控工作合力。对13份报关单实现有效统计监督，补征税款25万余元。7月27日，杭州海关综合统计处编发《综合治税专题系列报告》，积极配合综合治税工作。连续2个月对一般贸易进口的商品情况进行跟踪分析评估，为综合治税工作提示和排查风险，分析形势，有针对性地开展税源分析监测、评估税收征管质量、加强统计监督。是年，宁波海关通过统计执法评估，重点评估四大中心联动情况、业务基础薄弱环节、口岸通关效率、执法统一性问题、内控工作开展情况及队伍廉洁从政情况，共发现问题521个，整改问题416个，补征入库税款3885.97万元，纠正违规金额3.13亿元，移交缉私线索14条，促使有关单位建立完善制度15项。由此，执法评估逐步向促进业务管理和提供风险信息转变。

2010年10月26日，杭州关区执法评估系统及报关单数据质量检控分析系统(二期)培训班在湖州举行，借此进一步提升统计数据审核水平，为关区推广应用执法评估系统打好基础。

11月4日，嘉兴海关落实“三新”措施强化统计监督。前三季度，该关通过统计监督撰写7篇《统计监督信息》报告，发现22起统计监督情事，补税183.8万元。是年，宁波海关积极发挥统计监督职能，深入开展执法评估。结合宁波关区实际，在关党组的推动下，执法评估系统全面融入执法运行管理之中，通过不断强化业务基础，创新工作机制，有效提升了执法管理水平。对宁波口岸进出口重点敏感商品异常动向进行及时监测和趋势预警，并与缉私部门合作开展案件分析工作；向企管处提供关区重点查验企业数据，协助其调整企业分类评判标准，降低监管风险。同时，积极做好海关总署“关于进一步优化监管查验的联合调研报告”课题调研，结合本关实际情况就具体执法评估指标和方法等积极提出改进和完善建议，受到海关总署综合统计司领导的好评。

三、统计监测预警

2001年12月，中国加入世界贸易组织（WTO）。为使中国顺利渡过加入WTO后过渡期，有效地促进对外贸易的发展，维护国家经济利益，2002年，根据国务院总理办公会议要求，海关总署着手建立进出口监测预警系统，由海关总署综合统计司承担系统的开发设计工作。是年5月，海关总署下发《海关总署关于加强海关统计工作的通知》，要求各地海关统计部门加强对进出口货物，特别是关税配额商品的监测预警工作，及时提供进出口数据和分析结果，建立重点敏感商品进出口监测模型，建立贸易管制商品、关税配额商品的预警及动态信息发布机制，为有关部门提供反倾销、反补贴的调查及解决国际贸易争端所需要的数据及分析，完成国务院领导交办的提供数据和指定商品的预警分析工作。同时，增加综合统计司实施进口预警和关税配额监控的职能。为此，杭、甬海关按海关总署要求积极开展统计监测预警工作。

2005年，宁波海关开发应用第二期统计综合查询分析系统，按海关总署统一要求，做好监测预警系统的安装、数据运算准备和测试情况的反馈工作。对全年关区进出口运行状况、重点敏感商品进出口动态及国家有关贸易管制措施的执行情况等进行动态监测及预警分析。2006年6月16—22日，杭州海关协助海关总署综合统计司直属海关版预警子系统开发小组在杭州召开调研座谈会。2007年4月17—21日，杭州海关承办全国海关进出口监测预警系统专家小组集中工作。是年，杭州海关统计数据质量稳定，监测预警作用不断强化。依托海关总署进出口预警监测系统，加大对浙江省进出口重点商品和对外贸易形势的预警监测力度，受到省政府领导及相关部门的高度肯定。

2008年，随着国际金融危机影响逐步加深，台州市进出口企业发展形势更加严峻。为更好地帮助企业渡过难关，台州海关启动“危机服务”6项措施，发挥统计进出口监测预警功能，对进出口热点、敏感问题进行跟踪，及时准确反映进出口变动情况，积极提出合理化建议，为各级领导提供决策辅助参考。同时，加大对台州重点行业、重点商品的进出口情况的专题分析，及时反映国外市场需求变化和行业中存在的问题，及时向政府和企业发布海关统计数据和监测预警信息，为企业经营提供数据信息服务。是年，台州海关共编发统计监测预警分析报告42篇，为企业提供数据咨询服务217次，编辑《海关之窗》电子刊物12期，年总访问量达到3万余次。同年,宁波海关编发上报统计监测预警分析报告729篇。其中,《海关要情》录用115篇,中办、国办录用76篇次,中央领导批示6篇次,省市地方各级领导批示6篇。

杭州海关领导十分重视海关统计的监测预警工作,2009年2月2日,批示要求杭州海关统计部门分析和跟踪省委省政府领导关心、关注事项,在编好预警报告的同时,选择好专题,把握好关键时间点,及时组织撰写省内和国内外贸发展、经济发展、国际经济金融动态及对全国和本省经济、外贸发展的影响等方面的专题报告,充分发挥海关统计分析预警的辅助决策作用,提高杭州海关的影响力。为此,杭州海关制订加强统计监测预警工作方案,建立进出口监测预警专业小组,确定关区阶段性监测预警重点,创建关区监测预警信息载体,搭建监测预警重点企业调查网络,加强海关统计数据发布保密工作等。2月起,为强化统计分析预警,支持地方经济发展,杭州海关积极与省外经贸、省级统计部门等建立联合分析机制,就国际市场行情、企业经营策略、行业存在问题等进行沟通探讨,推广应用直属海关版监测预警系统,开发杭州海关统计数据查询分析系统,依托科技手段,使数据应用的深度得到拓展,数据质量得到有效保障。创新统计咨询服务手段,推出"海关外贸动态预警监测提示"服务,通过发送短信及时为企业提供外贸数据分析,提醒企业规避风险,变事后示警为事前提醒。2月26日,浙江省级部门统计工作座谈会通报了上年浙江省统计工作的基本情况及与部门统计工作的联系配合情况,肯定了杭州海关在应对金融危机、支持浙江经济发展中所做的贡献;肯定了2008年以来,杭州海关加强监测预警分析与合作,及时、准确、全面地向地方统计部门提供有关数据,向各级政府领导及时报送统计分析和建议,为促进浙江省经济发展和领导决策提供了翔实的科学依据。

3月3日,杭州海关下发《杭州海关关于加强统计监测预警工作的通知》,强化海关统计监测预警,支持驻地省会城市经济发展。组建进出口监测预警专业小组,每月20日前向杭州市政府报送海关统计监测预警分析材料,派员参加杭州市外经贸局应急应对协调小组,协助做好杭州市200家出口企业海关统计监测预警等工作。与浙江电子口岸开展合作,开辟"进出口预警信息"专栏,为杭州市外贸企业提供监测预警信息服务。探索搭建监测预警重点企业调查网络,及时向重点监测企业发布海关监测预警信息和最新政策信息。其时,绍兴海关以延伸服务内容、延伸服务层级、延伸服务对象、延伸服务手段"四个延伸",加大统计监测预警服务地方经济力度。从绍兴市级层面延伸到下属各县市,定期向县、市领导和重点企业提供监测预警信息,帮助用好国家优惠政策,支持产业转型升级。3月29—30日,海关总署综合统计司司长郑跃声到杭州关区,就国际金融危机对义乌外贸进出口影响进行专题调研。5月16日,杭州海关综合统计处、企业管理处与杭州市外经贸局研究决定共同建立杭州市外贸运行监测服务平台,为杭州市委、市政府宏观管理和科学决策提供依据,为基层和企业做好服务,将杭州海关支持杭州市外经贸发展和应对金融危机的措施落到实处。7月20日,绍兴市政府领导在绍兴海关上报的2009年第10期《统计监测预警专报》上作出批示,充分肯定绍兴海关统计监测预警工作,对专报中反映的纺织服装产业非正常外迁问题批转绍兴市外经贸局进行调研处理。同时,杭州海关综合统计处加强对浙江省重点地区外贸运行情况的监测分析。特别是上半年,杭州市外贸进出口大幅下降,为此综合统计处专门联合有关海关和办事处对杭州市的外贸运行情况作分析，编写了《海关统计监测预警快报（杭州市专题分析）》，提出了“稳定出口市场份额、加快利用国际资源、拓宽融资渠道和加强公共信息服务平台建设”等建议。7月26日，杭州市市长蔡奇在快报上专门作出批示，要求市外经贸局对下半年出口进行研究，明确目标。8月，台州海关积极发挥海关统计服务经济作用，开展“应对金融危机”监测预警分析调研活动。对船舶、摩托车、缝纫机、废金属等辖区特色行业展开调研，走访企业30多家，撰写有质量、针对性强的统计监测预警分析报告40余篇。10月28日，海关总署进出口监测预警专业小组在浙江舟山集中工作。来自海关总署综合统计司、中国人民大学和全国8个海关的小组成员就编制《1981—1992年中国对外贸易指数时间序列和异常进出口预警提示子系统设计开发方案》进行研讨。10月30日，海关总署综合统计司监测预警工作组走访舟山船舶修造企业，现场察看企业生产情况，详细了解金融危机对企业产生的影响、企业对海关及国家其他政策的意见和建议。是年，杭州海关向省政府报送监测预警快报、专报、海关要情共134篇，面向辖区2500家企业发送外贸预警短信共计3万余条。同年，宁波海关多措并举加强统计监测预警分析工作，全年共编发上报海关总署统计监测预警分析报告等各类文章648篇，贸易指数分析文章7篇，撰写海关联合调研报告2篇，组织关区撰写联合调研报告4篇。

2010年4月22—29日，海关总署综合统计司召集部分进出口监测预警专业小组成员在杭州集中工作，研讨城市外贸进出口监测体系并撰写城市外贸竞争力监测报告。4月30日，杭州海关提出加强进出口监测预警工作4项措施。5月27—28日，杭州海关外贸形势分析会在杭州召开。会议邀请有关外贸专业人士对后危机时代浙江省和杭州口岸外贸发展情况进行形势分析，就关区进出口监测预警专业小组组成和运行机制进行研讨。7月21日，台州海关通过专题调研及时掌握地方外贸发展动态，提高监测预警的敏感性和针对性；对重要监测预警专题分析实行跟踪制度；通过新闻媒体、海关门户网站、召开“关企论坛”、开通手机短信“海关外贸动态预警监测提示”服务等多种渠道，及时向社会公众发布海关数据和监测预警信息。8月17—20日，金华海关充分发挥统计监测预警职能，协助地方外经贸部门对汽车及零配件、五金工具（永康）、纺织面料（兰溪）、锁、火腿等多个行业开展研究分析，为地方特色行业争创国家出口基地做好工作。9月6—9日，杭州关区统计监测预警专业小组在温州乐清集中工作，重点研讨了18个行业淘汰落后产能课题。是年，宁波海关成立统计监测预警专业小组，积极提高进出口监测预警能力，跟踪反映对外贸易中出现的热点异常问题。先后开展浙江省后金融危机时期外贸状况、稀土金属贸易状况等分析，反映国家宏观调控措施的执行效果及国家政策法规执行的实际情况，加强趋势预警。《我市出口区域结构呈现多元化》《我市高新技术产品出口情况存在问题及建议》等文章得到地方政府领导批示。同时与宁波外经贸局进行了相关调研课题的合作，紧密联系进出口实际，抓住外贸进出口中的重点、热点和焦点问题，多措并举，点面结合，做好统计监测预警分析工作。

四、统计咨询

统计咨询是海关统计对外服务的重要形式。有记载民国26年（1937年）6月11日，杭州关税务司曾向浙江省政府、杭州关监督、日本领事寄送统计资料，日本领事回函致谢。

1979 年，杭州海关制定《统计工作岗位责任制》，将统计数字列入机密范围，对外提供须经领导批准。1980 年海关恢复统计工作后，把统计咨询作为一项重要的工作职能。1984 年起，宁波海关向宁波市统计局、市政府办公室、市外经委等单位提供统计资料。1984 年 12 月 11 日，海关总署联合有关部委下达《关于颁发海关统计制度的联合通知》，规定在保守国家机密的前提下，准确及时地向各方面提供海关统计信息，浙江省各海关统计咨询服务工作全面展开。1985 年 1 月 17 日，海关总署下达《海关统计资料管理办法》，对要求提供统计资料的单位实施无偿提供和有偿服务两种做法。1986 年，杭州海关开始定期向地方统计部门提供海关总署反馈的统计资料。根据海关总署关于利用海关总署反馈的统计资料，做好本省、市进出口统计编制出版工作的精神，1987 年 3 月 27 日，杭州海关向浙江省统计局提供《1987 年 1 月份浙江省进出口贸易统计简况》。是年，《浙江省经济统计年鉴（1987）》采用了杭州海关提供的“海关进出口商品金额及构成”中的统计数字。从 1988 年起，宁波海关也积极开展统计分析，为地方各部门服务，按月向地方统计部门递送统计分析快报及所属县市的明细统计报表。

1989 年，为进一步充实对外贸易统计月报的内容，杭州海关开发成功微机版反馈数据生成系统，根据海关总署反馈的浙江省内经营单位所有进出口数据以及采自关区各海关上报的贸易统计数据，编制出 1989 年全年的贸易统计报表。1990 年，开始编制“浙江省海关统计月报”，反映浙江省各口岸的进出口情况。由于海关统计数据真实反映进出口贸易实际，是地方有关部门分析当地进出口贸易动态的可靠依据，因而深受地方相关部门重视。是年，省统计局向杭州海关要求全面提供统计资料。经海关总署批准同意后，杭州海关自 1990 年 1 月起按月向省统计局提供 9 个分表的统计资料，即“浙江省省际国际收支基础指标”“浙江省进出口货物总值表”“浙江省进出口货物分类总值表”“浙江省进出口货物分产销国别（地区）总值表”“浙江省进出口货物分贸易方式总值表”“浙江省主要进出口货物数量和金额表”“浙江省收、发货单位进出口全商品量值表”“浙江省经营单位进出口全商品量值表”“浙江省各经营单位进出口货物总值表”。是年 6 月起，海关总署通过北京海关计算中心，于每月 11 日为各接受反馈的海关做好贸易统计反馈资料的磁带（盘），大大提前了统计数据的反馈速度，为各地海关及时向地方提供统计资料和开展统计分析、咨询服务创造了有利条件。8 月，杭州海关将海关总署反馈的经营单位属于宁波、温州两地的以及进口收货、出口发货单位属于上述两地的进出口贸易统计数据，以反馈磁盘的形式转发给两地海关，并由两地海关向当地政府和有关部门提供。1991 年，杭州海关除继续为省统计局、省外汇管理局、省口岸办等提供统计数据外，还积极为地方有关公司、企事业单位和关内有关处室提供统计数据咨询 70 多次，调阅原始报关单上万份。是年，按海关总署要求完成了出口商品在香港消费及转口的调查，为中国在关贸总协定谈判和与美国进行对华最惠国待遇问题谈判提供数据。

1992 年，杭州海关汇总关区各关贸易统计数据，开始按月编印《杭州海关统计反馈资料》，供关区各关和杭州海关有关处室参阅。内容包括：杭州关区贸易统计清单、海关业务统计分析表及国别（地区）总值表。1994 年起，又将杭州关区贸易统计清单分列为杭州海关一般贸易清单和杭州海关单项数据清单。1996 年，增设季刊《杭州海关统计》。内容包括："浙江省进出口货物总值表""浙江省按企业性质分类进出口总值表""浙江省进出口货物分贸易方式总值表""浙江省出口主要商品数量与金额表""浙江省进口主要商品数量与金额表"等。同时，积极探索同杭州市外经贸委的数据联网，与省统计局等地方统计部门建立了数据交流的长期关系。杭州海关综合统计处统计科当年接待统计查询达 1000 余人次。宁波海关也新编《宁波地区进出口贸易统计资料》和《宁波口岸进出口贸易统计资料》2 本手册，还为上海石油化工总厂定期提供数据报表。

1997 年，海关总署在宁波召开第一次全国海关统计咨询工作座谈会，规范咨询业务操作。是年，杭州海关开始向省机电产品进出口管理办公室提供浙江省机电产品出口统计数据，内容主要包括浙江省机电产品出口总值及机电产品项下分列贸易国别、企业性质、贸易方式、主要经营单位、主要机电产品的出口情况，为其管理工作提供便利。为推动海关业务管理的科学化，还积极为本关其他业务处室提供咨询服务，如为保税部门管理加工贸易提供商品预归类服务；向关税部门提供杭州关区各口岸的进出口数据，为其税收征管质量综合考评工作提供客观依据。当时宁波海关统计期刊有：《宁波口岸进出口贸易统计资料》（自 1996 年以来每月 1 期），统计数据根据宁波海关对进出口货物进行实际监管的进出口货物报关单汇总而成；《宁波地区进出口贸易统计资料》（每季度 1 期），其统计数据源于海关总署反馈资料。上述统计期刊形成比较全面系统的统计数据，为统计分析和统计咨询提供有力的保证。6 月，《杭州海关统计反馈资料》改编为《杭州关区进出口统计月刊》（第一期包括当年 1—5 月数据，以后按月编发），内容更为详尽，包括"贸易统计数据清单""单项统计数据清单""海关业务统计综合分析表""进出口商品类章表""出口主要商品分类表""进口主要商品分类表""进出口贸易方式分类表""对各大洲进出口情况表"等。上述两类统计资料的编印，促进了杭州海关统计分析和统计咨询服务深入开展。

1998 年，对外贸易经济合作部、国家发展计划委员会、海关总署发出《关于地方政府部门统一使用海关进出口统计数据有关问题的通知》，杭州海关走访相关部门，进行宣传和执行准备，并积极开展统计咨询服务工作。为使咨询服务工作更趋规范化，制定《对外统计咨询作业制度》和《咨询收费三级审批制度》，海关统计数据为社会各界广泛使用，社会效益明显。省政府、杭州市政府在宏观决策中用海关统计数据做参考；省委、省政府用海关统计数据分析经济运行情况，向省人大和国务院汇报工作；省外经贸厅、杭州市外经贸委用海关统计数据通报全省、全市外经贸情况；省统计局、杭州市统计局用海关统计数据发布国民经济月报、年报及统计年鉴；有关行业主管部门用海关统计数据进行宏观决策和微观指导；省外汇管理局用海关统计数据核对收付汇情况，检查资金流与物流的平衡；省计经委用海关统计数据指导配额和配套资金的发放；浙江省几家大型国有企业每月用海关统计数据进行决策分析；各新闻媒体也用海关统计数据定期分析报道社会经济情况。是年，杭州关区统计部门为地方编发刊物 50 期、信息 60 余条，为地方有关单位提供各种统计数据 5 万余条。此外，杭州海关还开发应用统计分析咨询软件，为浙江省和杭州市外经贸委、统计局、轻工纺织厅等数十个单位提供咨询数据，收到良好的社会效果。其间，宁波海关经过业务和统计部门的共同努力，逐渐形成了比较完善的咨询制度和方法，扩大统计对外咨询服务的业务范围，为各级党政部门、企事业单位和社会各界提供有价值的统计资料。随着关区加工贸易的发展和退还国内产品税需求的增多，前来海关查询的单位和个人成倍增加。为了搞好统计咨询服务，宁波海关同省统计局、宁波市统计局、宁波市政府港口办公室、上海国际航运中心等部门进行及时的数据交流，为上海石油化工总厂定期提供数据报表，积极发挥海关统计的信息、咨询、服务功能。

1999年1月，对外贸易经济合作部、国家发展计划委员会、海关总署联合发文，对各直属海关向地方政府部门提供海关统计数据的时间、范围进一步作出统一、具体的规定。根据这一规定，杭州海关制定《杭州关区海关统计服务地方工作管理方法》，通过计分、评比和奖励等手段把关区统计服务地方工作纳入规范化轨道，从而推动全关区统计咨询服务工作顺利开展。年初，杭州海关创编《海关要情》，每月第一时间向浙江省和杭州市主要领导反映浙江省和杭州市外贸进出口情况。海关统计数据和信息被省、市各级地方党政领导、行业主管部门、企业、新闻媒体普遍采用。是年，杭州海关为地方提供各种统计数据20余万条，被新华社、《人民日报》、《国际商报》、《浙江日报》、《杭州日报》、浙江电视台、杭州电视台、浙江人民广播电台等各类新闻媒体录用新闻稿件50篇。同年，宁波海关同杭州海关联合编辑《浙江海关统计学会会刊》。3月，协助宁波市政府完成浙江省集装箱箱运量的调查工作。5月，提供大量地区统计数据，支持浙江省召开“合理利用北仑港的论证”工作会议。9月，同宁波市外经贸委一起考察深圳市贸易与发展局，拓宽统计数据的利用范围。每月向上海国际航运中心、宁波市政府经济研究中心和宁波市外经贸委提供海关统计资料、信息，扩大了海关统计的对外影响。2000年，杭州海关各类统计信息文章被中共中央办公厅、国务院办公厅采用3篇次，被海关总署采用30篇，省政府采用20多篇。杭州海关为地方提供各种统计数据15万余条，为海关领导和海关各部门提供统计数据5万余条，报道的新闻稿被中央和地方各级新闻媒体采用60余篇。至年底，共编发《海关要情》26期，《统计分析快报》等月刊继续每月第一时间向省、市主要领导反映浙江省和各地(市)的外贸进出口情况。

2001年，宁波海关制定《统计数据咨询管理办法》，使数据咨询规范化，为800余人次提供了数据查询。通过编制《统计信息快报》和报送《调研与动态》，将外贸和业务运行动态及时反馈给海关和地方政府领导。筹建、成立宁波海关统计学会，于7月创刊《宁波海关统计》。2003年3月，舟山海关组织编印《动态与信息》，发送地方党政领导、有关政府部门和进出口企业。《动态与信息》及时刊登海关最新法规和规定，提供通关咨询服务，宣传海关重大改革举措和支持服务地方经济的措施，以此作为海关加强与企业交流沟通的载体，转变工作作风；刊载舟山市每季外贸进出口数据，有利于政府部门和企业查询有关数据与情况。是年，宁波海关认真做好统计咨询服务，为16家企业固定提供咨询服务，接受近200人次的零星企业客户的查询，做好调查、侦查部门的数据协查工作。2004年，宁波海关累计对439家(次)企业提供咨询服务，并改版刊物内容，全年出版《宁波海关统计》4期，刊物的实用性、资料性和可读性进一步提高。2005年，宁波海关发动业务现场的年轻关员参与编辑《宁波海关统计》。为企业提供优质、高效的统计咨询服务，与7个单位签订长期咨询服务协议，全年共为441家(次)企业提供统计咨询服务。2006年，宁波海关进一步加强同兄弟海关统计学会的横向联系，组织业务交流，办好会刊，扩大影响。同时创新办刊思路，尝试与部分关(处)合办会刊，全年共编辑出版会刊4期，为374家(次)企业提供统计咨询服务。2007年，宁波海关继续做好统计咨询工作，为地方和企业对外经济发展服务。实行政务公开，公开工作时限、工作流程，主动接受社会监督，全年累计接待企业咨询516家(次)。为配合地方企业各类名优品牌和A类企业申报评选工作，为企业提供海关统计数据咨询服务，得到企业好评。努力提高办刊质量，搭建信息交流的平台。

2008年12月8日，《中华人民共和国统计法》颁布实施25周年，杭州海关综合统计处积极配合省统计局，开展宣传活动。12月19日，杭州海关制定《支持浙江扩大内需、促进经济平稳增长的八项措施》，要求加大海关统计监测预警和咨询服务工作力度。12月23日，杭州海关派员参加浙江省应对技术性贸易壁垒联席会议，向会议通报海关工作的有关情况，提供统计咨询服务。是年，宁波海关全年累计接待企业咨询791家(次)；编辑出版《宁波海关统计》及《宁波海关统计论文集》，共汇集统计论文200余篇。两套书刊的及时出版，一方面加强了对关区统计业务的学术指导，另一方面为关区统计人员进行业务交流提供了良好的平台。

2009年1月6日，杭州海关综合统计处参加舟山口岸业务专题会议，参与研究省口岸管理办公室提交的《舟山口岸外籍船舶修造企业开放和监管模式的调研报告》。2月4日，杭州海关接待来访的杭州市外经贸局负责人一行，双方就如何支持杭州地区外贸发展进行了交流沟通，商量对策。2月12日，浙江报关协会与杭州海关综合统计处进行工作交流，双方就如何在当时经济形势恶劣、企业经营状况不良的情况下，加强联系配合、文明服务达成了共识。同天，浙江省召开统计工作会议，省委常委、副省长陈敏尔到会讲话。会议肯定了海关等中直部门为省委、省政府应对国际金融危机冲击，提供大量的统计信息和咨询建议，发挥了重要的作用。

纺织业是浙江省绍兴地区的重点产业，绍兴海关一直重视对该产业的出口情况统计分析。2009年2月24日，该关向绍兴市政府报送了《绍兴海关统计监测预警专报》第2期，并以《1月份绍兴市纺织品和服装出口一降一升，“恨布不成衣”的状况有望得到改观》一文进行分析，引起绍兴市政府领导的重视并得到批示。2月26日，杭州海关召开关长例会，贯彻落实副省长龚正听取杭州海关工作汇报时提出的10项工作要求，支持浙江省经济发展，并实行“主办、协办制度”，其中统计部门承担2项：一是及时向省政府报送外贸进出口统计预警监测分析报告，努力使政府出台的政策更具针对性；积极推进海关与合法进出口企业建立战略合作伙伴关系，根据企业调整经营策略和应对危机的需要，及时向诚信合法企业提供海关信息、数据服务；加强区域经济一体化、口岸开发开放、外贸进出口等实证分析研究，为4月全省出台进一步深化改革开放决定建言献策。二是积极参与俄罗斯“灰色清关”问题的对策研究，广泛收集相关信息、资料，着眼于从体制、机制层面解决问题。3月2日，综合统计处上报贯彻措施及方案。

2009年初，浙江省外贸出口出现大幅下降的严峻态势，省委、省政府对此高度重视，副省长龚正要求杭州海关对省外贸形势进行深入分析。杭州海关自3月4日起组织关区有关隶属关(办)，针对各行各业典型企业发放“外贸出口情况企业调查问卷”，以找准出口面临的主要问题和矛盾，为各级地方政府出谋划策、提供决策依据。3月中、下旬，浙江省、杭州市领导先后对杭州海关报送的外贸情况分析作出批示。3月17日，省长吕祖善批示杭州海关报送的《2009年2月浙江省外贸进出口情况分析》：“进一步摸清情况，分析原因，判断趋势，研究措施。”3月23日，杭州市市长蔡奇在杭州海关报送的《1—2月杭州市外贸进出口继续双降，月度出口额创近3年来新低》上作出批示：“外贸出口形势十分严峻，下周专题研究，进一步采取必要应对措施。”3月24日，杭州海关报送《杭州海关关于落实杭州市人民政府有关要求情况的函》，其中承诺，每月定期向杭州市政府报送针对全市涉外经济的海关统计监测预警分析，派员参加杭州市外经贸局应急应对协调小组，协助杭州市外经贸局做好对全市200家重点出口企业的海关统计监测预警工作。杭州市市长蔡奇为此作出批示：“感谢杭州海关的大力支持，市各单位应主动对接，加强合作。”4月7日，杭州海关参加浙江省外贸形势分析会，副省长龚正到会讲话并作指示。会议通报了第一季度浙江省外贸情况，并对海关等中央直属部门为省委、省政府应对国际金融危机冲击，提供咨询建议、解决相关问题提出要求。4月13—14日，杭州海关参加副省长金德水主持召开的浙江省工业经济形势分析会。4月14日，杭州海关综合统计处联合企业管理处为杭州市纺织服装类企业进行外贸形势分析，并就有关海关管理规定、企业应对当前不利因素及对策等方面内容开展咨询服务。

随着金融危机对美国国家实体经济影响的加深，美国贸易保护主义势头不断升级。5月22日，美国在其石油管材库存积压达400万吨(超过其一年需求量)的形势下，裁定对来自中国的石油管材产品进行“反倾销、反补贴”(以下简称“两反”)调查，涉案金额高达33亿美元，这是中国当时遭遇的最大规模的“两反”案件。在“两反”调查中，涉案企业须填写来自美方的调查问卷，其中，涉及不少海关进出口统计数据，一旦企业提供的数据与海关提供的数据不符，易造成企业反馈问卷的可信度降低。针对严峻形势，绍兴海关充分认识到帮助企业应对国外贸易调查对“保增长、促发展”的重要意义，并积极采取措施加以应对，在进出口数据、信息上提供咨询服务，对企业在进出口数据核对上给予方便，提供更多行业监测预警分析，帮助企业提高防范贸易风险的能力。5月26日至6月10日，杭州海关参加浙江省“保稳促调专题督查”工作，并具体参与“扩大国内外市场”的监督检查事项。9月29日，杭州市外经贸局专门致函杭州海关综合统计处称，感谢自2000年以来海关为该局提供详尽、全面的进出口数据。当年，杭州市外贸出现了前所未有的下滑，杭州海关又定期为市领导提供《海关统计监测预警快报》，详实地分析数据、查找问题，得到市长蔡奇、副市长佟桂莉的赞扬。10月份，美国商务部(DOC)决定对原产于中国的无缝精制铜管发起反倾销调查，涉及绍兴市最大的外贸进出口企业——浙江海亮股份有限公司。绍兴海关统计人员及时深入该公司与企业领导和进出口部门负责人座谈交流，主动上门提供咨询服务，增强了企业在应诉反倾销案件中的信心。是年，舟山海关针对全球金融危机加剧、企业订单锐减、生产下滑、发展信心遭受重挫、企业举步维艰的情况，组织力量深入辖区进出口企业，大力宣传《海关总署关于支持扩大内需促进经济增长的十项措施》，并对辖区船舶修造、汽车配件、水产品加工、玩具等行业生产发展情况进行专题调研，先后撰写了《近期国际市场大宗商品价格全线下跌值得关注》《船舶市场或面临寒冬，船舶修造格局亟待重整》等调研报告，通过统计数据的分析，建议淘汰落后产能，推进兼并重组，合理利用资源，提高产业集中度，为地方政府和外贸企业提供决策参考。同时，加强统计分析信息报送的敏感性，对国家水产品出口退税率提高等税收政策在执行过程中碰到的新问题、新情况及时向上级有关部门反映，开展统计分析和统计咨询。

2010年2月9日，台州海关提出以落实三项措施抓好统计咨询服务工作。上年，该关面向地方政府报送海关专报10期，面向辖区2500家企业发送外贸预警短信3万余条，接受企业电话预申请500余次。3月8日，由浙江省海关统计学会和杭州海关综合统计处共同主编的《海关统计研究》杂志，在恢复海关统计30周年之际复刊。该刊采用电子版的形式，为海关关警员提供了一个交流思想和探讨经验的平台。4月20日，为进一步推动杭州海关统计信息工作，加强海关统计信息管理，杭州海关制定印发《杭州海关统计信息管理办法》。是年4月，绍兴海关采取三项措施做好海关统计数据咨询和信息发布工作，提高海关社会影响力。1—4月，该关为企业出具海关统计证明187份，发布海关统计信息17条，在各类新闻媒体刊发报道29篇。7月23日，温州海关召集温州市鞋革协会、服装商会、紧固件行业协会和合成革商会4家行业协会举行座谈，就深化海关统计服务方式和加强双方数据合作展开讨论，4家行业协会法人代表均签订了海关统计数据使用保密承诺书。是年，宁波海关不断优化面向海关内部、政府、企业、社会公众的咨询服务，累计接受企业电话咨询500余次，耐心解答企业问题。全年出版《宁波海关统计》刊物4期，通过海关统计学会和会刊平台，进一步发挥统计业务职能指导、信息参考、业务交流以及对外咨询服务的作用。

第八章　海关稽查

海关稽查，是国家法定的行政管理行为。历史上海关稽查机构、职能先后进行过数次调整，但并未正式实行稽查制度。近代，海关开始对报关行、报税行等进行管理。民国 6 年(1917 年)2 月，杭州关颁布《管理报关行条例》。民国 8 年 5 月，浙海关颁布《浙海关报税行注册章程》。1980 年，浙江省杭、甬、温三关实行全国统一的报关制度，报关管理开始逐渐步入正轨。

20 世纪 90 年代，围绕现代海关制度建设，海关总署对西方发达国家海关称之为外部审计的稽查制度进行了充分的考察、研究、论证；在此基础上运用风险管理的理念和方法，于 1994 年 7 月，开始全面推行海关稽查制度。1997 年 1 月 3 日，国务院发布《中华人民共和国海关稽查条例》。2000 年 7 月，修改后的《中华人民共和国海关法》(以下简称《海关法》)进一步确立了海关稽查的法律依据和权力。海关稽查制度的建立，在管理思想上，实现海关由传统的单一对货物监管向以企业和货物监管并重转变；在管理范围上，扩大海关监管的时间和空间，将海关管理延伸到企业内部和货物放行之后；在管理模式上，海关广泛应用风险分析、外部审计、贸易调查等现代化的管理方法和手段，以提高海关管理效能，促进企业守法自律。从 1993 年开始，杭州海关、宁波海关①积极探索海关稽查业务；1994 年，全面实行海关稽查制度。

1999 年，杭、甬海关实施全国统一的企业分类管理制度，根据企业诚信记录采取差别管理措施，并通过风险分析，对企业信息实行集中、统一、规范管理，准确、及时把握企业在海关管理中所处的地位及其潜在的具体风险。

2003 年初，杭州海关成为海关总署开展风险平台试运行和风险管理重点课题攻关的 10 个试点之一。是年，宁波海关将风险管理成果应用于监管一线，结合口岸特点和自身优势，探索建立现场监管、风险管理和企业稽查相互配合的联动监管模式。

2005 年 6 月，海关总署稽查司重新设立后，进一步明确了风险管理、企业管理、企业稽查作为海关稽查的三大任务。由此，形成报关管理、风险管理和海关稽查“三位一体”的海关稽查制度体系。

2010 年，在杭州先后 3 次召开由上海、南京、宁波和杭州海关组成的长三角海关企业管理工作会议，建立了以“长三角企管工作动态”为载体的企管信息交流机制，组织部分重点企业与口岸海关企管部门座谈，初步形成长三角海关企管工作的联系配合及运作机制。是年，

① 以下杭州海关、宁波海关分别记述时用全称，两关合记时简称杭、甬海关。

"中美联合验证"试点工作顺利完成,中国、美国海关对浙江 7 家企业进行联合验证,均顺利通过,其中杭州 3 家、宁波 4 家。杭、甬海关积极引导企业加强自身管理,实现海关与企业的双赢,作为支持地方经济发展的一项重要举措,得到政府和企业的肯定。

第一节　报关管理

由于对外贸易涉及一个国家重大的经济利益与经济安全,乃至政治和外交权益,世界各国无不加强对外贸易的管控,为此海关在监督管理进出口贸易中,由物及人,必然需要对报关企业和报关员以及进出口经营和生产企业进行管理。近代海关对报关行、报税行进行管理,现代海关对报关单位和报关员以及进出口企业的经营行为进行管理,逐渐形成一套完备的管理制度和方法。

民国 20 年(1931 年),杭州关制定《管理报关行暂行章程》,规定报关行应向当地海关申请营业执照,并现款缴纳保证金或用债券抵缴保证金。民国 21 年,浙海关制定《浙海关管理报税行规则》,规定每家报关行须向海关缴纳保证金。此后一直到 1949 年,浙江各海关均沿用这些章程或规则管理报关行。中华人民共和国成立后,海关总署颁布《海关管理报关行暂行办法》,规定如有反动行为,经当地人民政府查明属实,或违反关章,受到重大惩罚未满 3 年,以及海关员工因案裁撤的均不得从事报关业务。1953 年,海关总署通知废除报关行。1956 年,旧报关行体制完全消亡。改革开放以后,1980 年,浙江省杭、甬、温三关执行全国统一的报关单制度,规定凡进出口货物均由货主或其代理人向海关办理报关。1987 年 7 月 1 日后,杭州海关依据《海关法》对报关进行注册登记,对报关单位和报关员进行管理。1999 年 3 月 31 日,海关总署下发《中华人民共和国海关对企业实施分类管理办法》,根据企业的经营管理状况、报关情况、遵守海关法律法规情况等,设置 A、B、C、D 四个管理类别。企业分类管理是海关根据企业诚信记录采取差别管理的一项重要措施。杭、甬海关据此办法实施对企业的动态分类管理。2008 年 4 月 1 日,杭、甬海关实施新的《中华人民共和国海关企业分类管理办法》,在原有 4 个管理类别的基础上新增了 AA 类管理类别。截至 2010 年 12 月,杭州海关共有 A 类管理类别以上企业 4051 家,宁波海关共有 A 类管理类别以上企业 2096 家。

一、报关企业管理

(一)报关行、报税行

浙江的报关行最早出现在宁波。明晚期,宁波已有类似报关行的牙行出现。清代,各地普遍设有牙行。牙行开设者必须是殷实的良民,而非生员、监生,在取得邻居和同行的担保具结后,才能开行,由官府发给牙帖。如果有事歇业,或亏本无力承担,则官府收回牙帖,转由他人设立,发给新帖。清代所发牙帖数额各省不同,浙江省为 9962 张,分上、中、下三等收取牙税。如当时余姚县中等牙帖,每张收牙税银 4 钱～5 钱。

清咸丰十一年(1861 年),浙海关(新关)建立。随后,宁波出现了近代报关行(又称保税行)的民间商业机构。它的出现同当时实行外籍税务司和职员管理制度有一定的关系。从国外进出口的货物及国内流通货物的进口转口须书面报关,货物运到内地须加以“验关”,所有报关、验关的文件,如报单、税单、三联单、凭证等一律用英文书写;稽查员、税务员、验货员等都是洋员,规定说英语。这给中国商人带来极大不便,报关行即应运出现。宁波最初的报关行专门代客户向海关办理进出口手续和代缴税金,作为报酬,报关行收取佣金,并向承运单位提取回扣。后一项措施引起承运单位的不满,他们成立转运行。转运行除了为客商办理货物托运外,还承办报关业务。由于进出口商人有自己报关或选择报关行、转运行的权利,于是出现报关行和转运行在较长的一段时期并存的局面,成为宁波口岸报关行的特色。在激烈的竞争中,宁波的报关行也扩大业务范围,兼办理货物托运。此时报关行和转运行的区别消失,统称为报关行或报税行。光绪二十四年(1898 年),在浙海关注册的报关行有 16 家。

民国 5 年(1916 年),“源源公报关行”开业,这是杭州开埠后最早创办的报关行。杭州关对报关行业的管理参照闽海关的规则执行:设立报关行须向海关递交“保结”,并由两家经海关核实认为可靠的商行作担保,海关才予注册。在办理报关手续中,关税、附加税费、装卸搬运费,甚至船运费往往都由报关行垫付。而报关行的营业收入主要有:一是向客户收取佣金,佣金以件计算,每件多少以价值高低而定;二是代客垫付各种费用,客户按一定利率付息;三是航运业为获得稳定的货运业务,往往从运费中给予报关行一定的回扣;四是在为货主的货物估税时有意降低货物等级,以多报少作弊,这样也可从货主处获得回扣。报关行的营业收入都不错,如佣金每家年收入自 5000 元至 1.2 万元不等,尚不计其他收入。是年,据杭州关呈报总税务司的统计,杭州共设有报关行 16 家(均在拱宸桥一带),嘉兴 8 家,都由商人雇用办理海关业务手续。至民国 21 年,杭州关辖区报关行 11 家,其中嘉兴分关 5 家。而宁波口岸在浙海关登记的报关行逾 42 家。

民国 6 年(1917 年)2 月 26 日,杭州关实施《海关管理报关行条例》,对报关行开办报关业务实施保结制度。按条例规定,凡有意经营报关行的商行,必须向海关申报所有人及经理人的姓名、籍贯、过去的职业、目前的住址,然后领取空白的担保书,担保书要有两家殷实可靠的商店签字担保,担保书填好后应交还给海关,由海关转请商会予以核实,担保一经核实,该报关行即被正式授权经营报关业务。条例同时规定,所有为复出口至外国口岸和有关通商口岸的退税报单,必须用绿色纸张印制,以利辨别。其他报单维持现状,报关行的中文名称及箱号必须印在所有报单右上角的明显位置。授权办理报关行业务负责人员的签字及该行印章样本,必须交海关备存,样本如有改动应及时通告海关。报关行应将 100 份左右的绿色空白报单事先交海关盖章,作为该报关行业经海关注册之证明,对经海关盖章之报单,在通关时给予优先处理,未经海关盖章的报单则暂时搁置,以核实其担保和签字。民国 8 年 5 月,浙海关亦颁布《浙海关报税行注册章程》,规定:(1)报税行必须在海关注册,注册须准备保举信,由商铺和钱庄各 1 家作保,或者由宁波报关业公会会长签署;(2)呈由写明报税行经理人姓名、籍贯、住址、签名式样及该行图章,先呈海关;(3)报税行负责人只准 1 名;(4)报税行须要遵守本关章程,验货时,须准备足够数量的小工,起动(搬移)货物;(5)如货物尚未确实可验,报税行不得预递报单；(6)报税行如违犯关章，除照章惩罚外，并在其注册簿内记过1次，记满3次即除名；(7)货物报税须出于商人自愿，各报税行不得垄断；(8)原有报关行均照此办理，自通告之日起30日内仍不履行保结手续，海关不予承认。10月7日，浙海关副税务司钱蔚良致函浙海关监督，建议继续开设新报关行，但必须遵守《浙海关报税行注册章程》。是年，杭州11家报关行于杭州拱宸桥一带联合创办"杭州报关行同业公会"，拟定章程，对各报关行统一管理，协调报关行业内部矛盾，制定统一收费标准。凡参加同业公会的报关行，必须遵守会章，听从公会对纠纷的判决，及交纳公会规定的费用，从而使报关行的业务趋于规范和统一。

民国20年(1931年)11月20日，杭州关实施《管理报关行暂行章程》。章程规定，凡个人或行号公司专营代人办理报关纳税业务者为报关行；凡欲经营报关行业务者应先具呈请书，向当地海关请领报关行营业执照，并应按现款交纳保证金或用债券抵缴保证金，或当地合法报关行公会的保证金，向发照海关先期呈交款项；现款保证金和债券保证金规定100元至5000元，报关行公会保证金由1万元至20万元不等。民国21年，浙海关施行新的《浙海关管理报税行规则》，规定每家报关行须向海关缴纳保证金为银洋2000元。民国24年1月，杭州关修订《管理报关行暂行章程》，规定增加收取费用，即首次核发营业执照费法币500元，报关行换发营业执照费法币50元。报关行应交的现款或政府债券保证金改为法币5000元至10万元不等。代会员报关行具结担保的报关行公会应缴的现款或政府债券保证金，改为法币5万元至50万元不等。报关行如有异地分行的，需另行领取营业执照，同样交纳上述费用及保证金。

民国26年(1937年)12月，杭州被日军占领，各报关行纷纷歇业或关闭。民国27年至民国30年3月，宁波港成为大后方与国外进行贸易物资交流的唯一海上通道，转运业务非常繁忙。由于转运货物大增，宁波报税行增加到100多家。民国30年4月，宁波被日军占领。随后，浙海关闭关，宁波各报关行亦歇业或关闭。民国32年9月14日，伪"杭州关转口税局"成立，在杭州各城门遍设分卡，对进出口货物稽征极严，商人和货主不得不按手续报关纳税，但又往往茫然无绪，不知如何办理，由此，又一次刺激杭州报关行业的复兴。据伪"杭州关转口税局"报关行登记簿记载，自民国32年10月25日至民国34年3月14日，经伪"杭州关转口税局"注册登记的报关行达42家。民国34年5月6日，伪"总税务司"公布《海关管理报关业章程》，并于同年6月1日起实施，后因日本投降，该章程实施时间不久，伪"杭州关转口税局"罢废。

民国34年(1945年)抗日战争胜利，浙海关复关之初鼓励商人自行报关。当时已具备下列条件：自民国20年以来，报关单据已用中文填写；浙海关已将报关手续尽量予以简化；依照当时关章，商人可以自行报关，并无必要经由报关行；当时浙海关税务、验货关员已全是中国人，而且都是江苏(包含上海)和浙江人，语言完全听得懂。以上这些为中国商人自行报关提供了良好的条件。为此，战后宁波虽有55家报关行重新开张，但华东外贸大都集中在上海口岸，宁波经济萧条，使一部分报关行难以维持，只保留报关行40家，于是浙海关令报关行同业公会将多余的或者归并，或者用抽签方式裁撤。但同业公会呈报说："各报关行在沦陷时期歇业，胜利后还乡，恢复旧业不易，现在如予以裁撤，一部分行商将非常痛苦，恳请仍准各行照常营业。如因货运稀少而无力支持者,任其自行淘汰。”浙海关为体恤报关行商人,暂予照准,但是规定以后报关行中如有闭歇,不得补设新行。

近代海关还对有关轮船行(相当于船务代理)进行管理。如温州凡经营沿海航运的中外国籍轮船行(船务行),都必须向瓯海关办理登记手续,将各该行及其负责人印鉴留存该关备查,以后每年必须重新登记一次。轮船行在办理登记手续后,可以向瓯海关出具轮船常年保结。民国38年(1949年)5月7日温州解放后,温州当地的轮船行仍按旧例向瓯海关办理登记手续并出具轮船常年保结,轮船行仍负有保结上所规定的责任。

中华人民共和国成立后,由于杭州关撤销,其进出口货物也均在上海口岸报关。而宁波海域则遭封锁,船只无法进出宁波港,由此报关行数量大量减少,一些报关行则改名“转运行”,依靠转运业务,维持生存。据1952年宁波市私营商业部门运输业转运报关组登记,此时宁波转运行还有长丰、慎大等8家。当时浙江各海关执行海关总署颁布的《海关管理报关行暂行办法》。1953年3月23日,对外贸易部下达文件,废除报单制度,开始实行《进出口贸易许可证办法》,以进出口贸易许可证为海关作业单证,商人不再填写报关单,进口货物由收货人向海关申报,出口货物由发货人向海关申报,一切监管凭原发给厂商的许可证进行,货物抵岸不须再具报单,报关行原有合法申报人资格随之消失,报关行失去独立的行业资格,所有海关原发的报关行注册登记证也即予以撤销。1956年,公私合营、实行社会主义改造,旧报关行体制随之消亡。中国进入外贸管制和外汇管理阶段,八大国营外贸公司专营出口报关,国营外运公司专营进口报关,直至20世纪70年代末。

(二)报关单位管理

改革开放后,1980年,海关总署实行报关单制度,规定凡进出口货物均由货主或其代理人向海关办理报关。浙江杭、甬、温三关执行全国统一的报关制度,开始启用新的“进口货物报关单”和“出口货物报关单”。规定所有进出口货物都必须向海关如实申报,申报的单据必须齐全、正确、有效,所报货物的品名、规格、数量、价格、贸易国别和原产国别或地区,必须与实际货物相符。杭州海关设立申报台,建立申报、查验、征税等一系列制度,接受进出口货物(当时主要是空运进出口货物)的报关。宁波海关对所辖区域的报关企业进行注册登记,实行报关企业档案管理。1981年,浙江省各海关实施海关总署《关于办理进、出口货物报关手续时应按规定交验有关单证的通知》,强调提供的有关单证必须齐全、准确。1983年,宁波海关印发《报关注意事项及报关单内容解说》,分发给各外贸专业公司。1985年,海关总署颁布实施《中华人民共和国海关对报关单位的注册登记制度》和《中华人民共和国海关对报关单位实施注册管理制度的管理规定》,首次明确报关单位是直接向海关办理进出口货物和进出境运输工具报关手续的企业或者收发货人和旅客及运输工具所有人,负责办理进出口报关手续的企业;报关单位应向海关办理注册登记,必须遵守国家有关进出口的政策、法律法规和海关法规、规章;报关单位应指定专职或专责报关人员,经海关考核合格后,发给“报关员证”,凭此才能报关;海关若发现报关单位有违章、走私行为,除依法处理外,还可以在一定时期内停止其报关业务;未向海关办理注册登记的企业单位,不得直接办理报关手续。是年,杭州海关共注册登记经审核符合条件的企业74家，发给“报关注册登记证明书”。

1987年7月1日，《海关法》正式实施，首次以国家法律的形式对报关注册登记、报关单位和报关员的管理作出规定，为全国报关管理制度的发展和完善提供了法律基础。为此，杭州海关积极探索从商品管理向企业管理转变，对经营进出口报关业务的单位，重新予以审核，凡符合条件的重新予以注册、登记，发给“报关注册登记证明书”；不符合的，暂不予注册。

1988年4月6日，海关总署下发《海关对信得过企业管理办法》，针对各海关在开展命名“信得过企业”活动中存在的标准不统一问题，对海关“信得过企业”的资格、条件、权利和义务提出具体的规范要求。“信得过企业”作为取得海关信任的企业，在办理海关手续时，可以享有更多的便利。是年，杭、甬海关执行海关总署《海关对信得过企业管理办法》，开始探索对企业实施分类管理。6月11日，宁波海关对中国外贸运输公司宁波分公司颁发“信得过企业登记证书”，这是宁波海关首次命名的“信得过企业”。1989年，宁波海关与宁波外贸运输公司等报关单位建立业务协调会制度，以协调与各报关单位的业务关系。1992年9月28日，在原宁波市进出口报关服务中心基础上，由宁波市经济技术开发区通关公司与宁波市外运分公司共同投资兴办的宁波市首家专业报关企业——宁波报关总行成立，开展预申报录入、关务代理(含代理报关)、政策业务咨询及与进出口相关的各项业务。1993年5月13日，《宁波海关对信誉良好企业管理办法(试行)》在辖区实行。9月28日，宁波海关首次命名25家“信誉良好企业”。

1994年8月，宁波海关实施《宁波海关对进出口企业分类管理办法》。该办法按企业的资信及企业经营的风险情况，将进出口企业分为A、B、C三类，并实行不同的监管方式与通关待遇。是年，杭州海关结合海关监管模式的探索与稽查工作的试点，按进出口企业信誉状况、经营货物风险程度(重点是高税、许可证、市场紧俏的商品)、报关员素质等因素将企业划分为信誉良好企业、一般企业、资信较差企业三类。一方面，在遵守海关法规、出口创汇比较好的企业中开展评定信誉良好企业活动，共命名信誉良好企业40家；另一方面，从审批、通关到后续管理，放宽对前两类企业的管理，重点加强对第三类企业的监控。1995年，杭州海关对进出口货物和企业实行分类管理，对“信誉良好企业”，在采取“快”字窗口报关制度基础上，实行信任放行。杭、甬海关积极探索对企业的分类管理。

1995年，杭、甬海关实施海关总署对专业报关行、代理报关企业的管理规定，对向海关注册登记的这两类报关企业，均按章收取人民币20万元风险担保款，在企业具有一定注册资金、具备报关业务能力前提下，作为企业的担保，一旦发现报关企业在办理报关纳税等事宜中有违反海关规定行为，拖延或拒绝缴纳国家税款或海关罚款，则海关可直接从风险担保金中扣缴，或通过法律程序从其资产中抵扣。1996年8月，宁波海关下发《宁波海关关于要求企业加强管理的意见》，明确把企业管理状况作为企业年审和信誉等级评定的重要依据。1998年，宁波海关强化稽查基础上的企业分类管理工作，为关区67家重点加工贸易企业全面建立企业档案。1997年4—6月，宁波海关对关区各外贸公司、工贸公司及有自营进出口权的企业，在企业经营状况、加工贸易登记手册管理及减免税物资管理等方面进行全面的年度审核。随着浙江省对外贸易的发展，向海关注册的企业不断增加。至1998年，浙江省共有专业报关企业23家，代理报关企业54家，自理报关企业9503家。其中杭州关区专业报关企业15家，代理报关企业32家，自理报关企业5553家；宁波关区专业报关企业8家，代理报关企业22家，自理报关企业3950家。

1999年3月31日，海关总署向各海关下发《中华人民共和国海关对企业实施分类管理办法》（海关总署令第71号），根据企业的经营管理状况、报关情况、遵守海关法律法规情况等，设置A、B、C、D共4个管理类别，杭、甬海关据此办法实施对企业的动态分类管理。A类企业适用相应的通关便利措施，B类企业适用常规管理措施，C类和D类企业适用严密监管措施。2001年6月21日，海关总署、对外经济贸易合作部、国家经济贸易委员会联合对外发布公告，对企业分类管理评审标准进行调整，将原A类管理企业评审标准中"连续两年无走私违规行为记录"调整为"连续6个月无走私违规行为记录"。8月31日，针对企业分类管理过程中发现和存在的一些问题，海关总署、对外经济贸易合作部又下发《关于重申有关企业分类管理评定程序规定的通知》，强调海关对企业的分类管理工作需要依靠外经贸、经贸委、税务、外汇管理、中国人民银行等有关部门的支持和协助，加强联系配合，共同做好有关工作。为此，杭、甬海关在企业管理类别评定中，邀请上述部门出席有关企业管理类别评定会议，对评定工作进行监督。9月17日，宁波海关推进口岸大通关建设，拟定高新技术、A类企业优先通关等10条通关便利措施。

2002年，全国打击走私办公室开展规范企业进出口经营行为试点工作，省政府打击走私办公室遂在全省展开试点，杭、甬海关作为试点工作的主要职能部门，全面推动相关工作。2003年1月6日，宁波海关制定《宁波海关关于规范进出口经营行为试点企业的管理办法》，包括《宁波海关进出口企业经营行为规范》《宁波海关对经营进出口业务企业账簿、单证设置的管理规范》。在海关总署提供的宁波关区重点企业名单和关区根据实际情况确定的对其进出口经营行为实施规范的试点企业中，若符合一定条件，可被评定为"进出口经营行为试点规范企业"。试点企业每年确定一批。"试点规范企业"经宁波海关登记在册，可以在办理海关业务时享有一定通关便利。1月23日，杭州海关与浙江省属、杭州市属的15家"规范企业进出口经营行为"试点企业签订《关于相互合作共同做好规范企业进出口经营行为合作备忘录》。隶属各关也与辖区相关企业签订了合作备忘录。2004年，宁波海关评定宁波贝发集团有限公司等企业为规范进出口经营行为达标

图67-8-1-1　2003年1月23日，杭州海关与浙江省属、杭州市属的"规范企业进出口经营行为"试点企业签订《关于相互合作共同做好规范企业进出口经营行为合作备忘录》（杭州海关提供）

企业，并与其签订合作备忘录协议，对上述企业在关区范围内予以通关便利措施，对其经营行为实施动态管理。

2005年，海关总署推出“红、黑名单”企业评定，“红名单”企业可在全国海关范围内享受包括在海关业务现场专门窗口优先办理货物申报、查验和放行手续等内容的8项通关便利；“黑名单”企业则在全国海关范围内被列为重点监管对象。“红、黑名单”企业评定由海关总署每年年初组织一次，企业名单由基层海关逐级申报，经直属海关复核，广泛征求企业所在地商务、工商、税务、外汇、银行等部门的意见，并在全国海关公示后确定。评定条件由海关总署统一制定，其中企业的上一年度进出口额必须在5000万美元以上，3年内在全国海关无因走私违规行为而受到处罚等条件。海关总署还规定：对“红、黑名单”企业实行动态管理，每年根据企业情况实施调整。杭、甬海关参加并及时开展“红、黑名单”企业评定工作。杭州海关有2家企业被海关总署评为“红名单”企业，1家企业被认定为“黑名单”企业。宁波海关有5家企业被评为“红名单”企业，2家企业被认定为“黑名单”企业。

2006年，省打击走私与海防口岸管理办公室联合杭、甬海关等单位在全省范围内开展守法诚信进出口企业推荐活动，该活动主要在2002年以来参加规范企业进出口经营行为工作、2005年进出口额1000万美元以上的企业中进行。全省共有57家进出口企业被评为全省第一批守法诚信进出口企业。其中杭州海关辖区42家，宁波海关辖区15家。

2007年6月26日起，宁波海关在关区范围内开始实行纳税大户重点服务制度，对在宁波口岸纳税超过1000万元的A类企业，在预归类、预审价、提前申报、查验、完税前放行货物、节假日加急通关等方面提供重点服务。同时指定专人协调解决以上纳税大户在办理通关、纳税事务中的疑难问题。7月12日，宁波海关与13家纳税大户企业签订《规范企业进出口经营行为合作备忘录》，尝试建立新型合作伙伴关系。

2007年9月，海关总署在宁波海关等11个关区开展预归类社会化服务试点工作。预归类服务的社会化，是指海关通过对“中国百优报关企业”进行集中培训、验收认定的方法，选拔一批报关企业，承担为符合条件的进出口货物收发货人在货物进出口前，对进出口商品进行的预先归类、审核工作，以此提升报关归类的准确率，加快通关速度。宁波市有宁波外运国际集装箱货运有限公司、宁波致远国际货运有限公司、宁波保税区捷达报关有限公司、浙江远洋宁波国际货运有限公司、宁波外联报关有限公司、宁波外运国际货运代理有限公司、浙江中外运有限公司明州分公司等7家2006年度“中国百优报关企业”享受宁波海关给予的优先审单、优先查验、绿色通道、出口货物快速通道、担保放行5项通关便利，成为全国海关预归类社会化服务试点工作宁波的首批企业。

2008年4月1日，新的《中华人民共和国海关企业分类管理办法》正式实施，这是海关总署自1999年3月实施企业分类管理制度以来第一次全面修订完善。与原制度相比，该办法在原有的4个管理类别的基础上新增AA类管理类别。AA类和A类企业相比除了适用相应的通关便利措施外，还享有海关信任放行、指派专人负责协调解决企业办理海关事务的疑难问题、报关单电子数据经电子审核后直接进入现场验放环节办理复核和验放手续、对进出口货物一般不予开箱查验等待遇。B类企业适用常规管理措施，C类和D类企业适用严密监管措施。海关以前推出的进出口企业“红、黑名单”制度和大型高新技术企业便捷通关制度适用的通关便利等措施均吸收归并其中。杭、甬海关按照新办法实施的有关要求，完成关区企业类别调整工作。

2009 年，《海关总署关于开展注册登记企业信息核查和数据清理工作的通知》下发后，杭、甬海关启动企业信息核查和数据清理工作。截至 12 月底，杭州关区共有 29377 家企业参加注册登记信息核查，占全部有效注册企业的 56.7%；宁波关区共有 9535 家企业参加注册登记信息核查，占全部有效注册企业的 67.5%。截至 2010 年 12 月，杭州海关共有 A 类管理以上企业 4051 家，宁波海关共有 A 类管理以上企业 2096 家。

图 67-8-1-2　2010 年 1 月，宁波海关首次开展 C-TPAT“中美联合验证试点”工作（宁波海关提供）

2010 年，杭州海关还进一步规范报关企业行政许可审批事项，修改完善报关企业行政许可审批所需文档和要求，并下发关区各业务现场严格执行。宁波海关实行报关企业行政许可百分百实地勘察制度，并将报关企业实地勘察职责下放隶属关(处)。是年，杭、甬海关开展 C-TPAT“中美联合验证试点”工作，由中国、美国海关对浙江 7 家企业进行联合验证，均顺利通过。其中杭州关区 3 家，宁波关区 4 家。C-TPAT，全称“海关一商界反恐伙伴计划”(Customs-Trade Partnership Against Terrorism)，旨在通过海关与商界建立合作关系，加强与提高国际供应链和美国边境的安全，从而保护合法贸易，打击恐怖主义和走私违法。中美联合验证可使中国输美货物在美国的进口环节中获得通关便利，通过验证的企业在美国市场上具有更高的竞争力。

二、报关员管理

报关员是经海关批准注册，代表所属企业向海关办理进出口报关纳税等通关手续，并以此为职业的人员。1949 年 11 月 24 日，海关总署公布《海关管理报关行暂行办法》，仅规定不允许从事报关业务人员的条件：凡有反动行为，经当地人民政府查明属实者；曾违犯关章，受有重大惩罚未满 3 年者；以及海关员工因案裁撤者等均不得从事报关业务。报关行消亡后，很长一段时间，中国进入外贸管制和外汇管理阶段，由进出口企业自行派员到海关办理有关手续，无专职、固定的报关员。1980 年 1 月 1 日，海关开始实行报关单制度，凡进出口货物均由货主或其代理人向海关办理报关，真正意义上的报关员才应运而生。

1984 年 7 月，杭州海关为即将实施的报关单位注册登记制度和管理规定作准备，举办了一期报关人员学习班，参加学习人员 48 名。1985 年，杭、甬海关实施《中华人民共和国海关对报关单位实施注册登记制度的管理规定》。根据规定，报关单位应向海关办理注册登记，并应指定专职或专责报关人员，经海关考核合格后，发给“报关员证”，才能负责办理报关事宜。杭州海关建立了一套报关员考核培训制度。凡向海关注册的报关企业均应选派一定数量的人员（一般 2～3 名）作为报关员，接受海关培训，每年上、下半年各举办一期报关员培训班，必要时增加，培训时间一般为一周，培训的内容主要是：进出口货物的报关手续、海关征税基本知识、进出口许可证及有关管制制度、保税业务、海关统计、海关调查及法律责任、海关对“三资”企业的管理等，凡经培训考核合格者，发给“报关员证”，方能向海关办理报关手续。报关员每年须向海关办理年审手续。1985 年 5 月，杭州海关举办第一期报关员培训班。截至 12 月底，杭州海关共举办报关员培训班 3 期，培训报关员 168 名；宁波海关举办报关员培训班 2 期，培训报关员 71 名。

图 67-8-1-3　1985 年 5 月，杭州海关举办第一期报关员培训班（杭州海关提供）

杭、甬海关还落实奖惩与优惠措施，评选优秀报关员。1989 年 1 月，杭州海关首次召开“表彰优秀报关员大会”，从 600 多名报关员中评选出 10 名上年度优秀报关员，并颁发荣誉证书和奖品。2 月，宁波海关执行《关于对报关员实施违章记录和奖励的办法》，对违章记录达 3 次者取消其报关员资格，对优秀报关员予以奖励。1990 年，舟山海关实行“考绩卡”考核报关员的工作实绩。考核的主要内容是：报关时间及时与否，报关单证是否齐全有效，单证填制是否正确，各类手续与程序是否符合规定等，从而对报关员的行为和技能作出客观反映和评价，并由报关员及海关审单人员签字确认。评价标准分为：优良、较好、一般、较差、差五档，并制定“报关实绩评分表”，以实际得分作为评价标准，使考核量化，确定奖惩，存入报关员档案。

1992 年，随着浙江省对外贸易经济交往的扩大和投资环境的改善，外商投资企业迅速增加。根据海关总署《关于调查全国报关企业和报关员状况的通知》，杭、甬海关对报关员状况作了调查。截至 5 月底，杭州关区共有报关员 1508 名：自理报关企业报关员 1310 名，代理企业报关员 198 名。其中，宁波海关共有报关员 334 名：自理报关企业报关员 256 名，代理报关企业报关员 78 名。9 月，杭州海关实施《海关对报关单位和报关员的管理规定》，明确报关员必须经海关培训、考核，并履行应尽义务，遵守规则，承担法律责任。11 月，杭州海关制定对报关员管理的实施细则，规定对报关员实行年审制度，未经年审的暂停报关权。同时，对法律责任作出明确规定，主要是：根据不同情况实行暂停报关权、取消报关权、暂停报关员资格等措施。注销的报关员如要重新参加报关工作，须经重新考试。1993 年 5 月 23 日，海关总署下发《关于执行〈中华人民共和国海关对报关单位和报关员的管理规定〉中需明确的几个问题》，对报关员的管理作了更为明确的规定。1995 年 1 月 23 日，宁波海关发布《宁波海关关于加强对报关单位和报关员管理的通知》，规定自理报关企业的报关员年审由企业所在地海关负责，代理、专业报关企业报关员年审由宁波海关货管科会同各隶属关、处的有关部门进行。海关根据报关企业报关员的报关质量和遵守规定的情况，评选出先进优秀报关员，同时给予报关员相应的优惠报关待遇。为保证报关员培训内容和要求的一致性，宁波海关对本关区的报关员实行统一培训，做到教材统一、师资统一、培训地点统一、发证统一。并随时记录报关员平时报关情况，对报关质量差的报关员通报批评、吊销报关员证书等。1996 年，杭、甬海关清理和整顿报关员队伍。杭州海关规定报关员年审时间为每年的第一季度，先审企业后审报关员，防止漏审和错审，并实行报关员佩带报关员卡报关制度。宁波海关规定在每年 3 月份对代理报关单位及报关员进行年审，通过年审，分别作出年审合格、暂停报关资格、吊销报关员证的决定。3 月 1 日，宁波海关执行《宁波海关对船务代理报关企业和船务代理报关员的管理规定》：船务代理报关员需经海关培训，由海关发给船务代理报关员证；海关对船务代理报关员实行年审制度。3 月 22 日，宁波海关制定《报关企业及其报关员与海关人员交往中的廉政行为规范》，对违反规范的报关企业报关员吊销报关员证。8 月 6 日，宁波海关制定《宁波海关对报关员考核扣分标准》，后又制定《报关员考核办法》《报关员行为准则》，并对假借海关名义向企业索要钱物的报关员作出严肃处理。

1997 年 4 月 8 日，海关总署颁布《中华人民共和国对报关员管理规定》，实行报关员资格全国统一考试制度。考试合格取得“报关员资格证书”者，方可申请报关员注册。4 月 21 日，海关总署下发《报关员资格全国统一考试暂行规定》，明确报关员考试面向全社会，海关总署核定并公布全国统考合格分数线。考试地海关公布考试合格者名单，负责对成绩合格者颁发“报关员资格证书”，并报海关总署备案。10 月，杭州海关为首次全国报关员统一考试作精心准备，并开设辅导班。12 月，杭州海关有 2210 人参加报关员全国统一考试，518 人合格。宁波海关有 349 人参加报关员全国统一考试，77 人合格。1998 年，海关总署在全国推广应用报关员条码管理系统。杭州海关制订《报关员条码管理系统实施方案》，对合格报关员发放条码卡进行考核管理。宁波海关对报关员进行清理，为 600 多名通过年审的报关员制作报关员 IC 卡。1999 年，杭州海关举办 2 期共 1756 人参加的报关员资格全国统一考试培训班，对未取得“报关员资格证书”的报关员及其档案进行清理，重新修订报关员条码卡的制作和管理流程，并制定《杭州海关对报关企业和报关员管理规定》，统一全关区对报关员的管理做法和考核尺度。是年，宁波海关组织 2 次全国报关员资格统一考试的报名、考前辅导培训和考试，共有 993 人报名，259 人参加培训，776 人参加考试。

2005 年，根据《中华人民共和国海关对报关员记分考核管理办法》，海关总署开发的报关员 IC 卡记分管理系统开始推广。10 月 20 日，杭州海关印发《杭州海关报关员 IC 卡管理系统应用实施方案》。12 月 1 日，宁波海关试运行报关员 IC 卡记分管理系统，实施报关员插卡申报。整个推广工作分为培训发动、重新注册和办卡、测试准备、试运行、正式运行、总结验收 6 个阶段进行。2006 年 4 月 1 日，杭州海关试运行报关员 IC 卡记分管理系统，9 月 1 日，正式运行。杭州海关制定《杭州海关报关员记分考核管理操作规程(试行)》,在记分、告知、记分返还、岗位考核、记分消除等方面作出具体明确规定。10月12日,杭州海关对6名记分达到30分的报关员进行报关业务岗位考核。这是杭州海关正式运行报关员IC卡管理系统以来首次对记分超限的报关员进行岗位考核。2008年,杭州海关有4901名报关员参加岗位考核,合格256人,合格率仅5.2%。2009年,杭州海关有749名报关员参加岗位考核,合格687人,合格率达91.7%;宁波海关有1102名报关员参加岗位考核,合格853人,合格率为77.4%。2010年,杭州海关有659名报关员参加岗位考核,合格625人,合格率为94.8%;宁波海关有1173名报关员参加岗位考核,合格871人,合格率为74.3%。

第二节　海关风险管理

进出境运输工具、货物、物品的所有人或其代理人在办理海关手续过程中,凡可能有违反海关法律法规情事发生的作业环节或活动领域、场合,均列入海关风险管理范围。20世纪70—80年代,海关对风险管理还缺乏认识。1994年,海关总署提出建立现代海关制度,制定以风险分析为基础的分类通关管理规范。1999年,海关总署下发《关于在部分海关开展全面推动风险管理试点工作的通知》,决定由海关总署统一领导全国海关风险管理工作。2000年,杭、甬海关根据海关总署建立一套以风险布控为中心的通关风险管理制度要求,把通关作业制度改革确定为推动风险管理工作发展战略的中心环节和突破口。2001年3月13日,宁波海关成立通关风险管理委员会。2002年7月25日,杭州海关在调查局内设立风险管理处。8月23日,海关总署正式下发《建立海关风险管理体系框架方案》,提出建立以一个系统、一个机制和一个平台为框架的风险管理体系,标志着建立健全海关风险管理机制的正式提出,此举是通关作业改革的完善和继续。9月4日,杭、甬海关分别成立杭州海关风险管理委员会和宁波海关风险管理委员会。2003年初,海关总署在杭州海关等10个海关开展风险平台试运行和8个重点课题的攻关工作。2005年3月25日,杭州海关风险分析监控中心成立。6月,海关总署决定杭州、宁波等11个海关为建立健全风险管理机制专题性试点海关。7月,宁波海关风险管理处成立。2006年1月15日,海关总署印发《关于深入开展风险管理试点工作有关事项的通知》,按照2005—2006年风险管理试点课题总体规划,在杭、甬海关等海关正式启动试点工作。4月,海关总署开发的直属海关风险管理平台V2.1版推广应用。依托风险管理平台,杭、甬海关全面推进风险管理,成效显著。2010年,杭州海关下达布控指令捕中报关单14156票,实现布控捕获报关单补税130余万元,全年补征税款2.54亿元;宁波海关通过风险布控移交案件线索10714条,案值13.1亿元,全年补征税款3.06亿元。

一、风险管理方法

20世纪80—90年代,在货运监管中,海关实施限量随机抽查的作业方式,采用集装箱容量测定法、逻辑审核法、逆向查验法、电子地磅称重法及与口岸管理部门电脑联网等各种手段，查缉走私违规行为，都是卓有成效的风险管理做法。1998年，海关总署党组正式提出将风险管理的理念和方法引入通关作业改革，并着手开发风险布控管理系统。2000年，海关总署要求各直属海关创新业务管理方法，提高海关执法水平。并提出通关风险管理的基础工作，需要建立一套以风险布控为中心的通关风险管理制度，开展以通关数据综合分析为主要内容的风险分析。杭、甬海关根据要求，把通关作业制度改革确定为推动风险管理工作发展战略的中心环节和突破口。12月7日，根据海关总署批复的杭州海关机构改革方案，杭州海关的风险管理职能划归通关管理处，通关管理处下辖副处级的审单中心，内设风险管理科。2001年3月13日，宁波海关成立通关风险管理委员会，协调各部门做好通关风险管理工作，审议重大通关风险处置措施，分析研究前一阶段关区通关风险管理工作情况，评估各部门、各隶属海关的通关风险管理绩效。5月17日，宁波海关通关风险管理委员会召开第一次会议，审议《宁波海关风险布控管理规定》和《宁波海关通道决策方案及应用分析报告》，明确通道决策的原则也是风险管理原则，即根据普遍发生、目标明确的通关风险，确定通道决策方案并进行设置或调整。通道决策是海关风险管理的重要组成部分，是通关作业改革的起点及核心内容之一。通过通道的设置与调整使通关管理更加规范，物流监控不断加强，管理资源配置逐步趋于合理。

2002年8月15日，海关总署下发《关于进一步明确调查部门风险管理和企业管理主要职责的通知》，明确风险管理机构的主要职责。8月23日，海关总署正式下发《建立海关风险管理体系框架方案》，提出建立以一个系统、一个机制和一个平台为框架的风险管理体系，确立以防为主、防控结合，分类管理、科学监督，统一标准、规范处置，齐抓共管、综合治理的总体思路和指导原则。9月4日，杭州海关风险管理委员会成立。同日，宁波海关风险管理委员会成立，将原已成立的通关风险管理委员会和企业分类管理委员会的工作一并纳入并进行统一部署和安排。10月18日，宁波海关制订《宁波海关建立海关风险管理体系实施方案》，对宁波海关风险管理体系建设的发展思路、宁波海关风险管理委员会和日常办事机构及工作职责、宁波关区形势及风险分析、风险管理体系建设工作规划、工作任务安排、配套措施、检查验收工作、重点课题等均作出详细阐述。2003年初，海关总署决定在杭州海关等10个海关开展风险平台试运行和8个重点课题的攻关工作。杭州海关在7月中旬召开的杭州关区调查科长例会和7月30日召开的杭州海关风险管理委员会会议上，对8个课题的研究攻关任务进行了分解落实。8月1日，杭州海关发布《杭州海关关于进一步做好风险管理平台试点工作的通知》，将平台试点的工作重心从单纯的平台功能验核向全面推进海关风险式管理转移。11月25—26日，全国海关全面推行风险管理工作会议在北京召开，会议对全国海关开展风险管理工作作出全面部署。会后，宁波海关在将风险管理成果作用于监管一线的课题研究与实践，结合口岸特点和自身优势积极探索建立现场监管、风险管理和企业稽查相互配合的联动监管模式等方面取得突破性进展。

2004年1月，中国海关正式启动以建立健全风险管理为中心环节的现代海关第二步发展战略建设。根据《海关总署关于印发风险管理平台应用管理相关制度规范的通知》的有关要求，8月25日，杭州海关召开风险管理委员会常务工作委员会第一次会议，通过《杭州海关风险管理平台业务运行监控管理试行办法》等7个管理规定。10月26日,宁波海关制定《宁波海关风险管理工作考核办法》,确定风险管理工作的考核内容为组织机构建设及工作开展情况、风险管理平台应用绩效等工作内容,风险管理工作考核采取分项目确定标准累计计分的方法。

2005年,海关总署党组提出建设风险管理大系统,并制定"建立健全风险管理机制总体框架"。3月25日,杭州海关风险分析监控中心成立。杭州海关风险分析监控中心设在风险管理处,是中观层面风险分析监控和运行的实体性组织机构,既是关区风险管理业务的职能管理部门,也是关区海关各项业务的"指挥中枢",可以对海关业务的各类风险信息实施跨层级、跨领域的处置指挥。6月,海关总署决定杭州、宁波等11个海关为建立健全风险管理机制专题性试点海关。7月,宁波海关风险管理处作为一级处正式成立。8—9月,宁波海关完成风险管理平台2.0版本测试、切换和推广工作。9月2日,根据《海关总署关于印发〈建立健全风险管理机制总体框架〉的通知》要求,宁波海关风险分析监控中心成立。风险中心设在风险管理处,人员8名。风险中心的工作任务与目标是收集各类风险信息,开展风险分析与评估,发现风险;通过风险管理平台发挥风险信息的预警、指导和参谋作用;整合风险管理资源,加强与各有关职能部门和现场海关的协作配合;探索研究风险管理工作的方法与手段,推动风险管理工作向纵深发展。9月23日,杭州海关印发《杭州海关风险分析监控中心组建方案》,杭州海关风险分析监控中心转入实体运作,并根据《海关总署关于开展风险管理试点工作的通知》要求,承办3项风险管理专题试点课题,分别为:依托风险管理平台与本关"6+3"内控管理平台,研究建立海关督察审计、监察等队伍管理部门与风险分析中心、现场海关异常情况互通工作机制,探讨海关队伍廉政风险的长效监控工作模式,有效防范并化解业务风险转为队伍风险;依托风险管理平台及信用浙江网的资源,以企业为管理单元,研究建立企业诚信守法评估职能化管理系统,探讨智能化评估结果作用于企业分类管理的可行性,尝试建立针对主要进出口企业进行"个性化"管理的海关风险防控工作机制;总结前期风险管理工作实践,借鉴兄弟海关的成功经验,提炼针对企业、商品和行业的常规风险分析监控工作方法,研究部分经典数理统计分析方法在风险管理工作中的运用,探讨现代科技条件下,风险管理工作效率的提高及核心技术的应用问题。10月,宁波海关研发应用宁波海关风险信息管理系统,提高风险信息受众面和利用效能。是年,杭州海关以信息、情报资源的整合为切入点,推动风险信息集约化管理。提出情报、风险、监管等信息资源的整合工作实施方案,并着手分步实施。围绕税收"轴心",做好税收征管专题风险分析。梳理杭州关区主要税收商品、税源企业及相关企业、商品的价格离散情况,为相关部门后续核查提供行动指引。与浙江省环保局固体废物中心合作,将"进口废物批准证"审批量与海关进口数据对碰,核查伪造批准证的风险;加强与港务部门的合作,开展报关单数据与舱单数据的对碰工作;与浙江出入境检验检疫局法规部门就双方业务领域的合作课题进行沟通、交流,达成工作互助共识;走访外经贸部门,就企业注销信息数据共享问题加强联系沟通。杭州海关调查局还对占关区税收80%的80家主要税源企业、40项重点商品开展常规监控分析,对主要税源企业、商品中低于2004年关区进口均价15%的35家企业、8个税号的商品进行重点价格跟踪分析,利用风险管理平台对异动进出口商品和企业进行监控分析。

2006年1月15日，海关总署印发《关于深入开展风险管理试点工作有关事项的通知》，按照《2005—2006年风险管理试点课题总体规划》，在杭、甬海关正式启动试点工作。是年，按照《海关总署关于深入开展风险管理试点工作有关事项的通知》的要求，宁波海关制订《宁波海关开展风险管理试点工作方案》，并按季度提交关区综合分析监控报告，编发《风险热点周刊》和《重要法律法规及业务文件》各48期。2007年5月17日，宁波海关制定《宁波海关风险管理处、稽查处、企业管理处联系配合办法（试行）》，要求风险管理处向稽查处、企业管理处提供H2000系统的布控数据、风险平台的风险信息、业务运行监控分析数据。风管处协同稽查部门研究制订稽查年度工作计划，合理确定稽查工作重点。风管处根据稽查部门提供的信息，有针对性地开展常规或专项信息加工、数据分析或业务监控，为稽查部门提供分析监控结论支持。风管处根据稽查处、企管处提供的信息，对企业、商品开展预定式、预警式布控。10月25日，根据《宁波海关整合创新进一步加强通关监管工作方案》的统一部署，宁波海关开展出口随机布控工作。是年，杭州海关落实《直属海关风险管理指导意见》，突出风险管理机制建设和“由虚变实”两大工作重点。

2008年3月17日，根据《海关总署关于加强直属海关风险管理工作的指导意见》有关精神，宁波海关推行《宁波海关风险管理联络员制度》。风险管理联络员由精通业务、工作责任心强、能遵守风险管理保密制度的科级领导干部或业务骨干担任。是年，为规范关区风险布控工作，宁波海关制定《宁波海关风险布控业务作业管理规范》，成功开发了宁波海关风险管理平台（一期），并起草《平台二期业务需求方案》，在平台中增加了管理和流程控制。是年，杭州海关落实国家宏观调控政策，加大对敏感商品出口监管力度。探索内外勤分离“五法”，化解加工贸易监管风险。坚持风险预警，依靠估价系统、风险管理平台和执法评估等系统及时掌握原油等各类大宗散货价格、归类变化信息，注重防范报关单证申报风险；对石油、铁矿砂等主要商品大宗散货实施“每票登记”制度；通过分析进出口数据把握国际、国内市场行情，注重确定阶段性审单重点；定期复核大宗散货报关单证的真实性、有效性、完整性和合理性；运用风险管理手段防范大宗散货价格瞒骗风险。

2009年1月4日，宁波海关发布《宁波海关风险布控操作规程（试行）》。风险布控管理遵循“归口管理、分级指导、统一下达”的原则。3月2日，宁波海关制定《宁波海关风险布控工作联系配合办法》。4月1日，根据《海关总署关于开展风险分析作业系统选择查验子系统（三期）试点工作的通知》的工作部署，宁波海关试点风险分析作业系统选择查验子系统三期，为期1个月。4月13日，宁波海关发布《宁波海关关于风险管理部门对预警式、即决式布控指令实施干预处置的操作规定》，规定：通关中心风险管理科室负责对在市区和北仑两个现场通关货物预警式、即决式布控的干预处置工作，监测预警式、即决式布控率，对其中风险较低的预警式、即决式布控行使否决权。其他关（处）业务现场对预警式、即决式布控的干预处置工作，统一由风险监控中心协调解决。6月30日，宁波海关制定《宁波海关风险参数专家小组工作办法》。专家小组的组成单位为各处室、缉私局及隶属关（处）。是年，杭州海关通过风险分析，先后组织开展对铝出口等11个商品或行业的专项稽查、核查行动。

2010年4月27日，根据《宁波海关2010年4月1日关务会纪要》精神，宁波海关新制定《风险管理处与缉私局关于风险管理与情报工作联系配合办法(试行)》，完善风险管理部门与缉私情报部门协作配合机制。12月7日，宁波海关对《宁波海关风险布控操作规程(试行)》进行了进一步修改完善，确定风险布控管理遵循“归口管理、分级指导、统一下达”的原则。是年，杭州海关营建风险与情报、稽查、企管等部门的合作工作机制。与情报部门运用“联享信息、联署办公、联合监控、联动处置、联评绩效”五联工作法，签订联系配合办法，成立联合监控分析小组，实施定期例会制度，实现信息共享，联合开展镍(铬)铁、木材、冻品、煤炭等商品或企业的分析调研工作；配合稽查部门对“两头在外”的50家加工贸易企业进行数据处理和分析，帮助稽查部门确定稽查企业，共商年度重点稽查企业；与企管处共同做好C、D类企业的差别化布控管理等工作。

二、风险管理系统

(一)风险管理系统建设

风险管理平台是海关开展风险分析的工具，是建立统一风险管理机制的重要载体。海关风险管理平台由海关总署和直属海关两级风险管理平台构成。

2004年，杭、甬海关充分利用风险管理平台业务数据丰富、监控分析功能强大的优势，提高专业风险分析水平。杭州海关的风险分析注重工作创新与技术完善相结合，先后完成辅助分析软件两项：一是针对风险管理平台调阅超大数据时往往出现“死机”的情况，编译数据底层调阅程序，解决超大维数据调阅问题；二是针对风险管理平台直接导出数据结构与实际分析所需数据格式存在较大差异问题，编写完成CTA数据辅助分析工具软件，解决风险分析人员的重复劳动问题。5月31日，根据《海关总署关于印发风险管理平台应用管理相关制度规范的通知》的要求，宁波海关制定《宁波海关风险管理平台信息管理实施细则》《宁波海关风险管理平台数据源管理实施细则》《宁波海关风险管理平台应用授权管理实施细则》3个关于风险管理平台应用管理的相关实施细则。9月3日，杭州海关发布《杭州海关风险管理平台业务运行监控管理试行办法》《杭州海关风险管理平台参数维护管理试行办法》《杭州海关风险管理平台数据源管理试行办法》《杭州海关风险管理平台信息和数据安全管理试行办法》《杭州海关风险管理平台应用授权管理试行办法》《杭州海关风险管理作业单应用管理试行办法》《杭州海关风险信息与工作交流管理试行办法》。是年，宁波海关驻经济技术开发区办事处利用风险管理平台中综合业务组合查询、业务运行监控等功能，对宁波一家外贸公司进行数据风险分析，查获该公司为达到逃税目的而低报价格进口废金属，并同时查获其为宁波某汽车配件生产企业代理进口刹车高整器过程中通过归类差错及低报价格进行逃税，两起案件案值达382.5万元。是年，宁波海关利用风险平台共查获案件68起，案值1.9亿元。

2005年，宁波海关完成平台2.0版本测试、切换和推广工作。10月，宁波海关研发应用“宁波海关风险信息管理系统”，提高风险信息受众面和利用效能。2006年4月，宁波海关完成风险管理平台2.1版本的切换，完成新平台的脚本安装，并制定《宁波海关风险信息管理规定(试行)》,确定风险信息主要通过宁波海关风险信息管理系统、总署风险管理平台报送和处置。是年,杭州海关做好风险管理平台2.1版的升级工作,将风险管理平台底层数据库数据与H2000的反馈数据及时入库,每天校验,平台数据的差错率一直控制在千分之一以内,风险参数的浓缩与提炼工作保持全国海关领先地位。

2007年5月,为解决风险管理平台运行效率等问题,海关总署组织相关人员对风险平台进行优化整合,形成风险平台2.2版,试点后在全国海关推广应用。8月2日,根据《现代海关制度第二步发展战略规划》建设风险管理大系统的总体设想,海关总署制定《海关总署风险管理平台应用管理办法》。是年,杭州海关在平台规范使用方面保障平台质量,确保风险信息数据的安全使用,年内共更新维护平台参数11.92万条。同年,宁波海关按照海关总署对直属海关风险管理平台"一库四功能"的总体建设要求,整合风险信息、数据应用等有关平台数据模块,开发宁波海关风险管理平台,该平台系统获全国海关科技应用三等奖。宁波海关风管、稽查、企管"三位一体"工作模式以及风险管理—缉私情报"联合办公、联合分析、联合验证"做法得到海关总署的肯定,并在全国海关推广。2008年,宁波海关全面推广应用宁波海关风险管理平台(一期),并起草《平台二期业务需求方案》。至2010年,杭、甬海关均使用风险管理系统平台进行风险管理。

(二)风险管理系统应用

海关风险管理系统通过风险信息收集、风险识别与分析、风险处置与反馈、绩效评估等步骤组成一个周而复始、循环往复的过程,对风险信息进行处置,为海关业务管理提供信息支持。

1.风险信息

2004年4月24日,海关总署印发《加强风险管理主管部门风险信息采编和报送工作的通知》,明确风险信息工作有关要求,对风险信息的采编分类、报送标准、操作流程以及各部门、各环节的职责等进行规范。是年,杭州海关收集业务风险信息747条,发布作用现场风险预警信息60条。

2005年,杭州海关编发《每日风险管理动态信息》214期,编发《风险要情》12期,收集发布业务风险信息576条。依托专题风险信息共查发走私、违规案件297起,案值3.4亿元,涉及税款3681万元,补税入库1186万元,罚没入库1083万元,实现其他非案补税385万元。是年,宁波海关完成风险信息相关内容747篇(条),其中风险动态321条、工作快讯137条、分析报告251篇、经验交流15篇、典型案例23篇,全年风险信息排名在全国41个直属海关列第12位。2006年,杭州海关在政务信息网的"风险信息专栏"收集发布各类业务风险信息292条,经处置核实,确证存在问题的货物价值410万美元,涉税额达498万元。在风险管理平台发布风险信息、分析报告、典型案例等共872篇(条),全年风险信息排名在全国41个直属海关列第8位。是年,根据海关总署《海关风险信息与工作交流管理暂行办法》和《宁波海关风险管理平台信息管理实施细则》的有关规定,宁波海关制定《宁波海关风险信息管理规定(试行)》,风险信息主要通过宁波海关风险信息管理系统、总署风险管理平台报送和处置。宁波海关风险信息管理系统是发布宁波关区风险信息，转载总署风险管理平台已发布的风险信息，流转、处置相关信息的系统。风险信息管理系统设六类载体，包括“关区风险动态快讯”“关区风险经验”“关区风险分析报告”“关区风险信息呈报”“风险线索”和“全国海关风险信息”。是年，宁波海关采编风险信息 1486 条，发布 12 期关区各单位风险信息报送、录用情况通报，编发《风险信息呈报》12 期，收集处置各业务现场提交的风险线索 11 条，其中 2 条线索移交立案，1 条作补税处理，2 条改单处理。

2007 年 9 月 24 日，宁波海关对《宁波海关风险信息管理规定(试行)》进行修订。各类信息载体，按照风险信息管理系统权限设置的不同，分不同层级进行浏览和处置。12 月 3 日，宁波海关风管处编辑的《风险信息》(网络版)正式在关区发布，编选来自 6 个部门 13 人撰写的风险预警信息 15 条，全国 8 个直属海关的风险预警信息 10 条，截至 12 月 7 日，一周时间有 1044 人次登录浏览。全年共发布处置类风险信息 117 条，其中 36 条产生处置效益，立案 13 起，补税 23 起，占全部分析报告的 31%。是年，杭州海关创刊并编发《综合风险信息》15 期，编发《风险要情》9 期，按月更新“规范要求参考库”“高风险商品历史资料库”“高风险企业历史资料库”“政策变动风险提示库”4 个参考资料库 225 条内容，“风险信息专栏”发布各类信息 241 条，风险平台收集、发布风险信息 794 条，记分排名列全国海关第 8 位。

2008 年，杭州海关通过风险平台发布各类风险信息、分析报告、典型案例等共 1073 篇(条)，风险平台信息排在全国 41 个直属关的第 9 位。并在专栏上收集发布各类业务风险信息 80 余条，经处置和核实，确证存在问题的货物价值 902 万元，涉税额 225 万元。加强涉奥风险信息收集，为业务一线监管服务收集各类风险信息 526 条，接收海关总署《奥运安保工作组简报》(风险专刊)56 期，并对风险简报的信息进行汇编，整理并发布《奥运安保风险信息》8 期。是年，宁波海关风管处编辑宁波海关《风险信息》(网络版)240 期。2009 年，杭州海关通过风险平台发布各类风险信息、分析报告、典型案例等共 879 篇(条)。其中《提前报关货物可能存在漏税风险》引起了海关总署稽查司的高度重视，经梳理分析下达全国范围专项行动，补税额达 1800 余万元。推出全国海关首个知识管理系统“进出口百科”。通过该系统，实现海关业务知识、风险信息的收集整理，工作经验的挖掘保留，减少因人员流动带来的重复工作，通过管理实现将正确的知识信息在正确的时间传递到正确的人手中。是年，宁波海关共发布风险信息 2275 条，列全国直属海关第 5 位；全年共编发《风险信息》(网络版)250 期，其中关区预警信息 623 条、全国预警信息 448 条，浏览量 35132 人次；新增风险信息转化布控指令和风险信息移交专项稽查两大应用方向，通过风险信息转化布控建议 26 条，形成布控指令 11 条，捕中报关单 106 票，布控指令有效率为 15%～30%。

2010 年，杭州海关共发布针对性风险信息 76 条，处置风险商品涉及货值 2853 万元，涉税 334 万元，补税 103 万元，风险信息转化布控指令 20 条，信息应用转化率为 100%。是年，宁波海关共发布风险信息 535 条，流转处置类风险信息 236 条。

2. 风险分析

2004 年，杭州海关完成区域性风险监控分析报告 5 篇、行业性风险分析报告 3 篇、企业性风险分析报告 7 篇、商品性风险分析报告 22 篇、异动性风险分析报告 1 篇、商品贸易调查报告1篇。发现海关内部作业类问题74项，提请现场重点关注商品26项，重点关注企业64家。

2005年，杭州海关梳理2004年杭州关区主要税收商品、税源企业及相关企业、商品的价格离散情况，为后续核查提供行动指引。配合综合治税十项措施的出台，协同关税、统计等部门共向稽查、缉私等行动部门，提供风险值高的一般贸易商品9项、加工贸易企业8家、减免税重点关注问题5个。年内，共撰写专题税收风险分析报告16篇，涉及商品90项，涉及企业111家。提请现场海关关注归类方面问题44个，价格离散值较大问题104个，提示减免税企业46家。是年，宁波海关共撰写相关风险分析报告34篇。利用风险管理平台的分析工具，查获涉嫌走私案件3起，案值23631万元，应补税款199万元；查获涉嫌违规、走私行为案件42起，案值30104万元，应补税款2384万元；查实非案补税情事16起，货值1289万元。

2006年4月后，宁波海关通过风险管理部门与缉私部门派员联合办公、海关其他业务部门与基层缉私分局联合行动等方式，积极推动海关“风险—情报”的交融整合，联合撰写风险分析报告45篇，下达预定式布控指令60条，通过风险验证，查处低报价格走私废塑料、走私玻璃水钻、走私限制出境文物、敏感物项出口违规案等26起，总案值6858万元，涉税539万元。是年，宁波海关成立风险评估小组，发布2期共计15条涉及监管、价格、减免税等各项业务领域的阶段性风险重点信息，4篇关区范围处置的风险分析报告。同时，通过风险线索、风险动态信息、风险分析报告等信息渠道，结合风险管理平台的数据查询和风险分析，查获涉嫌走私案件13起，案值1.05亿元，应补税款992万元，罚款352万元；查获涉嫌违规案件78起，案值5.97亿元，应补税款556万元，实际补税入库85万元，罚款206万元；查实非案补税情事62起，货值17.87亿元，应补税款1319万元，实际补税入库1294万元。按季度撰写4篇关区综合分析监控报告。全年编发了《风险热点周刊》和《重要法律法规及业务文件》各48期。是年，杭州海关完成《杭州关区企业一般贸易进口棉纱风险分析报告》《华越微电子有限公司进口“光刻胶”存在漏税风险》《减免税设备擅自抵押贷款》《中国进出口受控消耗臭氧层物质风险分析报告》等28篇，行动部门根据风险分析报告查获的案件有“一般贸易夹带棉纱进口案”“加工贸易进口光刻胶漏税案”“加工贸易铁矿砂串料案”“减免税设备擅自抵押贷款案”等。与缉私情报部门开展联动分析、工作调研，先后开展钻石、义乌小商品、旧医疗仪器、果蔬饮料生产线等方面的调研合作。协助稽查部门开展年度常规稽查企业名单的筛选分析，共向稽查部门提供关区重点加工贸易风险企业59家、进口减免税设备风险企业53家、重点敏感物项进出口企业2家。与现场海关开展组合电线、光刻胶、油墨、红(绿)茶香料4项商品的专题风险分析。

2007年，杭州海关围绕一般贸易、加工贸易、减免税3个涉税渠道做好风险分析项目的选择，年内共完成废五金、废纸等分析报告35篇，下达预警式和预定式风险布控指令142条，布控有效率48.2%；依托风险平台，共发现走私违规案件31起，案值3.03亿元，补税入库1447.86万元，罚没入库116.61万元；做好9个隶属海关常规稽查企业名单的筛选，筛选119家企业，完成稽查的77家中有问题企业25家，涉及货值11148.75万元，税额2081.32万元，风险筛选有效率32%；对企管部门评定的C、D类企业加强差别化布控管理，辖区D类企业实施100%查验;年内启动开展1家资信良好企业的守法风险测量研究。是年,宁波海关全年共撰写关区综合性分析监控报告2篇,隶属关(处)综合性分析监控报告1篇,专题风险分析报告19篇,其中13篇移交缉私局、3篇移交稽查部门。移交行政立案18起,案值12961.63万元,涉税2552.41万元,罚没入库95.79万元,补税5.6万元;刑事立案1起,案值378万元,涉税74.3万元;非案补税2起,补税金额70余万元。另有2篇风险分析报告被海关总署《归类风险指南》录用,在全国产生一定影响。

2008年,杭州海关共撰写包括废纸、化肥、粮食、珍珠、硅原料在内的11篇风险分析报告。加强奥运安保重点商品和企业的风险分析,共向稽查处提供83家风险企业名单。经稽查,在湖州、绍兴、温州等地分别查到枪支弹药和易制毒物品案件。是年,宁波海关重点结合风险分析,开展对奥运安保重点企业和商品、出口重点敏感商品、长期未查验企业、查获率在50%以上的企业、政策调整后的商品、外地经营性企业、A类及AA类企业申报规范验证等的专题布控。撰写了《宁波关区近期业务风险分析及防控建议》《2008年上半年业务运行监控报告》等综合风险分析报告4篇。根据商品、行业、企业的不同风险状况,开展各类专项分析,先后完成对"空壳企业""水产品分析"等专项风险分析报告22篇;向海关总署报送2篇,向有关部门递交7篇,移交缉私进行处置4篇,发现案件3起,案值168万元。

图67-8-2-1　2008年4月,宁波海关通过风险分析发现一起影响原粮制粉出口关税管理情事(宁波海关提供)

2009年,杭州海关联合开展对网购、铝制品、毛皮等商品或企业分析和调研,筛选出30家风险较大的企业,并经后续处置查获案件4起,货值8105万元,涉税1745万元,发现3起归类错误,涉及少征税款172万元,漏征反倾销保证金17万元。是年,宁波海关先后撰写了《2009年宁波口岸对俄罗斯出口情况分析报告》《宁波口岸废塑料进口风险分析报告》等专题风险分析报告;成立宁波海关税收风险分析工作组;强化风险稽查合作,全年共向稽查处提供25篇涉及104家企业的专项稽查分析报告,其中28家企业稽查作业完毕,查获有问题企业17家,查获补税情事15起,补税143.78万元。关区风险管理部门移交稽查企业数占稽查企业总数的37.58%,稽查有效率为52.68%。深化关警合作机制,特别是在刑事案件线索的移交上取得突破,双方共联合撰写各类风险分析报告15篇,涉及未锻轧铝、船用雷达等多个行业,移交案件线索8条,其中刑事立案2起,案值1241万元,涉税170万元,非案补税27.88万元。

2010年,杭州海关开展镍(铬)铁、木材、冻品、煤炭等商品或企业分析和调研,配合稽查部门对"两头在外"的50家加工贸易企业进行数据处理和分析,与企管处共同做好C、D类企业的差别化布控管理等。经后续处置查获案件货值 6253 万元，涉税 747 万元。在世博安保风险分析方面，先后 6 次处理上海海关世博安保工作联系单，上报世博安保信息 15 条。是年，宁波海关先后撰写《宁波关区世博安保风险分析报告》《宁波口岸稀土出口情况分析报告》等专题风险分析；完善关警合作机制，定期召开"信息—情报"分析会议，联合开展专项行动，重点打击行业性走私违规情事，双方全年联合撰写风险分析报告 27 篇，涉及纺织机械、化肥、破碎锤等多个行业和商品。移交案件线索 13 条，其中刑事立案 3 起，案值 675 万元，涉税 167.4 万元；行政立案 5 起，案值 135.5 万元，涉税 29.5 万元。在世博安保风险分析工作方面，制订下发《宁波海关世博安保风险分析工作方案》，成立宁波海关世博安保风险分析工作组；加强与"环沪世博安保圈"海关之间的联系配合，查获涉世博内容的反动书籍、进口废物中夹藏军用子弹等情事，得到上海海关的高度重视；筛选出 143 家高风险企业移交稽查等部门进行处置，查发 4 家涉及易制毒化学品企业，12 票报关单移交稽查部门处置，发现存在漏证报关单 9 票。

3. 风险布控

2004 年，杭州海关共制发风险管理作业单 17 份，审议红绿报关通道调整方案 1 次，下达预定式布控指令 14 条，即决式布控指令 14560 条，风险捕中率为 13.8%，调整风险管理平台系统升级后人员授权 638 人次，发现 H2000 系统切换后风险平台存在问题 48 个，纠正风险管理平台数据差错 19 个，收集维护风险管理平台参数 6.5 万余条。关区利用风险平台共查获涉嫌走私罪案件 12 起，案值 12781.32 万元，补税 1234.32 万元；查获涉嫌违规案件 70 起，案值 14248.95 万元，补税 860 万元，罚款 341.9 万元；查实非案补税 33 起，货值 2038.4 万元，补税 347.21 万元。同时完成"风险信息与缉私情报的共享互利"和"风险管理理念指导下的企管工作"等 2 项课题研究工作。

2005 年，宁波海关制发风险作业单 140 份，涉及加贸、通关、价格、关税等各项业务；下达预警、预定式风险布控 26 条次，为现场作业提供指向。2006 年，杭州海关针对义乌小商品出口问题自主下达布控指令 10 条，查获多票有问题报关单，其中 6 票移交缉私警察，布控有效率 21.4%。是年，宁波海关下达的 60 条布控指令中，捕中报关单 225 票，有问题报关单 54 票，布控有效率为 24%。

2007 年，杭州海关下达预警式和预定式风险布控① 142 条，布控有效率为 48.2%。是年，宁波海关共下达预定式布控指令 105 条，布控有效率为 26.9%，查获案值 1501 万元，罚没入库 137 万元。通过风险信息预警和风险数据分析，应用风险管理平台查获走私违规案件 81 起，案值 3.6 亿元；查获非案补税情事 48 起，补税 986 万元。2008 年，杭州海关发现部分企业在太阳电池片/碎片进口过程中，将不符合环保控制指标、国家禁止进口的太阳能电池片成品废品申报为正品税号进口，联系相关部门后对关区企业进口的该项商品实施预定式布

① 预定式布控，指通过预先设置布控条件、处置要求等信息，待报关单被命中后需海关关员强制执行处置要求的指令。预警式布控，指通过预先设置布控条件、处理要求等信息，待报关单被命中后，指令对关员发出风险提示，海关关员可根据风险提示对报关单作进一步处置。

控,捕中浙江昱辉阳光能源有限公司等企业进口硅废碎料,涉及数量52.5吨,货值1652.5万美元,后监督企业将上述货物退运出境。是年,宁波海关开展对出口小麦粉、进口旧电机、部分涉奥涉恐物品和企业、关区敏感企业与商品的预定式、预警式风险布控,共下达布控指令13条,捕中报关单422票,有问题报关单84票,有效率为20%。关区共下达预定式布控指令244条,布控报关单5754票,布控有效732票,总体有效率为12.72%。

2009年,杭州海关下达布控指令,捕中报关单12829票,占关区进出口报关单总量的2.27%,其中查验有问题报关单4245票,布控有效率33.74%,布控捕获报关单补税119.6万元。是年,宁波海关制定《海运监管操作规程》《宁波海关风险布控操作规程》《宁波海关风险布控工作联系配合办法》《关于明确删改单后重新申报被风险布控捕中报关单处置方式的通知》等业务规范性文件,设计关区业务改革整合后的布控操作流程,全年布控率为10.02%,布控有效率为16.73%。经布控查验共查发案件5998起,案值7.46亿元,罚没入库3826万元,共计追补税款1.24亿元。海关总署《海关工作情况交流》第3期、第100期两次对宁波海关的风险布控工作经验进行了介绍。

2010年,杭州海关下达布控指令,捕中报关单14156票,占关区进出口报关单总量的2.1%,其中查验有问题报关单3041票,布控有效率27.36%,布控捕获报关单补税130余万元。是年,宁波海关制定并下发《宁波海关防控管理相对人违法风险管理制度》《宁波海关风险布控管理规程》《风险管理处与缉私局关于风险管理与情报工作联系配合办法(试行)》《宁波海关风险参数操作规程》。根据海关总署《海关业务风险布控管理办法》要求和宁波海关海运通关监管工作规程修改的实际情况,修订完善《宁波海关风险布控操作规程》。针对输俄货物、进口废物、世博安保、稀土出口、出口骗退税等组织专项布控,取得良好效果。全年风险布控率为9.32%,布控有效率为19.56%;通过风险布控移交案件线索10714条,查获案值13.1亿元,补征税款3.06亿元。

4. 风险参数

2005年,杭州海关收集、维护风险管理平台参数65063条,宁波海关完成23大类6万多条参数的导入和维护。2006年,杭州海关更新维护风险管理平台参数达6.5万条,支撑风险管理平台日常运行的参数累计达12万条,参数维护的绝对量保持全国海关首位。

2007年,杭州海关年内共更新维护平台参数11.9万条,平台底层数据库与H2000反馈数据的差错率控制在千分之一以内。2008年,杭州海关生成参数6000多条。2009年,杭州海关提炼风险参数1544条。是年,宁波海关下发《宁波海关风险分析作业系统选择查验子系统(三期)试点工作方案》《宁波海关风险参数专家小组工作办法》,为分类通关风险参数工作提供制度保障;成立11个职能部门及各业务现场组成的风险参数专家小组,组织2次集中工作加工提炼风险参数,并对参数的准确性、作用范围、时限、方式等进行逐条论证;7月15日出口分类通关改革启动后,参数动态调整12次,新增参数3489条,终止25条,风险参数风险防范作用不断提高。2009年底,在线运行二级风险参数6074条,“高风险重点审核”报关单比例达到16.2%,参数布控有效率达到27.7%,各项指标在全国均处前列。2010年,杭州海关形成分类通关风险参数6998条。宁波海关及时调整效率低下的风险参数,参数动态调整

71 次，新增参数 7150 条，终止 277 条。定期开展绩效评估，按月发布《宁波海关风险参数运行情况分析》，整体监控风险参数运行情况。全年在线运行二级风险参数 10597 条，进、出口“高风险重点审核”报关单比例分别为 58.2%和 18.6%，有效率分别为 13.68%和25.41%，高于全国平均水平。

5. 风险监控与处置

2005 年，宁波海关制发风险作业单 140 份，处置 111 票，处置率 79.3%，有效处置 59 票，处置有效率 53.2%。2006 年，宁波海关通过对发布风险重点的处置，共发现违法情事立案 55 起，案值 4839 万余元；补税 5 起，涉税金额 205.32 万元。全年通过下发各类风险分析报告，经现场海关或行动部门后续风险处置，确认问题存在的货物价值 4714 万美元，涉税额 4045 万元。是年，杭州海关按照《业务运行监控管理办法》的要求，每两月开展一次业务运行集中监控工作，通过与审单、监管、关税、统计、加贸 5 个职能管理处的集中工作，切实加强总关对各业务现场的风险防控。完成监控报告 5 篇，累计向关区各业务管理部门发布风险预警提示性信息 153 条；指出各类业务管理风险问题 87 个，在实施处置的 67 个问题中，经现场海关核实确实存在问题的有 60 个，监控准确率为 89.6%；提请重点关注风险商品 13 项；建议关注的重点风险企业 13 家，经实施后续处置的有 10 家，其中上门政策宣传 2 家、稽查核查 8 家，有明确稽查核查结论的 6 家，有问题企业 4 家，准确率为 66.7%。

2007 年，杭州海关调整监控频率与方式，将业务运行监控的频率由每两月一次综合监控改为以月度微观监控和两月宏观监控相结合，确定包含关税、加贸、审单、监管等业务门类的 24 个常规监控角度指标。全年完成月度微观监控 11 次，两月风险评估 5 次。在后续处置方面：实施分类处置，其中月度微观监控结果经业务部门甄别后直接由中心下达现场，两个月宏观监控结果经风险办会议审议决定处置方式。是年，共向关区发布重点关注风险商品和企业 23 项，异常业务风险现象 19 项，微观预警信息 158 条，业务管理问题 216 个，经现场海关核实问题 167 条，监控准确率 77.31%。宁波海关制发“风险作业单”109 份，其中处置完成 88 份，处置有效率 80.7%，同比提高 18.9%。完成的作业单中有处置成效的占 78 份，其中移交缉私 16 例，移送稽查 2 例，补税 26 例，删改单 34 例。

2008 年，杭州海关 1—11 月共开展常规监控 12 次，其中季度、半年度、年度宏观监控 4 次，月度微观监控 8 次，累计向现场发布各类预警提示信息 114 条，风险作业信息 84 条。据不完全统计，纠正归类退补税、审价差异、单耗申报不实、保税料件缺失等各类问题 60 个，监控准确率 80%，补税 280.71 万元。同时，突出围绕业务重点和政策变化开展专题监控，包括“奥运安保”风险商品监控、“热钱流入”风险、“限塑令”行业监管风险、口岸转移、出口征税商品风险等多项专题，及时掌握关区进出口动态变化，其中对关区塑料袋加工行业的专项监控取得成效，查发 2 起违规案件，涉及货值 1132 万元，涉税 224.6 万元。

2009 年，杭州海关共开展常规监控 16 次，其中季度、半年度、年度宏观监控共 5 次，月度微观监控 11 次，累计向现场发布风险作业信息 63 条，纠正归类退补税、减免税设备等各类问题 5 个，涉税 500 余万元。并抽调稽查处 4 人与风险管理处 2 人组成风险分析联合行动小组，采取联合办公形式，根据风险线索共同制定稽查企业名单，制定燃油附加费、运保费、滞港费、出口商品、加工贸易内销等专项稽查企业名单，其中，出口商品专项稽查企业6家，风险分析吻合度达到100%。查获一家企业涉及漏报滞期费148.5万美元，漏征税款1200余万元。宁波海关以综合治税为重点开展信息处置，共流转处置类信息（含风险线索）236条，在已处置完成的信息中，查发各类违法情事追补税9140.49万元；另经移交缉私立案51起，案值1.8亿元。

2010年，杭州海关共开展常规监控3次，累计向现场发布风险作业信息53条，纠正各类问题13个，涉税90万元，罚款53.3万元。宁波海关加强与稽查部门的处置合作，关区风险管理部门移交稽查企业数占稽查企业总数的58.23%，稽查有效率为48.79%。风险信息流转处置查获案件99起，案值7.88亿元，补税140起，补征税款2341万元。

第三节　企业稽查

企业稽查，是指海关自进出口货物放行之日起3年内，或者在保税货物、减免税进口货物的海关监管期限内及其后的3年内，海关可以对与进出口货物直接有关的企业、单位的会计账簿、会计凭证、报关单证以及其他有关资料和有关进出口货物进行核查，监督被稽查人进出口活动的真实性和合法性，从不同角度对进出口企业的生产经营活动进行系统监控、检查。中华人民共和国成立前，稽查曾作为海关货运监管和查处私货的一种方式在浙海关实行。中华人民共和国成立后相当长的一段时间，浙江省各海关均未实行稽查制度。1994年，全国海关关长会议正式决定成立稽查机构，全面推行海关稽查制度。1995年，杭州海关将原保税处更名为稽查处，下设稽查科，专职实施稽查工作，工作重点在对保税合同的后续管理。是年7月，宁波海关成立稽查处，实施稽查制度，工作重点也在对保税合同的核销工作。1996年10月，杭州海关将保税、稽查工作相分离，单独设立了稽查处，稽查工作也从对单一的加工生产型企业的稽查转向对贸易型、复合型企业的稽查。1997年，杭、甬海关实施《中华人民共和国海关稽查条例》。宁波海关以常规稽查为基础，探索集中核销方法，即在对企业开展常规稽查过程中，运用稽查的手段对企业的内部控制制度和加工生产情况进行评估，并以此为基础对加工贸易手册实行集中核销。2002年，杭州海关探索区域性集中稽查行动，分别解决了加工贸易手册核销工作和稽查人员人手紧、任务重的问题，得到海关总署的肯定。2002—2006年，根据海关总署部署，杭、甬海关开展一系列专项稽查：2002年，针对入世后低瞒报价格增多的情况，开展打击瞒报价格偷漏税行为专项稽查；2003年，开展对加工贸易企业和减免税货物的专项稽查；2004年，开展组合电线专项稽查；2005年，对加工贸易内销补税企业、长期从事保税区贸易经营业务的企业、减免税企业和行业性低瞒报风险大的税源商品开展专项稽查；2006年，对有关联企业的加工贸易开展专项稽查。2007年，杭、甬海关开始实施验证式稽查。2008年，根据《海关总署关于开展"企业稽查借助中介机构审计力量"试点工作的通知》，杭、甬海关借助中介机构审计力量，开展常规稽查、专项稽查和验证稽查。2010年，杭、甬海关参与中美海关贸易安全合作工作，派员对浙江7家企业实施C-TPAT"中美联合验证试点”，为开展验证稽查、测试贸易安全指标积累经验，也为海关企业分类管理提供依据。

一、稽查制度

清乾隆年间(1736—1796 年)，稽查曾作为货运监管和查处私货的一种方法实行。

民国 28 年(1939 年)12 月 29 日，国民政府财政部训令浙海关监督和税务司，为防止敌货、私货侵入内地，于接近战区各冲要地点，设置货运稽查处，并将战区各省划分为 5 区，每区设置 1 处，分设 2 组：甲组为查缉组，办理查缉敌货、资敌物品、禁运物品、结汇物品及法币金银等私货；乙组为税务组，办理出入战区货物的应征关税、盐税、统税及其他税项的验估、补征事项。稽查处管辖区原设有征税或缉私机关的，所有征税及缉私事务由该机关照常执行，稽查处协助。民国 37 年，江海关宁波分关奉江海关令，继续负责稽查出口货物的品质、数量及顶替蒙混等情况。但当时的稽查，还是以现场监管、检查为主。

中华人民共和国成立以后很长一段时期，中国海关未正式实行稽查制度。1991 年，海关总署把建立并推行海关稽查制度作为业务改革的一个重要课题，组织力量对西方发达国家海关称之为外部审计的稽查制度进行充分的考察、研究、论证，并结合中国海关的实际，确定建立以稽查为核心的现代海关监管模式，从根本上解决海关传统监管模式的机制性弊端。从 1992 年起，海关总署开始分批在部分海关实行稽查制度试点。4 月，海关总署在上海召开海关稽查专题研讨会议，为建立海关稽查制度进行理论探讨和实践准备。1993 年底，海关总署设立稽查司，统一指导和管理全国海关稽查工作。

1993 年，宁波海关在驻经济技术开发区办事处试行稽查制度，制定《稽查制度试点企业管理办法》，对试点企业应具备的条件和运作规范提出具体要求，开始探索建立海关监管与企业自管相结合的管理模式。1994 年，杭州海关也实施《海关稽查暂行规定》，建立海关稽查制度，通过对有关进出口企事业单位的会计账册和其他资料及相关进出口货物的核查，确定其进出口活动的合法性，对海关稽查制度建设进行有益的探索。

1994 年 7 月 4 日，海关总署正式下发《海关总署关于推行海关稽查制度的实施方案》的通知和《中华人民共和国海关稽查暂行规定》(以下简称《海关稽查暂行规定》)，在全国海关推行稽查制度。10 月 1 日，杭州海关实施《海关稽查暂行规定》，建立海关稽查制度，稽查对象包括：从事进出口贸易的企业、加工贸易企业、经营保税业务的企业、外商投资企业以及报关企业、经营和使用减免税货物的企事业单位。

1995 年 7 月，经海关总署批复同意，宁波海关成立稽查处，并在全关区实施稽查制度。是年，根据机构改革的要求，杭州海关将原保税处改名为稽查处，下设稽查科，专职实施稽查工作。9 月 1 日，杭州海关实施《进出口企业会计账簿设置和报送会计报表的暂行规定》，要求凡经海关注册登记的企业，会计账簿必须真实、准确、完整记录和反映货物的进出口、储存、加工使用、销售等情况。企业须将与进出口业务有关的资料，包括报关单、合同、许可证、结汇单、函电等，纳入会计档案或其他档案管理，并按规定期限妥善保存。每年 4 月 30 日前，企业须向海关报送资产负债表、损益表、进口商品销售利润(亏损)表、出口商品销售利润(亏损)表各一份，以备核查。1996 年 2 月，宁波海关对稽查处的职责进行了明确划分。6 月，宁波海关制定《保税处与稽查处联系配合办法》，对稽查处与保税处的联系配合形式、交接形式、联系范围、口头和书面联系范围作出更明确的规定。8月15日，宁波海关实施《宁波海关稽查及保税业务后续管理操作规程》。1996年10月，根据海关总署的要求以及业务工作发展的需要，杭州海关对机构进行了重新调整，将保税、稽查工作相分离，单独设立了稽查处，稽查工作也从对单一的加工生产型企业的稽查转向对贸易型、复合型企业的稽查，明确稽查工作的机构、职责，共制定16项稽查工作岗位责任制、11项工作制度。

1997年1月3日，《中华人民共和国海关稽查条例》颁布实施。杭、甬海关结合关区实际加以贯彻。对进出口货物自放行之日起3年内或者保税货物、减免税进口货物的海关监管期限内，对被稽查企业的会计账簿、会计凭证、报关单证以及其他有关资料和有关进出口货物进行核查，监督进出口活动的真实性和合法性。稽查内容主要是：企业对进出口许可制度和其他进出口管理制度的履行，进出口环节税款的缴纳，保税货物的进口、储存、加工、销售、复出口，减免税货物的管理和使用，以及报关企业报关业务的经营等项目。4月，根据海关总署关于查获违规案件处理操作规程的通知，杭州海关制定并实施《杭州关区稽查部门查获违规案件处理操作规程》，规定：违规案件的处理实行分级审批制；案值在人民币150万元以下的，由各现场海关自行审理并处理；案值在150万元～300万元的，由各现场海关提出初审意见，报杭州海关总关审理；案值在300万元以上的，由各现场海关提出初审意见，经杭州海关总关审核后，报海关总署审理；各海关须成立审理小组或配备专人审理案件。该规程还对案件审理材料、程序、报告、证据、听证、处罚决定等均作出明确规定。5月，杭州海关把清理撤销、倒闭“三资”企业作为重要工作，根据《中华人民共和国海关稽查条例》及《中华人民共和国外商投资企业清算办法》《中华人民共和国拍卖法》《中华人民共和国破产法》等法律、法规，制定有关撤销、倒闭企业办结海关手续的制度和原则：外商投资企业自清算开始之日起15日内，须持有关批件或文件和“进口征免税物资清单”、海关核发的“征免税证明”“进口设备登记手册”等向海关办理减免税物资、保税货物的补税和解除海关监管手续，并交回“报关注册登记证书”。对撤销、倒闭企业进口设备、车辆，海关按以下原则处理：留给合营企业中方继续使用或转让、出售给国内单位的，按其使用年限折旧补税；转让给国内其他享受同等优惠待遇的外商投资企业使用的，除车辆按使用年限折旧补税外，其他货物经审批机关批准，并办理海关结转手续后，继续享受减免税优惠；经海关核准，允许合营企业外方将原免税进口货物退运出境。

1998年，海关总署将稽查与调查两个机构合并，但海关稽查工作的职能并没有减弱。稽查在指导思想和工作方针上进行调整，以打击走私违法活动为主。是年，杭州海关采取领导责任制、量化指标管理等措施加强稽查管理；宁波海关则以稽查为基础，对建立企业守法体系进行探索，制定《宁波海关信誉良好企业的管理办法》和《宁波海关对信誉良好企业的评定办法》。

2000年7月8日，修订的《海关法》对海关稽查在立法上作了授权性规定，使之在法律上有了依据。随着“打防结合，以防为主”的海关调查工作新方针的确立，海关总署提出了调查工作以稽查为先导，实现以办案为主向以稽查为主转变，以查处个案为主向以规范企业行为为主转变新的指导思想，使海关稽查工作进一步得到重视和加强。2002年4月1日，杭州海关制定《杭州海关稽查实施办法》，对稽查系统录入和稽查档案管理等都作出具体规定。12月19日，宁波海关调查局根据实际稽查工作并结合数据分析，摸索出一套具有宁波关区特点的企业重点稽查要素，如进出口贸易额全年合计大于1000万美元的企业、单本加工贸易手册金额大于100万美元、全年进口额大于100万美元的单一商品、全年进口高税率商品大于500万美元的企业或税额大于3000万元人民币的企业等共计38项。

2005年8月26日，根据海关总署全国海关综合治税联合专项行动电视电话会议和关区综合治税联合专项行动动员会议精神，宁波海关研究制订《宁波海关综合治税联合专项行动实施方案》和《宁波海关综合治税联合专项行动任务分解表》。以稽查处和价格处为主，对关区进口容易产生低瞒报的重点商品和行业性低报价格商品开展专项稽查行动。以稽查处和加贸处为主，加大对加工贸易内销补税企业的稽查力度。以稽查处为主，对长期从事保税区贸易经营业务的企业开展专项稽查。重点对保税区内经营敏感商品、内销额度较大的聚碳酸酯等商品的企业进行稽查。2006年3月17日，杭州海关制定《杭州海关稽查审核工作暂行办法》，规定稽查审核工作事宜。11月29日，杭州海关稽查部门在减免税设备稽查工作中，适应设备资金来源日趋多样、产业条目频繁调整的新形势，改变以往偏重于稽查设备本身的传统思路，拓宽稽查领域，创新"查资金、查原料、查产能、查员工"的稽查方法。

2007年，海关稽查工作重心逐渐由被动稽查向主动管理转移，促进企业规范管理。11月8日，海关总署下发《海关总署关于开展验证稽查试点工作的通知》，决定组织各海关开展验证稽查试点工作，杭、甬海关均在试点范围内。根据《海关总署关于开展"企业稽查借助中介机构审计力量"试点工作的通知》，杭、甬海关借助中介机构审计力量，开展常规稽查、专项稽查和验证稽查。2008年10月，宁波海关制订《宁波海关引入中介机构协助海关核查改革试点实施方案》。2009年6月10日，宁波海关实施扩大企业稽查借助中介机构试点工作方案，与宁波德威会计师事务所有限公司、宁波科信会计师事务所有限公司和宁波四明会计师事务所有限公司进行合作，对确定的扩大试点稽查企业实施稽查，并以企业委托方式对2家试点企业顺利开展验证稽查。在试点的基础上，宁波海关先后向海关总署提交《宁波海关关于扩大企业稽查借助中介机构试点工作总结》《海关引入中介机构参与企业稽查操作规程》《海关引入中介机构参与企业稽查试点付费方式》3项课题报告，为海关总署决策提供参考依据。6月23日，宁波海关对宁波关区企业稽查部门与缉私部门办理涉嫌走私违规线索移交工作有关问题进行明确。11月22日，宁波海关对《宁波海关稽查工作制度（试行）》进行修订，明确企业稽查工作的主要职责是：开展对一般贸易货物放行后、加工贸易货物核销后和减免税货物的后续管理的稽查和核查，开展贸易调查、稽查评估和稽查业务培训。

2010年5月，海关总署印发《海关大监管体系建设方案（试行）》，提出"企业稽查、减免税核查和保税中后期核查的管理职责统一归口稽查司负责"的决策部署。6月17日，宁波海关制定《宁波海关减免税进出口货物核查操作规程（试行）》，规定减免税核查行为包括核查准备、核查实施、核查处置3个阶段，并制定《宁波海关减免税业务审批与稽查核查联系配合办法（试行）》。10月10日，宁波海关制定《宁波海关企业稽查作业内部控制操作办法（试行）》，对稽查选择、稽查实施、稽查处理、稽查评估以及稽查成果运用等主要环节进行内部控制，方法包括岗位控制、授权批准控制、程序控制、层级控制、记录控制、监督控制、绩效考核控制等。并在尝试探索“企业稽查”与“保税中后期核查”合一工作中，总结出“一查产品配方、二查工料单证、三查产品重量、四查投入产出、五查库存余料”的保税单耗“五查法”，运用于稽核实践。10月14日，为指导全国海关顺利完成“三查合一”工作，海关总署制定了《海关总署关于做好企业稽查、减免税核查和保税中后期核查归口管理工作的指导意见》。12月10日，杭州海关制定《杭州海关“三查合一”工作实施方案》，确定“三查合一”以后，企业稽查、减免税核查、保税中后期核查归口稽查部门统一管理，非贸渠道进境自用物品和免税商品及其相关单位的稽查、核查工作也归口稽查部门负责。2010年，杭州海关制定《杭州海关稽查与核查部门联系配合办法》，就信息共享、人力互动和结果互认方面规定了配合的内容及程序，推进借助社会中介力量协助海关稽查工作，基本形成了以海关主导、中介机构专业审计力量协助，对海关需要认定的内容进行专项审计，审计报告供海关稽查人员运用的工作模式。杭州关区5个海关共对18家企业借助中介机构开展稽查。

二、稽查业务

（一）常规稽查

常规稽查是以中小型进出口企业为重点，通过计划选取、随机抽取等方法开展稽查，以强化对企业进出口活动的日常和后续管理。

1994年，杭、甬海关实施海关总署下发的《海关稽查暂行规定》，明确自1994年10月1日起，凡是从事进出口贸易的企业、加工贸易企业、经营和使用减免进出口关税货物的企事业单位以及其他与货物进出口有关的企事业单位，应接受海关稽查；海关在企事业单位的货物进口或出口后3年内、使用受海关时效监管进口货物的单位在规定的时限内，对企事业单位实行定期或不定期的稽查。是年，杭州海关通过调研，确定关区十大类进口商品为稽查重点。对重点敏感商品，如成品油、棉花、钢材、胶合板、聚酯切片、涤纶丝等进行合同分析、归类，分区组织专人集中下厂稽查。对非生产性企业，如旅游宾馆，以及减免税货物较集中的开发区、保税区、度假区进行全面核查。

1995年3月，杭州海关明确3个检查重点：加工贸易重点敏感商品，“三资”企业减免税进口物资，进出不平衡、异地结转加工合同及资信差的企业。至6月，杭州海关共派出清查人员10批次，对100家企业进行核查，重点抽查30家，共查扣非法使用的进口免税汽车4辆，对一些因故无法扣留的，收取相当于税款的保证金。针对“三资”企业撤销、倒闭多的实际，杭州海关加强对企业进口免税物资和保税货物的稽核，注销企业113家，对一些设备及车辆进行查封，补办征税手续，对有走私违规的，移交处理。至年底，共清理核销合同3076份，补征税款4769万元，收取违规企业保证金100万元，发现走私违规案件9起，案值1612万元。1995年7月，宁波海关成立稽查处，并在宁波关区实施稽查制度。是年，宁波海关通过稽查补税1537万元。此后2年，宁波海关稽查工作重点在保税合同的核销工作。

1996年10月，杭州海关将保税、稽查工作相分离，单独设立了稽查处。是年，杭州海关常规稽查企业127家，发现走私违规案件56起，案值4107万元，稽查补税2677万元。同年，宁波海关对关区敏感商品、重点合同和重点企业开展常规稽查，共下厂稽查企业96家，稽查补税2178万元；征收保证金和风险担保金2160万元，清退1032万元，转税486.14万元；促使数份内销合同及时向海关补税，补征税款1200万元。全年稽查案件6起，案值1547万元，案件补税246万元，处罚488万元。

1997年，杭、甬海关实施《中华人民共和国海关稽查条例》。杭州海关共稽查各类企业292家，占企业总数的6%，查获走私违规案件56起，案值5820万元，稽查补税2459万元，罚款入库2110万元，清理倒闭企业185家，补税110万元。是年，宁波海关以常规稽查为基础，探索加工贸易手册集中核销的方法，以利于海关的有效监管和便于企业简化海关手续，加强自律意识，提高贸易效率。7月16日，海关总署稽查司印发《宁波海关以常规稽查为基础探索集中核销方法》材料，对宁波海关做法予以肯定。8月，宁波海关相继制订《常规稽查规范要求》《常规稽查计划》，确定常规稽查计划、稽查工作方案、稽查前的准备、稽查通知书、稽查一般程序、稽查报告、稽查结论等一系列事宜。该年，宁波海关稽查企业35家，稽查补税81万元，查获涉嫌走私违法违规案件5起，其中查处2起，案值892.3万元，补税309.1万元，罚款6万元，移交调查部门2起，案值7600万元。

1998年，杭州海关实行量化指标管理，要求常规稽查企业数要达到注册入网数的10%。3月，杭州海关逐步开展价格稽查，按季提供重点审价商品清单和有重大价格瞒骗行为嫌疑企业名单，供杭州关区参考。8月，杭州海关通过检查查获以低报价格方式进口通信设备案2起，案值达6700多万美元。全年，杭州海关共稽查企业403家，征缴税款3252万元，查获走私违规案件128起，查获率在30%以上。是年，宁波海关共完成对186家企业的常规稽查，稽查面占关区注册企业的5%，查获案件9起，案值10002万元，稽查补税4090万元。其中，查处违规案件3起，案值2707万元，罚款入库575万元，补税入库39万元；查获走私嫌疑案件6起，移交调查处理，案值7295万元；同时，查获其他补税情事44起，补税3476万元，查获率为25%。

1999年，杭州海关对12种重点商品及451家重点企业实施专项和全面稽查，稽查率达11.1%，并清理撤销倒闭企业33家，补税44万元。是年，宁波海关在稽查工作中突出对专业和代理报关企业的稽查，于4—5月间完成30家货运代理企业和专业报关企业的常规稽查，对有严重挂靠行为的货代报关行发出限期整改的决定，起到了净化报关市场、提高货代报关行依法经营意识的良好效果。全年稽查部门共对218家企业实施了常规稽查，稽查面占关区注册企业的5%；查获走私嫌疑案件4起，移交调查处理，案值264万元；查获其他补税情事14起，补税423万元，查获率8%；稽查补税入库总计435万元。

2000年，杭、甬海关贯彻海关稽查条例和实施办法，常规稽查与专项稽查相结合，价格稽查和完成税收相结合。杭州海关全年共稽查企业279家，查获违规案件59起，案值达10715万元，补征税款2410万元；查处大要案4起，移交海关走私犯罪侦查部门处理。宁波海关共稽查企业31家，查获走私违规和偷漏税嫌疑案件17起，查获率54.84%；移交调查走私案件3起，案值1.75亿元；上报“4·20”专案组案件2起，立案处罚2起，补税罚款100万元。在对某公司稽查中，宁波海关查获一起特大走私案，案值 1.5 亿元，涉嫌偷逃税款 5500 万元。2001 年，杭、甬海关加大对重点商品和重点企业的稽查力度。宁波海关对成品油、童车、涤纶丝、“双废”（指废纸、废金属）等进行稽查，并在对宁波某公司进口“双废”情况进行稽查时，查出低报价格走私大案。

2002 年 4 月 1—5 日，杭州海关调查局稽查处在金华地区对 8 家加工贸易企业开展区域性集中稽查，共查获违法案件 2 起，案值 300 余万元，补税罚款入库 70 万元。7 月 29 日至 8 月 2 日，杭州海关调查局稽查处在台州地区对 8 家加工贸易企业开展区域性集中稽查，共查获各类违法案件 6 起，补税罚款入库 170 万元。区域性集中稽查行动成为杭州海关稽查工作特色，海关总署当年第 9 期《工作简报》进行了专题宣传。1—11 月，杭州海关共稽查企业 293 家，查获走私违规和其他补税情事 123 起，案值 21577 万元，补税入库 3076 万元，罚没入库 2389 万元。在查获和处理的案件中，案值在 1000 万元以上的大要案 5 起，如杭州某公司协助走私电梯案、某通信公司和浙江某银行擅自转让与挪用减免税设备案、浙江某化工集团公司和杭州某有限公司擅自转让保税料件制成品案等。其中浙江某化工集团公司一案补税 640 万元，罚款 450 万元。并首次查获 2 起出口申报不实案件，其中 1 起涉及出口退税 170 余万元。是年，杭州海关通过常规稽查，还查获浙江乐清某罐头厂在 2000—2001 年开展加工贸易业务期间，未经海关许可，擅自内销保税料件马口铁的走私行为和擅自外发加工、单耗申报不实的违规行为，被追缴保税料件等值价款 41.22 万元，并处 29 万元罚款。同时对该企业存在的擅自外发、单耗不实的违规行为处以 120 万元罚款，并补缴税款 105245.78 元。2002 年，宁波海关开展打击价格瞒骗专项斗争，在对宁波地区 59 家企业实施数据分析的基础上，全面实施企业稽查和专项调查，查获一批当地有一定影响力的企业在进出口环节中的不规范行为，掌握打击和规范的主动权，促使企业纷纷自查，主动向海关申报补税 90 余万元，并制订详细的整改计划，接受海关检查验收。

2003 年，海关总署调查局提出以企业稽查、贸易调查、行政处罚、综合治理为手段，有效地防范和打击走私违法活动。杭州海关调查局通过稽查发现嘉兴某实业有限公司 2001—2002 年间存在擅自处理保税制成品、保税料件短少及保税边角料内销价格申报不实等违法行为，涉及不锈钢 700 余吨，案值 1500 余万元，涉税 400 余万元。是年，杭州海关继续推广关区特色的区域性集中稽查行动，于 2—3 月间，共对 6 家加工贸易企业开展集中稽查，查获违规案件 5 起，查获率为 83%，累计案值 5206 万元，涉税 1083 万元，并发现染化行业的违法动态。是年，宁波海关对关区 10 家企业进行了常规稽查。

2004 年，杭、甬海关的常规稽查工作紧紧围绕规范企业进出口经营行为工作开展，在风险分析的基础上对一些进出口量大、规模大的企业开展稽查，以“教育和惩处、自查与稽查、整改与规范”相结合的方式，推行“阳光稽查”“一站式稽查”以及跟踪回访等稽查新理念。杭州海关在湖州地区开展“铸剑”集中稽查行动，共稽查企业 7 家（其中倒闭企业 1 家未查），查获违规案件 6 起，案值 1322 万元，涉税 340 万元，查获率 100%。在杭州关区开展“春风”稽查行动，共稽查企业 32 家，查获违规案件 15 起，案值 8646 万元，限期整改 5 家。其中在规范医药行业进出口行为行动中，查获浙江某医药公司擅自将减免税设备移作他用案件，案值达 2580

万元，补税313万元，罚没586万元，在规范医药行业中起到很好的震慑作用。温州海关通过常规稽查，查获某皮革有限公司未经海关许可，于2001年擅自转让加工贸易项下的盐湿牛皮及辅料制成的A类牛皮革27.36万米，于2003年擅自转让加工贸易手册项下余料蓝湿牛皮128吨，违反海关监管规定，两案案值共计620.25万元，补缴税款133.79万元，罚款70万元。是年，宁波海关共稽查企业12家，查获案件10起，案值4.13亿元。

2005年，海关总署稽查司确定全年稽查工作围绕规范企业进出口经营行为，针对税收任务严峻的形势，充分发挥稽查职能作用，为确保税收应收尽收做出贡献。杭州海关共稽查企业196家，发现各类违法违规情事82起，货值3.98亿元，补税入库6040万元。宁波海关共稽查企业179家，补税入库2028.53万元。2006年，杭州海关共稽查企业215家，查获稽查补税情事21起，补税入库682万元，移交缉私部门违法情事45起，案值4.5亿元，涉税7473万元。是年，宁波海关出具数据分析报告227篇，稽查企业198家，发现75家企业存在各类问题，查发率38%；移交缉私部门案件线索41条，罚没入库1478万元，稽查补税1123万元。其中开展常规稽查127家，查发各类问题企业31家，关区常规稽查查发率为24%。

2007年，杭、甬海关以风险分析为先导，结合贯彻海关总署《稽查司关于认真开展企业稽查工作的通知》要求。杭州海关共稽查企业346家，发现并限期改正情事30起，补税情事36起，补税入库748.53万元，移交缉私各类案件、线索60起(条)，案值8.9亿元，涉税7372万元，制发工作建议书6份。宁波海关稽查部门共稽查企业395家，查发各类问题企业141家，稽查有效率36%，通过稽查规范企业176家；稽查移交缉私部门案件线索76条，稽查补税54起，补税入库1321万元，罚没入库1384万元；其中常规稽查企业194家，查发问题企业38家，查发率为20%，所有常规稽查企业上一年度进出口总金额占宁波海关所有注册企业上一年度进出口总金额的16%，超额完成海关总署稽查司下达的指标；限期整改12家，完成整改11家；完成风险分析报告382份；完成贸易调查16次；稽查评估企业113家，促进了企业守法自律。

2008年，杭州海关采取计划稽查与随机稽查相结合的方式，扩大稽查企业覆盖率，为关区稽查部门开展稽查工作提供直接的指引和支持。同时，将风险分析手段深度融入常规稽查，切实提高常规稽查精度，查发多起典型违法情事，如杭州某水电设备公司违反国家产业条目政策规定，擅自将减免税设备移作他用违法情事，案值5000余万元，涉税约1000万元；查发浙江某物资公司在进口沥青过程中存在利用特殊关系影响成

图67-8-3-1　2009年12月，宁波海关驻经济技术开发区办事处关员到羊毛加工企业进行常规稽查(宁波海关提供)

交价格情事,补税入库400余万元。是年,宁波海关共稽查企业314家,其中常规稽查企业242家,奥运安保专项稽查企业62家,完成绩效考核任务企业271家(含非海关注册企业5家),稽查企业覆盖面为3.32%,稽查有效率为42.07%;稽查补税1471.15万元;移交缉私部门案件线索68条,涉税5299.16万元,涉及货值6.41亿元。是年,宁波海关进一步扩大利用外部审计力量参与稽查试点工作,并通过引入竞争机制、固化培训机制以及试行稽查前合作研判机制等,保持了该项工作的高查发率。2009年,杭州海关以"以查促税"为着力点,围绕涉税风险高、税源大的行业和商品集中开展稽查追补税行动。截至11月30日,关区共稽查企业335家,核查企业287家,组织企业自查160家,补税入库1.2亿元。共移交缉私部门案件线索89条,案值15.73亿元,位居全国海关第一位。涉税2.3亿元,位居全国海关第二位。宁波海关全年共组织开展完成稽查企业308家,其中常规及验证稽查53家,稽查有效率48.05%,超过海关总署规定指标的1倍多。对风险管理部门风险分析报告的稽查采用率和处置有效率分别达到64.71%和52.12%。

2010年,杭州海关共稽查企业389家,核查企业250家,组织企业自查44家,稽查有效率30%。移交缉私部门案件线索71条,案值17.98亿元,涉税1.41亿元。宁波海关共完成稽查企业329家,稽查有效率41.03%;稽查补税4609.69万元,是全年任务的384.14%。对48家企业开展了价格核查,核查补税3032.23万元。

(二)专项稽查

专项稽查是以风险程度较高或政策敏感性较强的企业或行业为对象,采用风险分析、贸易调查、上级指令、其他部门移交等方法选取重点企业开展稽查行动,以保障税收,防范走私违法活动。

1994年,杭州海关对机电产品,如进口小汽车,进行专项稽查。1996年,杭州海关将稽查工作重点放在专项稽查上,充分利用海关总署反馈信息,加强对重点敏感商品的核查。3月,杭州海关组成稽查小组,分别对一些重点地区和企业进行核查,查获多起保税仓库擅自提料、转让保税料件、利用假单证核销、擅自串料等案件,案值420万元。4月,通过电脑反馈的信息及线索,查获利用伪造海关加工贸易手册走私进口羊毛案2起,羊毛1055吨,案值3000多万元。同时,还查获一起用同样手法走私进口聚酯切片700吨的案件,案值1000多万元。6月,杭州海关对铁矿砂、羊毛、塑料、食糖、成品油等12项商品实行专项稽查,核查率掌握在10%。至1996年底,杭州海关通过专项稽查,发现走私违规案件17起,案值1.48亿元。同年,根据海关总署安排,宁波海关开展了对羊毛、塑料等重点商品的专项稽查,对全关区35家企业共19000多吨羊毛和74家企业约3万吨塑料原料的手册进行清理稽查,共查获走私案件2起,其中羊毛案1起,案值2271万元,塑料案1起,案值1.0067亿元。查获塑料违规案件2起,案值413.7万元,补缴税款1566.36万元,其中羊毛1411.94万元,塑料154.42万元。

1998年6月,杭州海关开展敏感商品专项稽查,重点是成品油、纺织原料及一般贸易进口的12类商品,如西药原料及成药、通信设备、计算机及零部件、水果、纸及纸制品等。8月,杭州海关通过检查查获以低报价格方式进口通信设备案2起，案值6700万美元。同时，杭州海关以打击加工贸易保税料件擅自内销为主要内容，选择重点商品和企业，开展专项稽查。重点商品是国内紧缺、内外差价大的大宗原材料，及海关归类审价难度大的化工产品，共18种。同年，宁波海关在对宁波某通信设备有限公司进行加工贸易专项稽查中，查获走私移动通信设备大案，案值5000多万元，并移交调查处理。在开展价格稽查方面，查获宁波某对外经贸公司价格申报不实案，作出罚款和补税处理。1999年6月，杭州海关对12种重点商品及451家重点企业实施专项和全面稽查，对海关总署要求的聚酯切片、涤纶长丝、短纤、棉花、彩色显像管5种商品的专项稽查率达100%，补税10418万元，查获走私违规案件69起，查获率达15.3%，罚没收入368万元。1999年，宁波海关开展化纤、棉花等商品的专项稽查。2000年4月6—7日，宁波海关对宁波某远洋渔业公司自1998年7月至1999年12月进口的自捕鱼进行了专项稽查，并向海关总署调查局报告稽查结果。

2001年，根据海关总署要求，宁波海关开展两次比较大的专项稽查。8月底，宁波海关调查局稽查处和镇海海关调查科集中力量对中国石化镇海炼油化工股份有限公司（原镇海炼油化工股份有限公司）1999年以来申领的加工贸易手册的进口、出口、核销等情况进行了全面核查。11月底，宁波海关调查局稽查处组织宁波海关驻经济技术开发区办事处对飞达仕新乐有限公司2000年以来申领的加工贸易手册的进口、加工、出口、核销等情况进行了全面核查，发现该公司不符合海关有关“进出口企业的会计账簿必须真实、准确、完整记录和反映出口货物的进口、出口、储存、加工使用、销售等情况”的规定，要求该公司完善会计核算，对空调压缩机等海关监管货物在会计账簿上详细反映其进出数量等核实情况。

2002年，海关总署稽查系统针对中国加入世贸组织后低瞒报价格增多的情况，强化贸易调查和反价格瞒骗职能，通过开展专项稽查和调查，打击瞒报价格偷漏税行为。根据海关总署部署，杭州海关的专项稽查任务有：对嘉兴某集团公司的专项稽查，对关区进口铜箔企业的专项稽查，对加工贸易项下进口天然橡胶企业的专项稽查，对温州某集团公司出口冻虾仁的专项稽查以及3家大型外贸公司一般贸易进口货物的价格专项稽查。上述专项稽查均集中在杭州、嘉兴、温州地区，共涉及企业10家，查获违规案件和补税情事6起，查获率为60%，累计补税额近1000万元。在对某进口铜箔企业稽查过程中，不仅发现企业的违规行为，还发现进口铜箔行业中存在的普遍问题，反馈给海关总署调查局后，引起海关总署的重视，随即在全国开展此项目的专项稽查，做到了“查一家企业规范一片、查一种商品规范一个行业”的目的。为此，海关总署调查局在兰州部分海关稽查座谈会上专门给予表扬。另外，杭州海关在调查某医疗设备公司涉嫌以低报价格方式走私进口医疗设备案及PET废塑料专项价格调查行动中比较好地完成了任务，还查获了珠海某公司涉嫌以低报价格、伪报品名走私电梯大案，案值2100余万元，涉税580万元，并移交侦查部门。另查获杭州某经贸公司与香港某公司相互勾结进行“洗单”，涉嫌走私移动通信基站案，涉税80余万元。

2003年，海关总署调查局组织开展对加工贸易企业和减免税货物的专项稽查。4—9月，杭州海关组织部署染化行业、组合电线行业、冷冻海水产品行业以及减免税设备的专项稽查，共稽查企业38家，查获各类案件和补税情事27起，追补税款3029.2万元，罚款2139万元。

其中在对组合电线企业专项稽查中，查获3起违规案件，累计案值2600万元，涉税700余万元；在对水产品进口价格专项稽查中，一次追补税款1130万元。还查获温州某集团有限公司于2002年4—9月，采取“内部装大量冻虾仁，外侧装若干冻蔬菜”的方式，将45个集装箱计1077吨冻虾仁以“冻蔬菜”名义出口至欧盟，逃避海关监管。该案案值3877万元，杭州海关对该公司处罚款200万元。在对加工贸易和减免税货物的专项稽查中，共查获走私案件128起，案值9.8亿元，其中移送走私罪嫌疑案件49起，案值3.9亿元；查获违规案件3430起，案值22.7亿元；查出非案补税情事1528起，补税10.9亿元。

2004年4—5月，海关总署先后部署杭州、宁波等海关开展组合电线的专项稽查。杭州海关“鹰眼”电子专项行动和组合电线的专项稽查取得很好成绩，2次专项稽查共查案8起，案值5052万元，涉税893万元，查获率72%。宁波海关对指定稽查企业在稽查期内的有关进出口数据进行了分析，并对其中的5家企业进行实地稽查，发现3家企业存在问题，共涉及塑料原料1089吨，货物价值621.76万元。

2005年8月，海关总署向全国海关下发《关于进一步开展专项稽查行动的通知》。重点针对加工贸易内销补税企业、长期从事保税区贸易经营业务的企业、减免税企业和行业性低瞒报风险大的税源商品开展为期4个月的专项稽查行动。杭州海关组织开展了氨纶丝、牛皮卡纸、卷烟设备、柴油机组、医疗设备、减免税设备等专项稽查。宁波海关稽查补税10起，补税1062万元，下发重点稽查企业名单66家，实际开展稽查企业94家，移交缉私部门走私违规线索15条，涉及货物价值12225.6万元，涉税515.61万元。

2006年7月31日，海关总署稽查司下发《关于对加工贸易关联企业开展专项稽查的通知》，要求杭州、宁波等海关根据关区实际自行选择一些有关联企业的加工贸易开展专项稽查，并有重点地选择对部分与其相关联的企业开展延伸稽查。在稽查中重点查找加工贸易关联企业之间、风险较高的关联企业之间互串互借保税料件，擅自结转、外发加工、内销，深加工结转空转、多转或少转，高报单损耗，少报多进、多报少出、假出口，内销低报价格，擅自处置用于加工贸易的减免税设备等问题。重点打击利用租用厂房和设备、租用办公场所、“假厂死厂”等不进行实质性加工或者以掩盖走私违法为目的而设立的关联企业。是年，杭州海关开展进口棉纱、进口废金属(塑料)、进口减免税设备、工业仿水晶企业、加工贸易关联企业等5个专项稽查行动。宁波海关对重点商品、重点企业进行了有针对性的分析和调研，全年共组织对70家企业实施专项稽查，查发各类问题企业42家，专项稽查查发率为60%。

2007年，杭州海关在绍兴、嘉兴和金华等地开展羽绒、废金属、铜材、工业仿水晶、羊毛、冷冻生兔皮行业等专项稽查，共稽查企业16家，移交各类违法情事8起，货值2.87亿元，涉税600万元。是年，宁波海关开展行业性稽查工作，共组织开展文具行业、包装行业、小家电行业、废金属、化纤、染土等15个行业28个风险点的稽查行动，行业性专项稽查补税865万元，占关区当年稽查补税的66%。

2008年，海关总署稽查司要求各关在做好各专项稽查工作的同时，研究探讨海关在非传统职能领域开展专项稽查工作的思路。是年，杭州海关选取部分涉税额大、风险较高的行业和商品开展专项稽查，共稽查133家，稽查有效率达63.2%。组织关区对减免税进口工程机械设备开展专项稽查，共稽查企业17家，查发涉嫌违规案件5起，案值3800万元，涉税近1000万元；另查发追税情事1起，追补税款252万元。在奥运安保专项稽查行动中，杭州海关共对108家企业开展专项行动，查发涉嫌走私情事1起，违规情事13起，限期改正情事2起，涉及安全隐患情事7起，涉及外关区范围情事7起。7月21日，杭州海关在奥运安保专项行动中，稽查发现某企业超许可证范围销售易制毒危险化学品情事，涉及875.93吨丙酮和1104吨盐酸的实际销售对象与许可证备案的“最终用户”不符，货值750万元。同年，宁波海关对敏感商品开展专项稽查，共查发有问题企业7家，其中涉嫌走私违规6起，补税1起，共涉及冷轧卷材、萤石、镁砂等出口敏感商品约2.5万吨，货值约1.29亿元，涉及税款约860万元。在奥运安保专项稽查行动中，共稽查企业63家，其中查发3条涉嫌走私违规案件线索移交缉私部门处理，对3家企业进行限期整改。

2009年，杭州海关组织开展运费、铝出口、皮革化工、特许权使用费、出口CPU、出口商品归类、加工贸易不作价设备、加工贸易进口树脂、加工贸易内销不锈钢冷轧板、加工贸易进口偏光片、铁路系统免税设备进口企业、塑料薄膜等行业和商品的专项稽查行动，共稽查企业97家，办结68家，查发问题情事企业36家，查发问题率52.94%；向缉私部门移交涉嫌走私违规情事35起，案值5.56亿元，涉税4296万元。温州海关通过专项稽查，查获温州市某塑业有限公司2008年11月至2009年4月期间，未经海关许可，擅自将使用以生产生态型薄膜免税项目进口的免税设备BOPP生产线，生产非易降解塑料薄膜并在国内销售，而后又未经海关许可将设备进行抵押。该案案值1.54亿元，涉案税款2413万余元，漏缴税款216万余元，被处罚款1170万元。是年，宁波海关组织开展对运输及相关费用、铝制品、不作价设备、偏光片及加工贸易内销不锈钢边角料等行业和减免税设备的专项稽查，查发问题情事148起，稽查有效率为48.05%，稽查补税入库1.93亿元。宁波海关发挥企业稽查工作的后续管理作用，共提交各类管理建议书58份，起草并上报海关总署贸易调查报告10份、行业性稽查建议9份，及时、全面反馈了稽查后续监管信息，完善了海关后续管理，从各方面为提高企业守法自律水平和海关监管效能起到了促进作用。

2010年，杭州海关围绕综合治税工作开展专项稽查，先后对暂时进出口货物、租赁进出口货物、化纤、易制毒化学品、太阳能电池板、CPU、药品等行业和商品开展专项稽查行动，查发杭州某复合材料公司未如实申报价格案等8起涉税案件，查发率为42%；围绕异地报关企业开展专项稽查，先后组织开展对异地加工贸易报关企业、异地一般贸易报关企业的专项稽查行动，共稽查20家，查发杭州某纺织集团公司擅自调换保税料件等多起违规情事；围绕世博安保开展专项稽查，先后组织对进口枪支弹药、易燃、易爆、有毒生物化学品等开展世博安保专项稽查行动，共查发违法情事8起。温州海关通过专项稽查，查获瑞安市某塑胶有限公司2009年6—8月间，未经海关许可，擅自将免税进口的五层共挤易降解塑料薄膜生产线移作他用，违反海关监管规定，案值1.2亿元，漏缴税款69万余元，被科处罚款480万元。是年，宁波海关组织开展高风险涉税商品和企业专项稽查。全年共开展棉花、塑料、变频器、出口PVC等4个行业的专项稽查，稽查企业16家，专项稽查查发问题率为68.75%；移交缉私部门走私违规线索8条，货值6411万元，涉及税款810万元，稽查补税2027.63万元。宁波海关并对减免税设备和加工贸易不作价设备开展专项核查，历时3个多月，共核查企业1627家，做到了对关区海关监管期内的减免税设备和加工贸易不作价设备核查率100%，查发擅自转让、移作他用、产业条目不符等各类问题企业68家，其中涉及涉嫌走私违规企业36家，货值7252.4万元，涉税1510.1万元。宁波海关组织开展世博安保专项稽查工作，历时近2个月，对涉及高锰酸钾等4种涉嫌易制毒化学品等商品的68家企业开展专项稽查行动。组织开展对俄出口货物稽查核查工作，加大对俄出口贸易后续监管力度，全年共核查企业93家，发现3家企业存在问题。组织开展缉毒专项稽查行动，共稽查核查企业8家。组织开展打击出口骗退税专项行动，共稽查企业39家，涉及萤石、PVC膜、CPU和太阳能电池等商品，查发问题企业10家，均移交缉私部门，货值17180万元，涉及骗取出口退税额447万元；并继续开展借助中介机构协助海关稽查工作，全年以海关委托方式与3家会计师事务所合作，对14家企业开展了专项稽查，共查发问题情事11起，有效率达79%，稽查补税1732万元，移交缉私部门4起，货值1912万元，涉税328万元。

（三）验证稽查

验证稽查是海关运用稽查手段验证、评估企业守法和贸易安全状况，监督企业进出口活动，为企业分类管理或其他企业资质评定提供保障的执法行为。

2007年1月23日，在全国海关关长会议上，海关总署署长牟新生在部署全年工作任务时要求完善海关稽查和企业管理制度，切实提高后续管理效能，并首次提出开展验证式稽查。11月7日，海关总署下发《海关总署关于开展验证稽查试点工作的通知》，落实全国海关关长会议和全国海关稽查工作会议精神，创新企业稽查工作机制，探索推进验证稽查工作方式，决定对杭州、宁波等海关关区2007年度进出口总值在3000万美元以上A类或以上管理类别的企业和其他关区2007年度进出口总值在1000万美元以上A类或以上管理类别的企业中，2007年1—10月无走私罪和无走私、违反海关监管规定的行为，报关差错率在3%以下，非“红名单”企业并且在2007年1—10月未实施过全面稽查的企业开展验证稽查试点工作。据此，杭州海关围绕验证稽查为企业评定分类服务理念，将关区99家进出口额达到3000万美元的A类以上企业建立备查库，指定专人定期进行分析监控，建立验证稽查配套工作机制。要求稽查人员充分运用符合性测试和实质性测试方法，对被稽查企业进出口活动的真实性和合法性作出有效评估，并制作“多媒体演示稿”作为工作汇报存档。是年，宁波海关按照海关总署要求制订工作方案和操作办法，并选取2个隶属关（处）试点先行，对24家企业开展验证式稽查作业，在验证式稽查中查发问题企业3家。

2008年，杭州海关在关区内开展验证稽查试点工作。重点是运用审计符合性测试方法，辅之以较低审查程度的实质性测试方法，对关区全年进出口额在3000万美元以上的18家企业进行验证稽查，验证重点为企业内部控制机制、账簿单证管理、进出口申报、保税料件管理、减免税设备管理等多方面内容。是年，宁波海关共验证稽查企业16家。

2009年，杭州海关组织对19家企业进行验证稽查，通过14家。宁波海关以企业委托方式利用外部审计力量对2家企业试点开展验证稽查。12月30日，海关总署稽查司印发《海关验证稽查测试表》，要求自2010年2月1日起制发《海关稽查通知书》，开展的所有验证稽查作业应依据《海关验证稽查测试表》执行。2010年6月25日，海关总署稽查司制定《海关验证稽查作业标准》，要求全国海关自2010年7月1日起，按标准开展验证稽查作业。杭、甬海关均认真遵照执行。

2010年，杭、甬海关参与中美海关贸易安全合作工作，派员对浙江7家企业实施C-TPAT"中美联合验证试点"，均顺利通过，其中杭州关区3家，宁波关区4家，为关区开展验证稽查、测试贸易安全指标积累经验。是年，杭州海关共验证稽查企业22家。宁波海关借鉴审计工作底稿理念，在《海关验证稽查测试表》的基础上，针对进出口守法类指标设计了"验证稽查实质性测试工作底稿"，将其运用于验证稽查实质性测试，此"工作底稿法"在审查内控制度的同时强化对生产经营业务的真实性、合法性测试，提高了工作效率。

第九章　科技装备与运用

海关历来重视科技装备的使用，积极将先进技术设备运用于海关管理。1973—1979 年，浙江省温、甬、杭三关成立之初，即注意发挥科技装备的作用。当时海关装备金属探测器等进行行李物品及进出境货物和运输工具的检查，配备音像制品审查设备，包括 VHS 录放像机、摄像机、8 厘米录像机等。但由于业务量较小，科技装备发展比较缓慢。20 世纪 70—80 年代，为防范和打击海上走私，浙江省各沿海海关陆续配备海关监管和缉私船艇，增强海上缉私力量，并发挥了重要作用。

1985—1989 年，杭州海关重点开展以通信为主的科技基础设施建设，并按照海关总署统一部署陆续装备多种常规检查与鉴别设备以及应用光学、化学原理研制的高科技检测仪器，形成多重、立体防伪鉴别技术手段与措施，对假单证、假印章、假手册实施有效防范与打击。陆续配置使用程控电话总机，实现关区内有线通信网络及无线和有线的转接，总关与下属机构之间自动拨号、话音传递和数据传输。自此，杭州海关科技建设进入突破性发展阶段。1988 年 3 月，海关总署正式立项开发全国统一版本通关管理系统(以下简称 H883 系统)。杭州海关积极参与项目建设。

1993 年，国务院提出实施“金关工程”①，推动海关报关业务电子化，海关 H883 系统是其中心环节。为此，1990—1995 年，杭州海关将计算机网络技术运用于实际业务工作。建设以 H883 系统为核心的业务运行系统，建成海关 VSAT 卫星专网、海关长途专线、邮电公网拨号等通信平台，海上缉私超短波通信系统，自适应短波单边带话音与数据通信系统，关区各关本地超短波通信网络升级改造等工程，各新设海关程控用户交换机系统也在这一时期建设完成。

1996—1997 年，杭州海关、宁波海关②科技以报关自动化和办公自动化建设为依托，进一步向计算机技术、网络化通信、智能防伪等多种技术综合应用的方向发展。开展集防伪技术、智能卡(IC)技术和计算机技术于一体的全国海关加工贸易异地进出口单证防伪系统的试点和推广应用。科技设备在杭、甬海关监管、征税、缉私、统计、保税、稽查等业务部门、业务环节以及人事教育、财务、关产等行政管理工作上得到广泛应用。

---

① 金关工程是一项重要的国家信息化重点工程，也是国家为提高对外经济贸易及相关领域的现代化管理水平和宏观调控能力，适应世界经济贸易发展需要而建设的国家电子商务工程。涉及海关、检验检疫、外经外贸、金融、外汇管理和税务等企业和部门及其业务系统的计算机联网，通过 EDI 方式进行无纸贸易，并全面实现国家进出口贸易业务的计算机化。

② 以下杭州海关、宁波海关分别记述时用全称，两关合记时简称杭、甬海关。

1998—2010年，杭、甬海关陆续全方位配置电子地磅、电子车牌、智能卡闸门栏杆、集装箱号识别等卡口设备，对海关监管场所实行封闭监控管理和计算机联网监管。按照海关总署统一部署，在关区部分海关进出境集装箱、货柜车监管点安装电子地磅，对进出口货物及其运载车辆实施过磅称重，据此核查进出境货物的实重与申报的重量是否相符。建设集装箱检查系统（H986），对货运集装箱进行快速检查，缩短检查时间，通过图像分析发现人工开箱难以发现的违禁物品。使用查验工具车对H986机检后有嫌疑的货物进行追踪查验，实现严密监管与快速通关的有机统一。科技装备在海关业务、内务、队伍管理上得到全面的运用。

第一节　检查设备

近代浙海关（新关）、瓯海关、杭州关主要使用螺丝刀、手电筒、铁锤和探条等简单工具对进出口货物和物品开展查验，浙海关（新关）使用缉私舰用于缉私及海务工作。

1978年，宁波海关、温州海关开始配备海关监管艇和缉私艇。随着浙江沿海打击海上走私需求的加大，宁波、温州、舟山、海门海关陆续配备各种缉私船艇，加强海上打私力量，并取得重大战果。

1979年后，杭、甬、温三关配备金属探测器等仪器进行行李物品以及进出境货物和运输工具的检查，同时还配备一批音像制品审查设备。1984年后，杭州海关配备X光机，对旅客的行李物品进行"过机"检查，配备微型录音机等设备用于对走私案嫌疑人录取口供证据。1986年起，杭州海关陆续装备多种常规检查与鉴别设备以及应用光学、化学原理研制的高科技检测仪器，形成多重、立体防伪鉴别技术手段与措施，对假单证、假印章、假手册实施防范与打击。

20世纪90年代，杭、甬海关开始使用闭路电视系统监管进出境现场。最初的闭路电视监控系统仅有几台黑白摄像机和监视器。随着技术的不断进步，逐渐发展为配备几十台彩色摄像机，具有全功能的中心指挥控制室，可对目标连续监视、录像，可与通信器材集成使用的综合系统。1998年后，杭、甬海关陆续配置电子地磅、电子车牌、智能卡闸门栏杆、集装箱号识别等卡口设备，对海关监管场所实施封闭管理和计算机联网监管。

1999年，宁波海关在北仑港建设集装箱检查系统。2002年，温州海关H986工程投入使用，地点在温州七里港口岸。2005年后，杭、甬海关使用查验工具车对H986机检后有嫌疑的货物进行追踪查验。至2010年，杭州海关共有电子地磅16台，查验工具车3辆，X光机9台；宁波海关共有电子地磅9台，查验工具车3辆，X光机8台。

一、货物检查设备

（一）电子地磅

1998年，杭、甬海关开始在关区部分海关进出境集装箱、货柜车监管点安装电子地磅，对进出口货物及其运载车辆实施过磅称重，据此核查进出境货物的实重与申报的重量是否相符，达到加强实际监管，防止利用伪报、瞒报等手法逃避海关监管的目的。是年 11 月，舟山海关老塘山货运监管点安装使用杭州关区首台 60 吨电子地磅。12 月，另一台 60 吨电子地磅在湖州经济技术开发区西塞港仓储区海关货运监管现场安装启用。同月，宁波海关第一台电子地磅也在北仑海关安装运行，当时北仑港日均监管进出境集装箱 614 箱。

1999 年 1 月，海关总署给杭州海关配备 60 吨的电子地磅 4 台，分别安装在新塘、温州、余杭、嘉兴；给宁波海关配备 80 吨的电子地磅 2 台，均安装在北仑港。

此后，杭、甬海关利用电子地磅实行非侵入式查验，实现机检查验与人工查验的优势互补、有机结合。电子地磅的应用填补了杭、甬海关整车货运物品监管缺乏检查手段的空白，加强了货运实际监管。

2005—2010 年，宁波海关共有 9 台电子地磅，分别安装于北仑海关、宁波保税区海关、镇海海关、宁波海关驻余姚办事处等海关监管现场。2010 年，宁波海关利用电子地磅完成 79695 车次、90515 个标箱集装箱的过磅，查验报关单 71886 份，查获重量不符的报关单 8608 票，案值 124107 万元。2010 年，杭州海关共有 16 台电子地磅，分别部署在舟山、绍兴、湖州、嘉兴、金华、杭州经济技术开发区、衢州、义乌、萧山、余杭、富阳等海关监管现场。

（二）查验工具车

2005 年，杭、甬海关开始配备查验工具车，主要用于 H986 机检后有嫌疑货物的追踪查验以及拼箱点查验。查验车的使用增强了机动查验、场外查验和夜间查验的能力。4 月，宁波海关配备查验工具车 1 辆，该车为瑞风 DMT5030TJC 型海关机动查验特种车，配至北仑海关驻港区办事处，6 月 1 日正式使用。2006 年 7 月至 12 月，该车用于拼箱点查验，6 个月共检查 1073 票报关单，查获 58 票。是年，该车累计工作时间 27800 余分钟，实际用于查验行驶里程约为 4000 千米，共查验报关单 1367 票，查获 67 票。2006 年，杭州海关配备查验工具车 1 辆，配至杭州海关现场业务处。全年该车累计出车 35 次，车载设备使用 102 次，查验报关单 46 票，查获疑问报关单 6 票，查获案件 2 起。2007 年，宁波海关查验车累计工作 150 次，实际用于查验行驶里程约 6000 千米，共查验报关单 3865 票，查获 302 票。

2008 年 6 月和 9 月，杭州海关为配合奥运安保和加强出口监管工作分别组织了 2 次机动查验，查验工具车在其中发挥了重要作用，为查验小分队提供充分的机动保障。在为期 4 周的机动查验过程中，共查验报关单 796 票，查验率 4.4%，查获 445 票，查获率 55.9%。其中查获涉嫌侵权货物 28 票，涉及带有奥运五环标志的钥匙扣、手镯等；查获夹藏危险品货物 3 票，查扣烟花、鞭炮 331 箱 501.8 万枚，打火机 12.3 万个；查获出口钢铁申报不实货物 4 票，查扣铁管 38.8 吨，槽钢 26 吨。是年，宁波海关有 3 辆瑞风机动查验工具车，全年累计工作 907 次，实际用于查验及奥运安保巡查行驶里程约 46738 千米，共查验报关单 971 票，查获 3 票涉嫌走私案件，案值 16.14 万元。

2009 年，杭州海关有 3 辆查验工具车，分别部署在杭州海关现场业务处、绍兴海关、义乌海关。全年共使用 226 次，行驶 9403 千米，查验 466 票，查获 192 票，查获率 41.2%。特别在年中组织的针对义乌出口小商品的专项机动查验中，查验工具车为充分发挥查验机动性提供了强有力的保障，查获多起涉嫌侵权的案件。如 8 月 28 日，深圳市某进出口有限公司出口休闲鞋等一批小商品，经查验，该票货物实际为棉拖鞋、旅游鞋等，为非退税货物。其中，PUMA 旅游鞋 46 件，计 2160 双；NIKE 旅游鞋 50 件，计 2592 双。因涉嫌侵权，移交海关知识产权管理部门处理，最终没收上述侵权货物，并对当事人处以罚款 47500 元。是年，宁波海关的 3 辆瑞风机动查验工具车累计工作 1139 次，实际用于查验及巡查行驶里程约 18675 千米，共查验报关单 1400 票，查验核对运抵报告 82 份，平均每周巡视港区卡口 1.6 次，查获各类违规案件 74 起，累计案值 559.8 万元。2010 年，宁波海关的 3 辆瑞风机动查验工具车累计工作 725 次，实际用于查验及巡查行驶里程约 18889 千米，共查验报关单 586 票，查验核对运抵报告 322 份，平均每周巡视港区卡口 3.6 次，查获各类违规案件 28 起，累计案值 488 万元。

（三）集装箱检查系统

1. 宁波海关集装箱检查系统

1999 年，根据海关总署 H986 工程工作会议的部署，宁波海关在北仑港建设集装箱检查系统。当时采用国产清华同方威视 FG9056 技术的固定式集装箱检查系统（以下简称 H986）。该系统用于货运集装箱的快速检查，能够将集装箱的检查时间从传统人工开箱约 4 个小时缩短到 2 分钟，并且能够发现人工开箱难以发现的暗藏于集装箱箱体上、货物中的违禁物品。该系统于 2001 年 12 月正式投入使用。2002 年，宁波海关通过 H986 机检，查获违规案件 33 起，案值 589.97 万元。2003 年，宁波海关 H986 共机检查验报关单 5172 票，进出口集装箱 10976 标箱。2004 年，宁波海关 H986 共机检查验报关单 7386 票，进出口集装箱 14779 标箱。

图 67-9-1-1　宁波海关 H986 集装箱检查系统（2001 年摄，宁波海关提供）

图 67-9-1-2　宁波海关关员在 H986 系统机房进行图像分析（2001 年摄，宁波海关提供）

2005 年，宁波海关利用检入站输入的集装箱号，将 H986 与 H883 连接，自行读取受检集装箱对应报关单数据，在全国海关率先实施报关单数据向 H986 自动传送。提出《机检查验信息的无纸化作业方案》，开发查验信息网络传输软件，查验信息通过网络直接向人工查验场站发送，人工查验场站工作人员通过电脑获取每个集装箱的处置信息，在全国海关率先实施检出信息网络化作业模式。在全国海关率先开发北仑海关商品典型图像资料库软件系统，该系统具备“商品扫描图像”“商品实物照片”“报关单信息”“查验结论”和“学习考核”等多项功能。是年，宁波海关 H986 共机检查验报关单 10443 票，进出口集装箱 23081 标箱，查获涉嫌违规、走私报关单 489 票，案值 6180.79 万元。

2006 年，宁波海关 H986 共查验报关单 7957 票，机检数达 19385 标箱，查获率由上年的 4.68%提高至 8.94%。2007 年 7 月 10 日，宁波海关 H986 同时对两个品名货物实施机检查验，实现了对“多品名货物”的机检查验。是年，共机检查验进出口集装箱 17208 自然箱、查验报关单 13396 票，查获涉嫌违规、走私报关单 539 票，查获案值10132.08万元。2008 年，宁波海关 H986 共运行 251 个工作日，机检查验进出口集装箱 17434 自然箱、报关单 14555 票。机检后直接放行报关单 9773 票，放行率为 67.15%。查获涉嫌走私、违规报关单 827 票，查获违规案值 11164.75 万元。H986 机检查验量占关区查验总量的 20.21%。2009 年，宁波海关 H986 共运行 247 个工作日，机检查验进出口集装箱 21080 自然箱、报关单 13524 票，机检后直接放行报关单 9130 票，放行率为 67.51%。查获涉嫌走私、违规报关单 764 票，查获走私、违规案值 5823.23 万元。H986 机检查验量占到关区查验总量的 14.67%，日过机量最高达 199 自然箱，日均过机量达 156 标箱，超过海关总署日均过机量 100 标箱的要求。

2010 年，宁波海关除配备有清华同方固定式（FG9056，为 H986 系统具体型号，下同）集装箱检查设备 1 套外，另有组合移动式（PB6000）和通道式（FS3000）集装箱检查设备各 1 套。PB6000 双能双视角集装箱检查设备安装于北仑四期码头，于 8 月 31 日通过海关总署联合验收组的正式验收。该系统是全国海关投入使用的第一台采用双能双视角技术的大型集装箱检查系统，能够提供物质识别和空间定位功能。该设备自 9 月 1 日投入正式运行至 12 月 31 日，共查验报关单 5819 票（进口 3769 票、出口 2050 票），查验集装箱 11033 自然箱，机检后人工查验报关单 379 票，开箱查获率 29.80%；查获涉嫌走私违规报关单 379 票，查获走私违规案值 7262.81 万元。而 FS3000 通道式集装箱检查设备为海关总署 2010 年新调拨宁波海关的设备，于 2010 年 12 月在北仑二期码头完成安装。是年，宁波海关 FG9056 大型集装箱检查设备共运行 237 个工作日，机检查验进出口集装箱 22804 自然箱、报关单 11965 票，机检后直接放行报关单 9152 票，放行率为 76.36%。其中，进口机检查验 5621 票，出口机检查验 6364 票。共有 2813 票进出口报关单机检查验后转人工查验，查获申报不符报关单 1102 票，开箱查获率为 39.18%。

2010 年 12 月，某进出口公司申报出口一批毛毯，申报重量为 25000 千克，价格为 53568 美元。经 PB6000 设备机检，H986 图像分析人员发现异常：货物棱角清晰，且相互间有较大空隙，与毛毯的图像不一致；货物大小、规格、密度、摆放方式与典型图像库中木炭图像相似；货物大小不一致，前后呈不规则状，怀疑为原木烧制木炭。经开箱查验，货物确为木炭（原木烧制），纸箱装，属于国家禁止出境货物。

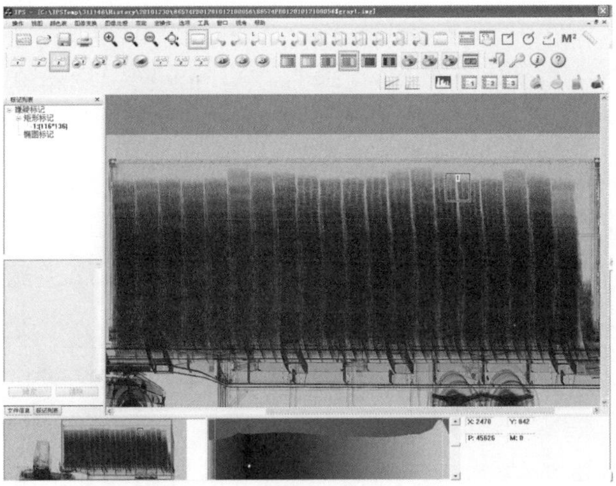

图 67-9-1-3　宁波海关 H986 系统(PB6000)货物扫描图(2010 年摄,宁波海关提供)

图 67-9-1-4　箱内实际货物——木炭(2010 年摄,宁波海关提供)

表 67-9-1-1　　2001—2010 年宁波海关 H986 系统机检查验数量一览表

项目	2001 年	2002 年	2003 年	2004 年	2005 年	2006 年	2007 年	2008 年	2009 年	2010 年
报关单(票)	72	2186	5172	7386	10443	7957	13396	14555	13524	11965
自然箱(箱)	745	4237	7007	9031	13428	10948	17208	17434	21080	22804
标箱(箱)	1119	6561	10976	14779	23081	19385	30898	29727	38462	42434

资料来源:根据宁波海关历年专项统计数据整理。

2. 杭州海关集装箱检查系统

杭州海关所属温州海关 H986 工程于 2001 年立项,2002 年投入使用,地点位于温州七里港口岸。2003 年,温州七里港口岸 H986 共机检报关单 75 票,货运量 3891 吨,集装箱 155 标箱。2004 年,温州七里港口岸 H986 共机检报关单 146 票,货运量 14673 吨,集装箱 447 标箱,查获报关单 1 票,涉案金额 9.5 万元。2005 年,温州七里港口岸 H986 共机检报关单 99 票,货运量 10481 吨,集装箱 417 标箱,查获报关单 3 票,涉案金额 175.8 万元。2006 年,温州七里港口岸 H986 共机检报关单 474 票,货运量 19238 吨,集装箱 1109 标箱,查获报关单 11 票,涉案金额 469 万元,补税 3.6 万元。2007 年 10 月,现场查验关员通过 H986 系统图像变换分析后查获一起整柜食品、副食品申报为门把手的案件,申报货值 1 万美元,货物实际价值约 18 万元。是年,温州七里港口岸 H986 系统共机检进出口报关单 453 票,货运量 19873 吨,集装箱 1116 标箱,查获报关单 11 票,涉案金额 338 万元。2008 年 7 月,现场查验关员通过 H986 系统图像变换分析查获一起铜条出口瞒报案件,进一步人工查验发现部分断路器使用西门子、施耐德、三菱等品牌的商标和包装,涉嫌侵犯知识产权。该批货物申报货值约5.7万美元,罚款 1 万元。是年,温州七里港口岸 H986 共机检进出口报关单 890 票,货运量 35599 吨,集装箱 2383 标箱,查获报关单 3 票,涉案金额 148 万元。2009 年 7 月 30 日,浙江某摩托车配件有限公司向海关申报出口巴基斯坦436箱摩托车头盔(无牌),毛重5.145吨,价值13952美元。经H986机检现场对该票报关单所承载的40英尺(1英尺=0.3048米)集装箱进行过机扫描,并对该机检图像进行分析,发现该集装箱前部箱内局部货物密度与大部分货物密度相差较大,在图像中呈现出较深颜色,据此判断该票货物存在较大嫌疑。在做出嫌疑标志转人工彻底查验后,发现图像中呈现出较深颜色的局部货物为商标贴纸1箱,共计10368张,继而查获有牌摩托车头盔1528个,均涉嫌侵犯UNEED品牌商标专用权。海关暂扣该批货物,移交稽查部门处理。最终没收上述侵权货物并对当事人处以罚款11000元。是年,温州七里港口岸H986共机检进出口货物588票,集装箱1055标箱。由于温州龙湾港区金鑫码头投入运营,七里港进出口集装箱出现分流现象,总体箱量下降,由此也使机检量有所下降。据统计,2009年龙湾港区金鑫码头进出口集装箱1.3万标箱,七里港区进出口集装箱量8万标箱,同比下降26%,而利用H986查获违规案件10起,同比增长2倍以上,案值97万元。2010年1月13日,温州海关驻乐清办事处在H986基地,对一只来自非洲乌干达、申报装有蓝湿二层牛皮的进口集装箱进行机检查验时,在图像上发现箱内装载货物有异常现象,因此怀疑该批货物有违规嫌疑,对其进行人工开箱查验,结果发现箱内货物均与报关单申报的货物不符。经过查验人员在现场仔细核对品名、取样拍照,初步断定为整张蓝湿头层牛皮,认定该经营单位涉嫌伪报品名进口货物。是年,温州七里港口岸H986共机检进出口货物584票,机检集装箱1134标箱,利用H986查获违规案件3起,案值51万元。

表67-9-1-2　　2003—2010年杭州海关H986系统机检查验数量一览表

年份	机检报关单(票)	货运量(吨)	集装箱标箱(箱)	查获报关单(票)	涉案金额(万元)	补税(万元)
2003	75	3891	155			
2004	146	14673	447	1	9.5	
2005	99	10481	417	3	175.8	
2006	474	19238	1109	11	469	3.6
2007	453	19873	1116	11	338	
2008	890	35599	2383	3	148	
2009	588		1055	10	97	
2010	584		1134		51	

资料来源:根据杭州海关历年专项统计数据整理。

二、物品检查设备

(一)杭州海关行李、邮递物品检查设备

1979年,杭州与香港开通旅游包机之后,杭州海关即开始使用行李物品检查设备。当时,杭州海关对出入境旅客行李物品的查验使用的主要是一些简易的手持式金属探测器。但由于金属探测器只对金属物品检测有效,查验不彻底,仍大量采用原始的开包方式进行手工查验,查验效率低。

1984年6月,杭州海关在笕桥机场旅检业务现场安装首台从美国科学与工程公司(AS&E)引进的100E型行李物品检查机(俗称X光机),开始使用现代化检测仪器对旅客的行李物品进行"过机"检查。100E机采用X射线飞点式扫描、电子成像显示技术,性能优良,操作简易,对各种物品均可成像,显示图像清晰,很快在旅检工作中获得大量应用。1986年6月,杭州海关在机场旅检现场安装开通了从美国斯堪瑞公司引进的X射线飞线扫描式S-11行李物品检查机。该机性能优于100E机,增强了杭州海关对空港进出旅客携带行李物品的检查能力。

1987年10月,海关总署为杭州海关配发了首批2台S-10型邮包专用检查机,以满足杭州海关开通国际邮递物品监管业务的需要。1990年3月3日,杭州海关机场旅检科使用S-11机查获一宗台胞非法偷带58块鸡血石出境案,案值120万元。3月22日,杭州海关货管处驻机场空运点通过机检查获偷运36件国家文物出境案。1992年4月4日,又查获一入境旅客偷带555张淫秽色情照片、底片以及黄色插页案。1993年9月1日,杭州笕桥机场扩建整修后的联检大厅正式启用,海关实行旅客出境、入境分场地办理,为适应场地变动,满足旅检工作需要,杭州海关在机场联检大厅新增安装1台由国家公安部一所生产的飞线扫描式LS-8090行李检查机(又称神盾机)。9月26日,该机在新加坡至杭州直航包机首航时投入使用。

1993年12月28日,杭州海关驻邮局办事处成立,邮包检查机LSV-6550于翌年1月在浙江省邮政枢纽大楼2楼出境邮检大厅安装启用。当月,通过邮包机查获反动印刷品100多件、淫秽录像带和淫秽物品26件以及大量的迷信用品,同时,还查获以藏匿、伪报方式邮寄摄像机、照相机、录像机、录音机的案件9起。随着邮递业务量明显增加,不少寄运的邮包体积较大,无法通过专用邮包检查机,使邮包检查工作受到影响。是年,海关总署增配杭州海关LS-8090行李检查机1台,并于9月在杭州市邮政局6楼进境检查厅安装启用,增强了对邮包过机查验能力。1995年5月,杭州海关驻邮局办事处使用邮包检查机LSV-6550检查设备查获一宗利用出口特快邮件假冒书籍偷运35块鸡血石出境案。1997年7月,杭州海关在杭州笕桥机场安装国产新一代飞线扫描、黑白彩色双显SMEX-8090神盾机1台。至1998年底,杭州海关在杭州机场旅检现场安装了2台X光检查机,分别安置于进口联检厅和出口联检厅。至2000年底,杭州海关共有12台物品检查设备,分别安装在全关区5个主要进出口岸海关监管现场使用。

2002—2006年,杭州海关共有X光机7台。2006年,杭州海关利用X光机查获违禁印刷品和音像制品41955件、象牙制品829件、濒危动植物制品1041件、人民币及外币计2688.94万元,在空港口岸旅检渠道还首次查获毒品冰毒0.3克。运用机检手段,2007年查获违禁印刷品47582件,特别是4—7月间在空港口岸旅检渠道,先后查获3起跨国走私毒品案,查扣大麻54千克。2008年,查获违禁印刷品6124件,10—11月间在空港口岸旅检渠道又连续查获7起跨国走私毒品案,首次查获海洛因毒品,共查扣海洛因7477克。5月12—21日,在邮检渠道通过机检连续查获具有一定杀伤力的气步枪3支,作为"5·22"专案,该专案组荣立海关奥运工作集体二等功。

2009年,杭州海关有5台旅检X光机,分别部署在温州海关和杭州萧山机场海关2个现场,全年共开机14.3万小时,机检74.6万人次的行李,查获案件127起,机检查获率0.17%。其中,毒品案件4起,涉案海洛因共计3674.2克;货币案件48起,案值1002.11万元;违规携带濒危动植物制品案件20起,其中查获走私象牙及其制品324件,重量达25382克,还查获走私透雕人物牛腿、野生羚羊角、野猪牙、熊掌指甲、野生灵芝、乌木和犀牛角制品等一批重大案件。如2009年6月21日,旅客黄某乘坐MU5028航班由香港抵达温州。温州海关现场关员将其托运行李拉杆箱过X光机作例行检查,发现包内有可疑物品,经开包查验,发现包内有锡纸包裹的精美象牙制品37件,共计860克。是年,杭州海关有4台邮检X光机,分别部署在温州海关、杭州萧山机场海关和杭州海关驻邮局办事处(以下简称杭关邮办)3个现场,全年共开机4427小时,机检212万票邮件(快件),机检查获率0.06%,查获案件137起,其中有数起走私文物、毒品等重大案件。如5月29日杭关邮办关员运用邮检X光机从出口普通邮件中,发现由台州临海寄往美国的12个邮包内有大量木雕床花板,经浙江省文物鉴定委员会鉴定,该批花板共1635件,为民国时期制作,属国家限制出境文物。此案是杭州海关建关以来在邮运渠道查获的最大一宗文物走私案。12月23日,杭关邮办关员在对一由巴基斯坦寄往绍兴的进境普通包裹进行X光检查过程中发现邮件内两本书左侧均有黄绿色阴影,于是对书本进行开拆查验,从夹层内找出被包裹成条状的白色粉末,并运用探针等查验工具成功提取样本,现场初步检测呈毒品阳性反应。后经省公安厅鉴定,白色粉末为海洛因,净重432克。

2010年3月12日,杭关邮办关员根据线索在对一由印度寄往义乌的进境特快包裹进行X光检查过程中发现邮件包装纸箱底层有黄绿色阴影,遂对包装纸箱进行开拆查验,从夹层内找出被包裹成片状的白色粉末,并运用探针等查验工具成功提取样本。后经省公安厅鉴定,白色粉末为海洛因,毛重1243克。6月22日,杭关邮办关员运用X光检查设备及探针等查验工具,从伪报为"自行车轮毂"的进境特快包裹中查获由巴西寄往宁波的可卡因,净重410克。12月2日晚,杭州萧山机场海关旅检关员在港龙KA622次进境航班中,通过机检查获一印度尼西亚籍旅客在黑色拉杆行李箱中藏匿海洛因1125克。2010年,杭州海关利用邮检X光机、旅检X光机,配合查验工具箱和毒品爆炸物检测仪的应用查获毒品案件21起,涉及海洛因8715克,可卡因410克,大麻39220克。

(二)宁波海关行李物品检查设备

1978年宁波海关建关以后,海关总署相继调拨给宁波海关一批金属探测器、照相机等检查设备,分别配置在货管科和北仑办事处等监管现场,用于对船员携带的行李物品以及经宁波口岸进出境货物和运输工具的检查。

1984年宁波成为对外开放城市后,人员、货物进出日益频繁,监管点分布相应增多,海关监管业务大量增加。根据宁波海关旅检业务和船员行李物品监管业务的需要,1987年10月,宁波海关在驻北仑办事处安装1台S-11行李物品检查机,用于对国际货轮运输工具人员随身携带行李物品进行检查。1989年,宁波镇海至香港开通客货轮运输业务,海关总署调拨S-12行李物品检查机1台。是年4月,安装于镇海国际客运码头海关旅检现场,用于对镇海至香港"海达轮"班轮进出境人员行李物品进行检查。

1991年5月,宁波至香港开通旅客包机,每周进、出境各2趟。因海关旅检工作需要,由宁波市口岸管理办公室出资26.71万元,由海关总署选购法国CONTROLIX2D-9080"波涛机"1台。8月,该机运抵宁波栎社机场进行安装,应用于海关旅检业务。1993年甬港包机改为定期航班后,旅客增多。由于"波涛机"存在传道带只能单向传递受检物品的缺陷,海关总署增拨LS-8090"神盾机"1台。8月,该机安装开通,与"波涛机"实行双机运行,使宁波机场旅检状况有所改善。1994年,宁波海关使用行李物品检查设备检查货物与物品7万件,查获文物219件,淫具3副,黄色录像带1盘,黄色书刊30余本。

1995年8月,宁波海关在栎社机场国际旅检出口厅,实施海关与安检X光检查机并机,以方便旅客,避免重复过机。是年,宁波海关驻机场办事处利用机检共查出各类违法走私案件38起,其中9月份通过行李物品检查设备查获台湾一旅客私带11万美元出境案,12月份又查获本地一公民携带一批违禁杂志入境案。1996年,宁波海关完成机场办事处国际出口厅X光物品检查机"一机双屏"工程,并在机场办事处建立旅检现场监控系统,达到方便旅客、文明监管和准确查私的目的。1998年6月,宁波海关在机场办事处安装行李物品检查设备"神盾机"。2002年,海关总署下拨1台Control Screen X光机,该设备于2003年5月安装并投入使用,安装于宁波栎社机场国际中转厅,由宁波海关驻机场办事处使用和管理。7月1日起,宁波海关与宁波检验检疫局在宁波栎社国际机场实施X光机"一机双屏"工作模式,并按照要求完成了旅检现场通道标识设置改造。

2005年,宁波海关共有8台X光机,其中3台因设备年久老化处于待报废状态,其余5台可正常使用,分别安装于宁波栎社机场国际进境厅、国际出境厅、国际中转厅旅检现场和东航货运仓库(2台),用于对各进出境航班旅客随身行李物品及空运货物的过机查验。其中国际中转厅的X光机由于宁波空港国际中转航班取消于4月暂停使用。是年,宁波空港进、出境海关旅检现场的旅客随身行李物品过X光机查验率均保持在10%左右,通过X光机查验发现旅客中携带超量或可疑物品的占全部过机旅客的50%左右,全年检查各类行李物品40000件,检查各类空运货物1800件,共查获行政违规(超量携带货币)案件16起,案值173.97万元,查获各类反动、淫秽光盘1547盘,对旅检现场查缉各类走私违规行为起到了重要的作用。

2006—2007年，宁波海关有9台X光机，其中4台待报废，其余5台正常使用。2006年，机场办事处在旅检现场通过X光机的辅助检查，查获效率有一定提高，多次从旅客行李物品中查获违禁物品。截至12月28日，通过X光机共计查获非法印刷品240份，占所有渠道查获情况的47.1%，X光机查获率为53.8%；海关总署列名的反动书籍81本，X光机查获率为96.4%；非法音像制品1300余张，占所有渠道查获情况的85.6%。该年旅检渠道行政处罚案件22起。其中1起淫秽光盘携带案就是通过X光机查获的，数量77张；违规携带货币出境案件21起，通过海关X光机查获12起，案值202万元，占所有案值的58.9%。2007年，宁波海关驻机场办事处利用X光机查获7起案件，查扣非法携带的港币141万元，人民币21万元，淫秽光盘44张；查获非法印刷品278份，占所有渠道查获情况的62.3%，其中海关总署列名的反动书籍86本；还查获非法音像制品2209张。

图67-9-1-5　宁波海关通过X光机查获的淫秽光盘、图书（2010年摄，宁波海关提供）

2008年，宁波海关驻机场办事处在旅检现场通过X光机查获案件17起，共计港币307.9万元，人民币25万元，美元现钞9.99万元，淫秽光盘278张，非法音像制品1174张；查获非法印刷品350份，占所有渠道查获情况的64.5%，其中包括海关总署列名的反动书籍181本。

2009—2010年，宁波海关有8台X光机，其中5台因设备年久老化处于待报废状态，其余3台正常使用，分别安装于宁波栎社机场国际进境厅、国际出境厅、国际中转厅旅检现场。2009年，累计开机使用时间2196小时，因设备故障修理3次。是年，宁波机场海关利用X光机查获案件13起，案值236.07万元。全年共查获各类违禁物品1133份，其中违禁音像制品627张，包括淫秽光盘141张，盗版光盘486张；违禁印刷品506份，包括反动书籍378本，其他违禁书刊128本。2010年7月8日，董某乘坐MU2010次航班由台北飞抵宁波，2件托运行李因故未到达宁波。7月10日，2件行李由南昌运抵宁波，在过海关X光机检查时发现其蓝色行李箱有疑似若干光盘，海关在开箱查验后发现有86张淫秽光盘，予以没收并处董某罚款1万元。是年，宁波机场海关利用X光机等技术设备查获各类案件线索7条，涉案金额人民币20.594万元、港币508万元；查获各类违禁物品784份，其中违禁音像制品509张，包括淫秽光盘129张、盗版光盘380张，违禁印刷品275份，包括反动书籍192本，其他违禁书刊83本。是年，X光机累计开机时间2898小时。

三、音像检查设备

1978年，宁波海关建关后，配备了一批音像制品审查设备，包括VHS录放像机、摄像机、

8厘米录像机等。此时从宁波口岸进出的音像制品主要是录像带和录音带,由于当时监管现场没有配置音像检查设备,需检查的音像制品都带回总关审查。1984年下半年,宁波海关利用录像设备查获29盘违禁录像磁带。

1985年,杭州海关配备小1/2英寸、大1/2英寸VHS以及3/4英寸录像带单制式或三制式检查设备,由业务部门指定专人集中管理。业务现场人员查到出入境的音像制品后,填写暂扣单,再将受检物品交审带人员在指定场所进行审查。1985年至1986年两年间,杭州关区共审查录像带621盒。其中,发现违反海关政策规定予以没收12盒,作退运处理84盒。

1988年,杭州海关总关新大楼建成后,楼内专门开辟了摄录像和音像检查机房。1989年9月,杭州海关技术科接管音像制品审查设备,并制定一系列摄录器材管理制度。此后,杭州海关音像制品检查设备纳入技术部门管理范围。

1991年,激光视盘走俏市场,为此宁波海关配置激光视盘检查设备,以对旅客携带进出境及货运进境的激光视盘进行审查。1992年起,宁波海关开始在监管现场配置音像检查设备。1993年,宁波海关驻经济技术开发区办事处配置了包括影碟机、摄像机、照相机、录像机在内的检查设备。1995年,宁波海关驻机场办事处成立后,宁波海关在栎社机场配置了电视机、录像机及VCD机、LD机、投影仪等一批音像制品检查设备。

1999年8月,海关总署配发给杭州海关DVD、LD、VCD音像检查设备12台,摄像机5台。2000年,杭州海关先后增配日本索尼(SONY)EVO-510P等8毫米录像机,夏普(SHARP)VC-779、飞利浦(PHILIPS)VR-6548等多制式或全制式大1/2英寸录像机,索尼SL-T30MC等小1/2英寸录像机,索尼VO-5630等3/4英寸录像机以及WHX-I录像带消磁器,索尼MDP-700、飞利浦CDI210以及夏普MD等适用于对CD、CDROM、LD、VCD、DVD、MD等多种激光影音视盘审查的音像制品检查设备,并相继配发给各隶属关(办),增强杭州关区各海关业务监管现场对音像制品的审查能力。至2000年,杭州海关共装备各类录像带检查设备97台,各类激光影音检查设备68台,形成较完备的音像制品检查系统。

2005年,宁波海关新增DVD播放机2台。2006年,杭州海关配备DVD碟检查设备3台。2007年,杭州海关有步步高DVD6台、TCL彩色监视器3台、录像机1台、数码照相机23台和数码摄像机7台。2009年,杭州海关有音像制品审查设备15台,使用1327次,查获1049盘(片)。至2010年,杭、甬海关均已配备多媒体计算机审查设备对音像制品进行检查。

四、防伪鉴别设备

防伪鉴别设备是用来对海关业务部门的报关单、许可证、免税表等各种业务单据、证件以及这些单证上的印章印油、防伪标签等判定其真伪的技术设备。

1986年起,杭州海关陆续装备多种常规检查与鉴别设备以及应用光学、化学原理研制的高科技检测仪器,对假单证、假印章、假手册实施防范与打击。11月,立体显微镜首次装备在杭州、宁波、温州等海关,主要用于对海关各类单证、手册是否存在被涂改、添加以及所用印鉴真伪进行技术检查。1988年9月,杭州、宁波、温州三关首次配置综合检查灯。该设备通过检查各种印油和水印是否有涂改和消退状况来鉴定其真伪。由于具有安装简单、操作方便、效果显著的特点，它常与立体显微镜一起配合查验，是海关各业务现场主要采用的检查手段之一。1990 年 5 月，杭州海关装备 1 台 VSC-1 型文检仪，用来检查海关单证上是否被添加与消退，并对防伪印油、印记、笔迹进行检查鉴别，判断其真伪。

1992 年 10 月，UV-400B 箱式紫外灯检查仪开始在杭州海关使用，专用于检验防伪印油的真伪和印油的消退状况。1993 年 3 月，杭州海关开始使用加密检测笔，专用于对防伪印油的二次检测，检查快速简便，与紫外灯一起，广泛应用于海关业务现场。1994 年 1 月 1 日，杭州海关根据海关总署要求，在货管业务单证中启用 T3 型特种防伪印油。紫外灯检查仪作为对防伪印油的一种检查手段，广泛应用于单证查验，防伪作用非常明显。11 月，杭州海关装备台式与手持便携式紫外灯检查仪。1995 年 7 月 15 日，杭、甬海关按照海关总署统一部署，开始试行进口付汇、出口收汇进出口货物报关单和出口退税报关单人工加贴激光防伪标签，并通过防伪技术设备进行核查，对防范商业瞒骗和偷逃关税起到了积极的作用。1996 年 8 月，杭州海关装备 1 台 WQF-400B 型防伪印油自动识别仪。该仪器通过识别程序，由电脑对印油自动检查，从而满足了阶段性大业务量检测工作和对某些“疑难杂症”作进一步科学检测的需要。12 月，放大镜配置于杭、甬海关各业务现场，用于对缩微暗记和有无涂改痕迹进行检查。当月，杭州海关还装备了光学比对仪。利用光学投影方法，对被检手册、单证、印章等进行比较鉴别，从而判断其真伪。同时装备 1 台 NT-1 防伪标签识别仪。

1997 年 1 月，杭州海关在技术处内部设立防伪职能部门和专职人员，试行海关智能卡防伪技术。4 月 4 日，海关总署确定杭州海关为 IC 卡防伪系统试点单位。4 月 28 日，配发 IC 卡防伪系统用微机 37 台、打印机 27 台(后又增配 10 台)、IC 卡读写卡器 100 台以及微机多功能卡和网卡等设备，在杭州海关总关试行小型机版 IC 卡防伪系统，各隶属海关和办事处试行微机版系统。该系统由总署卡发行授权子系统、总署发卡授权处理子系统、直属关发卡授权处理子系统、一级管理员发卡授权处理子系统、二级管理员发卡授权处理子系统、备案地管理子系统、报关地管理子系统等 7 个子系统组成。9 月 27 日，杭州海关总关采用 WQF-400B 印油识别仪和 NT-1 激光防伪标签识别仪对舟山海关送检的 4 份加工贸易手册进行防伪标签和印油检测，得出该手册系伪造的结论，该案案值 6000 多万元。12 月，配置电脑印鉴比对仪，通过将可疑印模与标准印模进行对比，识别真假。是年，杭州海关共装备 8 台防伪标签识别仪，宁波海关装备 3 台防伪标签识别仪。

1998 年 3 月，杭州海关执行海关总署要求，建立关区标准印模库，为电脑印鉴比对仪开展印模鉴定打好基础。4 月 2 日，经海关总署完善的备案地管理子系统与新增备案地特殊处理子系统和统计查询子系统的微机 IC 卡防伪系统在杭州海关驻萧山办事处首先启用。10 月 28 日，“海关加工贸易异地进出口单证智能卡防伪系统在杭州关区的试点和应用”项目经北京邮电大学、浙江省科委、上海海关、南京海关、北京海关、宁波海关等技术专家组成的鉴定委员会鉴定认为：该应用系统采用硬件定位、软件统管、闭环工作、数据加锁、逐级授权、双卡操作、规范使用、人机配合，实现了管理权限的定性定量分配，达到 GB/T17004-1997 第一类防伪技术，防伪力度为 A 级，填补了中国大容量智能卡技术应用的空白，属国内领先地位，并开创了国际 IC 卡技术应用的新领域。1999 年 1 月，针对一些不法分子对防伪标签进行仿制、伪造，或将防伪标签揭下重复使用，影响防伪效果，杭、甬海关运行海关总署开发的全国进出口报关单联网核查系统。同时，杭、甬海关在进出口报关单证明联上加盖使用新型防伪印油的“验讫章”。4月1日起，进出口报关单证明联上停止使用防伪标签。

2006年7月，为提高电子口岸IC卡安全性能及处理能力，杭、甬海关启用第二代电子口岸智能卡。2007年8月，随着海关业务信息系统全面联网，海关业务数据已经全面建立电子底账，单证防伪在防止假数据等方面的作用逐渐弱化，杭、甬海关停止使用用于外汇、退税、加工贸易等业务单证的防伪标签。至2010年，杭、甬海关的防伪工作，主要围绕关员业务IC卡、专用读卡器等安全器材和特种防伪印油等防伪用品的使用和管理上。

五、现场监控设备

20世纪90年代，杭、甬海关开始使用闭路电视系统监管进出境现场。最初的闭路电视监控系统仅有几台黑白摄像机和监视器。随着技术的不断进步，逐渐发展为配备几十台彩色摄像机，具有全功能的中心指挥控制室，可对目标连续监视、录像，可与通信器材集成使用的综合系统。1998年后，宁波海关配置了电子地磅、电子车牌、智能卡闸门栏杆、集装箱号识别等卡口设备，对海关监管场所实行封闭管理和计算机联网监管。杭州海关也陆续配备卡口硬件设备。

2003年以后，舟山海关针对舟山外籍船舶修理业务增多、修理船厂点多面广而海关监管力量有限的现状，开始试行视频监控方式加强监管现场管理，并通过第三方参与设备运行的方法，增强监管的公正性和保障的可靠性。

2004年5月起，海关总署在杭州、宁波等海关开展卡口控制与联网系统的试点工作。根据海关总署统一部署，自2005年10月17日开始，北仑海关通达堆场卡口控制与联网系统(A类设备)同杭州海关开始测试运行试点工作。至年底，卡口联网系统共通过305车次，369个集装箱(其中绍兴海关115个，杭州海关驻萧山办事处254个)。收到绍兴海关回执91个，成功率79.1%；收到杭州海关驻萧山办事处(简称萧山办事处)回执130个，成功率51.2%。集装箱箱号识别设备的识别率达到96.5%。2006年1月1日至12月22日期间，卡口联网与控制系统通过4349车次，共5889自然箱通过卡口联网与控制系统，集装箱箱号识别率达到95.2%。其中绍兴海关3315个，收到回执3315个，成功率为100%；萧山办事处2574个，收到回执1324个，成功率51.4%。2007年有2859车次共3983自然箱通过卡口联网与控制系统。其中，绍兴海关2942自然箱，宁波海关成功收到转关回执2914个，核销率99.05%；萧山办事处1041自然箱，成功收到转关回执1018个，核销率97.8%。2008年共有549自然箱通过卡口联网与控制系统。其中，绍兴海关514自然箱，宁波海关收到转关回执514个，核销率达100%；萧山办事处35自然箱，收到转关回执7个，核销率20%，试点效果良好。

2009年7月15日，宁波海关对北仑港吉码头和大榭招商码头试行卡口管理，10月21日起对三期码头，11月18日起对二期码头、五期码头实施卡口监管，全年使用电子栏杆监管进出境集装箱383336标箱，其中使用电子栏杆监管出境集装箱250497自然箱，集装箱通过自动识别装置检查1800自然箱。

2010年,宁波海关制定《卡口监管操作细则》《卡口工作安全守则》《卡口监管工作应急预案》等制度,开发完善重箱出卡口、陆路运输方式进监管场所空箱管理系统、CFS集装箱进出监管场所管理系统等18个系统。共有物流监控卡口设备41套(A级4套、B级9套、C级28套),通过卡口管理系统的集装箱自动抬杆放行率达99%以上,系统运行平稳。

图67-9-1-6　宁波保税区海关卡口(2001年摄,宁波海关提供)

六、查缉走私装备

(一)监管、缉私船艇

缉私船艇是海关查缉海上走私案件、打击不法分子海上走私犯罪的重要装备。近代浙海关配有大型巡缉舰"海绥"和"海清"号。20世纪70年代,为打击东南沿海地区的海上走私,浙江省各沿海海关陆续装备了缉私船艇。这些缉私艇在打击海上走私和查获香烟、汽车、成品油、化工品等走私物品中发挥了巨大的作用,多艘船艇战功卓著,受到海关总署和浙江省人民政府的表彰奖励。

1. 浙海关缉私舰

缉私舰最早使用于缉私及海务工作。浙海关(新关)建立之初,浙东海域海盗猖獗,于是购买英造机帆艇进行缉私及缉捕海盗。民国25年(1936年),国民政府总税务司署又将大型巡缉舰"海绥"和"海清"号从山东调入浙海关服役。该2艘巡缉舰用现代技术装备,在当时属于第一流巡舰。"海绥"号建造于民国22年至23年初,民国23年2月5日下水,舰身总长137.6英尺,船长LBP为130英尺,横梁为25英尺。吃水11英尺,排水量585吨。由双螺旋桨推进。最大航速为长江南面海域12.02节,经济航速9节。燃料舱可储存液体燃料72吨,全速航程可使用4天,经济航程可使用10天,每月平均消耗燃料129吨。舰上配有无线电装置进行缉私通讯,无线电正常发报范围为200英里(1英里=1609.344米),接收距离为300英里。舰上配有武器:步枪12支,手枪6支,速射炮3门,路易斯炮3门,船侧和甲板都装有钢板的防弹设施，又配有强光探照灯。其强大的火力可以制服任何海盗船。巡缉舰“海清”号也于民国 23 年 2 月下水。总长 137.6 英尺，船长 LBP 为 130 英尺，排水量 477 吨。最大航速 12.053 节，经济航速 8.46 节；全速航程 881.52 英里，经济航程 2481 英里。其武器配备与“海绥”号相同，主要火力为路易斯炮 3 门，也装备有无线电缉私通信设备。甲板有防弹设备。民国 29 年 7 月，为防御日军沿甬江侵入，“海绥”和“海清”号 2 艘缉私舰受命沉于梅墟附近的甬江中。

图 67-9-1-7 民国 25 年至 29 年(1936—1940 年)，在浙海关服役的巡缉舰“海绥”号(宁波海关提供)

图 67-9-1-8 民国 25 年至 29 年(1936—1940 年)，在浙海关服役的巡缉舰“海清”号(宁波海关提供)

2. 宁波海关监管艇、缉私艇

1949 年中华人民共和国成立初，上海海关宁波分关曾拥有一艘关艇，1951 年宁波分关裁撤后，关艇调往其他海关使用。

1978 年宁波海关建立后，海关总署调拨“海关 117”监管艇配置于宁波海关，该艇由苏州求新船厂建造，吨位 12.5 吨，航速 17 节。“海关 601”为监管、交通两用艇，钢质。该艇由上海求新造船厂建造，1983 年由海关总署配置于宁波海关。1985 年，海关总署将“海关 302”艇配置于宁波海关，该艇由安徽造船厂于 1982 年建造，经天津海关调拨给宁波海关，吨位 21.9 吨，航速 13.3 节。此 3 艘艇均为监管艇，主要用于北仑锚地换班，办理船员物品验放手续。“海关 302”于 1993 年调往其他海关，“海关 117”于 1995 年报废。

根据打击浙江沿海走私活动情况的需要，1991 年 10 月，海关总署将“海关 208”缉私艇由海门海关调宁波海关，该艇由广西梧州桂江船厂于 1981 年建造，总长 26.5 米，主机 3 台，共 900 马力，航速 18.5 节，于 1995 年报废。1993 年，海关总署又调原属海门海关缉私专用的“海关 706”艇至宁波海关，该艇由广西梧州桂江船厂于 1985 年建造。吨位 125 吨，主机 4 台，共 4800 马力，航速 31 节，于 1998 年报废。是年，海关总署给宁波海关调拨新“海关 601”缉私兼交通艇，该艇于 1993 年 8 月 17 日从上海求新造船厂抵甬，总长 25 米，艇宽 5.2 米，最大排水量 59.40 吨，最高航速 25 节，续航力 300 海里。

1997 年，海关总署调拨给宁波海关“海关 828”缉私艇，吨位 160 吨(含摩托艇)，航速 28 节。1998 年，又调拨“海关 1266”缉私艇至宁波海关。

至2010年，宁波海关有“海关828”“海关601”和“海关1266”3艘缉私艇，用于承担关区的海上缉私任务。

图67-9-1-9　宁波海关“海关828”缉私艇(1997年摄，宁波海关提供)

3. **杭州海关缉私艇**

“海关105”缉私艇，钢质，苏州造船厂1977年建造，造价15万元。1978年5月由海关总署调拨给温州海关使用，1991年3月调至舟山海关使用，1994年报废。“海关01”缉私艇，木质，永嘉造船厂1981年建造，造价10万元。1981年10月建成交付温州海关使用，1995年5月报废。“海关208”艇，钢质，广西柳州造船厂1981年9月建造，造价55万元。1982年2月由海关总署调拨给温州海关使用，1990年3月调至海门海关使用，1991年10月调至宁波海关使用。“海关706”艇，钢质，1989年4月由黄埔海关调至温州海关使用，1991年5月调至海门海关使用，1993年5月调至宁波海关使用。“海关806”缉私艇，钢质，上海求新造船厂1991年建造，造价1390万元。1991年8月由海关总署调拨给温州海关使用。

图67-9-1-10　温州海关“海关806”缉私艇(1991年摄，温州海关提供)

“海关712”缉私艇，钢质，广西桂江造船厂1986年建造，造价160万元。1991年12月由大铲海关调至舟山海关使用，1997年报废。“海关02”缉私艇，木质，海门造船厂1992年建造，造价35万元。1992年4月建成交付温州海关使用，1994年3月报废。“海关813”缉私艇，钢质，上海求新造船厂1993年建造，造价1347万元。1993年4月建成交付海门海关使用。“海关729”缉私艇，钢质，温州中兴船厂1995年建造，造价400万元。1995年12月建成后交付温州海关使用。“海关01”缉私艇，钢质，温州龙湾船厂1996年建造，造价70万元。1996年5月建成交付温州海关使用，1997年10月经批准卖与其他单位。“海关827”缉私艇，钢质，上海中华造船厂1996年建造，造价1650万元。1996年9月建成交付舟山海关使用。“海关1111”摩托交通艇，玻璃钢质，为“海关827”辅助艇。

“海关819”缉私艇，钢质，上海求新造船厂1993年建造，造价1600万元。1997年11月由厦门海关调至温州海关使用。“海关905”缉私艇，钢质，广州黄埔造船厂1997年建造，造价4445万元。1997年12月建成交付海门海关使用，是当时杭州关区吨位最大、性能最好的缉私艇。

图67-9-1-11 舟山海关“海关827”缉私艇(1996年摄，舟山海关提供)

“海关1112”艇，玻璃钢质，深圳江晖造船厂1998年建造，造价120万元。1998年11月建成交付舟山海关使用。“海关1103”缉私艇，玻璃钢质，深圳江晖造船厂1998年建造，造价44万元。1998年11月交付温州海关使用。“海关886”缉私艇，钢质，广州黄埔造船厂建造，造价3000万元。2002年6月建成交付舟山海关并列编。至2010年，杭州海关有“海关806”“海关813”“海关729”“海关827”“海关819”“海关905”“海关886”及“海关1112”“海关1103”等9艘缉私艇，用于承担关区海上缉私任务。

图69-9-1-12 海门海关“海关905”缉私艇(1997年摄，台州海关提供)

(二)摄像编辑设备

1986年底，杭州海关由海关总署拨款自购1部日本索尼DXC-M3APK摄像机与3/4英寸VO-6800录像机、RM440编辑机、VO-5850可编辑录像机，建成杭州关区第一套业务级摄像编辑系统，应用于查私取证和缉私素材的摄制与编辑以及宣传教育工作。1987年又装备1台松下(NATIONAL)NV-M3型一体化大1/2英寸摄像机。之后，温州海关、宁波海关亦分别于1990年9月和12月各配置1台索尼1800C和松下NV-M7型一体化大1/2英寸摄像机。

1991年11月，杭州海关又增配1台具有字幕编辑和特技制作功能的大洋DY4B型字幕机。1993年2月和11月，海关总署给杭州海关分两批配发5部JVC GR-AX107型一体化摄像机。1997年12月，杭州海关又增配1套由日本索尼公司产PVW637型广播级BETACAM制式摄像机、PVW2800和PVW2600可编辑录放像机以及索贝公司产非线性编辑设备等组成的摄录像编辑系统。1998年，杭州海关自筹资金购置奥林巴斯、索尼、松下等公司产数码摄像机，配发给关区各海关用于调查部门办案取证。1999年8月，海关总署配发给杭州海关DVD、LD、VCD音像检查设备12台、摄像机5台。至2000年，杭州关区共装备不同档次的摄像编辑设备19台(套)。

2006年，杭州海关有数码摄像机4台，宁波海关有10台。2007年，杭州海关有数码摄像机7台，宁波海关有5台。后因科技发展，数码摄像机更新较快，价值不高，广泛使用已为常态，故不再对数量进行统计。

(三)监听监视设备

1985年4月，杭州海关配备了3台索尼M100B微型录音机，分别用于杭州海关、宁波海关、温州海关对走私案嫌疑人录取口供证据。9月，杭州海关将该机交调查科用于查私取证。1987年底，杭州海关及宁波、温州海关同时分别增配M100B机1台、2台和1台。

1993年起，杭州海关逐步开始装备望远镜、夜视仪等监视设备，配合用于海关调查部门办案侦查，特别是缉私艇夜间出海缉私。其中，1996年1月，配备1部DYYS-Ⅱ夜视仪；1996年5月，配备2台望远镜；1997年1月，又增配NV100/100夜视仪和高倍数望远镜各3台；1999年8月，海关总署配发给杭州海关监视器10台。截至2000年，杭州海关装备各类监听监视设备53台(套)。随着科技装备的发展，至2010年，海关总署给杭、甬海关陆续配置了双筒望远镜、单筒望远镜及记录器、手持强光探照灯等观察取证类设备。

第二节　通信设备

1979年，在海关总署的统一部署下，浙江省各海关逐步建立无线通信网络，以满足海关业务发展的需要。1980年，宁波海关安装1台美国产SC-10短波单边带电台，并配置超短波通信设备，包括基地台、车船台、系列手提台等。1986年6月，杭州海关开通与宁波海关的专线通信。1987年起，杭州海关陆续配置使用程控电话总机，逐步实现关区内有线通信网络以及无线和有线转接，总关与下属机构之间自动拨号、话音传递和数据传输。1999年，杭、甬海关运行海关总署开发的海关ATM(异步传输模式)专网工程，实现海关内部及海关与国家有关行政管理机关、银行、企业等单位的联网。至2010年，海关ATM专网成为杭、甬海关通信网络最重要的骨干平台。

一、有线通信

(一)专线通信

杭州海关成立初期,与海关总署、下属各关(处)之间的通信联络完全依赖邮电人工或半自动长途通信线路。当时公用通信线路紧张,拨通一个电话常常耗费很长时间。1985 年 11 月,海关总署决定租用军队线路建设杭州海关至海关总署的长途专线,改变杭州海关与海关总署长途通信的落后局面。12 月,杭州海关与浙江省军区商定由海关出资,部队施工,建设杭州海关办公楼(杭州市曙光路 5 号)至省军区第五干休所 1 千米长的中继线,进入军区机务站,实现与军线的连接。1986 年 3 月,杭州海关总关采用磁石电话与海关总署进行专线通信。与此同时,杭州海关经实地勘察,提出租用军线建设杭州海关总关至宁波海关与温州海关的关区长途专线网的可行性报告。经海关总署同意后,1986 年 6 月和 9 月,杭州海关总关分别开通了与宁波和温州海关的专线通信。10 月,杭州海关自行研制专线人工转接器,采用共电式电话,使宁波与温州两海关通过杭州海关总关人工转接接入海关总署专线,并实现互通。1988 年 2 月,杭州海关大楼(杭州市学院路 130 号)落成办公。7 月,完成办公大楼至军区机务站通信载波电缆的铺设,购置安装了 3 路载波机,开通了杭州关区各关之间及与海关总署的载波通信。8 月,研制成功第一代专线接口器,改造 2 部 8322PT 电话机配置于宁波和温州海关,实现了杭州海关总关与海关总署交换机人工专线联网和与宁波、温州海关的远程分机专线直拨网。1988 年 10 月至 1990 年 7 月,杭州海关自行设计和研制了适用于舟山海关的 HAX-100 型模拟分制用户交换机、杭州海关总关的瑞典爱立信(ERICSSON)MD110 型数字程控用户交换机、宁波与温州海关的 ITT5100 型数字程控用户交换机之间联网的第二代和第三代专线接口器,并先后投入实际运行。1990 年 10 月,杭州海关关区专线直拨通信网开通。1991 年 7 月,杭州海关总关在专线上安装了 12ZDL-26 型载波机,进一步改善了专线通信质量。

随着国家通信技术的进步和长途通信事业的发展,海关长途专线通信逐渐被邮电长途直拨方式取代。1990 年 12 月,杭州海关与海关总署长途专线停用。1994 年 12 月,杭州关区、宁波关区长途专线通信网停用。

(二)交换机通信

1987 年,杭州海关自筹资金购置 1 套上海产 JDK32 型集团电话系统。是年 3 月,该系统在杭州海关原办公楼安装和调试并开通运行,开设分机 32 门。7 月,杭州海关自行研制综合控制台,完成了集团电话与海关长途专线网、电信长途直拨网和总关超短波无线通信网的连接。实现了分机用户拨打长途专线时自动呼出,专线长途、直拨长途及无线用户呼入时人工转接,1988 年 6 月 1 日,杭州海关在办公大楼内自行安装程控交换机并开通分机 58 门。8 月,MD110 通过总关自行研制的专线接口器进入长途专线网络。9 月,配置 13 条中继线并接入市话网试运行。1989 年 1 月 13 日,MD110 交换机通过杭州市电信局验收,正式对外启用。

1989年2月，宁波海关由海关总署拨款自购ITT5100型100门数字程控用户交换机。9月，在宁波海关新大楼安装开通，并在宁波关区的镇海、北仑、开发区等基层海关开通直拨电话线路。1990年10月，该机使用杭州海关研制的专线接口器通过长途专线与杭州海关MD110程控机联网，实现了分机直拨专网通信。

1991年，杭州海关总关程控交换机中继线由脉冲改为双音多频信号线(DTMF)后，电话接继速度和能力得到增强。1993年，宁波海关在镇海海关和开发区办事处分别安装1套100门、40门容量松下程控交换机。同时为筹备北仑海关、保税区海关需要，在两处都安装了相应的通信设备。1994年5月，宁波海关驻经济技术开发区办事处成立后，由宁波海关购置并安装启用100门程控用户交换机。

随着海关机构和人员的增多，1995年2月，杭州海关总关程控机分机用户数达到140门，中继线增至16条。3月，总关又对程控交换机系统进行扩容和版本升级。新增并安装海关总署配发的MD110/50型156门程控交换机，扩充程控机房面积至36平方米，将原架空明线的程控机入局电缆改由地下管道引入。6月，MD110/50型程控机与原机一起正式并网启用。1995年，宁波海关在对ITT5100程控电话交换机进行保养的基础上增加6条中继线，改善了有线通信条件。1996年1月，宁波海关新增程控机入局中继线20条，缓解了因中继线不足造成电话难打的现象。1997年5月，北仑海关在开关前夕，安装了1套200门MD110爱立信程控电话交换机。同年5月，宁波海关为适应通信需求，安装了1套300门MD110爱立信程控电话交换机，替换原先的ITT5100。

1998年6月，杭州海关开通了萧山办事处的加拿大敏迪(MITEL)SX-50型数字程控用户交换机内部系统，开通分机50门。8月，杭州海关在通关中心安装调试了自购的爱立信MD150型58门程控用户交换机，安装分机40门，中继线8条，于9月通关中心开办业务前正式启用。12月，总关又在办公楼及通关中心程控交换机上安装启用了电话计费系统，对电话分机实行计费监控，节约话费开支，提高工作效率。1999年5月，杭州海关开通国家口岸专网海关内部语音网，该网具有拨号位短、接通速度快、安全保密等特点，加之线路费用已包含在国家口岸专网线路租费中，大大节约了海关系统内部的长途电话费用。11月，海关总署配发给杭州海关的3台敏迪SX-50型96门程控交换机，分别安装在萧山办事处、余杭

图67-9-2-1　2008年8月，宁波海关完成驻鄞州办事处程控电话交换机安装(宁波海关提供)

办事处和富阳办事处。1999 年，杭州海关技术部门完成总关通关中心交换机扩容和杭州经济技术开发区海关、花港山庄有线电整治工程。至 2010 年，杭州海关共有各类型号程控交换机 14 台，核心交换机 27 台；宁波海关共有各类型号程控交换机 19 台，核心交换机 51 台。

(三)有线传真通信与加密

杭州海关 1985 年即安装有日本理光(RICOH)FX6350 型滚筒式传真机，经邮电长途通信网与海关总署进行图文传真。1986 年 8 月，该传真机接入海关长途专线。1987 年，杭州海关配备关区首台日本理光 FX120C 热敏纸型 G3 类有线传真机，提高了传真通信的速度和质量。1988 年 3 月，杭州海关使用电子部三十所生产的 3072B 型传真保密机，通过接口电路板与 FX120C 连接，与海关总署实现了有线传真保密通信，同时制定保密通信配套制度。1988 年 9 月，宁波海关由海关总署配发 FX120C 传真机 1 台，于 10 月开通启用。1991 年 6 月，宁波海关安装 3072B 型传真保密机，与杭州海关总关实现保密传真通信。

1992 年 8 月，杭州海关密码工作通过省委办公厅机要局验收。1993 年 11 月，杭州海关总关增配关区首台捷发(JETFAX)8000D 普通纸传真机，传真件可直接存档。1995 年 12 月，杭州海关总关传真保密机型换为海关总署配发的电子部三十所产 PCZ303 新型保密机，该机与传真机无需专用接口，连接更方便，通信更可靠。1996 年 2 月，杭州海关又装备了海关系统首批 PDH308B 型数字保密电话。4 月 1 日，按海关总署要求开通了海关领导干部保密电话通信。9 月，杭州海关根据海关总署统一部署对关区 PCZ303 保密机实施版本升级，提高机器保密性能。此后，杭州海关通过向海关总署申请配发与自购的形式逐渐添置了佳能(CANON) FX490、T30，理光 FAX211、FAX188、FAX288、FAX4000L，松下 UF-A8200、KX-FT118CN 等型号的传真机和 PCZ303 保密机，逐步在关区增配了有线传真通信设备和保密设备。至 2000 年底，杭州海关共装备各类有线传真机 114 台，传真保密机 19 台。

2001 年底，海关建成符合国家普密级标准、与全国政府系统专网互联互通的涉密办公网(红机网)，填补了海关系统涉密计算机信息网络的空白。2002 年 5 月 9 日，杭、甬海关启动计算机双网隔离改造工作，按海关总署确定的红机网覆盖范围，开设红机网用户账号、邮箱。红机网所用设备与业务网设备进行明显区别和标识，避免出现“串网”。红机网不能与海关业务网连接，不能通过拨号上因特网，做到专网专用。2010 年，杭、甬海关通过各种保密安全检查对关区涉密传真和红机网进行检查，确保信息安全。

(四)海关 ATM 专网工程

1998 年，海关总署立项开发海关 ATM(异步传输模式)专网工程，并于当年建成运行。该系统实现了海关总署与各直属海关 ATM 交换机的联网。是年 12 月，杭州海关 MD110 程控交换机接入加拿大北方电信(NORTEL)生产的 ATM 交换机，通过 ATM 宽带综合业务数字网(B-ISDN)，实现全国直属海关程控交换机互联和用户分机等位拨号。1999 年，杭、甬海关的计算机网络进入数据、语音、图像三网合一的新阶段，实现了海关内部及海关与国家有关行政管理机关、银行、企业等单位的联网。

至2010年，海关ATM专网成为杭、甬海关通信网络最重要的骨干平台。在数据传输方面，海关ATM专网支持运行网上的H883、H2000通关系统，转关系统、快件系统，管理网上的风险平台、执法评估、贸易统计，涉密办公网上的办公决策系统、政务办公系统（HB2004）等。在语音传输方面，海关语音专网为各海关单位之间的信息交流、办公指挥提供了便利。在视频传输方面，通过专网召开电视会议，既提高办事效率，也节省会议费用。

二、无线通信

（一）杭州海关无线通信

1986年5月，海关总署从美国摩托罗拉（MOTOROLA）公司引进首批400MHZ常规超短波通信设备，配发给杭州海关总关。6月，杭州海关报浙江省无线电管理委员会批复同意，在杭州市曙光路5号办公楼以及驻机场办事处设立MITREK和MCX100基地台各1部，安装MCX100车载台2部，并将B1203C和MODEN100接入无线系统，将手持台配置于查私处、驻机场办事处和货运监管处集中保管使用，组成了以总关大楼为调度中心的单频通播/集中选呼式超短波有无线通信系统和机场办事处独立运作的单频通播超短波通信网。10月，海关总署配发第二批通信设备MITREK基地台3部、MCX100车载台2部、HT440型4W手持机20部、EXPO手持机15部，增加1个频道，实施按部门分频道通信，避免相互串扰。

1987年5月，海关总署配发杭州海关3套美国太空（SCANCALL）公司生产的SC-10型100W选呼式短波单边带通信电台，以组建全国海关短波通信网和东南沿海海上缉私短波通信网。7月，该3套短波电台成功安装于杭州、宁波、温州三关办公大楼。1988年2月，杭州海关增配了电子部五十四所生产的3套30116型短波保密机，3月通过定期更换密钥对短波话音通信采取了保密措施，5月1日正式启用。

1990年10月，杭州海关为做好第11届亚运会期间的海关服务工作，自筹资金购置日本泰和（KYODO）公司生产的KG110全双工转信台、美国先创（ZETRON）Z-145全自动有无线转接器，以及10部日本马兰士（MARANTZ）公司产快迅（STANDARD）C412 DTMF编解码手机，对原网进行升级。安装开通杭州关区第一个DTMF拨号选呼有无线自动转接超短波中转通信系统。系统与市局交换机用户线和该关程控用户交换机联为一体，从而不仅扩大网络通联范围，而且增强了服务功能和水平。

1991年，杭州海关先后自购快迅HX260手机15部、C450手机5部，以及日本健伍（KENWOOD）TK805车载台2部，并将TK805安装了编解码器，一同加入拨号网。是年6月，购置日本健伍TKR820中转台1部，使系统扩充至2个信道，并实施分信道工作。6月8日至6月12日，杭州海关为检验海上缉私通信保障能力，首次开展杭州关区海上缉私演练。其中，运用温州雁荡山和宁波太白山中转台超短波通信设备、1部船用移动中转台、3部基地台、5部船载台以及各类手机16部。此次演练通过实际通信保障，找出海上缉私超短波通信系统的薄弱环节，大大推动了杭州关区海上缉私的通信保障工作。9月，杭州海关从南京海关调拨3套SC-10电台和30116短波保密机，分别装备于舟山海关2套和海门海关1套，进一步增强杭州关区海上缉私短波通信保障力度。

1992 年，海关总署统一部署对东南沿海五省的海上缉私超短波通信网络实施改造升级。是年 2 月，杭州海关按照海关总署要求，上报《杭州海关海查超短波通信网技术方案》。4 月，海关总署批复同意建设中转台站 12 个、基地台站 3 个。1993 年 1 月，杭州海关向温州、海门、舟山、宁波等海关下达《关于抓紧海上缉私超短波无线电通信工程建设的通知》《杭州海关海上缉私超短波无线电通信工程方案》《杭州关区海上缉私超短波无线通信工程一览表》《杭州海关技术工程项目任务书》，同时完成关区工程指挥组和各关工程技术组的组建。3 月，杭州海关超短波海查网改造升级工程开始全面启动。1993 年 8 月，杭州海关又增购 1 台Z-145有无线转接器，通过调试与 MC COMPACT 中转台实现连接，将系统信道增至 3 个，缓解了信道紧张的状况。

图 67-9-2-2 温州海关使用海上查私海域图和海查通信指挥系统
（1992 年摄，温州海关提供）

1994 年，由于邮电长途通信的发展，杭州海关短波电台随海关上层短波通信网停运而暂停。为进一步提高海上缉私指挥通信水平，杭州海关根据短波通信技术发展状况，向海关总署提出建设具有话音、数据和传真等多种通信能力的杭州关区自适应短波通信系统，通过全球定位系统（GPS）实现船舶移动目标的实时动态显示与监控指挥系统。4 月 12 日，杭州海关协助海关总署工程组和美国休斯公司（HUGHES）技术人员，将有 2 个话音口（含 1 个传真口、2 个数据口）的 PES（PERSONAL EARTH STATION，又名 VSAT）卫星小站接入计算机和程控交换机系统，通过东经 115°的中星五号卫星与海关总署成功实现了计算机数传。5 月，系统正式投入运行。共建成总关和杭州市邮政枢纽大楼分布式控制二信道集群基站 2 个，开通运行车载台 12 部，手机 86 部。网络覆盖杭州市区范围，与市局交换机和总关楼内程控机互联，广泛应用于总关各个业务和行政管理部门，满足缉私、监管等移动通信的需求。此项超短波集群通信系统升级改造工程获 1995 年海关科技进步奖三等奖。8 月，与海关总署实现了交换机用户话音通信与传真，并可通过海关总署转接，以二跳方式与其他卫星站沟通联系。11 月 9 日，杭州海关总关卫星站完成中星五号卫星至东经 138°亚太一号卫星的切换。

1995 年，海关总署为杭州海关总关配备杭州关区首批无线寻呼发信设备。有摩托罗拉 NUCLEUSTM 寻呼发信机 3 台（内含 PURC 5000TM 链路接收机）、Q2629A 型 PURC 链路发射机 1 套（含主、备机各 1 台）以及发射天线、馈线等配套设备。1996 年 8 月，杭州海关总关在办公楼八楼完成寻呼系统控制机房和操作机房共计 80 平方米的控制中心机房建设，配置 DEC VT 4/66D2 服务器、系统管理终端(兼备份服务器)、预处理编码器、寻呼编码器、四路自动寻呼终端及语音信箱、寻呼专用调制器等，安装开通 NOVELL NETWARE 3.11 版局域网络和寻呼通信软件，开设寻呼终端 6 台。同时，在十楼机房架设开通 PURC 链路发射机，接收与转发寻呼专用调制器送来的寻呼信息。10 月，在海拔 315 米的杭州市北高峰浙江省电视台发射站，架设 NUCLEUSTM 寻呼发信机 1 台，通过 400MHZ 海关超短波专用频点接收 PURC 链路发射机传送来的寻呼信息，对杭州市区及近郊实施寻呼通信覆盖。1996 年 11 月 6 日，杭州海关中海寻呼台开通，先期启用自动寻呼系统。该系统采用 280MHZ 海关专用联网频点、POCSAG 编码，1200bit/s 与 512bit/s 双速率兼容传递，系统容量达 5 万。1998 年 12 月，杭州海关拥有海关用户中文寻呼机 35 台、数字寻呼机 86 台。

1999 年 11 月，海关总署配发杭州海关 T5544 中转台 3 台，GM300 基地台、车船台 6 台，L1475/L1548 基地台遥控设备 3 套，WARRS 手持台 10 台、国产主台天馈线 6 套、国产吸盘天线 3 条，均用于海上缉私、调查、监管业务现场，以提高缉私及监管等业务移动通信的保障能力。2002 年 4 月，杭州关区海上缉私指挥系统(H966)正式投入使用，这是一个具有话音、数据和传真等多种通信能力的自适应短波通信系统，通过全球定位系统(GPS)实现船舶移动目标的实时动态显示与监控指挥。至 2010 年底，杭州海关无线通信网络已成为集全球定位系统(GPS)、ARPA 雷达跟踪、短波及超短波无线通信、VSAT 卫星通信技术、计算机和计算机网络通信技术、数据采集与电子海图技术于一体，通过关区子系统、基地子系统和艇载子系统，实现船艇定位、跟踪、显示、海图作业、辅助导航及多种通信能力的海上自动化监控、调度、指挥与决策的现代化通信系统。

(二)宁波海关无线通信

1978 年宁波海关建关后相当长一段时间，由于没有独立的办公大楼，有线通信难以发展。为此，宁波海关重点加强和发展无线通信。其间，通过海关总署调拨和自行购买相继配置一批无线通信设备。其中 1980 年在总关安装 1 台美国产 SC-10 短波单边带电台，并按海关总署的规定，与全国各海关联通。此外，配置一批超短波通信设备，有基地台、车船台、系列手提台，分别配备在总关、镇海、北仑等海关及汽车和缉私艇上，初步形成以监管和缉私为主的超短波通信网络，弥补有线通信落后状况，解决了流动性较大的监管岗位和有线通信不能到达的监管现场(如沈家门监管站)的通信问题。

1985 年，宁波海关装备摩托罗拉 MITREK50W 基地台 2 部、SYNTOR 车船台 3 部、MX350 手持台 9 部、MX340 手持台 4 部等超短波通信设备，从而沟通了宁波海关总关与各办事处和监管点，特别是该关管辖但有线网路尚未通达的监管点的通信联络。1987 年，宁波海关又增配 MITREK 30W 基地台 3 部、MCX100 车载台 2 部、HT440 手持机 10 部、EXPO 手持机 14 部等，从而进一步扩大了网络通信范围和使用面。1988 年，宁波海关各主要业务科室和监管现场除配置有台式对讲机外，还购置了便携式对讲机。

1989 年，宁波海关开通了异频中转通信网。4 月，宁波海关首台国际通用频道 VHF 高频对讲机在驻北仑办事处投入使用，从而改善北仑办事处监管工作的通信条件。11 月 25 日，宁波海关利用原有的有线、无线转接器，使超短波基地台与新办公大楼 ITT 程控机联网获得成功，通过人工转接可实现有线、无线互转使用，大大改善了辖区的通信条件。1990 年 2 月 15 日，在破获一起毒品、文物走私案中，宁波海关良好的技术装备特别是无线通信设施发挥了重要作用。在整个破案过程中，超短波通信系统保持畅通，使办案现场和决策机构之间有着准确快速的指挥信息联系，提高了快速反应能力，为破获“2·15”案件创造了条件。是年，宁波海关对全关超短波通信设备的管理使用进行整顿，建立该类设备规范化管理制度与使用方法，在此基础上重新分配超短波通信设备，使之充分发挥作用。

1991 年，宁波海关在海拔 680 米的太白山开通远地中转台，实现对所辖缉私海域的通信覆盖。1992 年，宁波海关完成太白山超短波中继台工程，安装一对 100 瓦单边带电台，使辖区通信覆盖范围进一步扩大，通信效果更加理想，特别是为海关缉私工作提供了良好的通信保障。从是年下半年起，为了对缉私通信设备进行升级换代，在上级海关的支持下，宁波海关相继配置了一批海查专用通信设备，其中有基地台、车载台、手提机。至 1994 年底，宁波海关通过海关总署配发和本关自购，建成了四信道超短波通信系统，装备各类通信电台近 80 台(套)。

1995 年 4 月，宁波海关建立卫星通信小站，实现宁波海关计算中心通过卫星与海关总署计算中心联网。是年，还完成超短波中继台台址调整工作，把台址从鄞县太白山移至镇海招宝山，进一步改善海上缉私工作的通信条件。

1996 年，宁波海关完成摩托罗拉 MICOM-1 自适应短波电台的安装。是年，宁波海关在宁波保税区海关、北仑联合办公现场与总关之间，采用 DDN 网络，建立数据高速通道，开始实施租用宁波电视台的微波网，建立宁波海关至驻慈溪办事处的数据通信网络，并开通了电子信箱。1997 年，海关总署为宁波海关配备 4 套哈立斯 3200E 自适应单边带通信设备，代替摩托罗拉 MICOM-1 设备，并用于组建海上缉私指挥系统。2000 年，宁波海关无线通信网络发展成为一个拥有数字微波网、海上缉私通信网(超短波、短波、海上缉私指挥系统)、卫星通信系统覆盖全关区的网络。至 2010 年底，宁波海关已经形成一个有线与无线相结合、公网与专网相结合、数字与话音相结合的通信技术体系。

(三)海关移动虚拟专网

为实现安全、通畅的专线通信，降低通信成本，提高办事效率，从 1997 年起，海关总署在全国部分海关组建关区移动虚拟专网。2001 年初，宁波海关首次实现关区电话联网。5 月，杭州海关组建杭州关区省级移动虚拟专网，该专网采用专用短号通信，与宁波海关虚拟网和浙江省公安系统的虚拟网互联互通。2002 年，宁波海关实现手机虚拟网、海关专网以及电信公网的“三网合一”。

2003 年 4 月，杭州海关虚拟专网与程控电话实现短号互通，并通过建设杭州关区移动短信平台，将移动短信与海关办公、业务等应用系统连接，实现手机和电脑短信的短号单发、群发和定时发送非语音类简短通知、提醒等功能。10 月，宁波海关解决了海关通信系统与电信、移动及下属关(处)之间的互联互通、号码显示等多个技术难题,构筑宁波关区电话智能平台,实施“号码跟人走”的一人一号,即给每个关员分配一个与其胸牌号后三位相对应的电话号码,在关区内交流时,号码也能跟人走,直至退休或调离宁波海关。这样,在使用时只要记住关员的胸牌号,就知道了对应的电话号码(包括办公电话号码、手机虚拟号码等),实现了“一号通”。当被叫关员不在办公室或正在接听电话时,则自动转移至其手机或其他通信设备,最多可转移 5 个电话号码,以确保电话及时通达每一位关员,实现真正意义上的无障碍通信,此为海关系统的首创。2004 年,杭州海关移动虚拟专网升级为全国网,实现虚拟网全员覆盖和全国漫游。

2005 年,杭州海关开发多业务通信平台,通过移动虚拟专网、程控电话专网、全国海关与关区 IP 电话专网、传真网、短信平台的综合集成,实现了个性化电话传呼、语音信箱、虚拟传真、专网远程接入、电话改号通知、电话录音、电话会议、语音识别电话自动转接、热线服务等众多功能。

至 2010 年,浙江省各海关均实现移动虚拟专网互联互通。

第三节　网络系统及海关信息化系统

1986 年后,杭州海关开始组建自己的网络系统。所属宁波海关在一套美国 DEC VAXⅡ小型计算机系统上开发了统计、征税、集装箱管理和许可证管理等软件应用于海关业务。1989 年,杭州海关组建了采用 DDCMP 异步传输、MODEM 拨号、点对点方式的计算机数据传输通信试验系统。

1991 年 1 月,宁波海关以远程终端工作方式在小港宁波海关驻经济技术开发区办事处开始试点运行海关总署开发的 H883 系统。6 月,杭州海关调通 H883 2.0 版程序中的预录入、审单、征税、税费管理、查验、放行、舱单管理、企业注册管理、参数库维护、系统管理等 10 个子系统,并在业务现场进行试运行。1999 年底,海关总署设立 H2000 开发工程组,集中开发 H2000 系统,H2000 又分为通关基本系统和通关配套系统。H2000 通关系统是 H883 的升级换代系统。至 2004 年底,杭、甬海关完成由 H883 系统到 H2000 系统的切换。

2001 年,杭州海关为强化内部监控,加强监督制约,开始在关区建设全过程、全方位控制和量化评估的内部控制体系,以通关职能管理系统、加工贸易职能管理系统、物流职能管理系统、执法监督系统、关税职能管理系统和统计职能管理系统 6 个业务职能系统为核心,辅之以人事、财务、纪检监察 3 个非业务职能系统,简称“6+3 系统”。于 2002 年 9 月投入运行,依托科技手段提高直属海关队伍的管理素质,提高基层海关的实际监管能力,取得较好效果。

2005 年 1 月 1 日,宁波海关正式应用海关总署开发的全国海关非涉密网上统一版本办公系统 HB2004。10 月 18 日,杭州海关正式推广应用海关政务办公系统(HB2004)。HB2004 核心应用系统包括:发文管理系统、收文管理系统、签报系统、督办系统、政务信息系统、档案管理系统。至 2010 年,杭、甬海关均通过 HB2004 进行办公及文档管理。

一、网络系统建设

(一)杭州海关网络系统

1989 年,杭州海关自筹资金购置了 4 台数传机,同时又从外单位借用 2 台,在关区开展了数传应用试验,并于年内,组建以杭州海关总关 VAX3500 小型机为路由节点机,以宁波海关 VAX 机和温州、舟山等海关微机为远端机,通过 DECNET-VAX、DECNET-DOS 通信软件和邮电长话线与海关专线,采用 DDCMP 异步传输、MODEM 拨号、点对点方式的计算机数据传输通信试验系统,为杭州海关计算机网络通信技术发展奠定基础。

1990 年 7 月,杭州海关按照海关总署关于《海关统计快报数据通信传输试点方案》的通知要求,于 10 月向海关总署成功传送杭州关区当月的统计快报,成为第一批与海关总署开通计算机数传通信的海关。1991 年 4 月,根据海关统计工作需要,杭州海关在全关区试行海关贸易统计、业务统计、科技设备效能统计以及税源分析 4 种统计数据数传与磁带、磁盘并行报送汇总。1992 年 2 月 22—24 日,杭州海关在宁波海关召开杭州关区首次计算机工作会议,提出关区计算机从单机应用向联网方向发展的思路。从 5 月起正式实施统计数据计算机数传,停送磁带(盘)。1993 年,杭州海关根据报署数据内容与数量日益增多这一情况,为节省人力和经费开支,决定从 1 月开始,凡向海关总署报送数据,一律取消人工递送磁盘,全面采用计算机数传上报。并开始建设和完善杭州海关总关连接各业务现场的小型机以太网和关区各隶属关、办事处的微机局域网络,并陆续实施关区网络互联,以适应推广应用海关报关自动化系统和办公自动化工作的需要。4 月,杭州海关在湖州海关召开关区计算机网络工作会议,讨论并制定《杭州关区计算机网络传输标准与联网规程》,对关区计算机网络传输与联网作了明确规定。8 月起,杭州海关按要求通过数传网向海关总署传输财务经费报表数据。12 月,要求隶属海关通过关区网报送新版税源分析程序统计的各关税源分析统计数据。

1994 年 1 月,杭州海关继续采用网传向海关总署报送关区税源分析统计数据。4 月 12 日,杭州海关总关 VAX3500 小型机接入卫星小站,通过海关 VSAT 卫星专网信道与海关总署计算中心主机成功实现数据传输,从而成为全国海关 DECNET-VAX 扩展以太网的远端节点机。11 月 20 日,舟山海关微机通过该关 VSAT 卫星小站 RS232 通信接口进入海关总署 X.25 分组交接机,与杭州海关总关以太网实现了卫星二跳连接,为杭州海关总关与舟山海关的计算机数据通信提供了良好的传输条件。1995 年 2 月起,杭州海关陆续将关区各隶属关计算机数传拨号线路接入海关总署配发总关的 DEC WANROUTER250 路由器 RS232 接口,连入杭州海关总关小型机以太网,实现总关与隶属关、隶属关与隶属关的计算机路由通信。5 月,杭州海关参加海关总署统一部署的全国海关卫星计算机网络集中测试。7 月 1 日,正式与海关总署和网上其他海关的计算机沟通了数据通信,实现了高速信息传输、交换与资源共享,数传速率达到 33Kbps。同时,杭州海关仍保留了原与海关总署作数传用的拨号通信线路,将其作为卫星信道的备用信道。至 1995 年底,杭州海关建成了由总关 VAX3500 小型机为中心节点机，温州、舟山、海门、绍兴、嘉兴、湖州等海关微机局域网工作站为远端节点机，以调制解调器、邮电拨号线和海关专用卫星为通信手段，通过 DECNET-VAX、PATHWORK FOR VMS 等网络通信软件组成的星形点对点计算机通信网络，实现了杭州关区计算机数据交换以及硬件和信息资源的共享。该系统使杭州海关跨入了计算机网络通信阶段。至 1996 年，杭州海关先后建成由 DEMPR、DECserver200、DECserver700、DECmux320/300、DECmuxserver90 等网络设备以及各类工作站组成的总关小型机以太网和关区 10 个海关计 18 个微机 NOVELL NETWARE 局域网，主要应用于报关自动化。1996 年以后，又陆续在各微机局域网络上安装 HP NETserverLHPRO200、IBM PCserver320 等高性能微机服务器的 WINDOWS NT 操作系统，主要应用于办公自动化。

1997 年，杭州海关对关区计算机通信网络实行升级改造，以适应现代海关制度建设的需要，推进杭州海关通关作业制度改革。整个改造主要包括 3 个部分：一是改造关区各关及其办事处办公楼的局域网布线系统；二是在各关原有的微机局域网上安装 MICROSOFT WINDOWS NT 操作系统；三是建设杭州关区高速数据通信线路，实现关区网络互联，达到信息实时交换与共享。1 月，局域网布线改造工程从金华海关展开，采用美国 AT&T PDS 标准的网络结构化综合布线系统。至 6 月，整个工程竣工，共铺设 134 个信息点，信息点覆盖各个业务现场与办公室。7 月，杭州海关确定在湖州海关实施杭州关区业务运作集中控制工程试点。之后，杭州海关配发给湖州海关 1 台 HP LHPRO 6/200 微机服务器、2 台 HP 智能集线器，并在该关的 NOVELL NETWARE 网络上安装 WINDOWS NT 操作系统作为办公自动化系统之用。12 月，通过 TCP/IP 协议与总关实现 IP 数据报送的传输、交换与处理。

1998 年 1 月，杭州海关与浙江省邮电管理局签订《杭州海关数据通信工程协议》，投资 25 万元，于 25 日在总关主机房安装了 UTSTARCOM OMUX-400 光端机与 NEWBRIDGE 3600 MAINSTREET DDN 节点机，接入 1 条六模光缆，通过 2.048Mbps 信道接口入网，并将湖州海关 DDN 专线进行割接，转入节点机，开通 64Kbps/V.35 接口速率通信。4 月，通过安装和配置 CISCO 2514 路由器，总关小型机与海关总署计算机系统实现了 TCP/IP 和 DECNET 协议卫星专网通信，从而使杭州海关总关与海关总署、湖州海关实现专网互联。8 月，杭州海关根据海关总署关于建设国家口岸专网的要求，在总关主机房原光端机上增开 1Mbps 速率信道接口并连入专网。至 1998 年底，共建成 14 座海关机构办公楼的 PDS 系统，信息点总数达 2813 个。在全关区安装 WINDOWS NT 操作系统 10 个；各类 DDN 专线 15 条，组成了以总关小型计算机机群为网络管理中心，连接 ATM 国家口岸专网和关区 8 个海关计 15 个业务现场的杭州关区计算机专网。上网运行中英文终端 320 台、微机 334 台、打印机 331 台。是年，杭州关区部分海关计算机通信媒介转入以卫星信道为主后，提高了计算机数据通信质量和速度，拓宽了计算机联网应用的广度与深度。当时，杭州海关通过 VSAT 卫星信道进行计算机网络通信的项目有：海关进出口贸易统计、海关业务统计、关税价格资料、财务管理、海关信息、海关关税数据库、转关运输管理、保税加工业务核销管理、进出口货物报关单、企业档案管理、许可证核销管理、异地报关备案资料与数据等。其中，贸易统计报送提前 3 天，价格资料数据交换周期由原来的 1 个季度缩短到 1 旬。1999 年 1 月，杭州海关安装成功加拿大北方电讯生产的PASSPORT6480 ATM交换机，使杭州关区计算机专网通过TCP/IP通信协议并入ATM国家口岸专网，连至全国海关信息中心和全国各直属海关，实现了话音、数据、图像传输等综合业务数据通信。至1999年12月，连接杭州关区24个海关业务现场的关区计算机专网工程和海关业务计算机集中管理系统全部竣工。其中，对温州海关及其下属的“一关四办”大胆采用二级路由方式，运用ATM PASSPORT4430技术，实现了数据与话音为一体的综合业务网。并完成对杭州海关驻邮局办事处DDN专线升级及余杭、富阳、乍浦3个新设机构的计算机综合布线和DDN专线铺设工作。

2000年1月，根据海关总署要求，杭州海关在关区开通使用全国海关风险管理信息网，为各业务领域用户提供风险信息、动态分析及通关风险布控建议等参考。6月，杭州海关进一步启用海关总署开发的小型机版风险布控系统，作为微机版风险布控系统的补充，确保预定式布控及情报式布控的完成。9月，根据海关总署安排，杭州海关成为海关内部网安全认证系统的试点单位，关区业务一线关员均配发IC操作卡，使用读卡器，对结关上报的报关单证明联数据进行电子签名，防止假数据上网和擅自修改数据，加强对海关计算机信息系统的安全管理。

2002年，杭州海关大楼(黄龙路7号)第5层的机房正式投入使用，机房包括主机房、网络机房、网管机房、通信机房、防伪机房以及UPS电源间。2003年，杭州海关实现“三网分离”，即把海关内网从横向分成业务运行网、业务管理网和涉密办公网3个物理隔离的网络平台。业务运行网是以实时运行项目为主的全封闭网络，主要支持H883/EDI系统、H2000系统以及与之密切相关的应用项目；业务管理网是以运行职能管理项目为主的网络，主要支持物流监控系统、风险分析系统等项目；涉密办公网则是以运行行政办公和领导决策的涉密应用项目的网络。2004年，杭州海关制定《杭州海关网络管理规定》，规范关区网络接入、授权、检测、变更及应急故障处理有关办法和规定。2005年，杭州海关开展移动办公试点工作，实现了移动终端通过VPN设备进入海关对外接入网开展办公业务。2006年，杭州海关开发了安全管理平台，实现网络设备的发现、监控和管理，并提供报表管理功能。2009年，实施了关区广域网加速工程，在各隶属海关部署广域网加速设备，提高隶属海关网络应用的访问速度。至2010年底，杭州海关已建立移动虚拟专网。

(二)宁波海关网络系统

计算机在宁波海关的应用始于1986年，当年6月，杭州关区第一套美国DEC VAXⅡ小型计算机系统由海关总署调到宁波海关，宁波海关依靠自己的力量，在这台机器上开发了统计、征税、集装箱管理和许可证管理等软件应用于海关业务。1989年，位于长春路150号的宁波海关办公大楼落成后，宁波海关计算机中心机房开始在七楼筹建，1990年竣工并投入使用。

1992年，宁波海关开始计算机网络建设。是年，全关所用计算机终端20多台。1995年，宁波海关向宁波市电信局申请因特网账户，在单机上开通因特网，是海关系统中较早开通因特网的海关之一。计算机应用的广泛推广，大大提高了宁波海关的管理水平，不仅进一步优化通关环境，方便合法进出，加快通关速度，体现文明把关，减轻关员的劳动强度，使海关业务和管理工作全面走上正规化、科学化的轨道，同时还为全面、系统、准确进行海关业务数据综合分析提供了条件，完成过去手工无法完成的工作，并且起到严密监管的作用，有力地打击了走私违法活动。1997年，宁波海关建成关区网(Intranet)，开通电子邮件(MSMAIL)。1998年，开通了MS Exchange电子邮件。宁波海关及下属关（处）主页相继开通，文件、动态、信息实现网上传递。随着计算机应用系统的发展，网络逐步扩大，到1998年，关区已拥有微机200台，终端150台，小型机8台，打印机100台，以及一大批先进的网络设备，在计算机及网络设备方面的固定资产规模超过2000万元，形成以高性能的AXP机系统为主，微机开发应用为辅，平行发展的较为完善的计算机管理体系，初步形成宁波海关与海关总署、宁波海关与隶属海关（办）、宁波海关与地方企事业单位三级计算机网络框架。

图67-9-3-1　在宁波海关正式应用的第一台微机（1986年摄，宁波海关提供）

2002年，宁波海关根据《宁波海关关区网络改造工程方案编写规范》，相继完成关区网络改造工程方案，启动海关内网的安全扩容改造工程。2003年，宁波海关实现"三网分离"。2004年，宁波海关根据海关总署制订的《全国海关网络安全整体防御系统方案》，建立运行网和管理网的多个安全防护子系统保障网络安全，建立起网络安全多层防御监测系统，并辅之以相应的管理制度。至2010年底，宁波海关亦建立移动虚拟专网。

67-9-3-2　宁波海关机房（2009年摄，宁波海关提供）

二、海关信息化系统

（一）海关通关管理系统（H883、H2000）

20 世纪 80 年代中期，为顺利实施沿海地区经济发展战略和适应外贸体制改革的需要，加强海关监管，提高科学管理水平，改变海关作业以手工为主的状况。1988 年 3 月，海关总署决定建设一项涵盖监管、征税、保税、统计等业务的计算机大型综合应用系统，即海关报关自动化系统。通过报关单一次输入，资源共享，实现海关业务一体化处理和“一条龙”监管，以减少作业环节、简化报关手续、强化海关监管、加快通关速度、提高进出口贸易效率、促进公正执法和廉政建设。1984 年，海关总署开始酝酿报关自动化系统（即海关通关管理系统，代号 H883）。1986 年 6 月，确定开发。1988 年 3 月，正式立项开发全国统一版本——H883 工程。

1989 年，杭州海关隶属宁波海关经申请被列为海关系统第一批扩大移植应用单位，率先实施小型机 H883 系统工程。1990 年 6 月，宁波海关引进天津版 H883 系统程序，共启用预录入、审单、征税、税费、查验、放行、舱单、企业管理、参数库管理、现场管理、业务管理和领导查询等子系统，在市区和开发区设立预录入部，使宁波海关 H883 工程基本配套，跟上当时全国试点海关的步伐。1990 年 12 月，海关总署增列宁波海关为全国 H883 工程 10 个试点海关之一，是试点海关中唯一的处级关。1991 年 1 月，宁波海关以远程终端工作方式在宁波小港经济技术开发区办事处开始试点运行 H883 系统，应用审单、征税、税收管理、统计、查验、放行 6 个子系统。6 月，杭州海关开始在 VAX3500 小型机上移植安装 H883 程序，调通 H883 2.0 版程序中的预录入、审单、征税、税费管理、查验、放行、舱单管理、企业注册管理、参数库维护、系统管理等 10 个子系统，并在业务现场进行试运行。次年 3 月 2 日，宁波海关运用 H883 查获一起伪报货物报关单走私案，案值 150 万元。

1992 年 9 月 17 日，海关总署批复同意杭州海关在关区全面实施 H883 工程。11 月 28 日，杭州海关正式启用 H883 预录入打单系统。是年，宁波海关 H883 工程在全国海关第二次科技工作会议上，被海关总署授予 H883 工程纪念章。1993 年 1 月，杭州海关完成 H883 2.0 版程序的修改。3 月 1 日，杭州海关 VAX 小型机 H883 2.0 版程序在业务现场投入运行，共启用报关单预录入、审单、征税、查验放行、新贸管理、税收管理、业务管理、参数库维护、舱单管理、统计、领导决策等 11 个子系统。11 月 9—13 日，海关总署在宁波小港经济技术开发区召开全国海关 H883 工程推广应用经验交流会。

1994 年 3 月，为实现杭州关区 H883 系统向 H883/EDI 过渡，杭州海关向海关总署呈文申请实施微机 H883/EDI 工程试点，并派员加入海关微机 H883/EDI 工程组，参与集中开发。H883/EDI 以 H883 为基础，进一步扩大 H883 系统的功能和应用范围。1994 年，宁波海关 H883 系统移植应用工程获第四次海关科技进步奖二等奖。1996 年 8 月 25 日，杭州海关机场办事处微机 H883/EDI 系统试运行过程中新增了保税加工贸易合同管理系统、企业档案管理系统、出口退税管理系统、税费财务对账系统等业务管理子系统，扩大了系统功能，增强了可靠性。10 月，杭州海关整理、编写《海关 EDI 通关申报系统操作使用说明》和《H883/EDI/

PC系统设置指南》，部署在全关区推广应用微机H883/EDI，取代原H883系统，并制定《EDI报关单位和EDI报关员暂行管理细则》等规章，规范EDI系统的操作、设置和报关管理。10月18日，绍兴海关作为杭州关区首家扩大试点单位，重点测试微机H883/EDI保税加工贸易合同管理子系统与企业档案管理子系统后，取代原H883系统，正式在业务现场试用。至1997年1月，杭州关区全面实现向微机H883/EDI的转换。1997年7月1日，杭州海关总关经过移植、安装、调试，在ALPHA3800S小型机上开通统一版H883/EDI 3.0系统，并在总关办公楼和驻邮局办事处业务现场全面投入使用。8月29日，杭州海关按照海关总署实施通关制度改革的要求，决定建设以杭州海关总关小型机群为H883/EDI系统程序与数据存储、处理和维护管理中心，关区各海关业务现场小型机终端远程接入的杭州关区业务运作集中控制系统，并确定在湖州海关进行先期试点。至1997年底，杭、甬海关均开通H883/EDI通关业务。

1999年底，海关总署设立H2000开发工程组，集中开发H2000系统。H2000又分为通关基本系统和通关配套系统。H2000通关系统是H883的升级换代系统，它采用先进的体系结构、集中式的数据库、开放式标准化的软件技术，是性能好、可靠性高、安全性高和能防备各种灾害能力的新一代海关通关业务管理系统。2001年11月30日，海关总署部署试点工作。2003年4月1日，宁波海关成立H2000工程领导小组。10月，杭州海关正式启动H2000系统推广试点工作。11月21日，宁波海关成立H2000系统推广实施工作组。2004年6月7日，杭州海关为确保H2000系统从推广实施到日常运行维护的平稳过渡及业务的正常运行，制定《杭州海关H2000系统热线支持服务管理规定(暂行)》《杭州海关H2000系统异常数据操作规定(暂行)》《杭州海关H2000系统应急事件处理规定(暂行)》和《杭州海关H2000系统运行评估规定(暂行)》。7月7日，杭州海关成立杭州关区H2000通关管理系统专家评估组，下设业务组和技术组，负责对关区各单位提交的H2000系统问题进行评估、上报和反馈。至2004年底，杭、甬海关均顺利完成由H883系统到H2000系统的切换。

2009年12月，海关总署对《H2010工程技术总体设计方案》征求意见，全面启动H2010工程实施工作。至2010年，杭、甬海关H2010工程实施工作仍在进行中。

(二)海关办公自动化系统

1991年8月，海关办公自动化文档管理系统在海关总署机关试运行，初步达到使用要求。同期，各地海关结合实际先后开发办公自动化系统。

1992年以前，杭州海关的文件、信息、资料等主要使用M2401四通打字机和909中西文桌面印刷系统等文印设备打印成稿，通过传真或邮寄方式在关区之间传递，工作量大，效率低。是年5月，杭州海关本着从实现海关信息资源共享的目的出发，开始研制开发杭州海关信息管理自动化系统。7月，采用BASIC语言编制了总关VAX3500小型机与湖州海关909中西文桌面印刷系统的文件格式转换程序。11月，采用COBOL语言在VAX3500机上编制了信息管理软件，实现信息的输入、编辑、查询、统计汇总和表格服务等功能，并通过杭州关区DECNET网络，在总关与湖州海关之间实现了信息自动传输与打印处理。1993年1月，又采用BASIC语言编制了VAX3500机与M2401四通打字机的格式转换程序，实现杭州海关总关与温州海关之间办公文件和信息的自动传输与打印。该系统获第四次海关科技进步奖三等奖。

1994年4月，杭州海关购置并在微机上安装了文件、档案、资料一体化计算机通用管理系统，启用了旧档录入维护、辅助归档、档案管理等功能，使档案检索、统计方便快捷。9月，海门海关在该关局域网服务器上安装UCDOS 3.1网络操作系统，使网上工作站均可使用WPS中文字处理软件；并在网上移植安装清华OCR汉字英文自动识别系统和方正金山中文校对系统，实现对采用激光扫描输入的文字自动识别、校对与纠错；移植安装北大方正的SP-DMS文档管理系统，实现自动建档、清档和多种文档检索功能；启用该关局域网络电子邮件功能，实现网上文件和信息浏览、传阅等计算机处理，并通过杭州关区计算机网络与总关实现公文信息联网传输，提高了海门海关办公自动化水平。该系统与该关报关自动化系统合用一个网络，获1995年度海关科技进步奖三等奖。

1995年10月1日，鉴于关区信息处理计算机化基本普及，杭州海关在全关区试行信息计算机处理与网传。11月7日起，宁波海关在小型机Open VMS操作系统上开发"每日动态"程序，该程序具有录入、上报、翻阅、总署信息、查询、打印、文件检索和查询等22项功能。1996年3月，宁波海关又通过拨号，与Internet连接，进行办公自动化处理，增加海关总署各司文件及宁波海关内部文件通过电子信箱转发功能。

1996年5月8日，杭州海关正式实行信息无纸化管理。12月，杭州海关通过海关VSAT卫星专网，与海关总署开通了MSMAIL电子邮件，加强杭州海关与全国海关的信息、文件、资料的传递和交流。1998年1月，杭州海关自行编制海关系统信息查阅程序，进一步方便网上信息查阅。5月，在计算机网上安装开通中华人民共和国法律法规检索系统，以满足海关工作的需要。是年，宁波海关投入使用办公自动化系统，使每日动态、海关信息、文件都可以通过上网进行浏览查询，还可通过电子邮箱进行公文的流转、处理，基本实现办公无纸化。1999年，"杭州关区计算机网络系统和业务运作集中控制工程"获1998年度海关科技进步奖二等奖，为关区集中运行通关作业改革和办公自动化系统打下了良好基础。

2000年，杭州海关政务信息网开通，进一步发挥了政务服务功能，促进工作效率的提高。是年，宁波海关有各类服务器10台，微机200台，做到各分关、办事处都配备有Web和Exchange Server邮件服务器，自行开发了一些具有关区特色的办公自动化应用项目。主要有：(1)基于电子邮件的项目：电子业务联系单、电子传真电报、业务系统授权联系单。(2)基于Web方式的项目：共有41个栏目，设有文件查询、公告板、每日动态、各类信息刊物、热点新闻、法律法规、娱乐空间等常规性栏目，而且开设了通信录、领导干部在岗情况等方便关员联系工作的栏目；关长信箱、网上讨论、网上举报等方便听取民情、民意的栏目；价格资料库、样品数据库等体现宁波口岸特色的栏目；市府要事摘记、宁波昨日地方信息、全国昨日信息等从地方政府网站上下载的信息刊物；以及"三讲"教育专栏、纠风整纪专栏、行风建设专栏、通关作业改革专栏等切合海关工作热点的栏目。另外，宁波海关主页还涵盖关员基本信息查询、关员请销假、个人工资奖金查询、车辆管理、服装发放、单证发放、设备配发、图书室管理(可以检索图书室图书并在网上预订等)、餐厅管理(可以提前了解当天午餐的伙食品种,预订晚餐,查询个人消费情况等)等综合管理方面的功能,在许多领域实现了计算机无纸化管理。(3)其他应用项目:开发了一些利用 VB、Delphi、Power Builder 等工具开发的办公自动化项目,如保税区海关和北仑海关的公文流转、镇海海关的工作日志等。

2004 年 3 月,海关总署决定开发全国海关非涉密网上统一版本办公系统。4 月,海关总署抽调各关政务信息化骨干人员赴宁波海关等 7 个海关调研,形成了海关政务办公系统(HB2004)总体设计框架。6 月,海关总署领导批准《海关政务办公系统(HB2004)项目实施方案》。随后,HB2004 项目工程组正式成立。11 月,宁波海关作为第一批试点单位进行了 HB2004 试点工作。12 月 1 日,宁波海关成立 HB2004 推广应用工作组。2005 年 1 月 1 日,宁波海关正式应用 HB2004。至 2 月 3 日,宁波海关共开设 HB2004 用户 770 人(该关关员总计 722 人),总计有 56246 人次登录 HB2004,日均登录 2584 人次,高峰期有 500 余用户同时在线。共处理收文 305 份、发文(含传真)112 份、签报 368 份、督办 4 份、政务信息 1292 条(篇)。2005 年 8 月,杭州海关列入 HB2004 第二批试点单位。8 月 18 日,杭州海关成立 HB2004 系统试点工作领导小组;10 月 18 日,杭州海关正式推广应用海关政务办公系统(HB2004)。HB2004 核心应用系统包括:发文管理系统、收文管理系统、签报管理系统、督办管理系统、政务信息系统、档案管理系统。至 2010 年,杭、甬海关均通过 HB2004 进行网上办公。

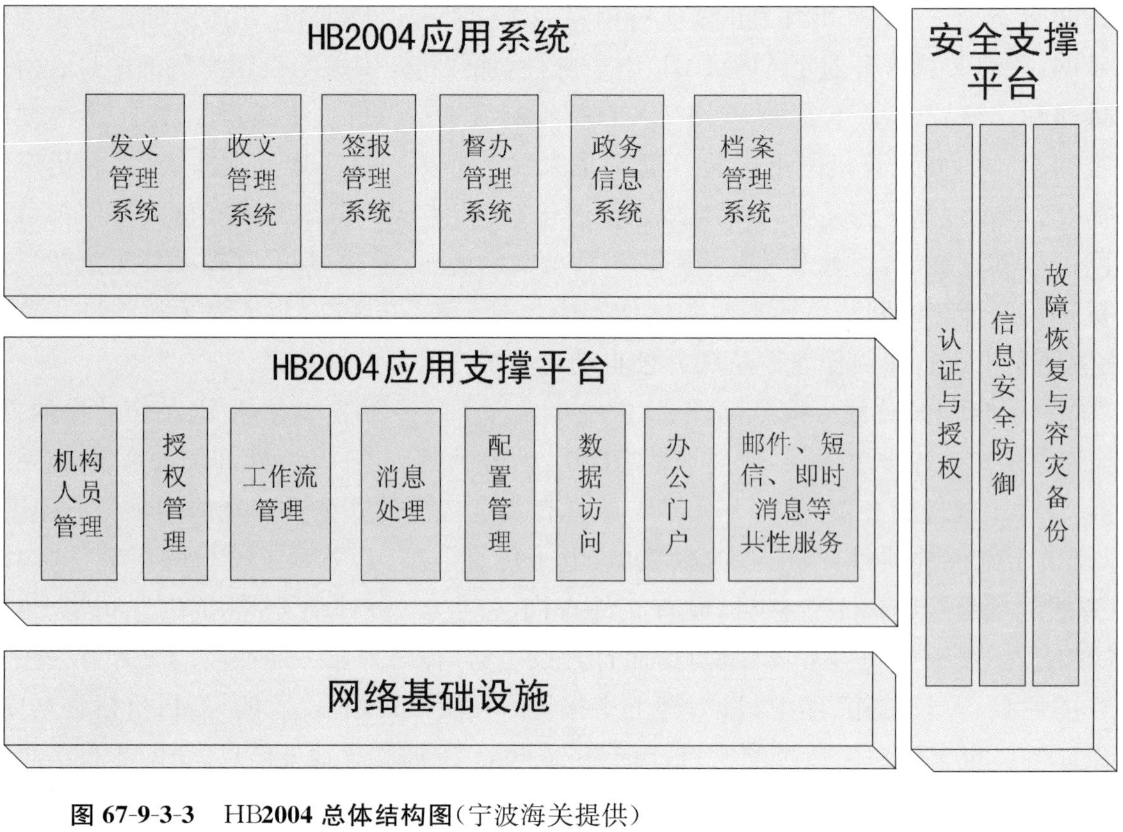

图 67-9-3-3　HB2004 总体结构图(宁波海关提供)

第十章　人事管理与教育

海关人事管理与教育，包括海关人员编制、管理体系、人员管理、队伍管理、薪酬福利、奖励惩戒及教育培训等多个方面。

古代市舶使官或由知州、知府兼领，或由转运司管理。明代钞关监督、主事、员外郎，由户部或工部委派。清代海关监督一般由地方道台或巡抚充任或兼理。清乾隆元年（1736年）始，浙海关专委宁绍台道护理，署衔为“护理浙海钞关”。

近代海关实行外籍税务司制度，遂引进西方的人事管理制度，建立一套较为完整的外籍总税务司垂直领导的管理体系，以洋员为主，各级人员分级管理，各关税务司负有管理其所属职员之责，并统一对总税务司负责，严格按制度办事，奖惩分明，待遇丰厚，成为近代中国行政管理机构中较为严谨、有效和独特的人事管理制度，对保障海关人员的稳定性、提高工作效率及强化人员管理发挥重要的作用。其教育工作除专为海关培养录用华员的学校教育外，还在海关内部开展日常业务训练，以提高人员的业务素质和工作技能。其时，浙海关、瓯海关、杭州关人事教育管理均置于总税务司之下。

民国16年（1927年）南京国民政府成立后，在外籍税务司管理制度下推行关制改革，设立财政部关务署统辖海关，下令不再招用洋员，实行华、洋员平等及提高华员待遇等改革措施。总税务司署遂调整原有人事管理方式，实行华洋平等的人事管理制度，设置典职科专门负责海关人员任用、迁调、奖惩等管理事务。

中华人民共和国成立后，摈弃旧海关的人事管理制度，建立中国共产党领导下的干部人事管理及教育培训体系。海关总署先后制定编制管理、人事任免、干部考核、教育培训、工资福利和奖励惩戒等规定。同时，把教育培训工作列为海关队伍建设的重要内容，始终将发展海关教育事业，作为建立现代海关制度的重要保证，从组织、管理、制度和措施上予以保障和落实。为此，杭州海关、宁波海关①不断完善人员录用和人事管理制度，在组织、标准、优化、规则和选拔环境等方面不断改进，从而保证杭、甬海关人事教育和各项工作的顺利完成。

第一节　人员编制

宋代市舶司多由朝廷委派官员，或地方长官兼任，专职、兼职废设无常。明代北新关、南

---

① 以下杭州海关、宁波海关分别记述时用全称，两关合记时简称杭、甬海关。

新关由朝廷官员主事管理。清代海关监督多由地方长官兼理。近代海关则实行外籍总税务司管理制度，洋员为主，编制亦受总税务司控制管理。中华人民共和国成立后，特别是1980年海关体制改革之后，浙江省杭、甬海关编制主要由海关总署垂直管理。

至2010年，杭州海关人员编制总数为1669人，宁波海关人员编制总数为1314人。

一、市舶司、钞关及海关监督署

五代吴越国纳土归宋后不久，北宋朝廷在接管两浙的同时，组建两浙路市舶司，隶属于两浙转运司，在杭州、明州（今宁波）各置市舶司。杭州市舶司职官由杭州地方行政长官知州和统管地方财赋的转运使共同检视，通判（相当于副知州）为判官，负责日常工作。咸平二年（999年），明州市舶司初设时亦由知州兼。后虽设专职，然废设无常。景德三年（1006年），根据权三司使丁渭上言，两浙路市舶司依"劝农之制"，罢了判官，以知州领使，三班内侍专掌。① 元丰三年（1080年），由转运使兼提举市舶。大观元年（1107年），令转运使或副使兼领杭州市舶司长官，免去知州兼领市舶之职。次年又废，由通判主管。政和三年（1113年），又复置市舶提举。南宋建炎元年（1127年），再罢市舶提举，由转运使兼管，次年复设。绍兴元年（1131年），因温州及附近地区社会经济发展和朝廷增加财政收入需要，在温州设市舶务，归两浙路提举市舶司管辖。乾道二年（1166年），两浙路市舶司撤销，而明州、温州市舶务尚在，改归转运司管理。废市舶提举专职，由转运使提督，知州、通判、知县和监官共同检视。此时的两浙、浙西、浙东转运使又直接掌管两浙路辖区内的市舶务。

宋代市舶司编制，有提举市舶使、判官和监官，前两者或专职，或兼职，后者则为专职，不兼。市舶使属下，除监官外，尚配有专库、孔目、手司、贴司、客司、前后行、专秤、书表司、押纲官等吏员。皇祐元年（1049年）正月至皇祐二年十一月，范仲淹任杭州知府兼杭州市舶使。南宋德祐二年（1276年），文天祥任临安知府兼市舶使。

明宣德四年（1429年），朝廷于杭州府仁和县武林门北十里外的水陆要冲、商旅辐集之地置北新关（亦称"钞关"）和北关南京户部分司，隶属户部。是年，朝廷即委派御史监生及户部官员，按钞法则例，征收船钞。景泰元年（1450年），方令户部主事，于苏、杭二府监收船料钞。景泰六年，罢主事，岁委府官征钞。成化四年（1468年），罢钞关。成化七年又复设钞关，差主事一员监收。同年，朝廷在杭州设南新关，对过往竹木等货物抽分，委派工部主事管理。成化二十二年，差御史，以州府佐二官监收其税。弘治五年（1492年），罢御史，令太监李俊相兼助办。

弘治六年（1493年），朝廷罢府官，专命南京户部差官管理北新钞关，后遂成定制。隆庆二年（1568年），令北新关等7处钞关主事，各铸给关防一枚。

正德十年（1515年），朝廷又命工部主持南新关。据《南关榷事书》载，南新关人员配置，较北新关为多。配有听事吏、听事员、阴阳生、舍人、书办算手、取供书手、正关写单书手、小关写单书手、造册书手、门子、水口看厅门子、渔临关看守分司门子、皂隶、看厂皂隶、轿伞夫、听事夫、铺兵、甲手、军牢、木行人、板行人、竹行人、厂夫、包牌、正关保家、渔临关保家、安溪关保

① 《宋会要辑稿》第八十六册《职官四四》。

家、沙板各小关把门总甲、水口总甲、撑关伙夫、义桥、新坝歇家、外江歇家、外江总甲、纲首、驮木脚夫头、小关保家,共计443人。自成化七年(1471年)至崇祯十二年(1639年)期间,南新关主要官员,计有136人。其中除了职称不详外,以主事任者74人,以员外郎任者27人,由进士任者32人。

清顺治二年(1645年),重置北新关,第一任官员为龚之燧。至顺治十八年,计有20人任职。康熙元年(1662年)从监督祝昌起,至康熙二十二年监督马如龙止,计有30人任职。其中康熙四年至七年期间,由右布政司使、左布政司使、杭州府同知、盐法道等5人先后兼任监管。《北新钞关志》载:北新关配有听事吏员、书办、造册书手、书算手、解户、阴阳生、门子、皂隶、铺兵、听事夫、总小甲、轿伞夫、军牢等吏职。或奉公事役,或应徭役,或掌守栅巡风之役,俱不可缺少,共计115人。当时亦要求下属机构不宜多设吏役,以防作弊。如顺治十年,禁关役包揽报单。康熙四年,禁止各关复用旧役。

康熙二十四年(1685年),宁波设立浙海关,设监督1员(不限满、汉),笔帖式1员。康熙六十一年,裁监督,以巡抚兼理。之后,或委同知、通判监收,或委道、府监收,全由巡抚题委。乾隆元年(1736年)后,专委宁绍台道护理,署衔为"护理浙海钞关"。

咸丰九年(1859年),以外籍税务司制度为管理方式的新关建立后,海关行政管理权主要由税务司掌握,海关监督权力有限,主要包括:对员工的监督(包括洋员,但均无任免、奖惩权)和向海关委派"书办"(记录员)等。光绪三年(1877年)二月,瓯海关监督公署设立,海关监督一职即由温处道(俗称道台)方鼎锐担任,后该职一直由温处道兼任。光绪二十三年六月,杭州关监督公署设立,人员多寡视业务情况而定,一般在20人~30人之间。

宣统二年(1910年),50里内常关划归浙海关税务司兼管以后,江东浙海常关的编制设为:稿书,办理各衙门关务往来一应公文函件起稿等事;书识,掌管一切案卷,收发往来文件函牍登号查档等事;算书,核算逐日税数、月报、季报,奏销各册收支数,校对银号缴簿,造具库簿,管理一切账目;册书,造办关税报销部院各衙门册籍;贴写,缮写各项公文告示、函件,单摺等事。另设听差、走差、厨子、管门、水火夫、刷子匠、刻字匠等,共计23人。

民国6年(1917年)6月,杭州关监督公署配有监督、科长、一等科员、二等科员、三等科员、一等雇员、二等雇员、工役,共计30人。民国12年11月,杭州关监督公署共计25人。民国19年3月,原浙海关监督公署管辖的50里外常关及所属旁口分卡,划归浙海关税务司,乍浦等口改称分关。翌年1月15日,国民政府关务署发布训令:所有由各关监督派在各海关或五内常关代表办事之委员,应自本年二月份起,悉予裁撤,不得再行支领津贴。

民国26年(1937年)9月,国民政府决定裁撤全国各关监督公署,仅留监督一员驻各海关。同时,公布《海关监督办事暂行规程》,规定海关监督只有监督关务、提出改善之意见、会同税务司与地方机关洽商有关关务等职权。次月,瓯海关监督公署撤销。民国27年2月,杭州关监督解职。民国34年1月,全国各关监督又奉令裁废,浙海关、瓯海关监督一职亦即撤销。

二、近代海关(新关)外籍税务司制度

中国近代海关(新关)实行洋员为主的外籍总税务司垂直管理制度。时浙江设立浙海关

(新关)、瓯海关、杭州关。所设各关税务司均由总税务司任命,并服从总税务司指挥,对于来自其他中央或地方部门的命令,一般不予执行。很长一段时期内,浙海关、瓯海关、杭州关税务司及高级职员如帮办、监察长(曾称总巡)等皆由外国人担任,华人一般只担任中下级职务。

清咸丰十一年(1861 年)四月,清政府在宁波设立浙海关(新关)。八月十五日,总税务司就"各口岸外班人员的组织及其配置(编制)"致函浙海关副税务司乔治·休斯,核定宁波口的人员编制为:外班设头等验估 1 名、二等验估 1 名,头等验货 1 名、二等验货 3 名,头等钤字手 2 名、二等钤字手 2 名,三等钤字手 4 名;内班设税务司 1 人,在出缺时以副税务司、代理税务司代理,或以帮办署理;高级帮办 1 人、低级帮办 1 人、通事 2 人、书办若干人。

光绪三年(1877 年)一月,海关总税务司赫德(Robert Hart)委派英国人好博逊担任即将设立的温海关税务司。二月,温海关(后改称瓯海关)建立。瓯海关执行总税务司所规定的全国海关统一人事制度:内部人员划为内班、外班两部分,内班人员包括税务司、副税务司、帮办、税务员(原称供事)等,外班包括监察长(原称总巡)、监察员(原称三等总巡)、稽查员(原称钤字手)、验估员(原称验估)、验货员(原称验丁)等。这些职位中又分若干等级,内、外班各等级分别达 20 余项之多。下级必须绝对服从上级,成为新关的传统制度。

杭州关筹建时,计有 9 人:税务司、帮办、供事、文案、听差各 1 人,轿夫 4 人。光绪二十二年(1896 年)八月,杭州关设立,人员 20 名。其中,洋员 7 人、华员 13 人,各占职员总数的 35%和 65%。华员最高职务是同文供事、文案和书办等,而高级职员如税务司、帮办等均由洋员充任。开关后,正式办理海关业务,人员编制亦随之增加,翌年 6 月,增至 36 人。光绪二十五年六月,杭州关人员编制增至 78 人。光绪三十一年六月,由于开办邮政业务,杭州关人员激增至 200 人,主要是未列入"职员录"的邮政局人员。宣统二年(1910 年)五月,杭州关实有人数增至 302 人,主要是邮政局下属机构人员增加。此时,杭州关本关人员亦略有增加,计 95 人,是该关历年实有人数最多的年份。宣统三年,杭州关将邮政事务移交地方邮政局,人员编制从上年的 302 人,减至 91 人(含厘捐和嘉兴分关的人员)。此后,杭州关人员在 70 人～80 人之间浮动。

民国 3 年(1914 年),浙海关税务司洋班、华员分工:外籍帮办在征税汇办处工作;华员同文供事,负责各部门办公事宜;华员帮办,负责部门工作;钤字手,监督港内每天轮船上的工作;4 名一、二等验货员,在 4 座码头验货,在浙海关码头的验货员每天需花 2 小时～3 小时去邮局检查邮包;2 名验货员负责镇海和江东分关稽查工作。民国 21 年 5 月,浙海关税务司裁减职员,裁员总数为税务员 1 名、稽查员 5 名,其中 3 名在采用新发《任职条例》时已解雇。

民国 19 年(1930 年)6 月,杭州关人员为 71 人。民国 20 年裁撤厘金局,民国 22 年裁撤嘉兴分关,杭州关人员骤减。至民国 26 年 5 月,杭州关仅有 33 人。民国 27 年,日军占领杭州,杭州关被迫撤至外地,后至上海,仅有税务司只身 1 人。

至民国 37 年(1948 年)8 月,浙海关编制为:代理税务司 1 人;总务课,税务员 3 人;文书课,税务员 3 人、书记 1 人;会计课,税务员 3 人、查缉员 1 人;监察课,监察员及副监察员各 1 人、副验货员 1 人、稽查员 3 人;验估课,验估员 1 人、副验货员 3 人;港务课,兼代港务长 1 人。镇海支关主任 1 人、副验货员 1 人、稽查员 2 人。

三、杭州海关、宁波海关编制

（一）杭州海关

1979年1月2日，杭州海关设立，其人员编制最初隶属浙江省人民政府管理。1月17日，浙江省编制委员会同意列入行政编制20人。9月5日，浙江省编制委员会同意杭州海关增加编制10人。1981年7月1日，按中央机构编制委员会办公室（简称中编办）和海关总署《关于收回各地海关人员编制的通知》，杭州海关人员编制改归海关总署管理。12月19日，杭州海关增编8人，用于从其他海关调入业务干部。次年9月1日，杭州海关增编5人。1983年10月22日，杭州海关又增编10人，人员总编制共53人。

1984年2月13日，为适应对外贸易发展、利用集装箱运输和提高经济效益，杭州海关增编52人，人员总编制达105人。海关总署要求按实际工作需要进人，严格掌握用人标准。要求招收政治思想好、身体好、年纪轻，具有大专文化程度的干部和专业相近的大中专毕业生，以提高队伍质量。1985年2月15日，增编20人，连同原有编制，人员总编制共为125人（不含事业编制）。6月，因杭州海关升格为厅局级直属海关机构，海关总署核定杭州海关人员编制总数为353人，其中杭州海关为125人，宁波海关为115人，温州海关为113人。杭州海关进人指标为293人，不得超过；如超过控制进人数，须提出理由报经海关总署批准。

1986年6月5日，海关总署根据国务院、中央军委批复，决定设立舟山海关，下达人员编制为80人（包括原沈家门监管站6名编制）。11月26日，海关总署鉴于杭州海关接收海关专业毕业生及筹建舟山海关、温州海关增加旅检业务和加强货管后续管理等实际情况，核定杭州海关控制进人数增为404人。1989年1月20日，海关总署下达嘉兴海关、绍兴海关人员编制各为50人，湖州办事处为30人。筹备期间，嘉兴、绍兴海关编制各为7人，杭州海关驻湖州办事处编制为5人。1月24日，海关总署批复《杭州海关"三定"方案》，核定杭州海关至1990年底的人员编制总数为475人（筹建海关按其编制总数的15%下达，剩余编制待开关前另行报批）。

1991年1月10日，海关总署批准镇海海关编制为70人、宁波海关驻经济技术开发区办事处编制为40人，筹建期间，编制各为20人和10人。6月27日，"海关706"缉私艇增编14人。1992年1—9月，海关总署陆续为缉私船员编制、接收海关院校毕业生等，以及镇海、宁波、宁波经济技术开发区办事处三海关增加编制，核定杭州海关人员编制总数为762人。10月29日，海关总署贯彻中共中央、国务院"精简、统一、效能"原则，加强海关机构、编制管理，下发《海关机构、人员编制管理暂行规定》，规定人员编制管理。12月15日，海关总署又下达人员编制60人，杭州海关人员编制总数计822人。

1993年，海关总署增加湖州海关、宁波海关驻保税区工作组、宁波海关驻经济技术开发区办事处和温州经济技术开发区海关等四海关机构人员编制130人。连同原有编制，杭州海关人员编制总数达952人。1994年3月11日，海关总署下达杭州海关驻萧山办事处人员编制规模为60人（筹建期间编制6人）。12月28日，下达温州海关驻鳌江办事处人员编制规模为 30 人(筹建期间编制 5 人)。杭州海关人员实际编制计 963 人。

1995 年 1 月 1 日,宁波海关与杭州海关的隶属关系正式变更,宁波海关升格为副厅级海关总署直属机构。1 月 14 日,根据海关总署《杭州海关机构改革“三定”方案》的批复,杭州海关人员编制总数调整为 666 人。2 月 14 日,海关总署预拨杭州经济技术开发区海关机构编制 20 人。2 月 24 日,海关总署下达杭州海关驻余杭办事处人员编制规模为 60 人(筹建期间编制 5 人)。3 月 3 日,温州经济技术开发区海关开关,增编 15 人。6 月 9 日,下达金华海关和杭州经济技术开发区海关筹建期间编制各为 5 人。9 月 19 日,下达温州海关驻机场办事处编制 20 人。29 日,为加强加工贸易监管力量,增加稽查、保税人员,杭州海关增编 10 人,其人员编制总数为 751 人。1996 年 8 月 30 日,海关总署下达杭州海关驻富阳办事处人员编制规模为 40 人。11 月 25 日,海关总署核定杭州海关人员编制总数为 771 人。1997 年 7 月 7 日,确定嘉兴海关驻乍浦办事处筹建期间编制为 5 人。至此,杭州海关人员编制总数达 776 人。

1998 年 5 月 14 日,杭州海关增加编制,用于信管、稽查、审计、办公室、知识产权、监察、防伪、财务、统计、审价、保税等工作,人员编制总数计 887 人。12 月 12 日,海关总署批复:杭州海关走私犯罪侦查分局及 6 个支局的编制规模为 260 人,首期下达编制 182 人,杭州海关人员编制总数增至 1069 人。1999 年 2 月 11 日,海关总署、中央机构编制委员会办公室、人事部以署人〔1999〕116 号文,下达杭州海关走私犯罪侦查分局编制 195 人。

2000 年 12 月 7 日,根据《海关总署关于杭州海关机构改革方案的批复》,杭州海关关区人员行政编制总数仍为 1069 人,其中海关人员编制 887 人、杭州海关走私犯罪侦查分局及 6 个支局人员编制仍为首期定编数 182 人。

2001 年杭州海关增编 45 人,侦查人员调整为 152 人,至总数 1084 人。2002 年 11 月,海关总署核定杭州海关编制总数为 1194 人。2003 年,核定杭州海关缉私警察编制 257 人。2005 年 7 月,海关总署为杭州海关增加人员编制,专项用于杭州萧山机场海关及人员严重短缺的机构,杭州海关人员总数为 1401 人。2006 年,杭州海关缉私局增编 17 人至总数 274 人。2007 年,杭州海关缉私局增编 11 人至 285 人,杭州海关(不含缉私警察)分别增编 47 人、67 人至 1268 人。2008 年,杭州海关缉私局实际编制 280 人;杭州海关编制(不含缉警)调整为 1339 人,增加 71 人。2009 年,杭州海关增编至 1379 人,以满足加强一线监管岗位及新设海关机构的需要。2010 年 9 月 16 日,杭州海关缉私局增编 10 人至 290 人。至此,杭州海关人员编制总数为 1669 人。

表 67-10-1-1　　1979—2010 年杭州海关人员编制一览表

单位:人

年份	编　制	年份	编　制
1979	30	1981	38
1980	30	1982	43

续表

年份	编　制	年份	编　　制
1983	53	1997	776
1984	105	1998	1069(其中海关人员 887 人,侦查人员 182 人)
1985	353	1999	1082(其中海关人员 887 人,侦查人员 195 人)
1986	433	2000	1069(其中海关人员 887 人,侦查人员 182 人)
1987	456	2001	1084(其中海关人员 932 人,侦查人员 152 人)
1988	456	2002	1194(其中海关人员 1042 人,侦查人员 152 人)
1989	475	2003	1305(其中海关人员 1048 人,缉私警察 257 人)
1990	475	2004	1305(其中海关人员 1048 人,缉私警察 257 人)
1991	787	2005	1401(其中海关人员 1144 人,缉私警察 257 人)
1992	822	2006	1428(其中海关人员 1154 人,缉私警察 274 人)
1993	952	2007	1553(其中海关人员 1268 人,缉私警察 285 人)
1994	963	2008	1619(其中海关人员 1339 人,缉私警察 280 人)
1995	751	2009	1659(其中海关人员 1379 人,缉私警察 280 人)
1996	771	2010	1669(其中海关人员 1379 人,缉私警察 290 人)

资料来源:根据杭州海关历年人员编制统计数据整理。

说明:历年数据皆为截至年末数字;各海关人员包括所属海关及办事处;1995 年 1 月 1 日起,宁波海关直属海关总署,杭州海关不再统计其数据。

(二)宁波海关

1976 年 7 月 22 日,浙江省革命委员会批准成立宁波海关。11 月 6 日,宁波地区革命委员会根据省革命委员会的批复决定,宁波海关编制按精兵简政原则及宁波港建设进展情况,暂定为 25 人。1978 年 9 月 23 日,国务院下发《关于建立中华人民共和国宁波海关的批复》通知,正式同意建立宁波海关,隶属于宁波市外贸局,是年暂先配备 60 人。1979 年 3 月 10 日,国务院发文核定宁波海关编制为 100 人。11 月,宁波海关实有在编人数 34 人。

1980 年 2 月 9 日,国务院设立海关总署,决定全国海关建制改归中央,实行以中央管理为主的体制。宁波海关于同年从宁波市外贸局分出,直属海关总署领导,为处级海关。1983 年 12 月底,人员编制增至 49 人,其中办公室 14 人,货管科 25 人,查私科 4 人,沈家门监管站 4 人,关长 2 人。

1986 年 5 月 5 日,海关总署同意宁波海关增加船员编制 15 人,连同原有编制,宁波海关总编制为 115 人,控制进人数为 105 人。

20世纪90年代，随着宁波地区外向型经济的迅速发展和海关派驻机构、隶属机构的设立，宁波海关人员编制相应增加。1990年2月8日，国务院口岸领导小组同意宁波海关增编27人。是年底，宁波海关实有人数140人。1991年经杭州海关核定，宁波海关编制数为142人，临时工7人。1994年12月2日，海关总署发文，宁波海关调整为海关总署直属机构，总编制为582人。

1995年1月1日，宁波海关正式直属海关总署，并升格为副厅局级海关，实有在编人数344人，其中宁波海关本关179人，派驻机构165人。1996年，宁波海关编制总数为439人。1997年，宁波海关人员编制数为514人。1998年，宁波海关编制总数为714人。1999年，宁波海关编制总数不变，而海关人员调整为514人，侦查人员调整为200人。2000年，宁波海关编制为624人。2001年，宁波海关编制总数为692人。

2002年5月10日，宁波海关升格为正厅局级直属海关机构。海关总署人事教育司下发人教函〔2002〕364号，宁波海关编制总数为746人。2003年，宁波海关编制总数为782人(海关人员662人，缉私警察120人)。2004年，宁波海关编制总数为813人。2005年，宁波海关编制总数为874人。2006年，宁波海关编制总数为968人。2007年，宁波海关编制总数为1152人。2008年，宁波海关编制总数为1175人。2009年，宁波海关编制总数为1302人。至2010年，宁波海关编制总数为1314人。

表67-10-1-2　　1976—2010年宁波海关人员编制一览表

单位：人

年份	编　制	年份	编　制
1976	25(暂定)	1987	115
1977	25	1988	115
1978	60(暂先配备)	1989	115
1979	100(实有在编34人)	1990	142(增编27人)
1980	100(直属海关总署，正处级)	1991	142(另临时工7人)
1981	100	1992	142
1982	100	1993	142
1983	100(实有增至49人)	1994	582
1984	100	1995	582(实有在编344人)
1985	100	1996	439
1986	115(含船员增编15人)	1997	514

续表

年份	编　　制	年份	编　　制
1998	714(其中海关人员 361 人,侦查人员 353 人)	2005	874(其中海关人员 754 人,缉私警察 120 人)
1999	714(其中海关人员 514 人,侦查人员 200 人)	2006	968(其中海关人员 834 人,缉私警察 134 人)
2000	624(其中海关人员 514 人,侦查人员 110 人)	2007	1152(其中海关人员 998 人,缉私警察 154 人)
2001	692(其中海关人员 582 人,侦查人员 110 人)	2008	1175(其中海关人员 998 人,缉私警察 177 人)
2002	746(其中海关人员 662 人,侦查人员 84 人)	2009	1302(其中海关人员 1110 人,缉私警察 192 人)
2003	782(其中海关人员 662 人,缉私警察 120 人)	2010	1314(其中海关人员 1122 人,缉私警察 192 人)
2004	813(其中海关人员 693 人,缉私警察 120 人)		

资料来源:根据宁波海关历年人员编制统计数据整理。

说明:历年数据皆为截至年末数字。各海关人员包括所属海关及办事处。

第二节　人员管理

海关的人员管理,包括录用、考核、晋级、职称、关衔等。特别是进入近代,新关建立后,从简单到系统,形成一系列带有海关行业特色的人员管理制度。中华人民共和国成立后,尤其是改革开放 30 多年,随着海关事业的发展,杭、甬海关队伍的壮大,人员管理日臻完善。

一、录用

(一)市舶司及明清海关

宋代,因市舶司税收丰厚,市舶职务被视为“肥缺”。提举市舶使多由朝廷委派,由京官、宦官充任。担任提举市舶使,须有一定的资格。如北宋仁宗(1023—1063 年)时,规定兼任市舶使的知州,必须有少卿以上职官的资格,否则不得兼任。南宋高宗(1127—1162 年)时,规定市舶库的监管人员,应由未犯过赃私罪的文武官员担任。市舶司官员,在一定情况下,亦有从他处市舶司转来的,绍兴十八年(1148 年),命令从明州(今宁波)、秀州(今嘉兴)、华亭(今上海)三处市舶务监官中,除正官以外的添差官中,选派一员作为移差官去温州、江阴等地市舶务任专职监官,主管抽买舶货、收支钱物。至于吏员,重要职位往往由京城委派的提举使带来的亲族或亲信充任。元代,市舶提举使由朝廷委派,基本由蒙古人担任。至明代则多由中官担任。

清前期海关监督所任多为内务府满人,个别任用汉人。同时,朝廷对海关官员的配备作出更多规定。康熙八年(1669 年)规定,应以六部俸禄较高、资历较深的官员轮流担任关差;已担任过关差的官员,不准连续充任。康熙三十六年,令海关差赴任,皆应按照各衙门事例办理,原有吏属应继续使用,不准官员私带亲信,长期占据总务课、库房等主管工作,否则严加惩处。康熙五十二年,进一步规定,各部出任海关官员,是否带家眷赴任,应考虑该关实际工作情况需要。海关官员多带家眷赴任,以及任满返京又不及时(限 2 个月内)具呈申请考核的,自发觉之日起,立即交部治罪。

(二)浙海关(新关)

近代海关人员分为洋员和华员两大部分,而洋员在人事录用等诸方面居优越地位。各口中级、高级海关洋员招募选用,全由总税务司赫德一人决定。赫德的录用原则是:个人的效率,特有的才能和国籍,是人员募选首先考虑的条件。至于下级洋员,如缉私艇船长、巡丁头目、巡丁等人员,由本口税务司挑选,经海关监督批准,发给任命书。同治三年(1864 年),宁绍台道、浙海关监督史致谔发给浙海关下级洋员委任状和免职书多件。如是年二月初三,发给署巡丁头目培克·麦罗纳,巡船船长三怀士,巡丁阿·密士、安德森、斯惟纳、毛列、福列士、爱图活兹等人喻单(委任状)。三月初三,巡丁斯密士、布尔士、钮伯里三人退职,收回任职喻单。十月初一,巡丁福列士退职,缴还喻单;发给巡丁曾格斯喻单。十月二十一日,发给巡丁德美斯喻单。华员,如内班供事、文案等职员,由浙海关税务司通过考试录用。外班水手、称货、更夫、听差、匠役等,则由浙海关税务司在本地招募。职员录用都须经过严格考试,相当认真。应试者要求年富力强,内班年龄限制在 19—23 岁,外班不超过 30 岁,均应未婚。内班人员需要受过普通高等教育,或者毕业于税务专科学校,体格检查不及格者,不予录取;外班人员录用不着重于学科成绩,而以身体健康及品德良好为主。

光绪三十四年(1908 年),总税务司署税务处宣布成立税务学堂,辛亥革命后改名为税务专门学校(简称税专),专门培养中国海关高级税务人员。税务学校的毕业生须先到海关见习 1 年,然后按成绩、才能,分别选用。民国 14 年(1925 年),总税务司规定,税务学校毕业生见习 1 年期满后,按照其毕业和见习成绩,分为三等任用:选择成绩优异的见习生数人,录用为四等后班帮办;成绩优良的见习生,或者因帮办额满而无法升补的优秀见习生,录用为三等中班供事;成绩良好的见习生,录用为三等后班供事。

民国 18 年(1929 年)2 月,关务署训令总税务司遵行关于海关自主的规定,不再录用洋员。聘请专门技术人才,须在华员中选择;倘无合格人员,应先呈请核准,才得任用洋员。华员内班人员的录用,皆需要普通大学毕业或海关、税务专门学校毕业。如后任浙海关代理税务司的陈善颐在北京税务专门学校毕业后,即在浙海关见习。

民国29年(1940年),浙东海岸被日军封锁,关船无法出海,且有些关船又被日军飞机炸沉,使大部分船员无事可做。于是浙海关颁布《关船下级员役暂准离职留资办法》,规定:在暂准离职留资期内(即留职),仍准列名海关员役名单;在暂准离职留资期内,得自由在任何处所暂时另谋职业;在暂准离职留资期内,得按月向关依照原薪额支领半薪,但其他津贴及年终奖金等项,均停止发给;在暂准离职留资期内,应将其永久通讯处,向浙海关税务司报明。抗日战争胜利后,民国34年9月,总税务司发出第6947号通令:凡战时留资停薪(指沦陷时期)之关员,应予复职;所有自愿为日伪海关工作的洋员,一律辞退;所有在沦陷时期所招收的华员、杂项公役,一律革斥;在沦陷期间留任华员,降职使用。浙海关根据此令,洋员仅留英国人1人,华员中曾任伪股长的3人,降职使用。至于战时留资停薪的工役,则予复职。宁波口原有公役均于民国31年3月间浙海关停闭时给资辞退。浙海关在接收时,对于在伪"海关转口税宁波征收所"之工役,凡在民国30年12月8日(即太平洋战争爆发之次日,中国正式向日本宣战之日)以前入关者,奉令予以继续留用。

(三)杭州关

杭州关第一任税务司由总税务司遴选英国人李士理担任。此时在华员中,只有录事等低级职员,才由杭州关监督录用和调配,其高级职员录用和调配,概由总税务司决定。

第一次世界大战爆发后,中国政府于民国6年(1917年)对德奥宣战,杭州关税务司按总税务司令,将德、奥国籍7名职员辞退,部分协约国关员亦应召回国参战,因此,洋员比例下降。此时,外勤部门稽查员和税务部门帮办,始允许华员担任,但在少数之例。总税务司为此发出通令称,华籍稽查员是用以外籍人员之不足,他们有赖于外籍人员的领导,必须在外籍人员的指导和管理下工作,正与内勤人员中的中外籍帮办之间的关系相类似。他们的地位尚待确定。

民国16年(1927年),社会各界和海关华员要求收回海关主权、提高海关华员地位的呼声日高。海关总税务司迫于各界呼声和形势的压力,拟定关制改革办法,以缓和华员与洋员之间的矛盾,作出一些调整和让步。财政部关务署于民国18年发布通令称:"今后除特别技术人员外,海关不再招募洋员;今后华员在定级、晋升中,原则享有同等机会。"据此,杭州关洋员比例下降。同年3月,华籍人员何智辉第一次出任杭州关税务司。外班中,仅挪威籍、葡萄牙籍洋员分别担任技术性较强的监察长和验货员。其后,仅民国22—23年,由英籍克勒纳担任税务司外,其余年份,内、外班人员皆由华员担任。

民国初期,杭州关监督多由浙江省财政司长(厅长)兼任,间或有专职监督。杭州关监督公署,从清光绪二十二年(1896年)起至民国26年(1937年)裁撤海关监督止,共计有41任海关监督。

民国34年(1945年)8月,日本投降后,原伪"杭州关转口税局"总务课长王义福,按国民政府总税务司署驻上海办事处指示,于23日接管伪"杭州关转口税局"。10月9日,王义福被总税务司署驻上海办事处任命为杭州关暂行代理主任,至12月,杭州关裁撤。

（四）温州海关、宁波海关和杭州海关

现代海关录用是指在规定的编制限额内有相应职位空缺时，为补充担任主任科员以下及其他相当职务层次的非领导职务公务员，按法定条件、程序和德才兼备标准，采取公开考试、严格考察、平等竞争、择优录取办法，面向社会吸纳人才进入公务员队伍的一种人事管理制度。录用原则为公开、平等、竞争、择优。

中华人民共和国成立初，上海海关宁波分关、温州分关除留用旧海关人员外，统一按国家有关规定录用工作人员。

20 世纪 70 年代，温、甬、杭海关建关初期，在人员录用上，主要是从其他海关调入海关业务骨干和招收干部。1978 年宁波海关成立，当时有 26 名干部，主要来自调干、复退军人、知识青年及高中毕业生。1987 年始，为提高海关干部素质，改善干部队伍文化结构，宁波海关实行公开考录录用干部。1989 年，杭州海关制定《选调干部实施办法》。

1989 年 5 月 9 日，海关总署转发人事部《对海关总署试行公务员制度实施方案的批复》，杭州海关结合思想动员、骨干培训等工作，组织全体干部认真学习《国家公务员暂行条例》及配套法规，掌握国家公务员制度基础知识。1990 年 6 月 28 日，杭州海关进行公务员过渡试点工作。经职能分解、职位调整、科学合理设置职位，对每一职位按照职务分类原则和工作性质、繁简难易、责任大小、所属资格进行分析评价，明确每一部门的职责、任务与层次比例。全关区 415 人参加公务员过渡试点考试，除 1 人外，其他人员考试成绩全部合格。

1991 年底，为增加招干录取透明度，杭州海关在《杭州日报》刊登招干启事，报名者达 1000 余人，符合报考条件者 600 余人，经过录用制度的各种程序，录取 21 人。

1992 年 9 月 19 日，海关总署印发《海关系统录用公务员暂行规定》，对录用、审查、考试、考核、录取与试用等方面皆作出规定，使录用人员更加制度化。

1996 年 7 月 16 日，杭、甬海关按海关总署人事教育司“关于从以工代干人员中择优录用公务员”的精神，通过严格考试、考核并经海关总署批准，杭州海关总关计有 10 人被录为公务员。宁波海关则挑选在“以工代干”中较快适应业务发展而成长为管理人才和技术人才的人员录用为公务员。

1999 年，杭州海关首次参加国家人事部、海关总署统一组织的国家公务员录考，并按海关总署和杭州海关党组意见做好组建走私犯罪侦查分局、支局的人员考核选调工作，关区全年经各项考核，新录用干部职工 84 人。2000 年，杭州海关继续坚持公开透明、凡进必考、择优选录原则把好进人关，通过公开招考全年共招录干部 56 人。宁波海关接收海关院校毕业生 3 人，对外经贸大学海关系毕业生 2 人，另招收应届毕业生 25 人。2001 年，宁波海关从浙江省范围内公开考试录用计算机、电子、法律、财会、航海、机电、纺织等专业公务员 40 人。2002 年，宁波海关考录应届大学毕业生 70 人。2003 年，宁波海关招录应届大学毕业生 71 人。2004 年，宁波海关招录大学毕业生 48 人（不含上海海关高等专科学校毕业生，其中海关 40 人，缉私局 8 人）。2005—2006 年，宁波海关公务员录用数分别为 85 人、94 人，2007 年录用人员达 120 人。2008—2010 年，宁波海关公务员录用人员分别为 177 人、65 人、65 人。

二、考核

宋代，朝廷对市舶司官员订有考核制度，市舶司官员须到中央部门供职一定期限予以考察。天圣八年(1030年)，朝廷命各市舶司选送3人供枢密院任差出使臣。如任满3年确实廉洁、谨慎，毫无因公私而触犯有关规定，由本路副转运使保奏，给予奖励。此外，官员任期满须上缴在任期间的征税册籍，作考核之用。

清代，朝廷实行定额税制考核各关口业绩。浙海关设立后，海关监督1年任满回京，须于3个月内起解税银具呈考核。如该官员迟延不交纳收税册籍，提请考核，则暂停升转，待考核完毕，始能照常升用。除缺欠钱粮照例处分外，若已经以缺额请求过放宽期限而仍短缺税额的，依渎职罪例革职。所缺钱粮数交该旗勒令以其家产追还。考核标准，即任期关税上缴金额，清廷曾修改数次。乾隆六年(1741年)、乾隆十四年，均做过议定，最后以雍正十三年(1735年)所定为准。浙海关上缴的税额为白银3.2万两。嘉庆二年(1797年)，命核减各关盈余税额。北新关定为白银6.5万两。道光六年(1826年)，浙海关之税收起额白银5.7万余两。次年，达白银5.96万两。道光十年，确定各类盈余税银以六成为额内，四成为额外，核准其溢额、绌额，为考核功过的数据，以此作为奖惩依据。

咸丰九年(1859年)，建立外籍海关税务司制度。咸丰十一年，清政府总理衙门正式任命李泰国为海关总税务司后，要求总税务司对海关所雇用外籍税务司及其他洋员进行业绩评估和考核。《大清国海关管理章程》规定，总税务司遴选及任用税务司和副税务司的考核重点课目为：工作能力、历任职务及资历、品德性情、汉文知识、特殊资格和国籍等。总税务司要求各税务司或副税务司对海关职员施行年终考绩报告制度，每年底对关员工作实绩、行为品德、工作技能、文化水平等方面实况考核并向总税务司呈报，须作为对海关人员任命、调迁、晋升等的必须参阅文件。总税务司署还规定洋员帮办须参加汉文等级考试，并作为洋员考核和免职、解职或不晋升职务等处理的依据之一。

杭州关税务司亦按规定，对职员进行考绩。每年12月1日，杭州关税务司将列名“职员录”职员的考绩报告，按规定格式秘密填报，径报总税务司。总税务司署典职科按报告逐项研究，并将考核结果用符号填注于特备的“职员录”的关员姓名之内。成绩特优者择优提前晋升，以示鼓励；成绩欠佳者则延缓晋级；其余关员则按年资晋升。光绪二十九年(1903年)五月，杭州关税务司按总税务司署要求，对10名内班、外班华员进行考核。杭州关税务司考核内容填写的是：在“适合做何种工作”栏内，有10人填写适合做总务和会计工作，有2人填注不适合做会计工作；在“工作能力”栏内，有4人填写为优，1人为良，2人为中，1人为可；在“品行”栏内，有5人填写为优，2人为良，1人为中；在“能否提拔”栏内，均填写为可以。

为提高海关工作效率，考核关员业绩，总税务司署编辑各种办事细则(时称《诫程》)，规定每个关员的职责范围，使每人职有专司，无从推诿，赏罚分明，工作效率得以保证。并建完整人事档案且经常考核，使事事有案可查，以作晋级加薪、甄拔人员标准。按总税务司通令：浙海关职员必须于每年底填报年终考绩报告，内容分德、才、能、知4项。

当时瓯海关税务司对关员实行秘密考绩，每年年终时由主管人员填写考绩报告。经考绩合格后，每两年由税务司报请总税务司批准晋升一级，提高薪金。海关总税务司署对正式关员每年皆编印“海关职员人名录”，凡在其中列名者，均可享受休假、退休等待遇。其任免、奖惩、各关区之间调动等事宜，亦须由总税务司批准。至于非列名人员如办事员、水手、勤杂工等，则由各关自行管理，在编制范围之内，税务司有权雇用或解雇。

民国16年(1927年)国民政府奠都南京，10月27日，财政部关务署即了解海关情况，要求杭州关监督公署报告杭州关人员情况。考核内容包括国籍、职务、学历、年龄、特长等方面，并要求对每种职员写出评语。杭州关监督向关务署报告的评语：税务司是廉洁，总巡是廉达，帮办是敏干，供事是持重，文案是练达，会计员是勤奋，稽查员是诚笃等。

民国18年(1929年)，总税务司3899号通令规定新的关员纪律，各种过失分为甲、乙两类。违犯的重者革职，轻者经处分记入考核档案。其后，年终考绩报告内容改为：品行、学识、工作、才能、健康及迁移等6项。华员副税务司及帮办增加“操作”一项。考绩报告由税务司作总评语后，汇送总税务司。巡缉及海务部门人员的年终报告，则送由海务巡工司转呈。当税务司核定评语较差，关系到某一关员的停止晋级或免职处分时，税务司须亲自找本人谈话，在了解情况后作慎重处理。杭州关按总税务司规定，把年终考绩又改分为内班和外班，考绩内容有品行、学识、工作、操行、才能、健康情况。此项考绩制度，一直实行到杭州关闭关止。

抗日战争时期，重庆总税务司署制定月度业务检讨会议制度及工作进度月度考核办法，视实情分别予以奖惩。抗日战争胜利后，海关通行的晋级考核分为6项：智力、办事能力、是否负责、态度与仪表、工作表现、一般操作等，由负责部门用百分制给以评分。海关年终考核报告制度一直延续至民国35年(1946年)。

中华人民共和国海关成立后，海关对工作人员考核由主管部门及其所在单位依据管理权限，按照一定程序和方法，对所管理海关人员的思想品德、业务素质和能力、工作作风、履行岗位职责和完成工作目标任务、廉洁自律等方面情况进行全面考察和评价，重点考核工作实绩，并将考核结果作为关员奖惩、职务升降、培训和辞退的重要依据，以此实现有效管理。

1950年9月，上海海关宁波分关实行海关总署颁发的《关于建立海关员工定期考绩鉴定制度》，年终对每位员工进行一次鉴定，检查总结一年来员工政治思想表现和工作、学习情况，肯定成绩，指出缺点和不足，明确努力方向，以达到准确了解、教育和使用干部的目的。

浙江省各海关建关初期，考核干部主要采取平时考核与年终考核相结合的方法，结合年终鉴定，对干部德才表现作出客观、公正评价，为了解和使用干部提供依据。1986年10月4日，海关总署下发《关于开展年终干部评议考核工作试行意见的通知》，决定自该年起对直属海关领导干部进行一次民主评议，对中层干部进行一次全面考核。杭州海关据此精神，定期进行考核工作，使年度干部考核逐步走上正轨。年度考核采取本人述职、民主评议、要素测评等考核方法，做到组织考核与个人述职相结合、考察工作实绩与考察德才素质相结合、定性考核与定量考核相结合。同时建立干部考绩档案，严格执行岗位责任制与工作目标制。

1988年10月12日，海关总署下发《海关干部考核暂行办法》，要求考核工作应贯彻民主、公开、客观、公正原则。考核分平时、年度、晋升、见习和试用期5类考核。年度考核，分为优秀、称职、基本称职、不称职4个档次。

1994年，宁波海关根据《海关总署关于执行〈国家公务员考核暂行规定〉的实施办法》进行全员年度考核和民主评议工作。此次考核以工作人员职位职责和年度工作目标为依据，以德、能、勤、绩为主要内容，采取行政领导考核和群众评议相结合的方法，按关领导班子及成员、科以上领导干部和一般干部职工3个层次进行。考核情况除作为奖金发放依据外，并作为评定先进、晋升工资、评审职称和提拔使用的依据。1995年，宁波海关考核贯彻《国家公务员考核暂行规定》，深化人事制度改革，为机构调整后干部的使用提供重要依据。

1999年8月18日，为确保贯彻“依法行政，为国把关，服务经济，促进发展”的海关工作方针，落实国务院关于“管住自己的人，把好国家的门”的指示精神，加强直属海关领导班子建设和对一把手监督力度，海关总署建立直属海关关长进京述职制度，海关总署党组对述职人作出同意、基本同意、不同意3种评议结果，并将考核结果作为调整和使用干部的重要依据。2003年，宁波海关推行竞争上岗制度。2005年底始，杭州海关开展关区干部人事工作纪律执行情况检查，按《国家公务员暂行条例》要求开展考核工作，及时督促整改基层存在的个别问题。

2006年始，杭州海关以实施《中华人民共和国公务员法》为契机，加强干部监督工作。根据海关总署《关于领导干部报告个人重大事项的规定》，是年共有45名处级干部向人事部门报告个人重大事项。2010年，杭、甬海关还积极探索各种干部考核的办法，如实行年度考核、见习和交流制度、竞争上岗、平时绩效考核等方法，逐步建立科学规范、统一高效的目标绩效考评体系。

三、晋级

新关(洋关)设立后，总税务司署制定相关管理办法，对海关职员进行逐级管理。与常关人事管理不同，在各部门职员的职位职级设置上严格区分洋员与华(属)员，以洋员管理为核心。海关关员到了晋级或加薪时，分为普通晋级、提前晋级和越界晋级3种。凡关员成绩优良者，并在本级岗位服务已满两年，均可晋升一级；凡关员品行、才能及工作均臻上乘的优秀者，在本级岗位服务虽不满两年者，可予以提前晋级；凡关员有特殊勋劳，卓具堪胜重任者，则予越界晋升。

浙海关、瓯海关和杭州关设立后，执行总税务司所规定的全国统一的人事制度。浙海关开办初期，总税务司规定：凡普通高等学校毕业的外国人，身体健康，经海关考试合格，入关试用6个月，合格者即派任供事(后改称税务员)。如成绩卓著，每两年晋级一次。内班税务员升至帮办，须经过严格考试。帮办初次委任是三等帮办后班。帮办轮到升换时，凡证明符合规定的期限，就将按照年资提升；但每五分之一的缺额要留给总税务司遴选递补。帮办由三等提升到二等，由二等提升到头等，必须担任下一职级不少于6年，同时，还要通过汉文考试。

新关内部人员划分为内班、外班两部分。如瓯海关内班人员包括税务司、副税务司、帮办、税务员等，外班包括监察长、监察员、稽查员、验估员、验货员等。在这些职位中，又分为若干等级，无论内班或外班，各项等级均达20余项之多。下级必须绝对服从上级，成为新关的传统制度。海关对关员均进行秘密考绩，经考绩合格后，每两年由税务司报请总税务司批准晋升一级，提高薪金。极少数税务员因表现较好，可由税务司推荐，经总税务司批准，提升为帮办。唯有帮办才有资格升为副税务司、税务司，故帮办一职在新关占有比较重要的地位。稽查员如经考绩合格，可分别升为监察员或验货员，后再分别升为监察长或验估员。税务司和副税务司的职务，由总税务司从一等帮办中遴选委派。遴选的条件是：按照适当性、从前服务情况、品性、汉语知识、特殊条件和国籍。如各项条件相等，优先给予年资3年以上的人员。凡是汉语知识没有“满意及格”（相当于良好），或者须要依靠翻译才能办理特别文件的，不得委派为税务司或副税务司。

外班洋员文化水平的要求较低，入海关试用6个月，合格者即派任钤字手（后来称稽查员）。由税务司委派，但应将名字连同医师证明书送呈总税务司。钤字手成绩优良者，得以以二等钤字手提升为头等，头等钤字手提升为超等钤字手。税务司得依照其才力、品行和年资加以遴选。凡是不能流畅地写、读和准确计算的，就失去从二等钤字手提升的资格。超等钤字手成绩优良的，可逐步提升为监察员或验货员。但一等验货员须经考试及格，方得晋级为验估员及超等验估员。熟悉中国口语的将被推荐，懂得方言更好。有特殊劳绩的关员，予以特别晋级。工作较差或行为恶劣的，停止晋级。

华员的级别主要由各级通事构成。通事晋级的次序是：以额外通事为起点，提升为帮办通事，按年资递补。只要能用英语精确地写、读和计算，就得以三等通事、二等通事提升到头等通事。从帮办通事到三等通事，由总税务司联系税务司遴选提升。从三等通事到二等通事，按年资提升。除每五分之一的缺额以外，从二等通事到头等通事，按遴选提升。到19世纪70年代末，通事级别取消，华员很少有上升的机会，只能按年资递增一定的工资。

民国18年（1929年）2月27日，国民政府财政部关务署令总税务司执行：此后各税务司职务在可能范围内尽量选择合格华员派充；尽量选拔合格华员为副税务司，以便培养税务司的人才。关于华籍稽查员，应与洋员同得升任稽查员以上各职务。其他各部门合格华员与合格洋员享受同等发展的机会。为此，所有内外班华洋高级人员必须依照劳资按期晋级。如劳资卓著，每两年得晋一级。资格较高关员，如有特别劳绩或卓越才能，应择优提升，以资鼓励。如浙海关税务司办公室秘书陈善颐查缉走私等有功，在税务司柏德立保举下，被提升为帮办。

民国36年（1947年）9月，浙海关举行甄拔稽查员的考试，规定所有本关的额外、临时、本口稽查员及打字员、书记、办事员等均可参加。凡考试合格者，经过6个月的试用期后，可擢升为正式四等稽查员。除文化业务考试外，还需要全面考核。

中华人民共和国成立后，废除旧海关晋级制度。上海海关宁波、温州分关对留用人员根据工作需要，以德、才为主要标准，适当照顾资历，重新分配职务。

1976年，浙江省革命委员会批准成立宁波海关，宁波海关干部由宁波市革命委员会管理。1978年由中共宁波市委任命关长。1979年1月2日，杭州海关正式成立，隶属浙江省外贸局领导。2月12日，省委组织部任命王长索为浙江省外贸局海关处处长兼杭州海关关长。5月24日，中共宁波地委决定任命葛光河为宁波海关党支部书记兼关长。6月11日，中共宁波地区对外贸易局党组同意建立中华人民共和国宁波海关党支部委员会，由葛光河任书记。

1980年2月9日，根据国务院《关于改革海关管理体制的决定》，全国恢复垂直领导与分层负责的海关干部管理体制后，杭州海关直属海关总署，并受浙江省人民政府指导。杭州、宁波海关关长由海关总署任免。1985 年宁波海关隶属于杭州海关后，根据海关总署有关文件精神，宁波海关正副关长由杭州海关任命、调动、管理，其结果报地方核备。科级以下干部由宁波海关自行调配，中层干部（科级）的任免须征得杭州海关同意。

2000 年以后，海关认真贯彻党管干部原则，进一步明确干部管理权限：浙江省各海关处级以上级别的领导干部（含非领导职务）（署管干部）的晋级由海关总署决定和任命。处级及以下的领导干部（含非领导职务）的晋级由杭州、宁波海关党组决定和任命，重要岗位的处级领导职务如办公室主任、人事教育处处长、监察室主任、政工办主任等的晋级和任命须按照程序先报经海关总署同意。隶属海关机构科级及以下级别干部的晋级由隶属海关党组决定和任命，重要的科级职务如办公室主任、人事政工科长、专职纪检监察员等须按照程序先报经杭州、宁波海关人事教育处同意。直至 2010 年，干部管理仍沿用此方法。

四、职称、关衔

（一）海关专业技术职称

1987 年 10 月，杭州海关按照海关总署统一部署，开展专业技术人员专业技术职务评审，主要包含海关管理、工程技术、财会专业、档案等系列。海关管理系列包含高级关务监督、关务监督、助理关务监督、关务员等，工程技术系列包括高级工程师、工程师、助理工程师、技术员，财会专业系列包含高级会计师、会计师、助理会计师、会计员和高级经济师、经济师、助理经济师、经济员，档案系列包括研究馆员、副研究馆员、馆员、助理馆员、管理员等。当时共有 192 人参加专业技术职务资格评审，经初审并报海关总署评审的高级关务监督 3 人、高级工程师 3 人、工程师 7 人、会计师 1 人。经杭州海关职称评审委员会审定，具备任职资格的关务监督 18 人、助理关务监督 59 人、助理工程师 5 人、助理会计师 3 人、关务员 58 人、会计员 6 人。1988 年，经海关总署和杭州海关两级职称评审委员会确认各类专业技术人员任职资格，首批任命高级关务监督 3 人、关务监督 18 人、助理关务监督 41 人、关务员 87 人，高级工程师 1 人、工程师 7 人、助理工程师 5 人，助理会计师 2 人、会计员 5 人，并颁发“专业职务证书（聘书）”，任期 4 年。另确定有任职资格而未聘任者，按干部管理权限发给“专业职务资格证书”，署管干部由海关总署颁发，其余人员由杭州海关颁发。至 1992 年 7 月底，杭州海关共有各类专业技术人员 565 人。推荐报送海关总署并经海关总署专业技术职务评审委员会评审，有任职资格的高级关务监督 4 人、高级工程师 3 人、工程师 12 人、经济师 2 人和会计师 9 人。经杭州海关专业技术职务评审委员会评审通过，并报海关总署审核确认有任职资格助理关务监督 147 人、助理会计师 7 人、助理工程师 8 人、助理经济师 2 人、助理馆员 1 人、关务员 52 人和会计员 3 人。

1992 年后，海关系统不再进行高级关务监督、关务监督、助理关务监督和关务员的评审和任职资格确认工作，但继续工程类、会计类等的技术职称评定。1993 年 3 月 3 日，杭州海关规定：各类高级专业技术职务由杭州海关统一任命；中级以下专业技术职务任命，按干部管理权限，由所在海关党组按需要和相应任职岗位情况决定是否任命。1993年10月，《国家公务员暂行条例》实施，海关专业职称评定工作停止。翌年3月8日，杭州海关调整关区专业技术职称评审委员会。1995年，宁波海关按海关总署部署，定期开展专业技术人员职务评聘工作。至1995年12月，共有初级职称81人、中级职称31人、高级职称5人。

1995年7月，杭州海关对从事信息电子工程、通信、检查技术（包括防伪技术）等专业工作和工程技术管理工作人员进行专业技术职称评审。8月26日，经海关总署人教司审核，符合工程师、助理工程师任职资格各为5人和2人。次年始，每年上半年对上年度符合相应专业技术职称条件人员进行资格评审。

2009年7月13日，经杭州海关专业技术职称评审委员会评审，5人取得工程技术专业初级职称——检查技术（防伪）助理工程师，2人取得刑事技术专业初级职称——刑事照（录）相助理工程师。

（二）关衔（职衔）

1. 近代海关职衔（关衔）标志

总税务司署成立后，即按从事内勤（即内班）、外勤（即外班）职员的职位等级设置职衔（关衔）标志，不同等级人员制服上均配备不同的标志用以标示职衔。该标志多以制服纽扣的数量、领口和袖口的图案、帽檐的配饰以及服装的穿着方式显现。

清同治八年（1869年）三月，总税务司赫德发布通令，命海关从事外勤工作人员穿着制服，并在制服上印制与职级相当的衔级标志。同治十二年二月，赫德受总理衙门委托，筹备参展维也纳国际博览会事宜，要求海关出席人员（均为内班人员）按原职务穿着海关制服，并以帽顶的不同颜色区别其职位等级。自19世纪70年代中后期始，总税务司署统一在海关内班人员的制服上按职位等级印制相应的职衔标志。

民国6年（1917年）制定的《中国海关内班职员制服章程》规定总税务司级、税务司级、副税务司级、各等帮办级、各类内班职员制服衔级标志。20世纪30年代起，总税务司署规定海关内班职员改穿西装便服而不再穿着制服，外班职员则须继续穿着海关制服执行公务。外班职员如总监察长、监察长及各等监察员、验货员、稽查员等，制服均配备不同职衔标志。其时，浙海关、瓯海关、杭州关均依例实行。

2. 中华人民共和国海关关衔制度

中华人民共和国成立后，海关取消关衔制度。由于世界上大多数国家和地区海关实行衔级制度，20世纪80—90年代，随着国家改革开放的实行、社会经济的发展和对外交往的扩大，实行海关关衔制度开始逐步提上日程进行探讨。1985年、1996年，海关总署两次提议建立海关关衔制度，均因条件不成熟而未果。进入21世纪，随着中国海关地位、作用发生显著变化，尤其中国加入世界贸易组织后，国际交往日益密切，为与国际接轨，实行海关关衔制度条件业已成熟。

2003年2月28日，第九届全国人大常务委员会第三十二次会议审议通过《中华人民共和国海关关衔条例》（简称《关衔条例》），并经第85号主席令颁布实施。《关衔条例》共5章23

条,包括总则及关衔等级的设置、授予、晋级、保留、降级、取消和附则等。7月8日,国务院第十四次常务会议通过《海关关衔标志样式和佩戴办法》,以第384号国务院令颁布实施;8月4日,海关总署下发《首次评定授予关衔办法》,海关关衔制度建立。9月12日,国务院举行授予海关关衔仪式,为首批277名海关高级关衔人员授衔,国务院总理等领导为77名海关高级关衔人员代表颁发授衔命令证书,授衔仪式后,首批海关高级关衔人员在北京人民大会堂受到中共中央总书记江泽民、国务院总理朱镕基等党和国家领导人的接见。全国海关首次授予关衔总计32236人。9月21日,杭州海关举行首次授衔仪式,授予关区678名关员关衔;9月29日,宁波海关举行首次授衔仪式,授予关区423名关员关衔。

关衔设5等13级:海关总监、副总监、一级关务监督、二级关务监督由国务院总理批准授予;三级关务监督至三级关务督察,由海关总署署长批准授予;海关总署机关及其派出机构的一级关务督办及以下的关衔由海关总署政治部主任批准授予;各直属、隶属海关的一级关务督办及以下的关衔由各直属海关关长批准授予。

关衔授予以海关工作人员现任职务、德才表现、任职时间和工作年限为依据。二级关务督察以下关衔的海关工作人员,在其职务等级编制关衔幅度内,按规定期限晋升;一级关务督察以上关衔者,按德才表现和工作实绩选升。海关关衔按职务等级编制,体现职务等级为主、关衔为辅原则。2003年10月1日,杭、甬海关关员正式佩戴衔级标志上岗。

第三节　待遇与激励

中国古代海关制度日渐落后,管理松弛,贿赂公行,贪污成风,走私日炽,关税流失严重。到清道光二十九年(1849年),关税收入仅关平银221万两。

近代新关实行外籍总税务司垂直管理。对各级人员采取分级管理的人事制度,有一套较完整的管理体系,严格按制度办事,奖惩分明,待遇丰厚,洋员和部分高级华员高薪丰酬,一般华员薪酬也比其他行业要高。同时,严格关员选拔和考核,健全内部权力制约机制,制定约束关员廉洁规章,严明惩戒制度。由此关税收入至宣统元年(1909年)增加到关平银3400多万两,比1849年增长近14.4倍,客观上使海关(新关)成为晚清及民国政府机构中较为廉洁和高效的机关。

中华人民共和国成立后,海关总署按政务院《关于新参加工作人员暂行工资标准》在全国海关实行低薪制。以后,逐步纳入国家干部工资管理体系。1988年7月,国务院和人事部批准建立海关一线人员岗位津贴和海关船员工资标准。2006年,国家对公务员工资作出重大改革,海关系统按改革实施办法套改工资,同时清理规范津贴补贴。为此,杭、甬海关按照新办法认真执行。为加强队伍管理,杭、甬海关根据《中华人民共和国公务员法》《国家行政机关工作人员职级奖惩暂行处理办法》等,制定各项“奖惩办法”,特别是“一手抓廉政建设,一手抓惩治腐败”,严格纪律,严明赏罚。

一、工资福利

(一)近代海关工资福利

清咸丰十一年(1861 年)四月,浙海关(新关)设立,其行政人员、职员的工资标准随职务等级而定。海关所有主管人员和重要职务均由洋员担任,洋员的年资已反映在职务等级之中。而华员的地位和待遇较洋员低。

表 67-10-3-1　　清咸丰十一年(1861 年)浙海关关员薪俸一览表

单位:关平两

类别	职务	月俸	类别	职务	月俸
内班	税务司	300～400	外班	头等验估员	150
	代理税务司	350(代理津贴每月100 两)		二等验估员	100
				头等验货员	90
	副税务司	300		二等验货员	80
	一等三级供事	250		头等钤字手	70
	二等供事	200		二等钤字手	60
	三等供事	150		三等钤字手	50

资料来源:《宁波海关志》,浙江科学技术出版社 2000 年版,第 93 页。

表 67-10-3-2　　清同治八年(1869 年)《大清国海关管理章程》对关员薪俸规定一览表

单位:关平两

职务	年薪	月俸	职务	年薪	月俸
税务司	3000～9000	250～750	验货员	1200～2400	100～200
副税务司	3000～3600	250～300	验估员	960～1200	80～100
帮办	900～3000	75～250	钤字手	600～840	50～70
监察长	1200～2400	100～200	供事(华员)	240～360	20～30

资料来源:《杭州海关志》,浙江人民出版社 2003 年版,第 429 页。

表 67-10-3-3　　清同治八年(1869 年)浙海关关员薪俸一览表

单位:关平两

类别	职务	月俸	类别	职务	月俸
内班	税务司	400	外班	超等验估员	200
	署理税务司	325(代理津贴每月100两)		头等验估员	150
				二等验估员	125
	超等帮办	300		超等验货员	100
	一等帮办前班	250		头等验货员	90
	一等帮办后班	225		二等验货员	80
	二等帮办前班	200		超等钤字手	70
	二等帮办后班	175		头等钤字手	60
	三等帮办前班	150		二等钤字手	50
	三等帮办后班	125		港务长	250
	四等帮办	100			

资料来源:《宁波海关志》,浙江科学技术出版社 2000 年版,第 93 页。

因关税收入增加较快,光绪二年(1876 年)五月,浙海关税务司月薪增加为 500 关平两,其他人员工薪不变。

光绪二十二年(1896 年)八月二十五日,杭州关设立,关员薪俸基本上执行同治八年(1869 年)标准。但华员最高职务为同文供事,月薪 35 关平两,仅税务司(洋员)月俸的 8.8%。其他华人职员薪俸更是低下。如光绪二十五年六月,杭州关人员薪俸如下:

表 67-10-3-4　　清光绪二十五年(1899 年)杭州关关员薪俸一览表

单位:关平两

职务	员工类别	月俸	职务	员工类别	月俸
税务司	洋员	400	候补二级供事	华员	30
四等一级帮办	洋员	100	主任文案	华员	30
二等二级帮办	洋员	80	文案	华员	15
四等二级帮办	洋员	75	书办	华员	15
候补一级供事	华员	35	医生	洋员	75

续表

职务	员工类别	月俸	职务	员工类别	月俸
总巡	洋员	170	二等钤字手	洋员	100
副验货员	洋员	80	三等钤字手	洋员	80
一等钤字手	洋员	110	邮政局副邮政司	洋员	90

资料来源:《杭州海关志》,浙江人民出版社 2003 年版,第 429 页。

光绪二十九年(1903)年四月,薪俸作适当调整,如浙海关:

表 67-10-3-5　　清光绪二十九年(1903 年)调整后的浙海关关员薪俸一览表

单位:关平两

职务	月俸	职务	月俸
税务司	800～1000	二等帮办前班	300
署理税务司	700	二等帮办后班	250
超等帮办	400	三等帮办前班	225
一等帮办前班	375	三等帮办后班	200
一等帮办后班	350	四等帮办	150

资料来源:《宁波海关志》,浙江科学技术出版社 2000 年版,第 94 页。

随着总税务司署对海关职员薪俸的调整,杭州关职员薪俸亦有小幅增加。民国 12 年(1923 年),杭州关职员月俸如下:

表 67-10-3-6　　民国 12 年(1923 年)杭州关关员薪俸一览表

单位:关平两

职务	员工类别	月俸	职务	员工类别	月俸
税务司	洋员	1000	三等一级供事	洋员	70
代副税务司	洋员	550	书办	华员	22
特等一级帮办	洋员	300	录事	华员	19～33
二等三级供事	华员	90	医生	洋员	100
二等四级供事	华员	80	甲等验货员	洋员	150

续表

职务	员工类别	月俸	职务	员工类别	月俸
甲等副验货员	洋员	155	二等钤字手	洋员	100
乙等副验货员	洋员	130	三等钤字手	洋员	90
一等钤字手	洋员	110			

资料来源:《杭州海关志》,浙江人民出版社 2003 年版,第 430 页。

民国 18 年(1929 年),在华员争取华洋人员待遇平等呼声下,海关总税务司决定,华洋关员薪俸及代理期间所领津贴应一律平等。洋员待遇应照华员待遇改订,但以洋员属客卿,生活成本较高,酌给特别(出国)津贴,唯其津贴数目及薪俸数目两项并计不得超过旧有待遇。

太平洋战事爆发后,关员生活日益艰苦。总税务司下令自民国 33 年(1944 年)10 月 1 日起,调整各级员工津贴、薪俸标准,重订《海关职雇员薪俸调整总数及新订生活津贴发给办法》。海关各级职工、雇员原领的薪俸总数,一律改按其本薪 5 倍核发,并辅以生活津贴(原各项津贴调整合并)。同时颁布实施《海关工役生活救济费发给办法》。

抗日战争胜利后,民国 35 年(1946 年)浙海关职员月薪如下:

表 67-10-3-7　　民国 35 年(1946 年)浙海关关员薪俸一览表

单位:元(法币)

职务	月薪	职务	月薪
代理税务司	857	超等验货员	366
副税务司	857	二等检察员	288
一等二级帮办	467	二等副检察员	210
二等一级税务员	265	一等副验货员	249
三等一级税务员	203	二等副验货员	210
三等二级税务员	179	超等稽查员	195
四等一级税务员	156	一等稽查员	179
书记	125	二等稽查员	152
总监察长兼港务长	483	三等稽查员	132

资料来源:《宁波海关志》,浙江科学技术出版社 2000 年版,第 97—98 页。

当时浙海关关员的全部薪津构成为:(1)正薪;(2)生活补助费;(3)特别补助费;(4)年终 3 个月奖金按月折发数;(5)米代金,以每月 20 日鄞县每石米价为标准;(6)膳食补助金等。

因战争带来的巨大创伤,物价继续上涨。通货膨胀严重影响关员生活,尤其是初级关员的生活水平日益下降。为此，浙海关税务司对本关初级关员及雇员的每月最低生活费用依照宁波物资价格按月调查，据此发放生活补助费。

民国37年(1948年)7月，因法币持续贬值影响海关员工薪金收入，总税务司遂调整各关员工职务津贴。自当年7月1日起，各关职务津贴包括特别、主管、舵工津贴以及其他因职责加重或额外工作而发给的各项津贴，将原定的法币3元、8元、16元等数额予以提高，职员最低定为35元，雇员及工役定为25元。改订后，海关职员津贴总数最低为56元，雇员及工役为40元。如各关其他类似性质的津贴经增订后仍不足最低数额需按规定调整的，须呈报总税务司核准施行。

当时浙海关、瓯海关、杭州关除薪俸外，还按总税务司的统一规定享有各种其他福利待遇，如酬劳金、津贴、假期、养老金、抚恤金、医药费、生育费、丧葬补助费、遣散费、救济费、膳食津贴等项。

(二)中华人民共和国海关工资福利

中华人民共和国成立之初，国家百废待兴，海关工资福利制度尚不完备。全国各地海关工作人员工资标准相差悬殊，大多以小米、玉米面、白面、白米等实物折发。按原薪支付者，则采取借支形式充作生活费。

旧海关高薪制度(除少数海关外)废除后，海关总署按政务院《关于新参加工作人员暂行工资标准》在全国海关实行低薪制。1950年10月23日，海关总署发布“各地海关工作人员职名薪级表”，并于次年9月21日修订。海关系统设员工福利基金，用于医疗、生育、丧葬和子女教育等4项津贴。上海海关宁波分关、温州分关按海关总署“有步骤地调整各关高低悬殊不合理的工资标准，使之逐渐与政务院发布的《关于新参加工作人员暂行工资标准》趋向一致，否定旧海关以年资为主的工资等级，逐步实现按劳分配的工资制度”方针，实施薪级制，重新统一评定工资和取消各种津贴、补贴。

1951年8月4日，海关总署发布《海关员工福利暂行条例》，规定医疗辅助、子女教育、家庭医疗补助等。次年5月30日，海关总署评定科级以下干部职名薪级。1953年8月19日，海关总署发布《关于统一全国海关工作人员工资标准的指示》：各海关关长工资由海关总署统一评定；其余各级员工工资，各海关逐步评定后造表送海关总署核定。10月23日，海关总署通知各关按政务院颁布的各级政府机关技术、翻译、卫生技术等人员暂行工资标准，评定海关系统同类人员工资。时上海海关温州支关按照执行。

1954年9月16日，海关总署规定各地海关人员(含关长)工资调整及核定由各省市人民政府规定。1956年7月13日，对外贸易部发布《关于海关(关)、商品检验局系统工资改革的通知》，要求海关实行国家机关工作人员工资级别等级制度，关员按所任行政职务及级别，执行11等30级“海关工作人员工资级别对照表”。对有重要贡献的高级科学技术人员及其他高级知识分子，发给工资并加发特定津贴。次年1月，海关总署废止《海关分配查私奖金办法》，暂停评发海关员工个人查私奖和提取海关员工福利基金。同月9日，对外贸易部修订《海关查私费用和员工奖金的提取使用暂行规定》，自2月1日起实施。是年，海关总署始设福利费，对困难员工实施定期、临时补助，全体员工享受集体福利。

1958—1976年间，海关系统工资制度3次个别调整升级：1959年20%的人员升级，1963年大多数员工调升1级工资，1971年部分员工升级。1976—1984年，海关工资5次调整：1977年部分员工升级，1978年20%的人员升级，1979年39%的人员升级，1981年少数专业人员上调1或2级工资，1982年全员普调1级工资(少数升2级)。1985年国家工资改革后，海关执行以职务工资为主要内容的结构工资制，即由基础工资、职务工资、工龄工资和奖励工资四大部分组成。此次工资改革范围较广。杭州海关参加该次工资改革227人，月工资总额较改革前增加3561.65元，人均月增加工资15.70元。7月1日起实施工资改革后的工资标准。

鉴于海关职责和特点，80%的海关人员常年工作在车站、码头及国境通道、露天、半露天现场，监管进出境运输工具、货物、行李物品、邮递物品等，工作条件比较艰苦。尤其是沿海缉私人员，身处反走私斗争第一线，其工作有特殊性和危险性。因此，国务院批准海关工资制度实行改革：1986年1月1日起，结合岗位责任制，海关工作人员全年按不超过1个月基本工资数额发放奖励工资。是年，杭州海关驻地从五类地区调整为六类地区，计有293人，月增工资总额540.80元，冲销粮食补贴86.80元，月增工资总额454元。

1988年7月，国务院和人事部批准建立海关一线人员岗位津贴和海关船员工资标准。海关岗位津贴标准分3类：一类为在海上、边陲、岛屿从事缉私工作人员执行每人每天7角的标准，二类为在陆上缉私、办案、情报、货运监管人员执行每人每天5角的标准，三类为旅检、邮检、技术检查、监控等人员执行每人每天4角的标准。海关船员工资标准在16个设有缉私和监管船艇部门的海关船员中实行。海关船员按工作特点沿用国内、国际通用船员职务名称，船舶等级按照马力大小分为4级。船员实行船岸工资差，即以岸上工资标准(基础、职务工资2项)为基数，内河及港口执行任务者增加10%，沿海执行任务者加20%。后又有所提高。同时分设海关海上缉私、监管1级至4级的船员工资表，及海关内河监管船员工资表。杭州关区沿海各关有关人员享受沿海执行任务标准。1988年，宁波市实行计划单列后，制定宁波市机关行政人员工资标准。为此，杭州海关党组研究并报请海关总署和浙江省改革工资领导小组批准，调整宁波海关副科级以上人员工资。1989年9月，经国务院批准，对国家行政机关中部分行政人员实行职务工资。海关系统首次职称评审工作全部完成后，实行专业技术职务工资。10月1日始，杭州海关根据人事部和浙江省劳动人事厅通知，在现行职务工资标准基础上，普调(增加)1级工资。杭州海关参加普调人员为406人，月增工资总额2751元，人均月增工资6.78元。同年，亦解决部分任职时间较长、贡献较大、表现较好的专业技术人员，以及行政和工人中参加工作较早、表现较好、工资偏低人员的薪资问题，在前次普调基础上，再升1级工资，此次调整涉及1989年普调工资后工资问题突出的204人。此外，提高见习期待遇7人，再升1级的署管干部3人。共计214人，月增工资总额1597元，人均月增工资7.46元。

为更好体现按劳分配原则，鼓励海关人员为国家多做贡献，海关总署会商财政部同意，在全国海关设立统一的“海关人员贡献奖”，凡海关工作人员在监管、征税、查私、统计、科技及其他工作中做出显著成绩者，均给予相应奖励。同时，加强工资基金宏观监控，实行工资总额计划管理。

1991年1月23日，全国海关执行《国家机关、事业单位工资基金管理暂行办法》，严格遵守国家下达的工资总额。1992年，机关、事业单位工作人员工龄津贴调整，从每工作1年0.50元工龄津贴调整为每年1元且不封顶，自该年1月起执行。杭州关区调整工龄津贴586人，月增工资总额4103元，人均月增7元。同年，杭州关区专业技术职务评定后，增加工资人数73人，月增工资总额1140元，其中高级技术职称7人，中级技术职称66人，初级技术职称220人。

1993年，海关系统按国家要求和《国家公务员暂行条例》改革工资制度，实行公务员职务级别工资制，简称职级工资制。按《国务院关于机关和事业单位工作人员工资制度改革问题的通知》《国务院办公厅关于印发机关、事业单位工资制度改革三个实施办法的通知》，杭州海关结合实际情况，规定凡列入工资改革范围的单位，除工勤人员以外工作人员实行职级工资制。机关工作人员基本工资由基础、级别、职务和工龄工资四部分组成。普通工人实行岗位工资，由岗位工资、奖金构成。

1995年1月1日起，国务院批准海关实行工作人员津贴制度和海关缉私船员出海津贴。津贴按职务(含非领导职务)或技术等级(岗位)，执行相应津贴标准，津贴标准随国家公务员工资调整而调整。在海关岗位连续工作满5年，并从海关工作岗位离退人员，其津贴可作为计发离退休费基础。1996年11月始，海关总署改革海关系统船员工资，干部身份船员执行机关工作人员职级工资和海关工作人员津贴；工人身份船员执行机关个人岗位技术等级工资制，同时实行出海津贴和海关人员津贴。12月，宁波海关执行地方补贴，按实际担任职务(岗位)调整职务(岗位)津贴标准。

1999年，缉私警察组建，按人事部、财政部《关于人民警察实行警衔津贴问题的通知》，享有人民警察工资福利待遇，按授予警衔享受相应警衔津贴。

2003年，宁波海关实行按市区每平方米2700元住房补贴平均价和76%住房补贴比例及每年每平方米4.98元工龄住房补贴，对老职工实行一次性住房补贴。同时对新职工按月工资总额的20%比例实施住房公积金补贴，其他住房补贴政策均按宁波市区住房分配货币化有关政策规定执行。

2006年，国家对公务员工资作出重大改革，海关系统按改革实施办法套改工资：取消基础和工龄工资，保留职务和级别工资；实行职务与级别相结合的工资制度；适当拉开职务间工资差距，实行级别与待遇适当挂钩。同年6月，海关总署按中央文件套改工资，改革海关公务员工资制度和规范公务员收入分配秩序，清理、上报海关系统各项津补贴。同时，各海关加强监督检查工资、津(补)贴执行情况：各单位违反规定发放的各项津贴补贴一律取消，各单位超过规定范围和标准发放的改革性补贴部分一律取消，各单位在清理规范津贴补贴中未按要求如实上报的津贴补贴一律取消，各单位对资金来源不合法、不合规的津贴补贴项目一律取消。此外，海关总署规定：在职公务员津补贴项目统一归并设为工作性津贴和生活津贴，离退休人员津补贴归并设为离退休人员津贴，发放津贴所需资金统一由中央财政预算安排。同时规定，津补贴一律以银行卡的形式发放，不得发放现金。杭、甬海关遵守执行。

二、奖惩

新关（洋关）时期，除晋级奖励外，还有嘉奖令，颁发奖章和奖金。凡关员有特殊劳绩者，总税务司予以明令嘉奖。如光绪三十四年（1908年）四月十八日，总税务司令称，马格斐（帮办）在嘉兴分关工作时，成绩出色。因此调入内班，并提升为副税务司，驻守并专门负责嘉兴分关工作。自通令下达之月起，月薪关平银500两。

总税务司署专门制定《关员奖励章程》，对勤劳工作、成绩卓著的华洋关员或有特殊功绩者，总税务司可呈请关务署转呈财政部发给财政奖章、奖状，或专门颁给海关奖章，或由总税务司通令嘉奖。同时制定《颁发海关奖章章程》计10条，专门针对长期忠诚服务海关的工作人员，对执行公务有英勇表现并取得显著功绩者予以嘉勉。海关奖章共分3种：金质、银质和铜质奖章，由总税务司署呈经关务署报请财政部分别颁给。杭州关根据《颁发海关奖章章程》，曾提出8名工役人员授奖意见，报送总税务司署审批。

新关时期奖金分查私奖金和酬劳金两种。缉私奖只发缉私人员，按章提取应得之奖金。在全年服务中甘心乐意、专心服从和工作效率优异的华员，得发给新年赏金。

新关时期也有惩戒。同治八年（1869年）十一月公布的《大清国海关管理章程》设立惩戒条款，规定海关内部施行的惩戒方法：税务司可口头或书面形式、个别或当众训斥行为不端的属员，或将相关情况书面上报总税务司，或处以暂时停职、支半薪等处罚并上报总税务司听候处理。因情节严重而处以暂时停职时，税务司应拟就事故报告送交受处分人。该员在退回报告时可附一份书面陈述或减轻处分请求，呈交税务司备案。税务司应随即将事故报告、该员的陈述以及税务司的加注意见，一并专文上报总税务司。若受处分人申述，可委派3名高于该员职务的人员组成调查庭调查此案。调查庭的裁决由主座（主持）转呈总税务司，并附上调查庭认为与本案有关的建议与意见。

关于一般关员惩戒的规定，凡有过失（违规违法行为），就要加以惩戒：懒散草率，不遵守上下班时间规定，玩忽职守，不胜任自身工作，好争吵，不服从上级领导，无故缺勤，泄露公务（未经批准而公布任何民事和刑事的起诉案件），贪污，盗用公款，接受贿赂，欺诈，经商活动，酗酒，严重道德败坏等。各关税务司处罚的方式为：私下训斥，当众训斥（在全关人员面前公开训斥）；上报总税务司，呈报期间暂时停职支半薪，总税务司裁定的停职时间支半薪，记名于同级末位、记名于同等末位、列名于低一等职位、即行开革等。凡犯有酗酒、欺诈，或者殴打华员行为，如税务司向总税务司呈报，不论任何品级的关员，立即开革。

光绪三年（1877年）十月，总税务司署颁行《新关内班诫程》，主要分税务司诫程和帮办诫程，两部分基本一致。税务司诫程中“禁贸易”规定税务司不许经商，如有从事经营店铺、充当经纪人、代购货物船只等事项应立即革职。此后，总税务司署多次增订《新关内班诫程》。另颁行《新关外班诫程》，包括税务司、帮办、总巡、验货、钤字手、读辅等诫程，从工作纪律、工作规程等方面约束关员行为。光绪十八年十二月，总税务司署作出“海关员工不得引发丑闻行为”的规定，警告各关员：除员工本人女客及女眷外，一律不得将其他女性带入海关宿舍，违者以引发丑闻行为处理，而任何引发丑闻行为者即予解雇。光绪二十二年四月，总税务司署饬令各关税务司，规定凡领取海关薪酬人员，未经总税务司书面准许，不得擅自接受外界酬劳或奖金，如有违犯即予除名或视情节轻重予以其他处分。同年5月，总税务司发布通令，针对有些内班华员或在关内漫不经心或在关外放纵无度的情形，规定华员品行与私生活不得殃及办事效率，如确不称职，即使该员已在海关供职多年并获得晋升，仍将辞退或降薪列为额外人员。凡关员吸食鸦片而导致耽误出勤、办事效率低下者，均予辞退。

民国18年(1929年)4月，关务署命令整饬纪纲，改善关政。总税务司发布若干奖励和纪律的通令，尤以民国18年第3899号总税务司通令更为详尽，内中重申海关员工纪律，载明海关关员必须遵守的17条纪律(过失)外，还制定应避免违犯的过失和违犯各种纪律的处分。

另外，总税务司署颁布的《关员惩罚章程》规定，对所有关员品行及办事效能，由政府责令总税务司负完全责任，而各关税务司则对总税务司负有管理其下属职员的责任。总税务司署规定，海关职员一律不准经商或从事进出口贸易，未经许可也不得兼任其他事务。海关职员不准公开发表政见，或对政府政策、措施等任意批评，关员组织的社团亦不能涉及政治方面，违反规定将按惩罚办法处分。民国22年(1933年)，因发现税课舞弊系少数海关雇员勾结外人所为，关务署责令各口岸仔细检查保管海关文件及印信程序，杜绝海关雇员与外界不法分子串通舞弊。同年7月，总税务司下发通令，指出海关必须根除贪污舞弊，所有海关成员不论职位高低，人人负有责任，规定如有海关员役卷入玩忽职守案件，应对有舞弊行为的部门和全体人员一律严惩。

民国28年(1939年)3月22日，浙海关抄班主任张某带领稽查员林某、顾某到“泰山”号轮检查，接受乘客马某的贿赂，默许他们私藏法币197.8万元，而规定可携带的法币为每人每次不得超过500元。案发后，张某被海关革职，交送鄞县地方法院，被判有期徒刑2年6个月。民国29年10月18日，浙江宁波柴桥镇商人张某私贩黄糖，被浙海关柴桥分卡扣留。张某贿赂分卡关员法币5000元，伪造土糖证明而被放行。地方政府监查处接到密报后，函请浙海关税务司派员检查。浙海关于10月21日在宝幢码头停泊的帆船中，查获黄糖64件，计6000余千克，遂将柴桥分卡涉案关员移送司法机关惩办。

民国32年(1943年)7月，总税务司署发布通令，要求海关关员严守公务机密，不得利用职务之便在未经上级准许情况下，擅自将公务机密互通书函或公开发表。对于统计数字、公务计划及各项文件在未正式公布前，不得擅自转载，以免泄露。各关人员发行刊物必须事前呈报总税务司署核准，以各关同人进修会名义出版其所登载的作品，均须先经进修会主席负责审查。

中华人民共和国成立之初，海关取消洋关时代的奖惩办法，制定一套新的规定，施行海关总署《海关官员奖惩暂行办法》，对工作积极、成绩优良、建立大功者分别予以表扬及记功、升职，或颁发奖状、奖金、奖品等奖励。对参加反革命活动、泄漏国家机密、贪污腐化、铺张浪费、对商民旅客故意刁难或非法对待、工作懈怠失职、品质恶劣、违抗命令、纵容包庇他人过失者，则视其情节轻重，分别予以劝告、警告、记过、记大过、降职、撤职、开除等处分。

1984年8月25日，杭州海关制定《杭州海关奖励查私有功人员条例》，对评比范围、条件、评比等级等均有明确规定。对参加查缉工作作出一定成绩的人员，每季度评比 1 次，并给予奖励。1986 年后，评选先进工作者和优秀工作者（评先评优）工作纳入年终干部评议考核。在评议考核的基础上，采用自下而上的方法，在本单位群众评选后，由科室提名、经领导小组审议、提请关务会议审定。

1988 年 1 月 3 日，海关总署人事教育司转发《国家行政机关工作人员职级奖惩暂行处理办法》，对升级奖励、降级处分、撤销处分及工资方面皆作出规定。1991 年 3 月 19 日，杭州海关结合本关区情况制定《杭州海关关于模范遵守〈海关廉政规定〉的行政奖励办法》，计 7 条，对奖励原则、方式和范围明确规定。

1991 年、1993 年，宁波海关驻宁波开发区业务监管组、驻宁波开发区办事处分别被海关总署评为"全国海关基层建设先进集体"。1994 年 1 月 26 日，海关总署授予宁波海关驻经济技术开发区办事处业务一科、海门海关调查科"全国海关先进集体"称号，授予宁波海关范思芳、杭州海关钟明星"全国海关先进工作者"称号。1995 年，宁波海关驻机场办事处旅检科被海关总署、国家旅游局评为"95 年中国海关旅客年活动全国先进集体"。1997 年 1 月 17 日，人事部、海关总署授予杭州海关驻机场办事处旅检科、宁波海关关税处"全国海关系统先进集体"称号。

1988—1998 年，杭州海关涌现出全国海关系统先进集体 7 个、先进个人 14 人。1995—1998 年，宁波海关有 3 人分别被评为"全国海关先进个人""中国海关旅客年先进个人"和"全国扫黄打非先进个人"，2 人被评为"浙江省打私先进个人"。1998 年 6 月 12 日，海关总署表彰 1997 年度工作中取得突出成绩的集体和个人。其中宁波海关办公室及稽查处、杭州海关调查处分别获集体二等奖，各颁奖金 5000 元；杭州海关关税处、宁波海关调查处分别获集体三等奖，各颁奖金 2500 元；杭州海关尹俊贤获个人一等奖，奖金 500 元；宁波海关谢良根、张健、林志雄，温州海关陈险峰获个人二等奖，各颁奖金 300 元；杭州海关徐蔚葳、胡在新及宁波海关陈兴富获个人三等奖，各颁奖金 100 元。

1999 年，因坚持"依法行政，为国把关"的海关工作方针，推进现代海关制度建设，秉公执法、廉洁高效、贡献突出，杭州海关驻邮局办事处、宁波海关信息化管理处计算机科被人事部、海关总署授予"全国海关系统先进集体"称号。12 月 6 日，杭州海关驻邮局办事处徐兴忠、海门海关缉私分队王国平分别被浙江省公安厅等 15 家单位联合授予首届"浙江杰出青年卫士"和"浙江优秀青年卫士"称号。

2000 年 8 月，海关总署对是年 6 月温州海关和海门海关在浙东沿海分别查获 2 艘台湾走私香烟船的集体和个人，分别给予记功和颁发奖金的奖励。12 月，海关总署又对杭州海关所属海门海关、总关调查处联合行动，查获 1998 年后最大一宗海上香烟走私案的集体和个人予以记功和物质奖励。

2001 年 3 月 1 日，公安部在北京召开表彰大会，台州海关走私犯罪侦查支局侦查科等 4 个海关走私犯罪侦查机关被授予"2000 年度人民满意的公安基层单位"称号。这是海关缉私警察队伍组建以来第一次受到公安部的表彰。6 月，杭州海关驻机场办事处旅检科获海关总署、国家口岸办、浙江省口岸办等颁发的多项荣誉称号，并成为海关系统文明服务示范单位之一。8月2日,中共中央纪律检查委员会等八部门联合发文,表彰参与“4·20”专案有功人员,授予杭州海关荣浙东二等功、王明清三等功、吴建忠嘉奖,并据《海关系统奖励暂行规定》,各奖2000元、1000元和500元;授予杭州海关走私犯罪侦查分局许文忠二等功、王军华三等功,各奖2000元和1000元。是年,宁波海关制定《宁波海关奖励暂行办法》,完善激励机制。

2002年2月25日,为奖励参与完成世界海关组织(WCO)颁布的2002年版《协调制度》的翻译、审定税则和统计目录转换课题,海关总署授予杭州海关牟光明、马文个人二等奖并各颁奖金1000元。8月30日,杭州海关加工贸易监管处、现场业务处加工贸易监管科和宁波海关加工贸易监管处被海关总署表彰并被授予“全国海关加工贸易和保税管理先进集体”,嘉兴海关吴红玲、绍兴海关魏夏云、宁波保税区海关张英波、宁波海关现场业务处汪诚被授予“全国海关加工贸易和保税管理先进工作者”,并颁发奖金。

2003年1月27日,海关总署缉私局为表彰舟山海关缉私分局成立以来所取得的卓著成绩,给予舟山海关缉私分局记集体三等功并颁发奖状、奖金。为表彰2002年11月6日温州海关缉私分局王新悦见义勇为,给予记个人二等功并颁发奖章、证书和奖金。为表彰嘉兴海关缉私分局成功破获嘉兴某公司进口羊毛特大走私案,给予该分局侦破组记集体二等功并颁发奖状、奖金,给予骆贤方、汤彪各记个人二、三等功并颁发证书、奖章、奖金。4月11日,海关总署授予杭州海关关税处、宁波海关关税处“全国海关税收征管先进集体”,并各颁奖牌、证书和奖金人均3000元;授予杭州海关管庆“全国海关税收征管先进工作者”,并发奖金8000元。6月30日,公安部授予台州海关缉私分局“海关905”艇“全国优秀公安基层单位”称号。8月18日,人事部、海关总署授予杭州海关机场办事处、北仑海关物流监控科“全国海关系统先进集体”,杭州海关陈辉、宁波海关杨潞(女)“全国海关系统先进工作者”。12月7日,海关总署为表彰参与中央“8·15”专案组,破获汕头关区特大走私案件及腐败问题做出重要贡献,给予嘉兴海关缉私分局姚亚良、台州海关缉私分局杨志方记个人二等功并各颁发奖金5000元,舟山海关缉私分局王军华、绍兴海关缉私分局金月光、宁波海关缉私局李争飚记个人三等功并各颁发奖金3000元,给予杭州海关张云达嘉奖并颁发奖金1000元。

2004年4月14日,海关总署缉私局给台州海关缉私分局“海关905”艇记集体嘉奖,并颁发奖状、证书、集体人均奖金500元;台州海关缉私分局王国平记个人三等功并颁发奖章、证书和奖金;舟山海关缉私分局庄欠周、宁波海关缉私局冯新华各记嘉奖,颁发证书和奖金。4月18日,海关总署缉私局授予舟山海关缉私分局、宁波海关缉私局法制一处“全国海关缉私部门基层建设先进单位”称号,并颁发奖匾、集体人均奖金500元;授予杭州海关缉私局吴伟民、嘉兴海关缉私分局姚亚良、宁波海关缉私局欧洁民和陆雪峰“全国海关优秀缉私警察”称号,并颁发证书及奖金各2000元。

2005年1月17日,杭州海关被授予“第六届中国杭州西湖博览优质服务先进单位”称号。6月1日,海关总署给予参与风险管理平台研发建设的宁波海关陈松华记三等功并发奖金3000元,给予杭州海关胡荟嘉奖并发奖金1000元。10月9日,在宁波海关“11·1”案件侦破中表现突出的汤谦、陈景毅被海关总署缉私局立一等功。

2006年12月25日,海关总署通报表扬“2001—2005年海关系统法制宣传教育成绩突出的集体和个人”，给杭州海关法规处、宁波海关法规处各颁奖金2000元；给杭州海关吴昀赟、宁波海关缉私局侯长龙各颁奖金500元。

2007年3月27日，宁波海关缉私局法制一处和崔丽娃分别荣获2006年度全国海关缉私系统“十佳基层先进单位”“十佳优秀缉私警察”称号。5月25日，全国公安系统英雄模范立功表彰大会在北京召开，舟山海关缉私分局被授予“全国优秀公安局”荣誉称号，分局局长朱康平同时被公安部荣记个人二等功，宁波海关缉私局办公室主任韩坚荣获“全国优秀人民警察”称号，并受到了胡锦涛、温家宝、曾庆红、罗干等党和国家领导人的接见。6月4日，海关总署为表彰上海海关学院筹建工作有功集体和个人，给杭州海关集体通报表扬并颁发奖金10000元，给予杭州海关张志南、陈甸林个人嘉奖并各颁发奖金1000元。7月，绍兴海关关员凌观桂无偿献血成绩显著，累计献血总量20800毫升，被卫生部、中国红十字会总会、解放军总后勤部卫生部表彰，荣获2004—2005年度国家无偿献血金奖（曾获2001—2003年全国无偿献血奉献奖铜奖、2002—2003年度浙江省无偿献血促进奖等）。12月28日，人事部、海关总署授予杭州萧山机场海关、宁波海关现场业务处“全国海关系统先进集体”荣誉称号，舟山海关缉私分局朱康平、宁波海关陈松华被授予“全国海关系统先进工作者”荣誉称号，并享受省部级劳动模范和先进工作者待遇。

2008年1月8日，在北京召开的全国海关系统先进集体和先进工作者表彰大会上，舟山海关缉私分局局长朱康平被人事部和海关总署授予“全国海关系统先进工作者”称号。2月15日，浙江省妇联授予杭州海关吴昀赟“浙江省三八红旗手”称号。3月19日，杭州海关（网站）被评为“全国海关2007年关务（警务）公开工作先进网站”并颁发奖金20000元，北仑海关缉私分局被评为“全国海关2007年关务（警务）公开示范点”并颁发奖金10000元。7月18日，舟山海关缉私分局“海关886”缉私艇被公安部和共青团中央命名为“2007年度全国公安系统青年文明号”称号。11月14日，根据《海关系统奖励规定》，海关总署党组决定，对在海关奥运安保与服务工作中做出突出贡献的集体和个人予以奖励：杭州海关“5·22”专案组荣立二等功；宁波海关驻机场办事处旅检科记嘉奖；绍兴海关缉私分局胡海江荣立一等功，杭州萧山机场海关丁骁敏荣立二等功，杭州萧山机场海关孙华伟、金华海关驻义乌办事处陈埃荣立三等功，杭州海关严远、杨中杰记嘉奖。

2009年，杭州萧山机场海关报关大厅被授予“全国青年文明号”，杭州海关机关团委获“省级先进团委”称号。11月12日，杭州海关陈锋、宁波海关卢翔分别在2002—2008年海关行政复议工作中因贡献突出获海关总署个人嘉奖。2010年1月7日，海关总署给予杭州海关季森彪、宁波海关范磊各记个人二等功；杭州海关魏征复、宁波海关潘强各记个人三等功。12月8日，杭州海关缉私局侦查处被公安部授予“全国公安机关执法示范单位”。12月21日，国家知识产权局、海关总署等八部门为表彰上海世博会期间知识产权保护专项行动先进集体和先进个人，评选杭、甬海关法规处和义乌海关知识产权科为“2010年世博会知识产权保护专项行动先进集体”，评选义乌海关潘登、杭州萧山机场海关吴宇璋、金华海关吴镇、杭州海关驻邮局办事处逄睿智、大榭海关周冀平等9人为“2010年世博会知识产权保护专项行动先进个人”。12月30日，浙江省“青年文明号、青年岗位能手”活动组委会授予杭、甬海关共20个报关厅和业务现场“2009年度省级青年文明号”。

海关还通过颁发荣誉纪念章和证书，褒赏和激励海关关员。1986年，海关总署决定颁发海关荣誉纪念章和证书，发布《关于颁发海关工作荣誉纪念章和证书的决定》，向从事海关工作10年、20年、30年以上的干部、工人颁发海关工作铜、银、金质荣誉纪念章和荣誉证书，以表彰功绩。1989年8月7日，海关总署人事教育司根据海关总署决定，向从事海关工作40年以上的老同志颁发海关荣誉纪念章。截至1997年，杭州海关分别有65人、17人、7人获得铜、银、金质纪念章，3人工作满40年获荣誉纪念章。

图67-10-3-1　1986年，海关总署颁发的海关工作金、银、铜质纪念章(《中国海关通志》第四分册，方志出版社2012年版，第2233页)

与此同时，海关严明纪律，对违反纪律、受贿、贪污、兼职经商和扰乱社会公共秩序等行为的海关人员，视情节轻重、悔过表现，分别给予警告、记过、记大过、降级、撤职、留用察看直至开除的处分。触犯刑律的，移送司法机关追究刑事责任。1985年1月，宁波海关1名干部因流氓犯罪活动被劳动教养2年，并被开除公职。1991年，宁波海关陈某利用职务之便，以好处费、业务费、报销发票等名义，接受和索取现金、电器等物品，共计受贿30852元，被依法开除公职，司法机关判处其有期徒刑7年。1992年，温州海关陈某在为中外合资企业办理通关手续时，接受贿赂3800美元(折合人民币2.1万余元)，被依法开除公职，司法机关判处其有期徒刑2年，缓刑2年。1993年，舟山海关庄某利用职务之便，擅自放进所谓外商自备用轿车6辆，偷漏关税，销售牟利。收受贿赂4.25万元，被依法开除公职，司法机关判处其有期徒刑9年。是年，杭州海关郑某利用职务之便，伪造假手册，为外商进口涤纶丝，偷漏关税141万余元，共计接受好处费20万元，被依法开除公职，司法机关判处其无期徒刑。1995—1998年底，宁波海关对7名不适宜海关工作的人员，限期调离海关系统，对1名严重违反纪律的干部办理辞退手续，4名科级干部因考核不称职等原因被免职。1992年6月及1998年12月，宁波海关3名干部因廉政问题涉及犯罪分别被判处有期徒刑。

1998年7月至1999年9月间，舟山海关原关长陈某利用职务之便，包庇走私分子董某等先后6次走私成品油33054吨，造成国家关税损失2000余万元，陈某先后7次共接受董某美元4万元、人民币47万元。杭州海关根据《国家行政机关工作人员行政处分暂行规定》，开除陈某公职，司法机关判处其无期徒刑。1999年，杭州海关原关长耿某，利用职务便利包庇走私，先后收受贿赂共计人民币180余万元，被开除公职，司法机关判处其死刑，缓期2年执行。2000年，杭州海关先后给予4名干部撤职处分，给予1名干部行政记大过处分，给予1名利用职务之便违纪向企业借款的干部开除公职处分。2002年，宁波海关进一步规范奖惩工作，全年记大过处分1人，开除公职1人。

2004年以后，杭、甬海关狠抓廉政建设。按照一岗双责要求，发挥处、科两级在廉政建设中的作用，落实党风廉政建设责任制。重点组织学习《中国共产党监督条例（试行）》《中国共产党纪律处分条例》和"海关6项禁令"等。提高关员自律意识、监督意识，增强反腐倡廉和拒变能力，不断筑牢思想道德和党纪国法的防线，提高拒腐防变和抵御风险的能力。

2009年，杭州海关认真防范廉政和执法两大风险，全面加强党风廉政建设。进一步优化杭州海关管理控制系统（即10+5管理平台），不断扩展系统监控工作面。强化系统管理制度建设，依托计算机网络系统实现实时查漏查缺，及时纠偏纠错，着力推动基层单位自查自纠、长效内控工作机制建设。组织开展行政执法监察、效能监察、巡察督导，实施离任审计、管理审计和业务综合检查、专项检查。出台实施《杭州海关违纪违法案件领导干部责任分析和责任追究实施办法》《杭州海关行政执法过错纠正及责任追究实施办法》，海关关警员依法行政和责任主体意识得到明显增强。

此外，对受过行政处分的人员，在其受处分后，能改正所犯错误，并做出成绩，按《中华人民共和国公务员法》等，及时予以解除行政处分。

第四节　教育培训

教育培训，是提高海关人员队伍素质和业务水平的重要手段，历代海关都十分重视。近代海关不仅注重洋员、华员的语言培训，而且还有商品验估、货物查验、查缉毒品等业务培训。杭州关对关员实行学校培训、实习培训和特别培训，浙海关、杭州关利用收集的货样对验货人员进行验货业务训练。

中华人民共和国成立，特别是改革开放以后，为适应各个时期对海关人员素质的要求，1985年，海关总署制定《关于海关教育培训工作改革的意见》，2008年落实《海关系统2008年—2012年大规模培训干部工作实施方案》等，并围绕不同时期的工作重点和自身实际，有针对性地开展多种形式的思想政治工作，既注重关员思想教育，又注重业务培训，采取不同形式和方法开展教育培训，逐步建立起比较完备和持续的海关教育培训制度与体系。杭、甬海关认真贯彻海关总署关于教育培训的制度和规定，通过对关员的学历教育、在职培训、岗位练兵以及网上学习等方法，提高人员队伍的专业技能和文化素养。同时结合海关实行关衔制度，全面加强海关准军事化纪律部队的建设。

一、教育管理与岗位培训

(一)近代海关教育培训

新关(洋关)设立之初,海关职员中通晓汉语的洋员甚少,经常需要借用领事馆的工作人员或聘用在华任教的外国人协助工作。同治三年(1864年)五月、同治八年九月总税务司赫德分别签发通令,要求各关税务司"应关心汉文学习,能学之人都学汉文",规定洋员的汉语水平如未能达到熟练处理日常工作的程度就不能被提拔为税务司。

为提高洋员的汉语水平,总税务司署采取聘请教员、发放补贴、编印教材、组织考试、奖励与惩戒、规定任职条件等各种方式,并利用北京同文馆,帮助和督促洋员自学汉语。

光绪十年(1884年)起,总税务司署开始对洋员进行汉语测试,并要求各关税务司呈报洋员的汉语测试成绩。光绪二十四年十二月,总税务司通令,颁布对内班洋员强制性学习汉语的惩处条例和对外班洋员学习汉语的倡导奖励措施,规定:内班人员如不能用汉语处理事务的,不予发给酬劳金;无足够工作汉语知识者,不得提升为副税务司或税务司,已提升至副税务司或税务司的将予以解除职务;帮办在第3年末不具备汉语口语或第5年末不具备汉语书写条件者,将被免职;内班人员还须根据需要掌握官话或方言,具备汉语书写实际工作知识。为鼓励外班洋员学习掌握汉语知识,总税务司署规定如外班洋员具备较高汉语水准,能操某种方言或官话,并能识读汉语者,每年可在其薪俸外获得奖银150两;凡学习或能用方言日常会话者,每年可获奖银75两;任何外班洋员如不具备所需汉语知识的,不得晋升至验货和总巡职位的任何一级。

民国4年(1915年)4月,总税务司署制定《洋员帮办学习汉文规则》,规定洋员帮办须根据规则参加汉语学习和考试以取得相应的文凭,各种等级汉语文凭考试均包括笔试和口试两部分。

早期海关内部的业务训练多以各口岸海关根据总税务司署要求而自主展开,浙海关、瓯海关、杭州关等关对新进关员进行轮岗实习和培训等。如杭州关时期,对关员的培训教育分为3种:学校培训、实习培训和特别培训。调入杭州关的华员,大多毕业于税务专门学校。民国初期,浙海关、杭州关利用收集的货样对验货人员进行验货业务训练。还参照税务专门学校讲授货样的训练方法,聘请专家或指派高级职员为验货人员讲授棉花、羊毛、丝、油、蜡、胶、染料、金属等重要进出口货物的商品知识,并将相关文件抄件如税则等发给验货员学习。据民国16年(1927年)统计,杭州关毕业于税务专门学校的,占华员职员总数的70%。职员入关后,在其试用期内,轮流派往各有关部门实习,以获得业务上的基本知识和工作经验。如内勤轮换练习登记、计税、稽核、结关等手续及会计、文书、统计等事项。外勤则轮流练习检查行李、检验货物、检查船只、办理民船和轮船结关手续等。遇有特种工作需要特别技能时,如对商品验估和缉毒等,则进行特别培训。

外班训练班课程设置分为讲授课程和实习课程两种,内容包括海关职业教育和海关业务教学两部分。海关职业教育主要有中国海关的创设与缘何由外国监督、身穿制服时的着装举止、轮船大厅中用餐时的规矩、海关关员对公众的态度等内容。业务课程主要包括：钤字手职务特点，海关单照格式的审查，重要单证（如总卸货准单、船边卸货准单、军火准单及装货单等）介绍，轮船煤舱、物料、压舱物的装载，货物的包装形式，计量方法和旅客登岸的管理等。讲授课程一般先由教员讲解海关常用术语，采用教员提问、学员解答的方式进行，再组织学员进行讨论加深理解。实习课程则侧重于让受训学员熟悉各码头情况，并教以了解船舶情况等技巧。

民国19年（1930年），关务署指令税专第二分校分别开办验估班和验货班，招收已有工作经验的关员入校学习深造，为海关培养验估及验货方面的专门人才。验估班学制2年，主要课程有本国税则、比较税则、本国出入口货、外国出入口货、化学及实习、物理及实习、高等数学、英文、中文公牍、验估及验估实习等。验货班学制1年，其学员由各关从现职品行端正的优秀外勤关员中选拔，有税则、出入口货、海关规则条例章程、初级化学、初级物理、商业英文、商业数学、商业地理、中文公牍和验货实习等课程。自民国20年起，总税务司署将验货训练班推广至厦门等地海关，而其他口岸海关则在尽量不影响验货人员正常工作的情况下，每天占用1小时工作时间组织训练。各关除组织关员参加海关业务训练外，还组织军事训练班等对关员进行身体及军事方面的训练。当时浙江省浙海关、瓯海关、杭州关也遵照开展业务教育与培训。

国民政府实行改革关制后，海关的各项单照、文告及内部文件等均按国民政府财政部要求改以汉语为主，促使总税务司署更加注重洋员的汉语学习。民国20年（1931年）10月，总税务司署专门成立中文学习股，负责在海关内部安排不同等级的汉语学习课程，实行每周一课学习制度，帮助洋员提高汉语水平。民国21年，总税务司署统计科出版《海关汉语学习教材》，分为A、B、C三册，作为全国海关洋员学习汉语的统一教材免费提供给学习汉语的洋员使用。A、B两册教材内容主要选自与关务署的来往函件，包括一些供关员学习参考的资料；C册主要为海关各种会话用语，包括社会流行词组和短语。

抗日战争全面爆发后，因战事频繁，浙海关、瓯海关、杭州关的业务训练停顿，直至抗日战争胜利后逐渐恢复。

（二）当代海关教育管理与岗位培训

20世纪70年代，温、甬、杭海关相继成立后，既注重关员思想教育，又注重业务培训，根据不同时期的形势与任务，采取不同形式和方法培训教育。如宁波海关从1974年建关后，针对干部队伍年轻，文化、外语及海关业务水平低等情况，重视关员在职培训工作。1975年11月，宁波海关从回城知识青年和待分配的学生中招收学员，举办为期3个月的学习班，后又分别输送到广东省外贸学校海关班及上海海关培训，使他们初步掌握海关业务知识。杭州海关也于1979年设关筹备期间，选派干部赴广州、深圳等地考察业务，为正式开关作好业务准备。同时，针对人员少、新手多的情况，于1982年制订《在职干部二年培训计划》，采取在职学习和举办小型专业训练班的形式进行教育培训。1985年，海关总署制定《关于海关教育培训工作改革的意见》，杭州海关认真贯彻执行。

1988年11月2日，海关总署下发《海关新关员入关教育暂行规定》，规定进入海关的大中专毕业生、军队转业干部、其他部门调入干部、社会招录人员，均须接受入关教育并贯穿于新入关人员的整个试用期。试用期间分为集中培训和业务实习。1988—1998年间，宁波海关共举办11期入关教育培训班，近200人次接受培训。

对于学历教育，杭、甬海关均十分重视。积极鼓励在职干部提高学历，采取各种措施如送学校培训、组织函授班、参加高等教育自学考试、电大、函大及各类业余大学学习。1988年下半年，全国海关专业自学考试开考，杭州海关关员积极参加。通过文化补习和学历教育，至1990年末，杭州、宁波、温州、舟山海关干部队伍的知识结构，基本达到《海关干部培训规划要点》要求：初中文化程度的干部达到高中或中专程度，高中或中专文化程度的，三分之一达到大专程度。至1993年，宁波海关有81名干部参加自学考试，占当时全关干部总数的50%以上，共计取得单科合格证388门，其中10人海关专业自考13门课程全部合格。在全国海关自学考试表彰大会上，宁波海关人教科被海关总署授予“教育培训先进集体”光荣称号。

1992年10月，海关总署印发《海关系统培训暂行规定》，将海关系统培训分为入关、晋升资格、岗位专业和其他短期等培训及学历教育。其中，岗位专业培训是对海关工作人员海关专业知识和技能的提高培训，结合海关专业职务评定制度，分初、中、高级3个层次。杭州海关遵照执行。

1995年，宁波海关为适应机构升格后干部队伍教育培训工作，将服务海关改革和提高干部队伍素质作为重点，制定《宁波海关干部、职工参加教育培训的规定》，鼓励广大关员参加教育培训工作。是年7月，海关总署下发《海关系统国家公务员培训与考核使用暂行规定》，明确培训分类为：岗前、岗位和任职资格培训3类。为此，海关系统国家公务员均须接受岗位培训，且每年受训时间累计不得少于10天，合格者发给“岗位培训证书”。

1996年，海关总署下发《全国海关“九五”期间干部教育培训规划》，提出岗位培训的重点工作，包括对各级领导干部培训、岗位专业培训。随着计算机使用在海关的普及，各级培训中加入计算机使用的内容。同时，杭、甬海关均为培训教育投入一定经费。如宁波海关每年用于教育培训费用不断增加，1996年为12.5万元，1997年为18万元，1998年达25万余元(另投资电化教育100余万元)。

1997年，杭州海关人事教育处被海关总署人事教育司评为“培训教育先进集体”并通报表扬，宁波海关被海关总署评为“全国海关教育培训先进单位”。1999年，杭州海关自编《教育培训资料选编》，建立杭州关区干部培训档案和兼职教师档案。宁波海关也建立起兼职教师队伍。

“九五”(1996—2000年)规划期间，海关系统每年组织2期中高级专业人员业务岗位培训。杭、甬海关鼓励和安排相关关员脱产参加外经贸大学经济学双学位班、征税验估班和统计专业证书班，天津财经学院、上海海关高等专科学校的稽查和审计大专班、调查专业证书班，海关管理干部学院的科级干部海关管理专业证书班等学习。另有4192人次通过参加海关院校函授或社会院校的业余学历教育，取得大专以上学历。并开展全员培训，参加初级岗位培训35176人次，科级以上干部计算机轮训8200人次，岗前培训8495人次。除此之外，还组织 14075 人次参加副科级任职资格考试。

2004 年 5 月，海关总署印发《2004—2010 年海关人才发展纲要（试行）》，提出岗位培训“实行分类培训，根据行政管理人才、专业技术人才、现场执法人才的不同特点，研究制定分类培训大纲”。明确岗位培训由各级教育培训部门按管理权限会同相关部门共同组织，培训内容和形式按岗位需求确定。行政管理人员培训侧重提高综合素质，增强行政管理能力；专业技术人员和现场执法人员侧重提高业务水平，增强岗位适应能力。为此，杭、甬海关强化教育培训工作，创建学习型海关，探索切合关情的学习网络体系及运行保障机制；完善教育培训职能管理机制，拓宽办学思路，利用社会和院校办学资源，实现自办培训和委托社会培训机构、海关院校办班的结合。2005 年，杭州海关制定《杭州海关干部培训量化管理办法》，加强岗位培训的督办和管理；制定《杭州海关业务能手评比办法》，开展各类业务能手评比活动，推动岗位培训。

2006 年，杭、甬海关认真贯彻落实中共中央《干部教育培训工作条例（试行）》。杭州海关制定《杭州海关党组关于贯彻落实〈干部教育培训工作条例（试行）〉的意见》《杭州海关干部培训量化管理暂行办法》，界定培训范围、量化标准、学分登记及核算、管理机制、奖惩等内容，明确干部培训学分与考核、晋升挂钩，实施干部教育“学分制”。确保《干部教育培训工作条例（试行）》规定的落实：处级干部每 5 年累计培训学习 3 个月、其他干部每年累计不少于 12 天和“全员培训”要求。发挥在线教育培训系统积极作用，通过升级改造，建设“一个平台，两个系统”。同时，拓展干部学习时空，创建远程虚拟学习教育环境，利用杭州海关互联网服务器上线运行与内部网结构相同的学习考试系统，完成业务和理论学习任务。制定《杭州海关兼职教师管理办法》，实现关区范围内兼职教师统一的聘任、管理、调配、培养、使用和考核，共聘任兼职教师 66 人。是年，杭州海关各级干部参训 1448 人次，实现全员受训的基本目标。杭州海关担任教育培训上海协作区副组长单位期间，还承担本关和协作区内的南昌、重庆、长沙海关新关员初任培训任务。

2008 年，海关总署制订《海关系统 2008 年—2012 年大规模培训干部工作实施方案》，进一步落实海关教育培训规划。2009 年，杭州海关组织处级“一把手”全员脱产轮训、科级领导干部岗前培训。2010 年，杭州海关因材因需施教，按照“重要干部重点培训、优秀干部优先培训、紧缺人才加速培训、年轻干部全面培训”原则，举办 44 期培训班，计 3967 人次参加，选派 343 人次参加海关总署、协作区和地方政府举办的 169 期培训，脱产集中培训全体副处级领导干部，提高干部队伍科学发展能力和综合素质。

二、海关准军事化纪律部队建设

由于海关职业的特点，历代海关都十分注意海关人员组织纪律性的教育培养。近代海关更是从关容仪表、着装举止等方面对海关工作人员提出要求和规范，并提供保障条件。中华人民共和国成立后，海关总署根据海关的职业特点，注重和强调严格的组织纪律性。特别是 2003 年，海关实行关衔制度后，根据《中华人民共和国海关关衔条例》和《海关内务规范（试行）》要求，杭、甬海关按照海关总署的统一部署，全面推行准军事化队伍管理。是年 10 月 1

日始，杭州、宁波海关试行着装管理规定并列入基层建设考核。

2004年全国海关关长会议上，海关总署提出坚持以人为本、从严治关，努力造就一支准军事化海关纪律部队的队伍建设目标。杭、甬海关按海关总署部署开展准军事化海关纪律部队建设。是年4—6月，宁波海关重点加强统一着装工作。8月，杭州海关开展准军事化海关纪律部队建设。10月11日，海关总署召开部分海关准军事化建设座谈会，讨论《海关总署关于建设准军事化海关纪律部队的指导意见(征求意见稿)》及准军事化建设理论体系、管理方法和工作机制，明确准军事化建设工作思路。为此，杭州海关制定《杭州海关内务规范实施细则(试行)》《杭州海关内务督察办法(试行)》和《杭州海关内务督察量化积分管理办法》。组织杭州海关总关机关开展每人3天的队列训练；建立兼职督察员队伍，各部门指定一名骨干担任兼职督察员，强化内务督察；实行兼职内务督察轮流制度，半月一轮实施专、兼职督察员联合督察模式，不定期通报内务督察情况，使督察工作规范化、人员明确化，加强内务规范。是年底，杭州海关缉私局和政工办在舟山海关缉私分局“海关886”艇开展准军事化建设试点工作，探索杭州海关准军事化建设，立足规范，转念立制，保持缉私艇的长效管理机制，得到海关总署政工办的肯定并向全国海关推广示范。宁波海关按海关干部队伍准军事化管理要求，贯彻《海关内务规范(试行)》，制定职能管理量化标准，实行抽查和普查、专项检查和日常检查相结合方式，加强内务规范督查。按每人3天分9期脱产，集中全员军训27天、参训543人，规范关员队列动作及礼仪，提升队伍正规化建设水平和海关形象。

2005年初，杭州海关提出稳步推进准军事化海关纪律部队建设要求：强化领导干部政治纪律、垂直领导和令行禁止意识，畅通政令；加大内务督察力度，做好内务规范；组织军训和体能训练，使关员逐步适应衔级管理和准军事化建设要求。是年，杭州海关总关组织每人1天共3期的队列训练。4月13日，杭州海关政治部具体负责本关区准军事化海关纪律部队建设和内务规范管理、监督。5月，杭州海关组织关员到杭州武警大桥三中队开展“军营一日生活暨队列训练”活动，参观军营荣誉室、战士训练、军营内务和队伍训练会操，促进纪律作风养成。是年，舟山海关及缉私分局因基础好，分别被杭州海关、海关总署确定为杭州关区、全国海关准军事化建设试点单位。6月20日，海关总署印发《2004—2010准军事化海关纪律部队建设指导方案》，并召开建设准军事化海关纪律部队试点工作会议，部署试点工作，9个试点单位代表考察学习深圳海关所属大鹏海关准军事化建设经验。7月11日，杭州海关在舟山召开杭州关区海上缉私演练暨准军事化建设试点动员大会，受到《人民日报》等多家媒体的关注和报道，时任关长张志南的动员讲话及舟山海关缉私分局准军事化建设做法被海关总署《政治工作简报》刊登。杭州海关多次组成联合工作组检查指导舟山海关、舟山海关缉私分局的试点工作。7月15日，杭州海关制定《杭州海关关于贯彻落实海关总署〈2004—2010准军事化海关纪律部队建设指导方案〉的实施意见》和《杭州海关党组关于加强和改进关区思想政治工作的意见》等配套文件，规范、提升准军事化建设的内容与水平，并结合海关总署体能测试方案，在杭州海关各单位确定20%人员测试体能。是年，宁波海关贯彻海关总署下发的《2004—2010准军事化海关纪律部队建设指导方案》，将准军事化建设纳入基层建设考核；将准军事化要求贯穿于各项工作，加强领导班子、干部队伍正规化建设和教育培训工作；将军训作为准军事化建设重要养成手段，探索甬关特色的训练内容和方法，组织50周岁以下人员全体参与队列训练。

2006年2月14日，海关总署召开部分海关参加的准军事化海关纪律部队建设工作研讨会，总结试点工作并研讨以建设准军事化海关纪律部队的基本要求统筹海关队伍建设问题。是年，杭州海关提出“以准军事化纪律部队建设为抓手，全面加强队伍建设”的总体要求，统筹海关队伍建设；明确班子建设、干部人事与思想政治工作为准军事化建设重要内容。上半年在舟山召开现场会，推广准军事化纪律部队建设试点单位经验。完善定量与定性相结合的基层建设、机关建设达标活动考核办法，分类评比表彰一批基层建设和机关建设先进单位，树立典型。3月28日，杭州海关党组在舟山海关召开各隶属海关关长、总关各部门及派驻机构负责人、各缉私分局局长参加的准军事化建设现场会，交流舟山海关和舟山海关缉私分局试点经验，部署推进关区准军事化建设，明确准军事化建设7项工作：提高领导班子执行力，履行思想政治工作责任制，开展“快乐工作、健康生活”活动，实施《公务员法》，业务尖子能力评审，基层达标与机关争先评比考核，强化监督等。5月，海关总署党组下发《关于全面开展准军事化海关纪律部队建设的决定》《海关监管现场内部设施设置管理规范（试行）》和《海关监管现场关员行为语言规范（试行）》，把建设“政治坚强、业务过硬、值得信赖”的准军事化海关纪律部队作为基本任务，统筹海关队伍建设，规范海关监管现场内部设施设置和关员言行。

2007年4月17日，海关总署下发《关于建立全面开展准军事化海关纪律部队建设长效机制的指导意见》和《关于开展岗位练兵活动的指导方案的通知》，提出建立引导激励、教育培训、检查考核、统筹协调、组织推动等机制，确保2010年基本建成一支高素质的准军事化海关纪律部队。杭、甬海关按海关总署要求，本着“干什么、练什么，缺什么、补什么，学什么、精什么”的原则，从本职岗位应知应会的基础法律与业务知识、基本业务技能着手，开展海关全员岗位练兵活动，推进内强素质工作。4月20日，海关总署下发《关于印发〈海关统计系统开展岗位练兵和“十佳百优”评比（选）活动的工作方案〉和〈海关缉私系统开展岗位练兵和“十佳百优”评比（选）活动的工作方案〉的通知》，在统计、缉私系统先行开展岗位练兵和“十佳百优”评比（选）工作。为此，宁波海关开发应用宁波海关准军事化海关纪律部队建设管理系统，按海关总署部署统筹达标考核、基层建设等工作，以现场比武、技能测试、专题培训等形式，开展统计、缉私、通关、办公等岗位大练兵活动，加强关员岗位技能和业务能力，探索甬关准军事化建设长效机制。在全国海关准军事化纪律部队建设工作会议上，专题介绍了宁波海关深入挖掘构建准军事化建设长效机制内在潜力的具体做法。2008年11月8日，杭、甬海关贯彻海关总署“完善‘岗位练兵’活动，推进准军事化纪律部队建设”座谈会精神和实践科学发展观要求，创新机制，推动群众性岗位练兵活动常态化发展。

2009—2010年，浙江省域内海关的准军事化纪律部队建设进入纵深化、常态化阶段，落实海关总署党组关于“进一步推进准军事化纪律部队建设，着力增强组织纪律性，确保全国海关思想统一、步调一致”的要求。杭州海关经数年努力，在思想发动、制度建设、队列训练、体能测试、内务督察、试点引路、全面推动、长效运作诸方面，达到准军事化阶段性目标：2010年前构建适应现代海关制度第二步发展战略目标要求的管理制度和工作机制，基本建成一支高素质的杭州海关准军事化纪律部队。宁波海关则推动关区准军事化纪律部队建设向纵深发展，构建大监管体系，防范执法和廉政风险，完成各项工作，为建设国家放心、人民满意的海关提供坚强保证。

第十一章　海关兼办事务

海关兼办事务指近代新关时期属海关负责和办理的一些事务，现不属于中华人民共和国海关的职责范围。当时海关除主要承担税务及海务外，还相继参与办理清政府对外债赔、军事、外交、邮政以及办学、世博会参展、商标注册等事务。其时浙江省浙海关、瓯海关、杭州关主要负责港务、海务和邮政等事务。其中海务属新关自身职能，邮政在创始阶段亦为新关职能。

第一节　港　务

清同治七年(1868 年)七月，总税务司署设立船钞部(海务部门)，由总税务司直接任命的海务税务司(后改为海务巡工司)负责，先后开展船舶引水、港口治安、海港检疫、航道疏浚、气象及水文观测等港口管理事务，具体由总税务司署设在各口的理船厅负责。民国时期，总税务司署船钞部先后改称海政局、海务科，各口理船厅改称港务课，继续负责港口各项事务，直至 1950 年 11 月移交。

浙海关、瓯海关主要负责包括港政、引水、海港检疫、船检、气象观测等。

一、港政

鸦片战争前，中国的港口管理皆由清朝廷有关官员负责。鸦片战争后，随着与列强一系列条约的签订，外国领事便开始取得各国所属船舶进出口批准权及其在港时的管理权。之后西方国家又强行在中国通商口岸设立由外国人担任的港务长。咸丰八年(1858 年)，中英《通商章程善后条约》又规定帮办税务的英国人有权“判定口界，派人指泊船只”。不久，随着海关外籍税务司制度普遍推行到全国各通商口岸，港务长隶属于各口海关管理，海关便实质掌控港务管理。各口海关中具体负责港口管理的部门称为理船厅(后改称港务课)，主管人员称为“河泊司”(英文 Harbour Master 的近似译音，意即港务长)，后正式改称港务长。

近代浙海关港务系浙海关海务的主要部分，包括电台通信、气象预报、航道测绘、引水、检疫、内港浮标设置与管理、航道疏浚及港口建设等事务。咸丰十一年(1861 年)四月初六，浙海关监督、浙海关税务司与英、法、美三国驻甬领事会商制定《浙海关章》，规定宁波港的界限：招宝山正顶与金鸡山对径之界，过此即为进宁波口。规定外国商船入口停泊处：自外国坟地至浮桥(今新江桥)并盐仓门为界。同治七年(1868 年)三月，浙海关成立理船厅，管理港务，由总税务司驻上海的中段巡查司(Divisional Inspector)管辖。巡查司后改为巡工司。

光绪三年(1877年),瓯海关设立,同年即制定《温州口理船章程》(即温州港港章),规定:龙湾外口炮台至对面之磐石炮台为港界;一切进口商船必须服从该关理船厅人员指泊,未经核准,一律不得移泊;同时划定锚地两处,即外锚地自龙湾外口炮台起至蒲州止,内锚地自北水门(在今安澜轮渡码头附近)起至江心屿西塔止。翌年,该关对《温州口理船章程》作一些修改,把内锚地的范围向东扩大至东门株柏浦,另外增加"不准在港内倾倒压船物"和"不准在下游锚地(即外锚地)停泊的商船,任意装卸旅客和货物"两项条款。瓯海关原来只管理港内的洋式船舶,国内民船则由瓯海常关进行管理。民国2年(1913年)4月,瓯海关在取得50里内常关的全部控制权后,便于次年制定《瓯海常关暂定办理章程》,对到港民船的停泊锚地作出规定,指定自十八家起至西门止,以江心为民船停泊之所,两边让出深阔水道,以便其他船舶进出。

民国7年(1918年)6月26日,浙海关颁布《宁波理船章程》,对港口管理规定:"本埠管辖港口为盐仓门至镇海止。官厅权限所及。"依据不同情况,划定各类船只的抛锚界限。镇海抛锚界限:自安远炮台起,至南岸盐田上边止。宁波抛锚界限:一般洋船下碇界限,自洋人坟地起,至新江桥止;凡装有易燃物的乙种(c)船只,停泊于白沙铁路材料栈下游1英里处;凡装有爆裂物料的丙种(b)船只,停泊地点与乙种船同;凡候验疫症应行隔离的丁种(d)船只,停泊于白沙铁路材料栈下游相离2英里处。这样,章程将宁波港划分为6段:甲种船下碇段、不准下碇段,乙、丙两种船下碇段,丁种船下碇段、不准下碇段,镇海外轮下碇段,有利于港口的安全、卫生与管理。《宁波理船章程》还附有英国皇家海军测绘的宁波港地图两幅:一幅为《宁波抛锚界限图》,比例为1∶25000;一幅为《镇海抛锚界限图》,比例为1∶10000。此为宁波港最早的两张港口界限详图,用英文作标明语。这两幅地图构成20世纪初期一套完整的宁波港全图:北起安远炮台和对面的绥远炮台,南包宁波府城在内,包括港中的航道、下锚界限、浅滩、盐田、堤岸,以及江畔的码头、仓库、货栈、船坞、灵桥、新江桥、浙海新关、镇海分关、镇海县城墙及各门、城郊、镇海江南区、霍庙、江南山地的海拔高度、地形等,并特别标明盐务局、外国人居留地、坟地、纱厂。民国8年,浙海关理船厅改为港务课,设港务长主持其事,负责港务、海务、航政、航运等。

民国9年(1920年)5月3日,瓯海关再次公布修订的《温州口理船章程》,将船舶锚地分为3处:一般商船的锚地为自东门株柏浦起至西门浦桥浦止,装有易燃、爆炸品船舶的锚地为株柏浦下游1英里处,有疫或有疫嫌疑船舶的锚地为株柏浦下游2英里处。同时,还对岸线管理、沉船管理、港内航速、船舶避碰、危险物品装卸、失火船舶报警等事项都作了规定。

民国20年(1931年),国民政府划分航政与海关的权限。民国24年,浙海关原辖普通民船和中小轮船公司船的检验、丈量登记、船员管理及海事处理等,移交给上海航政局宁波办事处。由于温州始终未设航政管理机构,瓯海关作为温州港口的主管部门直至民国38年5月7日。

中华人民共和国成立后,中央人民政府政务院财政经济委员会于1950年7月26日作出关于统一航务、港务管理的指示。12月16日,上海海关温州分关将港务管理连同港内航标移交给浙江省航务局温州办事处管理。

二、引水

引水，关系到一个国家的主权和国防军事秘密。一个独立的主权国家对外国船舶进出其港口，皆指派本国引水员引领。鸦片战争之前，清朝廷对引水权尚能掌握，规定外国船舶没有中国引水员引领，一律不准自由进出。鸦片战争后，中国引水权随着一系列不平等条约的签订，即逐步丧失，外国人可以在中国充当引水员。同治六年（1867 年）三月，海关总税务司赫德制定《中国引水章程》，经清政府总理衙门批准试行。次年九月，经再次修订并正式实施。该章程除准许"有条约各国之民"充当引水员外，同时还规定各通商口岸的一切有关引水事宜，由洋员控制的各口海关理船厅"准情酌理，约与各国领事官并通商总局（即外国总商会）妥为拟定"，并规定引水员听从理船厅的管理。于是，各口海关的理船厅便成为引水的主管部门。

同治七年（1868 年）十一月，浙海关公布《宁波口引水分章》，规定：宁波口引水界限，以镇海口外向东一路至东寨为限，向南一路至东池山为限，向北一路至乌龟头为限。宁波口引水费不论轮船、篷船（帆船）一样计费，以船只每吃水 1 英尺计算引水费，依路途远近分为 2 元、3 元、4 元、5 元等。引水员由考选而补充，考选工作由浙海关理船厅约同各国领事协商，由理船厅出榜招募引水员（领航员）。理船厅人员主持考试，引水董事一人协助，领事官可以从旁监考，录取权在理船厅。引水执照以 1 年为期，每年 7 月 1 日换照，引水员须缴换照费 5 元。凡洋船进口，必须请引水员领航，而引水员必须听制于浙海关理船厅。引水员不论华人、洋人都可充当。引水船每年 7 月 1 日换照，缴牌照费 10 元。船只停泊之处，须听理船厅指示。同时，浙海关又颁布《宁波口引水专条》17 条，规定引水人员应该遵守的组织纪律以及有关引水的其他事项。引水人员如果违犯纪律，浙海关理船厅可作出以下处分：暂撤执据，撤销执据，罚款（以理船厅所定数目为断）等处分。

光绪三年（1877 年）二月，瓯海关建立后，即于当年根据《中国引水章程》的规定，制定《温州口引水分章》，划定引水界限从瓯江口外护道涂（今大门岛）起，北至光大涂（今鹿西岛），南至柯因涂（今虎头屿）止。除经船长准许以外，出口船舶必须引领至光大涂极南相对处。引水费为：轮船自口外界限至茅竹桥，吃水每英尺为 4 元，至温州城区为 6 元；夹板船自口外界限至茅竹桥，吃水每英尺为 5 元，至温州城区 6 元。后改为自大门岛附近的青菱屿至温州城区，吃水每英尺为 4 元，港内自磐石至温州城区为 2 元，轮船和夹板船均按同一标准收取引水费。而当时瓯海关尚未配备正式的引水员，暂由该关对瓯江航道情况比较熟悉的水手兼任。有时，也由进口的船舶在青菱屿自己直接雇用渔民充当引水员。

光绪四年（1878 年），有两名外籍引水员到温州担任引水工作，港口的引水权便由外籍引水员掌控。但是，当时温州贸易不旺，进出港的洋式船舶不多，引水业务清淡，两名外籍引水员便于次年夏天离开温州。此后，温州港的引水员就一直由熟悉瓯江航道的瓯海关水手兼任。但担任引水工作的瓯海关水手不是正式引水员，不符合《中国引水章程》规定的要求，万一出海损事故，海关负有责任。瓯海关为规避自己的责任和潜在风险，在每次引领时，便发给担任引水工作的水手一张由税务司签字的证书，证明他们仅系熟悉瓯江航道的关役，并非该关港务长依照《中国引水章程》派遣的合格领港人员，进出港的各船长必须自任领港，如船长有所咨询时，则他们可以给予协助。该项证书经船长阅后，还要由船长在后面签字，表示同意。但引水费用仍由船方依照规定标准，缴付全数。所收的引水费，以三分之二给领港的水手，其余三分之一入账归公。从民国16年(1927年)开始，改为五分之三给领港的水手，其余五分之二归公。

民国10年(1921年)，宁波港英国籍引水员斐尔格和爱克林酗酒后，将应该引领向游山里面的一艘糖船，糊里糊涂地引到游山外面，使船只搁浅，船底漏水，损失惨重，引起沪甬航运界和中国船员的强烈不满。沪甬两地航运界一致向浙海关税务司提出撤换外籍引水员，选拔有丰富经验的华人担任引水员的强烈要求。在强大的社会舆论压力下，税务司和港务长撤换该两名英籍引水员，选用原“超武”巡洋舰大副周裕昌和原“镇北”轮船长顾复生，经考试合格，正式录用为引水员，成为宁波港第一批中国引水员。后浙海关港务长改由中国人柯秉璋担任。

民国20年(1931年)9月底，温州人民反对日本帝国主义侵占中国东北三省之时，瓯海关华籍税务司周子衡竟派遣一名水手，把到温州显示实力并进行窥探的日本驱逐舰“泰克”(Take)号引领进港。这一事件引起广大人民，特别是学生和反日协会的极大愤慨。他们立即发表声明警告瓯海关，今后如若再将日本船舶引领进港，必将严厉对付。瓯海关为平息民愤，摆脱自己的困境，便于当年10月13日以该关税务司和监督的名义，发表联合公告，宣布该关暂时停止一切进出港船舶的引水业务。但实际上，自该公告发表后，除日本船舶外，瓯海关从未停止对于其他中外国籍船舶引领。为不违背联合公告精神，水手引领船舶是作为该关港务长私人协助性质，而非由海关正式派遣。引水费收入亦全部归水手私人独得，不再与海关分成。民国22年下半年，该关方才恢复原来公开对外引领船舶的方式。

民国22年(1933年)11月，浙海关颁布由国民政府核准的《引水管理暂行章程》，原来由清政府所制定的《中国引水章程》以及各口所制定的引水分章，同时作废。《引水管理暂行章程》规定沿江、沿海各口成立引水管理委员会。而温州港并无正式引水员，因而未成立引水管理委员会。民国24年，国民政府划分航政与海关权限，浙海关税务司遂将港务及引水管理权移交给上海航政局宁波办事处，而瓯海关继续负责港口引水业务。

民国26年(1937年)抗日战争全面爆发，温州最高军事机构温台防守司令部对引水工作非常重视，详细调查了解担任引水员的水手有关情况，并规定在引领船舶之前，引水人员均须先赴司令部听候指示，有时则在引领船舶之后，向引水员了解情况。不久，温台防守司令部为使引水工作适合军事需要，于民国28年1月22日自行成立戒严时期温州引水办事处，接管原来由瓯海关负责的引水业务。瓯海关水手即不再担任引水工作，只有在进出港船舶较多，该处引水人员不够分配时，方才请瓯海关派担任引水员的水手前往协助。民国30年12月太平洋战争爆发后，温州港的沿海轮汽船运输完全处于停顿状态。至民国31年7—8月，温州在抗日战争期间第二次沦陷，该引水办事处随之解散。

民国34年(1945年)8月抗日战争胜利，温州港的引水工作仍由瓯海关负责管理。民国

35年2月，国民政府决定成立交通部全国引水委员会，该会闽浙办事处温州港分处于同年10月20日成立，11月1日接收瓯海关引水业务。此后，瓯海关不再负责管理引水业务。

三、海港检疫

近代中国各港卫生检疫，在一系列(不平等)条约中原来尚未作任何规定。同治十二年(1873年)，暹罗(今泰国)和马来半岛发生霍乱病，上海、厦门等海关税务司即采取检疫措施。此后，各口海关便开始管理港口卫生检疫工作。

浙海关(新关)建关之初，设有关医处，聘任专职医师，负责海关职员医疗保健、入关体格检查，并兼负港口检疫工作。

光绪三年(1877年)，瓯海关制定《温州口理船章程》时，未将检疫工作列入其中，但在同年制定《温州口引水分章》时，均列有检疫相关条款，规定：凡有商船进口，引水人员问明船上如有传染病症者，须指引至该关茅竹桥分卡边口3英里外停泊，并通知船主迅速采取避免传染措施，在驶近该分卡边口时，应即悬挂一面黄色旗号于前桅顶上。

光绪三十三年(1907年)七月初九，招商局"广济"客班轮，载运一名患有霍乱病的病人进港。瓯海关即发出公告，规定来自疫区船舶必须悬挂有疫信号旗，同时必须要在港界之外地段锚泊，由关医上船检验，经准许后才可进港。这是瓯海关对港口最早一次卫生检疫。

民国2年(1913年)，因福建等地发生瘟疫，是年7月起，浙海关对所有进口船只进行防疫检查。民国7年6月，浙海关规定："凡听候查验有无疫症应行隔离之船只，须下碇于白沙铁路材料栈下游相离2英里之地点。"9—10月间，温州霍乱流行，该关即宣布温州港为疫口，亦采取同样检疫措施。

民国9年(1920年)5月，瓯海关修订《温州口理船章程》，即对有关卫生检疫事项作出规定，如船内发现有传染病患者或死者，进港时必须悬挂有疫信号旗，并在指定地点锚泊，在未经理船厅或港口卫生检查员同意之前，不准船员与旅客上下船等。民国15年5月12日，瓯海关正式公布《温州口暂行卫生章程》，对于港口卫生检疫有关事项，如由关医担任港口卫生员、有疫船舶的锚泊地点以及对有疫港、有疫船只、有疫嫌疑船只的定义等，均作明确规定。民国15年8—10月、民国18年9—10月和民国19年4—6月，温州传染病流行之时，均以该卫生章程实施检疫。民国18年3月27日，浙海关颁布《宁波防护染疫暂行章程》，规定其对象为：凡来船驶至镇海口外之前10日内，或抵口时，如有人患霍乱，或瘟热症、黄症、鼠瘟、天花、猩红热以及其他传染病的船只，或疑似患有以上各类病症与载有疑染疫而死的尸身，或竟因疫致毙者，则此项来船俱为有疫之船。所谓可疑之船，即来自有疫口岸，自开船之日起在10天内至镇海口外者，不论直接到口，或转由别埠到口，或由最后口岸开来，如在半途中曾有患病致毙者，均即作为可疑之船。疫船停泊处在本埠白沙铁路屯车处东北6华里(1华里=0.5千米)下游地，或经本口港务长特行指定的地点。凡某一口岸如发生鼠瘟或霍乱、瘟热症、黄症、天花、猩红热而已至流行成疫之时，应即宣布为有疫口岸。对此，一面由本口税务司出示晓谕，一面通知他口税务司查照，定为有疫口岸。即使将来疫症消灭，亦应双方知照，定期撤防；倘他口系属外洋，则即通知该处地方官办理。为此，浙海关对有疫船进口的防疫措施为:凡有疫及可疑船只驶近镇海口时,务须在船首前桅悬挂黄旗,并须驶至白沙铁路屯车处之东北6华里江中抛锚停泊,等候防疫医员上船检验后,给有准单,方可下旗进口;凡有疫及可疑船只,不论何人均须执有防疫医员准单,方可上下,起卸货物、行李等项,亦俱照此办理;凡由有疫口岸进口之船于开舱准单发给之先,须将有疫口岸或经过口岸卫生当局发给熏洗船只之凭照呈验,照内并须注明"该船系在货已装完、封舱之后熏洗"字样,方可准予卸货。如无上述之凭照呈验,在船舱未开、货未移动以前,须在本口熏洗,经由本口防疫医员认为该船熏洗妥当时,方可开舱起货。

民国19年(1930年),国民政府决定自是年7月起两年之内,全国各港的卫生检疫工作由海关移交卫生部海港检疫处负责办理。但温州港的检疫工作,由于海港检疫处未派员前来接收,故仍由瓯海关负责。民国36年6月5日,由于温州鼠疫流行,温州港经瓯海关宣布为有疫口岸。上海海港检疫所于当月派员到温州筹设临时检疫分所,其主要任务为对出口旅客注射鼠疫预防针,及检查出口船舶是否载有染疫或未经实施防疫注射的旅客。不久,温州鼠疫消除,临时检疫分所亦即撤销。至1949年10月1日前,温州仍未建立检疫机构。

1949年10月1日中华人民共和国建立后,瓯海关便停止管理港口检疫工作。

四、船检

船检主要指对船舶登记、检验、丈量管理。鸦片战争后,广州、福州、厦门、宁波、上海五口对外开埠通商。各地新关设立后,由新关按总税务司指令、中外条约及贸易章程等规定,对进出口岸的外籍船货施行监管。同治七年(1868年),总税务司准许对在海关登记的外籍轮船采用常年保结制度,由商行及领事签具保结。光绪二年(1876年),清政府批准试行《华商置用火轮夹板等项船只章程》,规定火轮、夹板船等必须由各口税务司负责检验、丈量并发给"船牌"(船舶登记证书)。自此,华商轮船改归海关管理。于是,海关又掌握船舶登记、检验、丈量权。

光绪十一年(1885年),第一号官用小轮和一艘在国外建造的华籍夹板船,是最早由瓯海关登记、检丈的洋式船舶。除沿海、内港船舶外,航行温州至瑞安的内河小轮和拖驳的登记、检丈工作亦由该关办理。民国3年(1914年)5月,北洋政府交通部公布《轮船注册给照暂行章程》,虽然规定轮船必须呈请该部注册给照,但轮船领取交通部执照后,仍须向海关领取"船牌",方得行驶。所以,该章程并未削弱海关对轮船的管理权。温州沿海国内民船的登记、检丈工作,原由瓯海常关负责办理。民国20年6月瓯海常关裁撤后,此项工作即改由瓯海关办理。

民国20年(1931年)12月,上海航政局温州办事处(以下简称温州航政办事处)设立后,各类船舶(包括民船)的登记、检丈工作便全部改由该处负责办理,瓯海关不再管理此项事务。但轮汽船向温州航政办事处登记以后,仍由瓯海关核发中国轮船行程簿。轮船每次进港以后,其行程簿以及有关船舶证件,都须存放瓯海关。

国民政府为加强管理民船贸易,防止其从事走私活动,于民国20年(1931年)12月规定:凡航海贸易的民船载重在200担以上者,除向航政机构办理登记、检丈手续外,还须向海关请领航运凭单及往来挂号簿。民国 23 年 10 月，又规定航海贸易民船不论载重多少，均应向海关办理上项手续。瓯海关对前来请领航运凭单和往来挂号簿的民船，都进行编号，并在该船大桅下及水手房外的板壁上予以明显烙印，同时船主还须依照规定的写法，在船首之两旁及船尾将注册号写明，以便认辨。另外，瓯海关还规定，港内载运货物的驳船亦应向该关办理登记手续，然后由该关发给执照并进行编号，其号码必须油漆于船之首尾。

抗日战争全面爆发后，中国海运基本上陷于瘫痪状态，沿海各地航政机构业务清淡。因此，国民政府交通部于民国 26 年（1937 年）12 月，通知温州、宁波、福州等沿海港口的航政机构，暂行停办轮、帆船的检丈工作，待局势安定后，再继续办理；在停办期间，所有轮、帆船航行证书所载检验期限如已届满，必须经沿海各地海关查明有无航行危险，如认为可以继续航行时，应即准予结关。于是，瓯海关便暂时代行温州港航政机构的职权。该关所属古鳌头分卡和瑞安分卡，曾分别于民国 27 年 1 月和 2 月，办理“胜得利”“江南一号”汽船的检丈等工作。民国 27 年 3 月，因当时温州港出现畸形繁荣现象，进出港外轮较多，海运逐步得到恢复和发展，国民政府交通部为加强该港的航政管理，恢复设立交通部直辖温州航政办事处。于是，各类船舶的登记、检丈工作便仍由航政机构办理。

1949 年 10 月中华人民共和国成立初，由温州航政管理部门登记、检丈的民船和轮汽船，仍继续向瓯海关办理民船注册、编号、烙印，以及核发民船往来挂号簿和轮船行程簿等手续。1951 年 3 月 1 日，上海海关温州支关将民船注册、编号、烙印工作移交给温州航务办事处接管。但因该办事处准备工作未跟上，民船往来挂号簿仍暂由海关继续核发。5 月 22 日和 12 月 15 日，上海海关温州支关又先后停止核发轮船行程簿和民船往来挂号簿，改由温州航务办事处核发轮船签证簿和木帆船签证簿。自停发轮船行程簿之日起，温州支关也不再收存在港轮船的国籍证书等有关船舶证件，改由温州航务办事处收存。

五、气象观测

清同治九年（1870 年）始，各口海关据总税务司指示，进行气象观测工作，以便掌握气象情况，有利于船舶航行安全。瓯海关建立后，于 19 世纪末始办此项业务，由该关港务长指派钤字手（后改称稽查员）负责此事。该关将其气象观测中所得到的气压、温度、风向、风力、天气等资料，定期报送上海徐家汇气象台，供其分析研究之用。民国 22 年（1933 年），国民政府决定将全国各地海关的气象观测工作，移交给当地气象部门接管。但因中华人民共和国成立前温州一直未设气象观测机构，该项工作一直未予移交，直至 1949 年 12 月 7 日方止。1951 年 2 月 23 日，据海关总署指示，上海海关温州支关将有关观测气象仪器包括气压表、燥度表、温度表、量雨器等移交给温州航务办事处接收。至此，瓯海关观测气象事务结束。

第二节 海 务

总税务司署船钞部成立后，由海务部门（海务巡工司）主管沿海灯塔建造、港内助航标志布设、内河航标设置、内河航道测量。同治七年（1868 年）起，海务部门先后在黄海、渤海、东海、南海海区及港、澳、台海域建造灯塔，在黄海、渤海、东海、南海海区各沿海港口集中设置灯船、灯桩、浮标、岸标、导标等航标。

浙海关管理的浙东沿海灯务辖区：南起三门湾，北至扬子江的南水道，东达马鞍列岛的花鸟山，计有灯塔 10 余座。瓯海关则主要负责瓯江港内航标设置和沿海灯务管理。

一、浙海关（新关）灯塔管理

（一）灯务

灯务即灯塔建筑和管理事务。清道光二十年（1840 年）鸦片战争后，西方列强为方便进入上海，遂在嵊泗列岛的花鸟山等海岛上修建灯塔。咸丰八年（1858 年）十月初三，清政府与英国签订《中英通商章程善后条约》（又称《中英通商章程》），作为《中英天津条约》的补充条款，其中第十款规定："任凭总理大臣邀请英人帮办税务并……分设浮桩、号船、塔表、望楼等事"。至此，中国航标由外籍税务司负责的海关管理便由该条约固定下来。

浙海关（新关）管理的浙东沿海灯务辖区：南起三门湾，北至扬子江的南水道，东达马鞍列岛的花鸟山。灯务辖区分为外线和内线，内线为核心，分布在沪甬线道两侧；其余则为外线灯区。

同治七年（1868 年）浙海关理船厅成立后，为有效管理灯塔，从国外招募受过专门训练或任职于灯船或灯塔的洋员，担任灯塔看守值事人和副灯塔值事人，并配有华班水手。为压缩经费开支，之后转为招募华员充当灯塔看守值事人，并培训华员学习管理清洗灯塔的复杂机械装置、灯具等日常工作。光绪二十年（1894 年）甲午战争后，浙海关对灯塔进行有计划的更新改良，重点将透镜定光灯改装成明灭相间灯，将燃植物油灯改为燃煤油蒸汽灯和电石瓦斯灯。

民国 30 年（1941 年）4 月，宁波被日军攻陷。民国 31 年 3 月，浙海关停闭。浙海关所属海上灯塔移归伪"总税务司署"海务科掌管。抗日战争胜利后，虎蹲山、七里屿 2 处灯塔于民国 34 年（1945 年）10 月 17 日恢复，浙海关亦于同年 12 月 11 日复关。民国 35 年 10 月 24 日，海关总税务司训令浙海关，准将虎蹲山、七里屿 2 处灯塔连同灯塔看守员 2 人及海务科灯塔看守员 3 人，划归浙海关管辖，并准将之前辞退之灯塔看守员陈思道等 3 名暂用工役予以复用。

1949 年 10 月中华人民共和国成立后，浙海关灯务移交交通部航务总局管理。

（二）灯塔

浙海关管理的灯塔主要有 15 处：

1. 七里屿（白鸭山）灯塔

清同治四年（1865 年），浙海关税务司与浙江分巡宁绍台道协同建造。同治十一年重建，方位东经 121°45′6″、北纬 29°59′22″，因距离原镇海县治七里而命名。该塔是船舶进出宁波港的咽喉所在，是甬江口外最重要的 2 座灯塔之一，亦是宁波当时少有的有人值守的灯塔。灯塔初建时，就设用锣以为雾警信号。同治十二年，换置为船用雾钟。民国 9 年（1920 年），改置雾炮，以作响应之用。

2. 虎蹲山（大虎岛）灯塔

建于清同治四年（1865 年），同治十一年重建。方位为东经 121°43′51″、北纬 29°57′43″。该灯塔适当航路之要冲，为甬江口外最重要的 2 座灯塔之一。既可引导船只进入甬江口，亦可指示上下水道之用。灯塔站东、南两面，系轮船航行孔道，而虎蹲山与镇海之间，则为帆船往来航道。

3. 花鸟山灯塔

亦名北马鞍岛灯塔，由英国人建造于清同治九年（1870 年），亦为海关海务科筹设灯塔计划中首先所筑之一，位于嵊泗县花鸟岛（又称北马鞍岛）西北角的山嘴上，方位东经 122°40′23.6″、北纬 30°51′40.0″，是中国舟山群岛最北端、长江口至太平洋航线上的特大型灯塔。为中国东南沿海、东南亚地区及经由东海进出长江口的重要标志，亦是中国东南沿海大中型船舶航线上的重要标志之一，同时也是当时海关所辖灯塔中规模最大的。宣统二年（1910 年）大修葺。民国 5 年（1916 年）扩建。民国 32 年，日伪接管该灯塔，时国民政府曾派飞机轰炸但损伤轻微。1950 年，由海关移交给中国海军方面管理。

4. 鱼腥脑灯塔

该灯塔位于舟山群岛鱼腥脑岛，方位东经 121°51′45″、北纬 30°20′25″，是沪甬、沪舟及长江口驶向南方诸港航线上的重要标志之一，为中国沿海南下北上船舶航行的必经之处，作用十分重要。同治四年（1865 年），在恒山列岛西部的“南大险礁”，英国轮船“拉拉克汝”（Lalla Kookh）号和“义拉瓦那”（Ilawana）号触礁沉没，船上人员全部遇难。同治八年，又有美轮“江泗”号在此触礁搁浅，未几即得出险。浙海关鉴于此地惨案迭出，于是决定在该岛建筑灯塔。清同治十一年建成。光绪三年（1877 年），总税务司赫德曾往此灯塔巡视。

鱼腥脑岛上共有码头 2 处。灯站之西端，各有雾炮高台 1 座（即浓雾报警台），当浓雾弥漫海面时，鸣炮示警。鱼腥脑站管理职务，自民国 4 年（1915 年）后，则交与华人管理。民国 34 年，国民政府重修。1950 年 11 月 16 日，由海关移交交通部航务总局管理。

5. 白节山灯塔

始建于清光绪九年（1883 年）。灯塔位于舟山嵊泗马关白节岛南端，是上海经白节峡往来南方及东南亚各国船只的主要导航设施之一。方位东经 122°25′16″、北纬 30°36′55″。民国 16 年（1927 年），交由华籍职员管理。民国 26 年，被日军占领。民国 34 年，由国民政府接管。

1950 年，由海关移交交通部航务总局管理。

6. 小龟山(小板山)灯塔

建于清光绪九年(1883 年)。灯塔位于今舟山市岱山县境内小板岛北的小龟山(因形似海龟得名)上，方位东经 122°35′29.9″、北纬 30°12′42″。民国 11 年(1922 年)8 月，受台风袭击，雾笛、灯器纱罩被毁。灯塔在日军占领时期曾被炸毁，民国 36 年修整。1950 年，由海关移交交通部航务总局管理。

7. 洛伽山灯塔

建于清光绪十六年(1890 年)，属小型灯塔。位于浙江舟山市普陀区境内洛伽山上，与其西北向的佛教圣地普陀山隔海相望。民国 20 年(1931 年)改建。洛伽山灯塔与外洋鞍岛灯塔成链，与船礁灯桩相应，引导航船进出普陀山港，是莲花洋水道的重要助航标志。

8. 北渔山灯塔

又名北鱼山灯塔，清光绪二十一年(1895 年)建成，铁铸，耗银 5 万两，是中国最东面的国家一级灯塔，位于象山县石浦镇东南 25 海里的渔山列岛北渔山山巅。民国 33 年(1944 年)，灯塔灯器毁于战事。民国 36 年，浙海关派技师史端昌等重修灯器。

9. 太平山(大鹏山)灯塔

建于清光绪二十八年(1902 年)，位于舟山定海金塘镇大鹏村太平山裂表咀上，方位东经 121°49′19.1″、北纬 30°04′59.7″。民国 22 年(1933 年)5 月，由海关接管。1953 年，由中国人民解放军实行军管。

10. 半洋礁(曾称半洋山)灯塔

建于清光绪三十年(1904 年)，位于舟山嵊泗马关半洋礁顶部，地处白节峡西北口中央，方位东经 122°22′28.5″、北纬 30°38′14″。1950 年，由海关移交交通部航务总局管理。

11. 唐脑山灯塔

建于清光绪三十四年(1908 年)，位于大戢山西南 17 海里(舟山市嵊泗县大洋镇西端 6 海里)唐脑山上，用以指示洋山群岛(又名崎岖列岛)西南边缘，是沪甬航线上从上海方向来的第一座灯塔。为无人值守灯塔。

12. 东亭山灯塔

亦名外洋鞍岛灯塔，建成于清光绪三十三年(1907 年)。位于浙江舟山市普陀区境内的外洋鞍岛，扼船舶进入宁波舟山港的重要水道。

13. 下三星灯塔

建成于民国元年(1912 年)，位于舟山市岱山县境内的下三星岛上，是中国东部沿海航线上的重要航标之一。

14. 石浦东门灯塔

由任筱和、任筱孚兄弟出资建于民国 4 年(1915 年)，后交由浙海关管理，系近代浙海关所属最晚建立的 2 座灯塔之一，位于象山县石浦港口乌礁湾，是进出石浦港船舶的导航标志。方位东经 121°58′08″、北纬 29°11′38″。民国 30 年东门岛沦陷，灯塔遭日军破坏。民国 36 年 10 月，海关派员勘察，以选址不当，另建灯塔于隔港胡椒湾山咀，并由海务科巡工司监督建造完工。民国37年1月5日正式启用。

15. **菜花山灯塔**

民国37年(1948年)1月20日建成,位于舟山定海县西堠门之菜花山,是近代浙海关所属最晚建立的2座灯塔之一,位于东经121°51′40″、北纬30°07′00″。此灯塔由海关海务科巡工司监督建造。是年1月24日启用。

二、瓯海关灯标灯务管理

(一)港内航标

清光绪三年(1877年),据《烟台条约》,温州开放通商。是年4月,温州港开始航行轮船。因北门一带水深条件较好,成为到港轮船主要停泊和过驳装卸锚地。但在该锚地附近有一座岩礁(俗称象岩,位于江心屿东南角),对船舶航行和停泊安全均有一定威胁。光绪四年六月,瓯海关在该礁上竖立1根长25英尺(7.62米)的铁杆,顶端置1个直径3英尺(0.91米)的蓝罩,作为航行标志。这是温州港历史上最早的一座航标。象岩立标建成后,夜间没有灯光,经常被往来小船碰坏,亦严重影响小船航行安全。于是,瓯海关自光绪三十二年七月二十五日始,在象岩标上悬挂红色煤油灯一盏作为夜航标志。

温州港底质为流沙,移动十分频繁,航道亦随之多变,尤每次港内发生台风洪水后,变化更大,严重威胁进出港船舶航行安全。为便于进出港船舶认辨航向,瓯海关于光绪十一年(1885年)在港内4处航道浅滩附近,各设立红、黑色木桶1只作为浮标。后随航道变迁和浅滩移动,浮标位置亦经常变动,数量随之增减。该关还在沿江一带增设一些立标,利用竹竿上悬球形标志,指示船舶航向。民国16年(1927年)4月,该关又在磐石岸边用竹竿建立一座简易灯标,以煤油灯发光。民国26年抗日战争全面爆发至民国38年5月7日,温州港内"美宁""民和""大茂""荣和"等轮汽船先后沉没,瓯海关皆在这些沉船上设置绿色浮筒,作为标志。民国38年7月14日,锚泊于麻行江面的"东南"客货轮被国民党飞机炸沉,瓯海关遂于该沉船上设置绿色浮筒作为沉船标志。至于港内其他助航标志,该关仍继续负责管理。

1950年7月26日,根据中华人民共和国政务院财政经济委员会关于统一航务、港务管理的指示,及9月6日中央交通部和海关总署会同商定的有关将海关所属沿海、沿江及各港口的助航设备及其管理职责移交给交通部的办法,上海海关温州分关即于当年12月16日,将港内助航标志及有关器材设备,移交给温州航务办事处接管。

(二)沿海灯务

瓯海关除管理港内航标外,按海关总税务司指示,在瑞安飞云江口外的冬瓜屿西端(东经121°03′、北纬27°38′),建立一座灯塔,光绪三十四年(1908年)十月初七开始启用,供行驶南洋航线的船舶导航之用。该灯塔建成后,先后接受瓯海关、福海关、江海关管理。抗日战争结束后,又划归厦门海关管理。

中华人民共和国成立初期,上海海关温州分关还曾接济、代管厦门关区所属部分灯塔。

1949 年 11 月，瓯海关接海关总署上海临时办事处海务科通知，原由厦门海关管理的“福星”号运输船(负责该关区所辖各灯塔的物资、器材等补给工作)于 8 月间驶往台北，导致该关即和所属各灯塔失去联系，因此，商请温州分关设法接济厦门关区所属各灯塔看守人员的口粮，并自当月起暂时代管冬瓜山、七星、东涌、西洋 4 座灯塔。温州分关接通知后，即于同年 12 月委托开往福州、泉州的木帆船，顺道运送食米接济鸟邱屿、牛山岛、冬瓜山、东涌岛、东犬山 5 座灯塔各 100 千克，另又接济东涌灯塔煤油 1 桶，计 50 加仑。由于受委托的东涌、西洋 2 座灯塔距离温州较远，联系比较困难，自 1950 年 4 月始，划归福州海关三都澳分关暂时代管。1951 年 4 月，上海海关温州支关即将暂时代管的冬瓜山灯塔及其管理人员和有关器材设备，交还给厦门海关，转交给交通部航务总局厦门区海务办事处接管。但七星灯塔因七星岛仍被国民党余部所控制，无法办理移交手续。7 月，七星岛由中国人民解放军进驻与管理，即由七星灯塔负责人员造具各项财产清表报送温州支关，由该支关转交给厦门区海务办事处审核接收。至此，上海海关温州支关的航标管理工作即全部移交完成。

第三节　邮　政

办理邮政是近代中国海关除传统职能外创办的一项重要业务。海关总税务司赫德为取得在华境内办理邮政的权力，曾多方努力。早在清同治五年(1866 年)，海关就开始办理邮递信件业务。光绪二年(1876 年)，赫德以处理“马嘉理事件”送递信件为由，向总理衙门提出设立送信官局的要求，并于光绪四年由海关试办邮政，为中国邮政发端之始。尔后，浙海关、瓯海关亦相继试办邮政。

光绪二十二年(1896 年)二月初七，清政府批准开办国家邮政，大清邮政官局正式成立。同年十一月，瓯海关附设大清温州邮政总局。光绪二十三年正月，大清邮政杭州邮局和宁波邮界邮政总局成立。浙江各邮政官局设立后，均由新关税务司兼任邮政司，海关派员担任邮政工作人员，查验进出口邮件，并按“邮政规则”对进出口邮件实施申报、征税。光绪二十五年初，杭州邮政局改称杭州邮界邮政总局。宣统二年(1910 年)，杭州邮界邮政总局，统辖全省邮务，辖宁波、温州两邮政副总局。宣统三年，大清邮政局划归邮传部管辖，各地邮局不再归海关经营管理，海关按职权仍负责派员常驻邮局，继续监管邮政包裹。至此，中国较为完整的邮政系统业已形成。

一、浙海关邮政

清道光二十三年(1843 年)，宁波开口通商。因领事、教士和外籍商人开始在宁波居住，需要政务和商务往来，遂出现客邮——英国邮政局①。

---

① 旧时在中国领土上设立的外国邮局。鸦片战争后，英、法、美、日、德、俄等国先后在中国沿海口岸及一些大中城市私设邮局，侵犯中国主权，后自 1917 年陆续撤销。

咸丰十一年(1861年),浙海关(新关)建立。光绪四年(1878年)十月二十九日,津海关税务司德璀琳致函浙海关等,落实总税务司通告安排和促进试办邮政开展,并寄来一批价值关平银206.25两的邮票,以便照津海关业已开办的邮政制度在宁波设立分支机构。十一月,浙海关成立海关书信馆并对公众开办业务,为浙江近代海关邮政事务之开端。

光绪十一年(1885年)五月初八,宁绍台海防兵备道、浙海关监督薛福成,照会浙海关税务司葛显礼,咨询关于开办国家邮政局事项。薛福成呈请南、北洋大臣向总理衙门作报告,葛显礼向赫德建议筹办国家邮政局的具体计划,并由总税务司提供邮政开办经费。

光绪二十二年(1896年)二月,大清邮政官局成立。翌年正月初一,宁波邮界邮政总局成立并对外开办业务,由浙海关(新关)兼管。邮政工作人员由海关派关员兼任,浙海关监管进出口岸邮递物品。宁波邮政总局设于江北岸屠家弄,辖市内的新街支局、鼓楼前支局;在镇海县城南门永安街设镇海邮政支局。光绪二十七年,在定海县设邮政代办所。光绪二十九年,在宁海县城内设立分局。光绪三十年,在镇海县建立柴桥邮政局。次年,又在镇海大碶设立邮局。

光绪三十一年(1905年),宁波邮政总局办理汇兑票,规定汇率为2%。凡汇票往来轮船火车已通之处,每张准至银洋50元;凡往来轮船火车未通之处,每张准至银洋10元;凡上列两处互相汇兑,每张汇票只准银洋10元。因银洋情况不同,汇款人须缴纳"贴水"。

光绪三十四年(1908年),宁波邮政总局开设14个分局和40处代办所,分布宁波、绍兴、台州等三府二十县,宁、绍、台三府及金、衢两地均系宁波邮政总局的辖区(宁波邮界)。次年,增至14个分局91处代办所。

宣统二年(1910年),杭州邮政总局管理浙江省邮界,宁波、温州邮政总局改为副总局,归其统辖。宁波邮政副总局成为副邮界,分设邮政分局共15处,代办所增至112处,辖区仍为宁波、绍兴、台州等三府及金华、衢州地区。快递信件办法亦推广至镇海县及绍兴。

宣统三年(1911年),大清邮政局划归邮传部管辖。是年五月初三,宁波邮政副总局独立,不再归浙海关经营管理。浙海关依职权继续对邮政包裹实施查验与征税。

二、瓯海关邮政

清光绪八年(1882年)十一月十三日,总税务司指令:温州以北(包括温州)各关兼办邮政,对外设置信箱,接受公众交寄信件并出售邮票;温州以南暂缓办理。自此,温州出现近代意义上的邮政。

光绪二十二年(1896年)十一月,瓯海关附设大清温州邮政总局,地址在北门瓯海关内,设邮政司,负责管理邮局业务,由该关法籍税务司那威勇(A. Novion)兼任。次年正月初一,正式对外营业。光绪二十五年,温州邮政总局被定为管辖温州邮界的总局。此后温州邮政业务不断发展。温州邮界邮政总局先后在乐清、瑞安、平阳、青田等县设立分局或代办所;在温州所属永强、虹桥、大荆、柳市、玉环、坎门、楚门、萃塍、双穗场、古鳌头、仪山(宜山)、金乡、林溪(灵溪)、桥墩门,及处州(今丽水)所属碧湖、云和、松阳、遂昌、龙泉、庆元等地设立代办处。

宣统二年(1910年),清政府邮传部重订邮区,温州邮区从华南划给华东,改为温州邮政副总局，归杭州邮政总局管辖。当年，该局(包括下属分支机构)共处理来往信件达101.52万件，比光绪三十四年(1908年)68.51万件和宣统元年74.26万件，各增加48.2%和36.7%。

温州邮政总局主管人员(邮政司)，自光绪二十二年(1896年)十一月瓯海关兼办邮政后，皆系瓯海关税务司或代理税务司兼任。宣统三年(1911年)五月，邮传部正式接管原由海关办理的邮政业务。八月二十八日，温州邮政局与海关分开，划归邮传部，由此结束瓯海关办理邮政历史。

三、杭州关邮政

清光绪二十三年(1897年)正月十九日，大清邮政杭州邮局成立，隶属于新成立的杭州关，局址设在杭州城内马市街口忠清里①。由杭州关税务司李士理(S. Leslies)兼任邮政司，管理杭州邮界内的邮政事务，制定进出境邮件申报制度。邮政工作人员由海关派员充任。监管范围包括杭州城内总局、分局、民间代办铺户(又称商铺)及租界邮政便利点，进出杭州的邮件通过泊在租界运河对岸的轮船往返。

其时，杭州已有外国人所办邮局，俗称“客邮”，亦称“客局”。日本人在杭州拱宸桥和城内马市街经营的邮局及代售处可通邮至美国等国，其具体邮路为自杭州租船载运邮件至上海，再装日本船出海，每周往返一次。杭州邮政局成立后曾利用日商办的戴生昌、芝太富两家轮船公司经营上海、苏州、杭州三地间轮船带运沿线本转各地邮件。光绪二十六年(1900年)七月，杭州关派员赴总税务司署与署理邮政司叙妥，在湖州开设邮局，并在南浔及其他按内河航运章程从上海行驶火轮可到达之处开展邮政业务。光绪二十七年六月，设南浔邮政分局。光绪二十九年，杭州邮政总局利用日商办的大东航运公司带运湖州、南浔等地沿线本转各地邮件。戴生昌、芝太富、大东三家轮船公司均系自愿免费带运邮件。光绪三十三年四月十八日起，此三家日商所办轮船公司汽船所行驶地方改归日清株式会社之汽轮行驶，可代带中国邮局邮件，但须收费。五月二十八日，总税务司署函复日本邮便局督办：“关于日本邮船代带中国邮局邮件付费一节，事关侵犯中国内河主权。不予允准。”遂停止交由日商带运邮件，转由国内内河行轮带运。

杭州邮政局开办时，试行收寄信函、新闻纸、刊物、贸易契，可挂号，亦可收寄国外信件。尔后，增办明信片、书籍、货样等业务。寄送信件分口岸、内地、外海三类，并施行新邮资表，通商口岸不分路途远近，平信每重2钱5分收银2分。光绪二十四年(1898年)闰三月，大清杭州邮政局开办普通包裹业务、保险包裹业务和代卖主收价(后改为代收货价)包裹业务，国外包裹亦同时收寄。光绪二十五年初，杭州邮政局改称杭州邮界邮政总局，开办瞽者(盲人)文件(备瞽者诵读之件)。光绪二十八年三月初一，为与民信局争夺业务，国内平信由银圆4分降为各局互寄1分，本埠半分，业务量随之骤增。光绪三十一年，杭州邮政总局经营出、转埠信函105.7万件，进埠函件105.8万件。宣统元年(1909年)四月初一，开办快递邮件业务(始办时称加紧信件)，每重在1英两以内纳邮资1角，逾重以5分递加，并备有快信专票以供查

---

① 清宣统元年(1909年)迁至杭州三元坊新办公楼，即今杭州市中山中路304号。

询之用。与之配套制定《快信章程》18 条，包括总则 6 条，办法规则 6 条，员差办理规则 6 条。

杭州关经营邮政，最初未使用邮票。收寄邮件时，将盖在关税单据上的印戳，盖在邮件上作收寄日期，另盖横长方形英文“付讫”字样戳记，表明邮资已付。邮票发行后仍沿用海关日戳盖销邮票做法。

杭州关经营邮政时期，邮路主要分步班、民船、轮船（航班）、铁路 4 种方式。光绪二十三年（1897 年）杭州邮局初创，寄往或转寄内地邮局邮件，为雇用挑夫挑运，后随邮务之发展，组织成立步班邮路，其运输工具为“一条扁担两根绳，人挑日行百里程”。宣统元年（1909 年）十一月，杭州邮政总局与浙江铁路公司签订运邮合约，开始利用杭州至枫泾一班火车运邮，路程长 113.5 千米。宣统三年四月，又加用一班火车运邮，年付浙江铁路公司运费 1125 元。

宣统二年（1910 年），杭州邮界邮政总局统辖全省邮务。宣统三年五月，大清邮政局划归邮传部管辖，八月初一起杭州关不再办理邮政业务，而继续依职权对邮政包裹实施查验与征税。

从　录

一、古代有关海关的文献

北宋明州知州曾巩存恤外国人请著为令札子①

（北宋元丰元年）

臣昨任明州日，有高丽国界讬罗国人崔举等，因风失船，飘流至泉州界，得捕鱼船援救全度，从此随捕鱼船，同力采捕，得食自给，后于泉州自陈，愿来明州，候有便船，却归本国。泉州给与沿路口券，差人押来。臣寻为置酒食犒设，送在僧寺安泊，逐日给与食物，仍五日一次，别设酒食，具状奏闻。臣奏未到之间，先据泉州奏到，奉圣旨，令于系官屋舍安泊，常切照管，则臣存恤举等，颇合朝廷之意。自后更与各置衣装，同天节日，亦令冠带，得预宴设。

窃以海外蛮夷，遭罹祸乱，漂溺流转，远失乡土，得自托于中国。中国礼议所出，宜厚加抚存，令不失所。泉州初但给与口券，差人徒步押来，恐于朝廷矜恤之恩，有所未称。检皇祐一路编敕，亦只有给与口食指挥。今来圣旨，令于系官屋舍安泊，常切照管，事理不同。缘今来所降圣旨，未有著令。欲乞今后高丽等国人船，因风势不便，或有飘失到沿海诸州县，并令置酒食犒设，送系官屋舍安泊，逐日给与食物，仍数日一次别设酒食。阙衣服者，官为置造。道路随水陆给借鞍马舟船。具析奏闻。其欲归本国者，取禀朝旨，所贵远人得知朝廷仁恩待遇之意。取进止。

元丰市舶条②摘录

（北宋元丰三年）

一、仅广州、明州、杭州可放行外贸商船。非以上三州而放行外贸商船者，以违背皇帝命令论罪。

---

① 《曾巩文集》卷三十二。《宁波海关志》，浙江科学技术出版社 2000 年版，第 328 页。

② 《元丰市舶条》，又称《元丰广州市舶条》，是北宋熙宁、元丰时期（1068—1085 年）因全国范围外贸制度改革而颁布的一份重要法律文件。元丰三年（1080 年）八月，以程师孟方案为蓝本经多次修订的外贸管理条例获准颁布，标志着宋代外贸制度的重要变化。因现存史籍未载《元丰市舶条》完整内容，遂将散见于各史书的条法主要内容择要整理。

二、所有前往东南亚及其以西地区(南番)的商船均由广州市舶司放行;一切到日本、高丽经商船只皆由明州市舶司放行。非广州市舶司而放行前去南番的船舶,非明州市舶司而放行前往日本、高丽的商船,以违背皇帝命令论罪,即使大赦和官员离任,亦不得减罪。

三、外贸商船返回时,必须先到原放行市舶司纳税贸易。

四、各市舶司负责管理各贸易区域内的外国朝贡船舶、贡使及其活动;贡船、贡使亦应在主管市舶司的设置地点登岸和离港。

五、各国进贡物品不再运送京师,一律就地变卖。

六、两广沿海前往海南岛的船只必须事先向广州市舶司申领出海凭证。

七、违法撤职的官员,贬谪、管制和充军的犯人,不得随商船赴海外。

八、市舶司最高长官改称"市舶提举",由本路转运副使兼任。广南东路经略安抚使不再兼任市舶使。

九、本条法由广南东路转运副使孙迥、两浙路转运副使周直孺提举推行。广南西路转运使陈倩,福建路转运判官王子京负责在所管路分进行监督,并对违法人员惩处。

提举两浙路市舶司公凭①

(北宋崇宁四年六月)

提举两浙路市舶司:

据泉州客人李充状,今将自己船一只,请集水手,欲往日本国,转买回货,经赴明州市舶务抽解,乞出给公验前去者。

一、人船货物:

自己船一只

纲首 李充,梢工 林养,杂事 庄权,部领 吴弟。

第一甲:梁留,蔡依,唐佑,陈富,林和,郡滕,阮祐,杨元,陈从,住(?)珠,顾冉,王进,郭宜,阮昌,林旺,黄生,强宰,关从,送(?)满,陈裕;

第二甲:左直,吴凑,陈贵,李成,翁生,陈珠,陈德,陈新,蔡原,陈志,顾章,张太,吴太,何束,朱有,陈光,林弟,李凑,杨小,彭事,陈钦,张五,小陈珠,刘海,陈海,小林弟;

第三甲:唐才,林太,阳光,陈养,林太,陈荣,林定,林进,张泰,萨有,张武,林泰,小陈贵,王有,林念,生荣,王德,唐兴,王春。

物货

象眼四十匹,生绢十匹,白绫二十匹,二百床,一百床;

一、防船家事:锣一面,鼓一面,旗五口;

一、古刻本州物力户:郑裕,郑敦仁,陈祐三人委保;

① 宋代朝廷发给商人到海外贸易的许可证,谓之"公凭",亦称"公据"或"公验"。《杭州海关志》,浙江人民出版社2003年版,第473页。

一、本州令，给杖一条，印一颗；

一、今检坐，敕条下项。

诸商贾于海道兴贩，经州投状，州为验实，条送愿发舶州，置薄抄上，仍给公据，方听行，回日，公据纳住舶州市舶司。即不请公据而擅行，或乘船自海道入界河，及往登、莱州界者徒二年[不请公据而未行者减贡(?)算]，往大辽国者徒三年，仍奏裁，并许人告捕，给船物半价充赏(内不请公据未行者，减擅行之半，其已行者，给赏外船物仍给官)。其余在船人虽非船物主，各杖八十己上，保人并减犯人三等。

斟会：旧市舶法，商客前虽许至三佛齐等处，至于高丽、日本、大食诸番，皆有法禁不许。缘诸番国远隔大海，岂能窥伺中国，虽有法禁，亦不能断绝，不免冒法私去。今欲除北界、交阯外，其余诸番国未尝为中国害者，并许前去，惟不许兴贩兵甲器杖，及将带女口、奸细并逃亡军人，如违，应一行所有之物并没官，仍检所出引内外明声说。

斟会：诸番舶州商客，愿往诸国者，为检校所去之物及一行人口之数，所指诸国，给与引牒，付次捺印。其随船防盗之具，兵器之数，并置历抄上，俟回日照点，不得少欠。如有损坏散失，亦须具有照验，一船人保明文状，方得免罪。

斟会：商贩人前去诸国，并不得妄称作奉使名目，及妄作表章，妄作称呼，并共以商贩为名，如合行移文字，只依陈诉州具体例，具状陈述。如番商有愿随船来宋国者，听从便。该商贾贩诸番间(贩海南州人及海南州贩人贩到同)应抽买辄隐避者(谓曲避作匿，托故易名，前期传送，私自赁易之类)，纲首、杂事、部领、梢工(令亲戚管押同)各徒二年，配本城。即雇募人管押，而所雇募人倩人避免，及所倩人，准比邻州编管。若引领停藏、负载交易，并贩客减一等，余人又减二等，番国人不坐。即在船人私自犯、准纲法坐之，纲首、部领、梢工同保人不觉者，杖一百以上，船物(不分纲首、余人及番国人，一人有犯，同住人虽不知情及余人知情并准此)给赏外，并没官(不知情者以已物三分没官)。诸海商舶货避抽买舶物应没官而已货易转卖者，计直于犯人名下追理。不足，同保人备偿。即应以船物给赏，而同于令转买者，转买如法。诸商贾由海道贩诸番者，海南州县曲于非元发舶州(住)舶者，抽买讫，报元发州，验实销籍。诸商海商冒越至所禁国者，徒三年，配千里。即冒至所禁州者，徒二年，配五百里。若不请公验物籍者，行者徒一年，邻州编管。即买易物货而辄不注籍者，杖一百，同保人减一等。

钱帛案手分供　在判 注 在判 押案宜 在判 历 在判 勾抽所供

在判 孔目所验　在判 权都勾当 在判 都孔目所 在判

右出给公凭，副纲首李充收执，禀前项敕牒指挥，前去日本国，经他(?)回(国)，赴本州市舶务抽解，不得隐匿透越。如违即当依法根治施行。

崇宁四年六月　日给

朝奉郎通判明州军州管勾学事兼市舶　谢　在判

宣德郎权发遣明州军州管勾学事提举市舶　彭　　在判

宣德郎权发遣提举市易等事兼提举市舶　徐

承议郎权提举市舶　郎

南宋庆元府郡守胡矩札子①

（南宋宝庆二年）

证对本府僻处海滨，全靠海舶住舶，有司资问税之利，居民有贸易之饶。契勘舶务旧法，应商舶贩到物货，内细色五分抽一分，粗色物货七分半抽一分。后因舶商不来，申明户部，乞行优润。续准户部行下，不分粗细，优润抽解。高丽、日本船纲首杂事，十九分抽一分，余船客十五分抽一分，起发上供。每年遇舶船至舶务，必一申明。蒙户部行下，令证条抽解施行。窥见旧例，抽解之时，各人物货分作一十五分，舶务抽一分，起发上供，纲首抽一分，为船脚靡费，本府又抽三分，低价和买，两倅厅各抽一分，低价和买，共已取其七分，至给还客旅之时，止有其八，则几于五分取其二分，故客旅宁冒犯法禁透漏，不肯将出抽解。矩自到此，灼知抽解之害，重因舶商镂榜沿海，招诱明谕，以本府断不和买分文，抽解上供之外，即行给还客旅，舶舟方次第而来，其通判蔡奉议亦能奉承本府招诱优恤之意，舶舟才至，即约守倅同下务，公平抽解，更无留滞，并不强买，即行给还，以故舶货之价顿减，而商舶往来流通，今年抽解最轻，诚为侥幸。惟是舶务一司，自乾道二年因臣僚奏罢提举市舶专官，且言祖宗旧制，有市舶处，知州带提举市舶，通判带主管官，当时已降指挥委知、通同行检视，漕司提督。令漕酒司令倅为主管官，专出纳之任，本府不过月一押簿历而不预其收支之事。其本务抽到物货，如细色尽行起发，如粗货及板木，则存本五分，充纲脚靡费，未免间有赢余，以起上下观望。前乎此，廉者资以为馈送之资，不廉者则为席卷之计，实为弊事，要当更革。所合具申朝廷，欲乞札下本府，今守倅常切同共点捡收支簿书、文历，遇有出纳收支，并具禀长官判押，方许施行，庶几稍革弊源，免累倅二，既塞蹁侵之害，稍裕公上之供，其抽解分数，只证递年例十五分抽一，纲首杂事十九分抽一，以为招诱商舶之计。其海南船及诸蕃舶，自证年例抽解，伏望特赐札下，以凭遵守施行。宝庆二年，尚书省札付庆元府，从所申事理施行，准此。

市舶则例二十二条②

（元至元三十年八月）

一、议得市舶抽分则例，若依亡宋例抽解，切恐舶商生受。比及定夺以来，止依目今定例抽分：粗货十五分中一分，细货十分中一分。所据广东、温州、澉浦、上海、庆元等处市舶司。舶商回帆已经抽解讫货物，并依泉州见行体例从。市舶司更于抽讫货物内，以三十分为率，抽要舶税钱一分。通行结课般贩客人从便。请给文遣买到已抽经税货物，于杭州等处货卖。即于商税务内投税凭所赍文遣数目，依例收税验。至元二十九年，杭州市舶司实抽办货物价钱于杭州商税务课额上，依数添加作额恢办，将杭州市舶司革罢。将元管钱帛等物件，行泉府司明白交收为主。为此，于至元三十年四月十三日，奏过事内一件：江南地面里泉州、上海、澉

① 《宁波海关志》，浙江科学技术出版社 2000 年版，第 328 页。

② 《杭州海关志》，浙江人民出版社 2003 年版，第 474 页。

浦、温州、庆元、广东、杭州七处市舶司，有这市舶司里要抽分呵，粗货十五分中要一分，细货十分中要一分。有泉州市舶司里，这般抽分了的后头，又三十分里，官要一分税来。然后，不拣了地面里卖去呵，又要税有其余市舶司里，似泉州一般三十分要一分税的，无有如今。其余市舶司依泉州的体例里要者。温州的市舶司并入庆元，杭州市舶司并入杭州税务里的，怎生商量来奏呵。那般者圣旨了也。

一、议得拘该市舶去处，行省、行泉府司、市舶司权豪势要之家兴贩舶船，不依例抽分，持势隐瞒作弊。为此，于至元三十年四月十三日，奏过事内一件：行省官人、每行泉府司官人、每市舶司官人、每不拣甚么官人、每权豪富户、每自己的船只里做买卖去呵，依着百姓每的体例与抽分者私下隐藏，不与抽分呵。不拣是谁首告出来呵，那钱物都断没。做官的每根底重要了罪过勾当里教去，于那断没来的钱物内三分中一分，与首告人充赏呵，怎生商量来奏是也。拟定那般者，圣旨了也。

一、议得拘该市舶司去处行省官、行泉府司官、市舶司官，在先往往勒令舶商户计稍带钱本下番，回舶时将贵细物货贱沽价，准折重取利息及不依例抽解官课，又通同隐瞒亏损公私。为此，于至元三十年四月十三日，奏过事内一件：行省官人、每行泉府司官人、市舶司官人、每每百姓、每的做买卖去的船里，交稍带着自己的钱物去回来呵。那钱物内不与官司抽分。私下要有那船，每也则他每占着抽分，全不交官。有今复这般百姓的船里，稍带去的禁治呵，怎生不拣，是谁别了这言语稍带将钱物去呵。有人告呵，将那钱物断没了，把他每重要了罪过教勾当里出去了。首告的人，根底断没了的钱内，三分中一分充赏与呵。怎生商量来奏呵。是也，那般者圣旨了也。

一、议得使臣并大小官吏、军民人等，因公往海外诸番勾当，皆是官司措办。气力船只前去，却有因而做买卖之人。今后回船之时，应有市舶物货，并仰于市舶司照例抽分纳官。如有进呈希罕贵细之物，亦仰经由市舶司见数泉府司，具呈行省。行省开坐移咨中书省，闻奏仍仰今后应有过番使臣，却不得以进呈物货为名，隐瞒抽分。如违并以漏舶治罪，物货没官。为此，于至元三十年四月十三日，奏过事内一件：或是这里差去的使臣，每那里拜见上来的么道，因着那般夹带着百姓每的钱物，不以官司抽分，那般行的多有。今后，但那来的依着百姓，每的体例里要抽分，或有拜见的物呵。那里行泉府司里、行省里，明白这些个物件拜见上去么，道写了数目，把那写来的数目与将这里来者，似在前一般不与抽分，背地里隐藏上来的有罪过者，商量奏呵。是也，那般者圣旨了也。

一、议得和尚先生也里可温答失蛮人口，多是夹带俗人过番买卖，影射避免抽分。今后和尚先生也里可温答失蛮人口等过番兴贩，如无执把圣旨许免抽分明文，仰市舶司依例抽分。如违以漏舶论断没。为此，至元三十年四月十三日，奏过事内一件：和尚先生也里可温答失蛮，每但做买卖去呵，依着百姓每的体例里，与抽分者商量求奏呵。这的言语不曾了来，那甚么疑定。那般者圣旨了也。

一、诸处市舶司舶商，每遇冬汛北风发时，从舶商经所在舶司陈告，请领总司衙门元发下公据、公凭，并依在先旧行关防体例填付。舶商大船请公验，柴水小船请公凭，愿往番邦明填所往是何国土经纪，不许越过他国；至次年夏汛南风回帆，止赴原请验凭发船舶司抽分，不许越投他处。各舶司亦不许互拈他处舶司。舶商如本处舶司依见定例抽税讫从，舶商发卖与般贩客人亦依旧例。就于所在舶司请给公遣，从便于各处州县，依例投税货卖。其原指所往番邦国土，如有不能得到所指去处，委因风水打往别国，就博到别国货物。至回帆抽分时，取问同伴任船人等相同，别无虚诳，依例抽分。如中间诈妄，欺瞒官司，许诸人首告是实，依例断没，告人给赏。

一、舶商请给公验依旧例，召保舶牙人保明。牙人招集到人伴几名，下船收买物货，往某处经纪公验，开具本船财主某人，纲首某人，直库某人，梢工某人，杂等某人，部领等某人，人伴某人；船只力胜若干，樯高若干，船身长若干。每大船一只，止许带小船一只，名曰柴水船。给令公平，如大小船所给公验、公凭，各仰在船随行。如有公验或无公凭，即是私贩，许诸人告捕给赏，断买所载柴水船，于公凭内备细开写，亦于公验内该写力胜若干，樯高若干，船面阔若干，船身长若干。不到物力户某人委保，及与某人结为一甲，互相作保。如将带金、银、违禁等物下海，并将奸细歹人回舶，并元委保人及同甲人一体坐罪。公验后，空纸八张，泉府司用讫印信于上，先行开写贩去物货各个名件、斤重若干，仰纲首某人亲行填写。如到彼国博易物货，亦仰纲首于空纸内，就地头即时日逐批写。所博到物货名、件色数、斤重，至舶司以凭照数点秤抽分。如曾停泊他处，将贩到物货转变渗泄作弊，及抄填不尽，或因事发露到官，即从漏舶法断没。保明人能自首告，将犯人名下物货，以三分之一给与充赏。如舶司官吏容庇，或觉察得知，或因事发露到官，定将官吏断罢，不叙所给公验。行泉府司置半印勘合文簿，立定字号，付纳主某人收执，前去某处经纪，须要遵依前项事理。所有公凭小船，并照公验，一体施行。

一、番船、南船请给公凭公验回帆，或有遭风被劫事故，合经所在官司陈告，体问的实移文。市舶司转申总府衙门，再行合属体复。如委是遭风被劫事故方与消落元给凭验字号。若妄称遭风等搬摠船货送所属究问，断没施行，或有沿途山屿滩，与海岸停泊汲水取柴，恐有梢碇水手搭客等人，乘时怀袖偷藏贵细货物上岸博易物件，或有舶商之家回帆，将市舶司私用小船推送食米接应舶船，却行辄取贵细货物不行抽解，即是渗泄。并许诸人告捕，余行断没，犯人杖一百七下，告捕人于没官物内三分之一给赏。行下沿海州县出榜晓谕，屿嶼等处，贵在官吏巡检人等，常切巡捉，催赶船只，随即起离彼处，不许久停，直至年例停泊。如东门山等具，申各处市舶司廉能官封堵坐押赴元发船。市舶司又行差官鉴搬上舶检空船只，搜拣在船人等怀空，方始放令上岸。如在番阻风，住冬不还者，次年回帆，取问同船，或同伴船只人等，是依例抽分。若便妄称风水不便，转指买卖许诸人首告，依例断没，告人给赏。

一、海商不请验凭，擅自发舶船，并许诸人告捕，犯人断罪，船物没官。于没官物内，以三分之一充赏，犯人杖一百七下。如已离舶司，即于沿河所在官司告捕，依上追断给赏。

一、每商所用兵器并同锣作具，随往舶处。具数申所属，依例寄库，起舶日给。

一、海商每船募纲首、直库、杂事、部领、梢工、碇手各从便，具名呈市舶司申给文凭，船请公印，为托人结五名为保。

一、海商贸易物货，以舶司给籍用印关防，具注名、件、斤数。纲首、杂事、部领、梢工、书押回日，以物藉公验纳市舶司。

一、海商自番国及海南买贩物货到中国，虽赴市舶司抽分，而在船巧为藏匿者，即系漏舶，正行没官。仍许诸人告首，依例给赏，犯人断罪。

一、金、银、铜、铁货，男子妇女人口并不许下海，私贩诸番物。如到番国不复前来，亦于元赍去公验，空纸内明白开除，附写缘故，若有一切违犯，止坐商舶主。

一、市舶司招集舶商、船只行、商行下衙门无得差占，及有新造成舶船之家本欲过贩兴贩经纪，亦是抽收课程，并仰籍定数目。今后，并不得将上项船只差占有，妨舶商兴贩经纪，永为定例，以示招徕安集之意。

一、各处市舶司每年办到舶货，除合起解贵细之物外，据其余物色必须变卖者，附近杭州各司舶货，每年不过当年十二月终，起解赴杭州行泉府司官库交割。舶司尽时开数具呈行省，令有司随即估体时价比，至次年正月终，须要估体完备，行省预为选收。

一、见令舶商去来不定，多在海南州县支泄细货。仰藉定姓名，仍令海南、海北、广东、道沿、海州县镇市地面官司，用心关防。如遇回舶船只到岸常切催赶起离，前赴市舶司抽分。如官吏知情受赂容纵，如或觉察得知，定是依条断罪。

一、舶商、梢水人等，皆是赶办课程之人。落后家小合示优恤，所在州县并与除免杂役。

一、夹带南番人将带舶货者，仰从本国地头于公验空纸内，明白备细填附姓名、物货、各件斤重，至市舶司照数依例抽税。如番人回还本国，亦于所坐番船公验内，附写将去物货，不致将带违禁之物，仍差谙练钱谷廉干正官发卖。其应卖物货，将民间必用，并不系急用物色验分数，互相配答，须要一并通行发卖。管限四月终了毕，并不许见任官府、权豪势要人等诡名请买，违者许令诸人首告，得实将见获物价尽数没官断罪。于没官价内，一半付告人充赏。仍令拘该肃政廉访司体察外，有泉府、广东两处市舶司相离杭州地里，写远依上差官，就彼一体发卖。

一、行省、行泉府司、市舶司官，每岁若至舶船回帆时月，预期前去抽解处所，以待舶船到来依例封堵，检次先后，随时抽收，不得因而走透作弊。其监抽官员亦不得违期前去停滞舶商人难。

一、舶商下海开船之际，合令市舶司轮差正官一员，于舶船开岸之日，亲行检视各各大小船内有无违禁之物，如无夹带即时开洋，仍取检视官结罪文状。如将来有人告发，或因事发落，但有违禁之物及因而非理骚扰舶商取受作弊者，检视官并行断罪，肃政廉访司临时体察。

一、抽分市舶关防节目，若有该载不尽合行事理，行省、行泉府司、各处市舶司所在官员奉行谨守，不得灭裂违犯。行御史台廉访司，常加体察，毋致因循废弛。

陈梦说《新建浙海大关记》碑①

（清乾隆二十八年）

税之称为榷也，名起于汉，释之者曰：榷，独木也。置独木水上，仅容人行，喻税务之其严

① 《宁波海关志》，浙江科学技术出版社2000年版，第330页。该碑现存宁波浙海关旧址博物馆。

也，后人法之。榷关税者，每当扼要之地，而后伺察周而控制易。予足迹半天下，所见榷税之地，如畿辅之芦沟、山东之临清、江南之浒墅、淮右之凤阳、江西之赣关、岭南之粤海，近如杭城之南北关，莫不当水陆之冲，四方车马舟楫络绎其下。司其事者，一望无余，指挥如意，影射偷漏之辈无所施其技，此无他，得地利也。壬午冬，予自即署监司宁绍台三郡，护理海关钞，而予郡大关则在城东三港之南，关房湫隘，地势偏僻，港中舳舻非接，运驳飞驶，内趋绍郡，外趋镇象等邑，旁趋奉化，以达台郡，不尽经由关下。爰因三港西岸别设小关，放眼延瞭，每乘大关不及周顾，私收、漏收、辗转滋弊，不特有妨于课，抑且有累于商，固人谋之不灭，亦地势使之然也。予维关宜当隘，不宜偏僻；事宜从一，不宜旁分，与其两关遥望于中，反滋疏漏，曷若撤大关，竟驻三港，西南北三面均在一望之中，斯货载无从飞越，两奸牙口（贪）役亦不得乘间而得其利，岂非形势之得也哉。今夏，爰购隙地于三港口东岸，详明探究，鸠土庀材，购置楼房三间，而翼平屋各十余间，外筑萧墙，工尽坚固，势复显敞。登楼凭眺，万象在目，番舶乘潮而檥，高舸蔽江而来，出入回旋，总在指顾之下，乌在鄞江咫尺而有不及顾者耶？然则宁郡为浙东之扼要，三港为宁郡之扼要，而新建海关又为三港之扼要，一转移耳。易湫隘而爽垲，合两关为一处，从此迎来送往，弊绝利兴，上裕国储，下安商旅，或未始非地利之效也。虽然，我尤望夫人之尽人事者，是为记。

赐进士出身诰授中宪大夫分巡宁绍台海防道兼管水利事务护理浙海钞关前礼部精膳司郎中记名御史刑部浙江清吏司员外郎安徽清吏司主事记录十九次晋降陈梦说撰。

驻关国学生古羊舌　陈继先监造。

乾隆二十八年十一月　日立。

二、近代有关海关的规章

浙海关章①

（清咸丰十一年四月十三日）

第一款　凡商船赴宁波者，行至招宝山正顶与金鸡山对径之界，过此即为进宁波口。

第二款　凡商船进口，本关派役管押。

第三款　宁波江泊船起下货物之所，自外国坟地至浮桥并盐仓门为界。其商船停泊后复欲移泊者，必须禀明，方准移泊。

第四款　商船从进本口时刻算起，尽二日内将该照牌及进口货单呈交领事官。如该国无领事官，则自行赴关禀报。

第五款　凡进口货单必须船主画押，单内详细开载该船舱内所有一切货物，何字号、何

① 《宁波海关志》，浙江科学技术出版社 2000 年版，第 344 页。

货、若干件各等情，不得丝毫隐漏。

第六款　凡商船只许在例准起上货之界限内起货下货以及装上压载之物，均须日间，不得在日出以前，日落以后。礼拜日、给假日均不准行。

第七款　凡商船呈交进口货单欲起货者，自备报单，详细开载某字号、某货、件数、斤两及估价数目等情。请给起货单二纸，一英文一汉文，本关盖用戳记，即许照章将该货起入剥船，运至本关码头，俟本关派人查验后即行给发验单，以凭该商持赴银号完税。掣取号收呈关，由本关发给放行单，方准将货起岸上栈。

第八款　凡商船欲下货，由该商呈交关卡查单，并照起货之例自备报单，请给下货单二纸，一英文一汉文，运货至关码头遵查完税之后，由本关发给放行单，方准照单下货。

第九款　凡商人领单下货，因船已满载复行退回者，须带货赴本关码头查验，方准上岸。

第十款　凡商船下齐货物，须呈出口货单，将所装出口一切货物何字号、何货、件数、斤两等情均须详细开载，呈关查验。

第十一款　凡两船欲行互拨货物，必先请领本关特准单据，方准互拨。不领单据私行互拨者，所拨之货入官，互拨之船各照罚。

第十二款　凡洋货复运出口者，若往外国，即发存票；若赴中国通商别口，即发免照。惟各该商须将该货送至本关码头候查，然后请领存票或免照并放行单，方许下船。若进口之货已在别口完纳税饷带有免照者，须在未起货之先将该照呈交本关查验。

第十三款　凡外国船不准将压载之物抛入水内。违者罚银五十两。

第十四款　无论何项枪炮皆不准施放。违者罚银五十两。

第十五款　以上各款，违者即照条约罚办。本关每日自十点钟起至四点钟止办理公事，礼拜、给假日停办。

第十六款　凡船进口须照总扦手派定地方停泊。该船应将头冲、外头冲二物收入船内，俟离开别船之后方可照原式安置。该船应将最下之横担转移向上。

该船须挨次停泊所有江之东西两边并须预留本地船行驶地步。

凡商船后面拖有小舢板船，如遇损坏情事，该船自理。

凡商船停泊处，于中间留一行驶之道。

凡商船停泊处，应离开浮桩。

凡有因海关事务，应报明税务司。

浙海关轮船往来宁沪专章①

（清咸丰十一年）

第一款　凡商人欲派轮船往来宁沪，须先报明税务司。

第二款　凡轮船进口停泊后，将船牌及进口货物总单送关，至出口时开送出口货物总单，

① 《宁波海关志》，浙江科学技术出版社2000年版，第345页。

查核相符，即给完清税项红单，并发还船牌，准其出口。该船既领有本关红单，即毋庸再往领事衙门领单。该船所装货物均应详细开载总单，以凭将来原货出口便于稽查。

第三款 凡轮船已经进口，须俟本关巡丁到船后，方准起货及搭客、起卸行李等事。

第四款 凡轮船进口，业经本关巡丁到船准将货物卸入驳船，不得擅开。须俟该商人来关请领准单，再将该驳船开往。

第五款 凡轮船由镇海经过，遇有客商上下，该轮船必应在本关卡房码头对面暂为停止，以便稽查。如有货物装卸，须先专领本关准单。

第六款 以上各条，如有轮船故违，即将以上章程概不准照行，另照和约罚办。

瓯海关新关暂定试办章程①

（清光绪三年）

一、凡各国商船进温州口者，行至龙湾外口炮台与对面之磐石炮台为界，过此即为进温州口。

二、停泊地界：各国商船在瓯江外口停泊者，自磐石炮台起至蒲州止为停泊之所。若抵温州城，则自水陡门（注：今望江东路安澜轮渡码头一带）起至江心寺西塔止，以江中间为停泊之所。两边仍让出深水江路，以便商民船只停泊进出。

三、本关设立分卡一处在于磐石炮台对江的茅竹桥地方，各船进口即由该分卡派钤字手（注：即稽查员）稽查看守。

四、凡商船进口应听候本关总巡（注：即监察长，一般都兼任港务长）指示停泊处所及泊船一切规矩，均须遵照办理。

五、商船从进本口界限时刻算起，尽二日内将该船牌（注：即船舶登记证书）及舱口单呈交领事官，如该国无领事官，则赴有和约之别国领事官或自行到关禀报。

六、凡船泊瓯江起下货物，应一切送到本关码头查验。其商船停泊后复欲移泊者，必须禀明本关方准移泊。

七、凡进口舱口单必须船主画押单内，详细开载该船舱内所有一切货物何字号、何货物、若干件各等情，不得丝毫隐漏。有递假舱口单者，船主照罚。有欲更正者，须尽本日陈明或所装有不在此口起卸之物，亦须于单内呈明。漏报之货入官。

八、凡商船只许在例准起货、下货之界限内起下货物及装压载，均须日间；日出以前、日落以后、礼拜日、节假封关之日均不准行，如偶遇欲行起下货物者，须禀请本关发给专单。

九、凡商船呈交进口货舱口单欲起货者，各商自备起货报单二纸（英、汉字各一），计总开载某字号、某货物、件数、斤两及估价数目等情，并将揽载纸（注：即起货单）呈交本关查阅盖印，即许照单将该货起入驳船，运至本关码头，候本关验丁（注：即验货员）查验之后，即行给发验单，以凭该商赴银号完税，掣取号收呈关。由本关发给放行单，方准将该货起岸。如无本关

① 《温州海关志》，上海社会科学出版社 1996 年版，第 215 页。

盖印之起货单，私行起动者，该货入官，船主照罚。

十、凡各商欲下货，由该商照起货之例，自备下货报单二纸（英、汉文各一），运货至本关码头，遵查完税之后，由本关发给下货准单，方准照章下货。

十一、凡两船欲行互拨货物，必先请领本关特准单据，方准互拨。不领单据私行互拨者，所拨之货入官，互拨之船各照罚。

十二、凡商人领单下货，因船已满载，复行退回者，须带货赴本关码头查验，发给退货准单，方准上岸。

十三、商船下齐货物，须呈出口货舱口单，将所装出口一切货物何字号、何货物、件数、斤两等情，均须详细开列，呈关查验。

十四、凡商船请领红单（注：即结关单），本关应先查明所呈进口、出口货物舱口单是否相符，税钞已经完清，始行发给红单，准该船领回船牌出口。

十五、凡商船进口，无论中、外国船只，不准以船内压载沙泥石块抛弃江中，违者酌情罚办。

十六、凡商船在口，严禁无故施放枪炮，违者酌情罚办。

十七、凡商船在港口之界限内经过，遇有客商上下，该船必须在本关分卡码头对面江中暂停，以便稽查；如有货物起卸者，须先请领本关准单。

十八、查验客商箱笼章程四条：

1. 凡进口行李箱笼等件，必俟本关查船钤字手查验画押后，方准下入驳船。

2. 凡进口行李箱笼之内，如有应行纳税之物，该人须向本关查船钤字手报明，如该物为数无几，准其纳税起岸。倘为数过多，并未载在舱口单内，除照征税银外，仍将该人议罚银两。

3. 凡进口行李箱笼等件，倘有未经查船钤字手画押，私下驳船，一经查出，即便扣留，如有应税之货，例应入官。

4. 凡出口行李箱笼等件，应于上船时呈由本关钤字手查验画押，方准入舱。倘有未经钤字手画钾之件，一经查出，即便扣留，如有应税之货，例应入官。

十九、本关办公除礼拜、给假封关之日外，每日以早十点钟起至晚四点钟为止。所有起下货单票一切公事，应禀报税务司办理。

江海关华轮暨华商挂号民船来往苏、杭、沪试办章程①

（清光绪二十二年）

华商轮船章程

一、凡此项苏、杭、沪内河华商轮船约有两类：一系可以自装货物之轮；一系不能自装货物必须另用民船装载作为拖带之轮。无论是何一类，到口之时，均须报请新关查验。办理临出

---

① 《杭州海关志》，浙江人民出版社 2003 年版，第 480 页。

口时，必得请领准单方准驶出。又如装货之轮，必先报关纳税、请领准单，始可起下货物。

二、凡华商轮船若系常川来往苏、杭、沪者，准将船牌送呈新关留存，禀请发给轮船河照一纸，以六个月为限。既领河照之船，即可报关，照章纳税，请领准单，起下货物。其所具之禀，必得将其轮船之轮，系属何类，即如或装货之轮或拖船之轮分别注明。如系拖船之轮，所拖船数不得过三只，亦不准装货。倘有多拖船只私装货物情事，一经查出，应将该货充公。至华商行船，现经酌定，华轮来往苏、杭两关正道路由：凡由沪至苏者，入吴淞江，即苏州河，行经黄渡、陆家浜、三江口、车坊、高店等处，以抵觅渡桥苏关；凡由沪至杭者，从黄浦之南，行经闵行、松江、枫泾、嘉兴等处，再由运河以达拱宸桥杭关。至于苏、杭两关来往，则当以运河之吴江、北坼、平望、界牌、嘉兴等处一路为正道，不准另走此外内地河道，如查有私自改道者，应将船、货一并充公。

三、凡华商轮船，除挂中国之旗外，白昼应悬新关所定之旗；黑夜除常用之灯外，另须按照关定式样，用白光灯三盏，择在人所易见之处，贯连悬挂，俾易分辨。

四、凡华商轮船来往苏、杭、沪三处，须挂用关式白色旗帜，其形长方：长四英尺，阔一英尺四寸，旗面用红色大字横排，书明某华商、某轮船。旗应由该商照式自备。

华商民船章程

五、凡华商所用民船装载运苏、杭、沪者，该商必得先行将船报关挂号，请领执照，由关即将该商名、船名、号数填明在内。该船即应自备关式旗帜应用，并将船列号数，遵在新关所定之处用大字排列书明，俾易认识。

六、凡华商所用挂号之民船，上下货物应照各该口新关章程办理，由该商随时报关，请领准单，方准装货卸货。其沿途经过关卡，如令将新关所发挂号之执照缴验，应即呈出验明，即予放行，不得稽留。

七、凡华商所用挂号之民船，该船之舱必须有盖可掩，如或无盖，必须盖有舱面有门可闭之房，以使新关贴封，预防沿途私自起下抽换等弊。

八、凡华商所用挂号之民船，该船只准在苏、杭、沪三处报关进出贸易。如在此外他处来往，而所装之货亦非报由此三关者，一经查出，应将该船、货一并充公。

九、凡华商所用挂号之民船，请领执照后，如因事故暂停来往，该商应将原领执照缴存新关，俟复运货时再行发还。倘欲转卖他人，应即报明新关，所有原执照并连旗号等件即行驶一并缴呈，以便核销，一面由关饬役将该船上所书大字销去。

十、凡华商所用挂号之民船，来往苏、杭、沪三处，须挂用关式紫色旗帜，其形长方，长四英尺，阔一英尺四寸，旗面用白色大字横排，书明某华商、第某号民船。

货物章程

十一、凡华商轮船并挂号民船所装之货，即与条约及各关章程所准，往来通商他口者无异。

征税章程

十二、凡华商轮船并挂号民船所运之货，即按通商税则纳税。至其船只，则分别办理，轮船纳船钞，民船完船料。

十三、凡洋货从沪报运苏、杭者，均在苏、杭等关完纳进口正税，至洋药一项，所有应完之税厘，亦即在该两关照纳。惟报运之时，必得照章在本关出具保结，声明必在苏、杭完纳税厘等语。

十四、凡土货从沪报运苏、杭者，应由江海关征收出口正税，再由苏、杭等关征收复进口半税。

十五、凡土货从苏、杭报运出口者，应由苏、杭两关征收正税，再由复进之口征收半税。

停泊章程

十六、凡华商轮船暨挂号民船，均应泊在新关指定之处。

十七、凡华商轮船暨挂号民船，无论由沪开往苏、杭，或由苏、杭来沪，均须于开行之先，赴关报明，请领船牌、执照等件，方准起行。如经查有船只并无此项船牌执照而擅自开行，即将该船拏获充公；或领有船牌、执照而私自改道他走、不由本章程第二条所定之路而行，经关查获，应将该船、货一并充公。

十八、凡华商轮船暨挂号民船，每逢进口、出口、务须在江海关所设之南北两卡停候，查验放行。

各定章程暂行试办，倘日后有与税务未便之处，应随时核议增改，以臻妥善。

江海关洋轮暨洋商雇用民船或自置船只来往苏、杭、沪通商试办章程①

（清光绪二十二年）

洋商轮船章程

一、凡此项苏、杭、沪内河洋商轮船约有两类：一系可以自装货物之轮；一系不能自装货物必须雇用民船或自置之船装载作为拖带之轮。无论是何一类，到口之时，均须报由该国领事官知会新关查照，临出口时，必得请领红单，方准出驶。又如装货之轮，必先报关纳税，请领准单，始可起下货物。

二、凡洋商轮船若系常川来往苏、杭、沪者，准将船牌送呈上海领事官留存署内，禀由领事转请江海关发给轮船河照一纸，以六个月为限。既领河照之船，勿庸俟领事官知会新关，即可先行报关纳税，请领准单，起下货物。其所具之禀，必得将其轮船系属何类，即如或装货之轮或拖带之轮分别注明。如系拖带之轮，所拖船数，不得超过三只，亦不准装货，倘有多拖船只

---

① 《杭州海关志》，浙江人民出版社2003年版，第482页。

私装货物情事，一经查出，应将该货充公。且条约载明洋轮来往苏、杭、沪，只应走由吴淞江及运河之路。现经酌定，洋轮来往苏、杭两关，正道路由：凡由沪至苏者，入吴淞江即苏州河，行经黄渡、陆家浜、三江口、车坊、高店等处，以抵觅渡桥苏关；凡由沪至杭者，从黄浦之南，行经闵行、松江、枫泾、嘉兴等处，再由运河以达拱宸桥杭关。至于苏、杭两关来往，则当以运河之吴江、北坼、平望、界牌、嘉兴等处一路为正道，不准另走此外内地河道，如查有私自改道者，应将船、货一并充公。

三、凡洋商轮船除挂本国之旗外，白昼应悬新关所定之旗，黑夜除常用之灯外，另须按照关定式样，用白光灯三盏，择在人所易见之处，贯连悬挂，俾易分辨。

四、凡洋商轮船来往苏、杭、沪三处，须挂用关式白色旗帜。其形长方：长四英尺，阔一英尺四寸，旗面用红色大横排，书明某洋商、某某轮船。该旗应由该商照式自备。

洋商雇用华船章程

五、凡洋商雇用华船由沪开往苏、杭或由苏、杭来沪，或雇用来回一周，或雇数月来往，皆可。

六、凡所雇之船，须报明新关，听候税务司发给雇用执照，内将船户并雇船商人各名号等情，详细载明。

七、凡此项船只上下货物，应照各该口新关章程办理，由该商随时报关，请领准单，方准装货卸货。其沿途经过各关卡，如令将新关所发之雇用执照缴验，应即呈出验明，即予放行，不得稽留。

八、凡洋商雇用之船，该船之舱必须有盖可掩，如或无盖，必须盖有舱面有门可闭之房，以便新关贴封，预防沿途私自起下抽换等弊。

九、凡洋商雇用之船为往苏、杭、沪之处，须挂用关式蓝色旗帜。其形长方，长四英尺，阔一英尺四寸，旗面用白色大字横排，书明某洋商雇用第某号船。该船旗应由该商照式自备。

洋商自置之船章程

十、凡洋商自置之船，应即报明该国领事官知会税务司查核挂号。

十一、凡洋商自置之船，应由新关发给船牌，内将船户、船名及该船所编号数，详细载入。该船上应遵新关所定之处，将其号数用大字排列书明，俾易认识。

十二、凡洋商自置船上下货物，应照各该口新关章程办理，由该商随时报关，请领准单，方准装货卸货。

十三、凡洋商自置船只，沿途经过各关卡，如令将新关所给之船牌缴验，应即呈出验明，即予放行，不得稽留。

十四、凡洋商自置之船，该船之舱必须有盖可掩，如或无盖，必须盖有舱面有门可闭之房，以便新关贴封，预防沿途私自起下抽换等弊。

十五、凡洋商自置之船来往苏、杭、沪三处，须挂用关式红色旗帜。其形长方：长四英尺、阔一英尺四寸，旗面用白色大字横排，书明某洋商自置第某号船。该旗应由商照式自备。

货物章程

十六、凡洋商雇用或自置船只所装之货，即与条约及各关章程所准，往来通商他口者无异。

征税章程

十七、凡洋商所运之货，即按通商税则纳税。至其洋轮及自置船只，均应完纳船钞，雇用之船应完船料。

十八、凡洋货从沪报运苏、杭者，均在苏、杭两关完纳进口正税。至洋药一项，所有应完税厘亦即在该两关照纳，惟报运之时，必得照章在本关出具保结，声明必在苏、杭完纳税厘等语。

十九、凡土货从沪报运苏、杭者，应由江海关征收出口正税，再由苏、杭等关征收复进口半税。

二十、凡土货从苏、杭报运出口者，应由苏、杭两关征收出口正税，再由复进之口，征收复进口半税。

停泊章程

二十一、凡洋商雇用或自置各船只，均应泊在新关指定之处。

二十二、凡洋商自置之船请领船牌，后因事故暂停来往，该商应将原领牌缴存新关，后复运货时再行发还。倘欲转卖华商，应即报明领事官，知会税务司，所有原领船牌即行呈缴，以便核销，由税务司一面饬役将该船上所书大字销去，一面并将该船于某日改归常关管理，知照监督查核。

二十三、凡洋商雇用或自置船只，须于而行之先，赴关报明，请领船牌、关旗等件。如经查有船只并无此项牌、关旗者，即将该船拿获充公；或既有领有船牌、关旗而擅自改道他走，不遵由本章第二条所定之路而行，经关查获，应将船、货一并入官。

二十四、凡洋商轮船暨雇用或自置船只，每逢进口、出口，务须在江海关所设之南北两卡停候，查验放行。

以上章程暂行试办，倘日后有与税务未便之处，应随时核议增改，以臻妥善。

杭州口各国商船进出口起下货物完纳税钞及各项开口试办章程[①]

（清光绪二十二年八月二十五日）

一、凡商船一过大运河东岸之长公桥，即为杭州口之界限。

二、凡商船进口，新关派役管押。

三、杭州口泊船准起下货物之所，暂时从两旁有红色旗杆之处起，至拱宸桥之北面为界

① 《杭州海关志》，浙江人民出版社 2003 年版，第 484 页。

限。凡商船停泊后，如未禀准新关，不准移泊他处。

四、凡商船进口，须在二十四点钟以内，将该船牌呈交领事官，如该国无领事官，则呈交新关。

五、凡进口货单必须船主画押，单内详细开载该船舱内所有一切货物：何字号，何货若干件各等情。倘有不符之处，唯该船主承当，按照条约议罚。如有更改之处，自呈关之时起，以二十四点钟为限。

六、凡起下货物或压载之物及别物，均须日间，不得在日出以前及日落以后，礼拜日及给假日，非领有新关专单不得起下。

七、凡商船欲起货者，自备报单（一英文、一汉文），详细开载某字号、某货件数、斤两及估价数目等情。新关发给起货单，将该货起上新关码头，以便查验、征税，俟查验后，即发给验单以凭。该商持赴银号照单完税，掣取号收持回，新关发给放行单，方准将货起去。唯洋药于发给起货单之后，必须直运新关洋药栈房，听候查验及并征税厘。

八、凡商船下货出口，自备报单（一英文、一汉文），详细载明字号、件数、斤两、估价等情，须照进口一式将该货送新关码头查验，俟查验后，发给验单完税，掣取号收持回，新关发给准单，方准照单下货。

九、凡商人领单下货之后，若欲将原货退回，须将所退回者，带赴新关码头查验，方准起去。

十、无论起下货物或转载货物，未领新关准单者，亦可充公。

十一、凡商船进口，如在四十八点钟以前，何时起下货物，即何时照纳船钞，如过四十八点钟之定时，无论起下货物与否，即应纳钞。

十二、凡商船于未请红单出口之先，必须将出口单详细载明该船所装各货呈关，如有假漏，该船主亦可议罚。候新关查明进出口货单均无错误，各项税钞均已完清，即发给红单，该船方能出口。

十三、凡商船必须泊在新关指定之处。如欲移泊，必须禀准新关方可。所有船只须靠岸边列成一排，留出中间船路。

十四、凡商船装有爆烈之物或引火之物进口，须泊在长公桥之北边五十码以外。如未禀准新关，不得移泊他处。

十五、凡各商船主，不应准将压载之物或灰抛入水内。

十六、凡在口内停泊之船，不准施放枪炮。

十七、凡浮桩若未奉新关特准之单照，均不准其安放。

十八、凡在本口水面河边，若未奉新关特发之准单，均不准动土工作。

十九、以上各条，如有违者，按照条约罚办。

新关每日由早十点钟起，至四点钟止办理公事。礼拜日及给假日停办。

凡有干于关上公事信函，须写新关税务司收启字样。

杭州关公事房办事细则①

（清光绪三十年八月二十日）

主台：

船舶准备结关时，其出口舱单各装货证书必须交由特等帮办核对签字。若系帆船就得在结关执照上签名。凡是无装货证书的压舱汽轮，那就在出口舱单横批“已结关”字样经该特等帮办签字后送往海关码头。凡是从其他口岸结关来杭州之船舶也与帆船一样将各种单证交特等帮办检验核对之。

每隔二三天该特等帮办就要把进口台通事所交来之全部按船报单入档案袋，凡是结了账的，加起来核对无误就在税款登记表上花签，并在船名上写上“已办完”，接着，核对已付税款和税款登记表，进口报单与装货证书，出口报单与出口舱单之所有编号是否符合。把税款登入红单（结关证件）簿，并和书办核对捐税后把档案袋送去统计台。

该特等帮办还要查察账款是否及时入库。进口税必须在船舶结关后三天内入库。

要是有退税，那么经他核对后并发放退税单并在单上签名。

月底，该把手头的单据与书办核对捐税登记簿和收支报告书。

同时要编制致道台的按月报告，以及进出口大米报告（若无进出口，则免报），译成中文送交道台。

此时，市邮局就得把一个月来之收入表连同现款交来，将其与总通事保管的登记簿核对。

然后，特等帮办就出具税款缴纳证连同邮局上解之现款一并交海关银行收存。他还要把总通事所编制的邮政税款登记月报表经核对后，将金额登入结关簿和捐税登记簿内。

子口半税也同样要登入由那总通事所交来的捐税登记簿内。

季末，该特等帮办还得编制“税收季报”，以及“罚没货物报单”（罚没款清折）、“官用物料报单”并将以上之所有报告单证译成中文。此外，贸易季报之拟稿打好底稿，对罚款及没收货物变价写一篇概要，核对季度贸易统计。到年终就督理和审核杭州关年度统计。

特等帮办在海关公事房是“一把手”，当二把手帮办用午餐时，他就得越俎代庖也。

帮办：

当由进口通事把装货证书与进口舱单核对，若无装货证书，那么就把舱单送交二把手帮办在舱单上写上收到钟点，然后就把船名、编号登在入港船舶表上，并把舱单退还给那通事。这时，进口报单也就送来这里与装货证书及其号码核对后就在报单之右上角（中文本）查实一下按“值百抽五”税率是否是应税货物，然后在报单上花签后送交验货以后签名批明时间钟点。如在验毕后，连同税款缴纳证，和报单再由他核对后花签。当税款付讫后就把银行收据、报单和提单上作花签，以后，提单由听差加盖印章。一切齐全后，二把手帮办就把装货证书交进口通事。

所有之出口报单得先送二把手帮办花签后才去验货。花签时务必注明钟点时间。验讫

① 《杭州海关志》，浙江人民出版社2003年版，第488页。

后，就得把税款缴纳证交给他核实，计算无误后就在报单税款缴纳证上花签。税款付讫后，把银行收据连同报单及装货单经听差加盖印章后送交他核对花签。

邮政报单也都得送交他花签和批明该验不该验。若系免税货物之邮政包裹那就立即批示“免税”字样。若属应税的则需开税款缴纳证后交来核对计算税款金额连同一式两份之报单。然后由他在报单上编上他所保存的号码，用以区别杭州市和租界邮局的两处报单。

最后，他就把银行收据，邮政报单上作花签和签名(副本不签名)。

凡是从杭州市邮局来的进口报单之税收都在他这里确定、稽征；所有的报单都由他签字、编号、加盖印章后送到市邮局去缴税。

洋货入内地验单应与其有关之进口报单一并交来二把手帮办台，由他把申请运内地之数量在进口报单上如实填入花签后并又在运入内地验单上也花签。这些运入内地之货物就毋庸再验矣。当税款缴纳证开好后送交他核查后花签。税款付讫后，交银行收据未由他核实后在收据和报单上同时花签。他还得把洋货运入内地验单查核其编号是否吻合。

此外，如签发苏—杭—沪航运派司，以及进出口短装货物之核查。

又，凡经值班关员落实之所有在星期日结关的压舱船只之进口和出口舱单都必须在星期一早上用文簿送来，在出口舱单上由他写上“于星期日结关”字样并作花签。

高级供事：

(1)内地贸易——转口报单完税后就送特等帮办登记入转口贸易簿。由该人去查核子口税票之号码是否连贯以后，就将转口报单项目登入内地贸易登记册。月终总合子口税之金额后登入内地贸易登记册，然后将金额编制清单送交特等帮办审阅。

此外，就是每逢季尾、年终编制子口税表。

(2)邮政工作——当邮政报单之税款付讫后，其副本就交来资深通事处登记(相等于税款登记表)由他查对所有报单号码是否连贯，然后每月终按分别国籍之运输轮船公司编制进出口税款登记表之总金额交特等帮办。

(3)杂项——该资深通事还负责保存退税登记，以护照运送之行李登记，和官用物料凭单之登记。

除此之外，他还发放苏—杭—沪内河航运之汽轮派司和民船之已完船钞执照之登记事项。

进口台供事：

凡是进口舱单和装货证书须交来此台。经他核对后，由送文簿把舱单送往海关码头，而把装货证书送往二把手帮办那里，那些用中文的单证送交书办。

等到以验货交来进口报单后，他就算税后填入报单；当税金付讫后，他就把金额填入税款登记表。

当进口货物放行后，那么从海关码头通过送文簿交来进口舱单，他还要把税款登记表加一加核实一下那按船报单档案袋内之文书是否齐全。当出口按船报单档案袋收到后，他得把这二件(进口舱单和税款登记表)送交特等帮办。

洋货运往内地报单送来编号并经他与进口报单核对，在进口报单上他就填上运往内地之数量并批上日期。此报单经二把手帮办花签后，交来这里算子口税，然后把子口税金额填写在报单上。

出口台供事：

上午船到达，下午船离开都要来此台由本台通事登入“船牌”。要是内河汽轮到达时，那么该汽轮之“江（河）照”要用送文簿送交本台。要是有出口报单那就得送来本台编号后送交查验后由本台算税写上报单。税金付讫后由本台通事把税金金额登入税款登记表，并制发装货证书并经二把手与那中文本单证文书查核后并签字连同“舱单”、“江（河）照”统统通过送文簿送至海关码头。若是民船就制发结关证书并登入周内民船结关表上。

船舶结关后，舱单由送文簿关来本台。经本台在税款登记表汇总后查核船只报单档案袋齐后就交给进口台通事。

本台通事还要算出所有邮件税后并都一一过入报单和副本。

统计供事：

当头台特等帮办把进、出口船只报单档案袋审核完毕后，就一并交来本台通事，总结后，并过入按月登记单，到月终就仔细核实，无遗漏短缺后才能装订成册，以便查阅。他除了子口税表以外，还要编制按季度、年份之统计资料。

嘉兴分关之统计总结，按月报送杭州关，也都由本台登记入册。

此外，每月底，本台还得将邮政报单整理总结登记并装订成册。

书办文案：

（1）公文

收发文登记。

凡呈（致）总税务司，邮政总办，厘捐局之发文一律须缮写，其他则可以印刷。

（2）档卷

洋员总簿，洋员档卷。

华员总簿，华员档卷。

邮政人员总簿，邮政人员档卷。

已付关员酬劳金登记册。

谕令簿——税课及邮政。

总税务司及邮政通令索引。

办理公证登记册。

申请领取空白表格，邮票，欠资邮票。

税务司公馆家具册等。

人员住址簿。

关员服务证。

（3）厘金

由关监督公署委员交来之厘金并汇往上海银行之每月份额，并报总税务司署。

（4）嘉兴分关

将所有致嘉兴分关之谕令抄送代理税务司。

(5)按月呈送报告书

办公人员调遣统计——税务、厘金及邮政。

当地要事报告。

按年报送报告书。

文具申请清单。

申请领取空白表格。

印刷物出售统计。

职员录:华洋人员统计。

(6)邮政

凡是邮政工作首先应由邮政局司事向税务司秘书汇报。

各类账目:

(1)寻常办公费

分为A、B、C、D四个账目:

A——包括厘金支出。

D——包括对邮政账之垫付与归还。

收存关税银行:

存入上海英商汇丰银行是按规平银计账目存入的;而存入杭州裕通(音)海关银行乃是按关平银存入的。

(2)邮政账目(略)

浙海关监督署办事细则①

(民国元年)

第一条　本细则依据财政部关务署主管各关局组织章程,就内部办事手续与权限分别规定。凡本署各职员均应遵守之。

第二条　本署各课应办事宜如下:

(甲)税务课　掌理稽查稽征税票及文牍庶务收发、会计金柜报解、航政护照各事务。

(乙)稽核课　掌握审核登记簿记表册及统一计各事务。

第三条　本署职员应按照办公时间到署办公,不得迟到早退。署中考勤设总簿,各员须亲自签到,每日两次呈监督核阅。各课设考勤分簿,由课长稽核之。

第四条　本署除星期年节及四节日、国庆日为例定假期外,其他应休假日期,俟得监督谕告后,临时由税务课传知。

第五条　文件到署即由收发室摘录事由,分别急常登记。收文簿呈送监督室,由监督核

① 《宁波海关志》,浙江科学技术出版社2000年版,第347页。

阅加盖戳记后，发还收发处。将由录入各送文簿，分送主管课办理。如有机密事件，由监督向各课调员办理之。

第六条　各课拟办稿件承办主稿之员于稿内加盖私章，经由本课课长覆核盖章后，呈送监督核判。其关系别课之稿件，由主管课会商关系课办理。其由监督调员办理之件，径送监督核判。

第七条　各课接到文件，应即时拟办。如遇文件过多不及赶办时，即将紧要者提前拟稿，寻常者亦不得迟过三日。但有特别情形或须调查者，不在此限。

第八条　各课遇有重要事件不能解决者，应呈请监督核示办理。

第九条　凡发外文件应由缮校室详细校对，如有错误由缮校员完全负责，其贻误情形较为重大者，由主管课长呈请监督予以惩戒。

第十条　凡承办各项事务人员，如监督及主管课长认为应严守秘密者，无论大小事项均不得泄露，违者分别惩戒。

第十一条　各种案卷于办稿时由承办人员负责，保管归档后，由管卷人员负责保管。

第十二条　本署各职员如有因病或不得已事故请假一日以上者，应具请假单，填明请假事由及日数，送请课长转呈监督核准，一日以内者须得课长许可。

海关管理报关行条例①

（民国6年2月26日）

一、凡有意经营报关行的商行，必须向海关申报。所有人及经理人的姓名、籍贯、过去的职业、目前的住址。然后领取空白的担保书，担保书要有两家殷实可靠的商店签字担保；担保书填好后应交还给海关，由海关通过海关监督，转请商会予以核实；担保一经核实，该行即被授权经营报关业务。

二、所有为复出口至外国口岸和威海卫（不包括大连和胶州）的退税报单必须用绿色纸张印制，以利辨别。其他报单维持现状。报关行的中文名称及箱号必须印在所有报单右上角的明显部位。

为有足够时间印制绿色报单，充分利用白色报单存货，可继续接受白色报单，但报单右上角必须划斜的红色粗红条。

三、授权办理报关行业务负责人员的签字及该行印章的样本，必须交海关备存。上述样本如有任何改动应及时通告海关。

四、报关行最好能将一百份左右的绿色空白报单（见第二条所指），事先交海关盖章，作为该报关行业经海关注册之证明。对这些经由海关盖章的报单在通关时将给优先处理。未经海关盖章的报单则暂时搁置，以核实其担保和签字。

五、为防止骗取退税，所有报关行代表有权来海关办理退税业务者，必须先交个人照片以

① 《杭州海关志》，浙江人民出版社2003年版，第493页。

利确定身份。

六、如发现报关行有骗取退税或其他违法行为,除将案情报告海关监督进行调查外,有关报关行将被令暂停办理海关手续。

七、如报关行担保人迁移业务地址或停业,该行应立即将实情报告海关并找寻新的担保人。违者将被取消报关业务资格。

八、报关行公司业主或经理人,如有更动,应将实情立即报告海关。如不照此办理发现有违反规定情况时,原来业主或经理人仍将承担责任。

九、凡已设立报关行,均应遵守上述规定。本通告发布20日内,必须向海关申请填写新的担保书,领回旧的担保书。未能在规定期限内办理更换手续者,将被取消报关资格。

海关关栈章程①

(民国19年7月1日)

第一章　总　则

一、本章程所称关栈,系指曾经当地海关准予注册、用以存储保税货品者;及保税货品之曾经特准在栈改装或改制或履行其他一切特许之加工手续或制造者。

二、关栈应经当地海关详细勘察,认为其(一)地点(二)建筑(三)栈内布置确系合宜,并经栈主呈缴相当之保结并执照费,方准注册设立关栈。执照每年换发一次。

三、关栈之种类如左:

(甲)普通货物关栈;

(乙)危险品专备关栈;

(丙)特种加工关栈。

关于危险品专备关栈及特种加工关栈章程另订之。

四、具有危险性质之保税货物,以存入海关核准之危险品专备关栈为限。

五、凡包件过重(约重二吨或二吨以上者)或体积过大(约在一百六十立方尺以上者)之货物,除军火外,如经海关特别准许,得在靠岸易于监视之露天地方存放。

六、关栈执照费及监视费等,均由当地海关征收之。

七、由关栈运出之货物,如于自报关之日起十五日内缴付税款,应适用其请求出栈进口的通行之税率,如逾期并不缴税而遇有税率增加,即按新税率征税。

八、关栈起卸货物,须在海关验货时间内行之。

第二章　普通货物关栈

九、普通货物关栈,分为公用关栈及私有关栈。

私有关栈,系指进口商人自有或租用专备存储其私有货物之关栈。

---

① 《杭州海关志》,浙江人民出版社2003年版,第494页。

(甲)公用关栈

十、公用关栈,得于下列各口设立之:

秦王岛、天津、龙口、烟台、威海卫、青岛、重庆、万县、宜昌、沙市、长沙、岳州、汉口、九江、芜湖、南京、镇江、上海、苏州、杭州、宁波、温州、三都澳、福州、厦门、汕头、广州、江门、三水、梧州、南宁、琼州、北海、蒙自(河口分关)。

爱珲、哈尔滨、龙井村、安东、大连、牛庄各海关,现已暂行封闭,故未列入。

十一、公用关栈应于港内直接靠近水滨之地点设立之。

在靠近水滨之地点如无货栈,或虽有货栈而其建筑与栈内之布置,或因他项缘由不宜于关栈之用时,亦得于距离水滨较远之地点设立公用关栈,唯该栈主或货主由码头至关栈往返搬运货物,须遵照海关规章办理,其往返监视起卸货之关员,并须由该栈主、货主或船行设法接送。倘有由海关派员常川监视之必要时,该栈主除应设备齐整房屋供给该员住宿外,并应照纳监视费,此项监视费,须足敷该员应支薪金之数。

在非水路口岸之地方,公用关栈应设于海关查检货物区域之内。惟经海关特许,亦得于查验货物区域以外设立公用关栈,其一切办法应适用本条第二项,关于距离水滨较远地方所设公用关栈之规定。

十二、商人运入洋货如欲存入公用关栈,须先用定有罚则之关栈报单填报海关,经海关发给准单后,方准卸货入栈。海关对于此项入栈货物,应否经过查验或凭证明文件免验,均应按照关于直接进口货物之办理手续分别决定。该货经验放后,须直接搬运入栈。俟出栈时,海关仍得复验。栈主于货物入栈时,须向商人索取准单,须会同监视关员验点数量,方准存入。

十三、轮船公司为清结舱口单起见,遇有不知货主之货物,得由海关先行免验存入关栈,惟该货入栈满四个月后,海关须施行查验,并由该轮船公司照章完税或仍存栈内,惟再行存栈日期,不得过八个月。

十四、进口货物存储关栈之期,以十二个月限,满期即须完税。在未满期之前,得运往其他通商口岸,到后得任便即行完税,或仍存入该口之关栈,如仍存储关栈,其期限应自最初入栈之日起算。

十五、公用关栈出栈报运进口之货物,其税款须按照其货物初入时之性质及数量征收之。但该项货物在存放关栈时期,如因水火或其他不测祸变而遭受损失者,海关得按情减免其所征之税款。

十六、存储公用关栈之货物,如货主欲从事检查或抽取货样,须先向海关请领准单,交付栈主,并由关员监视办理之。其拆动之包件,应按照关员认可之办法,照旧包封完整。

十七、商人由栈提取货物,应先呈递货物出栈请求纳税报单,俟查验及征税等手续完毕后,由海关发给准单,方准货物出栈,并须先得此项提货准单交付栈主,会同监视关员验点货物数量,方得提取。

十八、商人提货出栈运往外洋或其他通商口岸,应先呈递货物出栈复出口报单,俟海关查验单货相符,发给出栈复出口准单,如商人于领单后,该货出栈未即复行出口,则该货应享之复出口权利即行取消,并须照完进口税。至退关货物(shout-out cargo),商人得照完进口税提取货物或再入关栈，惟存储期限，应自最初入栈之日起算。

十九、公用关栈栈主，须备具簿册，对于货物之存入、提取或自行检查或抽取货样，均须分别详细记载。此项簿册之格式须经海关核准。

二十、海关得随时派员赴栈查验货物及簿册，栈主不得拒绝。

二十一、存储关栈之货物，于十二个月期满之时，如不照章提出其应纳税款，须按照海关所估价值，完全由栈主交付，并须于三日内（星期日及海关例假日除外）由栈主将该货运出关栈。

二十二、进口洋货如系暂行起岸以待复出口，而该项货物输送人不明悉货物数量等事项，未能分别报明，亦得存入关栈，但其件数、号码以及箱包式样，应于报单内详细开列，并应注明系复运出口之货。

二十三、存入关栈待运复出口之洋货，如于四个月内尚未出口，经海关查验之后，或照章完税，或继续存入关栈，悉听商人之便。惟再行存栈日期，不得过八个月。

二十四、存入关栈待运复出口之洋货，须完全与他货隔离存放，以易区别。

二十五、公用关栈栈主对于关栈所订之章程细则，暨栈租与存货、起货等手续费，须呈经海关核准。

二十六、存入关栈之货物，其保险及期满已完税项，而尚未提取之处置办法，及货主与栈主间之其他关系事项，概与海关无涉。

二十七、存栈货物如有蒙受损失情事，应由栈主自理，海关不负任何责任。

二十八、此项关栈执照，得由当地海关随时取消或停止之。其取消或停止之理由，海关无庸声明。但业经准予设立之关栈，如栈主不欲作为关栈之用时，非先经当地海关之准许，不得撤销。

（乙）私有关栈

二十九、私有关栈之设立及存货、提货等手续，均适用公用普通货物关栈之规定。

三十、私有关栈之栈主或租赁人，除遵照本章程第二条之规定呈缴相当保结外，并须呈缴现银保结，其数额应由当地海关规定，以足敷所存货物应完之税项为准。

三十一、存储私有关栈之货物，以运交该栈栈主或该栈之租赁人为限。

三十二、货物进出，私有关栈所具之报单，须由该栈栈主或该栈租赁人签字或盖章。

第三章　罚　则

三十三、凡违本章程第十六条、第十七条、第十八条之规定，未经领得准单擅向关栈抽取货样或提取货物者，得由海关科以所提货物五倍至十倍之税款，同时对于关栈栈主得科以所提货物五倍至十倍之税款，并得撤销其关栈执照。

三十四、关于第二十二条暂行起岸以待复运出口之货物存入关栈，其货物数量等事项未经报明者，倘有擅卸出栈或改易号码包皮，或不论因何情事致有遗失时，海关得科栈主以每件关平银二百两罚金，并得撤销其关栈执照。

三十五、除违反第十六条、第十七条、第十八条已订罚则外，如栈主或其雇员有违反本章程所定栈主应履行之其他职务时，海关得酌量情形，科以关平银五千两以下罚金，并得撤销其关栈执照。

第四章　附　则

三十六、关栈栈主应纳费用如左：

(甲)执照费

公用、私有普通关栈，关平银五十两；

(乙)换照年费

公用、私有普通关栈，关平银十两；

(丙)抽取货样或检查货物证单费

公用、私有普通关栈，关平银十两；

但此项证单费，如遇有特殊情形时，得由海关酌量减少或豁免之。

(丁)关员监视费

公用、私有普通关栈，每人每日关平银十两，或每月关平银三百两。

三十七、凡普通货物关栈所存之货物，如经全数完税，海关得因栈主书面之请求，将该栈主执照之效力暂行停止。在执照暂停效力期内，该栈房应即推动其关栈地位，而与普通非保税之货栈同等待遇，所有应行缴纳之关栈监视费，亦得免予征收。

三十八、凡奉准暂停关栈执照效力之普通关栈，在执照有效期间(即发照后一年以内)，得由栈主书面请求海关，将其关栈地位予以恢复，仍得适用原有执照，无庸另缴照费，至原执照期满为止。

三十九、各地海关为适应当地特殊情形，得酌量变更本章程之规定，呈经关务署核准施行。

四十、本章程经关务署核准之日施行。

三、现代海关有关规章、文件

浙江省人民政府转发《杭州海关关于改进海关工作，促进外向型经济发展的意见》的通知

(浙政〔1988年〕25号)

各市、县人民政府，各地区行政公署，省政府直属各单位：

现将杭州海关《关于改进海关工作，促进外向型经济发展的意见》转发给你们，请遵照办理。

海关是国家的执法机关，又是对外开放的窗口，在实施沿海地区经济发展战略的新形势下，各级政府和各部门，都要重视和支持海关工作，充分发挥海关的职能作用。各地海关要坚持改革，改进服务，简化手续，提高效率，便利进出，为发展对外经济贸易作出新贡献。

浙江省人民政府

一九八八年四月十二日

杭州海关关于改进海关工作，促进外向型经济发展的意见

（1988年4月4日）

一、实施关税优惠政策，改进管理方法。

1. 县以上（含县级）外贸公司和有外贸经营权的生产出口企业，签订的对外来料加工装配合同，经省经贸厅及其授权的经贸主管部门审批后，即可向海关申请登记。只要证件、合同符合要求，海关当天予以办理。

2. 除国家限制或不准承接加工的项目外，凡经批准的合同（包括补偿贸易项目），其产品出口不实行许可证的管理，由海关按合同规定登记放行。

3. 因生产需要而进口的机械设备、生产用车辆（不包括小轿车、面包车）、工模具、原辅材料、元器件、自用燃料及必要的装修材料等，海关凭批准的加工装配合同予以验放。除车辆、燃料外，均予免税。

4. 来我省进行加工装配业务的外商及其派驻的工程技术人员，因生产、生活的需要，携带国家限制进口的机电产品和耐用消费品，在合理的数量以内，海关凭经营企业出具的保函免收保证金，使用后应复运出境。

5. 对于签订对口合同的进料加工业务以及签订对口合同、对开信用证进口国家限制商品的进料加工业务，海关比照来料加工办法进行管理，并给予优惠。

6. 为生产出口产品而进口的原辅料、元器件，海关凭有关批件和合同登记验放。经批准转为内销的，应补办进口手续。

7. 按进料加工合同进口的原辅料、元器件，海关分别采取全部保税，或按合同比例征税。对于进口、加工、出口三个环节不相衔接，不易实行有效监督的进料加工，可先按规定比例对一部分进口料件作为不能出口部分予以征税，然后按实际出口进行核算，出口超出免税比例的部分，经海关核实，可予退税；不能出口部分多于海关已征税的比例，则应照章补税。

8. 对加工装配、进料加工生产过程中产生的边角余料副次品，海关要据其实际使用价值，酌情给予减免税。

9. 为生产出口产品而进口的物资，未经海关核准，不得擅自出售、转让或移作他用，否则，海关将依法处理。

二、大力推行保税工厂和保税仓库制度。

1. 凡经海关批准未办理纳税手续进境，在境内储存、加工、装配后复出口的货物，称保税货物。存放这类货物的仓库为保税仓库。

经海关批准专为生产出口产品进行保税加工的场所为加工贸易保税工厂。

2. 凡属一般贸易进口的货物，不得存入保税仓库。

3. 凡经营加工装配、进料加工业务的企业，具有法人资格，配备专职管理人员，建立专门账册和仓库，符合海关监管要求的，均可申请设立保税工厂和仓库。物资、仓储部门经批准可予设立备料保税仓库。设立保税仓库的企业，必须遵守有关规定，承担法律责任。

三、简化手续，方便进出。

1. 对进出口货物，只要符合监管要求，海关均予及时验放。对急需办理的进出口货物，尽可能给予随报随验。对遵纪守法、信誉良好的单位，海关在审核单证后，可径予放行。

2. 对进出口鲜活商品、种苗、种畜（禽）、疫苗、化学试剂等，均可随报随验。

3. 因特殊情况，单证不全的货物，海关可凭企业的主管部门或开户银行的担保，先验放，后补办手续。

4. 对远离海关所在地的生产、加工部门，海关为方便大进大出，可以派员上门办理验放货物手续。申请单位应提供住宿、交通方便，并按规定缴纳规费。

5. 海关配合运输部门，对笕桥机场、望江门外贸仓库实施驻场监管，方便货主提货。

四、搞好社会综合管理，改革和完善海关监管制度。

1. 积极实行以海关监管为主，社会综合管理和企业自身管理相结合的管理制度。管理的重点是方便大进大出，防止大进少出、只进不出，坚决制止走私违法活动。

2. 实施“监装员制度”。监装员由单位审查推荐，经海关培训，考核合格，发给“监装员证”。监装员应按海关规定监装出口货物，并如实填报“监装情况反馈表”。

3. 实施“核销员制度”。核销员由单位审查推荐，主管部门认可，经海关培训，考核合格，发给“核销员证”。核销员应按海关的规定和要求，对本单位的保税货物进行监督，并及时如实地填报核销报表。

4. 实行“信得过企业”制度。对于一贯遵守法令，各项制度健全，经营状况良好，符合海关管理条件，海关可授予“信得过企业”称号，海关给予优先备案、审批、报关、验货、核销等便利。如有违反海关规定根据情节轻重，予以处理，直至撤销其荣誉称号。

五、大力开展政策咨询服务，加强海关建设。

海关要帮助企业定期培训考核报关员、监装员、核销员，增强法制观念，提高业务素质。通过上门宣讲、上课、印发材料、建立“咨询台”等形式，开展政策咨询服务。

海关要加强自身建设。根据工作需要，合理调整机构设置，不断提高干部的政治、业务素质，增加必要的人员。对嘉兴、湖州、椒江、绍兴等海关业务集中的地方，海关将积极支持地方创造条件，经省政府报请国务院批准后，建立海关。

宁波海关对保税仓库及货物管理办法的实施细则①

（1988 年）

第一条　为了适应对外经济贸易的发展，便利企业开展对外加工业务，根据《中华人民共和国海关对保税仓库及所存货物的管理办法》，特制定本实施细则。

第二条　专门用于存放保税货物的仓库称保税仓库。保税仓库限于存放供来料加工、进料加工复出口的进口料件和加工成品；存放后复运出口的国际转运货物；海关批准缓办纳税

① 《宁波海关志》，浙江科学技术出版社 2000 年版，第 357 页。

手续进境的货物。一般贸易进口货物不允许存入保税仓库。

第三条　建立保税仓库必须具备下列条件：

(一)保税仓库经理人必须是具有法人资格的经济实体，并具备向海关缴纳税款的能力和保证严格遵守《海关法》及其他有关规定；

(二)具备海关严密监管条件，有专门储存和堆放保税货物的安全设施和场所；

(三)有整套严格、健全的仓储管理制度，并按海关要求建立详细的货物入出库账册(账册由海关统一印制)；

(四)配备经海关培训认可的专职管理人员。

第四条　保税仓库管理人员应当具备以下条件：

(一)熟悉本企业有关业务和海关有关法规，并经海关培训和考核，获得"保税仓库管理员证书"；

(二)严格遵守海关规定和各项管理制度，工作认真负责，责任心强；

(三)准确如实做好账册记录，积极配合海关工作，向海关承担法律义务。

第五条　申请建立保税仓库的单位必须向海关登记备案，并提交下列单证：

(一)工商行政管理部门颁发的营业执照或复印件；

(二)如经营有关寄售、维修和转口业务的，还应提交经贸部门的批准文件；

(三)《保税仓库申请表》一式二份。

经海关审核和实地勘察，符合海关监管要求的，在海关发给《保税仓库登记证书》后，始准经营保税仓库。

第六条　保税仓库所存货物系保税货物，自进境之日起至出境之日止，均受海关监管。保税货物未经海关许可不得擅自出售、转让或移作他用。

第七条　保税仓库内不得对所存货物进行加工。如需改变包装，挑拣去杂，分选等级等应向海关提出申请(申请表一式二份)，核准后，在海关监管下进行。

第八条　保税仓库经理人应按章交纳监管手续费。

第九条　保税仓库货物入境时，保税仓库经理人应做好货物的清点和交接工作，做到一物一账。对货物和入库、储存和出库期间发生短少、残损，仓库经理人应填写货物短少或残损清单一式二份，如实向海关申报(其中一份退还仓库，一份海关留存，清单由海关统一印制)。经海关核实后，按有关规定进行处理。

保税货物的地脚料、变质料和多余料，仓库应集中保管入库，根据海关批准并办妥手续后方可处理。

第十条　海关认为必要时可以会同仓库经理人双方共同加锁。海关可以随时对保税货物的储存情况和账册进行检查、核实，必要时可派员驻库监管。保税仓库经理人应当为海关提供办公场所和必要的方便条件。保税仓库的经理人应于每月的前五天内将上月保税货物的收、付、存等情况按海关要求的统一格式向海关申报，报表一式二份，一份仓库留存，一份报海关。

第十一条　保税货物入境时，货主或其代理人应填写进口货物报关单一式三份，并加盖

"保税仓库货物"印章，先到海关备案部门进行审核，经批准加盖"保税货物监管专用章"后，再向海关货管部门办理正式报关手续。报关单一份由海关留存，二份退报关人，其中一份由保税仓库管理人员签收后交海关，一份仓库留存。

保税仓库不在本口岸的，由货主或其代理人填写"中华人民共和国海关转关运输货物准单"一式三份，向海关办理转关运输手续。

第十二条　保税货物经海关核准转为国内销售的，货主应向海关办理报关纳税手续，并按规定交验进口货物许可证。

第十三条　从来料加工、进料加工备料保税仓库提取货物，货主应事先持批准文件、合同等有关单证向海关办理备案登记手续，然后凭海关签发的来料加工或进料加工登记手册和《保税仓库领料核准单》，填写来料加工专用报关单向海关报关。领料单一式三联，一联由海关留存，一联领料人留存，一联由海关签盖"保税货物监管专用章"后交货主向仓库提货，并由仓库留存。领料单有效期三天，逾期应重新向海关申报。如领料单遗失，失主应及时向海关和保税仓库报告、挂失。

第十四条　保税仓库所存货物的储存期限为一年，如因特殊情况需要延期的，应于到期日前一个月内向海关递交延期的书面申请，延期最长不得超过一年。保税货物超期未向海关办理进出口报关手续的，海关将根据《海关法》的规定将货物变卖处理。

第十五条　海关积极推行"信得过"管理制度。对于一贯遵守海关的各项法令规定，各项制度健全，经营情况良好的企业，海关将授予"信得过企业"称号；对工作责任心强，成绩突出的仓库管理人员发给"信得过管理人员证书"，在办理海关手续时给予更多的方便。

第十六条　保税仓库经理人如有违反本规定行为或走私行为，海关将分别给予取消"信得过"称号、暂停或吊销其对保税仓库经营的处理。

第十七条　本实施细则由宁波海关负责解释。

杭州海关促进吸引外资工作的十项措施①

（1991 年 11 月 1 日）

一、积极参与对外商投资企业的可行性研究和论证工作，按照现行行政规定，主动提出切实可行的意见，以协助企业立项工作顺利进行。

二、提高办事效率，注重时效。审核外商投资企业的备案申请，凡批文、证件齐全，在 6 个工作日内给予登记，发给证书；对进口设备、料件的减免税申请，手续完备的，在 2 个工作日内办妥。

三、扩建报关厅，改善报关环境。对"海关信得过企业""出口创汇型企业""技术先进型企业"，优先办理报关手续。

四、在信誉佳、作风好、制度全、管理严、产品优、创汇多的"三资"企业中，考核和确定一批

① 《杭州海关志》，浙江人民出版社 2003 年版，第 504 页。

“海关信得过企业”，对这类企业：

——进一步简化申报、审单、查验、放行手续，即到即办，随验随放。

——逐步实施出口义务监装员制度，使企业在出运成品的时间、车辆调度方面具有更大的灵活性。

——缓税、保证金、押金等担保事项，可酌情凭企业具保办理。

五、对“出口创汇型企业”“技术先进型企业”及履约较好的企业，设立保税仓库（工厂），帮助企业充分享有政策优惠，在经营上得到更多实惠。

六、充分发挥“三资”企业技术力量、生产设备及管理经营的某些优势，采取连续保税方式，从政策上解决“三资”企业为其他企业的返销产品深加工业务，以期提高企业的生产能力、经济效益。

七、回境内定居的华侨、港、澳、台胞及其眷属和境外亲友合资兴办企业，并由经贸主管部门批准，海关可按“三资”企业备案登记，对其进口设备等给予相应的优惠。

八、配合地方改善投资环境，便于“三资”企业就地办理进出境手续，积极做好设关的筹备工作。年内，经多方努力，保证了绍兴、嘉兴、湖州海关相继开关。同时，镇海海关及宁波海关驻小港开发区办事处的筹建工作，正抓紧落实，争取1992年开关。

九、加强政策法规的宣传、咨询工作，编纂印发有关吸引外资的政策法规资料，并采取走访培训、咨询及新闻（政策）发布会等形式，开展广泛宣传、咨询活动。

十、强化管理，采取有力措施，防止和查处走私等违法行为，加强监管，以保证吸引外资工作的健康发展。

杭州海关关于支持大中型企业的若干措施①

（1991年11月1日）

一、认真贯彻国家产业政策，配合企业、产品结构调整，支持大中型企业实施技术改造。在项目的可行性研究、论证、办理减免税手续、设备进口等有关环节中，为企业提供政策咨询服务，充分发挥海关的参谋作用，促进技术改造项目的顺利进展。

二、简化手续，加速验放。对遵纪守法，管理严格，信誉良好的企业，优先办理报关、查验、放行等手续，提供更多的方便。

三、对取得外贸自主权的大中型企业，迅速为其办理报关企业登记注册、报关员培训和考核等手续，协助其尽快开展进出口业务。

四、妥善处理大中型企业进口货物纳税以及单证不齐等提货困难，掌握政策原则，充分运用分批纳税、分批验放、移位监管等手段，以利于企业资金周转，增强企业生产活力。

五、大中型企业转关运输货物符合监管条件，而运转路线须绕道来杭的，经企业提出申请，海关批准，可以到企业所在地就近验放，以节约时间、降低运费、减少损耗。

---

① 《杭州海关志》，浙江人民出版社2003年版，第505页。

六、在大中型企业中积极推广保税制度。凡属为加工产品出口而进口的原材料，可设立保税仓库（工厂），可在几家企业实施集团保税，以及对需要转厂加工的原材料，实施连续保税。

七、积极探索大中型企业开展“三来一补”、进料加工的监管方法。既要管住，又要搞活。在不违背政策原则基础上，对某些特殊加工项目采取方便灵活措施，实施监管。

八、积极开展政策宣传，协助大中型企业用好、用足国家制订的优惠政策，组织上门走访、企业对话和开展调查研究，为企业排忧解难。

中华人民共和国宁波海关对进出宁波保税区货物、物品和运输工具的监管实施细则①

（1993年）

第一章　总　则

第一条　根据《中华人民共和国海关法》和有关法律、法规，制订本实施细则。

第二条　宁波保税区（以下简称保税区）为海关监管区。海关在保税区内依法行使职权、对进出保税区的运输工具、货物和个人携带物品进行监管；征收关税和其他税费；查缉走私；编制海关统计并办理其他海关业务。

第三条　保税区与非保税区（指中国境内的其他地区，下同）之间的分界线应设置完善的隔离设施。

进出保税区的货物、运输工具和个人携带物品必须经由海关指定的出入口进出，向海关如实申报，接受海关检查。

第四条　保税区仅设立行政管理机构及有关企业，除安全保卫人员外，其他人员不得在保税区内居住。

第五条　保税区内企业应当持宁波市人民政府主管部门的批准文件及工商行政管理部门颁发的营业执照向海关办理登记注册手续。

在保税区内设立国家限制和控制的生产项目，须经国家规定的主管部门批准。保税区内的保税货物和经加工的产品必须复运出境，如遇特殊情况需将货物运往非保税区的，应向海关申请，经海关批准后按照规定办理进口和纳税手续。

第六条　保税区内企业、行政机构进口合理数量的自用物资、物品仅限在区内使用，未经海关核准，不得运往非保税区。

第七条　国家法律禁止进出境物品不得运入、运出保税区。

第八条　保税区内的生产企业、仓储企业应对有关货物的进口、加工、储存、使用、出口及销售等情况建立专门账册，定期列表报送海关核查。海关有权对保税区内的货物和有关营业

① 《宁波海关志》，浙江科学技术出版社2000年版，第360页。

场所实施检查。有关企业、行政机构应免费提供办公和必需的方便条件。

第二章　对进出保税区货物的优惠

第九条　进口供区内使用的机器、设备、基建物资、生产用车辆、交通工具和办公用品，为加工出口产品进口的原材料、零部件、元器件、燃料、包装物料，供储存的转口货物以及在保税区加工运输出境的产品，免领进出口货物许可证。

第十条　保税区内的企业、行政管理机构进出口下列货物免征关税和工商统一税（产品税、增值税）：

一、建设保税区基础设施所需的进口机器、设备和其他基建物资；

二、保税区内企业进口自用的建筑材料、生产和管理设备、生产用燃料、数量合理的生产用车辆、交通工具、办公用品以及上述机器、设备、车辆所需的维修零配件；

三、保税区内行政机构进口自用合理数量的交通工具、管理设备和办公用品；

四、保税区内企业出口的保税区产品。

第十一条　保税区下列货物予以保税：

一、保税区内企业进口专为生产加工出口产品所需的原材料、零部件、包装物料（以下简称料件）；

二、转口货物。

本章第十、第十一条规定范围以外的物品应照章征税。

第三章　对运入保税区货物的管理

第十二条　进口货物应经海关指定的线路运入保税区，进口货物经其他口岸运入保税区时，按“进口转关运输”的规定办理有关手续。

非保税区运入保税区的货物视同出口。

第十三条　运入保税区的进口物资、保税货物、转口货物，由区内的收货人或其他代理人填写进口货物报关单一式三份（其中转口货物报关单一式四份），保税区货物应加盖“保税货物”戳记，转口货物应加盖“转口货物”戳记，随附进口合同、商业发票（副本）、装箱清单（副本）、发货通知（副本）等有关单证向海关申报，海关凭以验放。

第十四条　非保税区运入保税区的出口货物，由发货人或其代理人填写出口货物报关单一式三份，并随附出口合同、商业发票（副本）、装箱清单（副本），向海关申报，属于出口许可证管理的商品，还应交验出口许可证。应征出口税的商品，海关照章征收出口税。

第十五条　非保税区运入保税区供区内使用的机器、设备（包括在保税区承包工程施工使用的机器设备）、交通工具、办公用品和日常生活用品，应由使用单位在上述物资、物品运入保税区时向海关呈报清单两份，经海关核验认可后准予运入保税区。对上述货物的进、出和使用等情况，有关企业应建立专门账册。

第十六条　从非保税区运入保税区的已办妥进口手续的进口货物、物品（包括供生产出口产品的料、件）不予退税。

第四章　对运出保税区货物的管理

第十七条　保税区货物运往非保税区，视同进口。

保税区货物经非保税区出口时，按“出口转关运输”的规定办理有关手续。

第十八条　保税区的货物运往非保税区时，收货人或其代理人填写进口货物报关单一式两份，并随附商业发票（副本），装箱清单（副本）向海关申报，属进口许可证管理商品，还应交验许可证并办理进口和纳税手续。

第十九条　保税区内生产的产品销往非保税区时，由收货人或其代理人按第十八条的规定办理有关手续。

上述产品使用进口料件加工的，应对进口料件征税。若对上述产品所含进口料件的品名、数（重）量、单价申报不清的，海关按成品征税。

第二十条　从非保税区运入保税区的出口货物和供区内加工出口产品的料件，因故需退回非保税区时，由原发货人或其代理人持货物的原报关单复印件、税务部门的补税凭证，向海关申报，经海关批准后，按进口货物办理有关海关手续。

第二十一条　由非保税区运入保税区使用的机器、设备（包括在保税区内承包工程施工使用的机器、设备）、交通工具、办公用品和日常生活用品，运回非保税区时，由发货人或其代理人持保税区主管部门的证明和原进入保税区时的有关单证向海关申请，经海关核实确系原货的，可准予退回非保税区。

第二十二条　保税区内企业、行政机构更新原进口的机器设备、交通工具、办公用品、保税区承包工程进口的施工机具等物资需运往非保税区时，按第十八条规定办理。

第五章　对生产企业进口货物的管理

第二十三条　保税区内生产企业应对其产品及料、件的进口、储存、出口、销售等情况，分别建立专门账册，海关有权进行检查。

第二十四条　生产企业进口的料件应自进口之日起一年内加工成品销往境外，超过一年未加工返销境外的，应向海关申请，办理延期手续，延长期限最多不得超过一年。如遇特殊情况需将上述成品、副次品和边角余料等销往非保税区时，按第四章第十八条规定办理。

第二十五条　生产企业进口的机器、设备和料件，因生产加工需要，可以在保税区内互相转让、买卖、借用，但必须在三十天内向海关备案。

第二十六条　生产企业进口的料件原则上不得运往非保税区委托加工成品出口。如遇特殊情况，应事前向海关申请并登记备案，经海关核准后方可进行。产品或料件进出保税区时，应向海关交验产品或料件的清单，海关凭以验放。出区加工的产品应在合同执行完毕后三十天内向海关办理核销手续，并将产品及剩余料件按规定期限全部运回区内。

第二十七条　非保税区料、件运入保税区内加工的，比照本章第二十六条规定办理海关手续。如需使用和消耗进口料件的，应事先报经海关批准，并办理进口和纳税手续。

第六章　对外贸企业进出口货物和转口贸易货物的管理

第二十八条　保税区外贸企业可以经营转口贸易和为保税区内企业、行政机构代理进口自用的物资、生产用料件和产品的出口，但不得代理非保税区企业进口货物，亦不得收购非保税区产品出口。

第二十九条 外贸企业为区内企业代理进出口货物时，海关凭外贸企业与生产企业签订的代理合同和对外成交合同以及其他有关单证验放。代理进口的货物和出口的产品，均不得擅自转让或销往非保税区。

第三十条 外贸企业进口的货物运交保税区内生产企业进行生产加工、外贸企业代理区内生产企业出口产品以及外贸企业之间对上述货物互相转让时，应持凭双方签订的合同及有关单据向海关办理结转和核销手续。

海关对以上企业结转的上述货物按第五章的有关规定管理。

第七章 对仓储企业收存保税货物的管理

第三十一条 仓储企业收存的保税货物，应建立进口、库存、转口、销售等专门账册，海关有权进行核查。

第三十二条 仓储企业收存的保税货物(包括转口货物)可以在仓库内进行分级、挑选、刷贴标志、改换包装等不改变货物实质的简单加工或展览。

第三十三条 仓储企业收存的保税货物，自货物进口之日起储存期限为一年，超过一年未复运出境的，应向海关申请，办理延期手续。但延长期限最多不超过一年。

第八章 对运输工具和人员携带物品的管理

第三十四条 凡专门承运保税区进出口货物的运输工具和区内企业自备的运输工具，其所有企业应持宁波市人民政府或经其指定的主管部门的证件，列明运输工具的名称、牌照号码、驾驶员姓名的清单向海关登记备案。

上述运输工具经海关核准后发给“准运证”，方可进行运输业务。

区外其他运输工具进出保税区时，应向海关办理临时登记手续。

第三十五条 进出保税区的运输工具、交通工具和人员，应经海关指定的出入口进出，并接受海关检查。

第三十六条 从保税区前往非保税区的运输工具、交通工具和人员，不得擅自载运、携带保税区内的货物和物品。

第九章 附 则

第三十七条 保税区进口的免税货物、保税货物，依照《中华人民共和国海关对进口减、免税和保税货物征收海关监管手续费的办法》征收监管手续费。

第三十八条 对违反海关监管规定和本细则并构成走私和违反海关监管规定的行为，海关按照《中华人民共和国海关法》的有关规定处理。

第三十九条 本实施细则未具体规定的事项，按照国家和海关的其他有关法律、法规办理。

第四十条 本实施细则经海关总署批准，由宁波海关负责解释。

本实施细则自保税区的隔离设施经海关验收合格后确定实施日期，并由宁波海关对外公布。

宁波海关管理制度总则(试行)①

(1995年)

第一章　基本原则和总体目标

第一条　根据建立现代海关制度的要求和我关实际,按照“海关管理必须集中,海关政令必须统一”的原则,坚持集中统一和垂直领导体制,合理划分事权,加强总关对下属机构的监督指导,逐步建立集中统一、职责明确、协同作战、规范高效的宁波海关管理模式。

第二章　人事(包括政工)管理制度

第二条　由总关统一管理并组织实施的:

(一)全关机构设置和核编定员工作;

(二)全关人员的录用、调配、考核、奖惩、交流、工资福利、辞职、辞退及退休等事项;

(三)全关副科(含副科级)以上干部的任免、配备和调动;

(四)全关离退休人员的管理工作;

(五)全关专业技术职称任职资格和工人等级的评定工作;

(六)全关因公(私)出国(境)的管理工作,赴边境地区人员的审批工作,疗养的审批工作;

(七)全关人事档案管理工作,人事工作中来信来访的接待和处理工作;

(八)全关人员的入关教育、上岗培训、岗位培训等事项;

(九)全关的政治思想工作和社会主义精神文明建设、全关的安全保卫工作;

(十)全关党员和入党积极分子的培训及入党审批工作。

第三条　在总关指导协调下由各部门自行管理并负责实施的:

(一)各部门一般干部的培养、考察和内部交流;

(二)各部门的政治思想工作和社会主义精神文明建设、各部门的安全保卫、保密工作;

(三)各部门的党、工、团工作。

第三章　业务管理制度

第四条　请示汇报制度和贯彻政策办法。

(一)各下属机构应自觉加强请示汇报,凡属单项业务请示,直接报请对口职能部门;属综合性业务,报请总关办公室。凡向总署请示,一律由总关办理;

(二)为统一全关执行政策尺度,规范各类手续,凡上级政策文件需提出贯彻意见的,如属单项业务由对口职能部门提出意见,报请办公室和关领导审批后统一执行;如属综合性业务,由办公室汇总提出意见,报请关领导审批后统一执行。

第五条　下属机构具体职责、任务和权限。

(一)负责对本辖区内进出境货物、运输工具及其服务人员携带物品、旅客分运行李物品

---

① 《宁波海关志》,浙江科学技术出版社2000年版,第366页。

及其他物品的监管；

（二）负责办理转关运输货物的有关手续；

（三）负责本辖区内进出口货物及保税货物的各项海关税费的征管工作。审批办理本辖区进出境货物10万元（两税合计，下同）以下税款的缓税手续和10万元（含10万元）以上缓税的转报工作。办理本辖区进出境货物2万元以下滞报金减免的审批和2万元（含2万元）以上滞报金的转报工作。办理审价补税15万元以下的有关手续和15万元（含15万元）以上的转报工作；

（四）负责办理一般贸易进出口货物退税金额（不包括政策性退税）在10万元以下的退税手续和10万元（含10万元）以上退税的转报工作；

（五）负责办理本辖区内企业备案登记和减免税审批手续以及减免税货物的后续管理工作；

（六）负责本辖区内加工贸易合同的登记工作，以及对保税货物的中后期管理；

（七）负责本辖区内保税工厂（仓库）的审批和管理工作及保税货物的入库、储存、加工、结转和核销工作；

（八）负责办理150万元以下政策性减免税的审批手续和10万元（含150万元）以上政策性减免税的转报工作；

（九）负责开展对有关企业的稽查工作；

（十）隶属海关负责各类案件的报送工作；负责案值在5万元以下的个人走私案件、案值在30万元以下的法人走私案件、案值在30万元以下的个人违规案件、案值在200万元以上的法人违规案件的立案调查工作和审理处罚工作（特殊案件除外）；负责案值超出上述范围的案件及特殊案件的上报工作；

（十一）派驻机构负责各类案件的报送工作；负责案值在2万元以上个人走私案件、案值在30万元以下法人走私案件、案值在15万元以下个人违规案件、案值在100万元以下法人违规案件的立案调查工作和审理工作（特殊案件除外）；负责案值超出上述范围的案件及特殊案件的上报工作；

（十二）负责管理本辖区内的各类报关企业及其报关员。

（十三）负责开展本辖区统计业务工作，按规定上报有关统计信息和数据资料，管理业务档案；

（十四）负责所辖区有关政策、法规的研究宣传及业务咨询。

第六条　由总关统一管理和审批的：

（一）滞报金2万元（含2万元）以上、缓税10万元（含10万元）以上、退税10万元（含10万元）以上、审价补税15万元（含15万元）以上、政策性减免税150万元（含150万元）以上的一律报总关审批；

（二）总投资额超过各关（处）所在地同级地方政府审批权限的或属国家限制、禁止项目的企业登记备案报总关审批。总投资额在1000万（含1000万）美元以上的企业登记备案一律报总关备案；

（三）属个案处理或超出全关统一掌握尺度以及其他重大敏感业务项目均报总关审批；

（四）统一指挥海上缉私行动，统一管理全关缉私艇及有关设施和装备；统一调度跨关区进行的调查取证工作、其他海关前来本关进行的案件协查工作、涉及本关两个以上部门的各类案件；负责超出各部门规定权限的各类案件以及其他应由调查处查处的案件的调查审理工作；负责建立、健全全关情报网络体系；

（五）负责组织管理全关行政复议、行政应诉和行政赔偿工作；

（六）负责报关员的培训以及专业报关和代理报关企业的审批；

（七）负责建立健全稽查网络体系，指导协调全关稽查工作。

第四章　财务管理制度

第七条　全关经费由总关统一管理。包干经费采取定额包干办法，查私经费实行审批核定办法。

第八条　专项经费实行审批制，专款专用。

第九条　预算外资金实行统一筹制，专户存储，按需核批，余缺调剂。

第十条　基建资金，实行备案专用的办法。

第十一条　自筹资金实行审批、备案制。凡地方政府提供设施（设备）项目金额在 5 万元以上（含 5 万元）的，各部门更新（增添）设备（设施）项目金额在 3 万元以上（含 3 万元）的须经报批后实施；在此金额以下的由各部门自行审批并报总关备案。

第五章　行政管理制度

第十二条　实行统一管理原则，行政装备和行政福利由总关统一负责；车辆由总关统一调配，实行分级管理；业务单证由总关统一管理、订购、印制、供应；固定资产由总关建立总账，下属机构建立分账，采取集中与分级双重管理制度；市内职工住房由总关统一分配，各地职工住房由各关（处）拟定分配方案，报总关审批后实施。

第六章　科技管理制度

第十三条　总关组织制定全关科技发展规划，确定年度重点科技项目，负责主要科技装备的申请、购置、分配及维护和管理。

第十四条　下属机构负责本部门各类科技装备的使用、保养、管理及科技项目的应用，提出科技应用项目的立项报告，配合技术处实施有关科技项目的移植和开发，及时反馈科技工作情况。

第七章　监察审计管理制度

第十五条　总关负责建立全关监察审计网络体系，统一组织全关廉政教育和监察审计工作，负责副科（含副科级）以上干部的违规违纪案件和一般干部的重大违规违纪案件的查处工作。

第十六条　下属机构负责本部门的廉政教育和监察审计工作，负责本部门一般干部一般违规违纪案件的查处工作，查处结果报总关备案。

第八章　信息宣传管理制度

第十七条　各类、各级新闻发布会统一由总关办公室审批、安排。首次外发海关重大政策和重大活动、报道缉私案件、关领导讲话及活动、反映全关内部改革成果和支持地方建设情况以及公布有关数据，统一由办公室审发，重要事项报关领导审签。报道关风关貌及两个文明建设中涌现的好人好事以及各部门一般动态情况，由各部门自行审定对外发稿。

第十八条　各部门上报各类信息必须先报总关办公室。

第十九条　各下属关(处)编发的反映本关(处)一般情况的信息，由各关自行审定，仅限在宁波海关内部和关(处)所在的行政区域内发送交流。

第二十条　凡涉及军队、公安、安全等部门以及涉及中央和地方领导机关的案件或问题，不论事大事小，在事发后两小时内，必须上报总关办公室，详细情况要抓紧核实，并予续报。

第九章　公文行文管理制度

第二十一条　根据隶属关系和职权范围严格逐级向上、向下和对外行文，禁止越级行文。

第二十二条　向总署或其他上级行文，如属单项工作由对口部门起草，办公室审核，呈关领导签发；如属综合性工作，由涉及部门提出意见，办公室汇总起草审核，呈关领导签发。

第二十三条　向下行文，如属单项工作由对口部门起草，办公室审核，报关领导签发；如属综合性工作，由办公室起草审核，报关领导签发。

第二十四条　下属关(处)向总关行文一律送达办公室，由办公室分流处理。

第二十五条　下属关(处)可向同级地方政府及所属各部门行文，也可与同级地方政府及所属部门联合行文，但禁止越级行文，行文时必须同时抄送总关。

第十章　附　则

第二十六条　各职能部门根据本总则制定具体操作办法和实施意见，报关领导审批后实行。

宁波海关支持宁波外贸经济发展的十项措施的决定①

(1998年6月)

为促进宁波市外向型经济发展，进一步扩大利用外资，全面提高我市对外开放水平，宁波海关结合关区实际，提出支持地方外经贸发展的十项措施：

——积极支持宁波港建设，促进以宁波港为中心的内支线网络和内陆干港网络形成，改善口岸环境。推行关区内转关运输预申报系统，支持港务部门利用港区保税堆场功能开展国际转口及中转业务。支持港口揽货工作。进一步推进港区联动，加快海关EDI中心建设，逐步扩大EDI申报方式，并争取早日实现与港务、银行、外管等管理部门联网，实现无纸报关。

——深化通关改革，方便合法进出，改进进场联报关制度，实现进场联无纸化；方便企业

---

① 《宁波海关志》，浙江科学技术出版社2000年版，第369页。

通关，设立“特快窗口”，对特殊货物和信誉良好企业实行特事特办，实行“集中申报”和“预申报”优惠措施；加大担保力度，加快通关速度，不需征税、查验的进出口货物通关，在接受申报后半个工作日内，办结海关手续。

——积极帮助企业用足用好优惠政策。认真贯彻国务院37号文件精神，及时推出加工贸易进口不作价设备的优惠政策。对于实力工程重点项目项下急需进口的设备在半个工作日内办结减免税审批手续。加强与企业及有关主管部门的联系配合，主动为政府和企业出谋划策。

——支持加工贸易的发展。支持加工贸易深加工结转，鼓励提高产品的附加值；简化加工贸易合同审批手续，对重点企业、重点合同备案在半个工作日内办结海关手续；积极推进与外经贸委、中国银行集中办公模式，实行“一站式”服务；充分发挥保税仓库、保税工厂功能，对符合条件的加工企业及时予以批准设立保税仓库或保税工厂，鼓励企业走规模化、集团化道路，促进保税集团管理。

——积极促进保税区功能开发和发展，对保税区采取一线放开，二线管住，对备案进出境保税区货物原则不收原始单证，支持保税区举办商品博览会，促进保税区商品展示的发展。发展保税区的辐射功能，使之为宁波、浙江以至华东地区的经济服务。对区内企业加工贸易进口料件实行一次性备案，改手册管理为账册管理，改合同核销为滚动核销。

——支持宁波市重点项目和实力工程建设。对重点地区、重点企业、重点商品出口给予重点服务。继续支持“两区一岛”的外向型经济发展，组织力量到我市大型外贸企业进行贸易调研和政策宣传，解决企业在对外贸易经济活动中遇到的实际困难。推行企业信誉等级管理制度，在办理各项海关手续（货物通关、合同备案、减免税审批等）上提供优先、快捷的服务。支持地方重点特色商品出口，开拓国外重点市场。

——加快办理出口退税海关手续，支持企业外贸出口。对于符合海关规定的实际出口货物，在5个工作日内办结退税单签证手续。

——充分发挥海关统计信息对外贸的预警监测和决策参考作用。积极为外贸出口和发展提供信息服务，定期向地方政府和有关部门提供对外贸易统计数据，通报有关进出口动态，建立信息交流制度。

——依法行政，贯彻政策，切实维护宁波口岸贸易秩序，促进我市对外贸易的健康发展。进一步强化海关管理职能，打击走私违法活动，创造公平竞争贸易环境；鼓励、引导企业建立合法经营意识，促进企业健康发展；加大知识产权保护力度，维护企业合法权益。

——开展创建文明窗口活动，不断改进工作作风，加强服务意识，提高服务质量。推行服务承诺制，统一对外办事时限。完善“三公开”制度，各通关现场设置电子触摸咨询台、意见箱及投诉电话等，接受社会监督。

宁波海关关务公开规定（试行）

（甬关法发〔2005〕328号）

第一条　为促进和规范我关关务公开工作，保障公民、法人和其他组织的知情权，加强执法监督，推进依法行政，根据有关法律、法规、总署规章及规范性文件的规定，结合本关实际，制定本规定。

第二条　本规定所称关务公开，是指本关区内各海关单位，依照本规定向社会公众或者提出申请的公民、法人和其他组织公开其履行职能情况的活动。

第三条　本关区各海关单位是关务公开义务人，依照本规定履行关务公开、提供关务信息的义务。

第四条　公民、法人和其他组织是关务公开权利人，依照本规定享有要求关务公开、获取关务信息的权利。

第五条　关务公开应当遵循合法、准确、及时、公正和便民的原则。

第六条　关务公开的方式、范围应当与公开的内容相适应，方便关务公开权利人获取所需的关务信息。

第七条　下列事项，海关应当主动对外公开：

（一）负责实施和监督执行的法律、法规、规章及其修改、废止信息等；

（二）本单位制定的涉及公民、法人或其他组织权利义务的规范性文件等；

（三）海关的机构设置、调整及职责权限、办事内容、办事依据、办事程序、办事时限、办事纪律、便民措施、服务承诺、办事结果及联系方式等事项；

（四）重大决策、重要工作及完成情况；

（五）海关行政许可项目和非行政许可审批项目的设定、调整、取消以及办理程序和结果；

（六）行政处罚依据和标准；

（七）负责关务公开的机构名称、地址、电话、传真、办公时间、电子邮箱和其他联系方式；

（八）行政事业性收费项目、收费标准和收费依据；

（九）向社会承诺办理的事项及其完成情况；

（十）对违反承诺或违纪行为的投诉和行政救济的途径，以及处理办法；

（十一）重大执法过错纠正和执法责任追究情况；

（十二）社会公众普遍关心、涉及公众切身利益的其他事项；

（十三）法律、法规和总署规定需要公开的其他事项。

第八条　前条第（一）项、第（五）项、第（六）项、第（八）项、第（十）项、第（十二）项所规定的事项，总关为关务公开义务人，负责统一对外公布；各隶属海关单位视情可以公开检索指引，但可以不再另行公开具体内容；其他各项所列事项，涉及的海关单位为关务公开义务人。

第九条　下列事项海关不予公开：

（一）国家秘密；

（二）依法受保护的商业秘密；

（三）依法受保护的个人隐私；

（四）法律、法规和总署规定禁止公开的其他事项。

第十条　关务公开权利人申请公开第七条规定以外的事项，属关务公开义务人职责范围的，关务公开义务人应当公开并为其提供便利。

关务公开权利人申请公开关务事项的，可以采用信函、电报、传真、电子邮件等形式向关务公开义务人提出申请。

关务公开义务人因法定事由不能在规定的期限内公开的，应当及时告知申请人并说明理由。

关务公开权利人申请公开的事项属于第七条列明主动对外公开事项的，关务公开义务人应当在接到公开申请书之日起15个工作日内向社会公开。申请公开的内容已经公开的，应当给予指引。

第十一条　关务公开义务人可以通过以下形式公开关务：

(一)行政规范性文件；

(二)关务公开栏、公告栏；

(三)海关门户网站；

(四)电子触摸屏、显示屏；

(五)服务、监督热线电话；

(六)听证会、咨询会、评议会；

(七)新闻发布会；

(八)新闻传媒；

(九)宣传资料；

(十)关务公开指南或办事指南；

(十一)其他便于公众知晓的公开形式。

第十二条　第七条第(一)项、第(五)项、第(六)项所列事项，原则上通过前条第(三)项、第(四)项方式公开；第七条第(三)项、第(八)项所列事项，原则上通过前条第(二)项、第(十)项方式公开；第七条其他各项所列事项，根据情况采取适当的方式公开。

上级对关务公开形式有明确要求的，应当按照要求的方式公开。

第十三条　关务公开事项属永久性内容的，应进行长期公开；属经常性内容的，应当定期公开；属临时或一次性内容的，应当随时公开。

对事关全局、涉及公众切身利益及公众普遍关心的重要事项，实行决策前公开、实施过程中动态公开和决策实施结果公开。

第十四条　重要关务公开事项变更、撤销或者终止的，关务公开义务人应当及时公布。

关务公开权利人对政务公开内容有异议，要求关务公开义务人解释、更正的，关务公开义务人应当及时予以解释或者更正。

第十五条　一般关务信息的公开按以下程序进行：

(一)信息拥有部门的经办人员按本规定或所在海关单位领导的决定、指示，提出关务信息公开要求，并对需要公开的信息进行核实；

(二)依照有关保密的规定进行保密审查；

(三)根据信息内容和职责权限分别提请部门负责人或所在单位领导审核批准；

(四)采取适当的方式进行公开；

（五）发布信息的部门对所公开的信息存档。

重要关务信息的公开，应由关务公开领导小组研究确定公开的内容、形式、方法，经领导小组组长签署后公开。

第十六条 总关办公室（包括各隶属海关、办事处综合部门）、监察部门和法规部门应按照《宁波海关关于成立推行关务公开工作领导小组的通知》（甬关办发〔2005〕263 号）所确定的职责分工履行各自职责。

第十七条 不依照本规定进行关务公开，造成严重后果的，对有关责任人给予相应的行政处分。

第十八条 缉私部门适用警务公开的有关规定。警务公开规定没有明确的，适用本规定。

第十九条 本规定自下发之日起施行。

杭州海关关于支持浙江扩大内需，促进经济平稳增长的八项措施

（杭关办发〔2008〕393 号）

为深入贯彻落实党中央、国务院扩大内需促进经济增长的决策和部署，积极支持浙江省进出口稳定增长，促进浙江省对外贸易持续健康发展，根据《海关总署关于支持扩大内需促进经济增长的十项措施》，结合浙江省和杭州关区实际，特制订以下贯彻落实措施。

一、实施优惠的通关担保措施，让企业享受纳税便利

落实经总署批准的中央大型国企实行银行总担保下子、分公司先放后税的通关便利措施。为出现经营困难的省内高资信企业，积极向总署申请企业资产质押担保。大力推广网上支付担保业务，引入银行第三方担保机制，为省内守法诚信企业提供先放后税的通关优惠。对机场快件企业实行银行担保下的集中纳税，简化企业通关手续。

二、进一步提供通关服务、信息服务

扩大个性化通关服务适用范围，进一步落实简易审价制度和预归类制度，帮助企业快速、准确报关。拓展浙江电子口岸与上海电子口岸数据互联互通的应用范围，积极推进浙江电子口岸与宁波电子口岸通关状态数据的互联互通，方便浙江企业及时了解货物通关状态和物流信息，便于企业合理安排生产经营活动。

三、支持浙江省国际物流业建设

切实推动“区区联动”“港区联动”和“港港联动”，实现“港区延伸”和“多点报关”新型通关模式在关区的覆盖运行，扩大杭州空港—杭州经济技术开发区“港区分拨直通关”业务改革应用范围，积极支持义乌的全国小商品物流高地、国际小商品物流基地建设，有效推进口岸物流、特殊监管区域物流和内陆物流的联动发展。

四、认真落实国家进出口优惠政策，缓解浙江省企业的资金压力

全面落实按企业类别实行台账保证金“空转”政策，减轻纺织、服装、塑料、家具等劳动密集型行业的资金负担。提高报关单出口退税证明联的签发效率，签发时限由五个工作日缩减

到三个工作日。加快海关政策性退税的审批速度，对经财政部批准的退税，海关在三个工作日内退还企业。鼓励和方便企业利用保税仓库的政策优势，以保税仓储的方式进口战略性、资源型物资，规避金融危机的不利影响。

五、支持浙江省特色经济发展，促进产业结构的优化升级

积极配合总署制定符合我省实际的船舶修造管理办法，延长修理外籍船舶下地废钢申报时限最长至6个月，修理船舶出口报关时限推迟至船舶出境后30日内。在六横、岱山等外岛设立海关监管站，探索实施“集中查验、定点监管”模式，加快修理船舶进出港、移泊等手续审批速度，必要时凭企业申请和担保办理有关海关手续。巩固并深化义乌小商品监管的便利措施。进一步落实重大减免税项目前伸服务机制，做好政策服务宣传工作，支持浙江省重大项目建设。

六、加大海关统计监测预警工作力度，为地方决策和企业经营提供参考依据

加大对国家宏观调控政策实施效果的实时监测、动态预警力度，提高海关数据提供的及时性。深入开展调研，加强进出口热点、难点问题的分析，提出针对性的措施和建议，为地方党政科学决策和企业经营服务。

七、加强政策法规宣传工作，落实诚信守法企业的通关优惠措施

开展“百家企业大调研”活动，关领导带队到经营困难的企业和重点进出口企业，现场办公，解决困难。加大新政策法规的宣传力度和个性化法律服务，尽量避免出现企业因经营困难而违法的情事。加大AA类和A类企业培育力度，逐步提高高信用等级企业的比例。为AA类和A类企业提供提前申报、预约报关、门到门服务、适用较低查验率、优先办理货物申报和验放手续、优先办理企业注册登记换证及报关员注册登记手续等通关便利措施。对AA类企业试行“一对一”联络员制度，及时解决企业的疑难问题。

八、维护正常的进出口经营秩序，保护国内企业合法经营

加大对省内企业自主知识产权的海关保护力度，联合省内有关部门开展“百家国内大型企业知识产权保护帮扶”活动，鼓励和引导浙江省知名品牌进行知识产权保护备案，帮助企业提高维权能力。为关区内从事定牌加工业务的企业提供知识产权咨询服务，避免企业因受不法外商蒙蔽而遭受损失。打击高档消费品及大众化中低档生活消费品的进口走私行为，有效遏制“水货”对国内品牌和国内市场的冲击，为扩大内需创造条件。贯彻落实宽严相济的刑事司法政策，在依法办案的前提下，慎重立案、慎用侦查手段，尽可能减少因处理走私违法案件对企业生产经营造成的冲击和影响。

大事年表

时　　间	大事纪要	资料来源
宋端拱二年 （989 年）	五月，宋太宗下诏："自今商旅出海外蕃国贩易者，须于两浙市舶司陈牒，请官给券以行，违者没入其宝货。"	《宋会要辑稿》第八十六册《职官四四》
宋淳化五年 （994 年）	朝廷严禁走私。规定："四贯以上徒一年，递加二十贯以上，黥面配本地充役兵。"	《宋会要辑稿》第八十六册《职官四四》
宋至道元年 （995 年）	六月，宋太宗"诏市舶司监官及知州、通判等，今后不得收买蕃商杂货及违禁物色。如违，当重置于法"。	《宋会要辑稿》第八十六册《职官四四》
宋咸平二年 （999 年）	九月，杭州、明州（今宁波）各置市舶司，"仍取蕃客稳便"。	《宋会要辑稿》第八十六册《职官四四》
宋元丰三年 （1080 年）	八月，宋廷颁行《广州市舶条》。诏两浙路转运副使周直孺兼提举市舶司，于杭州、明州等地推行《广州市舶条》。	《宋会要辑稿》第八十六册《职官四四》
宋绍兴二年 （1132 年）	临安府市舶司和明州市舶司分别改设为市舶务，隶属于两浙路提举市舶司管辖。	《中国海关通志》（古代卷），方志出版社 2012 年版，第 151 页
宋乾道二年 （1166 年）	六月，朝廷根据朝臣的建议，罢废两浙路提举市舶司。	《宋会要辑稿》第八十六册《职官四四》
宋绍熙元年 （1190 年）	禁商舶至澉浦，临安府市舶务因而罢废。	《杭州海关志·大事记》，浙江人民出版社 2003 年版，第 5 页
宋淳祐八年 （1248 年）	临安府市舶务改称行在市舶务。	《杭州海关志·大事记》，浙江人民出版社 2003 年版，第 5 页
元至元十四年 （1277 年）	朝廷在杭州设立市舶提举司。	《中国海关通志》（各地海关卷），方志出版社 2012 年版，第 2625 页

续表 1

时　间	大事纪要	资料来源
元至元三十年（1293 年）	八月，朝廷以宋市舶则例为基础，制定颁布《市舶则例二十二条》。	《杭州海关志 · 大事记》，浙江人民出版社 2003 年版，第 6 页
元大德二年（1298 年）	澉浦、上海两地市舶司并入庆元市舶司，隶属尚书省。	《宁波海关志 · 大事记》，浙江科学技术出版社 2000 年版，第 7 页
元大德七年（1303 年）	罢庆元路市舶司，禁止商人出海到国外贸易。	《宁波海关志 · 大事记》，浙江科学技术出版社 2000 年版，第 7 页
元至大元年（1308 年）	恢复庆元路市舶司。允许商人出海贸易。	《宁波海关志 · 大事记》，浙江科学技术出版社 2000 年版，第 8 页
元至大四年（1311 年）	罢各路市舶提举司。	《杭州海关志 · 大事记》，浙江人民出版社 2003 年版，第 6 页
元延祐元年（1314 年）	复设庆元市舶司。	《杭州海关志 · 大事记》，浙江人民出版社 2003 年版，第 7 页
元延祐七年（1320 年）	又罢庆元市舶提举司。	《杭州海关志 · 大事记》，浙江人民出版社 2003 年版，第 7 页
元至治二年（1322 年）	复立庆元市舶司。重申市舶各项禁令。	《杭州海关志 · 大事记》，浙江人民出版社 2003 年版，第 7 页
元至正二十四年（1364 年，宋龙凤十年）	吴王朱元璋政权于明州（今宁波）置浙江市舶提举司。	《杭州海关志 · 大事记》，浙江人民出版社 2003 年版，第 7 页
明洪武三年（1370 年）	设明州市舶司。定明州专与日本贸易。	《宁波海关志 · 大事记》，浙江科学技术出版社 2000 年版，第 8 页
明洪武四年（1371 年）	朝廷宣布免海外船舶一切税收。	《宁波海关志 · 大事记》，浙江科学技术出版社 2000 年版，第 9 页
明洪武七年（1374 年）	因倭患严海禁，罢明州市舶司。	《宁波海关志 · 大事记》，浙江科学技术出版社 2000 年版，第 9 页
明永乐元年（1403 年）	恢复宁波市舶司。	《宁波海关志 · 大事记》，浙江科学技术出版社 2000 年版，第 9 页
明永乐二年（1404 年）	与日本订立勘合贸易制度，许日本十年一贡。	《宁波海关志 · 大事记》，浙江科学技术出版社 2000 年版，第 9 页
明宣德四年（1429 年）	于杭州府置北新关，亦称钞关。征船料银外，兼收商税。	《杭州海关志 · 大事记》，浙江人民出版社 2003 年版，第 8 页

续表 2

时　　间	大事纪要	资料来源
明成化四年（1468 年）	罢杭州北新关。	《杭州海关志·大事记》，浙江人民出版社 2003 年版，第 8 页
明成化七年（1471 年）	复设杭州府北新关，并增南新关，主管抽解过往贸易竹木。	《杭州海关志·大事记》，浙江人民出版社 2003 年版，第 8 页
明嘉靖二年（1523 年）	宁波发生“争贡事件”，日本贡使劫掠宁波，朝臣上言，以为倭寇由市舶所致，明廷遂罢浙江、福建等地提举市舶司。	《宁波海关志·大事记》，浙江科学技术出版社 2000 年版，第 10 页
明嘉靖三十九年（1560 年）	恢复宁波市舶司。	《宁波海关志·大事记》，浙江科学技术出版社 2000 年版，第 10 页
明嘉靖四十四年（1565 年）	复罢宁波市舶司。	《宁波海关志·大事记》，浙江科学技术出版社 2000 年版，第 10 页
清顺治二年（1645 年）	清朝廷沿袭明制，于杭州复设北新钞关。复设杭州南新钞关。	《杭州海关志·大事记》，浙江人民出版社 2003 年版，第 9 页
清康熙二十四年（1685 年）	浙海关在宁波设立。关址在江东包家道头，商舶往来于此验税。	《宁波海关志·大事记》，浙江科学技术出版社 2000 年版，第 11 页
清乾隆二十八年（1763 年）	十一月，新建江东浙海大关竣工。	《宁波海关志·大事记》，浙江科学技术出版社 2000 年版，第 13 页
清咸丰八年（1858 年）	十一月，浙海关开始编制贸易统计，历时 1 年。	《宁波海关志》，浙江科学技术出版社 2000 年版，第 260 页
清咸丰十一年（1861 年）	四月十三日，清政府在宁波江北岸设立浙海新关。原浙海大关，改称常关。浙海关（新关）公布《宁波口各国商船进出口起下货物完纳税钞章程》，又名《浙海关章程》。	《宁波海关志·大事记》，浙江科学技术出版社 2000 年版，第 15 页
	十一月初八，太平军攻克宁波城，驱逐浙海关监督、税务司，改浙海关为“天宁关”。	《宁波海关志·大事记》，浙江科学技术出版社 2000 年版，第 15 页
清同治元年（1862 年）	四月十二日，太平军退出宁波，清军重入宁波，浙海关恢复。	《宁波海关志·大事记》，浙江科学技术出版社 2000 年版，第 15 页
清同治二年（1863 年）	七月，议定《浙海关章程》，公布《浙海关轮船往来宁沪专章》。	《宁波海关志·大事记》，浙江科学技术出版社 2000 年版，第 15 页
清同治四年（1865 年）	杭州南新关裁撤。	《杭州海关志·大事记》，浙江人民出版社 2003 年版，第 10 页

续表 3

时　　间	大事纪要	资料来源
清光绪三年（1877 年）	二月，实行外籍税务司制的温海关设立，英国人好博逊（H. E. Hobson）任税务司。十月，依据总税务司署指示改称瓯海关。	《中国海关通志》（各地海关卷），方志出版社 2012 年版，第 2626 页
	二月，瓯海关监督公署设立，由温处道方鼎锐担任瓯海关监督。	《温州海关志·大事记》，上海社会科学院出版社 1996 年版，第 186 页
清光绪二十二年（1896 年）	六月初二，杭州关监督公署成立，首任监督邹仁浦。署址位于杭州蒲场巷。	《杭州海关志·大事记》，浙江人民出版社 2003 年版，第 11 页
	八月二十五日，杭州关开关，当日公布关章，即《杭州口各国商船起下货物完纳税钞及各项开口试办章程》。	《杭州海关志·大事记》，浙江人民出版社 2003 年版，第 11 页
清光绪二十三年（1897 年）	正月十九日，大清邮政杭州邮局设立，由杭州关税务司兼任邮政司。	《杭州海关志·大事记》，浙江人民出版社 2003 年版，第 12 页
	十一月，宁波邮界邮政总局成立，由浙海关兼管。	《宁波海关志》，浙江科学技术出版社 2000 年版，第 322 页
清光绪二十四年（1898 年）	五月二十五日，杭州关实施《内港行轮章程》，共 10 款。	《杭州海关志·大事记》，浙江人民出版社 2003 年版，第 12 页
	七月十八日，杭州关实施《续补内港行轮章程》，共 9 款。	《杭州海关志·大事记》，浙江人民出版社 2003 年版，第 12 页
清光绪二十七年（1901 年）	杭州至苏州，经平望、南浔、湖州、菱湖的航线行船，按海关普通行轮章程管理。	《杭州海关志·大事记》，浙江人民出版社 2003 年版，第 12 页
民国元年（1912 年）	6 月，浙海关监督公署设立，地址在宁波市中山西路清代海关行署内。	《宁波海关志·大事记》，浙江科学技术出版社 2000 年版，第 22 页
民国 20 年（1931 年）	1 月 15 日，根据国民政府关务署令，杭州关监督派驻杭州关税务司公署的委员撤回杭州关监督公署。	《杭州海关志·大事记》，浙江人民出版社 2003 年版，第 15 页
民国 20 年（1931 年）	6 月，撤销浙海关所管辖的 50 里外所有常关分关和分卡。	《宁波海关志·大事记》，浙江科学技术出版社 2000 年版，第 26 页
民国 25 年（1936 年）	6 月 3 日，杭州关在杭州城站设立防止陆运走私稽查处。	《杭州海关志·大事记》，浙江人民出版社 2003 年版，第 15 页

续表 4

时间	大事纪要	资料来源
民国 26 年 (1937 年)	9—10 月,浙海关、瓯海关和杭州关的海关监督公署先后被裁撤,仅保留海关监督一职。	《杭州海关志·大事记》,浙江人民出版社 2003 年版,第 16 页
民国 27 年 (1938 年)	2 月,杭州关监督、浙海关监督先后被撤销。	《杭州海关志·大事记》,浙江人民出版社 2003 年版,第 16 页
	6 月 11 日,杭州关撤至上海后,于江海关办公楼内设立杭州关驻上海办事处。	《杭州海关志·大事记》,浙江人民出版社 2003 年版,第 16 页
	9 月 30 日,浙海关税务司接管浙海关监督署所有房产、50 里外浙海常关不动产及动产等。	《宁波海关志·大事记》,浙江科学技术出版社 2000 年版,第 27 页
民国 32 年 (1943 年)	5 月 15 日,在宁波市江东原浙海常关总关旧址,汪伪总税务司署设"海关转口税宁波征收所"。	《宁波海关志·大事记》,浙江科学技术出版社 2000 年版,第 29 页
	9 月 14 日,汪伪总税务司署"杭州关转口税局"设立,局址位于杭州市清波门桥 45 号。	《杭州海关志·大事记》,浙江人民出版社 2003 年版,第 16 页
民国 34 年 (1945 年)	2 月 1 日,瓯海关监督撤销。	《温州海关志》,上海社会科学院出版社 1996 年版,第 13 页
	9 月 20 日,杭州关恢复建制。	《杭州海关志·大事记》,浙江人民出版社 2003 年版,第 17 页
	12 月 10 日,杭州关奉总税务司令:杭州关即日关闭,所有善后工作交江海关处理。	《杭州海关志·大事记》,浙江人民出版社 2003 年版,第 17 页
民国 37 年 (1948 年)	9 月 1 日,浙海关改组,划归江海关管辖,更名为江海关宁波分关。	《宁波海关志·大事记》,浙江科学技术出版社 2000 年版,第 30 页
1949 年	5 月 16 日,中国人民解放军杭州市军事管制委员会接管杭州关。	《杭州海关志》,浙江人民出版社 2003 年版,第 14 页
	5 月 25 日,中国人民解放军宁波市军事管制委员会接管江海关宁波分关。	《宁波海关志·大事记》,浙江科学技术出版社 2000 年版,第 30 页
	6 月 5 日,中国人民解放军温州市军事管制委员会接管瓯海关。	《温州海关志·大事记》,上海社会科学院出版社 1996 年版,第 193 页
	10 月 24 日,瓯海关归属江海关。	《温州海关志·大事记》,上海社会科学院出版社 1996 年版,第 193 页

续表 5

时　　间	大事纪要	资料来源
1950 年	3 月 1 日，江海关宁波分关更名为上海海关宁波分关。	《宁波海关志》，浙江科学技术出版社 2000 年版，第 65 页
	3 月 4 日，瓯海关改称上海海关温州分关。	《温州海关志·大事记》，上海社会科学院出版社 1996 年版，第 193 页
	12 月 27 日，上海海关宁波分关更名为上海海关宁波支关。	《宁波海关志·大事记》，浙江科学技术出版社 2000 年版，第 31 页
1951 年	1 月 1 日，上海海关温州分关改称上海海关温州支关。	《温州海关志·大事记》，上海社会科学院出版社 1996 年版，第 195 页
	12 月 28 日，根据中央人民政府海关总署的指令，上海海关宁波支关裁撤。	《宁波海关志·大事记》，浙江科学技术出版社 2000 年版，第 31 页
1954 年	12 月 21 日，上海海关温州支关撤销。	《温州海关志·大事记》，上海社会科学院出版社 1996 年版，第 199 页
1973 年	3 月 2 日，温州海关建立。	《温州海关志·大事记》，上海社会科学院出版社 1996 年版，第 200 页
1978 年	9 月 23 日，国务院批准建立宁波海关。	《宁波海关志·大事记》，浙江科学技术出版社 2000 年版，第 32 页
1979 年	1 月 2 日，国务院批准建立杭州海关。	《国务院关于设立杭州海关的批复》
	1 月 17 日，杭州海关隶属省外贸局领导，对外称杭州海关，对内是省外贸局海关管理处，管理宁波、温州海关工作。	《关于杭州海关编制的批复》
	6 月 30 日，杭州海关开始对进出境民航飞机进行监管，并办理旅客进出境检查业务。	《杭州海关志》，浙江人民出版社 2003 年版，第 133 页
	8 月 11 日，杭州海关开始承办转关运输货物监管业务。	《杭州海关志·大事记》，浙江人民出版社 2003 年版，第 18 页
	8 月 15 日，温州海关在鳌江湾海域首次查获海上走私香烟案。	《杭州海关志·大事记》，浙江人民出版社 2003 年版，第 18 页

续表 6

时　　间	大事纪要	资料来源
1979 年	9 月 26 日，宁波海关首次监管外籍船舶——日本籍“湖山轮”。	《宁波海关志・大事记》，浙江科学技术出版社 2000 年版，第 32 页
	12 月 11 日，杭州海关首次为东京飞往上海的迫降国际航班办理入境手续。	《杭州海关志・大事记》，浙江人民出版社 2003 年版，第 18 页
1980 年	1 月 7 日，杭州海关开始办理邮寄出口货样、广告品转运到上海海关出境的监管业务。	《杭州海关志・大事记》，浙江人民出版社 2003 年版，第 18 页
	4 月，杭州海关开始对进料加工实行管理。	《杭州海关志》，浙江人民出版社 2003 年版，第 68 页
1981 年	1 月 13 日，海关总署同意设立宁波海关沈家门监管站。	《杭州海关志・大事记》，浙江人民出版社 2003 年版，第 32 页
	2 月 25 日，浙江省人民政府通知：杭州、宁波、温州海关的人员编制及其业务由海关总署统一管理，同时受省政府监督指导。	《关于杭州、宁波、温州海关管理体制的通知》
1982 年	7 月 1 日，杭州海关迁至杭州市曙光路 5 号浙江歌舞团楼内办公。	《杭州海关志・大事记》，浙江人民出版社 2003 年版，第 19 页
1983 年	11 月 7 日，杭州、宁波、温州海关属于由地方监督指导的工作，由浙江省对外经济贸易厅负责代管。	《关于杭州、宁波、温州海关地方监督指导关系问题的通知》
1984 年	6 月 9 日，国务院批准杭州海关为正厅局级机构。	《关于调整部分海关机构级别的通知》
1985 年	1 月 1 日，宁波海关驻北仑办事处正式对外办公。	《宁波海关志・大事记》，浙江科学技术出版社 2000 年版，第 33 页
	2 月 18 日，宁波海关、温州海关正式归属杭州海关领导。	《宁波海关志・大事记》，浙江科学技术出版社 2000 年版，第 33 页；《温州海关志・大事记》，上海社会科学院出版社 1996 年版，大事记 203 页
	4 月 16 日，省政府召集杭、甬海关和浙江省邮电管理局，协调开办国际邮递物品监管业务事宜，议定于 4 月 20 日正式签约。	《杭州海关志・大事记》，浙江人民出版社 2003 年版，第 20 页

续表 7

时　　间	大事纪要	资料来源
1986 年	6 月 5 日,舟山海关设立,隶属于杭州海关。	《关于设立舟山海关的通知》
	9 月 1 日,杭州海关驻机场办事处在旅检现场实行"红绿通道"制度。	《杭州海关志·大事记》,浙江人民出版社 2003 年版,第 20 页
	杭州海关开始定期向地方统计部门提供海关总署反馈的统计资料。	《杭州海关志》,浙江人民出版社 2003 年版,第 303 页
1987 年	4 月 6 日,海关总署署长戴杰视察杭州海关。	《杭州海关志·大事记》,浙江人民出版社 2003 年版,第 21 页
	8 月 1 日,杭州海关为加强货运监管,始对有关单位实行监装员制度。	《杭州海关志·大事记》,浙江人民出版社 2003 年版,第 21 页
1988 年	4 月 1 日,舟山海关开关。	《关于同意舟山海关开关的通知》
	6 月 11 日,宁波海关命名中国对外贸易运输(集团)总公司宁波分公司为宁波关区首家"海关信得过企业"。	《宁波海关志·大事记》,浙江科学技术出版社 2000 年版,第 35 页
	12 月 15 日,杭州海关向杭州万向节厂颁发加工贸易保税工厂确认书。这是杭州关区首家乡镇企业保税工厂。	《杭州海关志·大事记》,浙江人民出版社 2003 年版,第 22 页
1989 年	1 月 20 日,嘉兴海关、绍兴海关、杭州海关驻湖州办事处同时设立。	《关于设立嘉兴、绍兴海关及湖州办事处的通知》
	5 月,杭州海关与浙江省对外经济贸易厅联合召开加工贸易保税仓库(工厂)工作会议,分析保税仓库(工厂)的发展情况、存在的问题,制定管理措施。	《杭州海关志》,浙江人民出版社 2003 年版,第 75 页
	6 月 30 日,海门海关设立,隶属于杭州海关。	《关于设立海门海关的通知》
	10 月,宁波海关关址由宁波市解放北路 91 号迁至长春路 150 号。	《宁波海关志·大事记》,浙江科学技术出版社 2000 年版,第 37 页
	11 月 15 日,杭州海关实行审单、征税、统计一条龙作业流程和先征税后放行制度。	《杭州海关志·大事记》,浙江人民出版社 2003 年版,第 22 页

续表 8

时　　间	大事纪要	资料来源
1989 年	11 月，杭州海关实施加工贸易核销员制度。	《杭州海关志》，浙江人民出版社 2003 年版，第 70 页
	12 月 31 日，杭州关区是年关税收入首次突破亿元大关。	《杭州海关志 · 大事记》，浙江人民出版社 2003 年版，第 22 页
	12 月，杭、甬海关实施《海关对境内汽车载运海关监管货物的管理办法》，对内地来往进出境口岸接载、卸转海关监管货物的汽车进行注册登记，实施监管。	《杭州海关志》，浙江人民出版社 2003 年版，第 131 页
1990 年	1 月，杭州海关开始向浙江省统计局全面提供进出口贸易统计资料，按月反馈浙江省进出口货物总值等 9 类报表。	《杭州海关志 · 大事记》，浙江人民出版社 2003 年版，第 22 页；第 289 页
	6 月，宁波海关开始对转关运输货物进行单证清理核查，建立档案，并实行“海关验货情况登记本”制度。	《宁波海关志》，浙江科学技术出版社 2000 年版，第 131 页
	9 月 15 日，宁波海关制定实施《宁波海关对进出境运输工具服务人员携带外币、人民币非法进出境处罚的实施细则》。	《宁波海关志》，浙江科学技术出版社 2000 年版，第 175 页
	10 月 6 日，海门海关开关。	《关于同意海门海关开关的通知》
	杭州海关开始编制《浙江省海关统计月报》，反映浙江省各口岸进出口情况。	《杭州海关志》，浙江人民出版社 2003 年版，第 287 页
1991 年	1 月 10 日，镇海海关和宁波海关驻经济技术开发区办事处同时设立。	《宁波海关志 · 大事记》，浙江科学技术出版社 2000 年版，第 38 页
	6 月 26 日，绍兴海关开关。	《关于绍兴海关正式开关的通知》
	10 月 14 日，湖州海关开关；10 月 16 日，嘉兴海关开关。	《关于嘉兴、湖州海关开关的批复》
	11 月，宁波海关 H883 报关自动化系统正式投入使用。	《杭州海关志》，浙江人民出版社 2003 年版，第 45 页

续表 9

时　　间	大事纪要	资料来源
1992 年	5 月 10 日，海关合作理事会、中国海关和日本海关联合举办的协调制度和国际贸易地区性研讨班在杭州举行。来自理事会和亚太地区 17 个国家和地区的 40 名代表参加研讨班。	《杭州海关志·大事记》，浙江人民出版社 2003 年版，第 24 页
	6 月 1 日，宁波海关栎社机场国际旅检厅开始实施“红绿通道”制度。	《宁波海关志·大事记》，浙江科学技术出版社 2000 年版，第 43 页
	6 月 15 日，杭州海关命名浙江省丝绸进出口公司为杭州关区首家“海关信得过企业”。	《杭州海关志·大事记》，浙江人民出版社 2003 年版，第 24 页
	8 月 6 日，杭州海关首次命名特丽雅皮革有限公司、杭丰纺织有限公司、杭民纺织品有限公司、浙江华联丝绸时装有限公司等 4 家外商投资企业为“信誉良好企业”。	《杭州海关志·大事记》，浙江人民出版社 2003 年版，第 25 页
1993 年	5 月 13 日，《宁波海关对信誉良好企业管理办法（试行）》开始实行。	《宁波海关志·大事记》，浙江科学技术出版社 2000 年版，第 42 页
	12 月 26 日，浙江省海关学会成立。	《杭州海关志·大事记》，浙江人民出版社 2003 年版，第 25 页
1994 年	1 月 4 日，国务院副总理李岚清视察杭州海关。海关总署署长钱冠林陪同视察。	《杭州海关志·大事记》，浙江人民出版社 2003 年版，第 25 页
	3 月 11 日，杭州海关驻萧山办事处设立。	《海关总署关于设立杭州海关驻萧山办事处的批复》
	12 月 14 日，北仑海关和宁波保税区海关同时设立。	《宁波海关志·大事记》，浙江科学技术出版社 2000 年版，第 44 页
1995 年	1 月 1 日，宁波海关与杭州海关进行隶属关系变更和业务交割，宁波海关正式调整为海关总署直属机构。	《海关总署关于调整宁波海关机构格局的批复》
	1 月 24 日，杭州海关驻余杭办事处设立。	《海关总署关于设立杭州海关驻余杭办事处的批复》

续表 10

时　　间	大事纪要	资料来源
1995 年	6 月 9 日，金华海关、杭州经济技术开发区海关设立，隶属于杭州海关。	《海关总署关于设立金华海关和杭州经济技术开发区海关的通知》
	8 月 8 日，杭州海关驻邮局办事处升格为处级机构。	《海关总署关于调整杭州海关驻邮局办事处机构级别的批复》
1996 年	2 月 16 日，宁波海关驻余姚办事处和驻慈溪办事处同时设立。5 月 18 日，驻余姚办事处开关。6 月 28 日，驻慈溪办事处开关。	《海关总署关于同意设立宁波海关驻余姚办事处和驻慈溪办事处的批复》;《宁波海关志》，浙江科学技术出版社 2000 年版，第 68 页
	5 月 28 日，宁波保税区海关开关。	《宁波海关志·大事记》，浙江科学技术出版社 2000 年版，第 46 页
	7 月 1 日，杭州关区、宁波关区全面施行加工贸易保证金台账制度。	《杭州海关志·大事记》，浙江人民出版社 2003 年版，第 28 页
	8 月 30 日，杭州海关驻富阳办事处设立，为杭州海关正处级派驻机构。	《海关总署关于同意设立杭州海关驻富阳办事处的批复》
	9 月 24 日，金华海关开关。	《海关总署关于同意金华海关开关的批复》
1997 年	2 月 28 日，杭州经济技术开发区海关开关。	《杭州海关关于杭州经济技术开发区海关正式开关的通知》
	2 月，杭州海关驻机场办事处 EDI(无纸报关)系统试用成功，当天顺利审核通过 51 份进出口报关单。	《杭州海关志》，浙江人民出版社 2003 年版，第 45 页
	5 月 26 日，北仑海关开关。	《宁波海关志·大事记》，浙江科学技术出版社 2000 年版，第 48 页
	11 月 29 日，杭州海关成功完成微机 EDI 通关申报系统的试点工作(系全国海关系统首家试点单位)。	《杭州海关志》，浙江人民出版社 2003 年版，第 45 页

续表 11

时　　间	大事纪要	资料来源
1998 年	2 月 22 日，杭州海关驻萧山办事处开关。	《海关总署关于杭州海关驻萧山办事处开办业务的批复》
	6 月 14—15 日，宁波海关在附近海域查获 2 艘海上走私侦查船，在全国海关系统中属首例。	《宁波海关志·大事记》，浙江科学技术出版社 2000 年版，第 49 页
	9 月 21 日，杭州海关及所属嘉兴海关同时启用通关作业改革程序，办理企业通关手续。	《杭州海关志·大事记》，浙江人民出版社 2003 年版，第 31 页
	10 月 7 日，国务委员吴仪在浙江省委书记张德江的陪同下视察杭州海关。8 日，视察宁波海关、镇海海关和镇海缉私培训基地。	《杭州海关志·大事记》，浙江人民出版社 2003 年版，第 31 页；《宁波海关志·大事记》，浙江科学技术出版社 2000 年版，第 50 页
	12 月 30 日，宁波海关搬至马园路 19 号新技术业务办公大楼办公。	《宁波海关志·大事记》，浙江科学技术出版社 2000 年版，第 50 页
1999 年	1 月 22 日，杭州海关走私犯罪侦查分局及其下属 6 个支局挂牌成立并举行授牌仪式。	《杭州海关志·大事记》，浙江人民出版社 2003 年版，第 31 页
	2 月 12 日，宁波海关走私犯罪侦查分局成立。	《宁波海关大事记》资料长编
	5 月 28 日，杭州海关与宁波海关就“直通式监管联系配合办法”签订协议。	《杭州海关志·大事记》，浙江人民出版社 2003 年版，第 33 页
	5 月 28 日，杭州海关驻余杭办事处开关。	《海关总署关于同意杭州海关驻余杭办事处开办业务的批复》
	9 月 25 日，杭州海关走私犯罪侦查分局立案侦办以董某束为首的“9·24”特大集团走私案。该案是中华人民共和国成立以来浙江省涉案金额、偷逃税额最大的走私案，涉案金额达 11 亿余元，偷逃税款 7.8 亿元。	《杭州海关志·大事记》，浙江人民出版社 2003 年版，第 35 页
	9 月 28 日，杭州海关驻富阳办事处开关。	《海关总署关于同意杭州海关驻富阳办事处开办业务的批复》

续表 12

时　　间	大事纪要	资料来源
2000 年	6 月 6 日，海关总署宁波商品价格处设立，宁波海关调查局设立，宁波海关现场业务处设立。	《中国海关通志》(各地海关卷)，方志出版社 2012 年版，第 2661 页
	6 月 28 日，杭州海关开发完成通关业务系统程序，增强了 H883EDI 系统的稳定性。	《杭州海关志·大事记》，浙江人民出版社 2003 年版，第 35 页
	8 月 18 日，杭州海关机关服务中心成立，为杭州海关直属事业单位。	《杭州海关关于设立机关服务中心的通知》
	8 月 29 日，海门海关更名为台州海关。	《海关总署关于同意海门海关更名为台州海关的批复》
	11 月 6 日，浙江省省长柴松岳一行到杭州出口加工区现场指导工作。	《杭州海关志·大事记》，浙江人民出版社 2003 年版，第 36 页
	11 月 10 日，宁波海关机关服务中心成立，为宁波海关直属事业单位。	《中国海关通志》(各地海关卷)，方志出版社 2003 年版，第 2662 页
	12 月 7 日，杭州海关调查局设立，为副厅局级机构。杭州海关现场业务处设立。	《海关总署关于杭州海关机构改革方案的批复》
2001 年	2 月 27 日，杭州海关口岸电子信息网开通运行。	《杭州海关志·大事记》，浙江人民出版社 2003 年版，第 37 页
	4 月 28 日，大榭海关开关，隶属于宁波海关。	《宁波海关大事记》资料长编
	6 月 8 日，宁波海关公共服务信息网网站开通。	《宁波海关大事记》资料长编
	6 月 16 日，公安部给杭州海关走私犯罪侦查分局“9·24”专案组记集体一等功。	《杭州海关志·大事记》，浙江人民出版社 2003 年版，第 38 页
	8 月 7 日，省政府召开扩大外贸出口协作会议，杭州海关与省对外经济贸易厅签订《建立联络协调机制合作备忘录》。	《杭州海关志·大事记》，浙江人民出版社 2003 年版，第 38 页

续表 13

时　　间	大事纪要	资料来源
2001 年	10 月 8 日，杭州出口加工区首家海关注册企业开始运作。	《杭州海关志·大事记》，浙江人民出版社 2003 年版，第 39 页
	10 月 16 日，杭州海关便捷通关系统启用。	《杭州海关志·大事记》，浙江人民出版社 2003 年版，第 39 页
	12 月 17 日，杭州海关走私犯罪侦查分局在海关垂直领导管理体制下，列入浙江省公安厅机构序列，称浙江省公安厅杭州走私犯罪侦查分局。	《杭州海关志·大事记》，浙江人民出版社 2003 年版，第 39 页
2002 年	1 月 14 日，宁波海关走私犯罪侦查分局在海关垂直管理领导体制下，列入浙江省公安厅机构序列，称浙江省公安厅宁波走私犯罪侦查分局。	《宁波海关大事记》资料长编
	1 月 16 日，国务委员吴仪一行视察杭州出口加工区，考察杭州摩托罗拉移动通信设备有限公司等企业。	《杭州海关志·大事记》，浙江人民出版社 2003 年版，第 39 页
	3 月 25 日，海关总署署长牟新生一行视察宁波海关及业务现场和企业。	《宁波海关大事记》资料长编
	5 月 10 日，宁波海关机构级别由副厅局级调整为正厅局级。	《海关总署关于调整宁波海关机构级别的通知》
	5 月 17 日，杭州海关、宁波海关实现跨关区无纸通关。	《杭州海关 2001—2010 年大事记》
	5 月 27 日，宁波海关走私犯罪侦查分局根据国际刑警组织中国中心局的要求，为国际刑警组织乌克兰中心局的一起走私案协助取证。这是宁波海关走私犯罪侦查分局协查的首起国际司法协助案件。	《宁波海关大事记》资料长编
	8 月 1 日，宁波海关开始对宁波口岸海运进口的集装箱货物（进口废旧物资除外）推行“提前报关、实货放行”通关模式。	《宁波海关大事记》资料长编
	8 月 6 日，宁波海关公共服务信息网开通。	《宁波海关大事记》资料长编

续表 14

时　　间	大事纪要	资料来源
2002 年	10 月 19 日，由海关总署署长牟新生作序、杭州海关译编、杭州西博会组委会重点推荐的《近代浙江通商口岸经济社会概况》一书由浙江人民出版社出版。	《杭州海关志 · 大事记》，浙江人民出版社 2003 年版，第 41 页
	11 月 28 日，浙江省委书记习近平视察杭州经济技术开发区，并考察杭州出口加工区海关监管现场和开发区内国有大中型企业。	《杭州海关志 · 大事记》，浙江人民出版社 2003 年版，第 41 页
	11 月 21 日，中国电子口岸数据中心杭州分中心设立。	《海关总署关于设立中国电子口岸数据分中心有关问题的通知》
	12 月 27 日，杭州海关迁至杭州市西湖区黄龙路 7 号海关大楼。	《杭州海关志 · 大事记》，浙江人民出版社 2003 年版，第 42 页
2003 年	1 月 1 日，杭州海关走私犯罪侦查分局更名为杭州海关缉私局，宁波海关走私犯罪侦查分局更名为宁波海关缉私局。	《国务院办公厅关于海关总署走私犯罪侦查机构职能调整和更名的复函》
	1 月 28 日，浙江省委书记习近平视察杭州海关，对杭州海关强化税收征管，加大打击走私力度，深化通关作业改革和加强自身建设方面的出色工作给予充分肯定，并对 2003 年杭州海关的工作提出希望和要求。	《杭州海关 2001—2010 年大事记》
	3 月 11 日，中国电子口岸数据中心宁波分中心成立。	《宁波海关大事记》资料长编
	4 月 17 日，海关总署署长牟新生一行视察杭州海关。	《杭州海关 2001—2010 年大事记》
	5 月 15 日，浙江省委书记习近平一行乘坐舟山海关“海关 886”艇考察舟山群岛，慰问一线缉私干警。	《杭州海关 2001—2010 年大事记》
	6 月 20 日，《杭州海关志》由浙江人民出版社出版。	《杭州海关 2001—2010 年大事记》
	6 月 29 日，杭、甬海关大通关模式在金华海关义乌办事处试运行成功。	《杭州海关 2001—2010 年大事记》

续表 15

时　　间	大事纪要	资料来源
2003 年	9 月 11 日，杭州海关驻机场办事处被国家人事部、海关总署授予“全国海关先进集体”荣誉称号。	《杭州海关 2001—2010 年大事记》
	9 月 21 日，杭州海关举行首次授予关衔仪式。杭州关区 678 名关员被授予关衔。	《杭州海关 2001—2010 年大事记》
	9 月 29 日，宁波海关举行首次授予关衔仪式，授予关区 423 名关员关衔。	《宁波海关大事记》资料长编
	12 月 12 日，杭州关区第一家加工贸易联网监管试点嘉兴晋亿实业有限公司的企业 ERP 系统与海关 H883 业务系统联网成功，浙江省第一本加工贸易电子账册生成。	《杭州海关 2001—2010 年大事记》
	12 月 28 日，象山海关开关。	《宁波海关大事记》资料长编
2004 年	3 月 9 日，宁波口岸首票进口转关海铁联运货物完成转关申报。	《宁波海关大事记》资料长编
	3 月 24 日，浙江省委书记习近平到乍浦视察嘉兴出口加工区，考察海关报关厅及监控室，看望嘉兴出口加工区海关机构筹建工作人员。	《杭州海关 2001—2010 年大事记》
	4 月 29 日，杭州海关启动进出口领域企业基础信息交换试点项目建设。	《杭州海关 2001—2010 年大事记》
	5 月 25 日，宁波海关驻鄞州办事处设立。	《海关总署关于设立宁波海关驻鄞州办事处的批复》
	6 月 20 日，宁波海关被中共中央办公厅评为全国报送信息先进单位，并受到海关总署通报表彰。	《宁波海关大事记》资料长编
	9 月 28 日，杭州海关驻机场办事处调整为杭州萧山机场海关。	《海关总署关于杭州海关驻机场办事处调整为杭州萧山机场海关有关问题的通知》

续表 16

时间	大事纪要	资料来源
2004 年	11 月 1 日，杭州海关缉私局查获一起特大走私古生物化石案，共查获各类化石 2925 件，其中相当于国家三级文物以上的化石达 662 件。	《杭州海关 2001—2010 年大事记》
2005 年	1 月 26 日，衢州海关设立。	《海关总署关于设立衢州海关有关问题的通知》
	3 月 16 日，杭州摩托罗拉移动通信设备有限公司与杭州经济技术开发区海关签署《加工贸易联网管理责任担保书》，成为杭州市第一家加工贸易业务海关联网监管企业。	《杭州海关 2001—2010 年大事记》
	3 月 25 日，丽水海关设立。	《海关总署关于设立丽水海关有关问题的通知》
	6 月 21 日，杭州海关和浙江出入境检验检疫局签署《杭州海关、浙江出入境检验检疫局建立关检合作机制备忘录》。	《杭州海关 2001—2010 年大事记》
	7 月，杭州海关调查局、宁波海关调查局撤销。	《海关总署关于印发〈调查部门职能配置和机构设置调整方案〉的通知》
	8 月 30 日，海关总署与浙江省人民政府签署《关于建设浙江电子口岸的合作备忘录》。	《杭州海关 2001—2010 年大事记》
	9 月 9 日，宁波海关互联网门户网站开通。	《宁波海关大事记》资料长编
	10 月 27 日，镇海海关、大榭海关被中央精神文明建设指导委员会分别授予“全国文明单位”“全国精神文明创建工作先进单位”荣誉称号。	《宁波海关大事记》资料长编
	11 月 21—23 日，中共中央政治局委员、国务院副总理吴仪视察宁波海关、杭州海关。	《宁波海关大事记》资料长编、《杭州海关 2001—2010 年大事记》

续表 17

时　　间	大事纪要	资料来源
2005 年	12 月 1 日，跨关区“属地申报、口岸验放”通关模式在长三角地区上海、南京、杭州、宁波四海关运行。	《杭州海关 2001—2010 年大事记》
2006 年	4 月 11 日，宁波保税物流园区完成首票货物的海关通关，开始投入实际运作。	《宁波海关大事记》资料长编
	4 月 23—24 日，中共中央政治局委员、国务院副总理吴仪乘坐“海关 886”缉私艇视察舟山。	《杭州海关 2001—2010 年大事记》
	5 月 24 日，杭州海关、宁波海关作为首届世界佛教论坛承办工作先进单位之一，受省委办公厅、省政府办公厅通报表彰。	《杭州海关 2001—2010 年大事记》、《宁波海关大事记》资料长编
	8 月 22 日，全国首票跨关区加工贸易深加工结转业务电子审批单在宁波海关驻经济技术开发区办事处审批成功。	《宁波海关大事记》资料长编
	11 月 15 日，宁波海关无纸报关双信息放行系统投入试运行。	《宁波海关大事记》资料长编
	12 月 28 日，浙江省省长吕祖善视察浙江电子口岸建设工作。	《杭州海关 2001—2010 年大事记》
	12 月 30 日，杭州海关在浙江省自然博物馆举行“11·1”缉获化石移交暨“火眼金睛——杭州海关‘11·1’缉获珍贵化石特展”开幕式。被授予“文化遗产保护先进单位”奖牌。	《杭州海关 2001—2010 年大事记》
2007 年	2 月 1 日，浙江电子口岸平台举行开通运行仪式。	《杭州海关 2001—2010 年大事记》
	2 月 16 日，浙江省委书记习近平视察杭州海关，并对杭州海关科学治关、服务浙江的做法表示感谢和赞赏，对新一年海关工作提出了把好国门、强化服务、深化改革、带好队伍等四方面希望。	《杭州海关 2001—2010 年大事记》

续表 18

时　间	大事纪要	资料来源
2007 年	2 月 1 日,浙江电子口岸平台举行开通运行仪式。	《杭州海关 2001—2010 年大事记》
	2 月 16 日,浙江省委书记习近平视察杭州海关,并对杭州海关科学治关、服务浙江的做法表示感谢和赞赏,对新一年海关工作提出了把好国门、强化服务、深化改革、带好队伍等四方面希望。	《杭州海关 2001—2010 年大事记》
	2 月 26 日,衢州海关开关。	《杭州海关关于衢州海关对外开办业务的通知》
	4 月 20 日,香港海关关长汤显明一行走访宁波海关,参观业务现场,并与宁波海关关长王全国就电子口岸、空港运输、打击走私等领域的合作事宜进行交流和商讨。	《宁波海关大事记》资料长编
	4 月 30 日,杭州海关缉私局成功侦破海关总署缉私局挂牌督办的"10·20"羽绒走私专案,并移送杭州市人民检察院审查起诉。该案共涉及走私进口羽绒 2300 多吨,案值约 4 亿元,涉税 6633 万余元。	《杭州海关 2001—2010 年大事记》
	5 月 25 日,全国公安系统举行英雄模范立功集体表彰大会。舟山海关缉私分局被授予"全国优秀公安局"荣誉称号,舟山海关缉私分局局长朱康平荣记个人二等功,宁波海关缉私局办公室主任韩坚荣获"全国优秀人民警察"称号,并受到党和国家领导人的接见。	《杭州海关 2001—2010 年大事记》
	5 月 30 日,上海、浙江、江苏等两省一市海关签署《长三角区域大通关建设协作备忘录》。	《杭州海关 2001—2010 年大事记》
	6 月 20 日,金华海关缉私分局破获一起跨国毒品走私大案,共查获毒品安眠酮约 250 万片(约 7 吨),价值约 2600 万美元。	《杭州海关 2001—2010 年大事记》
	8 月 21 日,杭州海关首次在快件渠道查获象牙制品。	《杭州海关 2001—2010 年大事记》

续表 19

时　　间	大事纪要	资料来源
2007 年	9 月 1 日，杭州海关开始施行由海关总署专门为义乌小商品出口监管制定的《义乌小商品货运出口监管操作规程》，大幅简化小商品出口申报手续。	《杭州海关 2001—2010 年大事记》
	11 月 28 日，丽水海关开关。	《杭州海关关于丽水海关对外开办业务的通知》
2008 年	1 月 3 日，宁波海关立案侦查建关以来首起毒品走私案。缴获涉案海洛因 1930 克、可卡因 524 克，抓获基里巴斯籍犯罪嫌疑人 1 名（系外轮船员）。	《宁波海关大事记》资料长编
	4 月 21 日，宁波海关与杭州海关在宁波签署《关于进一步推进两关合作的备忘录》，明确“通关便捷、执法统一、优势互补、资源共享”的工作目标。	《宁波海关大事记》资料长编
	4 月 24 日，浙江省省长吕祖善到宁波梅山岛调研保税港区建设情况。	《宁波海关大事记》资料长编
	5 月 16 日，杭州海关核发第一本加工贸易电子化手册。	《杭州海关 2001—2010 年大事记》
	6 月 14 日，宁波海关联合宁波市文化广电新闻出版局，在天一阁博物馆举行“宁波海关打击文物走私成果展暨文物移交仪式”。向宁波博物馆移交了近年来依法没收的文物 408 件。	《宁波海关大事记》资料长编
	6 月 25 日，宁波海关集装箱货物管理系统投入试运行。	《宁波海关大事记》资料长编
	7 月 18 日，舟山海关缉私分局“海关 886”缉私艇被公安部和共青团中央命名为“2007 年度全国公安系统青年文明号”。	《杭州海关 2001—2010 年大事记》
	7 月 29 日，宁波海关与宁波市外经贸局举行关贸协作联席会议暨《宁波海关、宁波市外经贸局关于进一步加强关贸协作的备忘录》签约仪式。	《宁波海关大事记》资料长编

续表 20

时　　间	大事纪要	资料来源
2008 年	10 月 9 日，杭州萧山机场海关在快件出境渠道查获珍贵红珊瑚共 436595 克。估值高达 1.75 亿元。	《杭州海关 2001—2010 年大事记》
	10 月 30 日，宁波海关驻鄞州办事处开关。	《海关总署关于宁波海关驻鄞州办事处对外开办业务的批复》
	12 月 1 日，浙江电子口岸与上海电子口岸实现系统的互联互通。	《杭州海关 2001—2010 年大事记》
	12 月 4 日，浙海关旧址博物馆在宁波开馆。宁波海关向浙海关旧址博物馆捐赠现代海关关帽、关衔标志等物品，并与博物馆签署了合作共建备忘录，建立长期友好合作机制。	《宁波海关大事记》资料长编
	12 月 17 日，台州海关查获一起重大境外生活垃圾非法入境案。查获格鲁吉亚籍“贺喜”号船舶申报为钢铁废碎料的货物实为生活垃圾，重 1494 吨。	《杭州海关 2001—2010 年大事记》
	12 月 19 日，杭州海关出台“支持浙江扩大内需，促进经济平稳增长”八项措施。	《杭州海关 2001—2010 年大事记》
	12 月 31 日，宁波海关、上海海关、南京海关、杭州海关建立长三角地区海关知识产权保护联席会议制度。	《宁波海关大事记》资料长编
2009 年	2 月 13 日，金华海关驻义乌办事处调整为义乌海关。	《海关总署关于将金华海关驻义乌办事处调整为义乌海关有关问题的通知》
	2 月 26 日，大榭海关荣获“全国精神文明建设先进单位”荣誉称号。	《宁波海关大事记》资料长编

续表 21

时　间	大事纪要	资料来源
2009 年	3 月 11 日，海关总署与浙江省人民政府在北京签署《关于建立署省紧密合作机制备忘录》。	《杭州海关 2001—2010 年大事记》
	6 月 11 日，杭州海关驻邮局办事处在临海寄往美国的普通邮件中查获限制出境的民国时期木雕床花板 1635 件。这是杭州海关在邮运渠道查获的最大数量违规出境文物案。	《杭州海关 2001—2010 年大事记》
	7 月 15 日，义乌海关开关。	《杭州海关关于义乌海关对外开办业务的通知》
	10 月 27—28 日，海关总署署长盛光祖陪同中共中央政治局委员、国务院副总理王岐山视察宁波奇美电子有限公司、宁波国际航运服务中心，了解宁波电子口岸及进出口通关业务情况，并视察宁波海关。	《宁波海关大事记》资料长编
	10 月 28 日，海关总署署长盛光祖一行在义乌调研，视察义乌国际物流中心，参观考察义乌国际商贸城，并看望和慰问义乌海关全体关员。	《杭州海关 2001—2010 年大事记》
	11 月 26 日，宁波海关驻机场办事处更名为宁波机场海关。	《宁波海关大事记》资料长编
	12 月 9 日，中国野生动物保护协会授予宁波海关缉私局“2009 年斯巴鲁生态保护奖”，以表彰其 2008 年成功侦破全国最大的走私国家二级保护动物猎隼案。	《宁波海关大事记》资料长编
2010 年	1 月 1 日，浙江省域实现出口商品通关单直通放行。这是省内“两关两检”在出口商品放行模式方面深化合作和创新的成果。	《杭州海关 2001—2010 年大事记》
	1 月 25 日，杭州海关侦破一起建关以来涉案人员最多、数额最大的海上走私成品油案，该案涉及走私油 8600 余吨，案值 4500 余万元，涉税 1300 余万元。	《杭州海关 2001—2010 年大事记》

续表 22

时　间	大事纪要	资料来源
2010 年	5 月 1 日至 10 月 31 日，杭州海关缉私局开展打击成品油走私的“飓风行动”，共查获各类海上走私违法案件 19 起，查获走私成品油 4713 吨，走私冻品 460 吨，总案值 3194 万元，查获成品油数量位居全国直属海关第一。	《杭州海关 2001—2010 年大事记》
	5 月 14 日，中国义乌国际贸易综合配套改革试点工作国家调研组到义乌海关调研。	《杭州海关 2001—2010 年大事记》
	5 月 25 日，宁波海关举行“宁波海关支持培育现代外贸大企业工作启动仪式暨《关企合作备忘录》签字仪式”，与首批 29 家企业签订了《关企合作备忘录》。	《宁波海关大事记》资料长编
	6 月 26 日，“中远之星”台台直航首航在台州港大麦屿港区启动，台州海关为 549 名旅客办理出境手续。	《杭州海关 2001—2010 年大事记》
	7 月 22 日，宁波海关加工贸易管理系统第一份加工贸易 IT 账册申报备案成功，标志着该系统企业运行环境搭建完成。	《宁波海关大事记》资料长编
	8 月 10 日，杭州关区首个集装箱出海口——舟山金塘大浦口码头对外开展集装箱通关监管业务。	《杭州海关 2001—2010 年大事记》
	10 月 18 日，杭州海关在杭州市行政服务中心开设窗口办理业务。	《杭州海关 2001—2010 年大事记》

编后记

盛世修志，志载盛世。有幸参与编修《浙江通志・海关志》（以下简称《海关志》），既是我们的历史责任，也是我们的时代机遇。《海关志》是浙江省重大文化工程《浙江通志》的组成部分。根据中共浙江省委办公厅、浙江省人民政府办公厅《〈浙江通志〉编纂工作实施方案》要求，由杭州海关、宁波海关共同承编《海关志》。中共杭州海关、宁波海关党组高度重视，2012年1—3月，两关分别成立编纂委员会和编辑部，并由浙江省海关学会和宁波海关学会具体负责日常工作。4月，《海关志》篇目通过专家论证。2013年2月，编辑部全面开展资料搜集、归类、整理，并按浙江省人民政府地方志办公室（以下简称省方志办）的要求，统一录入《浙江通志》编纂信息系统。至2014年12月，搜集各类资料1000余万字，制作资料卡片12313张，计500万字，形成资料长编435万字。2015年全面进入初稿编写，经三稿三统，并根据海关系统内部相关职能部门和专家审阅提出的修改意见与建议，作进一步修改，于当年底完成初审稿（约82万字）。2016年3月和12月分别通过杭、甬海关及省方志办组织的专家初、复审。2017年5月通过浙江省人民政府组织的终审。又经过3个月全面修订，于2017年8月定稿。进入出版阶段，得到浙江人民出版社的编辑专家悉心的帮助和指导。经过三审三校，不断补充、核实、修改、规范，使志书质量得到进一步的提高。

2012年3月，杭、甬海关成立《海关志》编辑部，由盛春波、徐温分别担任两关编辑部主编，抽调许光生、陈节、杨庄、张建国、郭国庆、戴旭永、胡丕阳、傅蓉参加修编工作。2013年2月，又重新组建两关编辑部，由王则光、盛卓禾任杭州海关编辑部顾问，许光生任副主编；盛春波、徐温继续分别担任两关编辑部主编；抽调盖蔚蔚、管庆、谢维、边国玮、张建国、许光生、吴杭彦、王臻、傅蓉、尹霞参加修编工作，徐涛、赵昀参加宁波海关编辑部的资料收集工作。具体任务分工如下：许光生负责《概述》和第七章；盖蔚蔚负责第一章、第四章和《大事年表》；张建国负责第二章；尹霞负责第三章；管庆负责第五章及部分《丛录》；谢维负责第六章和图照；傅蓉负责第八章、第九章；边国玮负责第十章、第十一章及部分《丛录》；吴杭彦参与第四章的资料收集、整理工作；王臻参与海关特殊监管区内容的资料收集工作。后由盛卓禾重新编写《概述》，胡丕阳参与复审稿修改，许光生负责统稿。全体修志人员克服困难、踏实工作、边学边干、认真求索，深入档案馆、图书馆和海关基层单位，不断挖掘资料，丰富志稿内容，付出了大量的心血。从2012年至2017年，两关作为编纂责任单位，连续6年被省方志办评为“《浙江通志》创优工程编纂工作先进单位”。

从海关系统修志的实践看，修志是特定时期海关工作的一个有机组成部分及重要工作事项。20世纪80年代中后期至2000年，全国各直属海关按照海关总署要求，开展修志工作。

浙江省温州海关、宁波海关、杭州海关也历时数年，于1996年、2000年和2003年完成《温州海关志》《宁波海关志》和《杭州海关志》的编纂出版。《中国海关通志》也于2012年12月出版。这些都为《海关志》的修编提供了丰富的资料来源和宝贵的工作经验。《海关志》遵循志书编纂基本的规范和要求，按照省方志办关于编修通志的原则，以章节体结构为体例，共分11个方面（章）。横排门类，纵叙史实，记述了自北宋端拱二年（989年）浙江设置两浙路市舶司及以后浙江地域设关情况变迁和历史渊源，对于有些历史史实不仅编修，还略带考证，作了尝试性的探索。按照详今略古的编纂原则，着重对中国改革开放及加入世界贸易组织以后，即1979—2010年的32年间，海关的货运监管、稽查缉私、税收征管、海关统计等传统监管职能及非传统监管职能如维护贸易安全与便利、知识产权边境保护等，进行了较为详尽的叙述。《海关志》力求既突出海关行业特点，又富有地方特色，通过浙江地域海关事务的历史变迁，体现和反映整个浙江经济、人文、社会、政治发展的情况，作为浙江省整体发展进程的一个历史缩影、一侧社会镜像。同时，也试图总结和概括不同历史时期（时段）浙江省主要的杭州和宁波两个海关"治关、治业"的过程与经验。

《海关志》编纂工作顺利进展，得益于杭、甬两关党组领导的重视和支持，在人力、物力和财力上给予充分保障，并经常关心修志人员、指导修志工作；得益于两关海关学会领导亲自参与指导，学会秘书处精心组织协调，使各项工作周密严谨，有序推进。《海关志》编纂工作采取专人专岗、集中修志。6年多来，杭、甬两关先后抽调21人次参加修志，力求人员到位，精力集中，有利于积累经验和提高业务水平。在编纂工作过程中，更是得到省方志办的积极指导和帮助。省方志办相关领导和专家多次受邀来关授课，帮助指导工作，解决业务技术难题。同时，两关编辑部分工不分家，密切协作，经常沟通，从而较好地解决了由两关共同承编一部志书带来的困难和问题。

在《海关志》即将出版之际，我们谨向各位关心和帮助编修工作的领导、专家以及两关编辑部全体专兼职编纂人员表示诚挚的谢意！其中领导和参与指导、评审的专家（按姓氏笔画为序）有：王永华、王则光、王松、王学全、王林、叶平、叶德云、孙竹君、孙路明、许光生、李志廷、苏铁、庞中联、张彩月、杨明祥、金曙、林琼华、郑志耿、姚苏东、胡丕阳、郜瑞敏、徐温、盛卓禾、盛春波、韩锴、颜越虎等。另外，《浙江通志·邮政业志》编辑胡炜平提供了近代浙江海关邮政方面的部分资料，并提出许多真知灼见，在此一并表示感谢！

《海关志》分管副总编为郑志耿，分管副总纂为王林，责任编辑为林琼华。

囿于编纂人员水平和资料，《海关志》尚存许多纰漏和错误，诚请有关专家学者、志界同仁和广大读者给予批评指正。

《浙江通志·海关志》编纂委员会

2018年5月1日